存在の解釈学

ハイデガー『存在と時間』の構造・転回・反復

Hermeneutik des Seins

Struktur, Kehre und Wiederholung von Martin Heideggers Sein und Zeit

齋藤 元紀

MOTOKI SAITO

法政大学出版局

目次

第Ⅱ部　『存在と時間』の解釈学的転回　105

凡例

一、ハイデガーの著作からの引用は、クロスターマン版『ハイデガー全集』(Martin Heidegger Gesamtausgabe, Vittorio Klostermann, 1975-) に従い、略記号 GA に次いで巻号、頁数を括弧に入れて示す。

一、ただし『存在と時間』については、慣例に従い Max Niemeyer 版を使用し、SZ に次いで巻号、頁数を括弧に入れて示す。

一、『ハイデガー全集』以外からの引用については、そのつど注に示す。

一、なお、複数の講義を収録した『ハイデガー全集』の巻については、和訳にあたって、巻名は二重括弧、各講義名は一重括弧に入れて示す。例えば、全集第六〇巻は『宗教現象学』、同書収録の一九二〇／二一年冬学期講義は「宗教現象学入門」と表記する。

一、引用については、『ハイデガー全集』を含めて既訳のあるものは参照したが、基本的に筆者自身による訳文である。全集巻名および講義題名についても同様である。

一、引用文中の傍点の強調は、基本的にハイデガーによる。ただし、本文と引用文との文脈上の関連から、とくに断りなく原文中の強調を外している場合がある。原文にない筆者自身による強調については、そのつど鍵括弧に入れて注記する。

一、引用文中の大括弧［ ］は、筆者による補足を示す。亀甲括弧〔 〕は、ハイデガーの原文による補足を示す。

存在の解釈学

ハイデガー『存在と時間』の構造・転回・反復

序論

一 本書の目的

本書の目的は、マルティン・ハイデガーの初期から中期にわたる思考の展開を視野におさめて、主著『存在と時間』の思想を「解釈学」の観点から究明することにある。それにより、ハイデガー哲学の根幹をなす「存在」と「時間」両概念の解釈学的連関の包括的解明を意図している。最初に、本書の目的を簡潔に説明しておくことにしよう。

『存在と時間』については、これまで国内外において数多くの優れた研究成果が公刊されてきた。しかしながら管見の限り、国内外の従来の研究は、「方法」の重要性に着目して『存在と時間』の思想を考察してこなかった。ハイデガーの哲学は、つねに「思考」と「方法」の緊密な一体性のもとで「存在」という事象へと向かっている。ところが従来の研究は、ハイデガーの「思考」を考慮することはあっても、「方法」の重要性を十分に考慮してはこなかった。確かに、「現象学」や「解釈学」を標榜する研究はこれまでにも存在してきた。とはいえそれらの研究は、ハイデガーの哲学における「方法」の問題に対して、必ずしも徹底した反省をもって臨んできたとは言えない。そのため、『存在と時間』の哲学的思考と方法を支えるハイデガー独自の哲学史観や歴史解釈の根本的意義は、充分に捉えられてこなかったと言わねばならない。そのことがひいては、『存在と時間』の本質的な洞察だけでなく、歴史性にかんする考察を含む後半部分が未完に終わった理由や、中期の「転回」以降の「存在の歴史」と呼ばれる思想の成立にかんしても、いまだに多くの未解明な部分を残すという事態を招いている。

それに対して本書は、ハイデガー哲学においてとりわけ重要な役割を果たしている「解釈学」という方法的観点に着目する。「存在」を「時間」として「理解」しつつ「解釈」するというハイデガーの哲学的営為は、そもそもいかなる意味をもっているのか。またその方法的構造と機能、意義と制限は何か。本書は、西洋哲学の諸思想に対するハイデガーの解釈作業に即して、初期から中期までのハイデガーの解釈学的方法と思考の生成と展開を究明することを試みる。伝統的西洋哲学や解釈学思想との対決、ならびに現代の解釈学的哲学の展開を踏まえつつ、『存在と時間』を中心とするハイデガーの解釈学的哲学を批判的かつ包括的に解明することが、本書の狙いである。

本書の具体的な目的は、三点ある。第一の目的は、『存在と時間』を中心として、「現存在の解釈学」の方法的構造とその時間的・歴史的性格を解明することにある。第二の目的は、この「現存在の解釈学」の方法を最大限に拡張することにより、そこから他者、ならびに人間存在以外の歴史や自然などの領域におよぶ《存在の解釈学》の射程を抽出することにある。第三の目的は、ハイデガー哲学の核心をなすこの《存在の解釈学》の射程のもと、『存在と時間』の「現存在の解釈学」の意義と制約を究明するとともに、「存在」と「時間」両概念の解釈学的連関とその根本意義を明らかにすることにある。

そこで次に、『存在と時間』研究の現状を踏まえて、本書の立場を具体的に示しておくことにする。

二　『存在と時間』研究の現状と本書の立場

一九二七年に刊行された『存在と時間』は、当時の哲学思想を一変する画期的な書物であった。新カント派が絶頂を迎えてのち、現象学の台頭のなかから姿をあらわしたこの書物は、刊行直後から「電光石火のごとく」当時のドイツの思想界を席巻し、「一挙に世界的名声を博した」という。[1] その衝撃は、刊行から八〇年余りを過ぎた今もなお、色褪せていない。『存在と時間』にかんする研究が、実存哲学から分析哲学に及ぶ幅広い領域で、現在なお活発に行われている。そうした国内外の優れた研究成果の蓄積に伴い、『存在と時間』の現象学的分析方法や哲学的諸概念についての理解も飛躍的に進み、ハイデガーの哲学理論の認知科学などへの応用研究も盛んである。「時代精神の変わるところ、そこにはすでにハイデガーが居合わせている」と言って過言ではない。[2] こうして『存在と時間』は、はやくから「古典」としての地位を揺るぎないものとして確立し、現在にいたっていると言えるのだが、しかしそのこと、その思想に対する理解は、必ずしも一致するわけではない。この問題はわけても「解釈学」の理解に当てはまる。そこで、これまでの『存在と時間』研究史を振り返り、その現状と対比させることで「解釈学」に定位する本書の立場を明らかにしておくことにしよう。

筆者の見るところ、『存在と時間』研究は、大まかにほぼ以下の五つの立場に区分することができる。[3]

第一は、実存主義的立場である。[4] 第二次世界大戦後、二〇世紀半ばの実存主義の興隆のなかで、『存在と時間』は、ヤスパースの『哲学』やサルトルの『存在と無』と並ぶ実存主義の書物として理解された。その流れを汲むこの立場は、主として実存論的分析に焦点をあてて『存在と時間』の思想を考察する点に特徴がある。その考察の重心は、本来性と非本来性、共同存在、不安、死への存在など、現存在の存在としての「関心」の意義とその全体存在をめぐる議論にある。しかしこの立場は、どこまでも人間の実存に狙いを絞っているため、環境世界や存在者一般の問題、また歴史性や時間性の超越論的問題などを充分に主題化できないという制約を抱えている。もちろん、実存論的分析が『存在と時間』の考察にとってまったく無意味であるわけではない。むしろこの分析の功績は、安易な主観主義化や超越論化に抗して、徹底して実存の意味を析出している点にある。しかし、『存在と時間』は、「基礎存在論」による「現存在の存在の意味」の究明にとどまらず、「存在一般の意味」の究明を根本課題として掲げている。その限りで

『存在と時間』の根本問題は、実存の意味から存在の意味への道筋を見きわめることにあると言わねばならない。そしてそのためには、まずハイデガー存在論の分析全般を支える「解釈学」の「方法」に目を向ける必要があると考えられるのである。

第二は、現象学的立場である。(5) この立場は、フッサール現象学から出発したハイデガーの『存在と時間』の実存論的分析を、あらためて現象学的分析へ適用してゆく点に特徴がある。メルロ＝ポンティの知覚論や身体論、またレヴィナスの他者論は、いずれも高度な批判的反省のもと、『存在と時間』の実存論的分析と現象学的分析を融合させた好例と言える。アンリの「生の現象学」の試みも、ここに含めることができるだろう。この立場は、『存在と時間』では必ずしも充分に主題化されていない知覚、他者、身体などの存在者的問題に積極的な考察の光を当てている点に特徴がある。しかしながらこの立場は、ハイデガーの実存論的分析を支える解釈学的方法の独自の意義、ならびにその展開を必ずしも充分に考慮に入れていないと言わねばならない。もちろん筆者も、フッサールを嚆矢とするこれらの現象学的立場の重要性を認めるにやぶさかではない。実際、以下の本研究の考察も、随所で現象学的立場からの解釈に依拠している。とはいえハイデガーが、こうした現代の現象学的問題の地平を、独自の実存論的分析と解釈学的方法によって最初に切り開いた先駆者であるという点も、やはり否定しがたい事実である。『存在と時間』が、解釈学を現象学の実質的方法として位置づけている以上、解釈学的方法の考察は、避けて通ることができないのである。

第三は、解釈学的立場である。(6) 一九六〇年代以降、『存在と時間』はドイツでは主として歴史解釈のための「解釈学（Hermeneutik）」の書として、またフランスでは「脱構築（déconstruction）」の書として受容された。この立場は、実存主義的立場や現象学的立場とは異なり、解釈学的方法、およびその歴史的射程を考慮している点に特徴がある。本研究も基本的には、現代の解釈学的哲学の立場に立つ。しかしながら、この立場の従来の研究は、ハイデガー存在論の展開全般を視野に収めて、解釈学を包括的に考察してはこなかった。たとえばガダマーは、『存在と時間』におけるハイデガーの解釈学の重要性とその後の展開をきわめて的確に洞察し、『真理と方法』でみずからの哲学的解釈学を打ち立てた。しかしその主眼は、ガダマー自身の哲学的解釈学の基礎づけにあり、ハイデガーの解釈学の包括的考察にあるわけではない。この点は、リクールも同様である。それに対して、グレーシュは解釈学的現象学の立場に立って、『存在と時間』の成立と内容を緻密かつ明快に考察している。グレーシュの解釈は、本書の方向とも重なる部分をもち、きわめて有益である。しかしグレーシュの解釈は、『存在と時間』を含む「基礎存在論」の時期を一九二八年までに限定しているうえ、内容的にもいささか入門的な注解にとどまり、『存在と時間』の解釈学的哲学の全体像に迫りきれていない憾みが残ると言わざるをえない。他方で、デリダをはじめとする脱構築的立場は、「差異」の思想を中心に、『存在と時間』に対する刺激的かつ批判的な見解を提供している。しかしながらそこでは、『存在と時間』の諸概念を本来の文脈から切り離し、変則的な解釈を加えている場合が少なくない。『存在と時間』の根本思想を理解しようとするのであれば、いったんはハイデガーの解釈学の内側に入り込むことが求められよう。その水準から行われてこそ、ハイデガーへの批判も真の批判となりうるはずである。

その点で、カール・フリードリヒ・ゲートマンの研究は、ハイデガー哲学における「方法」の問題に着目した点で、おそらく最も先駆的かつ先進的な内在的研究と言える。しかもゲートマンは、ハイデガー哲学の展開全体を視野に収めつつ、「転回」をとおして前期の超越論的方法が解体されるとともに、中後期以降、伝統的な超越論哲学とは異なる意味での解釈学の超越論的徹底化が図られたという、きわめて魅力的な解釈を提示している。この点で本書の解釈の視座は、ゲートマンのそれと基本的に一致している。しかし、ゲートマンが超越論的観点に立った概念史的変遷に焦点をあてているのに対して、本書は、そうした概念史的考察に加えて、ハイデガー独自の哲学史観や歴史解釈を再検討することにより、解釈学の構造とその「転回」の意義を明らかにすることを試みる。その意味で本書の考察は、解釈学の本質をなす歴史的性格に焦点をあてた、ハイデガー哲学の批判的解明である。

第四は、社会哲学および政治哲学的立場である。(7) この立場は、実践哲学やイデオロギー批判など、社会学や政治学の文脈から『存在と時間』を批判的に考察する点に特徴がある。もとより、哲学的思考といえども現実の社会的・文化的文脈と無関係ではありえない。むしろそうした文脈は、哲学的思考を醸成する地盤として大きな影響力をもつ。ハイデガーの政治的関与の問題の深刻さを考えれば、この立場の解釈は不可欠であり、その批判的解釈の成果を本研究も積極的に取り入れる。しかしこの立場は、『存在と時間』の思想をしばしば特定の社会的・政治的・文化的文脈へと還元して解釈する傾向がある。そのためこうした立場は、『存在と時間』の思想や方法のもつ豊かな社会的・政治的・文化的含意を、かえって矮小化してしまう惧れがある。とはいえ、『存在と時間』の哲学史解釈やそれを支える解釈学思想は、そもそも現実的な社会や政治から遊離した抽象的な哲学理論や方法論ではない。ガダマーが指摘しているとおり、ハイデガーの「解釈学」は「現実的な経験の理論」として理解されねばならない(8)。この「現実的な経験の理論」の意義を探るためにも、またその批判的検討のためにも、まず『存在と時間』の解釈学的思考の身分を内在的に考察することは、不可避の課題なのである。

第五は分析哲学およびプラグマティズム的立場である(9)。『存在と時間』は、一九六〇年代以降、アメリカを中心として、分析哲学やプラグマティズム、さらには認知科学などの分野でも積極的に受容された。この立場は、言語分析、行為論、言語遂行論、全体論などの視点から『存在と時間』を読み解く点に特徴がある。この立場は、それまで英米圏で「ナチズム」や「ニヒリズム」の哲学とみなされがちであったハイデガー存在論の見方を一新し、言語や行為、認知の問題にかんして新たな解釈の可能性を提示している。しかしながらこの立場では、日常性の側面に強く定位するあまり、解釈学的思考を具体的な行為の場面や言語分析だけに限定し、歴史性や時間性の超越論的問題を軽視する傾向がしばしば見受けられる。そのため中期以降のハイデガーの歴史論も、この立場の解釈では積極的に考慮されないことになる(10)。しかしながら『存在と時間』の思想は、西洋哲学史全体におよぶ優れて歴史的な解釈学的思考によって支えられている。言語や行為や認知などにかんする解釈の根源的可能性を切り開くためにも、ハイデガーの解釈学的思考とその歴史的射程の究明は必須なのである。

こうした海外での研究状況に加えて、国内の研究状況も見ておくことにしよう。歴史的に見れば、日本における

『存在と時間』の受容は、その刊行直後から、西田幾多郎門下の田邊元、三木清、九鬼周造、和辻哲郎、戸坂潤らによって、いち早く、かつ積極的に行われた。彼らはハイデガー哲学を批判的に受容しつつ、それぞれに独自の哲学を結晶させ、日本思想史上記念碑的とも呼べるさまざまな著作を刊行した(11)。最初期に日本でハイデガー哲学を受容した彼らのいずれもが、賛同するにせよ批判するにせよ、初期から『存在と時間』へと展開した解釈学的発想から基本的に大きな影響を受けている点は、きわめて興味深い。新カント派ならびにフッサール現象学からハイデガー存在論への《転向》は、ドイツと日本においてほぼパラレルに生じていた事態と言えるが、その中心は何よりも「解釈学」だったのである。

わが国最初のハイデガーについての内在的研究書は、一九三五年に刊行された鬼頭英一の『ハイデッガーの存在學』である。ただしその内容は、同書の「序」で述べられているとおり、批判的考察を控え、もっぱら『存在と時間』の概要の叙述に専念したものであった。しかしその後は、ハイデガー自身の思想の変化にも応じるかたちで、次第に『存在と時間』だけでなく、中期の思想をも射程に収めた研究が主流となってゆく。一九五〇年代以降には、いち早く原佑や三宅剛一らによって、そうした変化が紹介された。さらに渡邊二郎、辻村公一、茅野良男、川原栄峰らによって、『存在と時間』ならびにその前後のハイデガーの思想の展開を踏まえつつ、後期をも射程に収めた浩瀚な研究書が陸続と公刊された(12)。『存在と時間』の研究という点で言えば、これらはいずれも、実存主義的立場を踏まえつつ、現象学、解釈学、超越論なども考慮に入れ、時間性や歴史性の考察にも踏み込んだ本格的な研究書であった。一九九〇年代以降になると、わが国でも解釈学的立場や分析哲学・プラグマティズム的立場が登場し、社会哲学・政治哲学的立場も活況をみせはじめる。現在では、『存在と時間』を踏まえた諸分野での応用研究も、かつてないほど活発化している状況にある。その深さと広がり、緻密さの点で、国内の『存在と時間』の研究は、いまでは海外の研究に劣らぬ高度な水準に達していると言ってよい。

しかしながら、ハイデガーの哲学史解釈に焦点をあてて『存在と時間』における「解釈学」の包括的意義を考察した研究は、現在のところ国内にもやはり存在していない。その点で解釈学は、わが国での『存在と時間』の受容以後、盛んに言及されてきたにもかかわらず、その本質的な内実が掘り下げられることのないまま、長らくなおざりにされてきたと言わねばならない。そうした状況に対して本書は、あらためて「解釈学」に着目するが、すべてを解釈学へと還元するのではなく、解釈学を中心に、実存主義や現象学や超越論哲学はもとより、プラグマティズムや言語哲学、社会哲学や政治哲学の解釈をも考慮しながら、時間性や歴史性、また他者や自然の問題をも含めた『存在と時間』の思想全体の究明をめざす。本書は、これらの究明をとおして、わが国のハイデガー研究史の端緒に立ち返ろうとする意図をもっているが、実はそこには、もうひとつのひそかな願望も含まれている。本書が、ハイデガー研究史のみならず、ひいてはわが国の哲学的伝統の端緒に立ち返り、そこで『存在と時間』の解釈学的発想が与えた衝撃力をあらためて引き受けなおす機縁にもなりたいというのが、それである。先に述べたように、ハイデガーの解釈学的思考の究明は、その由来から言っても、わが国の哲学研究が果たすべき、重要な課題のひとつなのである。

　本書は、初期から中期までのきわめて多岐にわたるハイデガーの哲学的思考の核心を「解釈学」に見定める立場に立つ。確かに解釈学は、初期から『存在と時間』までの間に用いられた限定的な方法であり、『存在と時間』以後はその名称も事実上放棄されている。その点では、解釈学は、超越論哲学や、わけても「転回」の思考などとは相容れないように思われるかもしれない。しかしながら、事態はまったく逆である。解釈学は、たんなる解釈の技法でもなければ、現存在を解釈するための方法論にも尽きない。ハイデガーの解釈学は、有限な歴史的存在者としての人間の存在にそなわる本質的な思考様式である。その意味で、事実的生の分析や現存在の実存論的分析の方法にとどまらず、西洋哲学史全体に対するハイデガーの批判的思考を特徴づける総称が、解釈学なのである。したがって解釈学は、初期以来の現象学の受容と批判、また『存在と時間』以後の超越論哲学の受容と批判、そして前期の思想に対する自己批判としての「転回」の思考、これらすべてに通底する根本的な思考様式として考えなければならない。それゆえまた解釈学は、時間性や歴史性は言うまでもなく、他者や共同体、さらには自然を含む「存在」一般についてのハイデガーの哲学的思考をも貫いていると言わねばならない。本書は、ハイデガーの解釈学的思考のもつこうした広範な射程を考察の基本的な観点とする。本書が、「現存在の解釈学」ではなく、「存在の解釈学」を表題に掲げているのは、そのためである。(13)

三　本書の方法

本書は、以下の三つの方法によって考察を進める。

第一に、本書は、複数の発展史的観点から、『存在と時間』の思想の成立と発展の過程を考察する方法をとる。従来のハイデガー研究は、特定のテキストに考察を限定する手法や、単線的な発展史的考察の手法をとってきた。ハイデガーの哲学を理解する上で、『存在と時間』をはじめとするいわゆる「主著」のいくつかが、その完成度の高さや存在論的思考の密度からみて、それ自体ひとつのまとまった著作として読むことができるのは確かである。また、ハイデガーの哲学の展開を見極める上で、そうした「主著」と呼びうるいくつかの著作を結ぶひとつの道筋が見出せることも間違いない。その点でみれば従来の研究方法は、それなりの成果を挙げてきたと言えよう。

しかしながら、そうした従来の手法が果たして本当にハイデガーの哲学的思考に本質的に沿うものかどうかについては、大いに疑問の余地が残る。ハイデガーは、「道であって――著作ではない（Wege — nicht Werke）」という自筆の言葉を、みずからの全集版のモットーとして第一巻の冒頭に掲げている。この言葉に従えば、ハイデガー全集の各巻は、複数の著作ではなく、《複数の道》として考えなければならない。「この全集は、多義的な存在の問いを、たえず問い方を変えながら問い続ける《道の野（Wegfeld）》のうちで、途上にあるというあり方を、さまざまに異なるやり方で示そうとするものである」（GA1, 437）。全集の各巻の道は、それぞれ独立しているわけではなく、むしろ唯一の「存在の問い」をめぐって、つねに変化を孕みながら相互に連関する網の目をなしている。しかもそこでの問いの変化は、ハイデガーが西洋哲学史上のさまざまな哲学思想との対決をつうじて、みずからの概念や思想に対して繰り返し加えられてゆく仮借なき解体と構築の営みから生まれてきている。それゆえ、全集のひとつの巻を読み解くためには、当該巻を精読するばかりでなく、つねに他の巻との関連も考慮しつつ、それぞれの問いとその変化を見きわめておく必要がある。こうした意味で、ハイデガーのいわゆる「主著」なるものも、やはりそうした複合的な思考の網の目のなかのひときわ大きな一つの結節点として考えるべきなのである。

ハイデガーの哲学の特徴は、このように変化を孕んだ複合的な網の目をなす思考の道を、倦まず弛まず歩み続ける点にある。その点を考えれば、テキストを限定した考察や単線的な発展史的考察は、基本的にハイデガーの哲学に馴染まないことがわかる。そうした手法はむしろ、ハイデガーのテキストの内容を一面的に捉え、諸概念の複合的な連関や思考の広範な射程を寸断してしまいかねない。『存在と時間』を「つぎはぎ《パッチワーク》」の書とみなす解釈などは、そのいい例だろう。(14) 確かに『存在と時間』は、初期以来のハイデガーの思考の集積である。しかしこの書は、たんなる「つぎはぎ」では決してない。むしろここでは、それ以前の多様な思考の道が束ねられて高密度な存在論的思考へと集約されると同時に、それ以後のいっそう多様かつ高度な存在論的思考への道が切り開かれているのである。それゆえ『存在と時間』を理解するためには、何よりまずそうした複合的な網の目をなす思考の道に足を踏み入れることが求められよう。そしてこの多様な思考の道を歩み抜くことで初めて、それらの道の結節点たる『存在と時間』の思想の意義も見通せるようになるはずである。

本書は、そうしたハイデガー独自の思考に応じるために、彼の思考の水準、そしてさまざまな哲学思想に対する解釈や個々の考察の主題に対して、それぞれに発展史的考察を試みる。一見同一に見えながらも、多彩な変化と起伏に富み、ときに途絶することさえあるハイデガーの思考の道を、本書も繰り返しを厭わず、必要に応じて何度でも歩みなおす。こうして初期から中期にわたるハイデガーの複合的な思考の道を繰り返し歩む作業をとおして、『存在と時間』の諸概念に込められた重層的な含意や、従来見落とされてきたそれら諸概念相互の内的連関が、そして最終的には『存在と時間』の思想の全体像が究明されることになる。

第二に、本書は、ハイデガーの哲学史解釈を西洋哲学史の伝統的理解と比較考察する方法をとる。ハイデガーの哲学的思考は、前述のように、西洋哲学史上のさまざまな思想に対する対決によって形作られている。しかもその対決は、ハイデガー独自の解釈によって遂行されている。西洋哲学史上の諸思想との解釈学的対決の作業現場を収めた諸講義の刊行も進んでいる現在、それらの解釈作業の内容を検討せずにハイデガーの哲学について語ることは、もはや不可能であると言ってよい。

ところが従来の研究は、そうしたハイデガーの解釈を無前提に肯定するか、あるいは一般的な伝統的哲学史の理解を前提に否定するかのいずれかであった。しかしそうした研究方法はいずれも、《哲学の正史はハイデガーの解釈した哲学史なのか、それとも伝統的な西洋哲学史なのか》という二者択一を暗黙の前提としており、両者の距離と相違に対して慎重な批判的反省態度をとってきたとは言いがたい。ハイデガーは西洋哲学史上のさまざまな思想に対して一面的な賛成や反対の態度をとることはなく、むしろそれらに対する接近と離反の両面を拮抗させるなかで、みずからの存在論的思考を練り上げている。歴史を決して一枚岩として捉えるのではなく、歴史とその解釈者のあいだの多元的な力動的関係に目を向ける解釈学的態度こそ、ハイデガーの哲学史に対する基本姿勢なのである。もとより、ハイデガーの哲学史解釈が「存在」という主題をめぐっているかぎりで、その哲学史観が一定の傾向性を帯びているのは確かである。しかしまさしくそれゆえにこそ、そうしたハイデガーの特殊な哲学史解釈の意義と制限を見定めるためには、まずはその内部にはたらく歴史の多元的な力動的関係に対する解釈を、文字どおり解釈学的に追跡する必要がある。ハイデガーの哲学史観が《正史》か否かを決定するのは——仮にその決定に意味があるとすればだが——それからでも遅くはない筈である。

そこで本書は、ハイデガーの解釈の動機を、彼自身の思想全体の内的連関や当時の解釈状況の背景から浮き彫りにする。それとともに、西洋哲学史の伝統的理解や個々の思想の理解との比較をとおして、ハイデガーの解釈の独自性、意義、制限を批判的に解明する。ハイデガーの哲学史解釈と伝統的西洋哲学史との距離を測定することにより、彼の哲学史解釈の特徴を際立たせることが、この比較考察の方法の狙いである。

第三に、本書は、以下の方法的区分を設けてハイデガーの思想の歩みを考察する。第一期は、修学時代から初期フライブルク講義、マールブルク講義を含む『存在と時間』成立直前までの期間にあたり、これを「初期」と呼ぶ。第二期は、『存在と時間』以後、一九二〇年代末までの期間を指し、これを「前期」と呼ぶ。第三期は、いわゆる「転回(Kehre)」を含む一九三〇年代以降から一九四六年までの期間であり、これを「中期」と呼ぶ。したがって「中期」には、二巻本の『ニーチェ』や『「ヒューマニズム」についての書簡』など、一九四六年までの間に講義や執筆が実質的になされた著作も含まれる。なお、一九四六年以降は「後期」と呼び、必要におうじて考察のなかで言及する。

以上の時期区分は、『存在と時間』における存在概念の解釈学的解明という目的のために本研究が考察の方法上設定したものであり、ハイデガーの思想そのものの区分を意図したものではない。従来の研究では、ハイデガーの思想そのものに対してさまざまな区分が主張されてきた。なかでも有名なのは、『存在と時間』を中心とする「転回」以前の思想を「ハイデガーI」、「転回」以後の「時間と存在」を中心とする思想を「ハイデガーII」であるとするリチャードソンの区別であろう。リチャードソンは、自著への最新の序文で、この区分が『哲学への寄与』を含めた「転回」の思想圏に対する有効策ではないことを認めているうえ、また正当にも、ハイデガーの思想全体が、『存在と時間』に対する「書き換え」の試みであると特徴づけている。ところがそれにもかかわらず、リチャードソンはハイデガーの思想を理解するにあたって、この区分がなお「有益」であると強く主張している。[15] しかしこの主張は明らかに矛盾であり、そもそもリチャードソンへのハイデガーの返答にも反している。というのも、ハイデガーによれば、「〔ハイデガー〕Iが考えていたことを道としてのみ、〔ハイデガー〕IIによって考えられるべきことへの通路が得られる。[16]だが、〔ハイデガー〕Iの思想は、それが〔ハイデガー〕IIに含まれる場合にのみ可能になる」からである。重要なのは、

「ハイデガーⅠ」・「ハイデガーⅡ」という区分ではなく、両者の相互の連関なのである。

本研究の区分は、このような思想の区分を第一義的にめざしたものではなく、むしろそれぞれの区分相互の連関に焦点をあてた方法的区分である。ただしその区分には、『存在と時間』の思想の射程に対する筆者なりの見通しがすでに織り込まれている。すでに述べたように、『存在と時間』の思想は、それ以前の多様に入り組んだ複雑な初期思想を結ぶ結節点であるとともに、それ以後のさらに複雑多様な中期思想や後期思想への展開の出発点をなしている。加えて、本論が以下で見てゆくように、初期思想のいくつかのモチーフは、『存在と時間』では表立って語られていないものの、水面下で前期思想全体を牽引し、やがて再考を加えられて中期以後の思想の中心へと据えられてもいる。顕在化された側面ばかりでなく、そうした潜在的な側面をも考慮すれば、初期思想は、『存在と時間』はもとより、中期以降の思想を理解するにあたっても必須であり、また逆に、中期以降の思想を理解するためにも、初期や前期を含めた『存在と時間』の思想の理解は必須であると言わねばならない。

その意味においては、『存在と時間』の思想圏全体を理解するためには、最終的にはリチャードソンの指摘するように、最晩年までを視野に収める必要があるだろう。だが、ハイデガーの道の複雑さと深みを考えれば、一挙にそうした最晩年までの思想を包括しようとするのは、きわめて困難であると言わざるをえない。そこで本論ではまず、『存在と時間』を中心とする思想圏に焦点を絞り、初期以来の思想形成の過程と、「転回」におけるその劇的な変容の過程の両側面から究明を試みる。その点で言えば本論は、ハイデガーの思想全体におよぶ『存在と時間』の思想圏の究明のための準備作業である。

本論の時期区分は、この時期において顕在化した側面と潜在的な側面を含めた『存在と時間』の思想の射程を全体として解明するという目的のために設定されている。本論の論述が、この時期区分を背景にして、『存在と時間』を中心としたハイデガーの複合的な解釈学的思考の連関全体を浮き彫りにすることができれば、この方法的区分の役割は充分に果たされたことになる。

なお、本論の扱うテキストにかんしても、一言触れておきたい。本論は、『存在と時間』のように生前単行書として公刊され、かつ全集版にも採録されているテキストに加えて、全集版に収められた初期や中期の講義録、また『哲学への寄与』のような「転回」の時期の断片草稿の集積とも言うべきテキスト、さらに全集未収録のさまざまな論文、プロトコル、書簡なども考察の対象として活用する。ただし、とくに初期の講義録のなかには、ハイデガー自身の講義録のほかに付録として聴講生の筆記録を収録している場合もあれば、聴講生の筆記録に基づいて講義を再構成している場合もあり、第一次資料としての精度にばらつきがあるのは否めない。また、全集版の校閲を経ていない論文や書簡が、果たしてハイデガーの思想を読み解く有効な資料となりうるのかどうかを疑問視する向きもあるだろう。しかし本論では、『存在と時間』の潜在的な思想をも考察の視野に収めるために、全集版収録の単行書以外の資料の活用も必要不可欠であると判断した。というのも、それらの資料のうちには、本論の考察のうえで、全集版収録の単行書や講義録の理解を少なからず左右する資料も含まれていると考えられたからである。そこで本論では、それらの資料の性格にも充分注意を払ったうえで、全集版収録の講義録や、二次文献として信頼に足る雑誌や論集に収録された資料については、最大限参照するように努めている。

四　本書の構成

本書は三部で構成される。以下、本書の議論の流れを手短に示しておく。

第I部「『存在と時間』の解釈学的構造」は、『存在と時間』の解釈学の基本的構造の究明をめざす。第一章は、最初期の「実存」的水準の分析から『存在と時間』の「実存論的」水準の分析にいたる解釈学の生成過程を考察し、ハイデガー独自の「形式的告示」という解釈学的方法の基本的構造と意義を明らかにする。本章では形式的告示が、実践的行為の知に立脚しながら、三段階の構造をとおして本来性と非本来性の緊張関係を横断してゆく解釈学的方法として究明される。第二章は、一九二四年夏学期講義『アリストテレス哲学の根本諸概念』を手がかりに、『存在と時間』における「日常性の解釈学」を考察する。『存在と時間』では、感情や振る舞いなどの非言語的表現を含む平均的日常性における「語り」の解釈学的分析が「日常性の解釈学」と呼ばれているが、その発想は、二四年講義のアリストテレスの『弁論術』解釈に淵源する。本章ではそれを手がかりに、やはり実践的行為の知に根ざした「日常性の解釈学」の視角から、従来省みられてこなかった『存在と時間』の言語論にそなわる公共性と倫理性が新たに明らかにされる。第三章は、一九二〇年代全般にわたるファンタジアの意義と位置づけを検討することにより、ハイデガーのカント解釈に即して、解釈学の超越論的構造とその意義を究明する。ハイデガーのカント解釈は、プラトンやアリストテレスのファンタジアにかんするフッサール流の現象学的解釈を踏まえつつ、形式的告示的解釈学を超越論的水準へと引き上げるという狙いのもとに遂行されている。本章では、そうしたハイデガーの考察の変遷を追跡し、形式的告示の超越論的な解釈学的構造とともに、その超越論化の意義を「構想力の解体」として明らかにする。以上をつうじて、第Ⅰ部では、実存、実存論、超越論という各次元を貫く解釈学全体の基本的構造を明らかにする。

第Ⅱ部「『存在と時間』の解釈学的転回」は、第Ⅰ部で究明された解釈学の時間性格をさらに立ち入って考察し、『存在と時間』の挫折の根本原因とその打開の可能性を究明する。第四章は、ハイデガーのキリスト教の時間概念とアリストテレスの時間概念に対する解釈の経緯を考察する。ここでは、初期ハイデガーにおける神学的時間概念の考察を検討し、パウロ、アウグスティヌス、わけてもルターを媒介としてアリストテレスの時間論との対決にいたる経緯と、一九二七年の『現象学の根本問題』講義におけるその最終的な帰結を明らかにする。第五章は、初期以来のハイデガーのプラトン解釈の変遷をたどり、『存在と時間』前後の時期に超越論的時間地平のモデルとなった善のイデアの意義と制約を明らかにする。ここでは、超越論的時間地平というハイデガーの構想のうちに孕む、現前性と非現前性の相克という根深い問題が炙り出される。第六章では、ニーチェに対する初期から中期のハイデガーの解釈を検討し、『存在と時間』の挫折の根本原因に迫る。ここでは、ニーチェの反プラトニズムへの接近と離反という構図のもとで、『存在と時間』、『ニーチェ』講義、『哲学への寄与』のそれぞれにおけるハイデガーの解釈学の変容が明らかにされる。以上の第Ⅱ部の考察では、従来の時間概念に対するハイデガーの解釈の独自性とともに、彼自身の解釈学的時間概念の意義と制約を究明し、「現存在の解釈学」から《存在の解釈学》への《転回》を明らかにする。

第Ⅲ部「『存在と時間』の解釈学的反復」は、第Ⅰ部、第Ⅱ部の究明を受けて、『存在と時間』の現存在の解釈学を再検討し、そこに伏在する他者、歴史、自然の解釈学の積極的な可能性を究明する。第七章は、前期から中期にわたるハイデガーの共同存在をめぐる考察を手がかりとして、本来的な「共同存在の解釈学」を解明する。ここでは、共同存在の身分をめぐるハイデガーの解釈学的考察の深化が、『存在と時間』から『ヒューマニズム書簡』をとおして究明される。第八章は、前期ハイデガーのディルタイ解釈を手がかりとして、ハイデガー独自の「歴史の解釈学」の思考と、歴史的な意味での「実在性」の意義を究明する。ここでは、『存在と時間』を挟んで、初期から一九二〇年代末までのディルタイ評価の変遷をたどり、ニーチェ解釈をも参照しつつ、ハイデガーの解釈学における歴史的性格が明らかにされる。第九章は、初期から中期にわたるハイデガーの自然についての思想から、その「自然の解釈学」としての意義を明らかにする。ここでは、『存在と時間』の水面下に潜む自然をめぐる解釈学的思想とその変容が、初期から中期にわたるアリストテレス解釈とパルメニデス解釈を軸にして描き出される。以上の第Ⅲ部の考察をとおして、本研究は、ハイデガーの哲学が、人間だけでなく、あらゆる存在者とその存在の解明をめざす《存在の解釈学》であることを明らかにする。

注

（1） G. Misch, *Lebensphilosophie und Phänomenologie. Eine Auseinandersetzung der Dilthey'schen Richtung mit Heidegger und Husserl*, 2. Aufl, B. G. Teubner, Leibzig 1931, S. 1.

（2） T. Rentsch, Vorwort, in: T. Rentsch（hrsg.）, *Martin Heidegger: Sein und Zeit*, Akademie Verlag GmbH, Berlin 2001, VIII.

（3）ここでの立場の区分は、現在の『存在と時間』の解釈状況からみて主要な立場を時系列的に整理したものであり、必ずしも網羅的なものではない。またマルクス主義や精神分析の解釈の立場などは、本研究の主題からみて詳細に立ち入ることができないため、割愛せざるをえなかった。『存在と時間』をめぐるさまざまな解釈の立場とその影響史の詳細については、以下を参照。T. Rentsch, Sein und Zeit. Fundamentalontologie als Hermeneutik der Endlichkeit, in: D. Thomä（hrsg.）, *Heidegger-Handbuch. Leben-Werk-Wirkung*, Verlag J. B. Metzler, Stuttgart/Weimar 2003, S. 74ff., vgl. S. 333-513.

（4）K. Löwith, Existenzphilosophie（1932）, in: *Sämtliche Schriften*, Bd. 8（Denker in dürftiger Zeit: zur Stellung der Philosophie im 20. Jahrhundert）, J. B. Metzlersche Verlagsbuchhandlung, Stuttgart 1984, S. 1-18; A. Fischer, *Die Existenzphilosophie Martin Heideggers: Darlegung und Würdigung ihrer Grundgedanken*, Felix Meiner Verlag, Leipzig 1935; M. Müller, *Existenzphilosophie im geistigen Leben der Gegenwart*, 2. erweiterte Aufl., F. H. Kerle, Heidelberg 1958（大橋良介訳『実存哲学と新形而上学』創文社、一九七四年）; M. Müller, A. Halder（hrsg.）, *Existenzphilosophie: von der Metaphysik zur Metahistorik*, 4. erweiterte Aufl., Karl Alber, Freiburg 1986; R. Bultmann, *Glauben und Verstehen: Gesammelte Aufsätze*, 4. Bde., J. C. B. Mohr（Paul Siebeck）, Tübingen 1965/1967/1975/1986; R. Bultmann, Die Geschichtlichkeit des Daseins und der Glaube. Antwort an Gerhardt Kuhlmann, in: G. Noller（hrsg.）, *Heidegger und die Theologie. Beginn und Fortgang der Diskussion*, Kaiser Verlag, München 1967, S. 72-94.

（5）M. Merleau-Ponty, *Phénoménologie de la perception*, Éditions Gallimard, Paris 1945（中島盛夫訳『知覚の現象学』法政大学出版局、一九八二年）; M. Merleau-Ponty, *Le Visible et l'invisible, suivi de notes de travail*, texte établi par Claude Lefort, Éditions Gallimard, Paris 1979（滝浦静雄・木田元訳『見えるものと見えないもの』みすず書房、一九八九年）; E. Lévinas, *En découvrant l'existence avec Husserl et Heidegger*, Vrin, Paris 1967（佐藤真理人・小川昌宏・三谷嗣・河合孝昭訳『実存の発見　フッサールとハイデッガーと共に』法政大学出版局、一九九六年）; E. Lévinas, *Totalité et infini. Essai sur l'extériorité*, Martinus Nijhoff, La Haye 1961（熊野純彦訳『全体性と無限』上・下、岩波書店、二〇〇五／二〇〇六年）; E. Lévinas, *Autrement qu'être ou au-delà de l'essence*, Kluwer Academic Publishers, Dordrecht 1974（合田正人訳『存在の彼方へ』講談社、一九九九年）; M. Henry, *L'Essence de la manifestation*, 2 vols., Presses Universitaires de France, Paris 1963.

（6）H.-G. Gadamer, *Wahrheit und Methode*（*Gesammelte Werke*, Bd. 1-2）, J. C. B. Mohr（Paul Siebeck）, Tübingen 1986（轡田収・麻生建・三島憲一・北川東子・我田広之・大石紀一郎訳『真理と方法Ⅰ』法政大学出版局、一九八六年／轡田収・巻田悦郎訳『真理と方法Ⅱ』法政大学出版局、二〇〇八年）; J. Derrida, *De la grammatologie*, Les Éditions de Minuit, Paris 1967（足

立和浩訳『根源の彼方に——グラマトロジーについて』上・下、現代思潮社、一九七二年）; J. Derrida, *L'écriture et la différence*, Le Seuil, 1967（若桑毅・野村英夫・阪上脩・川久保輝興訳『エクリチュールと差異』上、法政大学出版局、一九七七年／梶谷温子・野村英夫・三好郁朗・若桑毅・阪上脩訳『エクリチュールと差異』下、法政大学出版局、一九七七年）; J. Derrida, *Marges de la philosophie*, Les Éditions de Minuit, Paris 1972（高橋允昭・藤本一勇訳『哲学の余白』上、法政大学出版局、二〇〇七年／藤本一勇訳『哲学の余白』下、法政大学出版局、二〇〇八年）; J. Derrida, *De l'esprit. Heidegger et la question*, Galilée, Paris 1990（港道隆訳『精神について——ハイデッガーと問い』平凡社、二〇〇九年）; P. Ricœur, *Le conflit des interprétations. Essais d'herméneutique I*, Le Seuil, Paris 1969; P. Ricœur, *La métaphore vive*, Seuil, Paris 1975（久米博訳『生きた隠喩』岩波書店、一九八四年）; P. Ricœur, *Temps et récit. Tome III: Le temps raconté*, Le Seuil, Paris 1985（久米博訳『時間と物語Ⅲ　物語られる時間』新曜社、二〇〇四年）; P. Ricœur, *Soi-même comme un autre*, Le Seuil, Paris 1990（久米博訳『他者のような自己自身』法政大学出版局、一九九六年）; J. Greisch, *L'Âge herméneutique de la raison*, Ed. du Cerf, Paris 1985; J. Greisch, *Hermeneutik und Metaphysik*, Wilhelm Fink, München 1993; J. Greisch, *Ontologie et Temporalité. Esquisse d'une interprétation intégrale de Sein und Zeit*, PUF, Paris 1994, 2e éd. 2002（杉村靖彦・松本直樹・重松健人・関根小織・鶴真一・伊原木大祐・川口茂雄訳『『存在と時間』講義——統合的解釈の試み』法政大学出版局、二〇〇七年）; J. Greisch, *L'Arbre de vie et l'arbre du Savoir. Les racines phénoménologiques de l'herméneutique heideggérienne*, Paris, Ed. du Cerf, 2000; C. F. Gethmann, *Verstehen und Auslegung. Das Methodenproblem in der Philosophie Martin Heideggers*, Bouvier Verlag Herbert Grundmann, Bonn 1974, bes., S. 291.

（7） T. W. Adorno, *Jargon der Eigentlichkeit. Zur deutschen Ideologie*, Suhrkamp Verlag, Frankfurt a. M. 1964（笠原賢介訳『本来性という隠語』未來社、一九九二年）; T. W. Adorno, *Negative Dialektik*, Suhrkamp Verlag, Frankfurt a. M. 1966（木田元・渡辺祐邦・須田朗・徳永恂・三島憲一・宮武昭訳『否定弁証法』作品社、一九九六年）; J. Habermas, *Philosophisch-politische Profile*, Suhrkamp Verlag, Frankfurt a. M. 1971（小牧治・村上隆夫訳『哲学的・政治的プロフィール』上・下、未來社、一九九九年）; J. Habermas, *Der philosophische Diskurs der Moderne. Zwölf Vorlesungen*, Suhrkamp Verlag, Frankfurt a. M. 1988（三島憲一・轡田収・木前利秋・大貫敦子訳『近代の哲学的ディスクルス』Ⅰ・Ⅱ、岩波書店、一九九〇年）; P. Lacoue-Labarthe, *La Fiction du politique: Heidegger, l'art et la politique*, Bourgois, Paris 1988（浅利誠・大谷尚文訳『政治という虚構——ハイデガー、芸術そして政治』藤原書店、一九九二年）; P. Bourdieu, *L'ontologie politique de Martin Heidegger*, Les Éditions de Minuit,

Paris 1988.（桑田禮彰訳『ハイデガーの政治的存在論』藤原書店、二〇〇〇年）特にフランス哲学におけるハイデガー受容の問題に関しては、以下参照。T. Rockmore, *Heidegger and French philosophy: humanism, antihumanism, and being*, Routledge, London/New York 1995.（北川東子・仲正昌樹監訳『ハイデガーとフランス哲学』法政大学出版局、二〇〇五年）

（8）H.-G. Gadamer, *Gesammelte Werke*, Bd. 1, XXIII.

（9）H. L. Dreyfus, *Being-in-the-World: A Commentary on Heidegger's Being and Time, Division I*, MIT Press, 1991.（門脇俊介監訳／榊原哲也・森一郎・貫成人・轟孝夫訳『世界内存在――『存在と時間』における日常性の解釈学』産業図書、二〇〇〇年）; M. Okrent, *Heidegger's Pragmatism: Understanding, Being, and the Critique of Metaphysics*, Cornell University Press, 1988 ; R. B. Brandom, Heidegger's Categories in Being and Time, in: *Monist*, Vol. 66, N. 3, 1983, pp. 387-409.（reprinted in: H. L. Dreyfus and H. Hall (ed.), *Heidegger: A Critical Reader*, Blackwell, Oxford 1992, pp. 45-64.）

（10）例えばローティは、ハイデガーの形而上学批判を否定的にとらえ、歴史の発展の終局をプラグマティズムに見ている。R. Rorty, Heidegger, Contingency, Pragmatism, in: *Heidegger: A Critical Reader*, pp. 209-230.

（11）『田邊元全集』全一五巻、筑摩書房、一九六三―一九六四年。『三木清全集』全二〇巻、岩波書店、一九八四―一九八六年。『九鬼周造全集』全一二巻、岩波書店、一九八一―一九八二年。『和辻哲郎全集』全二五巻・別巻二（増補版）岩波書店、一九八九―九二年。戸坂潤『日本イデオロギー論』岩波文庫、一九七七年。以下をあわせて参照。嶺秀樹『ハイデッガーと日本の哲学――和辻哲郎、九鬼周造、田辺元』ミネルヴァ書房、二〇〇二年。ハンス・ペーター・リーダーバッハ『ハイデガーと和辻哲郎』平田裕之訳、新書館、二〇〇六年（H. P. Liederbach, *Martin Heidegger im Denken Watsuji Tetsuros*, Iudicium Verlag, München 2001）。

（12）原佑『ハイデッガー』勁草書房、一九五八年。渡邊二郎『ハイデッガーの実存思想』勁草書房、一九六二年（第二版一九八五年）。渡邊二郎『ハイデッガーの存在思想』勁草書房、一九六二年（第二版一九八五年）。辻村公一『ハイデッガー論攷』創文社、一九七一年。茅野良男『初期ハイデガーの哲学形成』東京大学出版会、一九七二年。三宅剛一『ハイデッガーの哲学』弘文堂、一九七五年。茅野良男『世界・時間・真理　ハイデガーにおける』朝日出版社、一九八一年。川原栄峰『ハイデッガーの思惟』理想社、一九八一年。茅野良男『中期ハイデガーの思索と転回』創文社、一九八五年。

（13）本研究の掲げる「存在の解釈学（Hermeneutik des Seins）」という表現自体は、アーペルに由来する。アーペルは、「基礎存在論的」発想を「解釈学の哲学的徹底化」として捉え、この徹底化が「本来の方法的自己理解」に達するのは、ハイデガーが「言語」を「人間の自己理解と世界理解における（「存在の明け開け」としての現‐存在における）存在の自己解釈の歴史的な媒体として把握する」中期以降の時点であるとしている。本研究も、基本的にこのアーペルの見解に従っている。もっともアーペル自身はここで、ハイデガーの「存在の解釈学」を含めて、「解釈学」を「言語分析」的な「意味批判」によって補完する「超越論的基礎づけ」を意図している。しかし本研究は、それとは異なり、現存在の解釈学を含めて、存在者的次元と超越論的次元の全体に跨る「存在の解釈学」の包括的解明を意図している。K.-O. Apel, Heideggers philosophische Radikalisierung der »Hermeneutik« und die Frage nach dem »Sinnkriterium« der Sprache, in: *Transformation der Philosophie*, Bd. 1, Sprachanalytik, Semiotik, Hermeneutik, Suhrkamp Verlag, Frankfurt a. M. 1976, S. 276-334, bes. 282f., 294, 296, 300, 325, 330, 332.

（14）『存在と時間』をいわゆる「つぎはぎ」の著作として捉える解釈については、以下参照。R. A. Bast, Ist Heideggers *Sein und Zeit* ein Patchwork? in: *Information Philosophie*, Bd. 4 (2), 1986, S. 18-30; W. Franzen, *Von der Existenzialontologie zur Seinsgeschichte. Eine Untersuchung über die Entwicklung der Philosophie Martin Heideggers*, Meisenheim am Glan, Anton Hain 1975, S. 112.

（15）W. J. Richardson, S. J., *Heidegger: through phenomenology to thought*, 4th ed., Fordham University Press, New York 2003, XXXV-XXXVIII.

（16）M. Heidegger, Preface to Richardson, in: W. J. Richardson, S. J., *Heidegger: through phenomenology to thought*, 2nd ed., Martinus Nijhoff, The Hague 1974, xxii.

第Ⅰ部　『存在と時間』の解釈学的構造

第Ⅰ部の狙いは、一九二〇年代全般にわたるハイデガーの存在論の展開を考察することによって、『存在と時間』の解釈学的構造を明らかにすることにある。

周知のように、『存在と時間』は存在の問いの方法を「現象学」として特徴づけている。とはいえ、その現象学的分析は、実質的には「解釈学」によって遂行されている。「現象学」は「存在者の存在の学」であるが、「現存在の現象学」は本来「解釈学」として理解されるべきものなのである（SZ, 37）。ところがハイデガーは、現象学については、冒頭から多くの紙幅を割いて詳細な規定を行っているのに対して、解釈学の方法的性格や構造については、実のところそれほど充分な規定を行っていない。『存在と時間』の分析の行程では、現存在の存在をその現象に即して記述するという解釈学的分析の遂行が前面に打ち出されているため、解釈学的構造それ自体についての考察は後退せざるをえなくなっていると考えられるのである。

しかしながらその解釈学的分析の遂行は、決して恣意的ではなく、きわめて緻密に構築された構造によって支えられている。というのも、その構造は、初期フライブルク時代の「事実性の解釈学」やマールブルク時代の「日常性の解釈学」における実存的解釈学の発想を受け継ぎながら、さらに高次の実存論的解釈学として構築されているからである。他方、『存在と時間』以後になると、「解釈学」という名称は表立っては用いられなくなる。ところが、二〇年代後半のマールブルク講義やフライブルク講義でのいわゆる超越論的考察を詳細に検討するなら、そこでもやはり『存在と時間』の解釈学的構造が積極的に活かされていることがわかる。ハイデガーにとって解釈学は、『存在と時間』を挟んで、実存的次元から実存論的次元へ、そして超越論的次元へと展開する存在論の歩みを貫く主導的方法なのである。したがって、この三つの次元の連続的展開を視野に収めてはじめて、『存在と時間』の解釈学的構造は全体として見通せるようになると考えられる。

そこで第Ⅰ部では、上記の三つの段階を順次検討してゆくことにする。第一章では、ハイデガーの解釈学的方法の核心をなす「形式的告示」の概念について考察し、初期の「事実性の解釈学」から『存在と時間』へと展開する解釈学的構造を究明する。第二章では、マールブルク時代の一九二四年夏学期講義を手がかりに、『存在と時間』における「日常性の解釈学」の構造を解明する。そして第三章では、一九二〇年代全般にわたるファンタジアの意義の変遷をたどり、カントの構想力についてのハイデガーの解釈から、解釈学の超越論的構造を明らかにする。本章の考察をつうじて、『存在と時間』を中心として実存的次元から実存論的次元、そして超越論的次元に跨る一貫した解釈学的構造が見届けられるはずである。

第一章　形式的告示的解釈学

ハイデガーは、『存在と時間』に先立つ初期フライブルク時代において、自らの哲学的方法を確立するための考察に取り組んでいた。「事実性の解釈学」と呼ばれるその方法の核心をなすのが、他ならぬ形式的告示（die formale Anzeige）の概念である。「形式的告示的解釈学（die formal anzeigende Hermeneutik）」とも呼ばれるこの方法は、ところが、初期のみならず、『存在と時間』をも含む一九二〇年代全般にわたって、表立たないながらも一貫してハイデガーの解釈学的立場を牽引している。[1] それゆえ『存在と時間』の現存在の解釈学を理解するにあたって、形式的告示の概念は不可欠のものであると言ってよい。

しかしながら、初期における形式的告示の概念の成立過程はきわめて錯綜しており、体系的な定義が与えられていない。また『存在と時間』においても、この概念が実際に活用されているにもかかわらず、詳細な規定を欠いている。そのため従来の研究は、形式的告示の意義と構造を十分に明らかにしておらず、『存在と時間』の解釈学の理解について、なお未解決の問題点を数多く残していると言わざるをえない。[2]

そこで第一章は、初期フライブルク講義と『存在と時間』の関係を中心に、形式的告示の概念の意義とその解釈学的構造を明らかにすることをめざす。まず、『存在と時間』における形式的告示の概念に孕む問題点を指摘する（第

1節）。次いで、理念、遂行の形式、そして遂行の着手点という三つの契機から、初期フライブルク講義におけるさまざまな方法との批判的対決を検討し（第2、3、4節）、形式的告示的解釈学の基本構造を析出する（第5節）。それを踏まえて、形式的告示の概念の役割と解釈学的構造を『存在と時間』のうちに読みとり（第6節）、最後に、それ独自の批判的機能を明らかにする（第7節）。

第1節　現存在の解釈学の構造

最初に、『存在と時間』における現象学と解釈学の役割を確認しておこう。『存在と時間』第七節では、「現象学」が存在の意味への問いを問う「哲学一般」の「方法」として規定されている（SZ, 27）。現象学の考察対象となる「事柄」は、現存在にとってあるがままに立ち現れてくる「現象」であり、またその現象を形づくっている「存在」である。「現象学的に理解された現象は、どこまでも存在を構成しているものであり、そして存在とはそのつどの存在者の存在である」。それゆえ「事柄に即して言えば」、現象学は「存在論」を意味しているのである（SZ, 37）。

しかしハイデガーによれば、現象学は考察対象それ自体についての規定ではなく、考察者の哲学遂行の態度全般についての規定である。現象学は「事柄そのものへ」という哲学の問いの「あり方（Wie）」を規定するものであり、それ自体としては「方法概念」にすぎない（SZ, 27f.）[3]。そのため現象学の内実は、現象するものの存在、すなわち存在者の存在をあるがままに記述する作業によってはじめて充実される。存在者の存在が与えられるのは、現存在の存在了解においてであるのだから、現象学の内実を満たす記述は、現存在の存在了解の分節化として行われねばならない。存在了解において、存在者を存在者「として」解き分けてゆく分節化の作業が、「解釈」である（SZ, 149）。したがって「現象学的記述の方法的意味は解釈（Auslegung）」である（SZ, 37）。こうして「哲学は普遍的な現象学的存在論であり、現存在の解釈学（Hermeneutik des Daseins）から出発する」ことになる（SZ, 38）。解釈学とは、現存在の存在了解において、存在者の存在が現象するありさまをそのものとして分節化し記述する作業なのである。

存在了解を分節化して記述するかぎりで、解釈にとって存在了解は不可欠の前提をなす。『存在と時間』第三二節は、この存在了解と解釈の関係を立ち入って規定している。それによれば了解は、現存在自身の「先行構造（Vor-Struktur）」に支えられて、あらゆる解釈に先立って、解釈のための先行的地平を開示する（SZ, 153）。そのさい了解は、あらかじめ開示された意義連関としての趣向全体性を「先行所持」しつつ、「先行視」に導かれながら、そのつど解釈のための概念枠を「先行把握」する（SZ, 150）。解釈は、こうした先行構造に従いながら、「実存論的－解釈学的な《として》」、さらには「命題論的な《として》」をつうじて、存在者の存在を分節化する（SZ, 158）。この「として構造（Als-Struktur）」のなかで、現存在の解釈学は「存在の本来の意味」とともに「現存在自身の存在の根本的な諸構造」を明らかにするのである（SZ, 37）。

現存在の解釈学にとって、考察の着手点は、存在了解の場である現存在である。ハイデガーはこの現存在の存在を、一種の自己関係的な定式によって表現している。「この存在者にとっては、みずからの存在においてその存在それ自身が問題である（es geht diesem Seienden in seinem Sein um dieses Sein selbst.）」（vgl. SZ, 12, 42, 44, 52f., 133, 143, 153, 193, 235, 287, 297, 327, 333）(4)。もっともこの《現存在の定式》は、現存在の存在を具体的に規定しているわけではなく、その「可能性」を「形式的な意味」において表現しているにすぎない。「現存在は、そのつどみずからが存在し、なおかつおのれの存在において何らかの仕方で了解している何らかの可能性にもとづいて、おのれを存在者としてそのつど規定している」（SZ, 43）。現存在の解釈学は、この形式的な可能性を手がかりとして、現存在の存在の具体的な内実を分節化し、記述する作業なのである。こうした意味でハイデガーは、《現存在の定式》を「実存の理念（Idee der Existenz）」とも呼んでいる（SZ, 232f., 302, 311, 314）。

この実存の理念は、現存在の解釈学の分析全体を牽引する役割を担っている。ハイデガーが分析の途上で繰り返しこの理念へと立ち返っていることからも、この点は明瞭に見てとれる。解釈の着手点は、実存の理念のうちで漠然と素描された、平均的日常性における現存在の実存である（SZ, 12, 16f., 43）。そこから出発する解釈の過程は、実存の理念の自己関係的な存在構造に従って、解釈学的「循環」を伴う（SZ, 153）。そして解釈の到達点は、実存の理念に含まれる実存の実質的な意味内容――すなわち時間性――である（SZ, 17）。こうして現存在の解釈学は、実存の形式的な理念から出発し、そのつどこの理念へと立ち返りながら、その実質的内実の獲得をめざして循環的に遂行されることになる。現存在の解釈学は、実存という現存在の存在構造に根ざした解釈の循環運動であり、『存在と時間』は、そうした解釈学的循環の遂行を体現した書物なのである。

ハイデガーによれば、実存の理念をめぐるこうした解釈学的循環は、いわゆる「循環論証」ではない。というのも、いわゆる論理学上の「循環論証」が実存的・存在者的次元にとどまるのに対し、解釈学的循環は実存論的・存在論的次元に位置しているからである。そもそも実存の理念自体「前存在論的」なものであり、究極的には、現存在の存在にもとづく「存在論的」次元に属している（SZ, 312, 314）。実存の理念のこうした存在論的性格を、現存在の解釈学の循環的な遂行に対して指示するのが、他ならぬ「形式的告示」の機能である。実存の理念は、実存の存在論的内実を「形式的告示的」に指示したものであり、その内実は、現存在の解釈学そのものによってそのつど開発、決定される（SZ, 314f.）。つまり形式的告示は、実存の理念をめぐって、実存的・実存論的、存在者的・存在論的という異なる次元の間を繋ぐ、いわば蝶番としての役割を担っているのである。

ところが、このように解釈の存在論的位相にかかわる重要な方法概念であるにもかかわらず、『存在と時間』は形式的告示についての明確な規定を与えていない。ここではむしろ方法的意識が背後に退き、分析の具体的内容に比重が傾いているために、形式的告示の構造は分析過程そのもののうちに組み込まれてしまっている。それゆえ形式的告示がいかなるかたちでそれぞれの次元の区別を繋いでゆくのか、どのような過程で実存の理念の開発にかかわるのかは、かえって見通しにくくなっていると言わざるをえない。そこで次に、ハイデガーが形式的告示の概念について集中的に論じている初期フライブルク講義群へと遡って、その解釈学的構造を検討する。

第2節　理念

ハイデガーはすでに学位論文において論理学への高い関心を示していたが、しかしそれは教授資格論文にも見られるように、当初から論理学の問題圏をはるかに超える射程を持ったものであった。「論理学とその問題がそこから解釈される連関が超論理学的な連関にならないとすれば、そもそもそれらをほんとうの光のなかで見つめることはできない。哲学はいつまでもその本来の光学、つまり形而上学を欠いたままで過ごすことはできない」（GA1, 405f.）。初期ハイデガーが「事実的生の解釈学」の名のもとに求めたのも、そうした伝統的論理学を乗り越える方法であった。そのさいハイデガーは、「事実的生」という実存的概念を中心に、さまざまな方法との批判的対決をつうじて、形式的告示という独自の解釈学的方法を彫琢してゆく。以下ではその過程を、理念、遂行、そして遂行の着手点という三つの方法的契機に即して順次検討する。最初に取り上げるのは、理念の契機である。

一九一九年の戦時下緊急学期講義「哲学の理念と世界観の問題」と同年の夏学期講義「現象学と超越論的価値哲学」において、ハイデガーは一切の学問の学問たる「根源的学（Urwissenschaft）」構想を打ち出している。やがて「事実的生の解釈学」へ展開することになるこの根源的学の構想において、最初に問題となったのは、そのありうべき「理念（Idee）」であった。というのも、根源的学が、文字どおりあらゆる学問に先んじる学である限り、その理念や方法を他の学問から借りてくることは許されないからである。根源的学は、みずからの学問としての遂行をつうじて、みずからの理念と方法を獲得しなければならない。この循環に対処するためにまず手がかりとされるのが、カントの「理念」である。ハイデガーは、『純粋理性批判』における「理念」の「傑出した意味」を高く評価し、「そのいくつかの概念的要素」を自らの考察でも継承すると述べている（GA56/57, 13）。カントとの関係についてはそれ以上立ち入って論じられていないが、この理念の位置づけは、根源的学ならびにその方法の理解にとって、大きな重要性を持っている。

理念の解明は、『純粋理性批判』第二部「超越論的弁証論」の主題であった。そこでは超越論的理念は、一切の経験に先行して多様な認識の体系的統一を導く原理として位置づけられている。超越論的理念は、経験的対象を含むいかなる「対象」にもかかわることがなく、またそうした対象のいかなる「規定」も受けつけない。しかしそれにもかかわらず、超越論的理念は「統制的原理」として、「理性の経験的使用」を「無限に（無規定に）促し確立する」と同時に、「諸対象の一切の可能的な経験的認識」を「体系的統一」へと導く。[5]「連関」とも呼ばれるこの体系的統一は、「普通の認識をはじめて学にする」[6]。つまり超越論的理念は、対象としては未規定的な「未知なるあるもの」であるが、しかし多様な悟性認識を拡張し、学を体系的に統一する要因としてはたらくのである[7]。

ハイデガーは、この学の統一というカントの統制的理念の基本的な意味を踏まえながらも、そこに独自の拡張を施して根源的学の「理念」の「本質的な構造の実質」へと導入する（GA56/57, 13f.）。理念は、それに完全に適合する「対象」をもたず、また「完全な規定」を受けつけない「否定的なもの」である。しかし理念においては、「漠然とした表象や推測」が行われているわけでもなければ、「空虚な形式的論理学的な可能性」や「内容的に恣意的で偶然的な可能性」が与えられているわけでもない。そこでハイデガーは、理念の持つ一定の規定可能性を強調する。「確かに理念の対象は究極的には規定可能ではないが、理念それ自体は究極的には規定可能であり、理念の意味を未解決のままにしてはいない。理念は究極的には規定可能な規定性である」（GA56/57, 14）。しかもその規定可能性は「ある意味の統一として把握されうる一義的に（eindeutig）限定可能な連関」である（GA56/57, 14）。ここからさらにハイデガーは踏み込んで、理念の対象の未規定性も、それとしては規定可能だと考える。というのも、理念の対象そのものは規定しえないにしても、それをめぐる「方法」の可能性と形式は規定可能だからである。理念の対象の「未規定性」は「規定された未規定性」であり、そこでは「それ自体では未完結な規定可能性の本質的な方法的可能性と形式」が規定されている（GA56/57, 14）［傍点は引用者による強調］。こうしてハイデガーは、カントとは異なり、理念と方法の

《規定可能性》を積極的に前面に打ち出すのである。

この独自の拡張の背景には、当時の新カント派の「理念」や「方法」の把握に対するハイデガーの反発が控えている。ハイデガーによれば、マールブルク学派の「客観的観念論」による「超越論的解決」では、「自然科学」によって「認識概念の狭窄」が生じている（GA56/57, 84）(8)。他方バーデン学派でも、「フィヒテ」によるカント哲学の実践化の影響下で、「超越論的価値」をめぐる思考は「目的論的」になっている（GA56/57, 142f., 145）(9)。心理学は言うまでもなく、理論であれ実践であれ、あるいは経験論であれ超越論であれ、はじめから何らかの立場を前提するなら、根源的学の理念と方法のうちに予断が忍び込むのは免れない。そこでハイデガーは、新カント派とは別なかたちで、カントの「理念」と「方法」の持つ「可能性」を拡張しようとする。その手がかりとされるのが、フッサール現象学とディルタイの精神科学である。

フッサールは、『イデーンI』のなかで、カントの理念を用いて現象学の学問的身分を特徴づけている(10)。それによれば、学問は記述的自然研究のように「漠然」として「不精密」な「記述」を行う「記述的学問」と、幾何学のように「一義的（eindeutig）」で「精密な（exakt）」「規定」を行う「精密な学問」とに区別される。前者が事実的な「感性的直観」にしたがってさまざまな形態の記述を行うのに対して、後者は「理念視（Ideation）」をとおして「カント的な意味における《理念》（„Idee" im Kantischen Sinne）」の「本質」を規定する。この理念的本質は、「感性的直観」では達しえない「理念的な《極限》（ideale „Grenzen"）」である。この区別を踏まえたうえで、フッサールは現象学を「現象学的態度においてなされる、超越論的に純粋な体験の記述的本質論」として特徴づける(11)。フッサールは、続く第八三節における体験の把握の考察においても、「カント的な《理念》を見て取る理念視（die eine Kantische „Idee" erschauende Ideation）」に言及している。この「理念視」は、さまざまな体験の間で繰り返し行われる反省の「進行上の無際限性（Grenzenlosigkeit im Fortgang）」のうちに、統一的な体験流の「連関」を見てとる。この連関の統一は、「その内容の十全な規定が達成不可能である」にもかかわらず、「絶対的に疑いえない」ような「疑いえなさ」を持つのである。[12] このように見てくるなら、ハイデガーは、理念の規定不可能性のなかに疑いえなさを見てとるフッサールの「理念視」の発想を下敷きにして、根源的学の理念を「一義的に限定可能な連関」として捉えていたことがわかる。そしてこの「理念視」は、体験流の統一的連関への「純粋」な眼差しであるかぎりにおいて、同時に、一切の予断を排して事実的な生の「体験」をありのまま厳密に「記述」する方法を提供することにもなる。ハイデガーが、ナトルプの「記述的反省」の立場に抗して、「一切の立脚点的なものを度外視するという現象学の基本的要請」を掲げているのも、そのためなのである（GA56/57, 109）。

しかし他方でハイデガーは、こうした「理念視」や「記述」を、フッサール現象学の「超越論」的発想に全面的に回収することなく、ディルタイの精神科学の発想からも捉えようとしていた。そのさいハイデガーが注目したのは、ディルタイの歴史意識である。ハイデガーは、新カント派よりもいっそう広範な「歴史的意識」からカントを捉えなおそうとした点で、ディルタイを高く評価している。「ディルタイは、カントの復興というより、むしろいっそう深遠なもろもろの根源から、ドイツ的運動との（とくにシュライエルマッハーとの）、そして歴史的意識の発展との一貫性から、歴史的理性批判の問題に包括的に着手している」（GA56/57, 163）。同時にハイデガーは、ディルタイの企てが自然科学とは異なる自立的な立場である点を強調する。ディルタイは「人間学」と並んで「心理学」を「根本学（Grundwissenschaft）」とみなしているが、しかしそれは「説明的」な「自然科学的な方法体系としての心理学」ではない。この「根本学」は、精神の「自己省察」ないしは「記述をつうじた精神的生の諸形式の研究」であり、「一切の関係の担い手である生の統一と、われわれの内部におけるその連続性」を明らかにするものなのである（GA56/57, 164f.）。[13] ハイデガーによれば、ディルタイは生涯にわたってこの来るべき学問の創出に取り組む一方、その「理念」についても「多くの価値ある直観」を示している（GA56/57, 165）。一九一九／二〇年冬学期講義『現象学の根本問題』でも述べられているように、ディルタイは「精神史に新たな局面」を切り開くとともに、「その理念」を「記述的心理学の理念」として作り上げたのである（GA58, 9）。そこで重視されているのは、「歴史的世界における個別的で一回的なものの意義」に他ならない（GA56/57, 165）。

それゆえハイデガーは、フッサール現象学とディルタイ精神科学の双方向からカントの「理念」を規定しなおしていると言える。フッサールの「理念視」にしたがえば、理念は、体験に対する反省のなかから生じる無際限性のうちに見定められる。しかしディルタイの「歴史的意識」によれば、理念は、個別的で一回的な体験そのものの普遍性のうちに見定められる。ハイデガーがディルタイを踏まえつつ述べているように、「歴史家は特殊なもののうちに、人間的な事柄の普遍的なものを探す」のである（GA56/57, 165）。したがって根源的学の理念は、事実的生の体験の個別性と普遍性とを同時に満たす統一的学問として考えられていると言える。これにおうじて、記述の方法もやはりフッサールとディルタイの双方向から規定しなおされる。フッサールの「理念視」がめざすのは、個別的体験の構成要素ではなく、体験流の統一の普遍的本質の記述である。しかしディルタイの「記述」がめざすのは、個別的で一回的な体験の普遍性である。それゆえ「現象学的‐歴史的対決」こそが「現象学的な探求にとって同一的‐統一的な根源的方法」とされることになる（GA56/57, 126）。こうしてハイデガーは、フッサール現象学とディルタイの精神科学を媒介にして拡張されたカント的「理念」と「方法」の「可能性」を根源的学へと導入するのである。

第3節　遂行

ハイデガーは、方法を支える事実的生の「体験」ないし「遂行」の契機を考察するにあたっても、基本的にフッサールの現象学とディルタイの精神科学を手がかりにしている。そこでもハイデガーは、両者の相補的関係から、事実的生の遂行を捉えようとしている[14]。根源的学は、一切の前提を排するという現象学の立場を継承しているが、そうした現象学の「原理中の原理」は、なにより「直観（Intuition）において本源的に（originär）現れる一切のものを与えられるがままに受け取る」ことにある（GA56/57, 109f.）[15]。すでに見たように、ハイデガーは、フッサールにおける「直観」の意義を積極的に評価していた。「これまでの現象学の功績は、現象そのものへ本源的に立ち返ること、つまり直観の原理的意義を強調したことにある」(GA58, 237)。この意味では、生の遂行の第一の契機は「直観」である。ところがハイデガーによれば、この原理は、まさに「一切の原理に先立つ」かぎりにおいて、「何ら理論的本性を持っていない」。むしろこの原理は「真なる生一般の根源的志向性(Urintention)、生そのものの体験の根本態度(Urhaltung)、絶対的な、体験そのものと同一化した生の共感(Lebenssympathie)」である(GA56/57, 109f.)[16]。つまり直観は、フッサール流の理論的反省に尽きるものではなく、その根底には、一回的な生の体験と一体化するディルタイ流の解釈学的意識が横たわっているのである。そのため「根源的」な「体験」は、「解釈」と「直観」を融合した「解釈学的直観(hermeneutische Intuition)」とも呼ばれる(GA56/57, 117)。生の遂行の根源的契機は、共感という解釈学的体験なのである。

とはいうものの、ディルタイにも問題がないわけではない。というのも、ディルタイは「原理の究極的な根本動機」や「方法体系の鮮烈な純粋さや新しさ」には達していないからである。「現象学の原理的な基礎づけ」によってはじめて、「ディルタイの生の持つ謎めいた憧憬」は満たされる(GA56/57, 165)。ハイデガーは、現象学の厳密さと生きた体験とを重ね合わせながら、事実的生の遂行の解明に取り組んでゆく。その解明は同時に、事実的生の遂行にふさわしい現象領域や言語表現の問題とも絡み合ったものであった。そこでこれらの問題を、以下では解釈学と現象学の両側面から検討する。

(1) 解釈学的遂行

一九一九/二〇年冬学期講義『現象学の根本問題』は、あらためて「根源学(Ursprungswissenschaft)」の身分を厳密に考察しなおす作業から開始されている。そこにはすでに、のちの形式的告示を先取りするような言い回しが見出せる。「根源」や「学」をはじめ、「理念」や「方法」などといった「さまざまな語義はすべて、なおまったく形式的であって、何ごとも先行的に決定することなく、ある方向を――それを未確定なままに――仄めかしているだけである」（GA58, 3）[17]。既存の哲学的言語の意味をすべていったんは括弧に入れたうえで、生がみずからに語りかける固有の「言語」が聴き取られねばならない（GA58, 31, 42, 231）。事実的生に固有の言語表現は、さしあたり直接には与えられていないのである。

　これにおうじて、事実的生の体験の様態も二つに区別される（GA58, 27ff., 30f.）。ひとつは、生が自明な先行的所与を直接的に体験する様態であり、「生自体（Leben an sich）」と呼ばれる。もうひとつは、生の体験の「根源領域」の様態であり、「自足性（Selbstgenügsamkeit）」と呼ばれる。「生自体」では、生はみずからの先行的所与に密着して、生き生きとした体験を過ごしている。しかしそうした「生自体」に先立って、生はすでに世界とかかわりをもち、すでにその構造上自己充足を得ている。「生自体」では見過ごされているこの「自足性」に近づけるのは、「徹底的に学問的な方法」や「根源的な学的態度」のみである（GA58, 27, 203）[18]。とはいえ、自足性の内実をはじめ、それに迫る学的方法や態度も、またそれらにふさわしい具体的な表現や言語も、いまだ充分に確立できているわけではない。そこでさしあたりの手がかりとされるのは、「生自体」においてきわだった「浮き彫り性格（Reliefcharakter）」を持つ「世界」の現象である。

　体験に対する世界の直接的現象は、戦時下緊急学期講義においてすでに「それは世界化する（Es weltet）」という非人称表現によって言い当てられていた（GA56/57, 73）。ここではそれがさらに「周囲世界（Umwelt）」・「共同世界（Mitwelt）」・「自己世界（Selbstwelt）」という相互に入り組んだ三つの層に区分されている。「周囲世界」は「風景や地域や町や荒野」であり、「共同世界」は他者と一緒に生きている世界であり、「自己世界」は「私自身」の生きている世界である（GA58, 33, 45f.）。いずれの「世界」も「生自体」の「現出連関（Bekundungszusammenhang）」であり、それらはまた多様な「表現連関（Ausdruckszusammenhang）」のなかで描き出される（GA58, 49f., 54f.）。「生き生きとした生自体においては、すべてが何らかの仕方で表現されている」のである（GA58, 46）。この表現連関には、「芸術」

や「宗教」、さらには「精神史」や「自然科学」などの「理論的学問」も含まれる。三つの世界のうち、ハイデガーは考察の焦点を「自己世界」へと絞り込んでゆく。というのも「事実的生は、特異なかたちで自己世界へと先鋭化されながら生きられ、経験され、またそれにおうじて歴史的にも理解されうる」からである（GA58, 59）。

この考察の過程では、「自伝」や「伝記的研究」が「自己省察の表現形式」として取り上げられる一方、「心理学」は「自己世界の理論的学問的表現連関」として批判されてもいる（GA58, 57ff., 99）。客観的理論的学問は「脱生化」の傾向を孕んでおり、「自己世界」を捉えることができない（vgl. GA56/57, 74, 91, 100; GA58, 78）。自己世界は、事実的生の「根本経験」の場であり、「生の全体性」が表現されている「根本状況」である。そしてこの根本状況としての自己世界における「有意義性（Bedeutsamkeit）」が、世界のあらゆる経験に対して「現実性」を与える（GA58, 231, 107）。こうしてハイデガーは、「表現」の「連関」を媒介にしながら、理論的学問としての心理学を斥けつつ、「自己省察」をとおして、生の内的かつ歴史的な根本体験の「現実性」と「有意義性」の解明を図る。実のところこの一連の考察は、ディルタイの『記述的分析的心理学の理念』、そしてわけても『精神科学における歴史的世界の構成』の続編草案の発想をほぼ踏襲したものとなっている（vgl. GA58, 12, 9）[19]。生の現象としての「表現」は、同時に歴史的な生を解釈するための「媒介」でもある。それゆえハイデガーは「根源学は究極的には解釈学的根源学である」とも述べているのである（GA58, 55, Anm.）。

しかし同時にハイデガーは、すでにディルタイとは異なる方向へ歩みはじめてもいる。第一は、「自己」への定位である。ディルタイは、他者や共同体や国家との関係をつねに念頭において「個人」を捉えている。それに対して、ハイデガーは他者や共同性よりも自己に強く定位する。もとよりその自己は、認識論的自我でもなければ独我論的な自我でもなく、むしろ他者経験や世界経験と連動している。自己は、「生との親しみを獲得したり失ったりする過程」としての「自己‐自身を‐持つこと（das Sich-Selbst-Haben）」、すなわち「状況」をそのつど新たに経験しなおす「遂行（Vollzug）」なのである（GA58, 258, 260）。とはいえ、そうした遂行の焦点はあくまでも「自己」にある。この点は、ハイデガーの「意味」の理解においても一貫している。「自己の自発性」から発現する「遂行意味（Vollzugssinn）」と、さまざまな「傾向」におうじて遂行が関与する「連関意味（Bezugssinn）」とが区別されているのも、そのためである（GA58, 260）。

第二は、生における「意味」の「発生」への着目である。ディルタイは『記述的分析的心理学』のなかで、自然科学的な経験的記述を斥けながら、生の「発達」を「構造連関、合目的性、生の価値、心の分節化、心的獲得連関の形成、創造的な過程」といった諸契機の内的な関係において捉えている。[20] ハイデガーは、基本的にこのディルタイの立場にしたがって、生にかんする経験的な「事実的な発達史的考察」を排除する（GA58, 102）。しかしさらにハイデガーは、「合目的性」や「価値」、そしてそもそも「発達」といった概念をも斥ける。先に見たように、これらの概念の使用は、既存の前提を生の考察へ導入することになるからである。ハイデガーの関心は、生の「発達」ではなく、むしろ生における「意味」の「発生」へと向けられている。「われわれは、自己世界の経験の意味を、一般に際立った経験の意味を理解しようとしている」。それは「意味への問い」であり、「意味の発生的問い」なのである（GA58, 102）。事実的生の意味は、「一定の生世界」を包括する内容を持った「理念」へと生成し、そこから事実的生を動機づける一定の「内容意味（Gehaltsinn）」となる（GA58, 261）。「生の状況の根源的構造」を形づくるのは、これらの「連関意味」と「遂行意味」と「内容意味」である（GA58, 261）。こうして生の自己遂行は、表現連関という媒介を経由するディルタイ解釈学の発想と結びつく一方で、根源的な意味の発生というフッサール現象学の発想とも結びつくことになる。

（2）現象学的遂行

とはいえフッサール現象学は、先にも述べておいたように、客観的理論化の傾向を孕んでいる。そのためハイデガーは、フッサールの分析の批判的考察をつうじて、客観的理論化に尽きない事実的生の遂行の「表現」や「意味」を抽出しようと試みる。そこで最初にハイデガーが着目したのは、フッサールの「普遍化（Generalisierung）」と「形式化（Formalisierung）」の区別であった。

フッサールは『イデーンI』において、形式存在論の観点から、上記の区別によって対象一般の純粋論理学的な基礎づけを行っている。[21] それによれば、普遍化では、赤い色は感性的質という上位の類に従い、また三角形は空間形態という上位の類に従う。それに対して形式化では、赤や三角形などの質一般、物一般は「存在（Wesen）」の範疇に従う。色から感性的質への普遍化と、感性的質から存在への形式化とのあいだの決定的な違いは、「事象内容（Sachhaltigkeit）」の有無にある。ハイデガーが一九二〇／二一年冬学期講義「宗教現象学入門」において的確に指摘しているように、「普遍化」は「事象内容上（sachhaltig）規定されている」が、「形式化」は「事象内容上制約されていない」のである（GA60, 58）。普遍化は、ある対象の事象内容を基準として、他の対象を階層的に秩序づける。そのため各階層の対象は、特定の事象連関を共通項として相互に結びつけられる。こうして普遍化の「秩序づけ」は、「対象一般の意味」を「目指す先（worauf）」という《理念》として設定し、「理論的見地の関連（der theoretische Einstellungsbezug）」を形づくる（GA60, 61）。

しかしそれに対して形式化は、対象の事象領域や事象内容には拘束されない。例えば「この石はひとつの対象である」という形式化の言明では、石はたんなるひとつの対象として考えられている。そのさい石と対象のあいだに、「質料のある物体」といった事象内容や、物体といった事象領域の共通性は前提されていない。この形式化を経てはじめて、石と対象は同一の事象領域のうちで見出され、同一の事象内容のもとで階層的に秩序づけられる。それゆえ形式化の根底では、何らかのものを端的な対象とみなす、いわば《原初的志向性》が働いているのである。ハイデガーは、形式化の根底に働くこの原初的志向性を、事実的生の自己遂行へと結びつける。[22] すでに「哲学の理念と世界観の問題」においても述べられていたように、「形式的な対象化は自由」であり、その射程は「理論的な領野や客観的な領域」よりも「明らかにより広範」である。形式化が「標示（Index）」しているのは、「世界以前」の「体験可能なもの一般」であり、そこには「生の最高度の潜在性」ないし「生の強度」をそなえた原初的志向性の「生の躍動力」が張っている(GA56/57, 114ff.)。そのため『現象学の根本問題』で述べられているように、この根源的で潜在的な生の力は、客観的で理論的な表現連関にとっては、「無規定」で「最高度に潜在的なきわめて不気味なもの」として現れる(GA58, 107f.)[23]。事実的生の自己遂行の起点となる根源的領域は、客観的で理論的な言語表現や概念把握によって捉えることはできない。形式化は、そうした言語と概念からは抜け去ってしまう事実的生の根源的領域を指示する方法概念なのである。

そこで次にハイデガーは、フッサールの「表現」と「意味」をめぐる議論のうちに、事実的生の自己遂行を見てとることを試みる。ハイデガーは、一九二一/二二年の冬学期と一九二一/二二年の夏学期の演習で、フッサールの『論理学研究』第二巻を取り上げている[24]。フッサールはその第一章第一三節で、客観的意味と主観的意味とを区分し、さらにそれぞれに対応する「客観的表現(die objektiven Ausdrücke)」と「偶因的表現(die okkasionellen Ausdrücke)」とを区別している[25]。客観的表現は、公理、定理、証明、理論等、抽象的な学問が使用する表現形態であり、その意味は現実の状況にまったく依存しない。数学の定理は、いつ、誰が、どこで言明しようとその意義は一定である。それに対して偶因的表現では、話し手やその状況におうじてそのつどの意味は変化し、動揺する。例えば「私」という人称代名詞は、そのつどの話し手自身を表示するとともに、そのつどの状況に応じた意味をつねに新たに生み出す。フッサールが挙げている指示代名詞(「これ」)や、空間的表現(「ここ」、「そこ」、「上に」、「下に」)、時間的表現(「今」、「昨日」、「明日」)なども やはり、同様である。

とはいえ、偶因的表現にみられる主観的・経験的・偶然的な性格は、客観的な明証性と絶対性が求められる論理学の内部では、きわめて異質な要素である。フッサールは、こうした主観的表現を客観的表現のうちへ回収するために「客観的理性の無制約性(Schrankenlosigkeit)」という考え方を導入する。「どの主観的表現も客観的表現によって置きかえられるのだというわれわれの主張は、根本的には、客観的理性の無制約性に他ならないということ、これは事実明らかである」[26]。フッサールにとって、「意義」は不変の「イデア的統一体」であり、この統一的な意義を客観的理性がさまざまに反復することによって、個別的な意義の変化や動揺が生じてくる。それゆえフッサールにとって普遍性ないし一般性と呼びうるものは、客観的な理念的意義の側にある。この構造は、先の「理念視」の場合と同様である。しかしそれに対してハイデガーが問題視したのは、客観的な論理的表現へ引きつけられるあまり、個々の生の自己遂行とその言語表現の意味が閑却されている点であった[27]。フッサールも、のちの一九一三年の『論理学研究』第二版の序文では、かつての自らの分析の強引さを認めて、偶因的な意味があらゆる経験的述定を含むとしている[28]。のちのフッサールの言い回しを借りるなら、「偶因的表現は生活世界の表現」である[29]。つまり偶因的表現は、そのつどの時間的・空間的状況のなかで、事実的生の遂行をつうじてそのつど発生する意味を表現する言語形式なのである[30]。

こうした主観的な偶因的表現の重視は、キルケゴールの「間接的伝達(die indirekte Mitteilung)」へのハイデガーの着目にも窺うことができる。一九一九年から二一年の間に成立した「カール・ヤスパースの『世界観の心理学』へ寄せる書評」(以下「ヤスパース書評」と略記)のなかで、ハイデガーはキルケゴールの「厳密な方法意識」を高く評価している(GA9, 41)。キルケゴールは、いわゆる科学的真理としての客観的真理と、個人的で非体系的な真理、いわゆる「非学問的(unwissenschaftlich)」な主観的真理とを区別した。前者は論理的言語や数式などによって直接的に伝達されるが、後者はイロニーや匿名などといった間接的な表現手段によって伝達される。間接的伝達においては、伝達の受け手は具体的内容を何も伝達されない。伝達の受け手は、伝達内容に対する否定的反省をつうじて、そのつどの具体的状況のなかで決断を下すよう促される[31]。これを踏まえながら、ヤスパースは『世界観の心理学』のなかで間接的伝達について論じている。ヤスパースによれば、それぞれに絶対的に個別的な個人のあいだでの交わりは、「客観的一般的な原理」ではなく、「間接的伝達」によって可能となる。「しかし間接的伝達は、重大事をすっかり解明することはできないが、そのものを人間から人間へと連接するところの一本の糸である」[32]。ヤスパースにとって、間接的伝達の重心は、個人が孤独を超えて自己自身と他者との交わりへ開かれてゆく点にある。それに対して、ハイデガーが「ヤスパース書評」のなかで強調するのは、やはり「自己」の側面である。真剣な哲学的思考は「積極的批判」や「表明（Kundgabe）」として営まれるが、しかしその内容は、同じ世界を共有する「他者」に対して、客観的な「概念」や「理論」によって伝達されるわけではない。哲学的思考を営み語る他者の姿から、各人は個別的状況のなかで、みずからの哲学的思考と語りの「動機」を見つめなおし、決断するよう「注意を喚起（Aufmerksammachen）」される（GA9, 6, 28, 41f.）[33]。ここには、フッサール批判と同様、表現連関における理論的客観化への警戒が窺える。あらゆる伝達が「間接的」であるかぎりは、哲学的思考とその語りの表明は、どこまでも事実的生の自己遂行から発生するのである。

ハイデガーのフッサール現象学への批判は、徹底した反客観的理論の立場によって貫かれている。事実的生の遂行は、言語や概念といった表現連関を経由して「連関意味」を獲得するやいなや、不可避的に客観的理論化の傾向に晒される。しかし事実的生の遂行は、もともと謎めいた自己世界の根源的領域を発生の起点としている。「形式化」の根底に指示されたのは、まさにそうした無規定な事実的生の根源領域であった。そうした無規定な根源領域を発生の起点とするかぎりで、事実的生の遂行は、連関意味の裏側で、客観的理論化には回収されない意味をつねに生み出し続けている。「偶因的表現」や「間接的伝達」は、そうした「遂行意味」を指示している。「遂行意味」によってこそ、あらゆる経験一般の根源的な「内容意味」は充実されるのである。

ハイデガーは、こうした「内容意味」、「連関意味」、「遂行意味」という三重の「意味の全体性」によって、「現象」が形づくられているとする（GA60, 63）。それゆえこの三重の意味を持つ「形式的告示」が、いまや現象学の主導的方法となる。「現象学的解明にとって主導的となるであろう意味の方法的使用を、われわれは《形式的告示》と名づける」（GA60, 55）。ディルタイ解釈学とフッサール現象学との批判的対決を経て、ここにハイデガー独自の《生の解釈学的現象学》は、最初の決定的な一歩を記したと言ってよい。そこで次に、この形式的告示の三重の意味を立ち入って検討し、そこからさらに遂行の着手点の契機に目を向けることにする。

第4節　遂行の着手点

ハイデガーは、「内容意味」をしばしば「理念」と言い換えている。そこからも窺えるように、「内容意味」は、カントの統制的理念の意義を受け継いでいる。そのため「内容意味」は、どこまでも未規定な可能性を保持し続ける。「連関意味」は、生が個別的具体的な状況のなかで獲得する意味であり、客観的理論化への強い傾向を持つ。そうした「連関意味」を引き受けながら、「内容意味」へ向けて、事実的生の自己遂行によって獲得される意味が、「遂行意味」である。「形式的告示」は、この三重の意味の緊密な一体性をつうじて、空虚な形式的存在の意味を充実させる方法である。一九二一／二二年冬学期講義『アリストテレスの現象学的解釈』では、この一体性が次のように規定されている。「形式的告示。《存在》は、告示された形式的な空虚さである。けれども、了解の着手の方向（Ansatzrichtung）をしっかりと規定している。つまり存在者として了解する態度を持つ、という着手の方向である！」（GA61, 61）。生の遂行の理念は、同時に生の遂行の着手点でもある。つまり形式的告示は、事実的生の遂行が目指すべき意味をあらかじめ理念として告示するばかりでなく、その遂行が開始される着手点を同時に告示してもいるのである。

ここでハイデガーは、アリストテレスの『ニコマコス倫理学』第六巻を手がかりに、形式的告示の三重の意味を彫琢している[34]。アリストテレスによれば、個々人はそのつどの状況下で「つねに別様でありうる」可能性を孕んでおり、客観的に理論化できない多様な実践的行為をなす。そうした実践的行為を司る能力が、フロネーシスである。アリストテレスは、こうした実践的行為を記述するために、「およそおおまかに真実を指示する（παχυλῶς καὶ τύπῳ τἀληθὲς ἐνδείκνυσθαι）」という「示唆（ἔνδειξις）」の方法を用いている[35]。アリストテレスによれば、実践を研究するにあたっても、「理論」や「技術」と同様、いったんものごとの「輪郭を描くこと（περιγράφειν）」がなされたうえで、さらに「精緻に仕上げること（ἀναγράφειν）」が求められる。もっとも、実践における「精確さ（ἀκρίβεια）」は、理論や技術の場合と同じではない。実践的行為における精確さは、技術によっても、また他人からの一般的な勧告によっても決定することはできない。それはむしろ、各人のそのつどの実践的行為において、その「好機（καιρός）」に従って決定される。[36] このように、状況を一瞬にして見通し、実践の歩むべき方向性を精確に指し示すものが、「原理的端緒（ἀρχή）」である。「原理的端緒は全体の半ば以上であり、それによって求められているものは、多分に光を与えられるように思えるからである」。[37] ハイデガーは、『アリストテレスの現象学的解釈』講義の覚書のなかで、このアリストテレスの表現を引用しながら、みずからの研究を特徴づけている。「この覚書は《プログラム》などではない。そうではなくて、もろもろの原理を指し示すもの（ein Hinzeigen auf die Prinzipien）、われわれの《歩み》がそこに沿ってゆくべき導きの糸の終点が確保されるような、そうした方向への指示（ein Hinweis in die Richtung）である。厳密さを実際に《持つ》者、つまり厳密さをすっかり理解してしまい、そうした理解のなかで厳密さを自分のものにしてしまった者、そうした者は《すでに全体の半ば以上》に達しているのである」（GA61, 192）。

ここでの形式的告示的意味の変化は、次の六点にまとめられる。第一に、遂行意味は実践的行為における意味へと変化している。それゆえ、事実的生の自己遂行の反客観的理論的性格は、ここで明確に実践的性格として位置づけられていると言える。第二に、内容意味としての理念は、実践的遂行の原理的端緒へと変化している。理念＝内容意味＝原理的端緒は、客観的には必ずしも十全な意味規定をもたないが、しかし実践的遂行の方向をあらかじめ告示する。第三に、現象学的な理論的反省の「厳密さ」に代えて、実践的遂行の「精確さ」が前面に打ち出されている。原理的端緒は、《半ば以上》の「精確さ」で、実践的遂行の全体像を告示する。そして第四に、実践的遂行を導く原理的端緒のうちに、実践的時間性格が認められている。それによって形式的告示は、実践的遂行の着手点において実践的時間を指示する。「《形式的》ということが、告示されたものを根源的に充実する時熟の遂行にとって、《着手の性格》を与えるのである」（GA61, 33, vgl. 20）。実践的時間の形式的告示は、《半ば以上》にしか及ばないために、実践的遂行をつねに暫定的な状態にとどめる。しかしそれゆえに実践的遂行には、つねに新たな《可能性》の余地が開かれることになる。つまり形式的告示は、実践的遂行に対して、つねに無規定で空虚な《非現前的時間》を指示するのである。この《非現前的時間》をつうじて、実践的遂行はつねに新たな循環運動へと促されることになる。そして第五に、この実践的時間の規定として、新たに「時熟意味（Zeitigungssinn）」が形式的告示に導入されている。この時熟意味は、周囲の状況を先取りして、事実的生の実践的遂行を可能にする。「時熟は、時熟意味へむけて解釈されねばならない。〔つまりそこから事実性へ、事実的な生と実存へ。状況（Situation）、先行把握（Vorgriff）、根本経験（Grunderfahrung）〕」（GA61, 53）。それゆえ第六に、時熟意味は、事実的生の根本経験や状況などを含む「自己世界」を根底から支える《理念》であると言ってよい。

ハイデガーは、「根源的学」ないし「根源学」構想においてすでに、事実的生の歴史性に目を向けていた。アリストテレス解釈は、まさにそうした事実的生の歴史的解釈の実例と言える。しかもこの解釈をとおして、ハイデガーは形式的告示の理念＝原理的端緒に、新たに時熟意味を導入している。ハイデガーにとって、アリストテレス解釈における課題の一つは「原理と諸原理（ἀρχή-αἴτιον）の問題」であった。そして「原理的な認識としての哲学することは、生の事実性の持つ歴史的なものを先鋭的に遂行することに他ならない」（GA61, 112, 111）。それゆえアリストテレス解釈は、ハイデガーの《生の解釈学的現象学》を歴史的次元へと開く、最初の本格的な《解釈の遂行》でもあったと言えよう。

こうして形式的告示の構造が、理念、遂行、着手点という三つの契機から明らかにされた。しかしながら、形式的告示はこれらの契機に尽きるものではない。というのもハイデガーは、この三つの契機をさらに「転落態」の問題圏において包括的に論じているからである。そこで次にこの転落態を含めて、形式的告示の全体的構造を検討することにする。

第5節　形式的告示の構造

「転落態（Ruinanz）」は、崩壊、破綻を意味するラテン語のruinaと、墜落、落下を意味するドイツ語のSturzを組み合わせたハイデガーの造語である。転落態は、生が自己自身から世界へと転落し、崩壊する運動を意味している（GA61, 131）[38]。生は、つねに世界を「気遣う（bekümmern）」ものであり、その限りにおいて、世界の側からしか自己を了解することができない。したがって生の自己遂行や自己解釈は、つねにすでに転落態のうちで営まれていることになる。

ハイデガーは、こうした転落態の動性を次のような「形式的告示的定義」によって規定している。「事実的生の動性は、事実的生をそれ自身において（*in ihm* selbst）、それ自身として（*als es* selbst）、おのれ自身に対して（*für sich* selbst）、おのれを超え出て（*aus sich hinaus*）、そしてこれら一切においておのれ自身に逆らって（*gegen sich selbst*）《遂行する》、すなわち《存在する》」（GA61, 131）。この定義は、事実的生の自己超出（「おのれを超え出て」）、また自己自身に対する解釈の遂行（「おのれ自身に対して」）、「それ自身として」）、そしてその出発点となる自己自身（「それ自身において」）の三つの契機を含み、それぞれが理念、遂行、着手点という形式的告示の主要な三契機に対応している。ここで注目すべきは、これら三契機がすべて、「おのれ自身に逆らって」という生自身に対抗し、逆行する契機のうちで考えられている点である。つまりこの定義は、『存在と時間』における、かの自己関係的な実存の理念を《転倒》させたものなのである。

生の遂行は、その理念や着手点も含めて、つねに非本来的な転落態の内部に存在せざるをえない。それゆえ転落態では、内容意味や連関意味や遂行意味も、ひいては生による生自身の解釈というこれまでの営みの一切までもが空転してしまう。しかも生は、転落態の外部へ脱出することもできない（GA61, 32f.）。そして転落態は「世界」と結びつくことによって、事実的生にとって身近なものとなり、みずからの非本来化を見抜けなくしてしまう。こうして転落態は果てしなく「亢進（Steigerung）」し、生は《現前的時間》によって支配され、みずからに固有の《非現前的時間性》を剝奪されるにいたる（GA61, 136, 139f.）。

しかし形式的告示は、このように一見全く出口のないように思える転落態の内部で、新たな指示を与える。「すべてが事実的生において照らし出されており、何がしかとりたてて話題となるわけでもなく、すべては目だたない事実的に転落した解釈のなかに《ある》。しかしその限りで、ここには、実存的カテゴリー的な解釈の着手方法（Ansatz-methode）としての形式的告示が帯びている可能性と事実的な必然性（あるいは純粋性の証明）が存している」（GA61, 134）。転落態の内部では、生の自己解釈にとって何も問題の《ない》状態に《ある》。ところがこの事態そのものが、生にとって新たな着手点へ転化する。この《存在》と《無》の反転を、ハイデガーは「無（Nichts）」をめぐる言明や「否（Nein）」といった否定辞によって説明している。「《無》はいつでもどこでも《何ものでもない（nichts）》のであって、それ以外の《何ものでもない（nichts）》」（GA61, 145）。「無」や「何ものでもない」といった日常的表現や「否」といった否定辞は、一般に考えられているように、何らかの固定的な意味を持つものでもなければ、理論的な否定的見解の表明でもない。こうした表現は、あらゆる否定的な言明に共通する、ある種の漠然とした「無さ（Nicht）」を意味している。それは、いわば《事象内容》を含まない空虚な無、つまり「形式的な無（das formale Nichts）」である（GA61, 145）。

この「形式的な無」は、直接的対象や一義的な固定的意味へと還元されるべきではなく、何よりも事実的生の実存そのものへと差し戻されねばならない。こうして事実的生へと差し戻された「無」が「事実的生の無（das Nichts des faktischen Lebens）」である。この「事実的生の無」は、転落態の内部で事実的生が転落する最終地点である。「転落の陥る先は、事実的に転落した生にとって疎遠なものではなく、それは事実的生の性格を帯びたものであり、しかも《事実的生の無》なのである」（GA61, 145）。この無は、もはや対象や意味として具体化することはない。「事実的生の無というのは、事実的生それ自身によって、事実的生それ自身のために時熟させられた事実的生に固有の生き生きとした周囲世界が、転落した現存在それ自身においては立ち現れてこない、ということである」(GA61, 148)。こうした「事実的生の無」から見れば、周囲世界は「疑わしさ(Fraglichkeit)」で満たされる(GA61, 152)。しかし、こうした「疑わしさ」をそのものとして自覚的に引き受けるとき、転落態に対する対抗運動が開始される。それは、周囲世界に依拠することなく、「事実的生の無」に立脚した解釈の遂行の開始でもある。「転落態に対抗する動性(eine gegenruinante Bewegtheit)は、哲学的解釈を遂行するという動性(die [Bewegtheit] des philosophischen Interpretations-vollzugs)であって、しかもこの動性は、疑わしさを自分のものとしながら接近するというあり方(die angeeigneten Zugangsweise der Fraglichkeit)のうちで遂行される」(GA61, 153)。ここでこの対抗運動は、「闘争(Kampf)」とも呼ばれている。事実的生の解釈とは、みずからの実存の「無」を着手点として、転落態にとどまりながら、なおかつ転落態との徹底的な抗争を遂行することなのである。

この転落態における「無」の形式的告示の構造は、次のように整理できる。転落態のなかで事実的生が出会う「無」は、第一に、日常的な言明や否定辞などといったさしあたり「形式的な無」である。しかし第二に、この「形式的な無」は、事実的生の実存の根底に横たわる「事実的生の無」を本来の源泉としている。「事実的生の無」は、「形式的な無」に先行する事実的生に固有な「否定作用(Negativen)」なのである(GA61, 153f.)。「事実的生の無」のこの否定作用によって、周囲世界の事物や意味の一切は「疑わしさ」で満たされることになる。ところが第三に、周囲世界が「疑わしさ」という《規定不可能性》で満たされることによって、かえって「事実的生の無」は、それ自体最も《普遍的》で最も《確実》な《可能性》として、事実的生による解釈の《着手点》となる。しかもこの「事実的生の無」は、事実的生の実存そのものに根ざした「無」である限りにおいて、事実的生が目指し、また獲得すべき本来の《理念》でもある。こうして、先に見た《無》規定な理念や《可能性》を孕んだ原理的端緒が、事実的生自身の《無》に基づくものであったことが明らかになる。理念の《無規定性》や意味内容の《空虚さ》、また原理的端緒の《可能性》は、究極的には事実的生の無の否定作用によって裏打ちされたものだったのである。換言すれば、事実的生の解釈学的遂行は、着手点と帰着点の「無」の間で、つねに非本来性に晒されていたのである。

以上から、形式的告示の三段階の構造を確定できる。第一に、形式的告示は非本来的な転落態に対して禁止的、防御的（prohibitiv, abhaltend, verwehrend）である（GA61, 141f.; vgl. GA60, 63f.）。この段階では、日常的言明や伝統的論理学といった現前的な意味地平から、理念や対象の意味内容を了解することが禁止、防止される。第二に形式的告示は、非本来的な転落態に対して「対抗（gegen）」的、闘争的である（GA61, 153）。この対抗運動は、転落態の内部に存在するみずからの非本来性を自覚しつつ、そのつどの状況に応じて本来的な理念へ向かう事実的生の解釈の遂行運動を指す。その遂行運動は、非本来性から本来性を繰り返し奪取する循環運動として「反復（Wiederholung）」とも呼ばれる（GA61, 80）。そして第三に、形式的告示は、事実的生の解釈遂行の着手点とその本来的理念をなす「事実的生の無」に向けて、指示的（hinweiseind, anweisend）である（GA61, 141ff., 145）。ただしこの指示は、その向かう先が非現前的な「無」であるために、つねに十全な内実を欠いた方向指示にとどまる。そのため事実的生の解釈遂行は暫定的なものにとどめられ、たえず新たな循環運動が促されるのである[39]。

ここでとりわけ着目すべきは、形式的告示における反復の循環運動が発動されるにあたって、転落や落下といった非本来性が先行し、増大している点である。形式的告示における「《形式的》という性格は、非本来的なものである。しかし、まさしくこの《非（un）》ということのうちに（in）、同時に、積極的な指示がある」。形式的告示は、さしあたって非本来性の内部で「形式的な無」を告示するにすぎないが、その方向指示が本来的である限りは「非本来的に告示されたものを、苦痛のうちで味わい尽くし（auskosten）、それを満たしながら告示に従う」べきなのである（GA61, 33）。それゆえ逆説的ではあるが、事実的生の循環運動は、非本来的な転落態の内部で非本来性が亢進し、極限点に達した時点で、《非本来性の反復》として開始されるのである。

こうして事実的生の自己解釈は、形式的に告示されたみずからの無をめぐって、周囲世界を前提することなく、しかし周囲世界を巻き込みながら遂行されることになる。このように徹底して事実的生に依拠する形式的告示は、「根源的学」や「根源学」の要求する自己確証を満たすばかりでなく、いまや哲学をも実質的に規定するものになる。「哲学の定義は告示的な定義」である（GA61, 32）。これこそ、『存在と時間』の基礎存在論の分析過程を背後から支えている方法的立場に他ならない。

こうして事実的生の解釈学における形式的告示の全体的構造とその方法的性格が明らかになった。これを踏まえて、あらためて『存在と時間』の形式的告示の構造を検討してみよう。

第6節　形式的告示的解釈学としての『存在と時間』

まず確認しておくべきは、事実的生という実存的次元に定位していた初期とは異なり、『存在と時間』では、形式的告示の三つの契機のすべてが実存論的次元へと移行している点である。「理念」は現存在の実存論的な「実存の理念」へ、また「原理的端緒」は日常的な無差別性のうちにある現存在の実存へ、さらに実存的な「解釈の遂行」の契機は「現存在の解釈学」へと移行している。[40] そこでとくに目を引くのは、フッサール現象学との批判的対決を経て、「現象」の概念も形式的告示的概念へと変換されている点である。現象は、形式的には単に「みずからを示すもの」であるが、こうした現象の形式的概念、および現象の意味を「記述する」方法は、さしあたり非本来的な通俗的了解の下に誤解されている。そうした了解による隠蔽はまず「禁止」されねばならない。現象への接近、隠蔽の打開、分析の出発点は、「戦いとられる」べきものである。そして分析の出発点となる範例的存在者として「あらかじめ示されている」のは、現存在自身である。こうして形式的な現象概念の内実は、現存在の実存論的分析による「脱形式化（entformalisieren）」をつうじて充実される（SZ, 31, 35ff.）。[41] この現象概念についての考察には、形式的告示の三つの契機を見てとることができる。

しかし現象概念のみならず、実のところ『存在と時間』における実存範疇は、すべて形式的告示の概念として解釈されていると言える。というのも、「実存」、「終わり（Ende）」、「全体性」、「死」、「良心」、「負い目の理念」等の実存範疇には、すべて形式的な空虚さが与えられており、その内容は、そのつどの解釈によって獲得されるからである（SZ, 53, 241, 248, 269, 281）[42]。ただし、形式的告示によるこうした概念内容の空虚化は、当の概念や範疇に含まれる伝統的な意味内容を恣意的に奪うものではない。むしろ形式的告示は、既存の概念の意味内容を維持しつつも、個々の現存在のそのつどの解釈学的遂行をつうじて、複数の意味を新たに創出する。そのうえで個々の現存在は、それぞれの個別的了解をそれとして「仕上げ（Ausarbeitung）」てゆくのである（SZ, 148）。

形式的告示に特有の構造は、第六三節において述べられる実存の理念の特徴づけにおいてとりわけ明瞭に看取できる。まず実存の理念は、非本来的な実存的・存在者的次元に対して「拘束性をもたない」（SZ, 314）。次いで実存の理念は、現存在自身の隠蔽傾向、つまり存在者的次元に対して「暴力的」に対抗し、存在論的次元へ立ち戻って奪取されねばならない。それは解釈学的循環のなかに「正しい仕方で入りこむ」ことであり、それは実存論的・存在論的に了解を企投することと同義である（SZ, 311, 315）。そして最後に、実存論的・存在論的了解は、当初に漠然と了解された本来的な実存の理念へ向かうことが指示され、現存在の自己解釈から、再度その意味が決定されることになる（SZ, 314f.）。したがって実存の理念の獲得過程は、第一に実存的・存在者的了解の禁止、第二に実存的・存在者的了解に対する対抗、さらに第三に実存の理念への方向指示とその実存論的・存在論的再検証、という形式的告示的解釈学の構造にしたがって構成されていると言える。『存在と時間』におけるあらゆる概念は形式的告示的概念であり、その内容を三段階の形式的告示的解釈をつうじて開発する現存在の解釈学は、《形式的告示的解釈学》である[43]。そしてこの《形式的告示的解釈学》は、「現存在自身の存在の根本的な諸構造」に基づいている。つまり『存在と時間』の解釈学的分析の歩みは、形式的に告示されたみずからの実存をめざして、みずからの実存から出発して、みずからの隠蔽傾向に逆らって、現存在の哲学的思考がみずからを生成してゆく過程であり、哲学的思考がみずからを確証してゆく過程そのものなのである。

ところで、初期の事実性の解釈学は、転落態内部での非本来性の亢進をきっかけに開始されていた。それに対して『存在と時間』は、本来性、非本来性、日常的無差別性のうち、最後の無差別性から出発している（SZ, 324）[44]。とはいえ、その差別の《無さ》は必ずしも中立的なものとは言えない。というのも、現存在は、日常的無差別性を非本来的な了解の場としては捉えず、むしろそこで無自覚な自己了解を行っているからである。それは「必然的な頽落」であり、「忘却」である（SZ, 36f, 339, 341f.）。つまり現存在は、そもそものはじめから非本来性の内部に存在していたのである（SZ, 232f.）。すると『存在と時間』は、初期のように転落態が亢進してゆく局面に着目するのではなく、むしろすでに亢進した転落態が極まった状態を日常的無差別性と見なし、そこを出発点に、日常的無差別性を非本来性としてそのつど批判しながら、本来性へ向けて暫定的な反復を行っていると考えられる。こうした批判的反復の暫定的性格は、例えば「不安」といった根本気分のうちにも見出せる。不安は、日常的無差別性を打破し、現存在に本来性と非本来性を開示する第一義的な開示力を持つ（SZ, 191）。しかしそれも、無差別な非本来的日常性のうちで、「どことなく」不気味であるといったような、微かな《疑わしさ》に気づくことがきっかけとなっているのである（SZ, 188）[45]。

それゆえ初期と『存在と時間』のいずれにしても、目指されるべき本来性がはじめから非本来性の外部にあるわけではない。確かに「死」が他の現存在との非本来的な関係を断ち切る場合、本来性は非本来性の外部に位置するようにも語られている（SZ, 250, 263）。しかし「本来的実存は、頽落する日常性の頭上に浮かんでいるものではなく、実存論的には、この日常性の変容的把握に他ならない」（SZ, 179）。このことは、現存在が頽落の極まる日常性という《非本来性の反復》のうちに閉鎖されており、そこで獲得される本来性にも、絶えず非本来性がつきまとうということを意味している。しかしそれゆえにこそ、形式的告示は、絶えず非本来性に警告を発する一方、《非本来性の反復》のうちでいつまでも満たされざる空虚な理念として本来性を指示することによって、再度本来性の反復へ向けた解釈学的循環を開始させるのである。

とはいうものの、形式的告示は、一見したところ実存論的分析にとどまる方法であるようにも思える。というのも、形式的告示は、非本来性が止揚された場合、すなわち実存論的分析が完了した場合には、不要な方法となるはずだからである。『存在と時間』では、非本来性は本来性の「実存的変容」であるが、また本来性は非本来性の「実存的変容」でもあり、本来性と非本来性はともに「現存在の実存的な根本可能性」として並存している（SZ, 317, 130, 350）。ところが、すでに『存在と時間』は、実存論的次元ばかりでなく、さらに高次の存在論的次元への助走をすでに開始している。[46] この存在論的次元に到達した場合には、現存在の存在可能性の究極的根拠としての時間性の意味が明らかにされるため、おそらく本来性が全面的に優位に立つはずである。[47] そう考えるなら、形式的告示は、初期以来の実存的次元、ないしはせいぜい実存論的次元に限定されるべき方法であるように見えるのである。しかし『存在と時間』の分析は、いまだ「前存在論的」次元で「実存の理念」を解明するにとどまり、存在論的次元の「存在一般の理念」の解明にはいたっていない（SZ, 12f., 328, 403, 436ff.）。[48] このことは、「存在一般の理念」が獲得されない限り、形式的告示的解釈学がなお続行されねばならないことを示唆している。[49]『存在と時間』は、いまだ非本来性の内部にとどまっており、それゆえさらなる《非本来性の反復》を要請している。このことを形式的に告示しているのが、他ならぬ「存在一般の理念」なのである。

第7節　非本来性の反復

日常的な無差別性は、伝統的論理学と現前性の了解によって閉じられた非本来性の地平であり、この地平がそれとして自覚されることではじめて、非本来性を禁止し、それに対抗することも可能になる。とはいえ、その禁止と対抗は、決して眼の前に指し示すことのできるような《アルキメデスの点》を中心としてなされるものではない。なぜなら、出発点としての現存在の存在や目指すべき実存の理念は、どこまでも空虚でしかないからである。現存在にさしあたりそのような空虚さしか見出しえないのは、そもそも現存在が非本来性の内部に存在するからに他ならない。現存在は《非本来性を反復する》のである。

しかしこのことは、現存在が非本来性のうちにのみ実存せざるをえないということを意味しているわけではない。むしろ《非本来性の反復》とは、現存在に先行する非本来性こそが、本来性へ向けて解釈学的循環を開始させるということを意味している。形式的告示が空虚でなければならないのは、実のところそれが非現前的な意味地平における本来的な現存在の存在を指示しているからに他ならない。とはいえ、形式的告示に伏在する非現前的な本来的可能性と、現前的な非本来的空虚さの両側面は、相絡み合いながら、再び非本来性へ陥らざるをえない。それゆえ現存在が本来性を反復するためには、絶えず《非本来性の反復》を遂行しつづけねばならないのである。

このように、本来性に纏わる非本来性の危険性をたえず自覚しなおす形式的告示的解釈学は、つねに本来性に懐疑の目を向け、それを批判に晒し続ける営みであるとも言うことができる。もちろんハイデガー自身は、懐疑主義といった呼称をすでに初期においても拒否している（GA61, 162, vgl. 196f.）。しかし、従来の哲学のうちで形式的に告示される「疑わしさ」に準備を整えることを「批判」と呼び、「最も強固な哲学の位置を変容すること」を目指すハイデガーの解釈学的姿勢は、批判や懐疑と呼ぶにふさわしい（GA61, 150f., 163）[50]。『存在と時間』における「良心」は、そうした形式的告示的な自己批判の役割を担っているように思われる[51]。良心の呼び声には、積極的な内容も、消極的な行動への命令もなく、ただ現存在自身に「告知をなす（Zu-verstehen-geben）」（SZ, 294, 271）。とはいえ、その無規定性や空虚さは、無批判的なものでもなければ、単に批判的なものでもない（SZ, 279, 290f.）。むしろ良心の呼び声は、非本来性のうちに自己喪失した現存在を呼び覚まし、自己自身の「無的な根拠」としての「実存」を指示することによって（SZ, 287, 295）、現存在に究極的な自己批判を突きつけるのである。

それゆえ現存在の解釈学は、形式的に告示された実存の理念の本来性をめざして、現存在がみずからの存在へと問いを投げかける果てしない懐疑であり、終わりなき自己批判に他ならない。確かにハイデガーの言うように、こうした自己自身に対する積極的な批判は「困難さ」に満ちており、ときに「苦悩に満ちた（leidend）」《痛み》すら伴う（SZ, 36, 397）。しかし、このような自己批判によって、複数的な意味を創出する解釈の営みに対して、幅広い訂正可能性、修正可能性もまた確保されうる。というのも、形式的告示としての良心の呼び声に従い、厳しい自己批判の下に立つことを決断するとき、「みずからを可能な限り撤回し、かつそのつど事実的に必然的な撤回をなすように、自己を開いておく」ことも可能となるからである（SZ, 307f.）。非本来性の反復を忘却するならば、解釈はその循環の歩みを停止し、本来性に達したかのような錯覚に陥る。このように考えるなら、現代解釈学における先入見の意義も、単に融和的対話の前提としてだけではなく、このような自己批判の《痛み》のうちにこそ認められねばならないのではないだろうか。こうした意味では、ハイデガーもまた、デルフォイのアポロン神殿に刻まれた、あの哲学探求の導きの言葉に従っていると言える。それは、《非本来性の反復》における自己自身との終わりなき対決なのである。

　こうして現存在の解釈学は、《非本来性の反復》という形式的告示的構造を持つことが明らかになった。その出発点となっていたのは、非本来的な平均的日常性である。ハイデガーは、とくにこの平均的日常性における解釈学の営みに注目して、それを《日常性の解釈学》とも表現している。そこで次章では、この《日常性の解釈学》に焦点をあてて考察を行うことにする。

注

（1）「形式的告示的解釈学」の名称については、以下を参照。O. Pöggeler, *Heidegger in seiner Zeit*, Wilhelm Fink, München 1999, S. 20, 25-30.　形式的告示についての直接的な言及は、初期フライブルク講義群をはじめとして、『存在と時間』および同年の論文「現象学と神学」、さらには一九二九／三〇年冬学期講義『形而上学の根本諸概念』にも見出される。Vgl. GA9, 65ff.; GA29/30, 428f.

（2） 初期フライブルク講義群と『存在と時間』との発展史的考察については、キシールを嚆矢として、すでに数多くの先行研究が存在している。T. Kisiel, *The Genesis of Heidegger*, University of California Press, Berkeley/Los Angeles/London 1993; J. v. Buren, *The young Heidegger: Rumor of the hidden king*, Indiana University Press, Bloomington and Indianapolis 1994. また形式的告示に注目してこの発展史的考察を試みた先行研究も、上述のペゲラーをはじめ、数多く存在している。C. F. Gethmann, Philosophie als Vollzug und als Begriff. Heideggers Identitätsphilosophie des Lebens in der Vorlesung vom Wintersemester 1921/22 und ihr Verhältnis zu „Sein und Zeit", in: *Dilthey-Jahrbuch*, Bd. 4, 1986/87, S. 27-54; C. Jamme, Heideggers frühe Begründung der Hermeneutik, in: *a. a. O.*, S. 72-91; G. Imdahl, *Das Leben verstehen. Heideggers formal anzeigende Hermeneutik in den frühen Freiburger Vorlesungen*, Königshausen & Neumann, Würzburg 1997. しかしながら、『存在と時間』全体を視野におさめた形式的告示の解釈学的構造の考察はいまだ充分に行われていない。本章を含めて第I部の議論は、その体系的考察を目指している。

（3） すでに一九二三年の夏学期講義で、現象学は「方法」として位置づけられている（GA63, 71f, 74）。『存在と時間』前後の講義でも、やはり現象学は存在論の「方法概念」として位置づけられている（GA20, 117; GA24, 27）。

（4） 『存在と時間』におけるこの自己関係的な定式の理解にかんしては、以下を参照。R. Pocai, Die Weltlichkeit der Welt und ihre abdrängte Faktizität（§§14-18）, in: *Martin Heidegger. Sein und Zeit*, S. 52; A. Hügli/B.-C. Han, Heideggers Todesanalyse, in: *a. a. O.*, S. 138, 141. 川原栄峰『ハイデッガーの思惟』理想社、一九八一年、第一章。またハイデガーを含む自己関係性一般の議論については、以下が参考になる。W. Stegmaier, *Philosophie der Orientierung*, Walter De Gruyter, Berlin 2008.

（5） I. Kant, *Kritik der reinen Vernunft*, Nach der ersten und zweiten Original-Ausgabe, R. Schmidt（hrsg.）, Felix Meiner Verlag, Hamburg 1990, A680/B607, A671/B699.

（6） I. Kant, KrV, A832/B860, A645/B673.

（7） カントの超越論的理念と超越論的対象との関係にかんしては、以下の詳細な分析を参照。牧野英二『カント『純粋理性批判』の研究』法政大学出版局、一九八九年、第一章九「超越論的理念」六一―七二頁、第五章三「超越論的理想と超越論的対象」一九一―二〇一頁。

（8） 現象学に対するナトルプとハイデガーの批判的関係については、以下参照。D. Hazavi, How to investigate subjectivity: Natorp and Heidegger on reflection, in: *Continental Philosophy Review*, Vol. 36, 2003, pp. 155-176. ただしハザヴィは、ハイデ

ガーをフッサール現象学の反省理論に強くひきつけて解釈している。なお、新カント派とハイデガーの全般的な関係については、以下が参考になる。E. W. Orth, Martin Heidegger und Neukantianismus, in: *Man and World*, Vol. 25, 1992, pp. 421-441.

（9）フィヒテの影響を受けたバーデン学派に対するハイデガーの批判については、以下参照。A. Denker, Fichtes Wissenschaftslehre und die philosophischen Anfänge Heideggers, in: *Fichte-Studien*, Bd. 13, 1997, S. 35-49; A. Denker, The young Heidegger and Fichte, in: T. Rockmore (ed.), *Heidegger, German Idealism, and neo-Kantianism*, Humanity Books, N. Y. 2000, pp. 103-122. また以下の拙論をあわせて参照。「知の生成と動揺――『存在と時間』の学問論」、秋富克哉・関口浩・的場哲朗共編『ハイデッガー『存在と時間』の現在』南窓社、二〇〇五年、一一二―一三一頁。

（10）E. Husserl, *Ideen zu einer reinen Phänomenologie und phänomenologischen Philosophie, Erstes Buch: Allgemeine Einführung in die reine Phänomenologie Nachwort (1930)*（Text nach *Husserliana*, Bd. III/1 und V）,（E. Husserl: *Gesammelte Schriften*, Bd. 5）, E. Ströker（hrsg.）, Felix Meiner Verlag, Hamburg 1992, S. 153-158.

（11）E. Husserl, *Gesammelte Schriften*, Bd. 5, S. 156.

（12）E. Husserl, *Gesammelte Schriften*, Bd. 5, S. 185ff.

（13）W. Dilthey, *Einleitung in die Geisteswissenschaften*（*Gesammelte Schriften*, Bd. 1）, Vandenhoeck und Ruprecht, Göttingen 1990, S. 26, 32, 87.（牧野英二編集／校閲『ディルタイ全集　第一巻　精神科学序説Ｉ』法政大学出版局、二〇〇六年、三五、四一、九五頁。なお、訳文は文脈におうじて若干変更してある）

（14）シュミットも的確に指摘しているように、ハイデガーによるフッサール現象学の変容は、同時にディルタイの着手点の背後へと遡行することでもあった。Vgl. I. Schmidt, *Vom Leben zum Sein: der frühe Martin Heidegger und die Lebensphilosophie*, Königshausen & Neumann, Würzburg 2005, S. 84, 102, 127.

（15）Vgl. E. Husserl, *Gesammelte Schriften*, Bd. 5, S. 51.

（16）Vgl. F.-W. v. Herrmann, *Hermeneutik und Reflexion. Der Begriff der Phänomenologie bei Heidegger und Husserl*, Vittorio Klostermann, Frankfurt a. M. 2000, S. 44f.

（17）その直前の根源学の第一の理念の規定でも、すでにのちの形式的告示を窺わせる言い回しが用いられている。「根源学の理念（die Idee der *Ursprungs*wissenschaft）」は、「現象学」が「即自かつ対自としての生の根源的逆説性（die Urparadoxie des Lebens an und für sich）」と絶えず戦うことを「告示する（anzeigen）」。同時にこの理念は、「根源への生き生きとした遡行と根源からの生き生きとした現出」から抜け出ようとする「いっさいの試み」を「容赦なく拒絶せよ」という「根本指示（die Grundanweisung）」を与えてもいる。それは根源学自身のなかにはたらく「傾向」を「真に、具体的に現実化し、遂行すること（Vollzug）」であり、「みずからを真に表明すること（sich echt *manifestieren*）」である（GA58, 2）。明確に定式化されているわけではないが、ここには、生からの離脱に対する「拒絶」を「指示」しつつ、「生」それ自身との戦いを「告示」したうえで、生の「表明」と「遂行」を命じる形式的告示の構造の一端が窺える。他方、第二の根源学の理念は、理念と方法の関係を規定している。「根源学の理念（die Idee der Ursprungs*wissenschaft*）」は、根源学が具体的に生き生きと現実化する「やり方」すなわち「方法」をみずから先行的に示す。そのさい、「理念型としての特殊な個別科学」や「形式化された普遍化ないしはそれ以外の普遍化」は、根源学の理念から斥けられる（GA58, 2f.）。

(18) この「生自体」と「自足性」の区別は、『存在と時間』の非本来性と本来性の区別へと繋がっている。それゆえ「自足性」は、『存在と時間』では、「日常的解釈の掲げる自己満足や安らいだ自明性（Genügsamkeit und beruhigte Selbstverständlichkeit）」という非本来性の概念ではなく、「実存する自己の自立性（Selbstständigkeit）」という本来性の概念へ展開されたと見るべきである（SZ, 311, 303, vgl. 322f.）。

(19) W. Dilthey, Ideen über eine beschreibende und zergliedernde Psychologie, in: *Die Geistige Welt. Einleitung in die Philosophie des Lebens. Erste Hälfte: Abhandlungen zur Grundlegung der Geisteswissenschaften*（*Gesammelte Schriften*, Bd. V), Vandenhoeck und Ruprecht, Göttingen 1982, S. 139-240（丸山高司訳「記述的分析的心理学」、大野篤一郎・丸山高司編集／校閲『ディルタイ全集　第三巻　論理学・心理学論集』法政大学出版局、二〇〇三年、六三七—七五六頁）; W. Dilthey, Der Aufbau der geschichtlichen Welt in den Geisteswissenschaften（*Gesammelte Schriften*, Bd. VII), Vandenhoeck und Ruprecht, Göttingen 1979, S. 189-251.（西谷敬訳「精神科学における歴史的世界の構成の続編の構想　歴史的理性批判のための草案」、長井和雄・竹田純郎・西谷敬編集／校閲『ディルタイ全集　第四巻　世界観と世界理論』法政大学出版局、二〇一〇年、二〇九—三三〇頁）　記述的分析的心理学とハイデガーの心理学批判の類似性については、以下を参照。Vgl. J.-C. Kim, *Leben und Dasein. Die Bedeutung Wilhelm Diltheys für den Denkweg Martin Heideggers*, Königshausen & Neumann, Würzburg 2001, S. 81.

(20) W. Dilthey, Bd. V, S. 218, 221f.（上掲訳書、七二八、七三二頁）

(21) E. Husserl, *Gesammelte Schriften*, Bd. 5, S. 31ff.

(22) ゲートマンやロドリゲスは、遂行意味をノエシス、内容意味をノエマとして捉えている。しかしながらこうした理解では、表現と意味の関係が見落とされてしまうように思われる。遂行意味は、必ずしもはじめから表現のうちで充実した意味を志向しているわけではない。というのも、表現のうちで最初に与えられるのは、形式的告示としては、直観を欠いた空虚な意味だからである。この点を考慮するなら、マックリールが指摘しているように、遂行意味は「意味付与作用（die bedeutungverleihenden Akte）」ないし「意味志向（Bedeutungintentionen）」に対応し、また内容意味は「意味充実作用（die bedeutungerfüllende Akte）」に対応していると考えられる。Vgl. C. F. Gethmann, Philosophie als Vollzug und als Begriff, S. 46; R. Rodríguez, Heideggers Auffassung der Intentionalität und Phänomenologie der Logischen Untersuchungen, in: *Phänomenologische Forschungen*, Neue Folge 2, 1997, S. 232-235; E. Husserl, *Logische Untersuchungen, Zweiter Band, Erster Teil, Untersuchungen zur Phänomenologie und Theorie der Erkenntnis* (Text nach *Husserliana*, Bd. XIX/1), (E. Husserl: *Gesammelte Schriften*, Bd. 3), E. Ströker (hrsg.), Felix Meiner Verlag, Hamburg 1992, S. 43ff.; R. A. Makkreel, The genesis of Heidegger's phenomenological hermeneutics and rediscovered "Aristotle introduction" of 1922, in: *Man and World*, Vol. 23, 1990, p. 309.（齋藤元紀・伊藤直樹訳「ハイデガーの現象学的解釈学の生成と再発見された「アリストテレス序論」」、日本ディルタイ協会編『ディルタイ研究』二〇〇一／二〇〇二年、三八頁）

（23）ここでハイデガーは、生の不気味さを「戦慄すべき神秘（mysterium tremendum）」というオットーの『聖なるもの』の言い回しによって表現している。オットーによれば、「聖なるもの」は、合理的な言語表現や概念把握を超えて、直接的な「戦慄の感情」のうちで到来する「非合理的なもの」である。ハイデガーは一九一八／一九年の講義草稿に収録された『聖なるもの』の書評草案で、この「非合理的なもの」についての「生き生きとした意識とその根源的価値」は「ある共通した、とはいえ多層的な根」を「純然たる個人的実存の根本意味」のうちに持っていると指摘している。それと同時にハイデガーは、オットーの「カテゴリー、形式およびその機能にかんする原理的な対決が不可避である」とも述べている（GA60, 333）。なお、一九一八年にハイデガーとオクスナーは、『聖なるもの』をフッサールに紹介している。R. Otto, *Das Heilige: über das Irrationale in der Idee des Göttlichen und sein Verhältnis zum Rationalen*, C. H. Beck oMG, München 2004, S. 13-37; vgl. E. Husserl, Letter to Rudolf Otto (1919), in: T. Sheehan (ed.), *Heidegger: The Man and the Thinker*, Transaction Publishers, New Jersey 2009 [1981], pp. 23-26; O. Pöggeler, *Heidegger und die hermeneutische Philosophie*, Karl Alber, Freiburg/München 1983, S. 354ff.（伊藤徹監訳『ハイデガーと解釈学的哲学』法政大学出版局、二〇〇三年、三一八—三一九頁）

（24）C. Bremmers, Chronologisches Verzeichnis der Werke Heideggers, in: A. Denker, H.-H. Gander, und H. Zaborowski (hrsg.), *Hei-*

degger-Jahrbuch 1 : Heidegger und die Anfänge seines Denkens, Verlag Karl Alber, Freiburg/München 2004, S. 474.

(25) E. Husserl, *Gesammelte Schriften*, Bd. 3, S. 85-97.

(26) E. Husserl, *Gesammelte Schriften*, Bd. 3, S. 95f.

(27) 客観的表現と偶因的表現をめぐるハイデガーのフッサール批判は、ハイデガー自身の講義録のなかに直接には見出されない。しかしその批判の痕跡は、ギュンター・シュテルンの博士論文に見出される。一九二八年に刊行されたシュテルンの博士論文は、一九二三／二四年に執筆された論文「命題と状況」を収録しているが、そこにはフッサールの偶因的表現についてのハイデガーの分析が用いられている。Vgl. G. Stern, *Über das Haben. Sieben Kapitel zur Ontologie der Erkenntnis*, Verlag von Friedrich Cohen, Bonn 1928, S. 153-188. Cf. T. Kisiel, *The Genesis of Being and Time*, p. 556, n. 13 ; J. v. Buren, The Ethics of «Formale Anzeige» in Heidegger, in : *American Catholic Philosophical Quarterly*, Vol. 69, 1995, p. 160, n. 7.

(28) E. Husserl, *Logische Untersuchungen, Erster Band : Prolegomena zur reinen Logik*（Text nach *Husserliana*, Bd. XVIII）,（E. Husserl : *Gesammelte Schriften*, Bd. 2）, E. Ströker（hrsg.）, Felix Meiner Verlag, Hamburg 1992, S. 13.

(29) Vgl. M. Sommer, *Husserl und der frühe Positivismus*, Vittorio Klostermann, Frankfurt a. M. 1985, S. 189.

(30) ヴァルデンフェルスは、偶因的表現に対するのちの代表的な批判的展開を三点にまとめている。第一は、行為の領域への展開であり、その代表者は『存在と時間』の「有意義性」を論じているハイデガーである。第二は、言語規則や言語習慣による構成への展開であり、その代表者はトゥーゲントハットである。第三は、現前性やイデア性の脱構築的展開であり、その代表者はデリダである。しかしハイデガーの偶因的表現に対する批判の射程は、本章の議論が示すように、言語における意味の発生や現前性批判にもおよぶ広がりを持っている。B. Waldenfels, Zwischen Sagen und Zeigen. Überlegungen zu Husserls Theorie der okkasionellen Ausdrücke, in : *Studia Phaenomenologica*, III（1-2）, 2003, S. 215-227.

(31) S. Kierkegaard, *Abschließende unwissenschaftliche Nachschrift zu den Philosophischen Brocken. Erster Teil*（*Gesammelte Werke*, 16. Abteilung）, übersetzt von H. M. Junghaus, Eugen Diederichs Verlag, Düsseldorf/Köln 1957, S. 179-243, 271f. Anm. ; S. Kierkegaard, *Einübung im Christentum*（*Gesammelte Werke*, 26. Abteilung）, übersetzt von E. Hirsch, Eugen Diederichs Verlag, Düsseldorf/Köln 1951, S. 127-131.

(32) K. Jaspers, *Psychologie der Weltanschauungen*, Springer-Verlag, Berlin/Göttingen/Heidelberg 1954, S. 378.

(33) ガダマーは、この表現がキルケゴールに由来するものであると指摘している。Vgl. H.-G. Gadamer, *Neuere Philosophie*

I: Hegel, Husserl, Heidegger（*Gesammelte Werke*, Bd. 3）, J. C. B. Mohr, Tübingen 1987, S. 316.

（34） Cf. J. v. Buren, *The young Heidegger: rumor of the hidden king*, pp. 331-334; J. v. Buren, The Ethics of «Formale Anzeige» in Heidegger, pp. 161-163.

（35） Aristoteles, *Ethica Nicomachea*, 1094b20f.

（36） Aristoteles, *Ethica Nicomachea*, 1098a20ff., 26, 1104a8f.

（37） Aristoteles, *Ethica Nicomachea*, 1098b7f.

（38）「転落態」は、後に『存在と時間』で「頽落」として術語化されることになる（SZ, 177f.）。なお、転落態の運動についての詳細な分析については、以下を参照。小野紀明『ハイデガーの政治哲学』岩波書店、二〇一〇年、第五章第三節、とくに四五〇―四五四頁。

（39） ハイデガーは、形式的告示の役割として、「禁止的」と「指示的」の二つのみを挙げている（GA61, 141）。そのため従来の解釈も、この二つを形式的告示の役割とするものが一般的である。しかし、この禁止と指示の働きは、実質的に事実的生の「遂行」と共になされる以上、遂行の「対抗的・逆行的」役割も形式的告示のうちに含めるべきである。

（40） ただし、ほぼ一九三〇年を境にハイデガーは「理念」を積極的な意味では使用しなくなる。一九三〇年夏学期講義では、理念はたんなる「表象」だとされている（GA31, 207f.）。なお理念の概念に関しては、本節で主として論じた実存論的レベルとは別に、存在論的レベルにおいて、プラトン的な「イデア」が『存在と時間』およびその前後の講義に流れ込んでいる点を看過すべきではない。細川亮一『意味・真理・場所』創文社、一九九二年、二二二―二三〇頁参照。

（41） この表現は、本章第3節（2）で検討しておいたフッサールの「形式化」の議論を踏まえている。フッサールは、「事象内容を含んだものを純粋論理的に形式的なものへと普遍化すること」を「形式化」と呼び、それとは逆に「論理的に形式的なものを事象内容のあるものへと転化すること」を「脱形式化」と呼んでいた。ここでハイデガーは、後者の表現を用いることによって、現存在の遂行による現象概念の実質的な意味充実作用を言い当てている。E. Husserl, *Gesammelte Schriften*, Bd. 5, S. 31.

（42）『存在と時間』における「自我」についての記述をあわせて参照。Vgl. SZ, 322. なおイムダールは、ハイデガーがジンメルの「死」の「形式的契機（formales Moment）」から影響を受けた可能性を示唆している。G. Imdahl, *Das Leben verstehen*, S. 145ff.

(43) 一九二九／三〇年冬学期講義でも、すべての哲学的概念が「形式的告示的」だとされている。Vgl. GA29/30, 425.

(44) 『存在と時間』における「無差別性（Indifferenz）」や「無差別な（indifferent）」といった表現は、一方では、平均的日常性という分析の出発点の中立性を示唆するために用いられている。しかし他方では、「存在者」と「存在」のあいだの存在論的差異に対する「無自覚さ」を批判したり、非本来性から本来性への移行を促すためにも用いられている。その意味で、この表現そのものも形式的告示的であると考えられる。Vgl. SZ, 43, 53, 121, 123f., 160, 169, 192, 194, 208f., 212, 232, 252, 263, 270, 283, 295, 323, 331, 337, 352ff., 389; GA21, 229f.; Cf. R. J. Dostal, The problem of "Indifferenz" in Sein und Zeit, in: *Philosophy and Phenomenological Research*, Vol. 43, 1982, pp. 43-58.

(45) 「灰色の無気分（die fahle Ungestimmtheit）」についての記述をあわせて参照。SZ, 345, 371.

(46) この点については、以下を参照。溝口宏平『超越と解釈』晃洋書房、一九九二年、七一―七七頁。

(47) 渡邊二郎『ハイデッガーの実存思想』、四九八―五〇一頁。

(48) 形式的告示の方法は、現存在の歴史性の議論においても引き続き用いられている。Vgl. SZ, 375ff., 393.

(49) ペゲラーによれば、実存論的分析のために仕上げられた形式的告示的解釈学の方法は、未刊の第三編で完全に規定される予定であったという。そうであるとすれば、形式的告示的解釈学は、実存論的次元にとどまるものではなく、時間性を問題とする存在論的＝超越論的次元においても、再度《反復》されると考えられる。Vgl. O. Pöggeler, *Heidegger in seiner Zeit*, S. 28; T. Kisiel, Die formale Anzeige. Die methodische Geheimwaffe des frühen Heidegger. Heidegger als Lehrer: Begriffsskizzen auf der Wandtafel, in: M. Happel (hrsg.), *Heidegger-neu gelesen*, Königshausen und Neumann, Würzburg 1997, S. 22.

(50) この点で形式的告示的解釈学は、リクールの「懐疑の解釈学」とも重なる部分をもつと言える。もっともガダマーは、ハイデガーの解釈学と「懐疑の解釈学」やいわゆる「イデオロギー批判」との違いを強調している。Cf. P. Ricœur, *De l'interprétation. Essai sur Freud*, Le Seuil, Paris 1965; Cf. H.-G. Gadamer, *The hermeneutics of suspicion*, in: *Man and World*, Vol. 17, 1984, pp. 313-323. 解釈学をめぐるハイデガー、ガダマー、リクール三者の関係については、以下を参照。Cf. J. DiCenso, *Hermeneutics and the disclosure of truth: study in the work of Heidegger, Gadamer, and Ricœur*, University Press of Virginia, Charlottesville 1990; G. E. Aylesworth, Dialogue, text, narrative: confronting Gadamer and Ricœur, in: H. J. Silverman (ed.), *Gadamer and Hermeneutics (Continental Philosophy IV)*, Routledge, London 1991, pp. 63-81; L. Lawlor, The dialectical unity of

hermeneutics: on Ricœur and Gadamer, in: *a. a. O.*, pp. 82-90; F. J. Gonzalez, Dialectic and dialogue in the hermeneutics of Paul Ricœur and H. G. Gadamer, in: *Continental Philosophical Review*, Vol. 39, 2006, pp. 313-345.

（51）この点については、以下の論考より示唆を受けた。森一郎「ハイデガーにおける形式的暗示」、哲学会編『哲学雑誌』第一〇五巻第七七七号、有斐閣、一九九〇年、一六三―一八一頁。

第二章　日常性の解釈学

本章の狙いは、『存在と時間』における日常性の解釈学の構造を考察することによって、その意義と制約を言語と倫理の観点から照らし出すことにある。

『存在と時間』の第一部第一編の分析がきわめてプラグマティックな性格を帯びている点は、これまでにもつとに指摘されてきた。現代のプラグマティストたちも、立場の違いこそあれ、この第一編には高い関心を寄せている。(1) なかでもドレイファスは、この第一編の解釈学的発想を「日常性の解釈学」として総括し、日常性を、より高次の技能的かつ実践的な理解可能性を開く一種の《文化的基盤》と捉えなおした。(2) 現代の科学技術の進歩を背景として、日常性に強い信頼を寄せるプラグマティストたちにとって、日常性の解釈学とは、いわば《技術の実践化》の解釈学なのである。

ところが『存在と時間』は、日常性の解釈学の端緒をアリストテレスの『弁論術』に求めている。それによれば、『弁論術』第二巻は「相互存在の日常性の最初の体系的な解釈学」である（SZ, 138）。周知のように、『弁論術』の主題は、文彩や隠喩の技術としての修辞学のみならず、公共的な場面における言論、感情、態度をつうじた他者との交流、いわば《マスコミュニケーション》の分析にあった。ハイデガーも、『存在と時間』前後の講義でそうした『弁論術』の広範な射程について触れている。『弁論術』こそは「正しく理解された論理学の第一章」となるべきものであり、そこでアリストテレスは「非定立的な語りの形式と形成を解釈の俎上に載せようとした」のである(GA20, 364; GA29/30, 439)。それゆえハイデガーにとって日常性の解釈学とは、感情や態度といった非言語的表現を含む、日常的かつ公共的な《語り》の分析であったと言えるだろう。しかしながら、『存在と時間』はもっぱら情態性との関連でのみ『弁論術』に言及するにとどまり、日常性の解釈学全般と『弁論術』との結びつきは、必ずしも明瞭になっていない。そのため、『弁論術』が日常性の解釈学のなかで果たしている役割や、さらにその現存在の解釈学全体への影響は、にわかには見極めがたい。したがって、前述のプラグマティストたちの理解のみならず、日常性の解釈学の役割と実質を理解するためには、何よりまずハイデガー自身の『弁論術』の解釈に立ち返る必要がある。

一九二四年夏学期講義『アリストテレス哲学の根本諸概念』(以下『アリストテレス哲学』講義と略記)では、『政治学』や『ニコマコス倫理学』や『自然学』と並んで、とりわけ『弁論術』についての詳細な解釈が展開されている。そこでは、『弁論術』から言語、感情、倫理、共同体といったテーマを切り出しつつ、新たな解釈学を構築してゆく、ハイデガーの独創的な解釈を目の当たりにすることができる。実のところこのハイデガーの解釈は、プラグマティズムとは別な局面でも二十世紀の哲学思想に大きな影響を及ぼしている。当時、三木清とともにこの講義に出席したガダマーは、そこで「テキストに埋没する危険を冒しても、解釈したテキストをできる限り納得のゆくものにする」斬新な解釈方法を学んだと報告している。(3) のちに三木は「レトリックの精神」や「解釈学と修辞学」のなかで、ロゴス的思考とレトリックのパトス的思考の結合の重要性を説いた。(4) またガダマーも『真理と方法』において、「理解」の技術としての解釈学に対して、「語る」行為としての人文主義的レトリックの重要性を主張し、両者を包括する「哲学的解釈学」の立場を打ち出した。(5) とくにこのガダマーの著作が、現代のいわゆるレトリック復権の動向に大きく貢献することになったのは、周知のとおりである。つまり一九二四年の講義でのハイデガーの『弁論術』の《反復》は、現代のレトリック復活の真の源泉とも呼べるものなのである。

そこで本章では、『アリストテレス哲学』講義を手がかりに、『存在と時間』における日常性の解釈学の構造を明らかにすることを目指す。それによって、従来の解釈の妥当性を再検討するとともに、日常性の解釈学のもつ言語論的・倫理的可能性について考察することにしたい。まず、最初期フライブルク時代の講義群との関係から、日常性の性格、および『弁論術』としての日常性の解釈学の方法的立場を照らし出す（第1節）。次いで、『アリストテレス哲学』講義第一部を中心とするハイデガーの『弁論術』解釈を考察し、日常性の解釈学の構造とその本来の機能を明らかにする（第2、3節）。そのうえで、とくに言語の問題に焦点をあてて、『存在と時間』における日常性の解釈学の意義と制約を見届ける（第4節）。そして最後に、日常性の解釈学の倫理的可能性について考察する（第5節）。

第1節　弁論術の方法的立場と日常性の地盤性格

『アリストテレス哲学』講義では、『弁論術』をはじめとするアリストテレスの様々なテキストへの詳細な言及がなされている。そのためここでのハイデガーの立場は、彼自身も述べているように、「解釈」ではなく「文献学」に見えるかもしれない（GA18, 4f.）。だが実際は、『弁論術』の分析を手引きとして、アリストテレスの様々な哲学的概念の成立した地盤を古代ギリシアの日常性に求める一方、それをさらに現在のわれわれ自身の具体的経験のうちで反復するという、きわめて複合的な《解釈》が行われている。しかしその内実に立ち入る前に、まずそれ以前の講義群から、弁論術の方法的立場と、哲学的概念の地盤としての日常性の性格とを照らしだしておく必要がある。ここではまず、弁論術と対蹠的な位置に立つ弁証術との関係から検討する。

最初期フライブルク時代のハイデガーは、中期以降の批判的姿勢とは対照的に、プラトンに対して肯定的な姿勢を見せている。ハイデガーは一九一九年の講義「哲学の理念と世界観の問題」においてすでに、プラトンの弁証術に対して一定の評価を与えている。プラトンは『国家』第七巻で、「魂の転向術」をつうじて、仮説を破棄して確実な「原理的端緒（ἀρχή）」へと向かい、哲学を真の学問として打ち立てようとした[6]。前節で見たように、初期フライブルク時代のハイデガーも、生の直観的体験のうちに、根源学の原理的端緒を見定めていた[7]。この観点からすれば、プラトンの弁証術も、生の根源的な原理的端緒にたどりつくためのひとつの方法であると言える。「プラトン」の「弁証術」は、「学問や日常生活」における「すべての前提やすべての命題の最終的な《根源》へと遡行」し、「最終的な根拠と基礎づけと語の根源的意味を付与する妥当性をもったイデア」を打ち立てる「学問的方法」なのである（GA56/57, 19ff.）。

ところがこうしたプラトン弁証術への依拠は、ハイデガーの歴史に対する反省が深まるにつれ、次第に動揺し始めることになる。どれほど生き生きした直観的体験の根源に立ち返ったとしても、われわれが徹頭徹尾歴史のなかに生きている存在者であるかぎり、その体験はどこまでも歴史によって媒介されている。日常性ばかりでなく、学問一般、さらにはそれらに先んじる哲学の直観的体験でさえも、例外ではない。それゆえ「宗教現象学入門」講義では、理論的学問に比して哲学的概念は「不確定で、曖昧で、多義的で、流動的」であり、そうした哲学的概念を獲得するには、まず従来の理論的学問の「《平板化された把握》を追跡する」ことが必要だとされている（GA60, 3f.）。ここには、純粋な直観的体験としての哲学という考え方そのものに対する反省的意識が読みとれる。直観的体験もまた、理論的学問という歴史的伝統を媒介として案出された抽象的構築物にすぎない。むしろ必要なのは、直観的体験に対する素朴な信頼を捨てて、学問や日常性における歴史的媒介に対する徹底的な反省を遂行することである。そうした歴史的媒介に対する反省こそが、根源的な哲学の遂行となるのである。

こうして、ハイデガーの方法的意識は決定的な変容を遂げることになる。『事実性の解釈学』では、新ヘーゲル主義を含むすべての近代弁証法の発想が、完全に否定されている。近代弁証法は、あらかじめみずからの設定した《合理性》の枠内から、認識内容の非合理性や豊かさを把握しようとしているにすぎない。その限りで近代弁証法は「非徹底的で原理的に非哲学的」な《閉じた体系》であり、プラトンの生きた「地盤（Boden）」を欠いたプラトン主義、すなわち「異邦人のプラトン主義」である（GA63, 46, 42f.）[8]。ところがこの批判はさらに、近代弁証法の「地盤」たるプラトン弁証術そのものへも向けられることになる。『アリストテレス哲学』講義から半年後の一九二四／二五年冬学期講義『ソフィスト』では、プラトン弁証術は、「直観」に対する「思考の高次の段階」ではなく、「単に語られた語りをつうじて、本当の根源的な直観を準備し形作る」だけだとされている（GA19, 198）。ここでは、明らかにプラトン弁証術の直観的性格が格下げされていることが読み取れよう。それにおうじて、近代弁証法も「気の抜けた荒れ放題の悟性」であり、「ごまかし」であると呼ばれることになる（GA19, 199, 449, vgl. 262）。

こうした弁証術の格下げと入れ替わりに、歴史的媒介をそのものとして解釈する立場が前面に押し出されてくる。『事実性の解釈学』では、その題名どおり、「解釈学」をみずからの方法として宣言するとともに、その考察対象を「現存在」それ自身の「事実的生」に見定めている。そこで注目すべきは、解釈学的考察の出発点が日常性に設定されている点である。日常性は、歴史的伝統によって媒介されているために、「被解釈性（Ausgelegtheit）」を帯びている。しかし「解釈」は、「今日」、「つまり哲学がそこから生き、そこへと語り返す（zurücksprechen）一定の平均的な理解可能性」において開始される。解釈学はそうした「被解釈性から、被解釈性のために語る」のである（GA63, 17f.）[9]。事実的な生が哲学を営み、哲学的概念を生成してゆく土台は、学問的理論や直観的体験ではなく、さしあたりは、それらを支える日常性である。むしろこの日常性を解釈することによってはじめて、哲学やその概念の内実は明らかになるのである。

現在の日常的生活にひそむ歴史的伝統の媒介を遡れば、遠く古代ギリシアにたどりつく。しかし、古代ギリシアにおいて哲学が育まれたのも、やはりその当時の日常性である。『アリストテレス哲学』講義で、ハイデガーはまずアリストテレスの『政治学』に従って、そうした日常性の土台を古代ギリシアの「ポリス」に見定めている[10]。アリストテレスによれば、人間の固有性は「ロゴスを持つ生き物」である点にある。この固有性がポリスという共同体を成立させている当のものであるが、しかしポリスは個々人よりも「より先なるもの」でもある[11]。それゆえ、ハイデガーはこう述べている。「人間の存在そのもののうちには、ポリス内存在（Sein-in-der-πόλις）という根本可能性がある。アリストテレスはそこに人間の本来の生を見定めており、それを示すために、人間の存在がロゴスを持つということを指摘しているのである」（GA18, 46）[12]。「ロゴス」はまさに、共同体を成立させるために、人間を相互につなぐ「共通項（κοινωνία）」である（GA18, 50, 56, 60f.）。この共通項によって「存在者が存在しているところのもの」を語ることによって、その当の「事柄がおのれを示すようにする」という哲学的な「定義（ὁρισμός）」の営みもはじめて可能になる（GA18, 19, 35）。人々が生活を営み、互いに語らい、哲学的概念を紡ぎだす日常的な場所としてのポリス、それこそが、プラトンやアリストテレスにとっての哲学の「地盤（Boden）」なのである（GA18, 5）[13]。

もっとも、当時のポリスでの《語り》は、実際には、他者を説得することによって首尾よく生活を送るための「弁論（Rede）」であった（vgl. GA18, 108, 135）。それゆえこの語りは、周知のように、ソフィストに代表されるような弁論の濫用を促すものでもあった。ハイデガーは、ニーチェの洞察を引きつつ、ギリシアにおけるソフィストの台頭と、それに伴う「公共的言論（Sophistik）」の頽落を指摘している（GA18, 108f.）。こうした事態に抵抗した者として挙げられるのが、プラトンとアリストテレスである。彼らこそは「ギリシアの生そのものから」、「新たな実存可能性」としての「学問の可能性」を真剣に考えようと努力した者たちなのである。しかしハイデガーは、すでにプラトン弁証術から離反しつつあったために、日常生活における弁論術を重視するアリストテレスの立場を本来の哲学的考察にふさわしいものと見なす。アリストテレスの『弁論術』は「具体的現存在の解釈、すなわち現存在自身の解釈学」であり、「相互に語らうことの根本可能性に関する現存在の解釈」なのである（GA18, 110, 139）。

ポリスにおける生は、二重の被解釈性に晒されている。それはすなわち、伝統的な理論的学問という歴史的媒介であり、もう一つは、共同体内部での公共的言論の頽落である。この二重の被解釈性ゆえに、ハイデガーにとって《弁論術としての解釈学》もまた、必然的に次の二つの課題を担うことになる。それは第一に、理論的学問や公共的言論から日常的な語りへ立ち返ることであり、そして第二に、頽落した日常的な語りから、本来の哲学的学問を遂行する「生」それ自身へと立ち返ることである。そこで次に、この二重の課題に対するハイデガーの解決を検討する。

第2節　弁証術から弁論術へ

アリストテレスの『弁論術』の狙いは、プラトンがもっぱら説得の「技術」とみなした過小評価から弁論術を救い出すことにあった。そのためアリストテレスは、説得の技術をそもそも可能にする前提として、すなわち説得の技術を「発見する能力（δύναμις τοῦ θεωρῆσαι）」として、弁論術を定義したのであった[14]。ところが実際のアリストテレスの考察は、説得の技術の《使用》に重点を置いている。アリストテレスも、プラトン同様、弁証術と弁論術の「対応関係（ἀντίστροφος）」を前提する限りにおいて、なお弁論術を弁証術の派生態として考えざるをえなかったのである[15]。それに対してハイデガーは、いっそうラディカルなアプローチをとる。第一は、プラトンにおける弁証術と弁論術の《上下関係》を反転することであり、第二は、アリストテレスの洞察をさらに推し進めて、弁論術をその《発見の能力》へ、すなわち《開示の能力》へと反転することである。そしてこの二つの《反復》は、同時に、理論的学問の偏向を打破し、頽落した日常的語りを打破するという先の二つの課題に対する解決策となるのである。ハイデガーは『アリストテレス哲学』講義において、この二つの作業を同時並行的に展開している。ここでは、その作業をひとつずつ考察してゆくことにする。

第一の《反復》は、弁証術と弁論術の共通点と相違点を際立たせる作業から開始される。弁証術と弁論術は、エピステーメーのように、特定の事象領域にかんする「専門知識（Sachkenntnis）」の獲得を目指すものではない。ハイデガーは、「ある‐事柄が‐おのれを示すように‐する（eine-Sache-zum-Sichzeigen-Bringen）」というロゴスのはたらきを踏まえつつ、両者の共通点を「そのつど要請される語りを正しく《先へ進め》、《手に入れる》」点にあるとみなす

(GA18, 19, 127f.)。両者の違いは、考察の出発点にある。弁証術は、それ以上遡ることができない「真実の最初の原理」を出発点にして、論理的な「推論（ἀπόδειξις）」を開始し、ふたたび当初の真なる認識の端緒へと「帰納（ἐπαγωγή）」を進める。[16] つまり弁証術は、みずからの出発点と帰着点の《真実性》や《明証性》を不動の前提とする「学問的な語り」なのである（GA18, 129）。しかし、こうした不動の前提を認めるかぎりで、弁証術はあらかじめみずからのうちに閉鎖された「アポリア」に陥っていると言わざるをえない（GA18, 158f.）。こうしたプラトン弁証術に対する批判が、先の近代弁証法に対する批判とほぼ同型であることは、直ちに見てとれよう。[17]

それに対して、「説得推論（ἐνθύμημα）」と「例証（παράδειγμα）」によって特徴づけられる弁論術は、日常的な「見解（Ansicht）」から出発する。裁判や議会、演説などといった場面で用いられる弁論術は、理論的学問とは違って、つねに「別様にもありうるもの」、しかも過去、将来、現在にわたって「いずれにもありうるように思われるもの」としての実践的行為にかかわる。[18] 弁論術は、こうした一義的に確定不可能な行為について想定されたドクサから出発する。しかし「説得推論は単に通念（ἔνδοξον）から出発するだけではなく、再び通念へ戻ってゆく」（GA18, 130）。弁証術が不動の明証性を前提として循環するのに対して、弁論術は日常的なドクサをめぐって循環する。ここでは、先の弁証術に対する批判とは対照的に、ドクサをめぐる弁論術の循環運動が、「被解釈性」をめぐる「事実性の解釈学」の循環運動とほぼ同じ構造を与えられていることが読みとれる。もっとも、このように日常的なドクサを考察対象とするために、従来弁論術のロゴスは、弁証術のロゴスに比して不確実なものとされ、学問的な明証性を求める考察にとって「ぐらつきやすい」ものだとみなされてきた。[19] しかしハイデガーは逆に、むしろ弁証術こそが弁論術の派生態であると捉える。不確定な日常的見解が明証的な原理として前提されてはじめて、弁証術の推論も開始することができる。その限りで、弁証術の推論は、あくまで弁論術の説得推論から「発生する」ものなのである（GA18, 128, 130）。こうして弁論術は、日常的な語りの実践に第一義的にかかわるものとみなされることになる。

こうした弁証術との対比を踏まえて、ハイデガーは、弁論術のロゴスがかかわるドクサについて独自の分析を行っている。その要点は大きくわけて二つある。第一に、ドクサは強固な支配力と強制力を持つ（GA18, 151）。ドクサは、他者と一般的に共有されているものであり、それゆえ公共的な語りを動かす場合には、強い説得力を発揮する。誰にとっても議論の余地のない、馴染み深い信頼感のなかにこそ、ドクサの支配力は働いている。そうした意味で、ドクサは「何かを認めていること（Für-etwas-Sein）」、「ある種の肯定（ein gewissess Ja）」である（GA18, 146）。しかしまた第二に、ドクサは幅広い「修正可能性（Revisionsfähigkeit）」を持つ（GA18, 138）。理論的学問と違って、ドクサは明証性も具体的内容ももたず、誰にとっても馴染みやすいようにその姿を変化させることができる。この可変性ゆえに、ドクサは弁論の場での「反論」や、弁証術や学問の「前提」や「命題」にもなり、さらには「神」について論じるものにもなるのである（GA18, 152）。こうしたドクサの可変性は、ハイデガーに倣って、「揺らぎ（Ausschlag）」と表現することができよう（GA18, 125, 171）。

ドクサは、日常的な語りのなかで揺れ動き、さまざまな姿をまとう。このことは、《日常性》という地盤それ自体が、不断に不確かさを孕んでいることを意味している。つまりドクサの《揺らぎ》は、日常的地盤の不確かさの反映なのである。ドクサのような頽落した公共的言論をはじめ、弁証術や理論的学問は、実のところこうした日常的地盤の不確かさを押さえ込むことによって成り立っている。それゆえこれらの営みでは、日常的地盤に備わるもともとの生きた語りの力はすっかり削ぎ落とされてしまっている。しかし、日常的地盤の語りの力を脱落させることによって、これらの営みは結局のところ、みずからの由来たる根拠をも喪失してしまうことになると言わざるをえない。このことは、現代のプラグマティストたちによる日常性の解釈学理解にも当てはまる。彼らが日常性に信頼を置きながらも、そこに孕む不確かさを十分に考慮していないとすれば、彼らの主張する日常性の解釈学は、根拠を示さないまま、ポリスの内部でお喋りを繰り返すだけの単なる《技術》にとどまる。しかしそれに対して弁論術は、ドクサの《揺らぎ》に寄り添うことによって、日常性の地盤の不確かさを《開放力》へと変える。つまり《弁論術としての解釈学》は、日常的な語りの実践を循環させ、そこに説得の力を与えている当のもの、すなわち哲学的概念を生み出す日常性の地盤をそのものとして《開示する能力》なのである。

第3節　実践哲学としての弁論術

ハイデガーの第二の《反復》の狙いは、アリストテレスの様々なテキスト、とりわけ『ニコマコス倫理学』を手がかりとして、人間の実践的能力の統一的構造から、弁論術の《開示する能力》を発生論的に解明することにある。アリストテレスによれば、弁論術の説得術は、ロゴスとエートス、そしてパトスによって構成されているが、ここでハイデガーが主に検討しているのは、語り手のエートスと聴き手のパトスである。ハイデガーは、エートスもパトスもすべて《開示》の一様態とみなしている。エートスとパトスをつうじて、あらゆる存在者との交渉を打ち開く最も広義の《開示》の力が、「ロゴス」である。こうした意味で「エートスとパトスは、レゲインそのものにとって構成的」なのである（GA18, 165）。

まずエートスについては、ハイデガーはほぼアリストテレスの定義を踏襲している。エートスは、道徳や倫理的な徳ではなく、ポリスにおける相互存在の振る舞い方、人間の広義の「態度（Haltung）」であり、弁論術のエートスとは、そうしたポリスにおける「語り手の態度」である（GA18, 106, 163）。ところが聴き手のパトスについては、アリストテレス本来の「聴き手」や「情動」といった意味をはるかに超えて、大胆な解釈が試みられている。ハイデガーは『ニコマコス倫理学』での「ロゴスに聴き従うこと」を引きつつ、弁論術の説得にはそもそも《聴く》ことが《前提》されているとする[20]。人間が聴くことをなす存在者であるからこそ、説得は可能となる。人間は、何よりもまず「おのれ自身に耳を傾ける（auf sich hören）存在者」なのである（GA18, 104f.）。もっともそれは、決して自己内対話に尽きるものではない。というのも、人間が相互存在である限り、独白でさえ、すでに他の人々の語りを含んでいるはずだからである。まさに「聴取において私は他の人々とのコミュニケーションのうちにある」のである（GA18, 44）。

ドクサに備わる強力な説得力からも窺えるように、弁論の内容は、確かに聴き手の実践的行為に対する「命令（Direktiv）」的性格を帯びている。その意味で聴き手は、「聴く」という受動的行為を強いられるだけのようにも見える。しかしながら聴取は、それが説得の《前提》である以上、ドクサにも先行して、あらかじめ対話の場を開き、そこでの語りを促す役割を持つ。それゆえ聴取は、たんなる「アイステーシス」の能力にはとどまらない。聴取は、他者との相互存在のあいだに対話の場を《開示》し、またそこでの語りを《命令》する、聴き手の側の能動的行為なのである（GA18, 104）。人間が「他者から何ごとかを語らしめる」と同時に、「自己自身から何ごとかを語らしめる」者でもあるとされるのは、そのためである（GA18, 111）。

こうした実践的命令を聴くことによって、聴き手の情態はそれ以前の情態から変化する。そうした情態の「変容（Umschlagen）」が、パトスである（GA18, 171）。しかしここでもハイデガーは、パトスをたんなる「心的状態」や「随伴現象」などといった受動的状態ではなく、身体を含めた「人間の生の全体」、すなわち「世界‐内‐存在」を特徴づける能動的な「運動（Bewegung）」とみなす（GA18, 192, 195, 197, 199）。ハイデガーは、『形而上学』のパトスの規定を踏まえながら、最終的には「苦（λύπη）」の側面を強調する[21]。というのも、「快（ἡδονή）」は世界の勝手がわかっていて《揺らぎ》が何もないこと、つまり一定の自足状態であり、日常世界の皮相な理解に安住する一般的な人間の情態性を、さらには神の恒常性を特徴づけるものだからである。つねに《そのつど》《揺らぎ》のなかを生きる存在者である限り、人間にふさわしいのはむしろ「苦」のパトスの運動であるはずである。そこでハイデガーは、「恐れ（φόβος）」を主題として取り上げる[22]。「恐れ」ないし「不安（Angst）」は、恐ろしいものからの「逃亡（φυγή）」を招き、他の人々へと「助言」を求めるよう仕向けることがある（GA18, 260f.）。たとえば不安に襲われると、ひとはお喋りになる。このことは、まさにパトスをつうじてロゴスが生まれることを示しているのである。パトスは、「そこから語りが生じ、また語りだされたものがそこへと成長してゆく地盤」である（GA18, 262）。他方で恐れは、それ自体として真に引き受けられるときには、「勇気」を生みだしもする。「恐れは勇気の可能性の条件」にもなりうるのである（GA18, 261）。

こうしてハイデガーは、語り手のエートスから聴き手のパトスへと重心を移動させながら、聴取とパトスのうちにロゴスの発生を見出す。そのうえでハイデガーは、弁論術のすべての契機を貫く日常的な語りの《揺らぎ》の源泉を、人間の実践的な運動へと求める。あるドクサから別なドクサへの「揺らぎ」を動かす運動は、「何かをめがけて外部へ出ること（Aussein auf etwas）」すなわち「決断（προαίρεσις）」である。また、ある情態から別な情態へと「転化」するパトスの運動も「決断」から生じる。そしてエートスにおいて、こうしたそのつどの「決断」が開示される（GA18, 147ff., 176, 261, 169）。こうしたハイデガーの解釈は、日常性の不確かさと、さらにはそれに対する変容をも命令することのできる《根拠》を、他ならぬ人間自身の《決断》という《脱自的運動》に求めるものだと言えるだろう。最終的にハイデガーは、この決断を担うものを、『ニコマコス倫理学』第六巻を踏まえつつ、「ソフィア」と「フロネーシス」に求めている（GA18, 265）。それは、エートスやパトス、そしてドクサを含めたロゴス、これらすべてに通底する決断の運動を、《哲学的実践》の《能力》として捉えるものと言ってよい。《弁論術としての解釈学》は、哲学的実践の《能力》によって支えられているのである。

第4節　『存在と時間』における日常性の解釈学

こうした『アリストテレス哲学』講義での『弁論術』の《反復》の成果は、『存在と時間』の分析の随所に反映されている。しかもそれは、パトスのような情態性の分析にとどまらず、言語にかかわる分析全般に当てはまる。とはいえそれらの分析には、まさに『弁論術』に依拠したがゆえの制約も少なからず見出される。そこでここでは、広く言語の問題に焦点をあてて『存在と時間』に対する『弁論術』の影響を検討し、その意義と制約を明らかにする。

『存在と時間』の言語論は、基本的に三つの段階によって構成されている。ハイデガーによれば、第一段階として、現存在の開示性を構成する「了解（Verstehen）」、「情態性（Befindlichkeit）」、「語り（Rede）」という三肢構造が基底にある。そして第二に、この基底構造を踏まえた「解釈（Auslegung）」の段階がある。ここでは「了解」の仕上げが行われる。そして第三に、音声言語や文字言語として表明される「言明（Aussage）」の段階がある。言語は総じて、この三段階を経て成立する（SZ, 161, 158, 154）。筆者の見るところ、『アリストテレス哲学』講義での分析は、これらいずれの段階においても活かされているとみることができる。

まず、この三段階全体の区別が、先の弁論術、弁証術、理論的学問の相互関係を下敷きにしている。『存在と時間』の第六節では、アリストテレスがプラトンの弁証術を乗り越え、解釈学的ロゴスを仕上げたことが高く評価されている。それを受けて、第三三節でも、理論的学問一般における言明性格を批判しつつ、その基礎に解釈学的ロゴスが据えられている（SZ, 25, 158）。さらに続く第三四節では、『アリストテレス哲学』講義での分析を引き継ぎながら、「語り」は「相互存在」の様態において「伝達」されるものであり、また現存在の「開示性」を構成するものであるとされている（SZ, 161f.）。弁論術の解釈学的ロゴスを基底として、弁証術、そして理論的学問は発生する。こうした言語論の構成からも読みとれるように、『存在と時間』の言語論の発祥の地は、他ならぬ『弁論術』に求められるのである。

次に、言語の各段階と『アリストテレス哲学』講義との関係を見てみよう。まず、第三段階の「言明」にかんしては、『存在と時間』では、（a）「挙示（Aufzeigen）」、（b）「述定（Prädikation）」、（c）「伝達（Mitteilung）」という三つの言明の意義が挙げられている（SZ, 154f.）。これらは『アリストテレス哲学』講義における（a'）他者に対して事柄を「ある－事柄が－おのれを示すように－する」こと、（b'）存在者を「制限（ὁρίζειν）」することによる「定義」、そして（c'）ポリスにおける人間相互の語らいによる「伝達」にかんする各分析に対応している。言語が「言明」として具体的に表明される段階では、ポリスにおける一般的な語りとしてのロゴスが作動しているのである。

第二段階の「解釈」にかんしては、『アリストテレス哲学』講義との大きな違いが認められる。というのも、『存在と時間』は、「聴取」に加えて「沈黙」という新たな契機を導入し、そこに言明の説得や命令にすら先立つ、ロゴスの根源的な《命令》の力を認めているからである。「このハンマーは重たすぎる」という言明を聴き取る場合、ハンマーは使い勝手の悪い道具「として」捉えられ、「無駄口をたたかずに」取り替える作業が行われる。その場合の《沈黙》においては、「重たすぎる」、「別なハンマーを！」ということが語らぬままに語られている（SZ, 157）。つまりこの感嘆符に込められているのは、理論的な言明の手前で、みずからに対してもまた他者に対しても「別なハンマーに取替えよ！」と適切な道具の使用を促す、いわば《沈黙の命令》なのである。[23]この《沈黙の命令》は、日常的な語りと聴取において行われる「無駄話」をも「制圧する」点で、言明や聴取をも遥かに超えて、一切を脱自的に変容する命令の力を持っていると言えよう（SZ, 165）。

第一段階の「語り」にかんしては、どうだろうか。ハイデガーは、第三四節で「協議（Rücksprache）」や「演説（Redehalten）」といった様態を挙げている。これらの様態は、アリストテレスによる「民会弁論」や「演示弁論」などの区別を踏襲したものであり、すでに『アリストテレス哲学』でも言及されていた（SZ, 161; GA18, 125）[24]。ここではまた、「抑揚、口調、拍子」、「語りくち」といった語りの情態性にかんする考察も行われている（SZ, 162）。これらは『アリストテレス哲学』には見られなかった考察であるが、『弁論術』第三巻での一般的な弁論術の表現方法についての規定を受けたものと言える。[25]いずれにせよ、語り手にかんしては、『アリストテレス哲学』も『存在と時間』もアリストテレスの規定をほぼそのまま引き継いでいる。それに対して、聴き手にかんしては、『存在と時間』は『アリストテレス哲学』講義での分析の成果に大いに依拠している。「実存の実存性」として、語りの構成契機をなす「聴取」は、本来的な「アイステーシス」であり、「他の人々との共同存在としての現存在の、実存論的な開放存在」なのである（SZ, 163）。

「情態性」についても、大きな変化が認められる。『存在と時間』第三〇節では、『アリストテレス哲学』講義と同じく「恐れ」が主題として取りあげられている。両者で術語自体は共通しているが、しかし『存在と時間』におけるその分析内容は、以前とは大きく様変わりしている。『弁論術』第二巻第五章では、未到来の「死」は恐れの対象にはならないと述べられている。[26]『アリストテレス哲学』講義では、そこから恐れの「近さ」の性格が導き出されていた(GA18, 252)。この点は、『存在と時間』でも、恐れの第五番目の性格として挙げられている(SZ, 140f.)。『アリストテレス哲学』講義では、恐れと不安は区別されず、いずれもその接近にさいして、逃亡することから言語が生成するとされていた。ところが『存在と時間』は、日常的言語を頽落した「世間話」として批判し、公共的な利害可能性をめぐる日常の語りの一切の「意味」を無効化する「不安」の情態性を前面に押し出している。「不安」こそが、根源的な「開示性」である(SZ, 187)。それゆえここでは、いつ到来するかわからない死の近さを紛らわそうとして、《とりあえず今ではない》と言い立てることは、死の確実性から《最も遠くへ》逃れようとする頽落した世人の振舞いとなる(SZ, 258)。こうして、アリストテレスの「恐れ」に倣った分析は、『存在と時間』では非本来的な情態性の側に回収されることになる。

とはいえ『存在と時間』は、決して言語の生成にかんする分析を放棄しているわけではない。というのも、「良心の呼び声」の分析は、先の「沈黙」の契機をさらに深化させつつ、そこに最も根源的な《言語》の《命令》の力を認めているからである。[27]ここでハイデガーが念頭に置いているのは、「法廷弁論」である。というのも、良心の呼び声は、カント的な「法廷」モデルとしての「良心」や実践的な「命令」に先立ち、一切の「非難」や「警告」の根拠として、「沈黙」の「呼びかけ」のうちで、現存在自身の「無性」を告知する「力」だからである。そしてこうした沈黙における良心の呼び声を引き受けるのが「決断」である(SZ, 277ff., 293, 296f.)。この聴取と沈黙の《ロゴス》を引き受ける良心と決断の理解には、先の「フロネーシス」と「ソフィア」と同様、日常性に対する根源的な変容の力を読み取れる。こうして『弁論術』は、学問や技術としての説得だけでなく、公共的な場面における一切の「語り」を、その地盤から変容し開示する《能力》として、《反復》されるにいたったのである。

しかしながら、こうした『存在と時間』における『弁論術』の《反復》は、いくつかの問題を孕んでいる。第一に、

「語り」がそもそも「弁論」から理解されているために、その意味する範囲は、日常的かつ公共的な言語使用の側面だけに狭められている。『アリストテレス哲学』講義でも問題視されていたのは、理論的学問としての言語であり、またソフィストに代表される頽落した公共的弁論であった。確かに『存在と時間』は、「語り」を了解や情態性と等根源的なものと位置づけ、良心の呼び声にもその根源的な力を認めている。それにもかかわらず、『アリストテレス哲学』講義での問題設定を前提としていたために、「語り」が「関心」の構造に積極的に導入されないという不整合を生じてしまったのだと考えられる（SZ, 133, 161）(28)。

それゆえ第二に、こうした「語り」の概念では、弁論以外の「語り」の意味を捉えきれないことになる。ハイデガーの挙げる例にしても、日常的な語りは、民会弁論や演示弁論に限定されている。また良心の呼び声も、法廷弁論を前提にしたものであった。つまり『存在と時間』では、説得や命令を目的としない語りは、完全に排除されているのである。したがってここでは、「詩作」といった芸術的な意味での語りは言うまでもなく、「物語ること」、「告白すること」といった語りも、考察対象にはならない。また、本来的な語りの契機が一挙に「聴取」や「沈黙」といった受動的様態の側へと送られてしまうことによって、「独白」や「願い」といった能動的様態は素通りされてしまうことになる。例えば「願い（εὐχή）」などは、内なる語られざる語りとして、《聴取》や《沈黙》の契機をすべて含みつつ、自己のみならず、他者の実践的可能性にもかかわりうる、特異な語りの形態と言えよう。にもかかわらずハイデガーは、「不死を願う」といったような、「実践不可能」なものにかかわる否定的な側面だけをアリストテレスに従って強調する。願いに認められるのは、たんなる脱自的運動なのである（GA18, 143f., 146; SZ, 32, 162）。

さらに、『アリストテレス哲学』講義における語りの「地盤」は、アリストテレスに倣って、ポリスのうちに画限されていた。すると、この前提を引き継ぐ『存在と時間』の「語り」も、やはり一つの国家、ないしは一つの《言語共同体》の内部に限定されているのではないかという疑念が頭をもたげてくる。確かに何らかの言語なくしては、存在者は存在者《として》開示されえない。とはいえその言語は、ただちに同質的な他者によって共有されるものでもなければ、ましてや既存の一つのポリスと重なりあうわけでもない。しかしハイデガーは、本来的な先駆的決断の分析を経たのちも、本来的な語りについてあらためて言及することもせず、ポリスという前提についても充分に吟味していない。個々人の運命、そして共同存在の運命を導くのが「民族の出来事（Geschehen）」、すなわち一つの国家の「共同運命（Geschick）」である限り（SZ, 384）、語りは、一つの国家、一つの《言語共同体》のうちに呑み込まれるように思われるのである。

第5節　日常性の解釈学の《論理》と《倫理》

しかしながら、こうした問題点は同時に、従来見落とされてきた『存在と時間』の言語論の新たな側面を照らし出しているようにも思われる。なぜなら、弁論術をモデルとする限りで、『存在と時間』の言語論は、どこまでも公共的側面を持つと考えられるからである。「世間話」は言うまでもなく、これまで一般には単独の実存の内面に響く声として考えられがちであった「良心の呼び声」でさえも、実は他者へと公共的に開かれた言語なのである。問題は、こうした公共性の射程の《範囲》である。確かに、本来的な先駆的決断においても「道具的な《世界》が《内容的に》別世界になったり、他の人々との交流の範囲がすっかり別物になったりするわけではない」（SZ, 297f.）。その限りでは、現存在が本来的、非本来的であるとにかかわらず、共同存在の《公共性》の範囲は、事実上何ら変化しない。しかしそれにもかかわらず、先駆的決断は「そのつどの事実的可能性」を開示するものであり、決断の「実存的な……無規定性も、やはり実存論的な規定性を有している」（SZ, 298）。実存論的な規定性は、公共性を規定する事実的な境界線に先立っている。これまでの考察を踏まえるなら、「語り」のなかにもやはり、事実的な公共性の事実的な境界線を動揺させ、変容するそうした実存論的な規定性が認められるはずである。では、その規定性の公共的意味は、『存在と時間』に即した場合、どのように考えられるだろうか。

もともと弁論術は、弁証術とはちがって、日常的な相互の語り合いを共同性において分かち合うものであり、また《発見の能力》として、理論的学問や日常的言語の妥当性や説得力の源泉を《開示》するものであった。したがって、弁論術がその《開示》の能力を十全に発揮し、公共性のパースペクティヴを切り開くときには、ありうべき公共性やそのエートスのありさまも、たとえ漠然とではあれ、あらかじめすでに見てとられているはずである。アリストテレスが述べているように、そしてハイデガーも認めているように、「弁論術」は「弁証術とエートスに関する研究から派生する分枝のようなもの」であり、しかもそのエートスは、「政治学」と呼ばれるにふさわしいものなのである（GA18, 127）[29]。その意味で弁論術は、個々人のエートスと公共的エートスを共有し、融和させてゆく《媒体》のようなものだと言ってよい[30]。そのさい弁論術は、必ずしも公共的エートスを強化するだけにとどまらない。というのも、個々人は弁論術の能力を行使するたびごとに、ありうべき《可能性》に照らしあわせながら、事実的な公共性とそのエートスを吟味し、修正し、変更してもいるはずだからである。《弁論術としての解釈学》は、来るべき公共性とエートスの可能性をつねに開き続ける営みなのである。ではその可能性は、どのように考えられるだろうか。

まずエートスについて言えば、『アリストテレス哲学』講義では、ほぼアリストテレスの定義が踏襲されるにとどまり、積極的な《反復》が行われてはいなかった。しかしそこではエートスは、人間の「態度」全般であるとされていた。したがってエートスは、ロゴスやパトスを含めた最も根源的な脱自的《開示》を遂行するものとして考えられよう。ジャン゠リュック・ナンシーも指摘しているように、現存在の「根源的なエートス」は「一般に概念と情動との脱－自的にアプリオリな総合」なのである[31]。この根源的な脱自的行為においては、もはや何かの「役に立つ」という意味でのアガトンも、また、中庸のアレテーといった立場も成り立たなくなる。というのも、現存在の根源的な脱自的行為においては、何一つ固定化されるものがない以上、日常的な有用性の目的のみを重視することも、また揺らぎを止めて《つねに中心に立つ》ことも不可能となるはずだからである。

『アリストテレス哲学』講義では、「そのつど性によって特徴づけられるわれわれの存在には、一回限りの絶対的な規範なるものは与えられていない」と述べられている（GA18, 186）。ハイデガーは、『ニコマコス倫理学』を踏まえながら、エートスは「習慣」によって、すなわち「繰り返しを一貫して行うこと（Öfter-Durchmachen）」によって成り立っていると言う[32]。もっともそれは、学問や技術の習得のように、一定期間の繰り返しののちに達する平衡状態ではない。むしろ、そのつどの瞬間に新たな決断を下すという「繰り返しの行為（Öfter-Handeln）」であり、「決断の恒常的反復（Immer-Wiederholen der προαίρεσις）」である（GA18, 191）[33]。まさにこうした決断の脱自的行為の反復が、人間固有の恒常性、すなわち「永遠なるもの（ἀεί）」ではない人間の「状態（ἕξις）」である（GA18, 191）。対話において人間を結びつける「共通項」としての「ロゴス」の根底には、この恒常的状態が根源的な《共通項》として横たわっている。この意味で、決断という脱自的行為の反復は、既存の言語や公共性の境界を再編してゆく、現存在の根源的《エートス＝倫理》として考えることができるだろう。

『存在と時間』は、このエートスの具体的な姿を、「状況（Situation）」の概念のうちで描き出している[34]。状況は、現存在のそのつどの決意性によって開示される「現場（Da）」である（SZ, 299f.）。しかし、頽落した世人にとってこの状況は「本質的に閉鎖」されており、世人はそこで生じる「一般的情勢」と「偶然」をみずからの成果として「誤認」してしまう（SZ, 300）。それは既存の公共性をただ追認するものにすぎない。それに対して、決断した現存在は「あらかじめ規定されてはいないが、しかし規定性に開かれた自由な自己決断」のなかで、共同存在や環境世界を含めて、世界の事実的な趣向全体性の一切を意味あるものとして充実し、その「現場」をみずからの「《場所（Ort）》」として見定める（SZ, 307, 300）。その限りで現存在は、けっして既定の状況に「固執することができない」。むしろこの状況のもとでは、現存在は「自己をいつでも撤回しうる必然性にむけて」、「そのつど撤回するという事実的な可能性へむけて、自由に開かれていなければならない」（SZ, 307f.）。この自由は、非本来的な自己喪失にさえ開かれているのである。

こうした「《限界状況》」では、もはや特定の概念だけを既存の意味のうちで保持することはできなくなる（SZ,

308; vgl. 249, 302, 349)。そこで求められるのは、頽落の危険をも認めた上で、それらの概念を限界状況のなかで開き続け、複数化することである。その場合に聴取や沈黙は、同質の他者や唯一のポリスだけを肯定するのではなく、それらの外部の《了解不可能》な他者や、複数の《了解不可能》なポリスをも、《了解不可能》なものとして《承認》しつづけてゆくことを要請するように思われる。ハイデガーは、聴取について次のように述べている。「言語が不明瞭」であったり、「言語が異なる」場合であっても、われわれは物理的な音声を聴いているわけではなく、「さしあたりは了解不可能な言葉」を聴いているのである、と (SZ, 164)。もちろんそれは、了解可能性の否定ではない。なぜなら「すでに了解している者だけが、聴くことができる」からである (SZ, 164)［傍点は引用者による強調］。了解可能性は、了解不可能性の条件をなす。聴取は、そうした了解の根源的な《承認》の遂行なのである。同様に沈黙も、変化してゆく状況をただ追認しているわけではない。「良心の呼び声」は「状況へと呼び進める (vorrufen)」(SZ, 300)。この沈黙の声は、既遂や未遂の罪過に先立って、現存在の根源的な「存在可能」へと呼び出す。そのとき沈黙は、みずからとはかかわりなくすでに生じた状況の変化も、そしてこれから生じる状況の変化をも、みずからが決断において選び取ったものとして《承認》するのである。このように考えてくるとき、《聴取》と《沈黙》は、むしろかの《願い》にきわめて近づくように思われる。《願い》は、過去と現在の状況を踏まえながら、不可能性を不可能性《として》将来の可能性へと転じる。言語の限界において遂行される端的に脱自的な《語り》、それが《願い》なのである。

こうして本章では、日常性の解釈学の構造とともに、その新たな《倫理》と《論理》が明らかになった。日常性の解釈学は、たんなる弁論の技術の実践化ではなく、公共的な日常言語の根本的な動揺を顕在化させつつ、さらにそれを克服する高次の構造を備えている。そこに備わる《論理》は、既成の概念や意味の共有を図るばかりでなく、むしろそれらの共有不可能性さえも一つの可能性として共有する《倫理》と重なり合っているのである。

また本章の分析をつうじて、こうした日常性の解釈学の《倫理》と《論理》が、すでに将来・過去・現在にわたる一定の時間構造を前提していることもおぼろげながら次第に浮き彫りになってきたと言える。日常性の解釈学の背後には、現存在の時間性が、そしてさらには超越論的時間地平が控えているのである。すでに第一章で示唆しておいたように、ハイデガーは、この超越論的段階の考察においても解釈学的方法の導入を予定していた。そして実際ハイデガーは、カントの構想力解釈をつうじて、《超越論的解釈学》とも言うべき考察を展開しているのである。そこで次節では、この解釈学の超越論的構造について検討する。

注

（1） R. Rorty, Heidegger, Contingency, Pragmatism, p. 213; R. Brandom, Categories in Being and Time, in: *a. a. O.*, pp. 55-56.

（2） H. L. Dreyfus, *Being-in-the-World: A Commentary on Heidegger's Being and Time, Division I*, Cambridge MA 1991.（門脇俊介監訳『世界－内－存在 『存在と時間』における日常性の解釈学』産業図書、二〇〇〇年、「日本語版への序文」二四頁）

（3） H.-G. Gadamer, *Philosophische Lehrjahre. Eine Rückschau*, Vittorio Klostermann, Frankfurt a. M. 1977, S. 36.（中村志朗訳『ガーダマー自伝――哲学修業時代』未來社、一九九六年、四一―四二頁）

（4） 三木清「レトリックの精神」『三木清全集』第一二巻、岩波書店、一九六七年、一三一―一四七頁。三木清「解釈学と修辞学」『三木清全集』第五巻、岩波書店、一九六七年、一三九―一五八頁。

（5） H.-G. Gadamer, *Gesammelte Werke*, Bd. 1, S. 192.

（6） Platon, *Respublica*, 533c7-d1.

（7） 第Ⅰ部第一章第4節参照。

（8） すでに一九二一／二二年冬学期講義『アリストテレスの現象学的解釈』においても、「形式的な無」をめぐって「弁証法」ならびに「弁証法的媒介」に対する批判が行われている。「形式的な無」は、「形式的なもの」として、それ自体は確かに「《何らかのもの（etwas）》」ではある。とはいえ、「形式的な無」を安易に具体的な対象や固定的意味へと還元する「弁証法」ないし「弁証法的媒介」のようなやり方は斥けられねばならない。というのも、こうした弁証法的思考においては、「無」は身近な「眼前に存在するものや、意のままになるものが帯びている無」へと回収され、またそれにおうじて、「直接的なもの」が、その「対象意味と存在意味」を十分に吟味されないままに「生にとっての真の所与」とされてしまうからである（GA61, 145f. 146, 150）。ハイデガーは、弁証法的思考におけるこうした《無の理論的対象化》を批判する。第I部第一章第5節参照。

（9）『存在と時間』の実質的草稿をなす一九二二年の「アリストテレスの現象学的解釈（解釈学的状況の告示）」（以下「ナトルプ報告」と略記）においてすでに、事実的生の活動する場所は、あらかじめその理解や解釈を導き、制約する「被解釈性」として特徴づけられている（GA62, 354）。

（10）『アリストテレス哲学』講義における『政治学』の位置づけについて考察した論考として、以下を参照。森一郎「〈ロゴスをもつ生き物〉の根源的意味（I）——ハイデガーの「ポリス内存在」の現象学から」『東京女子大学紀要』第五六巻（一号）、二〇〇五年、一—二一頁。また、小野紀明『ハイデガーの政治哲学』、四六六—四六七頁を参照。

（11）Aristoteles, *Politica*, 1253a9-29.

（12）この規定は、その表現からも窺えるように、周知の「世界‐内‐存在」概念の原型をなす。「世界‐内‐存在」は、『アリストテレス哲学』講義では、しばしばSein-in-der-Weltとも表記されているが、同年の『時間の概念』講義ではin der Welt seinと表記されている（GA18, 40, 44; GA64, 19）。『時間の概念』講義では、「周囲世界」、「共同世界」、「自己世界」という初期の世界の三区分を継承しながら、主に前二者が「世界‐内‐存在」の概念としてとらえ直されている（GA64, 30）。初期の世界の三区分については、第I部第一章第3節を参照。また、同年にマールブルク神学協会で行われた講演「時間の概念」では、「自己世界」は、現存在の「私は存在する」という意味における「そのつど性（Jeweiligkeit）」や「関心」の概念のうちで論じられている。しかし「世界‐内‐存在」の概念のほうは、やはり主として世界との交渉における「配慮（Besorgen）」、「相互存在」、「言語」、「日常性」の点から論じられている（GA64, 112ff.）。一九二五年夏学期講義『時間概念の歴史への序説』では、「周囲世界」が主要部第一編第三章において大規模に論じられているが、第四章でもやはり「現存在の存在可能性」として「共同存在」と「言語」が挙げられている。これらを踏まえれば、「世界‐内‐存在」の概念は、基本的には「周囲世界」と「共同世界」の概念を基礎として成立していると考えられる。したがって「さまざまな言明は世界‐内‐存在にもとづいて遂行される」という一九二五／二六年冬学期講義『論理学』の発言も、『アリストテレス哲学』での《言語共同体》としての「ポリス」という理解に由来していると言える（GA21, 213）。

（13）キシールは、アリストテレスとみずからとを同一視するこうした『アリストテレス哲学』講義の立場が、当時のドイツの政治的状況に根ざしていた点を指摘している。T. Kisiel, Situating rhetorical politics in Heidegger's protopractical ontology (1923-1925 : The French occupy the Ruhr), in : *Existentia*, Vol. IX, 1999, pp. 11-30.

(14) Aristoteles, *Ars Rhetorica,* 1355b25.

(15) Aristoteles, *Ars Rhetorica,* 1354a1, 1356a32f.

(16) Aristoteles, *Topica,* 100a27ff.

(17) とはいえ、プラトン弁証術がソフィストの頽落した「公共的言論（Sophistik）」に対抗しうるものである点に変わりはない。後の『ソフィスト』講義では、弁証術は「世間話（das Gerede）を打破し、統御する」ことで、「学問的に語られた事柄を最初にまず告示し、その最も身近な姿において言い表す」方法としても捉えられている（GA19, 197）。

(18) Aristoteles, *Ars Rhetorica,* 1357a25f., 1357a1-7.

(19) Cf. M. F. Burnyeat, Enthymeme : Aristotle on the Logic of Persuasion, in : D. J. Furley and A. Nehamas (ed.), *Aristotle's Rhetoric : Philosophical Essays*, Princeton University Press, Princeton 1994, p. 12.

(20) Aristoteles, *Ethica Nicomachea,* 1102b30-34.

(21) Aristoteles, *Metaphysica,* 1022b15-21.

(22) Aristoteles, *Ars Rhetorica,* 1383a13-b10 ; Aristoteles, *Ethica Nicomachea,* 1115a6-1116a15.

(23) Cf. P. C. Smith, *The hermeneutics of original argument : demonstration, dialectic, rhetoric*, Northwestern University Press, Evanston 1998, pp. 30-31.

(24) Aristoteles, *Ars Rhetorica,* 1358b7f.

(25) Aristoteles, *Ars Rhetorica,* 1403b30f.

(26) Aristoteles, *Ars Rhetorica,* 1382a25ff.

(27) Cf. M. J. Hyde, The call of conscience : Heidegger and the question of rhetoric, in : *Philosophy and Rhetoric*, Vol. 27, 1994, pp. 381-383.

(28) この不整合を指摘したものとして、以下を参照。渡邊二郎『ハイデッガーの実存思想』勁草書房、一九七四年、五〇五―五〇八頁。

(29) Aristoteles, *Ars Rhetorica,* 1356a25f.

(30) Cf. C. L. Johnstone, An Aristotelian Trilogy : Ethics, rhetoric, politics, and the search for moral truth, in : *Philosophy and Rhetoric*, Vol. 13, 1980, p. 17 ; C. D. C. Reeve, Philosophy, politics and rhetoric in Aristotle, in : A. O. Rorty (ed.), *Essays on Aristotle's Rhetoric*, University of California Press, Berkeley 1996, pp. 191-205.

(31) J.-L. Nancy, Heidegger's "Originary Ethics", D. Large (tr.), in : F. Raffoul and D. Pettigrew (ed.), *Heidegger and Practical Philosophy*, Albany N. Y. 2002, p. 80.

(32) Aristoteles, *Ethica Nicomachea*, 1103a18.

(33) Aristoteles, *Ethica Nicomachea*, 1105b4.

(34) 「状況」は、初期フライブルク講義においてすでに、事実的生が立ち返るべき「自己世界」に帰属するものとして示されていた。この点については、第Ⅰ部第一章第4節参照。『存在と時間』は、この「自己世界」の「状況」の存在論的可能性をあらためて《反復》していると言える。

第三章　超越論的解釈学

本章の狙いは、初期以来のハイデガーの構想力解釈を再検討することによって、『カントと形而上学の問題』（以下『カント書』と略記）における解釈学的構造と構想力の《解体》の意義を究明することにある。

『カント書』に対するこれまでの評価は、必ずしも肯定的であったとは言えない。カント研究の側からは、ハイデガーによる諸能力の構想力への一元化がカントの基本的な問題設定を曲解するものだとして、早くから多くの批判が投じられてきた。なかでもヘンリッヒは、ハイデガーがドイツ観念論と対立しつつ、カントとは無縁な一元化を推し進めていると批判した。(1) またハイデガー存在論それ自体の展開に沿ってみても、『存在と時間』、とりわけ『カント書』のような超越論的立場は、初期以来の実存的立場からの「逸脱」であるとする批判がなされてきた。(2) そして当のハイデガー自身、『カント書』以後、こうした超越論的立場を捨て去り、さらに構想力にかんしてもほとんど言及をしなかった。こうした批判とその後の経緯を考えれば、『カント書』の構想力解釈は、この時期に限定された特異な問題系にも見える。

しかしこうした批判やその後の経緯によって、かえって『カント書』の構想力解釈の本来の狙いが浮き彫りになるように思われる。『カント書』は、ドイツ観念論との対立のなかを動いているが、その背後には、『存在と時間』において提起された古代存在論に定位した問題設定が引き継がれている。つまり『カント書』の基本的立場は、カントから古代ギリシアの存在論へ遡るものなのである。[3] また『カント書』の超越論的立場や構想力の解釈は、初期の実存的立場からの逸脱ではなく、むしろ初期以来の「事実性」に定位した実存的立場の包括的な結晶と考えられる。この時期に頻出する現存在の「有限性」という表現は、まさにそれを反映したものと言えよう。[4] さらに『カント書』以後も、表向き「構想力」という表現は消えるにせよ、その問題意識は以後も一貫して継続していると考えられる。『存在と時間』はすでに、第二部の「存在論の歴史の解体」のプログラムの最初の出発点に、カントの図式論ならびに時間論の解釈を置いていた（SZ, 23f.）。しかもハイデガーは、後の「存在の歴史」の展開のなかで、当初のプログラムを変容させながらも引き続きカント解釈を続行している。[5] このように見てくるなら、ハイデガーの構想力解釈を支える問題系が浮かび上がってくる。つまり現存在の有限性を縁取る境界線上で、古代存在論、超越論、存在論の歴史という三つの問題系が交錯する地点、それが構想力なのである。

こうした一連の問題系の焦点となるハイデガーの構想力解釈は、「存在論の歴史の解体」というハイデガー自身の言い回しになぞらえて、構想力の《解体》と呼ぶことができるだろう。周知のように、『カント書』では最終的に構想力が時間性へと《解体》されている。ところが、その背後に控える「存在一般の理念」については、実のところ『存在と時間』同様、なお十分な規定がなされないままにとどまっている。それゆえ構想力の《解体》の意義は、二つの段階を経て検討すべきであることになる。それは第一に、前述の三つの問題系における構想力の《解体》を再検討することである。そして第二に、現存在の有限性の境界線上において、この《解体》が「存在一般の理念」をめぐってどのように交錯しているのかを明らかにすることである。こうした考察をとおして、超越論的次元におけるハイデガーの解釈の構造とともに、構想力の《解体》の意義が浮き彫りになるはずである。

そこで本章では、まずアリストテレスをはじめとする古代存在論を中心にしたファンタジア（φαντασία）をめぐる第一の《解体》を明らかにする（第1節）。次に、この初期の立場から超越論的立場への移行時期に焦点をあてて、第二のファンタジアの《解体》を解明する（第2節）。そしてこの二つの《解体》を踏まえて、『カント書』における構想力の根源的時間性への《解体》を、《超越論的解釈学》として究明する（第3節）。以上を踏まえて、最後に「存在一般の理念」をめぐるこの《解体》の内実を考察する（第4節）。それによって、従来看過され、またハイデガー自身も十分に語り得なかった構想力の解体の本来の意義を解明する。またそれをとおして、中期以後の展開への見通しの一端についても明らかにする。

第1節　ファンタジアの解釈学的・現象学的解釈

ハイデガーは、構想力の由来を古代存在論、とりわけアリストテレスに求めている。こうした解釈は、どのような動機によって支えられているのだろうか。まずこの点を確認しておこう。

すでに本論第一章と第二章が明らかにしたように、『存在と時間』の基礎存在論の構築にあたっては、アリストテレスの『ニコマコス倫理学』が大きな役割を果たしていた。一九二六年の夏学期講義『古代哲学の根本諸概念』では、『ニコマコス倫理学』は「現存在の存在論（Ontologie des Daseins）」と呼ばれている（GA22, 148）。ところが他方でハイデガーは、『霊魂論』を「生の存在論（Ontologie des Lebens）」とも呼んでいる（GA22, 182, 184）。「アリストテレスは、魂の問題を、まさにはじめて純粋な基礎の上に取り上げたのである」（GA22, 184）。周知のように、『存在と時間』は、「現存在」と「生」を明確に区別し、後者は前者の「欠如的」解釈によって捉えられるとしている（SZ, 50, 58, 194）。この主張は、一見したところ現存在に対して生を下位に置いているようにも思える。しばしばハイデガーが生物学的な意味での「眼前存在者」と「生」を並置する場合もあるため、なおさらである（SZ, 241）。

しかし、事柄はそれほど単純ではない。というのも、ハイデガーが注意を促しているように、「生」は本来「眼前存在者」でもなければ「現存在」でもなく、「現存在のなかでのみ接することができる」「独自の存在様式」を持っているからである。このような生に対して、欠如的解釈は、「ただ生きているだけ（Nur-noch-leben）ということがありうるために、何があらねばならないのか」を規定する（SZ, 50）。この欠如的解釈の重心は、明らかに、前者ではなく後者にある。生は、現存在の存在論的考察をとおしてはじめて明らかになる。そのとき生は、眼前にある生物体の生命活動ではなく、現存在を含めた生一般の成立の基礎的根拠として解明されることになるのである。

こうした意味で『霊魂論』は、『ニコマコス倫理学』における人間の実践的能力の範囲を超えて、生一般の基礎的存在を主題とした書物である。つまりハイデガーにとって『霊魂論』は、基礎存在論を超えた、いわば《最広義の現存在の存在論》なのである（vgl. GA62, 397）。[6] 実のところ、こうした理解が、『カント書』の分析の背景になっている。『カント書』は、有限的現存在における構想力の解釈を主題としているが、その場合の「有限性」は、《最広義の現存在の存在》を意味している。それゆえハイデガーは、カントにおける構想力の位置づけの由来を『霊魂論』に求めているのである。「ファンタジアは、すでにアリストテレス『霊魂論』第三巻において、アイステーシスとノエシスとの中間にある」（GA3, 129）。しかし『カント書』の簡略な論述からは、このファンタジアと構想力の連関はほとんど見通しがたい。そこでまず初期に遡って、ハイデガーのファンタジアの解釈を検討する。

何よりまず確認しておくべきは、ハイデガーが、ファンタジアをほぼロゴスと同類の開示能力として捉えていた点である。『ソフィスト』講義では、プラトンとアリストテレスのファンタジアのいずれに対しても、ロゴスと同様の開示性格が認められている（GA19, 607ff.）。プラトンはファンタジアをアイステーシスとドクサの融合体として捉えた。[7] それに対してハイデガーは、ドクサがロゴスと同じ「として」構造を持つことから、ファンタジアとロゴスを同じ由来を持つものとみなしている。他方アリストテレスは、プラトンの定義を批判して、ファンタジアをアイステーシスとディアノイアの媒介をなす一個の独立した能力とみなした。[8] それに対してハイデガーは、ここではもっぱらディアノイアにのみ「として」構造を認めるにとどまっている。しかし「ナトルプ報告」ではすでに、ファンタジアをロゴスにおける言明の具体的遂行と同じく、対象を「それ自身のほうから《現われ》させる」ものとして解釈すべきであると主張している（GA62, 379）。つまりファンタジアは、存在者をそれ自身《として》顕わにする解釈学的な開示遂行の能力なのである。

しかしそもそもロゴスは、言明の《遂行》としてだけでなく、その遂行によって言明されたもの、すなわち《遂行されたもの》という側面も持っている。ロゴスは「言明すること（Ansprechen）と論述すること（Besprechen）」という様態において遂行されるものであると同時に、その遂行をつうじて「言明されていること（Angesprochensein）」となる「言明（ロゴス）」としての様態をも備えているのである（GA62, 354）。そこでハイデガーは、ロゴスと同じ開示能力である限りにおいて、ファンタジアにもこの二つの様態を見出す。プラトンにおいて、ファンタジアは「表象すること」とそこで「現前するもの（Anwesende）」を意味し、またアリストテレスにおいても「アレーテウエインの遂行」とそれによって「発見されたものそのもの」を意味しているのである（GA19, 609）。もっとも、この二つの意味のうちとくに重視されているのは、前者である。「ナトルプ報告」では、感覚対象ではなくアイステーシスの遂行が、またヌースではなくその遂行様式としてのフロネーシスが重視されている。それと同様、ファンタジアにおいても重視されているのは、《表象すること》という《非現前的》な開示遂行の能力なのである。

『ソフィスト』講義では、このファンタジアの開示遂行の能力が、特に『霊魂論』に即して具体的に解釈されている。ハイデガーによれば、ファンタジアは、アイステーシスにもとづく限りにおいて、アイステーシスと同一の「内容」を持つ。しかしファンタジアは、アイステーシスの対象である存在者を現前化するわけではない。むしろファンタジアは、その感覚内容を「変様」し、感覚本来の現前化を「中立化」することによって、存在者の「有体的現（leibhaftes Da）」を消し去る「準現前化（vergegenwärtigen）」を行う（GA19, 649f.）。さらにファンタジアは「私が、私によって、私に対して」、「私のもとに」、その存在者を顕わにする。この規定には、自己の内部で遂行される一種の自己関係的構造を見てとることができる。やがてこうしたファンタジアの働きは、「空虚思念作用（Leermeinen）」とも呼ばれることになる（GA20, 54-59）。こうした術語や規定からは、ハイデガーがファンタジアの開示遂行の能力を、ほぼフッサールの「想像（Phantasie）」に即して分析していることが読みとれる。(9) それゆえ、この時期に行われた構想力の第一の《解体》は、プラトンやアリストテレスに則った解釈学的解釈に加えて、フッサール流の現象学的解釈という二つの方向をもつと言えよう。

しかし、ここでのファンタジアの開示の射程は、ハイデガーが初期以来一貫して重視しているフロネーシスの射程に比べれば、きわめて狭いことがわかる。というのも、フロネーシスがつねに世界との交渉を経由して自己開示を行うのに対して、ファンタジアは、世界から切り離された主観の思念作用に限定されているからである。さらにハイデガーは、ファンタジアに時間的な伸び広がりを認めていない。『存在と時間』にいたるまで、そうした広がりが認められているのは、もっぱらフロネーシスのほうである。つまりここでハイデガーは、ファンタジアの開示能力を主観的な現前的時間のうちに閉じ込めていると考えられるのである。

第2節　時間性の形式的告示と超越論的構想力

一九二四年の「時間の概念」草稿や「時間の概念」講演を境に、ハイデガーはみずからの存在論的考察の統一的観点として時間性を強く意識しはじめるようになる。「哲学者が時間を問うときには、時間を時間から了解しようと決意している」（GA64, 107）。「時間は時間的である」（GA64, 124）。「時間の概念」講演でのこのトートロジー風の言い回しは、時間自体の自己関係性が、存在論的考察の第一の根拠をなすことを示していると考えられる。(10) これにおうじて、初期のファンタジアの解釈学的・現象学的解釈や、そこにはたらくフロネーシスの射程も、時間性を中心に再編されることになる。そこで、初期の第一の構想力の《解体》に対する転換を検討することによって、第二の構想力の《解体》を明らかにすることにしよう。

ハイデガーは一九二五／二六年冬学期講義『論理学』において、時間性から解釈学的な開示遂行を捉えなおそうと試みている。初期のロゴスの区別と同様、ここでも「言明」は、「眼前存在者についての挙示」と「現存在を了解させること」という《遂行されたもの》と《遂行》の二つに区分されている。もちろんここでもハイデガーは後者を重視しているが、しかしそこで注目すべきは、両者の区分基準が「時間」に求められている点である。「現存在を了解させること」という《遂行》においては、いかなる「言明」も、第一義的には「現存在」、「時間」、「テンポラリテート」といった諸問題の「呈示（Indikation）」ないし「告示（Anzeige）」である。そしてこうした告示は、他ならぬ「解釈学的」性格を持っているのである（GA21, 410）。ここでハイデガーが念頭に置いているのは、「形式的告示」という初期の解釈学的構造である。

第1節において確認したように、形式的告示は禁止、対抗、指示という三段階の構造を有している。形式的告示は、概念や理念についての従来の《現前的》な理解内容をいったん禁止・防止し、その内実を空虚化する。その上で形式的告示は、あらためて事象内容の方向を指し示し、事象内容の暫定的な充実へと促す。[11] ハイデガーは、この事象の「内容意味」を充実させるものとして、フロネーシスの実践的了解への着目から、もっぱら「遂行意味」を重視していた。[12] しかしそこではすでに、遂行意味の根底に「時熟意味（Zeitigungssinn）」が設定されてもいた（GA61, 31）。『論理学』講義は、まさにこの時熟意味の発想を展開して、時間を形式的告示として捉えている。時熟意味は、それ自体「として」、解釈学におけるより高次の主題となる。それによって、現存在の実践的遂行も、時熟意味ないし時間性から捉えなおされることになる。『存在と時間』は、この時間性が時熟する脱自的「地平」を、存在了解の「目指す先（Woraufhin）」すなわち「存在の意味」として捉え、その探求を「存在論的認識」ないし「超越論的認識」と呼んでいる（SZ, 6, 19, 38, 365）。それを考えあわせるなら、『論理学』講義において時熟意味は、時間性ないしテンポラリテートの告示、すなわち時間性の《超越論的形式的告示》へと転換されていると言える。そしてこのように時間性の告示を存在の意味「として」記述する解釈学は、《超越論的形式的告示的解釈学》と呼ぶことができる。

この解釈学は、実存論的認識よりも高次の認識として、いまやフロネーシスだけでなく、アイステーシスやノエシスといった諸能力をも包括するような構造をもつ。しかもそれは、時間を時間として生成させる超越論的構造でもなければならない。そこでハイデガーは、この超越論的構造のモデルとして、他ならぬカントの図式論を導入する。「カントによる時間の究明も、とりわけ彼自身がきわめて暗い問題として特徴づけた図式論の問題も、あくまで積極的なものであることに変わりはなく、それは今日にいたるまで本来的にその基礎的な意義において評価されていない」(GA21, 194; vgl. SZ, 23)[13]。カントによれば、図式は、感性と悟性、現象と概念を媒介する「超越論的時間規定」である[14]。図式は、超越論的構想力の産物として、現象における一切の「形像(Bild)」を可能とする純粋綜合として機能する。まさに図式は、ハイデガーにとって、時間のうちで存在者を存在者の姿において現象させる、超越論的構造そのものなのである。したがってこの超越論的構造としての図式は、前述の形式的告示の三段階の全体を支え、なおかつ一切の諸能力の時間性格をそれ「として」可能ならしめる、解釈の規範的時間地平と言えよう[15]。なお、こうした解釈学的意味での図式化として、ここでハイデガーは「芸術における形像的提示(die bildliche Darstellung)」を挙げている。それは例えば、森の鹿を描いた絵画の中に、鹿の「森の内の存在」を提示するものである(GA21, 363f.)。『カント書』では論じられなかったこの図式化については、本章の最後であらためて論じることにしよう。

ハイデガーは、図式におけるこうした存在と時間の連関を評価しつつも、しかしその時間規定の狭さを批判する。ハイデガーによれば、カントは主観の時間性を外的自然の「客観的時間性」に求め、根源的綜合をなす「超越論的統覚」を「時間の外部」に置いたことで、結局図式を「今」の連続的な継起に貶めてしまっている(GA21, 354ff. 391-398, 401, 408)。それによって時間は、《現前性》のうちに絡めとられることになる。ハイデガーにとって、綜合一般における結合を担う「自我」も、また図式の超越論的時間規定も、《非現前的》な遂行のうちで捉えられねばならない。つまり自我は結合の「遂行」であり、図式は不可視の時間の純粋形像を呈示するものでなければならないのである。そこでハイデガーは、図式を産出する遂行能力を引き受けるものとして、ファンタジアを位置づける。そのさい、前述のような解釈学的側面の重視におうじて、当初の現象学的なファンタジアの理解も変容を被ることになる。当初は、遂行意味と内容意味の区別は、フッサール現象学に沿った意味志向と意味充実の区別に基づいていた。[16] しかし、いまや両者の区別は時熟意味へと送り返されることになる。つまり、ファンタジアは、内容未規定的で空虚な志向作用でありながら、しかし根源的な時間の遂行として、一切の意味の発生の根源となるのである。こうしてファンタジアは、《非現前的》時間性と結びあうことになる。

『現象学の根本問題』では、《遂行》そのものと《遂行されたもの》という先の区別に従って、「構想力の像、ファンタジアの像」は、一方で「先取された見え（Aussehen）、先行像（Vor-bild）」として「制作以前」の姿を、他方では「制作されたもの」の姿を呈示するとされている。しかし前者はさらに、制作の《現前性》を超えて、「先取された見え」、つまりはイデアから「様々な像をあらかじめおのれに対して自由な仕方で見えさせる」ものとしても特徴づけられている（GA24, 150）。しかもこの発言の直後では、カントの構想力が形式と質料に先立つ「認識論的重要性」を持つとも言われている。こうした発言からは、ファンタジアが当初の主観的な《現前的時間性》の枠を突破し、感性や悟性にすら先行する広範な《非現前的時間性》の射程を獲得したことが読み取れよう。[17]

こうしてハイデガーが、フッサールを経由して、アリストテレスのファンタジアからカントの超越論的構想力を読みかえていることが明らかになった。ファンタジアは、いかなる現前的産出にも先立つ根源的な産出能力として、一切の像の現出を支える超越論的構想力なのである。

時間性の形式的告示を梃子として、ファンタジアを超越論的構想力へ転換するこの第二の構想力の《解体》は、解釈学の超越論化として特徴づけることができるだろう。しかし振り返ってみれば、ここまでの《解体》を牽引してきたのは、形式的告示の解釈学的構造であり、そして何よりその《空虚》な時間性の理念であった。すると、形式的告示こそ、『カント書』での構想力解釈を導いている根本構造であると考えることができる。そこで次に、この点を『カント書』の構想力の《解体》に即して検討することにする。

第3節　超越論的構想力から根源的時間性へ

『カント書』は、これまでの二つの構想力の《解体》を基礎として、超越論的構想力そのものの最終的な《解体》に着手している。そこでは、初期の形式的告示の解釈学的構造が、超越論的に活用されていることが読み取れる。それは、狭義には『カント書』第二章での『純粋理性批判』の体系と諸概念の《転換》に、そして広義には第三章での超越論的構想力の根源的時間性への《解体》に見出せる。[18] ここでは、『カント書』に加えて、『論理学』講義、ならびに『カント純粋理性批判の現象学的解釈』講義をも参照しつつ、この《転換》と《解体》を検討する。

『カント書』は冒頭から一貫して悟性に対する感性の優位を主張しているが、これは、先の第一の構想力の《解体》の洞察を基礎としている。それは、理性ないし悟性がアイステーシスないし感性に基づいてはじめて機能する、という洞察である。この点を踏まえてハイデガーは、超越論的感性論における直観形式に、『純粋理性批判』の根本問題を最初に《告示》する役割を与えている。その根本問題とは、『純粋理性批判』の主題たる「アプリオリな綜合の解明」であり、ハイデガーにとっては、一切の存在者との遭遇を可能とする「地平」を形作る「綜合」、すなわち「存在論的綜合」の解明である。直観形式は、「防止的な言明」によって「否定的」に特徴づけられており、「誤認」されたその本来の「本質」を告示する役割を持つ（GA3, 44f.）。その場合の直観形式の本質とは、直観形式において「非」主題的に直観されるもの、そこから現象の多様がそれ「として」出会われる「眼差しの向かう先（das Worauf des Hinblicks）」であり、受容的直観作用の背後の「無」である（GA3, 72）。そして直観形式のなかでもとりわけ重視されるべきは、内官の形式の「時間」である。こうして存在論的綜合は、まず直観形式の「向かう先」の非主題的な「時間」として、さしあたりは告示されることになる。

こうした超越論的感性論の議論に先立って、ハイデガーは『カント書』の解釈方法を超越論的分析論によって特徴づけている。存在論的綜合は「分析論」によって具体的に開発されるのである（GA3, 15f., 41）。もっとも分析論は、すでに『論理学』講義において述べられているように、「現象の本来的発生の意味」を解明するものとして理解されている（GA21, 198）。つまりここに言う「現象」は、先の図式の解釈に従って、もはや感性でも悟性でもない《非現前的》な超越論的《遂行》をつうじて、おのずから《発生するもの》を意味しているのである。それゆえ分析論は、悟性の思考する「態度」を解明し、「有限な純粋理性の本質をそれ固有の根拠から発生するのを見えさせること」を行うものとして特徴づけられる（GA25, 218; GA3, 42）。したがって超越論的分析論とは、《現前的》な意味内容に対抗して、純粋理性の本質をその現象そのものから露わにする存在論的綜合の《遂行》であると言える。こうして、本来悟性の持つ多様な現象の統一の機能は、悟性の「先行的な眼差し」が向かう「統一」、すなわちそれ自身感性でも悟性でもない「純粋綜合」に委ねられることになる（GA3, 54, 64ff.）。

この純粋総合の内実を担うのは、感性と悟性の「構造的な中間」、両者の「根」として「統一」を遂行する超越論的構想力の綜合の働きである。「地平の形成」としてのこの超越論的構想力の綜合も、先の構想力の解釈に従って、「地平光景の形像を遂行する」とともに、不可視の純粋形像である「図式－形像（Schema-Bild）」、すなわち「時間」を形成するものとされる（GA3, 90, 97, 104）。こうして、超越論的構想力の地平形成は、直観の背後に告示された「時間」や「無」、そして悟性の目指す「統一」を生み出し、経験的対象一般との遭遇を可能にする存在論的綜合に求められることになる。つまり、形式的に告示された純粋綜合の内実は、この超越論的構想力の存在論的綜合によって《充実》されるものとして指示されるのである。こうした『カント書』第二章の議論からは、形式的告示の禁止、対抗、指示という三段階の構造にそって、感性論、分析論、そして構想力の存在論的綜合がそれぞれ捉えられていることが読み取れよう。こうした意味で、『カント書』は《超越論的形式的告示的解釈学》なのである。

そして第三章では、構想力の超越論的遂行に即して、構想力それ自体が根源的時間性へと《解体》されることになる。すでに第二章において、直観作用は、直観されるものを「与える」きわめて自発的な遂行として理解されていた

（GA3, 47; vgl. GA25, 135）。他方悟性は、表象に統一を与える「規則の能力」として自発性を有するが、そこにハイデガーは、悟性がみずからの規則に拘束される「受容性」を見て取る（GA3, 154）。ここに、直観の受容性と悟性の自発性は逆転され、両者の根底に、それらを構造的に統一する超越論的構想力の「受容的自発性」が据えられることになる。それはいわば《みずからがみずからに従う》という自己関係的構造である。先の第一の構想力の《解体》においても、ファンタジアには一種の自己関係的構造が認められていた。すでに指摘しておいたように、『存在と時間』での「実存の理念」という現存在の定式にも、同様の自己関係的構造が認められる（SZ, 52f.）[19]。しかしここでの自己関係的構造は、もはや現存在自身の実存論的構造としては考えられていない。構想力を心的能力と解するのは「不適切」であり、その「可能性」は「根源的時間性」に帰せられる（GA3, 140）。いまや問題なのは、「時間の概念」講演で取り上げられていたような時間自体の自己関係性であり、その自律的な生成である。ハイデガーは、こうした時間性の自己関係的構造を純粋自己触発に見出す（GA3, 189）。現存在の有限性の彼方における根源的時間性からの時間の発生、それが純粋自己触発である。

ハイデガーは、超越論的構想力をこうした純粋自己触発としての根源的時間性へと《解体》するにあたって、超越論的構想力の地平形成作用の持つ脱自的性格を媒介としている。この点は、『カント書』では必ずしも明瞭ではない。しかし、『存在と時間』における現存在の既往的‐現持的将来という脱自的時間性が、ほぼ構想力の三重の綜合に対応していることからも、それは容易に見てとれるだろう（SZ, 328f.）。本来構想力は、再生の総合においてのみ機能する。しかしすでに第二の構想力の《解体》において確認したように、構想力は、過去や未来にも跨る広範な《非現前的》射程をもつものであった。これを踏まえて、純粋自己触発としての根源的時間も、超越論的構想力の綜合の働きとして、将来・既往・現持の全方位に向かって、脱自的に地平を形成する射程を持つと考えられているのである（GA25, 417f.）。

第一、第二の構想力の《解体》、そしてこの『カント書』での第三の構想力の《解体》を一貫して牽引してきたのは、「非」ないし「無」といった《非現前的》で《空虚》な時間性の形式的告示であった。そして最終的に、超越論的構想力は、現存在の有限性を縁取る境界線上において、可能性としての根源的時間性へと《解体》されたのであった。それゆえ『カント書』での構想力の《解体》の狙いは、超越論的構想力それ自体を、根源的時間性の《形式的告示》として捉えなおすことにあったと言えよう。しかし、時間の意味内容を《空虚化》するという形式的告示の機能を思い起こすなら、果たしてその《解体》は十分なものと言えるだろうか。根源的時間性が根源的な非現前的時間性である以上、やはりそれ自体はどこまでも《空虚》であらざるをえないのではないだろうか。しかしこのことは同時に、超越論的構想力の背後に、もう一つの隠された側面が潜んでいることを示しているように思われる。そこで最後に、この第三の構想力の《解体》をさらに立ち入って検討することにする。

第4節　構想力の《解体》

『カント書』の解釈は、現存在の有限性に定位するものであったが、その末尾では、この有限性をあたかも転覆するかのような問いかけが見出される。「現存在における有限性は、無限性を《前提》せずして、ただ問題としてだけでも展開されるのか。現存在におけるこの《前提する》とは、一般にどのようなものか。このように《前提された》無限性は何を意味するのか」(GA3, 246)。その直前では、神の無限性と創造性ではなく、有限な人間の無限性と創造性という「理念」の意味と権利が問われている。この問いによってハイデガーは、初期にカントに倣って構築された形式的告示の「統制的理念」の身分をあらためて《反復》しなおそうと試みているように思われる。というのも、ここでは「超越論的弁証論」の課題であった「超越論的仮象」の問題が俎上に載せられているからである (GA3, 245f.)[20]。そこでハイデガーは、超越論的仮象の問題を、現存在の有限性にひそむ「非真理」の問題として捉えるべきだとも述べている。それでは、根源的時間性の理念は、現存在の有限性において、いかなる「仮象」の「非真理」の問題を

《形式的》に《告示》しているのだろうか。

　創造と無限の問題は、現存在にかんして言えば、産出的構想力の問題にあたる。いっそう正確には、有限でありながら無限の反復においてその産出を担う、脱自態の問題である。というのも、構想力の根源的時間性への《解体》は、有限的現存在の境界線上においては、脱自態によって媒介されていたからである。『存在と時間』や『現象学の根本問題』では、現存在の時間性が「脱自的統一態」と述べられていることからも明らかなように、時間性の脱自的地平はあくまで《統一》されるものとして考えられており、地平図式の背後への遡行はさしあたり断念されていた。こうした統一が要請されるのは、『存在と時間』の規定からも明らかなように、テンポラリテートが全存在者の存在の意味を統一するものとして捉えられていたからに他ならない。だからこそ『カント書』も、さしあたりは存在論的《綜合》をめざして解釈が進められてきたのである。ところが『存在と時間』以後、こうした統一の重心は、次第に脱自態の働きそのものへと移行している。『論理学の形而上学的始原根拠』講義では、あらゆる時間の収束すべきものとみなされていた脱自的統一それ自身が、《脱中心化》されるにいたっている。「諸脱自態の統一は、それ自体脱自的である」（GA26, 268）[21]。このような脱自態の《脱中心化》は、脱自態の《統一》を解き緩める。それによって、構想力による根源的時間性の《告示》をも不可能にしてしまう。なぜなら、脱自態の《統一》が成り立たないとすれば、時間性の脱自的地平は、もはやいかなる意味においても、《統一》的な理念としては示されないことになるからである。超越論的構想力は、根源的時間の手前で、脱中心化をつうじていわば《切断》され、浮動せざるをえないことになる。

　ハイデガーは、この根源的時間の脱中心化の向かう先を「世界」として特徴づけている。「時間の脱自的性格によって……超越、それゆえ世界が可能になる」。「時間は本質的に、世界へとみずからを開示し、解き緩めるもの（Ent-spannen）である」（GA24, 428; GA26, 271）。有限な現存在の最も広範な地平形成として、超越論的構想力は、みずからの外延をこの「世界」として縁取る。しかしそれは同時に、みずからが決して乗り越えられない外部を描き出すことでもある。『カント書』では、超越論的構想力が感性と悟性の「中間」ではなく、「根」であることが強調されていた。

超越論的構想力にとって本来の「中間」と言えるものは、その「根」を超える、さらなる外部との空隙のうちにある。『形而上学の根本諸概念』講義において、その「あいだ」は、一切の存在者の解釈可能性が裂け開かれてくる世界の外部の差異性に求められている（GA29/30, 575）。つまり、有限性の前提する無限性とは、超越論的構想力の地平形成がそこに衝突し、引き裂かれざるをえない世界の彼岸、《空虚》な根源的時間性なのである。

しかしこの事態は、脱中心化が、ひとつの《形式的告示》として、根源的時間性と構想力の空隙のあいだに、さらなる《空虚さ》を滑り込ませているとも考えることができる。有限な現存在にとって、超越論的構想力の広範な地平形成の裏面に告示されているものとは何か。それは、構想力の地平形成に根本的に逆らう《非力さ》に他ならない。超越論的構想力の地平形成は、同時に、それ自身が《空虚化》し、崩壊する《非力》な可能性を携えてもいるのである。とはいえこの《非力さ》は、決して構想力の全面的無化を意味するわけではない。むしろ構想力が崩壊することによって、現存在は、存在者との遭遇の地平を、そしてまたおのれ自身に立ち帰るための地平をあらためて構想力によって形成し、世界をつねに新たな相貌のもとに出会わせることができるのである。現存在が有限である限り、この構想力の《非力さ》こそ、現存在の本来の《能力》ではないだろうか。そしてそれこそ、人間のすべての「創造的行為」が「被投的」であり、「意のままにできない、すでにある存在者の全体への依存」であると述べたハイデガーの真意ではないだろうか（GA3, 235）。そう考えるなら、この《非力さ》が、『存在と時間』において、「現存在の無性の非力な根拠（der nichtige Grund seiner Nichtigkeit）」と呼ばれていたものに通じていることも、いまや明らかだろう（SZ, 306）。産出的構想力は、その「自由な創作能力（Dichtungsvermögen）」によって「遊動空間」を切り開く（GA25, 417）。しかしその自由に創作される遊動空間を背後から支えているのも、やはりこの《非力さ》なのである。

後にハイデガーは『芸術作品の根源』において、一切の企投の本質を「詩作（Dichtung）」に求めつつ、その本質が想像力や構想力によって思考されうるのかどうか、と疑問を投げかけている（GA5, 60）[22]。『カント書』における構想力の《解体》を経た後では、答えはおそらく否であろう。しかしここで思い起こすべきは、こうした構想力の《解体》の過程では主題化されることのなかった、解釈学的意味での図式化としての「芸術における形像的提示」である。絵画の主題に存在の像を呈示するこの解釈学的図式の働きは、真理を作品の内に据える詩作の語りのうちに残響しているのではないだろうか。逆に、その詩作の語りにおいて現出する不気味な大地は、構想力の《非力さ》を引き受けるものではないだろうか。その意味で『カント書』における超越論的構想力は、『芸術作品の根源』に先駆けて、有限的現存在の境界線上において、世界と大地の闘争の遊動空間を最初に《告示》するものであったと言える。そして構想力の《解体》は、この遊動空間の背後に潜む《非力な根拠》の根源を《告示》するものだったのである。

注

（1）D. Henrich, Über die Einheit der Subjektivität, in: *Philosophische Rundschau*, Bd. 3, 1955, S. 28-69.

（2）J. v. Buren, *The young Heidegger*, pp. 365-366.

（3）確かにハイデガーは、みずからの解釈が「ドイツ観念論とは対立する方向」にあると述べている（GA3, 137）。実際、ハイデガーの構想力解釈には、ドイツ観念論との対立軸によって構成されている側面が認められる。この点にかんしては、以下を参照。Vgl. D. Köhler, Die Einbildungskraft und das Schematismusproblem. Kant-Fichte-Heidegger, in: *Fichte-Studien*, Bd. 13, 1997, S. 19-34. ヘンリッヒはこの発言に沿いながら、ハイデガーの解釈を「歴史的解釈を飛び越え」た「存在の理念」への回収として捉えている。D. Henrich, a. a. O., S. 30, 55, 62, 48, 67ff. しかしこのヘンリッヒの批判は、ハイデガーとドイツ観念論との対立軸を狭く捉えていると言わねばならない。『存在と時間』によれば、「存在の理念」への問いは、そもそもプラトンとアリストテレス以来、本格的に着手されなかったとみなされている（SZ, 2）。この点に関しては、カントも例外ではない。ハイデガーは、カントからドイツ観念論へと展開する主観的な構想力一元化の方向性に対して、カントからアリストテレスへと遡行する構想力の存在論的根源化の方向性を《対立》させているのである。

（4）この点は、カッシーラーのハイデガーに対する評価にも見出される。カッシーラーは、カントの超越論哲学の体系における二元性を重視し、諸能力の超越論的構想力への一元化というハイデガーの試みを決して認めることはなかった。とはいえカッシーラーが、こうした対立にもかかわらず、ハイデガーの有限性の意識に対して一定の評価を与えていた点を見逃してはならない。E. Cassirer, Kant und das Problem der Metaphysik. Bemerkungen zu Martin Heideggers Kant-Interpretation, in: *Kant-Studien*, Bd. 36, 1931, S. 8f., 25f.　有限性をめぐるカッシーラーとハイデガーとの際立った対立点となっているのは、「感情」の問題である。カッシーラーは「尊敬の感情」のような「特殊倫理学的問題の領域」と、経験的感情のような「心理学的問題の領域」を峻別する。それに対してハイデガーは、人間理性の「純粋な受容的自発性」や「純粋感性的理性」を主張する。E. Cassirer, a. a. O., S. 13-16; GA3, 153, 172.　かつてシュラーグは、こうした両者の対立を踏まえつつ、オットーの「神に対する感情」、カントの「崇高の感情」、そしてハイデガーの「感情」との連関を指摘した。Cf. C. O. Schrag, Heidegger and Cassirer on Kant, in: *Kant-Studien*, Bd. 58, 1967, S. 87-100.　シャロウも、後の『物への問い』におけるカント解釈の展開を踏まえながら、両者の論争の交錯点を「一枚岩」ではない「理性」の「超越論的反省」のうちに指摘している。Cf. F. Schalow, Thinking at cross purposes with Kant: Reason, finitude and truth in the Cassirer-Heidegger debate, in: *Kant-Studien*, Bd. 87, 1996, S. 198-217.　カントをはじめとする崇高論の広範な文脈から、感情を含む理性の重層的身分を考察した近年の重要な論考として、以下を参照。牧野英二『崇高の哲学――情感豊かな理性の構築に向けて』法政大学出版局、二〇〇七年。なおハイデガーとカッシーラーの論争の背景と歴史的経緯については、以下を参照。Cf. D. A. Lynch, Ernst Cassirer and Martin Heidegger: The Davos Debate, in: *Kant-Studien*, Bd. 81, 1990, pp. 360-370; Wayne Cristaudo, Heidegger and Cassirer: Being, Knowing and Politics, in: *Kant-Studien*, Bd. 82, 1991, pp. 469-483; P. Aubenque, The 1929 debate between Cassirer and Heidegger, in: C. McCann (ed.), *Martin Heidegger: Critical assessments. Vol. 2: History of philosophy*, Routledge, London/New York 1992, pp. 208-221; vgl. W. Röd, Transzendentalphilosophie oder Ontologie? Überlegungen zu Grundfragen der Davoser Disputation, in: D. Kaegi und E. Rudolph (hrsg.), *Cassirer-Heidegger. 70 Jahre Davoser Disputation*, Felix Meiner Verlag, Hamburg 2002, S. 1-25; D. Kaegi, Davos und davor — Zur Auseinandersetzung zwischen Heidegger und Cassirer, *a. a. O.*, S. 67-105.

（5）『カント書』以後のカント解釈の変遷については、以下参照。Vgl. H. Hoppe, Wandlungen in der Kant-Auffassung Heideggers, in: V. Klostermann (hrsg.), *Durchblicke: Martin Heidegger zum 80. Geburtstag*, Vittorio Klostermann, Frankfurt a. M. 1970, S. 284-317; D. O. Dahlstrom, Heideggers Kant-Kommentar, 1925-1936, in: *Philosophisches Jahrbuch*, Bd. 2. Halbband, 1989, S. 343-366; GA65, 253; GA3, XVII.

（6）細川亮一『ハイデガー哲学の射程』創文社、二〇〇〇年、九一頁。

（7） Platon, *Sophista*, 264b2.

（8） Aristoteles, *De Anima*, 427b15f.

（9） E. Husserl, *Gesammelte Schriften*, Bd. 3, S. 43f., 507, 520-525.

（10） Vgl. R. Marten, »Der Begriff der Zeit«. Eine Philosophie in der Nußschale, in: D. Thomä（hrsg.）, *Heidegger Handbuch. Leben-Werk-Wirkung*, J. B. Metzler Stuttgart/Weimar 2003, S. 22-26.

（11） 初期の形式的告示の構造については、第Ⅰ部第一章参照。

（12） R. A. Makkreel, The genesis of Heidegger's phenomenological hemeneutics and rediscovered "Aristotle introduction" of 1922, p. 309.（上掲邦訳三八頁）

（13） 形式的告示と図式論の連関については、以下を参照。O. Pöggeler, *Der Denkweg Martin Heideggers*, 3. erw. Aufl., Verlag Günter Neske, Pfullingen 1990, S. 354f.; F. Schalow, The Kantian Schema of Heidegger's Late Marburg Period, in: T. Kisiel and J. v. Buren（ed.）, *Reading Heidegger from the start: essays in his earliest thought*, State University of New York Press, Albany, N. Y. 1994, pp. 309-323. ただしシャロウは、その連関をもっぱら遂行意味において理解しており、時熟意味の展開を見落としている。なお、ハイデガーの図式論への着目は、もともとフッサールの『イデーン』第一巻に由来している。フッサールはすでに一九一三年の時点で次のように指摘している。「純粋理性批判第一版の超越論的演繹論は、もともとすでに現象学的地盤のうえを動いている。しかしカントはこの現象学的地盤を心理学的地盤と誤解し、それゆえみずからあらためてこの現象学的地盤を放棄しているのである」（E. Husserl, *Gesammelte Schriften*, Bd. 5, S. 133f）。ほぼこのフッサールの指摘を受けるかたちで、ハイデガーも『論理学』において次のように述べている。「『純粋理性批判』における悟性概念の図式性においては、時間が本来の根本概念を形作っているが、この図式性を意識の根本機能、つまり超越論的統覚と統合するための本来の地盤を見出さなかった」（GA21, 194）。「カントがなおざりにしたのは、この二つの幹［感性と悟性］と、そればかりかこの二つの幹を媒介するはずのもの［構想力］がなによりまずそこから生長しうるところの地盤を、現象学的かつカテゴリー的に徹底的に耕すことである。……フッサールがこの課題をその原理的射程と普遍的意義においてはじめて見てとり、『イデーン』において仕上げたのだった。この『イデーン』をひとは好んでカント的だと性格づけているが、しかし原理的な点では、カントがかつてそうでありえた以上に、本質的にきわめて先鋭的である」（GA21, 283f.）。この点については、以下をあわせて参照。F. Dastur, Heidegger und die „Logischen Untersuchungen", in: *Heidegger Studies*, Vol. 7,

1991, S. 50f.

(14) I. Kant, KrV, A137-142/B176-181.

(15) 『存在と時間』は、「として」構造を「脱自的＝地平的統一」にもとづく「図式」として理解している（SZ, 360）。

(16) 第Ｉ部第一章第３節（２）注（21）参照。

(17) なおハイデガーは、『古代哲学の根本諸概念』講義のなかで、アリストテレスの『形而上学』の冒頭部分での「ファンタジア」と「記憶」との関係について一言だけ触れている（GA22, 26）。そこには具体的な分析は見出されないが、直前の「記憶」についての記述や、同所のメルヘンの筆記録部分では、わずかではあるがファンタジアとの関係が示唆されている。「記憶（μνήμη）」は「《保持》、《回想》であり、現前しないもの（Nichtanwesende）を知っていること、あるいはあらためて現前するようになったもの（wieder Anwesendes）を知っていること」である。それは「より自由な定位（freie Orientierung）」、「より豊かな認取の可能性」であり、「ある同一のたんに眼前にある［可能性］に捕われていないこと」である（GA22, 25; vgl. 209）。いずれにしてもここでは、《非現前的時間性》が存在者との広範な交渉の可能性として重視されている。

(18) なお、数学的自然科学にも、形而上学の形式的告示の役割が認められている。Vgl. GA3, 11.

(19) 第Ｉ部第一章第１節参照。

(20) 第Ｉ部第一章第２節参照。なお『カント書』における「超越論的仮象」の問題については、以下の論考を参照。秋富克哉「深淵としての構想力」『ハイデッガー『存在と時間』の現在』、一三二―一五二頁。

(21) この脱自態の《脱中心化》の問題については、以下を参照。Cf. J. Sallis, Imagination and the meaning of Being, in: F. Volpi et al., *Heidegger et l'idée de la phénoménologie*, Kluwer Academic Publishers, Dordrecht 1988, pp. 139-140.

(22) 『芸術作品の根源』の初稿においてすでにハイデガーは、「芸術」における「心理学」的な意味での「構想力」に対して疑義を投げかけている。Vgl. GA5, 375; M. Heidegger, Vom Ursprung des Kunstwerkes. Erste Ausarbeitung, in: *Heidegger Studies*, Vol. 5, 1989, S. 5f.

第Ⅱ部　『存在と時間』の解釈学的転回

第Ⅱ部の狙いは、第Ⅰ部で究明された形式的告示的解釈学の時間性格をさらに立ち入って考察し、『存在と時間』の挫折の根本原因と、その打開の可能性を明らかにすることにある。

第Ⅰ部では、実存的および日常的次元、実存論的次元、そして超越論的次元という三つの位相に共通する解釈学の方法的構造が、形式的告示として明らかにされた。そしてこの解釈学的構造を支えていたのは、現存在に固有の実践的行為の運動であった。この実践的行為の運動が、了解や解釈といった現存在のあらゆる開示能力や、またそれらの根底で作動している脱自態を担っている。この実践的行為の運動は、個別具体的な現存在に固有の運動としてつねに未完結性を孕むため、完全な《現前化》にいたることがない。神的認識や、それに与る理論的客観化が、完全な《現前化》を目指していたのとは対照的である。そのため、第Ⅰ部の考察でも、前者の時間性と後者の時間性は、《非現前性(Unanwesenheit)》と《現前性(Anwesenheit)》として対比的に描き出された。《非現前性》と《現前性》という二つの時間性の緊張関係のあいだで、解釈学はつねに暫定的にとどまり、たえざる新たな循環運動が開始されるのである。

しかしこの循環運動が二つの時間性の緊張関係を保ち続けるのは、実のところきわめて困難であるように思われる。というのも、この循環運動のうちには、静態化や固定化への変容可能性が少なからず内包されているように考えられるからである。実際にハイデガーも、現存在がその一切の可能性の全体において了解される死への先駆においては、現存在の「自立性(Selbst-ständigkeit)」が成立するとも述べている(SZ, 322f.)。もちろんこの「自立性」は、「主体」の「持続性(Beharrlichkeit)」のことではない。「時間性」はそもそも「本質的に脱自的」なのであり、その「時熟」の「統一態」のうえに「関心の構造の統一性」は成り立っている(SZ, 331, 350, vgl. 329f.)。とはいえ「関心」は、こうした非現前的な脱自的時間性に支えられながらも、やはり一定の「構造」を備えている。「関心」が一定の「構造」を持つからこそ、「関心」に根ざす解釈学も、一定の「構造」を備えたものとして成立する。第Ⅰ部は、まさにその「構造」を究明してきたのであった。

ところがハイデガーによれば、「死への先駆」では、あらゆる「偶然的」で「暫定的」な「可能性」は破棄される(SZ, 383f.)。この記述は、解釈学の構造に重大な変更を加える。というのも、「偶然性」や「暫定性」といった《非現前性》は、形式的告示的解釈学とそれを担う実践的行為の運動にとって、不可欠の時間性であったからである。先駆的決意性において、現存在の存在「構造」が最も緊密な「統一性」と「自立性」をもつとき、解釈学と実践的行為の《暫定性》は消失する。その場合には、解釈学の循環運動も、それ自体でみれば、やはり《閉じた》「構造」として《完結》してしまうと言わざるをえない。そうであるとすれば、こうした《構造化》は、ある種の《静態化》や《固定化》を招き入れることになる。解釈学とそれを担う実践的行為の運動は、《非現前性》をめざしているにもかかわらず、そこでひそかに《現前性》を前提していることになるのである。

しかもこの問題は、先駆的決意性の場面だけに限らない。なぜなら、この《現前性》は、先駆的決意性という基礎存在論の分析の頂点において突如登場するわけではなく、そもそもの分析の着手点のなかにすでに含まれていたと考えられるからである。《非本来性の反復》は、そうした危険性をすでに示していた。現存在の解釈学の着手点は、平均的日常性という他ならぬ《現前性》の時間地平のうちにあった。日常性の解釈学は、最終的には現前的な日常性へと回帰せざるをえない。しかしいっそう高次の超越論的解釈学といえども、非現前的な根源的時間性に完全に到達することはできない。なぜなら、超越論的構想力のたえざる非現前的な根源的時間性への《解体》は、そもそも《現前性》を前提にして成立するものだからである。つまり現存在の解釈学の循環運動のなかでも、《現前性》はひそかに温存されているのである。そうであるとすれば、先駆的決意性における《現前性》の登場も、驚くにはあたらない。むしろそれは、現存在の解釈学が平均的日常性を着手点としたために生じた、必然的な帰結なのである。『存在と時間』の第一部第三編は、このような《非現前性》を「転回」によって打破しようと試みたが、ついに果たせず挫折した。ハイデガーによれば、この「転回」は「形而上学の言葉の助けによっては切り抜けられなかった」のである(GA9, 328)。

従来の研究は、このハイデガーの言葉にしたがって、『存在と時間』を「形而上学」や「主観性」や「超越論」として特徴づけることによって、挫折の問題を説明してきた。しかしこの説明は、挫折の本質的な原因を捉えていないと言わねばならない。むしろこの言葉は、内容的にみて、《現前性》と《非現前性》の緊張関係をめぐる上記のハイデガーの構図全体が「形而上学」の「歴史」を背景としていることを意味している。この点は、すでに第I部の考察のなかでも少なからず示唆されていた。『存在と時間』におけるハイデガーの時間概念は、古代ギリシア以来の形而上学的な時間概念の歴史の内部で構成されていると考えられるのである。したがって、『存在と時間』の挫折の原因とともに、のちの「転回」におけるその打開の可能性を見きわめるためには、まず、この形而上学的な時間概念の歴史に対するハイデガーの解釈を明らかにしなければならない。

筆者の見るところ、『存在と時間』のハイデガーは、形而上学的な時間概念の歴史が、アリストテレスを挟んで、プラトンに始まり、ニーチェの反プラトニズムによって「転回」されると考えていたように思われる。確かに『存在と時間』の第二部で予定された「存在論の歴史の解体」では、プラトンとニーチェは登場しない(SZ, 39f.)。しかし実際のところ、『存在と時間』の時間概念は、わけてもプラトンとニーチェを手がかりにして構築されていると考えられる。そこにこそ、『存在と時間』の挫折の根本原因が潜んでいるのである。とはいえ同時にハイデガーは、そこで朧げながらも、ニーチェの反プラトニズムとは別な可能性を見つめてもいた。だからこそ、そこから中期以降のニーチェ批判に連なる「転回」の歩みが開始されることになるのである。そしてこの「転回」の歩みをとおして、「存在」のうちに純然たる《非現前性》が見出されるとすれば、そのとき「現存在の解釈学」は、あらゆる存在者の存在の解明をめざす《存在の解釈学》への《転回》を果たすと言えることになる。

そこで第Ⅱ部は、以下の順で考察を進める。第四章は、キリスト教の時間概念とアリストテレスの時間概念に対するハイデガーの解釈の変遷を考察する。それによって、瞬間の脱自的時間性のうちにひそむ、現前性と非現前性の緊張関係を明らかにする。第五章は、初期以来のハイデガーのプラトン解釈の変遷をたどる。それによって、『存在と時間』前後の時期に超越論的時間地平のモデルとなった善のイデアの意義と制約を明らかにする。第六章は、ニーチェに対する初期から中期のハイデガーの解釈を検討する。それによって、『存在と時間』の挫折の根本原因と打開の可能性が、「永遠回帰」への依拠と離反に求められることを究明し、現存在の解釈学から《存在の解釈学》への《転回》を明らかにする。

第四章　脱自的瞬間の時間性

本章の狙いは、瞬間概念をめぐる初期以来のハイデガーの解釈の変遷を再検討し、その脱自的時間性としての意義と制約とを明らかにすることにある。

『存在と時間』の最終目標は、存在の意味を時間性として解明することに向けられているが、既刊部分の分析は、その前段階にあたる現存在の時間性の解明に主眼を置いている。なかでも将来へ先駆しつつ既往を反復する瞬間として現存在の時間性を定式化した第六五節は、その分析の頂点に立っている。これを踏まえて、ペゲラーは『存在と時間』を「瞬間の哲学（eine Philosophie des Augenblicks）」として特徴づけた。[1] ところがタミニオーは、こうした瞬間の概念が「見ること、テオリア」に定位しており、アリストテレス流の実践的プラクシスを「理論化」ないし「プラトニズム化」するものだと批判した。[2] 確かに「瞬間」には「眼差し（Blick）」の意味が含まれており、また現存在の脱自的時間性も「明かり（Licht）」と表現されている（SZ, 328, 351f.）。瞬間に潜む理論的観想としての性格を指摘することによって、タミニオーは、『存在と時間』の分析全体が《現前的時間性》を孕んでいる点を批判したのである。それに対してマックニールは、瞬間は決して観想的なものではなく、むしろ「倫理的なもの、政治的なものの時間を再考するようにわれわれを促す」ものであると反論した。[3] つまり瞬間は、実践的行為における《非現前的時間性》を備えて、倫理や政治といった具体的な空間へと開かれるものなのである。

こうした両者の論争からは、『存在と時間』の「瞬間の哲学」のうちに、プラトン的な理論的観想とアリストテレス的な実践的行為という伝統的な二項対立が残響していることが見えてくる。この論争を調停するように思われるのが、アールの見解である。それによれば、瞬間のうちには、初期以来の「カイロス」としての「弱い意味」と、本来的な時間である「テンポラリテート」としての「強い意味」の二つの側面が並存している[4]。前者は、いわばアリストテレス的な実践的ないし実存論的な《非現前的時間性》に対応するものであり、後者はプラトン的な理論的ないし超越論的な《現前的時間性》に対応していると言える。しかしアールは、この両側面の関係を立ち入って検討しておらず、なお不充分さを残している。

そこで注目すべきは、脱自態の概念である。『存在と時間』によれば、「瞬間」は現存在の時間性の時熟という「作用的な意味」では「脱自態（Ekstase）」として理解されるべきであり、その諸脱自態の「地平」の統一のうちに現存在の「超越」は「基づけられ」ている（SZ, 338, 366）。したがって脱自態としての瞬間こそ、伝統的に対立してきた二つの時間性を両立し媒介する時間性として考えられよう。「エクスタティコン（ἐκστατικόν）」というギリシア語は、プロティノスを髣髴とさせるが、ハイデガー自身はその由来をアリストテレスの『自然学』第四巻の時間論に求めている（SZ, 329; GA24, 377f.）。『存在と時間』は、「エクスタティコン」についてはいささか形式的な説明に終始しているが、『現象学の根本問題』の第一九節では、『自然学』第四巻の詳細な解釈が展開されている。すでに『存在と時間』に述べられているとおり、『自然学』第四巻の時間論は、「存在についての古代の学問の地盤と限界の分水嶺（Diskrimen）」なのである（SZ, 26）。それゆえ、『自然学』第四巻のハイデガーの解釈を検討することによって、カイロスとテンポラリテート、そして脱自的瞬間の時間性における両者の関係を究明することもできるはずである。

しかしながら従来の研究は、カイロスやテンポラリテート、脱自態などの諸概念の内実を考察してきたとは言えない。というのも、従来の研究は、ハイデガーの思想におけるこれらの概念の成立史に充分な目配りをしてこなかったからである。これらの概念は、初期ハイデガーの神学研究に始まる膨大な時間論解釈の上に成り立っている。この解釈の変遷を踏まえることなく、アリストテレス解釈における脱自的瞬間の時間性の本質的な意義と制約を明らかにすることはできない。ハイデガーのアリストテレス時間論解釈の核心は、宗教的生における時間経験の抜本的な転換にある。そこで本章では、まず宗教的生についての最初期の一連の講義を中心に、ハイデガーのカイロス解釈を検討する(第1、2、3節)。次に「ナトルプ報告」を中心に、アリストテレスにおけるカイロス解釈を検討する(第4節)。さらに、『存在と時間』およびその前後の講義群に焦点を絞り、カイロスと脱自態との関係、ならびに『自然学』第四巻解釈の構図を取り出す(第5節)。その上で、『現象学の根本問題』での『自然学』第四巻解釈を考察する(第6節)。そして最後に、瞬間と脱自態の関係を究明し、脱自的瞬間の時間性の意義と制約を考察する(第7節)。

第1節　パウロにおけるカイロス

ハイデガーが時間性の問題を最初に主題的に取り上げたのは、一九二〇/二一年冬学期講義「宗教現象学入門」である。そこでハイデガーは、宗教的生におけるカイロスを解釈している。この時期ハイデガーは、すでに事実上カトリックから離脱していた。そのためこの宗教的生のカイロスの解釈も、講義の題名どおり、現象学的哲学の立場から行われている(5)。しかもこの講義は、形式的告示的解釈学の構造が固まりつつあった時期でもあった(6)。それゆえ宗教的生におけるカイロスの概念からは、ハイデガーの現象学的解釈学にとって最も基礎的な時間理解が析出できるはずである。しかしその検討の前に、この時期のアリストテレスをはじめとする古代哲学に対するハイデガーの姿勢を確認しておく必要がある。というのも、そこにはすでに、中世神学と古代哲学の緊張関係に対する反省的意識が胚胎していたと考えられるからである。

従来の研究によれば、この時期のハイデガーは、原始キリスト教の生を隠蔽するものとして、古代哲学の影響をもっぱら否定的に捉えていたとされる。確かに、一九一九年講義「哲学の理念と世界観の問題」でも、「根源的学」の確立にあたって、古代以来の哲学の理念やその歴史を既成事実として前提することは明確に否定されている（GA56/57, 17-21）。一九一九／二〇年冬学期講義『現象学の根本問題』では、いっそう鮮明に次のように語られている。「古代の学問がキリスト教へと流れ込んできたことによって、原始キリスト教の成果は歪められ覆い隠されてしまった。古代の学問は、ときに激しく噴出してきて、あらためてみずからを主張する（アウグスティヌス、ルター、キルケゴールにおいてそうであるように）」（GA58, 205）。それゆえ古代哲学に対して、原始キリスト教は「ギリシア的思考からの広範囲な影響をこうむっていない事実的生の経験」を保持していたと考えられよう(7)。

しかしながら、その場合でも、古代哲学からの影響を過小評価してはならない。というのも、この時期の記述のなかには、古代哲学の影響に対する強い反省的意識がしばしば垣間見えるからである。教授資格論文はすでに、スコラ哲学の方法の核心に「アリストテレスの精神」が息づいていることを指摘している（GA1, 201）。「哲学の理念と世界観の問題」では、古代哲学に対する批判に先立って、「真の哲学のなかで生きているそれ自体歴史的な意識」を持つときに、「哲学の真の歴史」が成り立つと述べられている（GA56/57, 21）。ここからすれば、ハイデガーは、たとえその射程は不充分であったにせよ、哲学的思考に流れる歴史的伝統の影響を強く意識していたと言える。したがって、『現象学の根本問題』での古代哲学に対する批判も、こうした歴史的伝統の影響に対する反省的意識の反映として読むべきである。「アリストテレスと新たな《生の感情（Lebensgefühl）》とのあいだの闘いは、中世神秘主義においても、また結局はルターにおいても継続している」（GA58, 205）。原始キリスト教は、アリストテレスをはじめとする古代哲学の影響との緊張関係のなかで育まれている。必要なのは、古代哲学の影響を斥けることではなく、むしろそれに対して批判的な自覚をもつことにより、哲学のなかの歴史的意識を目覚めさせることにある。「古代の学問、なかでもアリストテレスは来るべき千年のあいだに何度も勝利をおさめ、それどころか公式にキリスト教の哲学者となったのだが、これは［キリスト教的な］内的経験と新たな生の立場が古代の学問の表現形式のなかにはめ込まれる、というようなやり方で行われたのだった。こうした古代の学問やアリストテレスに対して大きな変革がなされる。今日なおも深層において、纏れながらも影響をおよぼし続けているひとつの過程から身を引き離すこと、それが現象学の最も内奥の傾向性のうちのひとつなのである」（GA58, 61）。アリストテレスの《深み》や《纏れ》を括弧に入れることは、宗教的生の経験をたんに純粋化することではない。むしろ、古代哲学の歴史的影響の《深み》や《纏れ》に対する批判的反省をとおして、宗教的生の経験から《生の歴史的経験》の実相を取り出すこと、それがここでのハイデガーの真意なのである[8]。

「宗教現象学入門」は、こうした古代哲学に対する反省的意識を背景にしながら、原始キリスト教における宗教的生の時間性と歴史性に考察の焦点をあてている。宗教的生の事実的経験は「歴史的（historisch）」であり、「時間性を生きている」（GA60, 80）。この場合の「歴史」とは、客観的な史実や時代背景の連関としての「歴史（Historie）」ではなく、そのなかで宗教的生の経験が営まれている時空間の全体、つまり宗教的生の遂行にともなう歴史的状況の事実的全体を指す。それをハイデガーは「遂行史的状況（vollzugsgeschichtliche Situation）」とも呼んでいる（GA60, 90）[9]。ここではその遂行史の射程を、宗教的生における「状況」と「カイロス」の概念に即して見てゆくことにしよう[10]。

ハイデガーは、「テサロニケの信徒への手紙」を中心に、パウロをとりまいていた状況とその時間経験を考察している。パウロはこの手紙をコリントスで記した。それゆえ、パウロは実際にはテサロニケの信徒たちと同席していたわけではない。しかしパウロは、この手紙のなかでテサロニケの信徒たちの立場において語っている。そのかぎりで、パウロとテサロニケの信徒たちが直面していたのは、《同一の状況》である。この《同一の状況》は、かつてキリストが存在したという過去の歴史的事件や、またキリストの再到来という将来の期待を含み込んでいる。キリストの「既在（Gewordensein）」は「今の在りさま（jetziges Sein）」のうちで「ともに経験（miterfahren）」されており、またすべての現在の「瞬間」も、将来のキリストの到来に対する「期待（Erwartung）」によって規定されている（GA60, 94f., 98）。かつて存在したキリストが、将来において再到来する瞬間、それが「再臨（παρουσία）」である（GA60,

102）。ここでハイデガーは、古代ギリシアからキリスト教にいたる間のこの言葉の意味の変遷にも注意を促している。古代ギリシアのパルーシアは、端的な「到来（Ankunft）」や「現前（Anwesenheit）」といった意味を持つにすぎず、「かつて存在したキリストの再来」というキリスト教的意味とは異なっている。それゆえ両者の間では、パルーシアの「概念の構造全体」の変容が認められるのである（GA60, 102）。

原始キリスト教に特有の「再臨」の概念構造を解明するために、ハイデガーは、パウロの次の言葉を手がかりにする。「兄弟たち、その時と時期についてあなたがたには書き記す必要はありません。盗人が夜やって来るように、主の日は来るということを、あなたがた自身よく知っているからです。人々が《無事だ。安全だ》と言っているその矢先に、突然、破滅が襲うのです。ちょうど妊婦に産みの苦しみがやって来るのと同じで、決してそれからは逃れられません」[11]。このパウロの言葉を受けて、ハイデガーは「再臨」を「瞬間」、「カイロス」、「《突発的なもの（plötzliches）》」、「《出来事（Ereignis）》」などと表現している（GA60, 102, 149ff.）。再臨は、突発的な不確実性と未規定性を孕んでおり、客観的な時間の系列のなかでは捉えられない。それゆえ、再臨の瞬間を予期して準備を整えたり、回避したりすることは不可能である。この逃れがたい「終末時的な再臨（die endzeitliche Wiederkunft）」は、破滅が到来する瞬間である。それに対してパウロは、再臨に対して悩んだり熱狂したりすることなく、「目を覚まし、身を慎む」ことを要求する。というのも、その内容がいかに不確実で未規定であるにせよ、再臨の到来は確実であり、決定的なものだからである。ここでパウロ自身も語っているように、再臨の到来をテサロニケの信徒たちはすでに「よくわかっている」。彼らは、「暗闇のなかにいる」のではなく、再臨の光に照らし出されて、みずからの行く末を心得ている。そのため彼らは「すべて光の子、昼の子」と呼ばれるのである[12]。

日々の生活に安住してきた者たちは、これまでの平穏無事な日常のなかで、本来の自己自身を見失ってしまっている。そのため彼らは、再臨の瞬間に直面しても、自己を捉えることも救うこともできない（GA60, 103）。それに対して、再臨の瞬間を「よくわかっている」者は、「自己自身についての知の《明るみ》」に照らされている者、すなわち

「主の昼」や「《再臨の昼》」に照らされている者である。彼らにとって、この瞬間はたんなる破滅を意味しない（GA60, 104）。再臨の瞬間が何を意味するのかは、自己の知へと立ち戻ることによって、すなわち「生それ自身の遂行」へと回帰することによって規定される（GA60, 104）。ハイデガーは、再臨に対しては「希望（ἐλπίς）」ではなく、「苦境のなかに立ちいたること（ein Sich-hinein-Stellen in die Not）」ないし「憂慮（Bekümmerung）」をもって臨まなければならないと述べている（GA60, 98）。つまり、再臨の瞬間を憂いながらも直視し、その不確実性と未規定性をみずからの身に受け止めることによってはじめて、破滅の本来の意味は明らかになるのである。

こうして、「終末論（Eschatologie）」という再臨の瞬間の意味は、「宗教的生」それ自身の遂行へと差し戻されることになる。終末論は、再臨による神の国の将来の到来を告げるものではない。むしろ終末論の意味は、キリストの死という既在を、みずからの将来として引き受け、かつ遂行するなかで明らかになる。「信仰とは、状態や最終的な浄福として空虚に与えられているわけではなく、憂慮しつつ将来へと踏み込むという遂行的なかかわりである。その将来とは、終末の時の原初（Anfang der Endzeit）以来［キリストが］死んでしまっているということ！……信仰とは、キリストとともに死ぬことである」（GA60, 128）。こうして、宗教的生がキリストの死をみずからの死として引き受けるときにはじめて、終末論は「原初を完遂することをめざす希望（Hoffnung auf Vollendung des Anfangs）」へと転じうるのである（GA60, 128）。

宗教的生の状況とカイロスをめぐるこの遂行史的解釈も、やはり「形式的告示的解釈学」の構造によって構成されている（GA60, 63）[13]。未規定の再臨としてのカイロスは、「根源的な何か（Was）」としての「内容」をもつ。宗教的生を取り巻く状況は、宗教的生が「根源的な何か」を経験する「根源的なあり方（Wie）」としての「連関」である。そしてこの「連関」は、「根源的なあり方」をそれとして成り立たせる宗教的生の「遂行」によって貫かれている。カイロスとしての再臨の瞬間は、直線的な時系列による規定を拒む、空虚な「理念」ないし「内容意味」をもつ。パウロとテサロニケの信徒たちは、キリストの「既在」と再臨の「将来」にはさまれた現在の「状況」のもつ「連関意味」を共有している。「遂行意味」は、こうした過去と将来と現在にまたがる《歴史》の間を横断しながら、「自己」へと還り行く「知」の遂行から発生する意味である。そしてこの「遂行意味」によって、内容的には未規定ではあるが確実に到来する再臨の「内容意味」は充実される。したがって、カイロスとしての瞬間は、宗教的生の自己知の循環的遂行にとって、着手点かつ究極的な帰着点として、純粋に形式的な理念的時間性を意味していると言ってよい。

一見してただちに、このパウロのカイロスについての解釈が、『存在と時間』の基本的な枠組みや諸概念を先取りしていることがわかる。[14] 日常のなかに「安心と無事」を求める態度と、来るべき「再臨」を引き受けるさいの「苦境」や「憂慮」の態度との対比は、「非本来性」と「本来性」の区別にほぼ対応している。また「安心と無事」や「苦境」ないし「憂慮」をめぐって循環する自己知の構造も、現存在の存在了解の自己関係的な循環構造とほぼ同一である。[15] それゆえ、パウロから引き出された「憂慮」は、「関心」の原型と言えよう。さらに、こうした循環のうちに、みずからの「固有な生」に立ち戻る「決断」の契機が含まれている点も一致している（GA60, 103）。時間性にかんしても、既在の経験に立ち返りつつ、将来の到来を現在の瞬間において引き受けるという循環構造は、ほぼ同一である。[16] とりわけ注目すべきは、このカイロス的瞬間が、当時のパウロとテサロニケ人たちの宗教的共同性とともに、キリストの死という過去と再臨という将来におよぶ歴史性をも一挙に結びつけている点である。つまりここでハイデガーは、カイロスのうちに、過去と将来の《時空間》へと伸び広がる射程を認めていると考えられるのである。

もっとも、このカイロスの意味が、新約聖書における一般的なカイロスの意味を大きく変更している点には注意しなければならない。「使徒言行録」や「マルコによる福音書」によれば、カイロスは、受肉や復活といった時間との関係においてばかりでなく、復活以後の信徒の現在や将来との関係においても登場する。その場合のカイロスはいずれも、神によって決定される「時」や「時期」とされており、この「時」のもとで、信徒ばかりでなく、キリストもまた真の確実さに到達する。[17] いずれにしても、新約聖書におけるカイロスは、あくまでも神によって決定された瞬間であり、また神の国の到来を約束する瞬間なのである。

したがって、ハイデガーによるパウロのカイロス解釈の狙いは、神ではなく、あくまでも人間の事実的な宗教的生のうちに時間理解の根拠を見出すことにあったと言える。ハイデガーによれば、「主の昼」や「《再臨の昼》」といった時間理解の根底には、「永遠の神」の問題が潜んでおり、さらにそこには、「プラトン的－アリストテレス的哲学」の影響という問題が絡んでいる（GA60, 104）。ここにははっきりと、先に述べておいたような古代哲学に対する反省的意識を認めることができよう。もっとも、ハイデガーはそれ以上の考察を展開していない。たしかに「状況」の「連関意味」や「遂行意味」は宗教的生へと結びつけられているが、しかし時間性そのものの「内容意味」は批判的に検討されておらず、その内実は必ずしも明瞭ではない。それゆえ、ここでの「内容意味」は、人間の宗教的生の遂行によって充実されるとはいえ、やはりどこまでも神の「臨在」＝《現前》の時間性を前提して考えられていると言わざるをえないのである。

第**2**節　アウグスティヌスにおけるカイロス

ハイデガーの原始キリスト教の宗教的生についての考察は、次第にその「歴史」の幅を拡大し、中世神学全体を視野に収めるものへと変化してゆく。それに伴って、これまで遠景にとどまっていた古代哲学に対する反省的意識もまた、次第に前景に押し出されてくることになる。ハイデガーは、原始キリスト教の影響を、中世神学の時期を画する《始まり》と《終わり》の両端に見る。その《始まり》は教父思想であり、《終わり》は宗教改革の諸思想である。そこで、これら両思想と古代哲学との関係が新たな課題となる。前者はアウグスティヌスと新プラトン主義との関係であり、後者はスコラ哲学とアリストテレスとの関係である。そしてこれら両関係の考察をつうじて、カイロスとしての瞬間についての考察もまた深められてゆくことになるのである。本節では、前者について検討する。

一九二一年の「アウグスティヌスと新プラトン主義」講義では、その表題のとおり、アウグスティヌスと新プラトン主義との緊張関係のなかから宗教的生の問題を捉えようとしている。筆者の見るところ、ここでハイデガーがアウグスティヌスの『告白』第一〇巻を取りあげている狙いは、二つある。一つは、『告白』第一〇巻の解釈をつうじて先のパウロにおける「憂い」の議論を拡張することである。もう一つは、そうした議論のなかに新プラトン主義からの影響を批判的に見てとることである。

ハイデガーは、アウグスティヌスの解釈においても、パウロの解釈の場合と同様、「生」のうちに自己知の循環的な遂行の構造を見出している。生にとっては「それ固有の充実した遂行のなかで、自己自身が、みずからの存在が重要である」(GA60, 243)。しかし、この自己知は決して完結しえないものとして考えられている。というのも、アウグスティヌスが述べているように「人には、その人のうちにある霊でさえ知らないものがある」からである。[18] 生の自己知は、生それ自身の不可知性を孕んでいる。このような自己知の不可能性、不確実性が「憂慮(curare, Bekümmerung)」である。「自己自身を持つこと――これは《生》という自己自身を持つことのなかで遂行され、意図されている――は、それ自身の存在についての憂慮である」(GA60, 245; vgl. GA59, 174)。アウグスティヌスにとって、このような自己の不可知性としての「憂慮」は、「肉欲、目の欲、この世の奢り」から、そしてそれらに通じる「苦悩(molestia, Beschwernis)」から生じてくる(GA60, 213, 242)。[19] ハイデガーは、こうして生の循環構造の内部に不可知性への「憂慮」が潜むことを指摘したうえで、さらに知の時間様相についての分析を展開する。

アウグスティヌスによれば、さしあたりこうした不可知性は「記憶(memoria)」に認められる。「これらすべてのものは、私の記憶の宏大な奥の間とその名状しがたい秘密の支室に収められている」。[20] ハイデガーも的確に指摘しているように、記憶においては「すべてが私自身のものだが、私はそれをみずから把握することができない」という矛盾が潜んでいる(GA60, 182)。記憶における自己知の不可能性が最も際立つのは、「忘却(oblivio)」においてである。忘却は記憶の欠如であるが、しかしそれにもかかわらず、「忘却」が何であるかは、やはり「記憶」によって記憶されているからである。[21] なお、ここでハイデガーは、記憶におけるさまざまな現前化のあり方として、感覚、数字や命題などといった非感覚的なもの、学習、情動等を挙げている。なかでも「学習（discere）」は、散乱した記憶を「集約（Zusammennehmen）」し、「秩序づけ（Ordnen）」を行う振る舞いとして特徴づけられている（GA60, 185）。それはいわば、現在に定位する理論的な知の様相である。以下の本章の議論では、この理論知の「秩序づけ」が重要な問題として繰り返し取り上げられることになる。しかしさしあたりここではその点を指摘するにとどめ、ハイデガーのアウグスティヌス解釈の検討を続けよう。

憂慮において生じる自己知の不可能性は、「記憶」という過去の側面だけでなく、将来の側面にも認められる。ハイデガーによれば、事実的生がみずからの将来の順境や逆境を憂うとき、その順境や逆境は事実的生に外部から付与されるものではなく、むしろ事実的生自身によって遂行される固有の経験として、特定の「歴史的」意味を持っている。事実的生は、こうした歴史的な「予期の地平（Erwartungshorizont）」のなかで、順境と逆境の互いに相容れないものごとへの「葛藤（Zwiespältigkeit）」を覚える（GA60, 207f.）。この「葛藤」は、アウグスティヌスの言い回しに倣って、多様なものごとへの「分散（Zerstreuung）」とも呼ばれている（GA60, 205）。こうして、過去の忘却と将来の葛藤に挟みこまれ分散した現在は、おのずと未規定性を帯びることになる。[22] 過去と将来を引き受けて、事実的生が自己自身に立ち返る現在は、実のところ、矛盾と葛藤と分散がせめぎあい、自己知が謎に陥る時間なのである。ハイデガーが、「わたしがわたしにとって謎となった（Quaestio mihi factus sum）」というアウグスティヌスの言い回しを援用しながら、「疑わしさ（Fraglichkeit）」について述べているのも、そのためである（GA60, 246）。

先のパウロの解釈と同様、こうした「憂慮」における「疑わしさ」に満ちた自己関係的な知の循環的遂行は、『存在と時間』の「関心」の循環的構造を思い起こさせる。[23] ただし、その場合の時間位相の広がりは、パウロ解釈とアウグスティヌス解釈では大きく異なっている。パウロ解釈では、不確定な再臨という「将来」の契機を中心として、自己知の循環は「憂い」へと収斂していた。それとは異なり、アウグスティヌス解釈では、不確実さはすべての時間位相に及ぶものとみなされている。忘却に満ちた「過去」、葛藤に満ちた「将来」、両者の狭間で「謎」に満ちた「現在」、これらのすべてについて、自己知の循環構造の全体は「疑わしさ」に満ちた「憂慮」のなかにある。そのため、宗教的生は「経験のさまざまな方向性のなかで、自己自身の経験と所持のなかでの《疑わしさ》」に、すなわち自己存在の「不確かさ」に襲われるのである（GA60, 246, 263）。しかもこの時間位相の広がりは、アウグスティヌス解釈では、歴史との密接な結びつきを獲得している。ハイデガーは、パウロ解釈と同様、「遂行史的」考察の必要性を強調している（GA60, 173）。しかし、ここでの「憂慮」の概念には、パウロ解釈以上に、歴史との密接な関係が読みとれる。というのも、「自己が歴史的経験のなかにある」限りにおいてこそ、生は「憂慮」としてみずからの存在の意味を獲得すると明確に述べられているからである（GA60, 208）[24]。「憂慮」における「疑わしさ」や「不確かさ」は、他ならぬ「憂慮」自身のなかの歴史的な時間地平を起源としているのである。こうしてハイデガーは、「憂慮」のうちに、歴史の広がりと深みを見出したと言える。

しかしながら、まさしくこの点をめぐって、ハイデガーはアウグスティヌスと決定的に対立する。アウグスティヌスにとって自己知の謎は、歴史的時間地平を超えて、最終的には「善」や「幸福な生活（vita beata）」へ、すなわち「真理」である「神」の知の理解可能性へと帰せられる。というのも、真理である神を知ることなくしては、善や幸福な生活をそれとして知ることもできないからである[25]。そこでハイデガーは、新たに「新プラトン主義」の観点から、アウグスティヌスの議論に対する批判を展開する（GA60, 271）。アウグスティヌスのうちには、新プラトン主義を媒介として、古代哲学の影響が流れ込んでいる。「ギリシア的なものは、すでに新プラトン主義のなかで、《ヘレニズム化》やオリエント化を、そしておそらく全面的ではないと私には思われるが、何らかのキリスト教化を経験している」（GA60, 171）。たしかに「《神の享受（fruitio Dei）》は中世神学における決定的な概念のひとつである」（GA60, 272）。しかし、そこにもやはり、古代哲学の意味がなお残響している。アウグスティヌスにとって、人間は神を「享受」し、「利用」するよう仕向けられている。そこでは、最上位の神のもと、人間、そして肉体という「序列（Ordnung）」が定められている。これに対してハイデガーは、「プラトン以来」の「理論化（Theoretisierung）」の概念枠がはたらいていると批判する（GA60, 277）。この「序列」という言い回しが、先に「学習」の説明の際にも用いられていた点に注意する必要がある。つまり、アウグスティヌスの自己知の遂行は、そもそも新プラトン主義流の理論化を前提としていたのである。[26]

とはいえ、こうしたハイデガーの新プラトン主義的観点からの批判も、アウグスティヌス自身の神や人間についての理解からは、やはり大きくかけ離れている。というのも、アウグスティヌスにとっては、神は自存的存在でありながら概念的に把握しえない単純性を備えており、そうした神に対する人間の関係は、理論的把握によっては捉えられないものと考えられているからである。[27] しかし、ここでハイデガーが問題視しているのは、こうした永遠なる神の自存性自体が、宗教的生自身の本質とは無縁な、現在に定位する理論的な知を暗黙のうちに導入している点にある。「神の享受は、その究極目的に関してみれば、自己の所持（Haben des Selbst）とは対立している。両者は同じ根に由来するものではなく、むしろ外側から一体化されている」（GA60, 272）。新プラトン主義から中世神学へと引き継がれた理論化の傾向が、「憂い」という宗教的生本来の存在を押しのけて、その生の核心部分を占めている。それによって、宗教的生にとって、自らの本来の存在は覆い隠されてしまう。この点で、ハイデガーはアウグスティヌスの時間理解を批判する。史的時間地平という「謎」をも覆い隠してしまう。それは同時に、宗教的生自身に潜む「謎」、歴宗教的生が理論化をこうむるにともなって、「生の目的は静寂（quies）」と化している（GA60, 272）。宗教的生が時間的、そして歴史遂行的な存在者である限りにおいて、「静寂」という目的は、その遂行を平板化し、「謎」を解消し、時間を《停止》させることになる。そのため「憂慮」のなかで葛藤し動揺し続けるはずの事実的生の瞬間は、最終的に「つねに静止する永遠性」へと回収されてしまうことになる。[28] したがってここでハイデガーは、新プラトン主義を媒介として、アウグスティヌスにおける永遠なる神の《現前性》としてのカイロスを解体しようとしていると言えよう。パウロ解釈では未検討に終わった《現前性》が、いまやようやく批判の俎上に載せられたわけである。

なおここでもハイデガーは、アウグスティヌスにおける自己知の謎の歴史的由来を、アリストテレスとの関係のうちに見てとっている。本来的なものとしての「一なるもの」と「憂慮」において分散する生の「多様さ」との対立は、アリストテレスの「ウーシア－このもの（οὐσία – τόδε τι）」と関係しているのである（GA60, 206）。パウロ解釈と同様、ここにはアリストテレスに対する反省的意識を読みとることができる。この反省的意識は、次節に見るルター解釈を契機として、いよいよ明確な形をとることになる。

第3節　ルターにおけるカイロス

アウグスティヌスと新プラトン主義についての解釈は、中世哲学の《始まり》を画するものであった。それに対して、中世哲学の《終わり》を画するものとして取り上げられるのが、スコラ哲学と古代哲学との繋がりである。のちの一九二一／二二年冬学期講義『アリストテレスの現象学的解釈』では、スコラ哲学が批判の対象とされている。スコラ哲学は、アリストテレス的ないしギリシア的な解釈方向においてカトリックの教義を理解した。スコラ哲学のギリシア的な解釈方向は、スコトゥス主義とオッカム主義による「改変（Umbildung）」、神秘主義、そしてルターの神学を経て、再びプロテスタント的スコラ哲学として復活し、さらにそれがドイツ観念論の「地盤（Wurzelboden）」となっている（GA61, 6）。そのためハイデガーは、ドイツ観念論ですら「ただ神学的に理解されるべきである」と皮肉を込めて語っている（GA61, 7）。ハイデガーは、こうしたスコラ哲学と古代哲学の繋がりを克服するために、「アウグスティヌスと新プラトン主義」講義において、新たにルターを呼び出す[29]。周知のようにルターは、パウロとその継承者アウグスティヌスの教えを曲解しているとしてスコラ学派を批判する一方、アリストテレスに対しても厳しい批判を加えた。前者のスコラ批判は、ハイデガーにとって新たな時間理解を提示することになる。また後者のアリストテレス批判は、時間と運動をめぐるハイデガーのアリストテレス解釈に対してきわめて大きな影響を与えることになる。そこでまず、前者のスコラ批判との関係から検討しよう。

ハイデガーは、パウロの神の把握について、スコラ学派に対抗してルターが試みた再解釈に着目している。パウロは「ローマの信徒への手紙」において、不可視の神は可視的な被造物をとおして知ることができると述べている[30]。スコラ哲学は、このパウロの言葉から、可視的な被造物から不可視の神へといたることができると理解した。ハイデガーも指摘しているように、教父たちはここに「(プラトン的に)感性界から超感性界へと上昇する方向」という古代哲学の理解が反映されていると考えたのである (GA60, 281)。しかしこうしたスコラ哲学の把握は、パウロに対する誤解を含んだものであった。というのも、実際パウロは、先の「ローマの信徒への手紙」の箇所に続けて、「滅びることのない神の栄光」を「滅びさる」被造物の「似像」にすり替えた愚か者を批判してもいるからである[31]。ハイデガーによれば、こうしたスコラの誤解に対して「パウロの立場をはじめて本当に理解したのは、ルターであった」(GA60, 281)。そこでハイデガーが取り上げるのが、ルターの一五一八年の「ハイデルベルク討論」であり、なかでも「神学提題」に含まれる第一九、二一、二二の各テーゼである[32]。

ルターは第一九テーゼで、「神の「見えない本質」が」「造られたものによって理解されると認める」者を、神学者と呼ぶにはふさわしくないと批判する。第二一テーゼは、そうしたスコラ哲学者たちを「栄光の神学者 (theologus gloriae)」と呼び、それに対するみずからの立場を「十字架の神学者 (theologus crucis)」と呼んでいる。さらに第二二テーゼでは、パウロを意識しつつ、栄光の神学者の立場は「人間を完全に高慢にし、全く蒙昧にし、そして頑なにする」と批判する。ハイデガーはこうした栄光の神学者のやり方を、「形而上学的な世界考察のやり方」と表現している (GA60, 282)。ここには明らかに、古代の「形而上学」に対する批判的姿勢を読みとれよう。

ここでとくに注目すべきは、第二一テーゼについてのハイデガーの理解である。このテーゼでルターは、栄光の神学者が「悪を善と言い、善を悪と言う (dicit malum bonum et bonum malum)」のに対して、十字架の神学者は「それをあるがままに言う」と述べている。ところがこの部分をハイデガーは、次のように翻訳する。「栄光の神学者は世界のさまざまな奇跡を美的に愉しみ、感性的なものを神に即して呼ぶ。十字架の神学者は、そうしたものごとがあるがままであると言う」(GA60, 282)。ここでハイデガーは、栄光の神学者にとっての《善悪》の問題を、「美的」かつ「感性的」な世界認識として捉えている。栄光の神学は、不可視の神を可視的に感性化され《現前化》される世界において捉え、蒙昧と享楽に陥る形而上学的認識なのである。それに対して、「十字架の神学(theologia crucis)」は、十字架のうちに隠された不可視の神の不在を不在のままにとどめながら、可視的な世界をそのあるがままの事実性において認識し、受苦する経験を教える。こうしたルターの「十字架の神学」の思想は、パウロやアウグスティヌスにおける「カイロス」や「憂慮」の概念をさらに徹底化したものと言える。[33] というのも、ここで神の再臨は、《非現前的》な時間のうちでどこまでも不在にとどまる全くの《謎》とみなされており、またそうした神の不在の時間を受苦することが、宗教的生の事実性として考えられているからである。こうして「十字架の神学」は、宗教的生の遂行のカイロス的時間とその事実性を体現するものとなる。形式的告示的解釈学によって定式化するなら、「不安に満ちて覚醒した信仰という志向的体制(連関意味)」は、「十字架に隠された不在の神(内容意味)」に関係するとともに、「謎めいた再臨のカイロス的時間(時熟意味)」を「受苦する(遂行意味)」ものなのである。[34]

それでは次に、時間と運動をめぐるルターのアリストテレス批判との関係を検討しよう。ハイデガーは、宗教的生の時間と事実性の理解をルターのアリストテレス批判とも結びつけている。この点は、従来の解釈では充分に考慮されてこなかったように思われる。というのも、周知のように、ルターはその講義や著作の随所で、アリストテレスに対する厳しい批判を展開しているからである。ハイデガー自身も指摘しているように、「ギリシア哲学がキリスト教へ流れ込んできた」事態に対してルターが「突進」したのは、「アリストテレスに対する憎しみ」を覚えたからなのである(GA60, 97)。こうした点を考えるなら、ルターの神学思想とそのアリストテレス批判を結びつけるのは、困難に思える。

しかし、事態はそれほど単純ではない。修学時代にアリストテレス研究から出発したルターは、トマスやスコトゥスといったスコラの哲学者たちに比べて、はるかにアリストテレスに精通しているという自負を持っていた。[35] また近年の研究によって、「ハイデルベルク討論」における一二の哲学提題も、『自然学』、『形而上学』、『霊魂論』を踏まえた緻密な考察であることが明らかになってきている[36]。つまりルターの批判の的となっていたのは、アリストテレス哲学そのものというよりも、あくまでもスコラ化されたアリストテレス哲学だったのである[37]。

もちろん、ルターのアリストテレス批判の究極の目的は、アリストテレス哲学の解明ではなく、神の恩寵の解明にあった。とはいえ、アリストテレスの諸著作とその諸概念についての考察に裏打ちされたルターの批判は、スコラ哲学のアリストテレス理解ばかりでなく、中世神学の枠組み全体を超えて、アリストテレス哲学の核心に迫る威力を持っている。つまりルターの神学思想とアリストテレスの哲学は、たんなる「対立」を超えて、いわば「共通のもの」にかかわっていると考えられるのである[38]。この点で、ルターのアリストテレス批判は、ハイデガーのアリストテレス解釈の手がかりとなるものであった。そこで、ハイデガーがルターとアリストテレスとの関係をどのように考えていたのかを、その後の展開に沿って見ておくことにしよう。

ルターとアリストテレスを批判的に結びつけようとする姿勢は、一九二二年の「ナトルプ報告」に見出せる（GA62, 369f.)。それによれば、ルターの「根本立場」は「パウロとアウグスティヌス解釈を根源的に自らのものとして、同時代の後期スコラ神学と対決する」なかから生まれてきている。しかし「改革派神学」は、このルターの立場を推進できず、結果、後期スコラ哲学の興隆に道を譲ることになった。そこで、この「ルターの新しい宗教的な根本立場と、それに内在する諸可能性を純然と展開させる」ことができるならば、トマスやアウグスティヌス、新プラトン主義や後期スコラ哲学をつうじて繰り返し甚大な影響を与えてきた「アリストテレス」の解明を行うことができるはずである。それは具体的には、神学以前の「アリストテレスの『自然学』、『心理学』、『倫理学』、『存在論』」に基づく人間と生の現存在の理念」を打開することに他ならない。このハイデガーの発言からは、ルターのアリストテレス批判が、中世神学のなかでは群を抜いて、アリストテレス哲学の解明に大きく寄与するものとして捉えられていることが窺える[39]。もっとも、この「ナトルプ報告」の個所だけでは、ルターとアリストテレスを結びつける「諸可能性」の具体的な内容は、必ずしも判然としていない。

しかし、一九二四年の二月一四日と二一日にわたって、ルドルフ・ブルトマンの神学セミナーで行われた「ルターにおける罪の問題」では、両者の接点が明確に論じられている。従来このプロトコルはほとんど注目されてこなかったが、そこでは先の宗教的生の解釈においても登場した「ハイデルベルク討論」での「栄光の神学」と「十字架の神学」の対比が再登場しており、加えて人間存在の「堕落（corruptio）」の問題についても論じられている。(40) そこでハイデガーは、ルターの一五一七年の「スコラ神学反駁討論」第三七テーゼを取り上げ、そこから「すべて人間の行為は不遜であり、罪に満ちている」と主張する。端的に言えば「人間そのものの存在自体が罪」なのである。罪は「人間の道徳的性質という付属物」ではなく、「人間の本質的核心」をなす「実存概念」であり、それゆえに人間はつねに不可避的に堕落せざるをえない。

ここで注目すべきは、ハイデガーが第三七テーゼに続いて、アリストテレスについて触れた第五〇テーゼを取り上げている点である。「この［第三七テーゼの］発言によって、ルターとアリストテレスならびにギリシア存在論の全体とが分け隔てられるのであり、それゆえ第五〇テーゼでルターは次のように言うことができたのである。要するに、アリストテレスの全著作は、神学にとって、光に対する闇のようなものである（Totus Aristoteles ad theologiam est tenebrae ad lucem）(41)」。ルターにとって、「十字架の神学」における受苦の《非現前的時間》の《カイロス》こそが《光》である。それに対して、スコラ哲学の「栄光の神学」、さらにはその由来であるギリシア哲学、わけてもアリストテレス哲学は、一切を《現前的時間》のもとに見る《闇》のうちにある。そしてこの《闇》のなかで決定的に見落されているのは、人間存在の本質をなす罪、またそこから生じる堕落である。こうしてルターは、アリストテレスにおける時間の《光》と《闇》を、また人間の行為の価値としての《善》と《悪》を転倒する。ルターのこのアリストテレス批判こそ、ハイデガーにとって、中世神学に対する総括的批判とともに、哲学的批判への道を切り開く決定的な梃子となるものであった。

この点を、「アウグスティヌスと新プラトン主義」に立ち返って検討してみよう。ルターから引き出された神学批判と哲学批判の融合は、「堕落」の概念に最も顕著に見出せる。ハイデガーは、「堕落」を「転落態」の契機へと変換している[42]。ここで堕落＝転落態は、パウロの「安心と無事」やアウグスティヌスの「欲」などの神学的概念に対する批判装置であるとともに、アリストテレスに対する哲学的な批判装置としても考えられているのである。この概念における神学と哲学の融合について、ハイデガーは次のように述べている。「《転落（Ruina）》——哲学的、神学的なものである。不滅という観点からすれば、死去、死亡することであり、事実性の概念における客観的でギリシア的、理論的側面からすれば、委ねられていること、私に対して現に存在し、かつ私自身のうちに現に存在して迫ってくるもの」である（GA60, 215）。ギリシア的な意味での「転落」は、のちの『存在と時間』の「頽落」が示しているように、現存在それ自身の存在に根ざしている。「現存在が頽落しているところは、その存在の歩みゆきの中でたまたま出会ったり出会わなかったりするような存在者ではなく、それ自身現存在の存在に属している世界」である（SZ, 176）。しかしながら、こうしたギリシア的な意味での転落ないし頽落は、それらが最終的に陥る先の「罪」や「死」といった現存在の存在の根底に潜む否定的側面へと目を向けていない。現前的かつ理論的なギリシア的時間理解のもとでは、現存在の憂慮や受苦といった非現前的時間は見落とされてしまうのである[43]。

とはいえ、ルターの用いる「罪」や「堕落」などの諸概念も、当然ながら神学の制約を完全に免れているわけではない。そこでハイデガーは、ルターの諸概念の《脱神学化》を図る。その分析は、一九二三年夏学期講義『存在論（事実性の解釈学）』に見出せる（GA63, 27f.）。確かに「頽落してあること、罪あることとは、神に由来する状態ではなく、人間が自己自身を陥らせた状態である」。しかしながらルターが『イザヤ書注釈』で述べているとおり、「この状態には、神についての無知、神に対する無頓着さ、不信、嫌悪が属している」。それゆえ、ルターの語る「肉としての人間」の「堕落状態（status corruptionos）」は、やはり「否定的な神関係、神に逆らって立つ神関係」を前提としたものなのである。「ルターにおける罪の問題」でも、「人間の存在様態としての罪をそれ自身において担う動性」は

「神に背くこと」であり、そのなかに「恐れ」、「逃亡、嫌悪、絶望、悔悛のなさ」が含まれていると述べられている[44]。筆者の見るところ、ここでハイデガーは、転落ないし頽落の志向性自体に孕む問題を考察している。ルターの言う転落や恐れや逃亡は、神という対象への志向を完全に否定する様態や運動ではない。むしろこれらは、神に対する無知や無頓着という様態において、神に背を向けるという運動において、まさに神という《対象》を志向しているのである。そこでは、神の《非現前性》は《現前性》へと転じられている。そのため、哲学的に純化したとしても、転落や恐れや逃亡といった諸概念は、やはり《対象》への《現前的》な志向性にとどまる。「ナトルプ報告」で述べられているとおり、「頽落」は「何ものかへの頽落」であり、「哲学的に解釈」したとしても、やはり「硬直（Verhärtung）」した志向性にすぎないのである（GA62, 356）[45]。

このように見てくるなら、ハイデガーは、ルターの批判を梃子として、アリストテレスにおける《現前性》の《闇》に対して、《非現前性》の《光》を当てるという根本洞察を得たと考えられよう。ただし、ルターの批判は、神学を前提とするかぎりで、そのまま古代哲学に対する批判として活用できるものではなかった[46]。言いかえればルターの批判は、たしかに宗教的生の時間と運動の概念を《実存的》に変換しうるものであったが、古代哲学における生の時間と運動の概念を《実存論的》に変換しうるものではなかったのである。そのためハイデガーにとって、時間と運動の概念のいっそう徹底した《脱神学化》の作業が次の課題として浮上してくることになる[47]。「研究の同伴者は若きルターであり、模範はルターの嫌ったアリストテレスであった」（GA63, 5）。『事実性の解釈学（存在論）』講義の冒頭で述べられているこの言葉は、まさに以上のような意味において理解されなければならないのである。

第4節　アリストテレスにおけるカイロス

こうしてハイデガーは、アリストテレスとの対決に正面から取り組むことになる。『アリストテレスの現象学的解釈』講義では、ハイデガーは宗教的生の立場を離れて、みずからの現象学的研究との類似性をアリストテレスのうちにはっきりと見出している。「この半世紀、アリストテレスという名のもとに上から見下されてきた哲学は、いまや――まさしく、いまにおいてこそ見落としてはならないがゆえに――これまで知られてこなかった、アリストテレス哲学の偉大さと、さらには《深み》を予告している――かつてにおいても、ましてや真剣な知識の存在しない現在においても」(GA61, 5)。ハイデガーは、原始キリスト教に流れ込んでいた古代哲学の《縺れた》歴史的過程の《深み》や《闇》に、いまやようやく脱神学的な《非現前性》の光を当てようと試みるわけである(48)。

ここでは宗教的生はすっかり脱神学化され、哲学的な考察対象としての事実的な生へと変貌している。そのため事実的生の時間性も、事実的生自身の遂行から理解されるべきものとみなされている。ハイデガーは、この事実的生の「カイロロギー的性格」を、次のように特徴づけている。「一切の出来事のあり方(Vorkommensweise)」は、事実的生の「配慮の遂行(Sorgensvollzug)」におうじて、「それに特定の(事実的な)カイロロギー的性格(カイロス‐時間)を、その特定の時間との関係を、つまり事実性の遂行連関という意味のなかの時間への特定の関係を持っている」(GA61, 137)。ハイデガーは、事実的生の遂行に基づくカイロロギー的性格と、客観的な時間系列とを峻別する。第2節のアウグスティヌス解釈において「学習」のような一定の「秩序」を持つ理論的な時間性が批判されていたことを思いだそう。それと同様の主張が、ここでも繰り返されている。「ここでは《時間》は、秩序づけの枠組み(Ordnungsrahmen)や秩序づけの次元(Ordnungsdimension)としても、また(特殊な形式的な)歴史的な出来事の連関(geschichtliche Ereigniszusammenhänge)としても理解されておらず、むしろ動性の特殊なあり方(spezifisches Wie der Bewegtheit)として理解されている。これは、単にその動性を可能とし、動性の内部で認められるような性格の意味においてばかりでなく、むしろ動性をともに構成し、自明なものとして事実的に運動している性格の意味において理解されている」(GA61, 139)。事実的生のカイロロギー的性格は、事実的生の動性だけでなく、さらにその動性を支える自明の事実的前提をも指示している。この前提をなすのは、他ならぬ「歴史」である。「時間は所持するようなものではなく、むしろ時間のほうから所持させられる（haben lassen）のであって、歴史的なもの（das Geschichtliche）、《時間と共にある》ものなのである。距離を隔ててものごとを大切に考えること――《歴史なるもの》。変化に同じものはない（variatio delectat）！」（GA61, 139）。カイロロギー的時間性は、事実的生自身もそこに巻き込まれながら、つねに変化し続ける歴史のうねりのなかから生成されてくる。そうした歴史のうねりにひそむ《縺れ》や《深み》に対する慎重な吟味によってはじめて、事実的生は、過去の異なる歴史のなかへと入り込む《カイロス》に遭遇するのである。

一九二二年の「ナトルプ報告」では、アリストテレスの哲学に即して、このカイロスの身分を検討することが試みられている。「ナトルプ報告」の解釈の狙いは、先にすでに述べておいたように、「後期スコラ哲学と初期ルター神学」の探求を目的として、「事実性の問題の着手点と提示」の視座からアリストテレスを解釈することにある（GA62, 372）。その作業は、『ニコマコス倫理学』での諸能力の検討から出発して、『形而上学』で学的方法の問題を経由し、さらに『自然学』では運動一般の問題へと進んでいる。そこで以下では、これら各書にかんするハイデガーの時間概念の解釈を検討することにしよう。

すでに最初期フライブルク時代から、ハイデガーは「生（Leben）」を「運動（Bewegung）」と同一視し、生の運動をめぐる解釈を「キネーシス問題（κίνησις-Problem）」とも呼んでいた（vgl. GA58, 158; GA9, 16, 18; GA61, 117）。第Ⅰ部ですでに明らかにしておいたように、ハイデガーが『ニコマコス倫理学』解釈において重視するのは、実践的行為を司る能力としてのフロネーシスである。事実的生は、つねに「別様にありうる」可能性をもって行為する存在者である。そのため、不変的なものを対象とする理論的能力としてのテオリアや、また「別様にありうる」とはいえ、事実的生ではない存在者を対象とする制作的能力としてのポイエーシスは、いずれも事実的生を本来の対象とするものではない。フロネーシスは、まさしくそのつど「他でもありうる」実践的な「行為（πρᾶξις）」の場面で、事実的生にかかわる存在者や、事実的生自身を開示する知である。ただしフロネーシスは、そのつど選択される行為に即しているかぎりで、既存の状況に依拠する一方、具体的な結果や成果をあらかじめ手に入れているわけではない。こうした意味でフロネーシスは、「すでに」と「いまだそうではない」という《可能性》の間に立っている。フロネーシスは、この二つの《可能性》の間で「生をその存在においてともに時熟させる交渉的解明（Umgangserhellung）」なのである（GA62, 383）。

ハイデガーは、こうしたフロネーシスの動性からカイロスを捉える。実践的行為は、それが実際に遂行を決断する《時》にはじめて、その目的と原因を充実させる。それゆえカイロスは、フロネーシスとしての実践的交渉の具体的連関が収斂する「極限（ἔσχατον）」である。この「極限」において、行為の「目的（οὗ ἕνεκα）」や「原因（ἀρχή）」はそのものとして現実化する（GA62, 383）。つまりカイロスは、事実的生の行為の動機とその交渉相手との関係が発動し、またそこへと立ち返る現在の「瞬間」なのである。『ソフィスト』講義は、この「眼差し」と「瞬間」の関係を次のように説明している。「フロネーシスは、今あるもの（das Diesmaligen）、瞬間的な状態の具体的な今あるもののあり方（Diesmaligkeit）を見つめる（das Erblicken）ということなのである。フロネーシスは、アイステーシスとしては眼差しの視線（der Blick des Auges）であり、そのものとしては、つねに別様にありうるそのつど具体的なものへの瞬‐視（Augen-blick）なのである」（GA19, 163f.）。ここではカイロスは、視覚モデルに定位して、きわめて具体的な行為を支える時間として理解されている。後のハイデガーの表現にならえば、カイロスはまさに「《実践的瞬間》」なのである（GA22, 312f.）。

実践的行為の視線は、一瞬にして目の前の状況を掌握する力をもつ。ハイデガーは、この実践的瞬間の掌握力のうちに脱自的性格を見てとっている。アリストテレスによれば、フロネーシスはなすべき事柄について単に判断を下すだけではなく、それを「命令する（ἐπιτακτική）」力をそなえている[49]。これを受けて、ハイデガーは次のように述べている。「フロネーシスは命令的（epitaktisch）である。フロネーシスは、存在者を配慮されるべきものの性格のうちに与え、またあらゆる瞬間の規定、つまり、そのつどの様態（Wie）、何へ向けて（Wozu）、どの程度（Inwieweit）、なぜ（Warum）、といったことをこの瞬間という観点にもたらし、維持する。フロネーシスは命令的解明として、交渉を、何々の準備、何々へ向けた突破といった根本態度のうちへ導いてゆく」（GA62, 384）。瞬間は、事実的生のフロネーシスの様態を規定する基点である。この瞬間を基点として、フロネーシスは、存在者との交渉を支配する広がりをもつ。こうした理解は、そのまま『存在と時間』の脱自態の規定へと受け継がれていると見ることができる。「……へ向けて（zu...）、……へ（auf...）、……のもとで（bei...）という諸現象は、時間性が端的なエクスタティコンであることを明らかにしている」（SZ, 329）。瞬間を基点として、存在者との交渉へと広がる実践的行為は、脱自的なのである。(50)

続く『形而上学』の解釈では、フロネーシスに対して、ソフィアとテオリアが対置されている。そこで問題視されているのは、いわゆる《存在＝被制作性》の問題である。「存在とは制作されていること（Hergestelltsein）を意味している」（GA62, 373）。「ナトルプ報告」ではじめて提示されたこのテーゼは、一切の「存在」了解が、ポイエーシスの観点から、しかもその《完了時制》の観点から捉えられているという事態を言い当てている。このテーゼは、神学と西洋形而上学の存在了解に対する決定的な批判の表明である。「キリスト教的神学、そしてその影響下にある哲学的《思弁》、そしてこの連関においていつも一緒になって現れてくる人間学、これらは隠されたカテゴリー、それに固有の存在領野にとっては疎遠なカテゴリーのうちで話をしているのである」（GA62, 389f.）。神学的認識（テオリア）、そして伝統的な形而上学的認識（ソフィア）は、いずれもポイエーシスの《現前性》のもとで理解されている。こうした従来のポイエーシス中心主義を打破して、フロネーシスの《非現前性》を中心にテオリアやソフィアといった諸認識能力を再編すること、それがここでのハイデガーの狙いである。

『自然学』の解釈を導いているのも、やはりこの実践的行為と理論的認識という対立図式である。ハイデガーは、「アリストテレスはその『自然学』において原理的にも新しい根本原則を獲得している」とも述べている（GA62, 371）。とはいえこの発言は、必ずしも『自然学』に対する全面的な肯定を意味していない。というのも、『自然学』においてもやはり、「伝承されてきたような疑わしい存在領域へ向かう場合の探求の接近様式は、その存在領域から汲みとられていないだけでなく、その存在領域への接近を妨げるような《理論的なもの》、または原理的なテーゼのうちであらかじめ動き回っている」という疑念が拭い去れないからである（GA62, 392）。それゆえ『自然学』第一巻の解釈でも、アリストテレスの運動とその原因との関係についての解明の意義と同時に、その《制約》を解明することが予告されている。「本解釈は、そもそもの視野を確定しているこの批判の第一段階から、アリストテレスが《古代の自然哲学者》の考えや解明を、次の点についてどれだけ問いかけているのかを示す。それはつまり、それらの考えや解明が、運動現象をその現象そのものからどこまで語らせているのか、またその際、それらが予め把握された存在の意味についての理論をつうじて、原理的な解明に際してつねにどのように阻まれているのか、という点である」（GA62, 394）。ここでハイデガーが、アリストテレスからさらにフォアゾクラティカーへと「歴史」の射程を拡大しているのは興味深い。その狙いは、アリストテレスの『自然学』にひそむ《被制作性》の《制約》を際立たせるためであると言ってよい。

『自然学』第二巻の解釈は、「事実性の問題そのものに関して決定的な意義を持つ」とされる「偶然（τύχη）」や「自発性（αὐτόματον）」などの「事実的生の《歴史学的》な動性」の解明を予告している。しかし他方で、こうした偶然や自発性の「本来の原因も、特定の問題設定からその制約を持たされていることがはっきり見て取れる」ともハイデガーは指摘している（GA62, 395）[51]。『自然学』第三巻の解釈では、一転して積極的な解釈の方向が打ち出されている。それによれば、アリストテレスは、「存在と非存在、別様にある、等しくなくある、といったような、伝承されてきたこれまでの存在論によって利用されてきたカテゴリーによっては、運動現象は原理的にカテゴリー的に決して把握されていない」という点を看破している。そのためには、運動に固有の「デュナミス」、「エネルゲイア」、「エンテレケイア」という「根源的で究極の構造」へとアプローチすべきなのである（GA62, 395f.）。

このように見てくるなら、「ナトルプ報告」では、カイロスや瞬間や脱自態の概念は、もっぱら『ニコマコス倫理学』のフロネーシスを中心に考えられており、それらは『自然学』における運動概念とは必ずしも直接には関係づけられていないように考えられる。たしかに『自然学』第二巻の「偶然」や「自発性」などの動性は、瞬間や脱自態に重なりあう側面を感じさせなくもない。しかし「ナトルプ報告」以後も、これらの動性は主たる考察対象として取り上げられていない。また『自然学』第三巻における「デュナミス」、「エネルゲイア」、「エンテレケイア」についての指摘は、たしかにやがて『存在と時間』において、現存在の存在構造の理解へと導入されることになる。[52] とはいえ、これらの諸概念と脱自態との直接的な関係は、やはり見出せない。そして決定的なことに、『自然学』第四巻の解釈にいたっては、ここではまったく言及されてさえいない。以上を踏まえるなら、『自然学』第四巻の瞬間と脱自態に対する考察は、「ナトルプ報告」以後に構想されたものと考えられるのである。では、いったいどのような意図から、『自然学』第四巻における瞬間と脱自態の概念は主題化されたのだろうか。そこで次に、「ナトルプ報告」以後の時間論の展開を検討し、カイロスとしての瞬間と脱自態との関連、ならびに第四巻解釈の構図を明らかにしよう。

第5節　アリストテレス時間論解釈の構図

「ナトルプ報告」から約二年後の一九二四年の「時間の概念」講義草稿や「時間の概念」講演では、歴史性を背景とした瞬間についての新たな把握が見出せる。またそこでは、きわめて大まかながら、『存在と時間』へと展開する『自然学』第四巻に対する基本的な解釈の構図を見てとることができる。

「時間の概念」講義草稿では、現存在の世界性や死、また将来、過去、現在といった各時間様相についての議論が展開されており、それらはほぼそのまま、『存在と時間』の議論へ引き継がれている。当時刊行されたばかりの『ディルタイ‐ヨルク往復書簡』に即した「歴史性（Geschichtlichkeit）」の概念の検討部分も、『存在と時間』第七七節にほぼそのまま組み込まれている。注目すべきは、このディルタイとヨルクの歴史性理解を踏まえながら、「瞬間」が二つの時間性に区別されている点である（GA64, 56, Anm. 42）。一つは、すでにアウグスティヌス解釈でも言及されていた「そのつど分散した（zerstreute）時間としての時間」、すなわち非本来的な頽落した時間性である。もう一つは、「世界から本来的時間への歩み戻り」としての本来的な時間性である。とはいえハイデガーは、これらを「二重化された時間」ではなく、「歴史的な内‐存在」において一体化しているとみる（GA64, 59, Anm. 67）。ここで注目すべきは、瞬間が、歴史的な意味で、本来的時間性と非本来的時間性の結節点として考えられていることであろう。前節で見たように、フロネーシスは、諸認識能力を統合する最上位の能力として考えられていた。これにおうじて、フロネーシスの実践的瞬間も、いまや本来的時間性と非本来的時間性を統合する最上位の時間性となったわけである。

ハイデガーは、ここで初めて『自然学』アリストテレスは『自然学』第四巻を分析の俎上に載せている。そこでハイデガーが注目するのは、古代の日常的な時間経験である。アリストテレスは『自然学』第四巻第一〇章において、「時間は天球ないしその転化であり、時間は運動である」というフォアゾクラティカーたちの時間経験を取り上げている[53]。アリストテレス自身は、この時間経験に対して批判的であった。しかしハイデガーによれば、いささか事情は異なる。フォアゾクラティカーたちは、みずからの「自然的」時間経験を「学問的論考」へとまとめた。それが、実のところアリストテレスを含めた以後のあらゆる時間論の規範になっているというのである（GA64, 77）。フォアゾクラティカーの時間経験では、「天球」の場所の移動は、「今」を基準として数えられている。アリストテレスの時間の定義は、周知のように、「時間は前と後に関しての運動の数である」というものである[54]。それゆえ、フォアゾクラティカーにおいても、アリストテレスにおいても、「時間」は、「《数》」や「《今》」、そして「《場所の時間（Ortzeit）》」を基準にしていることになる（GA64, 79f.）。ところがハイデガーは、こうしたアリストテレスの定義に対して、「時間はけっして空間化（verräumlichen）されえない」と主張する（GA64, 79）。この主張には、《現前性》と《非現前性》の対立が明確に読みとれる。アリストテレスを含めて古代哲学の時間経験では、時間は、「数」や「場所」といった眼前の存在者に結びつけて理解されている。しかしハイデガーによれば、時間それ自体は、存在者としては現象しない。時間は、《現前性》ではなく、《非現前性》として捉えられるべきものなのである。これまでにすでに指摘してきたとおり、この時間が現象するのは、現存在に固有のフロネーシスという実践的行為の瞬間である。

同年の「時間の概念」講演は、これもすでに検討しておいたように、「時間」を存在論的考察の統一的観点として位置づけていた[55]。そこでは時間の問いは、哲学の問いとして、神学の問いから峻別されている。「哲学者は信仰などしない」のであって、哲学者が「時間を時間から理解」する場合でも、その時間は「永遠性（ἀεί）」ではない。むしろそうした「永遠性」は「時間的であるということ（Zeitlichsein）」からのたんなる「派生態」にすぎない（GA64, 107）。ここで時間の問題の対立軸を構成しているのも、やはり《現前性》と《非現前性》である。時間の問題の所在は、ギリシア語の表記からも推し量られるように、古代哲学における「永遠」すなわち《恒常的現前性》にある。ここでハイデガーは「時間はそこでさまざまな出来事（Ereignisse）が起こるところである」、あるいは「時間はそれ自体運動ではない」が自然的存在者の「運動において出会われる」ものだと述べている[56]。ところが実はこれらはいずれも、『自然学』第四巻第一〇章、第一一章の時間の定義なのである（GA64, 109）。しかしここでも、ハイデガーは立ち入った解釈を行っていない。

他方、この講演でハイデガーは、アウグスティヌスの『告白』第一一巻にも言及している[57]。これは、本章第2節で検討しておいたアウグスティヌス解釈の続編と言える。ただしアウグスティヌスは、《自己》と《時間》の問題に直面した人物として特徴づけられる一方、その問題を問い抜くことがなかった人物としても特徴づけられている（GA64, 111）。とはいえそうしたアウグスティヌスの不徹底さについて、ハイデガーはまたしても明確な説明をしていない。しかし筆者の見るところ、その問題点は、《主観》と《現前性》にあり、またこの問題点の淵源は、他ならぬアリストテレスの『自然学』第四巻に求められていると考えられる。というのも、『存在と時間』では、『自然学』第四巻と『告白』第一一巻からの引用を並べて、「主観」や「通俗的な時間経験」の由来を、アリストテレスとアウグスティヌスにおける「《心》や《精神》」の「数える」働きや、平板な「時の広がり」に求めているからである（SZ, 427）[58]。

一九二五年以降、『自然学』第四巻の解釈の構図は次第に明確なかたちをとり始める。一九二五年夏学期講義『時間概念の歴史へのプロレゴメナ』では、ベルクソン、カントの時間論を経由することによって、アリストテレス時間論の影響を測定するという構想が明らかにされている（GA20, 10ff.）。一九二五／二六年冬学期講義『論理学』では、この構想を引き受けつつ、『自然学』第四巻解釈の全般的方針が明示されている。そこでは、「今」に定位する通俗的な時間理解とは異なる「時間の本来的意味」の問題圏が「テンポラリーエン（Temporalien）」として確定されている（GA21, 243）。他方で、アリストテレスからベルクソンやヘーゲルへの時間論の影響が分析されている。そのさい注目すべきは、アリストテレスが「現にあるこのもの（Dieses-da）、点、限界、今とのあいだの内的な基礎づけ連関（der innere Fundierungszusammenhang）」を見てとっていた、というハイデガーの指摘である。「アリストテレスは、これらがそれ自身においてその構造上たがいにどのように従っている（folgen）のか、つまりどのように ἀκολουθεῖν であるかを示そうとした」（GA21, 266）。この指摘は、『存在と時間』でもほぼ同じかたちで繰り返されている（SZ, 432 ; vgl. GA22, 202f.）。これまでの考察を踏まえれば、この指摘の狙いは明らかだろう。第2節で見たようなアウグスティヌスにおける学習の「秩序」、また第4節で見たような、カイロス的時間とは異なる「秩序づけの枠組みや秩序づけの次元」、「歴史的な出来事の連関」、そして「《数》」や「《今》」などの一連の規定は、《現前的》な時間規定である。これらの《現前的》な時間規定の由来は、アリストテレスにおける「内的な基礎づけ連関」ないし「従うこと（ἀκολουθεῖν）」にある。そしてこの「従うこと」は、他ならぬ『自然学』第四巻におけるアリストテレスの時間の定義に見出されるものなのである。(59) つまりこの「従うこと」の「連関」こそ、《存在＝被制作性》という観点のもと、存在者を《恒常的存在者》とみなす、通俗的で非本来的な時間理解の起源なのである。

『存在と時間』は、実存的水準ではなく、実存論的水準から、これまでのカイロスとしての瞬間の概念や脱自態の概念を規定しなおしている。それと同時に、上記に述べたようなアリストテレスの時間論解釈の構図が、あらためて予告されてもいる。アリストテレスの時間論解釈は、一九二七年夏学期講義『現象学の根本問題』でようやく本格的に着手される。しかしその検討に入る前に、まず『存在と時間』の論述や、一九二七／二八年冬学期講義『カント

『純粋理性批判』の現象学的解釈』での論述から、アリストテレスの時間論解釈の構図を明確にしておくことにしよう。

『存在と時間』の第六五節では、現存在の関心の意味は「既往的‐現在化的将来」という統一構造として特徴づけられ、これが「時間性（Zeitlichkeit）」と呼ばれている（SZ, 326）。第六二節において導出された「先駆的決意性」の分析を下敷きにしながら、時間性の構成契機の第一義的な優位は、「将来」に置かれている。将来の死という究極の可能性へと「先駆」しつつ、みずからの被投的事実を既往性として「反復」することによって、「瞬間（Augenblick）」という現在化のうちに存在すること、それが本来的な時間了解の様態である（SZ, 336ff.）。瞬間は、先駆と反復によって開示された状況、およびその状況内部での配慮可能性や事情へと「出動（Entrückung）」し、それらを一挙に見通す「瞬間的な眼差し（Augen*blick*）」である（SZ, 338, 328）。この瞬間のうちで、現存在の現在の有限な状況は状況《として》捉えられ、「偶然」さえもまさしく「偶然」《として》の意味を付与され、存在者は時間を伴った存在者《として》現れる（vgl. SZ, 299f.）。こうして瞬間においては、現在における現存在の一切の存在了解に、それ本来の意味が与えられる。ここには、「ナトルプ報告」におけるアリストテレスのカイロス解釈がほぼそのまま活かされていることがわかる。それに対して、「忘却的‐現在化的予期」という通俗的な非本来的時間了解においては、時間は現存在の先駆的決意性から切り離され、世界内部の存在者への配慮的現在化へと特化する（SZ, 339）。そこでは瞬間は、「現在」、とりわけ「今（Jetzt）」ないし終わりなき純粋な「今‐継起（Jetzt-folge）」へと収斂することになる（SZ, 329, 408, vgl. 427）。この「今‐継起」が、先の「従うこと」を受けた定式化であることは、ただちに見てとれよう。

もっとも、本来的時間了解にせよ非本来的時間了解にせよ、いずれも将来‐既往‐現在化という三つの契機を基礎としている点に変わりはない。この三つの契機においてそれぞれに伸び広がる時間的性格が、「脱自態」である。すでに指摘しておいたように、将来、既往、現在は、「……へ向けて、……へ、……のもとで」という脱自的性格を備えており、これらは「エクスタティコン」すなわち「根源的に《おのれの外へと脱け出ること（Außer-sich）》」という意味で、「脱自態」と呼ばれる（SZ, 328f.）。将来、既往、現在は、それぞれ固有の脱自的時熟の様態を有しているが、その統一的時熟がいずれの脱自態を優位に置くのかによって、時間了解の本来性、非本来性が区別される。将来を優位とする脱自的統一においては、先駆‐反復‐瞬間という根源的な本来的時間了解が生じるのに対して、この本来的時間了解の統一性が弛緩することによって、現在化を優位とする脱自的統一のみが突出し、予期‐忘却‐現在化の非本来的時間了解が生じるのである（SZ, 426）。

脱自態の概念は、歴史性の考察においても活用されている。脱自態を備えた現存在は、生誕から死までの「間（Zwischen）」において「伸張（die Erstreckung）」しており、その動性は歴史的な「出来事（Geschehen）」と呼ばれる（SZ, 373, 375）。この歴史的な出来事としての瞬間においては、現存在は、みずからの死へと先駆しつつ、現在においてなお勢力を及ぼしている過去や慣例を「撤回」して、過去の実存に「応答」しつつ、みずからの時代に、すなわち「歴史」へと眼差しを向けることができるようになる（SZ, 385f., 391）。本来的な脱自的瞬間とは、現存在が死へ向かう有限な時間性を受け止めつつ、従来の因習を打破することによって、現在のみずからの具体的かつ歴史的状況へと出動し、その状況にふさわしい意味を開示する時間性である。宗教的生に見出されたカイロスとしての瞬間は、こうして、哲学史全体におよぶ歴史的な脱自的瞬間へと拡張されたわけである。

『存在と時間』はさらに、こうした本来的時間了解と通俗的な非本来的了解を区別する歴史的基準を、明確にアリストテレスに見定めている。本章の冒頭で述べておいたように、アリストテレスは、通俗的な非本来的時間了解の代表者であるとともに、時間了解の本来性と非本来性を区分する西洋形而上学最初の「分水嶺」である（SZ, 26）。そこで検討課題として予告されているのが、アリストテレスの『自然学』第四巻第一〇章から第一四章における時間論である。これも冒頭で述べたように、『存在と時間』第八一節、第八二節でも、根源的時間からの通俗的時間概念の成立という観点から、『自然学』第四巻への言及が行われている（SZ, 26, 432f., 421, 427, 432ff.）。それによれば、アリストテレスは、「ウーシア」すなわち「現前性（Anwesenheit）」として存在の意味を捉える古代ギリシアの通俗的存在了解に則り、時間をもっぱら「今」を中心として理解している。ハイデガーは、アリストテレスの『自然学』第四巻の時間の定義を引き、それが通俗的時間了解の証明であると述べている。「時間はより前にとより後でという地平において（im Horizont des Früher und Später）出会われる運動との関係で数えられるものである」（SZ, 421）。

ところが注意すべきは、実のところこの翻訳は、すでにハイデガー独自の解釈が混入した《改訳》となっているという点である。アリストテレスの原文は、「時間は前と後に関しての（κατὰ τὸ πρότερον καὶ ὕστερον）運動の数である」であり、「より前とより後」という比較表現の意味は含まれていない[60]。実際、かつての「時間の概念」草稿では、この部分は「以前と以後（im Hinsehen auf vorher und nachher）」と翻訳されており、比較表現は用いられていなかった（GA64, 79）。しかし『時間の概念』講演では、「以前と以後」と「より前とより後」が明確に区別されている。「以前と以後というのは、かならずしもより前とより後のことではないし、また時間性のあり方でもない。……さまざまな数は、より前であったり、より後であったりすることはけっしてない。というのも、こうした数は、そもそも時間のうちにはないからである。より前とより後というのは、あるまったく特定の以前と以後なのである」（GA64, 122）。ここでは、「以前と以後」と「より前とより後」は次のように区別されている。まず、時計などによって計測可能で特定可能な時間が、非本来的な「より前とより後」である。そして、このような計測可能な「時間のうちにはない」本来的な時間が、「以前と以後」である。前者は後者の派生態であり、後者は前者とは異なる時間を指示している。『存在と時間』は、まさにこの区別を踏まえながら、アリストテレスの時間の定義を意図的に《改訳》していたのである。筆者の見るところ、比較級を利用したこの《改訳》の狙いは次の点にある。第一に、「数」を用いたアリストテレスの時間の定義を「従うこと」という通俗的時間の問題として捉えることであり、第二に、「数」を通俗的時間とは異なる本来的瞬間の脱自的伸張へ向けて捉えなおすことである。

『カント『純粋理性批判』の現象学的解釈』でも、主観的な時間地平という問題の観点から、『自然学』第四巻への言及がなされている。カントは、時間を一切の表象作用の普遍的形式として定式化し、内的直観と外的直観を規定するものとして捉えた。それに対してハイデガーは、内官の形式としての時間を、空間よりもいっそう根源的に「主観」ないし「自我」、つまりは「人間的現存在」に伴うものとして解釈する（GA25, 149f.; vgl. GA3, 48-51）。こうしたカント解釈は、事実的生に即して時間を見定めようとする、アウグスティヌス解釈以来の方針を受け継いだものと言えよう。しかし、『自然学』第四巻解釈の方針を定めたハイデガーは、いまやためらうことなく、カントの時間論をもアリストテレスへと差し戻す。『存在と時間』に述べられているように、「カントの時間の把握は、アリストテレスの取り出しておいた諸構造の範囲内を動いている」（SZ, 26）。そのため『カント『純粋理性批判』の現象学的解釈』でも、次のように述べられている。時間と自我ないし現存在との密接な連関の源泉は、『自然学』第四巻第一四章における「魂が存在しない限り、時間の存在は不可能であろう」という言葉に求められる、と（GA25, 150; vgl. SZ, 427）[61]。ただしハイデガーは、こうした時間と現存在との連関を、アリストテレスにおいては「いまだに暗いままである」とも批判している。この批判は、「主観」や「自我」を超えて、「現存在の存在」のうちに、本来的な時間性の所在を指し示そうとするものと考えられよう。この本来的な時間の起源は、最終的には「けっして空間化されえない」最も純粋な《非現前的》時間性、すなわち超越論的な根源的時間性に求められるはずなのである（SZ, 25f.）[62]。

こうして、初期以来のカイロスとしての瞬間と脱自態との連関が明らかになった。それとともに、アリストテレスの『自然学』第四巻をめぐる解釈の構図も明らかになった。ハイデガーは、初期から一貫してカイロスとしての瞬間の歴史的射程を拡張して、最終的にそれを「伸張」の概念として取りまとめたのであった。そしてこうした拡張作業をとおして、『自然学』第四巻は、西洋形而上学全体におよぶ本来的時間性と非本来的時間性の最初の分水嶺として位置づけられたのであった。ここからハイデガーの『自然学』第四巻解釈の課題も、次のようにまとめることができる。第一は、今、限界、点、このものの間の「従うこと」を通俗的かつ非本来的な時間理解として解明することである。そして第二は、その背後の現存在の本来的時間性を明らかにすることである。さらに第三は、現存在と時間性との超越論的連関の解明である。そこでハイデガーによるこれら三つの課題の解決を検討することで、最終的に脱自的瞬間の時間性の内実は明らかになるはずである。そこで次に、『現象学の根本問題』における『自然学』第四巻解釈を考察することにする。

第6節　アリストテレス時間論の解釈

『現象学の根本問題』は、第一九節を中心に『自然学』第四巻の詳細な解釈を展開している。ハイデガーの解釈の狙いは、『自然学』第四巻全体の概略を描いたうえで、「厳密にテキストに拠るのではなく、さらに自由な究明において、そしてときにはもっと進んだ解釈において、アリストテレスがそれを見たままに」、「より正確な理解」を行うことにある（GA24, 336）。もっとも、ハイデガーの解釈は、先の《改訳》に見られるように、きわめて独特で錯綜している。そこでここでは、まずアリストテレスの時間論の要点を三つのテーゼとして押さえる。そのうえで、これらのテーゼに対するハイデガーの解釈を検討する。そして最終的に、先に述べた三つの各段階に沿って、ハイデガーの解釈を考察することにする。

アリストテレスは、『自然学』第四巻第一〇章で、最初に二つの問題を設定している。第一の問題は「時間は存在するものに属するのか、それとも存在しないものに属するのか」、第二の問題は「時間の本性とは何か」である。[63] 第一の問いに対して、アリストテレスは、時間が「万有の運動」である、あるいは「天球そのもの」であるといった従来の見解を検討したうえで、時間は「一種の運動」であり「転化」であるとする見解から検討をはじめる。時間は運動し転化しているもののところにだけあるのではなく、「あらゆるところに、あらゆるものとともにある」。その遍在性ゆえに、「時間は運動ではないが、運動なしに存在するものでもない」とされる。[64]

続く第一一章では、「時間の本性とは何か」という第二の問いに対する解答が試みられる。その論証は、運動の性格、そして運動の知覚の解明という二段階で行われている。まず、大きさが連続的であり、そこに「前と後」があることから、これと類比的に、運動も連続的な転化であり、「前と後」があるものとして捉えられる。そして次に、このような運動の性格に従い、時間もまた、連続的で「前と後」があるものとして捉えられる。この主従（ἀκολουθεῖν）関係は、「その大きさに運動は従い……この運動に時間は従う」と定式化される（テーゼ①）[65]。ところで、このようにして時間が運動に従って捉えられるのは、そもそもわれわれの「魂」が「運動と時間とを一緒に知覚する」からである[66]。このとき魂は、運動における「前」と「後」を知覚し、「限界」づけることによって、その「間にあるもの（τὸ μεταξύ）」としての「今」を語ることができる。ここで、物の多い少ないが数によって判別されるのと類比的に、運動の多い少ないは時間によって判別される。したがって「運動はある種の数である」[67]。こうして「時間というのは……すなわち前と後に関しての運動の数である」（テーゼ②）という時間規定が導き出されることになる[68]。

続く第一二章では、このように運動が時間によって判別、測定されることから、運動は「時間のうちにある」とされる（テーゼ③）[69]。第一三章では、「今」がつねに異なるものでありながら、しかし時間を連続させるものとしては同一であるという事態、いわば「今の連続の多様性における時間の統一」が検討される（GA24, 334）。ここでは、「今」を中心として、「いつか（ποτέ）」、「やがて、すでに（ἤδη）」、「さきほど（ἄρτι）」、「かつて（πάλαι）」、「突然（ἐξαίφνης）」といった時間規定が列挙されている。第一四章では、あらためてテーゼ③、そして時間と魂との関係、さらに時間の遍在性が再検討され、最終的に、時間は純粋な運動、すなわち「天球の円運動」によって測定される時間として、一種の「円」とみなされる[70]。それはいわば、今が無限に、永遠に連続するという事態である。以上がアリストテレスの時間論の要点である。

これに対して、ハイデガーは第一一章の第二の問いを中心に解釈を進めている。それはまず、運動の性格についてのアリストテレスの第一段階の解明を通俗的な運動と時間の理解とみなし、そこに潜む本来的時間性を析出することから始まる。次いでハイデガーは第二段階の運動の知覚の解明に、現存在の本来的時間性を読み込んでゆく。ここではまず、第一段階の解釈から順に見てゆくことにしよう。

まずハイデガーは、時間は「前と後に関しての運動の数」であるというテーゼ②の「前と後」の部分を、「前と後（Vor und Nach）」ではなく、『存在と時間』に示されたとおり、「より前とより後（Früher und Später）」と翻訳する（GA24, 341）。アリストテレスはこの定義を第一義的には場所的規定として考えている。[71] しかしハイデガーは比較表現を用いることで、この定義があくまで時間的な規定であることを強調する。というのも、ハイデガーによれば「前と後」は確かに場所的規定であるが、ここでは場所の移動ではなく、時間が主題として論じられている以上、この規定も場所的意義をもたないと考えられるからである（GA24, 349）。そもそも時間は「一種の運動」、つまり「転化（Umschlag）」ないし「移行（Übergang）」である。それは「場所的移動」や「物理的運動」を意味するが、しかしまた色の変化に見られるような「質的変化」をも意味することができる。そこでハイデガーは、転化ないし移行を「全くの形式的な意味（ein ganz formaler Sinn）」へと純化する。それによって、転化ないし移行は、空間的意味を排除されて、「あるものからあるものへ（ἔκ τινος εἴς τι）」という端的な広がり、つまり「伸張（Erstreckung）」という運動の「次元」となる（GA24, 343f.）。こうしてアリストテレスのテーゼ②は、場所的あるいは空間的規定ではなく、時間の純粋に形式的な伸張の規定へと《逆転》されることになる。時間は、空間化されるものではなく、純然たる《時間化》において捉えられるべきなのである。

次いでハイデガーは、テーゼ①の《大きさ―運動―時間》という一連の「従うこと」の解釈に着手する。ハイデガーによれば、このテーゼは「存在論的」なものとして理解されなければならず、それ以外の理解は成り立たないと繰り返し主張している（GA24, 344f., 360）。ここでもアリストテレスのテーゼは、テーゼ②と同様、時間性へ向けて《逆転》されている。アリストテレスは、「大きさ」の変化や連続性ないし場所の移動から、運動の転化を捉えている。それに対して、ハイデガーは「次元性とそれとともに連続性」が運動に「先行する」「アプリオリな条件」であるとみなす（GA24, 344f.）。運動は、「大きさ」という存在者的な連続性や延長性を基準にしては捉えられない。むしろ運動は、運動をそれとして可能にする、いわば運動の先行的地平の連続性や延長性を基準にして捉えられねばならないのである。その先行的地平の連続性や延長性は、先のテーゼ②から導き出されたような、時間の純粋に形式的な伸張の次元である。こうして「従うこと」の序列は、《大きさ→運動→時間》から《時間→運動→大きさ》へと《逆転》される。時間の形式的な伸張の次元の下に、運動や空間は位置づけられるのである。

さらにハイデガーは、「前と後」の「間にあるもの」――すなわち「今」、「限界」、「点」といった諸概念――を、時間の形式的な伸張の次元へ向けて解放することを試みる。ここでもまた、ハイデガーの解釈はアリストテレスとは逆方向である。アリストテレスによれば、「今」は第一義的には《不可分割的な持続なき瞬間》である。[72] というのも、「今」は、時間を「瞬間」ごとに「限界」づけるものであるがゆえに、それ自体は分割できないからである。それに対してハイデガーは、「今」は第一義的には「時間の流れの連続体」、すなわち「移行」であるとみなす（GA24, 352）。というのも、「今」は、すでに今ではない、あるいはいまだ今ではない、といった「より前とより後」との関係から見られているからである。たしかにアリストテレスも、「今」を時間の前後の間の《移行》として考えている。[73] なぜなら、「今」は、時間の「単位」としては、時間の連続性や移行を可能にしてもいるからである。このように考えるなら、「今」が前と後によって「限界」づけられているとしても、「今」それ自体は「限界」ではないことになる。それゆえここから、テーゼ②の「前と後に関しての運動の数」という規定も、運動において「数えられたもの」を、実はその「前と後」の限界とは無関係に規定していると言えることになる。そのためハイデガーは、数が数えられたものの事象内容にはかかわらないのと同様、「時間は、運動するものの事象内容やその存在様態にも、また運動そのものにも拘束されない」と主張する（GA24, 353）。

さてそうすると、運動するものの場所として「今」に対応している「点」も、やはり「点」によっては限界づけられていないことになる。「移行」としての時間は、事象内容にかかわらず、運動に即して限界づけられた「数」や「今」や「点」の規定を越えてゆくこと、すなわち限界づけを越える運動の《可能性》そのものなのである。こうして「今」は「移行」としては「運動の可能的数であり可能的尺度（mögliche Zahl, mögliche Maßzahl der Bewegung）」

であり、「点をつねに越えている（über den Punkt immer hinaus sein）」とされることになる（GA24, 354f.）。ここでハイデガーは、「今」や「点」において捉えられる運動の《現実態》を、《可能態》へと還元していると言えるだろう。そしてこれにおうじて、運動が「時間のうちにある」というテーゼ③も、時間が、運動や運動したり静止したりしている存在者を「越えて（über）」「さらに外にある（weiter draußen sein）」、つまり「包‐括（Um-halten）」の機能を持つとされる（GA24, 356）。こうして《大きさ—運動—時間》や「点、限界、今」などといった「従うこと」の関係はすべて、「移行」という時間の形式的な伸張の次元のうちに包みこまれたものとして捉えられることになるのである。

以上のハイデガーの解釈の特徴は、《大きさ—運動—時間》の諸契機や「今」、「限界」、「点」といった諸概念を、大きさや運動の内容とは切り離された、きわめて形式的な時間の「可能性」、ないしは「移行」としての「伸張の次元」へと還元している点にある。アリストテレスによれば、「時間は運動ではなく、運動の何か（τῆς κινήσεώς τι）である」[74]。これに倣えば、たしかに時間は運動に即して読みとられうる《何か》である。しかしアリストテレス自身も語っているように、時間なるものは厳密には「今」ではなく、したがって「今」に対応するような場所としての「点」でもない[75]。そこでハイデガーは、この《何か》という不確定な規定を、運動や空間などの具体的な存在者的次元を超えて、純粋に形式的で可能的な次元として捉えなおすのである。こうした時間の形式化と可能化は、時間を純粋に《時間化》することを意味している。つまりここで行われているのは、時間の《形式的告示的》解釈なのである[76]。すでに見てきたとおり、かつての「再臨」の瞬間は、宗教的生の遂行によって充実されるものであった。またカイロスとしての瞬間も、フロネーシスによって満たされるものであった。それと同じく、「今」から還元された移行としての形式的な時間の伸張の次元を満たすのは、他ならぬ現存在の本来的な時間理解なのである。

以上の第一段階の解釈を経て、第二段階の解釈では、この現存在の本来的な時間理解に焦点があてられる。アリストテレスによれば、「前と後」を知覚し、存在者をその運動に即して数えることができるのは、他ならぬ「魂」である。しかしハイデガーによれば、その場合の「運動」は、空間的・場所的運動ではなく、形式的な時間の伸張である。

すると魂は、空間的・場所的運動ではなく、存在者を「数えられたもの」として、形式的な時間の伸張のなかで包括するものであることになる。「魂もまた運動するものという性格を持つ」と述べられているのは、そのためである（GA24, 358）。ハイデガーにとって、魂の運動は、場所的移動や空間的移動のような存在者的な運動ではなく、現存在に固有な実存論的遂行としての動性なのである。

この実存論的遂行としての動性は、実のところ第一段階の解釈においても、暗示的ながら、すでにしばしば言及されていた。《大きさ—運動—時間》といった「従うこと」の序列のなかで、あるいは時間のなかで、運動を見てとる「経験（Erfahrung）」と呼ばれていたものがそれにあたる（GA24, 345f.）。確かに場所の移動は、「そこからここへ」という「前と後」の運動における「点」の《多様性》として読み取られうる。しかし、こうした《多様性》を帯びた「点」は、つねに「今はそこ」、「今はここ」、「今はむこう」といった規定を伴っている。つまりわれわれは、運動を「経験」するときには、すでに「暗黙のうちに」、「語りだされようとだされまいと」、「今」を「共に見て（mitsehen）」、「共に発言し（mitsagen）」、「共に数えている（mitzählen）」のである（GA24, 347f.）。こうした運動の「経験」において、そのつどの「今」は、すべて同じように「今」と呼ばれる。しかしそうした「今」は、厳密に言えば、そのつど《異なる》「今」である。アリストテレスによれば、「今はまさに今としては同一のものである」が、「ただし、それがどのようにある（εἶναι）のかは異なる」[77]。ここからハイデガーは、「今」はその「本質（essentia）」においては同一であるが、それぞれの「今であること（Jetzt-sein）」は、そのつど「別様であること（Anderssein）」であるとみなす。「在りさま—実存—異なる（Wiesein — existentia — ἕτερον）」という定式は、そうした理解を簡潔に表現したものと言えよう（GA24, 350）。実存は、そのつど「別様」であり、「異なる」「在りさま」をもつ。この理解は、「ナトルプ報告」において確認しておいたように、『ニコマコス倫理学』第六巻におけるフロネーシスの動性に即した事実的生の存在様態を指している。ここから、「今」の《多様性》の意味も明らかになる。「今」がそのつど《異なる》のは、現存在がそのつど「別様」に存在する存在者として、そのつどの「今」の動性において時間了解を行うからである。つまり、運動の経験の基準は、「同一」の「今」にではなく、そのつど「別様」に運動を経験する現存在自身の動性をつうじて、《暗黙のうちに》共に見られ、発言され、数えあげられたそのつどの「別様」な「今」のうちにある。例えば、走者の「今」の位置を測るのは、走者の運動においてでもなければ、時計においてでもない。走者の「今」は、走者について語る《私》のそのつど別様な「今」において測られるのである。自身の《人生》を走者に重ねて語ったりするのは、その好例だろう。

ハイデガーは、こうした《同一の今》と《多様な今》との違いを、『存在と時間』の「世界時間（Weltzeit）」とほぼ同様の分析によって説明している（vgl. SZ, 414）。世界時間は、現存在の時間性の時熟から生じる一方で、通俗的な時間解釈へと平板化する危険がある（SZ, 426）。世界時間は、何らかの行為の「ため（Um-zu）」に配慮される「有意義性（Bedeutsamkeit）」、当の行為が行われる場面の時間を配慮した「日付可能性（Datierbarkeit）」、行為の行われる「間」を配慮した「緊張性（Gespanntheit）」ないし「伸張性（Erstrecktheit）」、そして公の相互存在のなかでその行為の行われる時間を配慮した「公開性（Öffentlichkeit）」という四つの契機をもつ（GA24, 369-375）。通俗的な時間解釈においては、「今」の背後に控えるこうした多様な世界時間の諸契機が見落とされる。そのため「従うこと」の序列は、そのつど《同一の今》が連続する「今－継起」へと平板化される。しかし他方で、これらの世界時間の諸契機は、そのつど一回きりの「今」の背後に、さまざまな意義を帯びた好機、他者との共同性、さらには将来と過去を含む伸び広がりが控えていることを示唆してもいる。「今」は、多様な《緊張》と《広がり》に満ちた時間が集約される特異点である。歴史へと伸び広がる時間の「脱自態」を含みこんだ特異点としての「今」が、本来的現在としての「瞬間」なのである。逆に言えば「ひとつの脱自態としての瞬間において、実存する現存在は、決断したものとして、現存在が行為する状況のそのつど事実的に規定された諸々の可能性、事情、偶然のなかへ抜け出してしまっている」（GA24, 407）。瞬間の脱自的時間性は、《同一の今》や《多様な今》へ、さらには他者との共同性、歴史へと広がっているのである。

以上から、西洋哲学史における時間論の分水嶺としてのアリストテレスの位置づけは、次のようにまとめることができる。アリストテレスは「従うこと」の序列を分析するさい、「今」のうちに移行や広がりとして時間性の脱自的性格の一端を見てとった。しかし、存在を「今」の眼前存在者として限定したため、最終的には「従うこと」の序列の重心を存在者的次元へと傾け、脱自態を《現前性》へと矮小化してしまったのである。

第7節　脱自的瞬間の時間性

しかし、上記のハイデガーの解釈は、なおいくつかの未解決の問題を残している。まず、第三段階にあたる現存在の時間性とテンポラリテートとの超越論的連関の解明である。[78] 確かにハイデガーは、アリストテレスにならって「脱自態」や「瞬間」の術語を用いているが、しかし形式的な規定を繰り返すだけにとどまっている。そのため、アリストテレスとの相違や、それらの具体的な内容についてはほとんど論じられていない。それゆえ、現存在の時間性とテンポラリテートとの超越論的連関も、いまだ曖昧なままにとどまっていると言わざるをえない。また、アリストテレスが挙げた第一の時間の問題、すなわち「あらゆるところに、あらゆるものとともにある」という時間の遍在性の問題についても、ハイデガーはほとんど論じていない。これら未解決の問題からは、脱自的瞬間の時間性の意義と同時に、制約が明らかになるように思われる。そこで最後に、上記の諸問題を考察してゆこう。

まず、瞬間の概念から検討しよう。すでに見てきたように、「ナトルプ報告」や『存在と時間』と同様、『現象学の根本問題』でも、瞬間はやはり『ニコマコス倫理学』におけるフロネーシス解釈を踏まえたカイロスの規定から理解されている。瞬間とは「決意性のうちで保持され、そこから発現する現在（Gegenwart）」のことであり、個別化した実存はその決意した「状況」において開示される「現前するもの（Anwesendes）を現在化（Gegenwärtigen）」し、その事実的な諸可能性に対して「自由に（frei）」存在する（GA24, 407f.）。これまで見てきた『自然学』第四巻の解釈も、基本的にはこうした初期以来のフロネーシス解釈を継承しながら、通俗的な「今の継起」へと「今」を平板化した点を批判してきたのであった。

ところが『現象学の根本問題』では、フロネーシスを支えるカイロスの規定に対する批判が見出される。ハイデガーによればアリストテレスは、『ニコマコス倫理学』第六巻において「カイロス」の現象を見てとり、それを「限界づけている」。しかしアリストテレスは、それを「彼が時間（今）として別に知っているものとの連関のうちにもたらすことに成功しなかった」とされているのである（GA24, 409）。とはいえ、ハイデガーはこの批判をそれ以上詳細に論じていない。しかも、『ニコマコス倫理学』第六巻には、直接カイロスに言及している個所が一切見当たらないのである。そのため、このフロネーシス批判が何を意図しているのかは、ただちには見てとりにくい。

ただし第六巻では、実践的行為とその時間との関係について、次のように述べられている個所がある。「過去の事柄は決して《選択》の範囲には属さない。たとえば、トロイアを陥落せしめたことを《選択》するひとはいない。ひとが思量するのも、過去の事柄に関してではなく、将来に属する可能的なことに関してなのである。あったことは、なかったことであることはできない[79]」。ここに述べられている「選択（προαίρεσις）」や「思量（βουλεύεσθαι）」は、いずれもフロネーシスのはたらきである[80]。ここでアリストテレスは、フロネーシスが将来にかかわることを見てとっているが、過去にはかかわらないと考えている。アリストテレスにとって、過去は選択されるものではない。なぜなら、過去において不可能であったことを可能的なものとして考えることも、ありえなかったことをありえるかもしれないことへと転じる好機がめぐってくることも、けっしてありえないからである。つまりアリストテレスは、過去を切り捨て、将来だけをカイロスへと取り入れていたわけである。筆者の見るところ、おそらくこの点にハイデガーの批判は向けられていると考えられる。瞬間は、将来だけでなく、過去の歴史へと伸び広がっている。瞬間では、将来が選択されるだけでなく、過去もその可能性においてもう一度選択しなおされるのである。

次に、脱自態の概念を検討しよう。瞬間は、それ自体脱自的なものとして、過去と将来におよぶ幅広い時間性を持つ。ハイデガーは『存在と時間』同様、過去や将来、そして瞬間を含めた現在のそれぞれの脱自態にそなわるそれぞれの「脱自的地平」を、カントの「図式」にならって、「脱自態の地平的図式」と呼んでいる（GA24, 429）[81]。各脱自態に先行する地平は「無（das Nichts）」であるわけではなく、それぞれの地平的図式によってあらかじめ脱自する先の「形式的構造」が描き出されている。そして「諸脱自態がそれ自身において時間性の統一を構成しているように、時間性の脱自的統一には、それぞれ諸脱自態の地平的諸図式の統一が対応している」。そしてこの統一が、他ならぬ「テンポラリテート」である（GA24, 429, 436）。ハイデガーによれば、脱自態は「忘我的な（ekstatisch）諸状態」のことではなく、通俗的なギリシア語では「自己から歩み出ること（das Aus-sich-heraustreten）」を表現している。しかしそれは存在論的には「自己へと将来しつつ、自己へと戻りゆき、現在化しつつ自己の外にあることの根源的統一」として、実存の存在体制の条件である（GA24, 377f.）。こうした自己関係的な循環構造の定式は、パウロにおける自己知の循環構造以来、『存在と時間』におけるいわゆる現存在の存在規定としての「実存の理念」にも一貫していたものである。

　しかしこうしたハイデガーの説明は、アリストテレスの文脈から見るとき、必ずしも明瞭ではない。なぜなら、循環構造を「統一」するという積極的な脱自態の含意は、アリストテレスの『自然学』における脱自態の規定からは、ただちに引き出せないからである。むしろアリストテレスにとって、脱自態は《悪しきもの》である。アリストテレスは、『自然学』第四巻第一三章において、「およそ転化は、もともとある状態から他の状態への脱自である」と述べている。その転化した状態は、逸脱して「消滅すること（φθείρεσθαι）」である[82]。『自然学』第七巻第三章によれば、転化して逸脱した魂の状態は「劣悪（κακία）」である[83]。ハイデガーは、こうした脱自の含意について全く触れていない。

　だが、フロネーシスの実践的行為を重視するハイデガーの立場からすれば、アリストテレスとの違いはおそらく次のように考えられる。アリストテレスにとって、自然的な物理現象としての運動は、どこまでも「あるものからあるものへ」という前後によって限定される転化である。この転化によって逸脱した状態は、消滅へ向かう劣悪である。卓越した状態と言えるのは、出来上がった家や健康な状態のように、完成した状態にあるもののことである。それゆえ究極的な卓越状態と言えるのは、完結した無限の円運動である。[84] しかしハイデガーにとって、現存在の有限性はけっして《悪しきもの》ではない。むしろ現存在の本来的時間性は、実践的行為が、脱自的伸張の有限性のなかで、死によって将来から「閉ざされ」「有限的に実存している」ことのうちにある（SZ, 330）。つまり、そのつど別様でありうる実践的行為の時間性が、有限性において脱自的に統一されることこそ、《善きもの》であり、《本来的》である。それに対して、物理学的な直線的時間や、通俗的な今の連続、神学的な永遠、永遠無限の今の連続的契機などとして時間を捉えることは《劣悪》であり、《非本来的》である。それゆえハイデガーは、アリストテレスの《悪》としての脱自態の含意を《善》へと転倒しているのである。

ただちに気づかれるように、この転倒は、本章第3節で検討したルターの発想ときわめて類似している。ルターは、「十字架の神学」と「栄光の神学」の対比によって、アリストテレスにおける時間の《光》と《闇》を、また人間の行為の価値としての《善》と《悪》を転倒した。それゆえハイデガーは、このルターの発想を下敷きに、脱自態を転倒させていると考えられる。ただし、ここでのハイデガーの転倒は、実践的行為に定位していた初期とは、いささか次元が異なっている。というのも、ここでの脱自態の統一は、実践的行為を可能とする超越論的な時間地平の規定にかかわっているからである。つまり脱自態は、《善》や《悪》といった実践的次元の価値の一切を、根本から転倒する《脱実践的》な時間性なのである。

瞬間と脱自態の融合である脱自的瞬間の時間性についても、検討を加えておこう。『自然学』第四巻の解釈においては、「今」を見て、数え、語る場合には、つねにその背後に今の《可能性》としての時間、すなわち脱自的瞬間がともなっていた。「そのつどの運動もしくは静止は、時間において共に思考されている（mitdenken）」のである（GA24, 345）。こうした脱自的瞬間の解釈は、第1節で検討しておいたパウロのカイロス解釈を思い起こさせる。パウロのカイロスもまた、過去と将来を「共に経験する」ものとして考えられていたからである。その意味で、再臨の《突発的な出来事》の含意は、脱自的瞬間へと引き継がれていると考えられよう。

アリストテレスの文脈で考えるなら、これはまさに「突発（ἐξαίφνης）」の概念にあたる。とはいえハイデガーは、この概念についても「今」の時間様態の一つとしてただ単に列挙しているだけで、積極的に論じてはいない。アリストテレスによれば、「突発とは、速いがために知覚されない時間のうちで、前の状態から脱自したものごとについて言われる」[85]。アリストテレスが通俗的な「今」に定位している以上、この「突発」は、たんに「以前」の「状態」からの転化にすぎない。しかし、ハイデガーの立場から見れば、おそらく次のように解釈されよう。先にフロネーシスは、将来だけでなく「過去」へも拡張すべきだと考えられていた。それと同様、この「突発」も、「以前」の過去だけでなく、「将来」へも拡張すべきだと考えられる。それによって脱自的瞬間は、過去と将来へ伸び広がるものとなるのである。だが、そればかりではない。先のハイデガーの解釈からも明らかなように、脱自的瞬間は、視覚化・空間化されない純粋に形式的な時間の可能性である。アリストテレスの言うように、突発はまさに「知覚されない」時間のうちにある。つまり、何らかの大きさや運動を言明したり、思考しようとしたりするときには、脱自的瞬間はすでに「暗黙のうちに」前提されている（GA24, 367, 382）[86]。逆に言えば、知覚や言明や思考は、脱自的瞬間の生起に対して、つねに立ち遅れざるをえない。脱自的瞬間は、現存在の実践や知覚や言語や思考の一切に先んじて、現存在の被投性の深層から生起する《出来事》である。つまり脱自的瞬間は、現存在の時間性をつうじて発現するものでありながら、現存在の自己知ではもはや捉えきれない超越論的突発性を内在しているのである[87]。

以上から、脱自的瞬間の時間性の意義は、三点にまとめることができる。第一は、過去へ伸び広がる実践的な歴史的時間性であり、第二は、善悪の価値転換という脱実践的時間性であり、第三は、一切の了解に先行する突発性を帯びた超越論的時間性である。

ところが、『現象学の根本問題』は、こうした脱自的瞬間の意義を積極的に展開する方向へは進まなかった。むしろハイデガーは、正反対の存在者的考察の方向へと舵を切っている。というのも、ここでのテンポラリテートの分析には、眼前存在者へと立ち戻ろうとする方向性がはっきり見てとれるからである。そもそも学問が研究を行うことができるのは、目の前に研究対象としての存在者が存在するからである。それと同様に、存在論も目の前に研究対象としての存在者が存在することを前提としている。そしてテンポラリテートの分析は、存在者を存在者として存在させる当の「存在」そのものを「対象化（Vergegenständlichung）」する。「テンポラールな企投が存在の対象化を可能にし、概念性を確保するがゆえに、つまり存在論一般を学問として構成するがゆえに、われわれはこの学問を実証的な諸科学からは区別して、テンポラールな学問と名づける」（GA24, 459f.）。この学問は、『存在と時間』においてすでに述べられていた「存在者的基礎」への帰還であり、また『現象学の根本問題』以後登場するいわゆる「メタ存在論」の問題圏を指している（SZ, 38, 436f.; GA26, 201, vgl. 171）。

この問題は、実のところ、「あらゆるところに、あらゆるものとともにある」というかの時間の遍在性の問題に直結しているように思われる。存在者を存在させる時間そのものは、不可視のままに世界に遍在しているのか。それとも対象化されうるものとして遍在しているのか。不可視であるとすれば、それはどのようにして対象化されるのか。あるいは、対象化されうるはずであるにもかかわらず、対象化しえないものとして時間は世界に遍在しているのか。ハイデガーはこの問題に直接答えてはいない。とはいえ、ハイデガーはテンポラリテートをめぐって生じるこのような矛盾の一端に、おそらくは気がついていたように思われる。というのも、「存在をそのものとしてテンポラールに解釈するにあたっても、誤った解釈が隠されて」いるからである（GA24, 459）。

それゆえ筆者の見るところ、脱自的瞬間の時間性においては、実のところ冒頭で指摘しておいた実践的行為と理論的認識の対立が、より先鋭化されてふたたび姿を現しているように思われる。実践的フロネーシスは、脱自的瞬間の突発性の前では無効化する。というのも、脱自的瞬間は、実践的フロネーシスにつねに先行しているからである。他方、すべての存在者のうちに遍在するものを見抜くことができるのは、個別具体的で実践的な知としてのフロネーシスではなく、神にあずかる理論的な知としてのソフィアもしくはテオリアのはずである。しかし、時間を対象化するこうしたソフィアやテオリアに最終的に依拠するならば、脱自的瞬間の時間性は、現前的な理論知へと逆戻りしてしまうことになる。こうした意味では、脱自的瞬間の時間性は、実践的行為と理論的認識の対立を解決しているとは言えない。脱自的瞬間の時間性は、むしろ《非現前性》と《現前性》の対立をますます激化させていると言わざるをえないのである。

この対立は、解釈学と超越論というハイデガーの方法的立場にも深く関係すると考えられる。ハイデガーは『存在と時間』以後、次第に超越論哲学への傾倒を強めていった。そのさいの牽引力となったのは、本章で検討したアリストテレスの『自然学』解釈であり、また第Ⅰ部第三章で検討したカントの超越論哲学であった。だが、その深層には、実はもうひとつの牽引力が横たわっている。それは、プラトンである。そこで次章では、ハイデガーのプラトン解釈を中心に、解釈学と超越論の関係を考察することにする。

注

（1） O. Pöggeler, Destruktion und Augenblick, in: T. Buchheim（hrsg.）, *Destruktion und Übersetzung: Zu den Aufgaben von Philosophiegeschichte nach Martin Heidegger,* VCH Acta humaniora, Weinheim 1989, S. 18.

（2） J. Taminiaux, Poiesis and praxis in fundamental ontology, in: *Research in Phenomenology*, Vol. 17, 1987, p. 146.

（3） W. McNeil, *The Glance of the Eye. Heidegger, Aristotle, and the End of Theory*, State University of New York Press, Albany, N. Y. 1999, pp. 100-136.

（4） M. Haar, Le moment（καιρός）, l'instant（Augenblick）et le temps-du-monde（Weltzeit）, in: J.-F. Courtine（éd.）, *Heidegger 1919-1929. De l'herméneutique de la facticité à la métaphysique du Dasein*, Vrin, Paris 1996, p. 69.

（5） ハイデガーは、一九一九年一月七日付クレープス宛書簡で、カトリックからの離脱を事実上表明した。この書簡についてオットは次のように述べている。「だが決定的なことは、ハイデガーがもはやカトリックの教会のなかに、それゆえカトリシズムのシステムのなかにとどまることはできず、このシステムを哲学外の拘束として評価していること、しかしキリスト教には、つまり新約聖書とおそらくは教父の文献の伝承……にはとどまることができたこと、これである。将来の仕事を宗教現象学者として定めていることも重要である――これはフッサール的特徴をとどめている。全体としてそれは、カトリック教会の連合からの……友人レベルで言い表わされた脱退表明であった」。H. Ott, *Martin Heidegger: Unterwegs zu seiner Biographie*, Campus Verlag, Frankfurt a. M./New York 1992.（北川東子・藤澤賢一郎・忽那敬三訳『マルティン・ハイデガー――伝記への途上で』未來社、一九九五年、一五八頁）

（6）第Ⅰ部第3節（2）参照。

（7）M. Jung, *Das Denken des Seins und der Glaube an Gott : zum Verhältnis von Philosophie und Theologie bei Martin Heidegger*, Königshausen & Neumann, Würzburg 1990, S. 56.

（8）もちろん、この古代哲学に対する反省的意識は、事後的な観点から過大評価されてはならない。しかし、ハイデガーの時間論と歴史観の歩みを辿る場合には、その反省的意識を常に念頭に置いておく必要がある。そのためのひとつの手がかりとなるのが、《縺れ（Verwirrung）》という表現である。ハイデガーはしばしば、この表現によって事象を批判的、否定的に捉えたうえで、一転、その内実を積極的に規定するやり方をとっている。たとえば『存在と時間』では、「現象」、「意味」、「死」、そして他ならぬ「時間性」といった諸概念に対して用いられている（SZ, 31, 156, 241, 371）。つまりこの表現は、ハイデガー流の《現象学的還元》を示すものなのである。

（9）Vgl. O. Pöggeler, *Der Denkweg Martin Heideggers*, S. 36.

（10）「状況」の概念にかんしては、第Ⅰ部第一章第4節、および第二章第5節参照。

（11）「テサロニケの信徒への手紙」一・五・一―三。聖書からの引用は、日本聖書協会編『聖書　新共同訳――旧約聖書続編つき』二〇〇六年に従う。ただし、必要に応じて訳文を変更してある。

（12）「テサロニケの信徒への手紙」一・五・四―五。

（13）第Ⅰ部第一章第2節、第4節、第5節参照。

（14）この点に関しては、以下参照。Cf. M. E. Zimmerman, *Eclipse of the self. The Development of Heidegger's Concept of Authenticity*, Ohio University Press, Athens 1981, pp. 136-140.

(15) T. Sheehan, Heideggers "Introduction to the Phenomenology of Religion" 1920-21, in: *The Personalist*, Vol. 60, 1979, S. 320.

(16) ルインは、この《突発的な出来事》という「瞬間」の概念を、のちの『哲学への寄与』における「本有化（Ereignis）」としての「瞬間」の原型をなすものとして捉えている。Cf. H. Ruin, The moment of truth: Augenblick and Ereignis in Heidegger, in: *Epoché*, Vol. 6, 1998, pp. 75-88. ただし、「宗教現象学入門」が「原始キリスト教」の枠組みに立脚しているのに対して、『寄与』は、キリスト教の神とは別な「最後の神」を待ち望む立場に立っている。それゆえ、瞬間概念の類似性だけでなく、瞬間をめぐる全体の位相の相違にも、充分な注意が払われるべきである。

(17) 「イエスは言われた。父が御自分の権威をもってお定めになった時や時期は、あなたがたの知るところではない」（「使徒言行録」一・七）。「その日、その時はだれも知らない。天使たちも子も知らない。父だけがご存知である」（「マルコによる福音書」一三・三二）。神によって「カイロス」が決定されているという点に関しては、以下を参照。Vgl. O. Cullmann, *Christus und die Zeit. Die urchristliche Zeit und Geschichtsauffassung*, 3. durchgs. Aufl., EVZ-Verlag, Zürich 1962, S. 51; G. Delling, *Zeit und Endzeit. Zwei Vorlesungen zur Theologie des Neuen Testaments*, Neukirchener Verlag, Neukirchen-Vluyn 1970, S. 26.

(18) アウグスティヌス『告白』第一〇章第五節七。以下『告白』からの引用は、服部英二郎訳『告白』下、岩波文庫、一九七六年に従う。

(19) 『告白』第一〇章第三〇節四一。

(20) 『告白』第一〇章第八節一二。

(21) 『告白』第一〇章第一六節二四―二五。

(22) Vgl. P. Capelle, „Katholizismus", „Protestantismus", „Christentum" und „Religion" im Denken Martin Heideggers. Tragweite und Abgrenzungen, in: *Heidegger-Jahrbuch 1*, S. 362ff.

(23) Vgl. J. Grondin, Heidegger und Augustin. Zur hermeneutischen Wahrheit, in: E. Richter (hrsg.), *Die Frage nach der Wahrheit*, Vittorio Klostermann, Frankfurt a. M. 1997, S. 161-173.

(24) この点は、同時期の「ヤスパース書評」においても明確に表明されている。「事実的な遂行史的生は、自己に憂いを覚えながら自己を固有のものにするいかに（Wie）という問題性の事実的なあり方のなかでは、事実的な《われ在り》の意味に属している」（GA9, 35）。

（25）『告白』第一〇章第二〇節二九、第二二節三二、第二三節三三―三四。

（26）「ヤスパース書評」では、この「序列」の持つ理論的意味と「憂い」としての遂行史的な事実的生との対立について、次のように述べられている。「いかに（wie）への問いは、方法の問題である。しかもそれは、領域的で事象規定的な客観認識の方法の問題ではない。つまりあらかじめ与えられ、序列化（Orden）が進むにつれて同じような意味を持つようになる客観のもろもろの多様性を序列づける（Ordnung）方法の問題ではない。そうではなくて、事実的に憂いを覚え自己自身を所持することという具体的な根本経験のあり方を、遂行史的に解釈し解明する方法なのである」（GA9, 35f.）。

（27）Cf. S. J. McGrath, *The early Heidegger & medieval philosophy: phenomenology for the godforsaken*, Catholic University of America Press, Washington D. C. 2006, pp. 201-203.

（28）『告白』第一一節第一一節一三。

（29）一九一九年二月から四月半ばにかけて行われた「哲学の理念と世界観の問題」講義では、デカルトにおける「自己の認識についての自己省察」と「ルターの新たな立場での宗教的意識」が、近代哲学黎明期の「学問の理念」の始まりとして位置づけられている（GA56/57, 18）。さらに一九一九年九月九日付の妻エルフリーデ宛書簡で、ハイデガーはこう述べている。「ルターのローマ書講義を読んで以来、それまで僕にとって悩ましくかつ陰鬱であった多くのものが、明るく解放的なものになった――中世やキリスト教的宗教性の展開を、僕はまったく新たなかたちで（ganz neu）理解している。そして僕には、宗教哲学の問題圏というまったく新しいパースペクティヴ（ganze neue Perspektiven）が生じてきている――」（G. Heidegger（hrsg.）, *»Mein Liebes Seelchen!« Briefe Martin Heideggers an seine Frau Elfride 1915-1970*, DVA, München 2005, S. 100）。この発言からは、この時期のハイデガーが、宗教哲学全体を新たな視角から捉えなおす人物としてルターを見ていたことが窺える。ヤスパースも一九二〇年の訪問のおり、ハイデガーがルター研究に没頭しているのに強い印象を受けたと報告している（K. Jaspers, *Philosophische Autobiographie*, Piper Verlag, München 1977, S. 92f.）。ハイデガーも、同年の妻宛の書簡でこう述べてもいる。「このルター版は、僕にはもうなくてはならないものになっています」（*»Mein Liebes Seelchen!«*, S. 112）。この「ルター版」は、おそらく時期的にみて、ウィンスロップ・ベルの財政援助を介してハイデガーが入手したエアランゲン版全集をさすものと思われる。ユリウス・エビングハウスも、ハイデガーの所有していたこのエアランゲン版全集を記憶していた。両者は、一九二三年の夏学期に共同でカントの『単なる理性の限界内における宗教』について講義を行っており、二人の親密な議論から、やがてエビングハウスの論文「ルターとカント」が生まれたという。本論では、ハイデガーがルターからアリストテレスへと方向を転換した点を中心に論じたが、上記の一連の記録からは、ハイデガーが狭く宗教哲学の枠組みにとどまらず、近代哲学に対するルターの影響についても大いに関心を寄せていたことが窺える。Vgl. J. Ebbinghaus, Julius Ebbinghaus, in; L. J. Pongratz (hrsg.), *Philosophische Darstellungen*, Bd. III, Felix Meiner Verlag, Hamburg 1977, S. 33; T. Kisiel, *The Genesis of Being and Time*, p, 471, 577; J. v. Buren, Martin Heidegger, Martin Luther, in: T. Kisiel, J. v. Buren (ed.), *Reading Heidegger from the start*, p. 159.

(30) 「世界が造られたときから、目に見えない神の性質、つまり神の永遠の力と神性は被造物に現れており、これを通して神を知ることができます」(「ローマの信徒への手紙」一・一八)。

(31) 「ローマの信徒への手紙」一・二二―二三。

(32) マルティン・ルター「ハイデルベルクにおける討論　一五一八年」久米芳也訳(『ルター著作集　第一集第一巻』ルター著作集委員会編、聖文舎、一九六四年、一〇九―一一〇頁)。

(33) Vgl. O. Pöggeler, *Der Denkweg Martin Heideggers*, S. 40f.

(34) J. v. Buren, Martin Heidegger, Martin Luther, p. 168.

(35) もともとルターは、エルフルト大学での修学時代にはアリストテレスを学び、のちヴィッテンベルク大学の道徳哲学講座でも『ニコマコス倫理学』についての講義を受け持ち、さらに「ハイデルベルク討論」の前年からは『自然学』第一巻の注釈書の作成にも着手していた。ルターは一五二〇年に次のように述べている。「アリストテレスは、きみやきみの仲間たちにとってと同様、私にとって熟知の人なのです。私は聖トマスやスコトゥスより以上の理解力をもって彼の書を読み、彼の言うところを聞きました。空いばりでなしに私はそれを自慢できるし、もし必要とあらば十分に証明できます」(成瀬治訳「キリスト教界の改善についてドイツ国民のキリスト教貴族に与う」、松田智雄責任編集『世界の名著18　ルター』中央公論社、一九六九年、一六三頁)。なお、修学時代以降、「ハイデルベルク討論」前後までのルターとアリストテレスとの関係については、以下参照。J. v. Buren, Martin Heidegger, Martin Luther, p.169; F. A. B. Nitzsch, *Luther und Aristoteles: Festschrift zum vierhundertjährigen Geburtstage Luthers*, Universitäts-Buchhandlung, Kiel 1883, S. 30f., 39.　立山忠浩「2　求道の歩み」、金子晴勇・江口再起編『ルターを学ぶ人のために』世界思想社、二〇〇八年、一九、二四頁。

(36) Vgl. T. Dieter, *Der junge Luther und Aristoteles. Eine historisch-systematische Untersuchung zum Verhältnis von Theologie und Philosophie (Theologische Bibliothek Töpelmann 105)*, Walter De Gruyter, Berlin 2001, S. 431-631.　なお、「アウグスティヌスと

新プラトン主義」講義は、この「ハイデルベルク討論」の哲学提題に触れてはいるが、立ち入った考察を行ってはいない(GA60, 282)。

(37) Cf. S. J. McGrath, *The early Heidegger and medieval philosophy: phenomenology for the godforsaken*, pp. 162-163.

(38) ルター研究者のエーベリングも、次のように指摘している。「運動をめぐるアリストテレス哲学と、言葉をめぐるルターの神学とのあいだに、たんなる対立以上のものと認められるような関係が成り立つのかどうか。こんなふうに――スローガン風に定式化した――問いを立てるなら、この問いはあまりにも大胆に聞こえるし、ルターのアリストテレスに対する圧倒的な批判に照らせば、文字どおり不合理に聞こえる。しかしながら、この鋭い対立は、まさに共通のものにかかわっている。ルターのアリストテレスに対する関係にかんする研究がさらに深く掘り下げられてゆくために、ここにはいまだ打ち開かれざる領域が開かれているのである」(G. Ebeling, *Lutherstudien; Bd. 2. Disputatio de homine; 2. Teil. Die philosophische Definition des Menschen: Kommentar zu These 1-19*, J. C. B. Mohr, Tübingen 1982, S. 405)。なお留意すべきは、こうしたエーベリングの見解が、ハイデガーも参加していた一九六一年のチューリッヒでのゼミナールをきっかけに生まれたという点である。Vgl. G. Ebeling, *Lutherstudien; Bd. 2. Disputatio de homine; 1. Teil, Text und Traditionshintergrund*, J. C. B. Mohr, Tübingen 1977, IX. もちろん、エーベリングに影響を与えた後期ハイデガーのルターに対する見解を、初期のハイデガーのルターに対する見解と安易に同一視することはできない。しかし、それにもかかわらず「対立は共通のものにかかわる」というエーベリングの発言は、ハイデガーの解釈学の基本姿勢をきわめて的確に捉えているように思われる。その意味で、グロッスマンが指摘しているように、初期ハイデガーのルターに対する見解は、たとえ大きな変化を遂げたにせよ、その一端はたしかに後期ハイデガーのルターに対する見解へと「残響」していると考えられる。Cf. A. Großmann, *Heidegger-Lektüren: Über Kunst, Religion und Politik*, Königshausen & Neumann, Würzburg 2005, S. 25.

(39) Vgl. H.-G. Gadamer, Heideggers »theologische« Jugendschrift, in: G. Neumann (hrsg.), *M. Heidegger Phänomenologische Interpretation zu Aristoteles*, Philipp Reclam jun. Stuttgart 2003, S. 80. ガダマー同様、ナトルプもまた、この「ナトルプ草稿」において「ハイデガーがルター批判のほうからアリストテレスを打開する」意図を持っていることを見抜いている。Vgl. E. Husserl, *Husserliana Dokumente III. Briefwechsel, Bd. 5, Die Neukantianer*, E. Schuhmann in Verbindung mit K. Schuhmann (hrsg.), Kluwer Academic Publishers, Dordrecht/Boston/London 1994, S. 147-152; O. Pöggeler, Heideggers Luther-Lektüre im Freiburger Theologenkonvikt, in: *Heidegger-Jahrbuch 1*, S. 189.

(40) M. Heidegger, Das Problem der Sünde bei Luther, in: B. Jaspert (hrsg.), *Sachgämesse Exegese: Die Protokolle aus Rudolf Bultmanns Neutestamentlichen Seminaren 1921-1951 (Marburger theologische Studien; 43)*, N. G. Elwert, Marburg 1996, S. 30f. なお、『宗教的生の現象学』の一連の講義をはじめ、初期講義では確かにもっぱら「若きルター」への評価が目立っている。しかしそれは、必ずしも後期ルターに対する低い評価を意味していないように思われる。ハイデガーによれば、「パウロの立場」を「ルターがはじめて本当に理解」し、「初期著作のなかで原始キリスト教の新たな理解を打ち開いた」が、「やがてルターは伝統の重荷の犠牲となり、そこからプロテスタント的スコラ哲学の参入が始まった」とされる(GA60, 281f.)。しかしこれは、後期ルターの思想に対する批判というよりも、スコラ哲学との関係上の問題を指摘したものと考えるべきである。実際、一九二三年秋にプロテスタンティズムの本拠地であるマールブルク大学へ転任して以降、晩年のルターに対する評価は高まっている。このプロトコルでも、ルターはスコラ哲学に対して、初期ばかりでなく、死の前年まで行われた最晩年の「創世記」講義にいたるまで、一貫して人間存在の「堕落」の問題を考察していたと主張されている。M. Heidegger, Das Problem der Sünde bei Luther, S. 29, 31-33. こうしたのちの展開を考慮するなら、ハイデガーがもっぱら「若きルター」だけを評価していたとするペゲラーの見解は、必ずしもそのまま認めることはできない。O. Pöggeler, *Der Denkweg Martin Heideggers*, S. 41. なおこの「ルターにおける罪の問題」のプロトコルは、近年以下に収録されて刊行された。*Rudolf Bultmann/Martin Heidegger: Briefwechsel 1925 bis 1975*, A. Großmann und C. Landmesser (Hrsg.), Vittorio Klostermann, Frankfurt a. M. 2009. このプロトコルの概要については、以下の最新の研究を参照。茂牧人『ハイデガーと神学』知泉書館、二〇一一年、四一―四七頁。

(41) M. Heidegger, Das Problem der Sünde bei Luther, S. 30. マルティン・ルター「「スコラ神学反駁」討論」山内宣訳(『ルター著作集　第一集　第一巻』ルター著作集委員会編、聖文舎、一九六四年、五五頁)。

(42) 第I部第一章第5節参照。なお、『アリストテレスの現象学的解釈』講義では、転落態の形式的告示的性格として「誘惑(das Verführerische (Tentative))」、「鎮静(das Beruhigende (Quietive))」、「疎外(das Endfremdende (Alienative))」、「否定(das Vernichtende (Negative))」の四つが挙げられている。このうち前三者は、『存在と時間』における「頽落」の性格づけへと引き継がれている(GA61, 140; SZ, 177ff.)。ビューレンは、これら四つの「転落態」の性格づけの由来を、とくにアウグスティヌスとルターに求めている。Cf. J. v. Buren, Martin Heidegger, Martin Luther, p. 170.

(43) ハイデガーが、形式的告示的解釈学の構築にあたって、アリストテレスの実践哲学に対して「無」の否定作用を強調していたのも、そのためである。また「ナトルプ報告」の「解釈学的状況の提示」において、「死」の重要性が打ち出されているのも、同じ理由によると言える（GA62, 358f.）。こうした「無」や「死」の概念が、周知のように『存在と時間』の「死」や「無性」の議論へと展開されてゆくことになる。第Ⅰ部第一章第5節、第6節参照。

(44) M. Heidegger, Das Problem der Sünde bei Luther, S. 31.

(45) この点は、『アリストテレス哲学の根本諸概念』講義におけるアリストテレスの「恐れ」や「逃亡」の分析にも当てはまる。アリストテレスは、恐れと勇気をそれぞれ等価の状態とみなし、両者の中庸を重視している。それに対してハイデガーは、勇気の可能性の制約として恐れを位置づけている。ただし恐れは、やはりその対象との「近さ」という《現前的》な志向性をもっている。逃亡は、そうした志向性に基づいて成立する。しかしそれに対して「苦」は、快のような安定した対象との現前的な志向性ではなく、「憂い」、あるいは「死」や「無」の概念のように、対象との《非現前的》な志向性に基づいている。第Ⅰ部第二章第3節、第4節参照。

(46) Cf. T. Stanley, Heidegger on Luther on Paul, in: *Dialog: A Journal of Theology*, Vol. 46, Nr. 1, 2007, pp. 41-45.

(47) 哲学による《脱神学化》の試みは、『宗教的生の現象学』の一連の講義以降、『アリストテレスの現象学的解釈』講義や「ナトルプ報告」などで次第に前面に打ち出されてくる（GA61, 197; GA62, 363）。そこには、ルターの批判から導き出された神学と哲学の批判的区別が活かされているように思われる。またこの区別は、のちの「現象学と神学」における神学の「存在者的」身分と哲学の「存在論的」身分の区別にも影響しているように思われる（GA9, 61-67）。そこでは神学における信仰が、やはりルターにならって、「十字架に架けられた者によって啓示される、すなわち生起する歴史のうちで、信仰的に理解しながら実存すること」であると述べられている（GA9, 54）。

(48) 本章注（8）を参照。なお、以下をあわせて参照。Cf. T. Kisiel, *The Genesis of Being and Time*, pp. 228-229.

(49) Aristoteles, *Ethica Nicomachea*, 1143a5.

(50) なお、こうした「命令」の脱自的性格は、「聴取」と「沈黙」の「命令」的性格にも見出される。第Ⅰ部第二章第3節、第4節参照。

(51) この時期のハイデガーの『自然学』解釈は、《疑わしさ》や《制約》といった表現で、アリストテレスに潜む現前性と非現前性の二義性を繰り返し指摘している。それゆえ、ハイデガーが『自然学』を《現前性一元論》に陥っているとみなすケインの見解は支持しがたい。M. T. Kane, Heidegger and Aristotle's treatise on time, in: *American catholic philosophical*

quarterly, Vol. 69, 1995, p. 299.

(52) アリストテレスの「エネルゲイア」ないし「エンテレケイア」の概念は、『存在と時間』における「終わりへ向かう存在」の概念へと引き継がれている。この点については、以下参照。細川亮一『ハイデガー哲学の射程』、一七〇—一七三頁。

(53) Aristoteles, *Physica*, 218a31-b8.

(54) Aristoteles, *Physica*, 219b1f.

(55) 第Ⅰ部第三章第2節参照。

(56) Aristoteles, *Physica*, 218b10ff; 219a9f.

(57) 『告白』第一一巻第一一章二七、三六。

(58) Aristoteles, *Physica*, 223a25. 『告白』第一一巻第一一章二六。なお、フォン・ヘルマンは、一九二一年の「アウグスティヌスと新プラトン主義」講義をはじめとして、『存在と時間』を含む二〇年代の著作や講義、また未公刊の一九二九年講演や一九二九／三〇年講義、さらには晩年の「時間と存在」をも視野に収めて、アウグスティヌスの時間論をめぐるハイデガーの解釈の発展史について論じている。以下参照。F-W. von Herrmann, *Augustinus im Denken Heideggers*, in: G. Pöltner und M. Flatscher (hrsg.), *Heidegger und die Antike. (Reihe der Österreichischen Gesellschaft für Phänomenologie. Bd. 12)*, Peter Lang GmbH, Frankfurt a. M. 2005, S. 149-160.

(59) Aristoteles, *Physica*, 219b15f.

(60) Aristoteles, *Physica*, 219b1f.

(61) Aristoteles, *Physica*, 223a26f.

(62) 第Ⅰ部第三章をあわせて参照。

(63) Aristoteles, *Physica*, 217b31f.

(64) Aristoteles, *Physica*, 218b13; 219a1.

(65) Aristoteles, *Physica*, 219b15f.

(66) Aristoteles, *Physica*, 219a3f.

(67) Aristoteles, *Physica*, 219b5.

(68) Aristoteles, *Physica*, 219b1f.
(69) Aristoteles, *Physica*, 221a3f.
(70) Aristoteles, *Physica*, 223b30 ; 223b28f.
(71) Aristoteles, *Physica*, 219a14f.
(72) Aristoteles, *Physica*, 233b33f. ; 234a22ff. 「今」を「持続なき瞬間」とみなす解釈については、以下参照。G. E. L. Owen, Aristotle on Time, in: P. Machamer and R. Turnbull (ed.), *Motion and Time, Space and Matter*, Ohio State University Press, Columbus 1976, pp. 3-27 ; S. Waterlow, Aristotle's Now, in: *Philosophical Quarterly*, Vol. 34, 1984, pp. 104-128.
(73) Aristoteles, *Physica*, 222a10. 「今」を「移行」とみなす解釈については、以下参照。J. Ellis, Heidegger, Aristotle and time in Basic problems § 19, in: C. E. Scott, J. Sallis (ed.), *Interrogating the tradition : hermeneutics and the history of philosophy*, Albany, N. Y. 2000, p. 174.
(74) Aristoteles, *Physica*, 219a9.
(75) Aristoteles, *Physica*, 220a21-22 ; vgl. 220a10-14.
(76) 第Ⅰ部第三章第2節参照。
(77) Aristoteles, *Physica*, 219b10-11.
(78) 『現象学の根本問題』は、未刊に終わった『存在と時間』第一部第三編、ならびに第二部の「新たな仕上げ」として構想された。しかし内容から見て、第一部第三編にあたる部分の《完全な》仕上げは行われていない。『存在と時間』と『現象学の根本問題』の関係に関しては、以下を参照。F.-W. von Herrmann, *Heideggers Grundprobleme der Phänomenologie : Zur „Zweite Hälfte“ von „Sein und Zeit“*, Vittorio Klostermann, Frankfurt a. M. 1991 ; C. E. Scott, *The Question of Ethics : Nietzsche, Heidegger, Foucault*, Indiana University Press, Bloomingston and Indianapolis 1990, 124ff.
(79) Aristoteles, *Ethica Nicomachea*, 1139b7ff.
(80) Aristoteles, *Ethica Nicomachea*, 1142b34-16, 1111b25, 1134b10, 1139b5, 1170a1 ; vgl. GA19, § 22.
(81) 第Ⅰ部第三章第2節、第3節参照。
(82) Aristoteles, *Physica*, 222b16 ; 222b24 ; 241b1.
(83) Aristoteles, *Physica*, 246a11-17, 247a1-3.

（84）Aristoteles, *Physica*, 246a13-16.

（85）この点について、エリスは「共に経験する（miterfahren）」あるいは「共に思考する（mitdenken）」という側面を強調している。J. Ellis, Heidegger, Aristotle and time in Basic problems §19, p. 168. しかし、『存在と時間』では、「語り」の契機が将来、既往、瞬間の区別なく脱自態の全体にかかわっている。また先駆的決意性では、良心の声に見られる「沈黙」の契機が重視されている。こうした点を考慮するならば、ここでは経験や思考よりも「語り」の契機、しかも「沈黙」としての「語り」の契機が重視されているとみなすべきである。

（86）Aristoteles, *Physica*, 222b16.

（87）この点は、やがて脱自態が、「本有化（Ereignis）」を中心として「存在の真理のうちへの脱‐自（ek-sistieren）」へと変容していることと関係している（GA9, 360）。本章注（16）をあわせて参照。

第五章　解釈学と超越論の相克

本章の狙いは、初期以来のハイデガーのプラトン解釈の変遷をたどり、解釈学と超越論的時間地平の連関と、そこにひそむ問題を明らかにすることにある。

周知のように、中期以降のハイデガーは、プラトンを西洋形而上学における《現前性》の創始者として、厳しい批判を行っている。ハイデガーによれば、プラトンに始まるイデア論が西洋哲学の枠組み全体を決定したのであり、イデア論の転倒をめざした反プラトン主義者のニーチェでさえ、なおプラトニズムに囚われている。「西洋哲学の歴史はプラトン以来ニーチェにいたるまで、形而上学の歴史である。……すべての西洋的形而上学はプラトン主義である」(GA6-2, 196)。こうしたハイデガーのプラトン批判は、時を追うにつれてますます激しさを増してゆく。晩年の『哲学の終焉と思考の課題』では、「哲学の歴史全体をつうじてプラトンの思考は、様々に変奏されながらも、主導的な思考にとどまっている」のであり、「すべての形而上学は、その敵対者と言える実証主義と同様、プラトンの言葉を使っている」とさえ述べられている(GA14, 71, 82)[(1)]。中期以降のハイデガーは、転倒であれ敵対であれ、このようなプラトニズムに由来する一切の形而上学的発想からの脱却を目指したのであった。

しかしながら、前期のハイデガーは、プラトンに対して必ずしもこうした批判的態度で臨んでいたわけではなかった。それどころかむしろプラトンは、哲学のめざすべき目標であった。『存在と時間』の刊行直後の『現象学の根本問題』講義では、次のように述べられている。「哲学はその基本的な問いに関してみれば、プラトンの時代から何も前進していない」（GA24, 399f.）。哲学の基本的な問い、すなわち「存在の問い」は、プラトンにおいて絶頂に達している。中後期とは正反対に、前期ハイデガーは、プラトンの哲学を手がかりとして、あらためて存在の問いを前進させることを目指していたのである。こうしたプラトンへの依拠は、『存在と時間』の冒頭に掲げられた『ソフィスト』の引用にも窺うことができる（SZ, 1）。そこに示された「存在の問い」をめぐる当惑は、形式的なスローガンにとどまるものではなく、『存在と時間』の存在論全体を貫く通奏低音として鳴り響いている。ハイデガーはこのプラトンの当惑を、最終的に存在の問いの超越論的次元を指し示すものとして捉える。『存在と時間』は、「存在」の「絶対的超越」の解明を予告しつつも、その内容については具体的に語っていない。しかし『存在と時間』第一部第三編の「新たな仕上げ」として構想された『現象学の根本問題』講義では、究極的な「存在」がプラトンの語る「善のイデア」になぞらえられ、さらに、存在了解の可能性の条件を問うことが「ウーシアの彼方へ（ἐπέκεινα τῆς οὐσίας）」と表現されている（SZ, 38; GA24, 1, 404f.）。つまり、プラトンのイデア論は、『存在と時間』の存在論構想全体を包括する、時間性の《超越論的理念》であると考えられるのである。

とはいえ、こうしたプラトンへの依拠は、『存在と時間』の時期に突如生まれたものではない。というのも、ハイデガーは最初期フライブルク時代においても、すでにプラトンを積極的に評価していたからである。ハイデガーのアリストテレス解釈への取り組みが本格化するにつれて、いったんプラトンに対する依拠は背後に退く。しかし、プラトンへの依拠は水面下で一貫して保持されていたと考えられる。だからこそハイデガーは、『存在と時間』以降、プラトンに依拠して超越論的時間性の考察へ向かうことができたのである。その意味では、ハイデガーのアリストテレス解釈も、実はプラトン解釈のための準備段階にすぎなかったとさえ考えることができる。『存在と時間』は、初期以来のプラトンに対する一貫した依拠の結晶であり、根本的にはプラトニズムによって貫かれている。そのように考えるなら、中後期のハイデガーが、『存在と時間』に対する自己批判の意味を込めて、上述のような厳しいプラトン批判を展開したのも頷ける[2]。

しかし、このようにプラトンと『存在と時間』との関係を考えるとき、新たな問題が生じてくる。本論がこれまで明らかにしてきたように、現存在の解釈学は、アリストテレスの実践的行為とその非現前的時間性に定位して構築されていた。とはいえ、イデア論が存在論の全体を統括しているならば、現存在の解釈学の根底にも、やはりプラトニズムが伏在していることになる。この問題は、すでに前章での脱自的瞬間の時間性についての考察でも示されていた。すなわち、実践的行為と理論的認識の対立であり、非現前的時間性と現前的時間性との対立である。したがって、これまでアリストテレスに依拠して考察してきたフロネーシスの身分や、それに定位した解釈学の方法的身分も、プラトンとの関係から再検討されなければならない。それは同時に、弁証術、理論的・直観的了解、イデア論などのプラトニズム的発想と解釈学との関係を再検討することでもある。これらの検討作業をつうじて、『存在と時間』における解釈学と超越論の連関とともに、そこに孕む相克を照らし出すことが、本章の目的である。

そこで以下では、まず初期フライブルク時代を中心に、ハイデガーのプラトンへの依拠を明らかにする（第1節）。次に、『ナトルプ報告』および『ソフィスト』講義を中心に、フロネーシス、ソフィア、ヌースといった諸能力の身分を再検討する（第2節）。それを踏まえて、プラトンに対するハイデガーの解釈の変化を検討する（第3節）。そして、『存在と時間』およびメタ存在論における善のイデアとしての超越論的次元の構図を明らかにし（第4節）、最後に、そこから生じる解釈学にかんする問題を論じる（第5節）。

第1節　弁証術・直観・エロス

第一章で検討しておいたように、ハイデガーの初期フライブルク時代の解釈学構想は、当初はフッサール現象学とディルタイ精神科学の相補的関係のなかで構築されていた[3]。ところが、実のところ両者の交点には、プラトン哲学の発想を認めることができる。本節では、初期の解釈学構想におけるそうしたプラトン哲学の役割を考察することにする。

一九二〇年夏学期講義『直観と表現の現象学』において、ハイデガーは当時の生をめぐる学問的状況を二つの側面から考察している。十九世紀以来の歴史意識の高まりは、一方で、アプリオリなものの多様化、歴史的相対性、非合理的なもの、生の具体性などといった、いわば《生の経験の多様性》の自覚をうながすものであった。しかしそれは他方で、アプリオリなもの、絶対的価値、理論的なもの、超越論的なもの、超時間的なものなど、従来プラトンのイデア論を範としてきたいわば《超越論的理念》が改変を迫られるという事態を生み出してもいた。ハイデガーは、こうした歴史的生の経験の多様性と超越論的理念との対立を、「相対的な歴史」と「絶対的なアプリオリ的価値」の対立、あるいは「体験問題」と「アプリオリ問題」の対立とも呼んでいる（GA59, 21, 24, 27f., 71）。この対立の解消は、当時のハイデガーの「根源的学」構想にとっても喫緊の課題であった。そのさい、ディルタイの精神科学は生の体験の歴史的次元に向かう方法として、またフッサール現象学は生の根源的理念の次元に向かう方法として考えられていたが、いずれの方法にも理論的客観化の傾向が潜んでいた。そのためハイデガーは、第三の方法を選ぶ。それが、弁証術である。

「体験問題」と「アプリオリ問題」の対立の解決にあたって、ハイデガーは、当時新ヘーゲル主義運動とともに台頭してきた「弁証法（Dialektik）」にも目を向けていた。「ヘーゲルへの接近」によって「弁証法的哲学を摑み取ろうとますます強まる傾向」は、これら二つの問題の「対立項をそれにふさわしいやり方で統一し止揚することをめざしている」（GA59, 27）。ただしハイデガーは、近代弁証法に対して早くからきわめて批判的であった。その理由は、弁証法における「矛盾」の前提をめぐる問題にある。本来弁証法にとって、「矛盾」はたえず止揚されるべき対象である。しかしそれゆえに弁証法は、「矛盾」そのものが成立する前提を排除している。一九一九年講義「哲学の理念と世界観の問題」で述べられているように、「矛盾」は「隠蔽された原理によってのみ、それ自体弁証法的でない原理によってのみ可能」となっている（GA56/57, 40）。つまり弁証法は、前提を不問にすることによって外部を遮断し、みずからの内部で止揚を繰り返すだけのいわば《閉じた体系》である。そのため弁証法においては、本質的に新たなものは何も生まれてこない。「弁証法」は「事象からみて非生産的」である（GA56/57, 40）。弁証法の行き着く先は、《閉じた体系》のなかで「不毛な停止状態」に陥るか、「暗黙の土台、方法的にはそのなかでも偶然的土台」に依拠するかのいずれかである（GA56/57, 40）。それゆえハイデガーは「新たな理論的方法を弁証法的考察によってひねり出す」やり方も、弁証法によって事実的生の所与としての「環境世界体験」を掘り下げる可能性も、ともに斥ける（GA56/57, 110, 97f.）。

そこでハイデガーは、生の理念的かつ歴史的次元へと遡行する新たな方法として、プラトンの弁証術に目を向ける。すでに第二章で見たように、ハイデガーはこの時期、プラトンの「魂の転向術」としての弁証術を高く評価し、それを「学問的方法」とみなしていた。[4] このプラトンの弁証術にならって、ハイデガーは、みずからの根源学の方法を「根源的弁証術（Urdialektik）」とも呼んでいる。「根源的弁証術」は、理性的、理論的、論理学的前提の一切に先立って、「客観的なものと主観的なものとの相互関係性における構成連関の転換的関係」すなわち両者の「構成的連関と諸カテゴリーと諸原理」を、「その活性状態において根源的に思考するプロセス」である（GA59, 136）。根源的弁証術は、主客未分の生の根源的次元へと立ち戻り、歴史的世界と超越論的理念の相互の媒介と発生を考察するものなのである。

ただしそのさい、プラトンの哲学やイデア思想が無前提に承認されているわけではない。これもすでに指摘したように、当時すでにハイデガーは、過去の哲学史を不変の既成事実としては考えていなかった。[5] 哲学史は「本当の哲学のなかに生きている歴史的意識」となる場合にはじめて、「哲学の本当の歴史」となる（GA56/57, 21）。確かに、過去の哲学者の思考は、それ自体としては閉じて《完結》しており、以後の哲学史のなかでさまざまに解釈される。しかしそのさい重要なのは、《完結》した思考を単純に繰り返し解釈しなおすことではない。その思考は、後続の哲学史のなかで繰り返し《生きなおされる》ことによって、真に哲学として解釈される。後続の解釈をたえず引き起こす歴史的《共鳴力》が、《完結》した思考のうちに潜在する《未完結の強度》が、哲学の営みを駆動させるのである。

ハイデガーは、まさしくこうした哲学史的意識によって、プラトンの哲学を捉えている。すでに構築されたものとしては、「プラトンの見解は完結性（Geschlossenheit）を持つにいたっている。この完結性は、かつてプラトン自身が意のままにした解釈手段にはとどまらない、といった意味で歴史的であるわけではない。しかし他方でプラトンは、それが彼を最後まで過激に思考させるというような意味で、本来は完結性を理解していた」（GA59, 130）。プラトンは、たとえ事後的にはそう見えるとしても、弁証法やイデアによって、けっして永遠不変の完結した哲学を構築したわけではない。むしろプラトン自身は、弁証術をつうじて、イデアの理念内容を徹底的に思考し抜き、刷新してゆこうとする営みの渦中にあった。プラトンの哲学を引き受けようとするなら、そうしたイデアをめぐるプラトンの弁証法的思考の強度に共鳴しなければならない。こうしてハイデガーは、プラトンから、事実的生の根源へと遡行する哲学的概念と方法的発想を取り出すのである。

事実ハイデガーは、一九一九／二〇年講義『現象学の根本問題』で、当時構築し始めたばかりの解釈学構想にプラトン弁証術の発想を積極的に導入している。弁証術と解釈学を融合した「ディアヘルメノイティーク（Diahermeneu-tik）」という名称は、それを見事に示している（GA58, 263）。もっとも、弁証法から受け継がれたその接頭辞 dia- は、他者との《対話（Dia-log）》といった一般的な意味では考えられていない。この接頭辞は、先のプラトン哲学理解を踏まえながら、他者との対話や討論における自明で客観的な前提を《解体》し、その根底へ遡行する《徹底的な討論（Durch-sprechen）》ないしは《貫通（Durch-gang）》といった意味で考えられている。ディアヘルメノイティークのこの《貫通》的契機は、わけても哲学的概念の構築の場面で重要な役割を果たす。哲学の概念の本質は、客観的概念や秩序だった概念とは異なり、「その表現形態が根源に対してどれだけ遠いのか、どれだけ近いのか」、つまり「叙述のなかで生き生きとしている動機づけの根源性」の点に求められる（GA58, 262f.）。このような事実的生の根源性に迫るためには、「諸概念を総合して並置するという意味での弁証法」では、不十分である。プラトン弁証法のように、自明で客観的な前提を《貫通》し、事実的生の根源性へと迫ることによってはじめて、哲学的概念は十全な表現となるのである。

ハイデガーはこのディアヘルメノイティークを遂行する能力を「直観」として捉えている。とはいえ、その場合の「直観」は、一般的な意味での直観ではない。むしろそうした一般的な「理解や直観を転倒すること」によって「現象は表現される」（GA58, 262）。ここでは、先の第一章での考察を一歩進めて、この本来的な「直観」の身分を考えてみよう。ハイデガーがフッサールの直観概念を批判したのは、それがしばしば経験的な感性的直観へと変容してしまうことにより、対象や出来事を事後的に構成し、客観化してしまう傾向をもつからであった。「哲学的な直観は、それが出来事を模倣する（nachbilden）なら、最も妥当なものとはいえない」（GA58, 263）。むしろ直観は、出来事を生の体験において直接に捉えられねばならない。この生の直接的体験に迫るために、ハイデガーはディルタイに倣って、「表現」を媒介としていた。しかしそこで強調されたのは、「表現」を《解体》して、根源的「体験」へと《遡行》することであった。「現象学的解体は、先行的描出の経過や先把握の遂行、それとともに根本経験などの状況へと導く」（GA58, 35）。このように表現を解体して、経験に先行する生の根源的体験を直接に把握する能力が「解釈学的直観」である。ハイデガーによれば、「解釈学的直観」は、「体験が力ずくで自己自身を伴ってゆく体験」において「理解」を遂行するものであり、そこから「あらゆる理論的‐客観的な措定、さらには超越論的な措定」が成り立つ（GA56/57, 117）。解釈学的直観は、歴史的な生の根源的体験へと遡ることによって、超越論的理念の把捉の道を切り開く能力である。この解釈学的直観の能力によって、ディアヘルメノイティークは遂行されるのである(6)。

そしてこれらディアヘルメノイティークや解釈学的直観を支える「根本態度」として、ハイデガーは「プラトンのエロス（ἔρως）」を想定している。ハイデガーによれば、「本来の哲学的態度」は、生を睨みつけて怯えさせる「論理学的暴君」の態度ではなく、「プラトンのエロス」であるとされる（GA58, 263）。ハイデガーは、プラトンのエロスに、プラトン以上の「きわめて生き生きとした機能」を認めている。「エロスは単に哲学を動機づけるための根拠にとどまらない。哲学の活動そのものは、生の究極的な傾向へとみずからを開放し、その究極的な動機へと遡ることを求める」（GA58, 263）。このエロスにおいては、フッサール現象学とディルタイ解釈学が巧みに融合されていることが読みとれる。前者の「生の究極的な傾向へとみずからを開放する」ことは、「自己拘束（Sich-Einspannen）」を断ち切り、「自己解放（Sich-Loslassen）」を行う。後者の「究極的な動機へと遡ること」は、「表面的なもの」にとどまらず、「自己を根源性へと深化させること（Vertiefung）」である（GA58, 263）。前者は、一切の前提を排除する現象学的態度であり、後者は表現を解体して生の体験へと向かう解釈学的態度と言ってよい。つまりエロスは、現象学的態度と解釈学的態度に先立ち、両者を支える根本態度なのである。

このように見てくるなら、弁証術、直観、そしてエロスなどといったプラトン哲学の発想が、ハイデガーにとって、根源学の根本態度、遂行能力、そして方法の規定にとって、決定的な役割を果たしていたと言える。「体験問題」と「アプリオリ問題」の対立についても、ハイデガーは何よりまずプラトン哲学を土台として、解消を図っていたわけである。以後、ハイデガーが次第に解釈学へと重心を移してゆくにつれて、こうしたプラトンへの依拠は後退し、アリストテレスへの依拠が目立つようになる。しかし、アリストテレスに依拠した解釈学の構築過程においても、プラトン哲学の発想は引き続き温存されていたと考えられる。そこで次に、アリストテレス解釈に即してこの点を考察することにする。

第2節　フロネーシスに対するソフィアの優位

これまでの考察からも明らかなように、ハイデガーが現存在の諸能力の分析と解釈学の構築にあたって重視したのは、アリストテレスの実践哲学であり、『ニコマコス倫理学』第六巻であった。とりわけフロネーシスは、形式的告示的解釈学の遂行を担い、具体的個別的な事実的生の存在を開示する動性として中心的位置に立つ。一九二四／二五年冬学期講義『ソフィスト』でも、フロネーシスは「良心」と呼ばれており、『存在と時間』同様、道具的存在者としての「プラクシス」を統括する能力として考えられている（GA19, 56; SZ, 68）。その意味で、初期以来の思想を受け継ぐ既刊部分の『存在と時間』の現存在の解釈学が、ほぼフロネーシスを中心に構成されているのは間違いない。そのため従来の解釈も、フロネーシスやそれに導かれるプラクシスに重心を置いて、初期以来のハイデガーの思想の発展を捉えてきたのである。(7) しかしながら、ハイデガーは単純な《実践一元論》の立場ではない。というのも、先の第三章や第四章の考察で示されたように、ハイデガーはフロネーシスを超越論化する解釈方向を打ち出してもいたからである。このような解釈が成り立つのも、フロネーシスのなかに超越論化の方向性が、すなわち本来の意味でのプラトン的な直観への傾向性が内在しているとハイデガーが考えていたからに他ならない。この点を明らかにするために、『ニコマコス倫理学』だけでなく、『形而上学』や『自然学』の解釈全体を視野に収めて、実践的行為と直観や哲学との関係を考察することにする。

まず、これらのアリストテレスのテキストに対するハイデガーの基本的な解釈方針をもう一度詳しく検討しておこう。アリストテレス解釈の全般的計画は、一九二二年の「ナトルプ報告」で示されていた。(8)「ナトルプ報告」は、『ニコマコス倫理学』に多くの紙幅を割いているが、それだけが考察の主題ではない。「解釈学的状況の告示」によれば、「第一部」の解釈の主題は「人間存在、すなわち《生のうちにある存在》は、どのような存在性格をもったどのような対象性として経験され解釈されているか」にある（GA62, 372）。この考察の舞台となるのが、『ニコマコス倫理学』第六巻である（GA62, 375）。しかしさらにハイデガーは、人間の存在構造を解明する場合の「ロゴス」や「概念」や「カテゴリー」などの「研究様式」の解明、またそうした研究様式が取り出される「現象的地盤」の解明をも、考察の射程に収めている（GA62, 374）。人間の存在構造の解明ばかりでなく、その「存在論的な諸構造はどのようにして生じてくるのか」という知の発生の問題（GA62, 374）、なかでも学問的な知の発生過程とその源泉の解明も、ここでのアリストテレス解釈の主題なのである。この考察の舞台となるのが、『形而上学』と『自然学』である。「原因（αἴτιον）」と「アルケー」を探求する「研究と研究の遂行」の意味は、諸学問の学問たる『形而上学』から取り出されねばならない（GA62, 374）。ところが、形而上学をはじめ、一般に学問的研究と称されるものは、狭く人間の生にとどまらず、さまざまな自然的存在者を対象としている。そこで、アリストテレスがこうした自然的存在者一般を「動くもの」として捉えた『自然学』から、「その完全な現象」を取り出すことが求められるのである（GA62, 374）。

もっとも、アリストテレスにとって、これはありえない解釈である。というのも、『形而上学』第六巻で述べられているように、アリストテレスは、存在を探求する「第一哲学」を、「数学」や「自然学」と重なるものではなく、永遠不動の実体としての神の探求、すなわち「神学」と重なるものとみなしているからである[9]。しかし、後の一九二六年夏学期講義『古代哲学の根本諸概念』において述べられているように、ハイデガーにとって、まさにこの「第一哲学」と「神学」の二重性こそが『形而上学』の決定的な問題であった（GA22, 206）[10]。この問題については、後ほど詳述する。ここでさしあたり重要なのは、この二重性の問題は、明確に定式化されてはいないものの、「ナトルプ報告」においてもすでに意識されていたように考えられる点である。というのも、『形而上学』解釈は、「存在者をそれ自身に即して、可能な限り規定する」ための「アルケー」探究を課題としているが、そこで実質的に問題視されているのは、「神的なもの（θεῖον）」の身分だからである（GA62, 387ff.）。この点を考慮するとき、『形而上学』と『自然学』を解釈の主題とする「ナトルプ報告」の狙いもまた明瞭になる。つまりハイデガーは、「第一哲学」としての『形而上学』を、「神学」ではなく、『自然学』へと接続しなおし、神から自然的存在者へと探究の方向を転換することによって、『形而上学』の二重性の問題の解決を図ろうとしているのである。『自然学』のうちに「アリストテレス存在論に固有の動機の源泉」が潜んでいるとハイデガーが殊更に強調しているのも、そのためである（GA62, 374f.）。このように見てくれば、いまや「ナトルプ報告」の解釈の狙いは、明らかだろう。それは、『ニコマコス倫理学』における人間の存在構造の解明をつうじて、『形而上学』から学問的な研究様式の発生過程を解明し、さらにそれを『自然学』における自然的存在者一般という源泉へと還元することなのである。

こうしたハイデガーの解釈方針を踏まえたうえで、各テキストにおける諸能力の位置づけを検討してみよう。まず『ニコマコス倫理学』第六巻の解釈では、アリストテレスに倣って、事実的生の「存在開示」の遂行様式として、テクネー（技術知）、エピステーメー（学問知）、フロネーシス（実践知）、ソフィア（哲学知）、ヌース（直観知）という五つの知の能力が挙げられている（GA62, 376f.）。注目すべきは、ハイデガーがそのうち、「フロネーシス」とともに「ソフィア」を本来的な遂行能力として挙げている点である。「フロネーシス」と「ソフィア」は、「ヌースつまり純粋な覚知（Vernehmen）そのものの本来の遂行様態」として、「ありうる限りの喪失に対抗して」、「アルケーを真実化にもたらす」事実的生の最も本来的な「存在開示の遂行可能性」である（GA62, 376, 380）。もっとも、一見したところ、ハイデガーはソフィアに対するフロネーシスの優位を説いているように思える。フロネーシスは「その存在者自身とその《どこから》が別様にありうるような存在者」つまり「生」を対象とする。それに対して、ソフィアは「その存在者の《どこから》と存在者それ自身が、必然的につねにあるがままのもの（notwendig und immer ist, was es ist）であるような様態のうちに存在する、そうした存在者」を対象とする（GA62, 382f.）。それゆえソフィアの対象は、明らかに人間的生ではない。「そもそもソフィアは、人間の生をその志向するめあて（Worauf）としていない」（GA62, 385f.）。人間は、恒常的な存在者ではありえない以上、フロネーシスの対象ではあっても、けっしてソフィアの対象とはなることはできないのである。

しかしそれにもかかわらず、ハイデガーは、ソフィアこそが生の本来的な動性であると主張する。「人間の本来的存在は、恒常的存在者（immer Seienden）の諸アルケーのもとに、憂いなく暇をもちながら（σχολή）、純粋に覚知的にとどまることとしての、ソフィアの純粋な遂行において時熟する」（GA62, 386）。人間の生ではなく、恒常的存在者を対象とするソフィアを本来的とみなすのは、フロネーシスの規定に明らかに反する。この矛盾を解決する手がかりとなるのは、筆者の見るところ、ハイデガーの『形而上学』解釈に示されている次のような記述である。「アリストテレスは、事実的生の憂い（Sorgen）という動性を、その究極の傾向へむけて解釈することによって、《哲学》の意味を獲得している」（GA62, 389）。つまりハイデガーは、ソフィアを事実的生の憂い、すなわちフロネーシスの遂行の極限化として捉えているのである。しかし、ここで「哲学」に付加された鍵括弧が示しているように、ソフィアは二義性を孕んでいる。

　先のフロネーシスとソフィアの規定からも明らかなように、両者はもともとヌースに由来する知である。しかし、ソフィアはテクネーやエピステーメーから生成する可能性をもつ知でもある。アリストテレスによれば、ソフィアは「ヌースでもあるエピステーメー」であり、「もろもろのエピステーメーのうちの最も精確なもの（ἀκριβεστάτη τῶν ἐπιστημῶν）」である[11]。またソフィアは「テクネーの卓越性（ἀρετή）」でもある[12]。そのため後の『ソフィスト』講義でも述べられているとおり、テクネーには「みずからを手作業から開放して、独自にそれ自体でエピステーメーになる傾向」があり、またテクネーがエピステーメーのうちにある限りで、テクネーには「より知恵を持つ者（σοφώτερον）」となる可能性がある（GA19, 92）[13]。そればかりか、テクネーにはヌースになる可能性さえある。アリストテレスが『霊魂論』で述べているように、ヌースは「すべてを作り出す（ποιεῖν）という点で、光のような一つの状態（ἕξις）」であるからである（GA62, 381f.）[14]。こうして、エピステーメーやソフィアやヌースがテクネーによって極限化されるとき、人間的生は、恒常的存在者よりも下位の存在者とみなされることになる。というのも、この場合の《本来的》な存在者は、《制作されたもの》、《完成したもの》としての恒常的存在者だからである。恒常的ではなく、そのため「つねに別様にある」人間的生は、「否定的に（negierend）」位置づけられざるをえない（GA62, 385）。こうして「制作（Herstellen）の動性」のなかで、「存在とは完成していること（Fertigsein）、運動がその終わりにいたった存在」とみなされるとき、そこには「特定のやり方で遂行された、動的存在者の理念の存在論的先鋭化（*eine bestimmte vollzogene, ontologische Radikalisierung der Idee des Bewegtseienden*）」が働いていることになる（GA62, 385）。制作としての知がめざすのは、制作され終わったために常に変わることのない存在者、客観的理論化の対象となる現前的存在者である。『ニコマコス倫理学』の解釈でハイデガーが主に展開しているのは、このような《存在＝被制作性》批判であった（GA62, 373）。

ところが『形而上学』の解釈では、それとは異なり、ソフィアはフロネーシスの極限的な遂行状態として捉えられている。ソフィアは「まさに――終わりにいたった運動として――はじめて運動である」ような極限化された運動であり、「生が意のままにする最も純粋な動性」である（GA62, 386, 389）。ただし、その場合のソフィアは、極限化されたフロネーシスである以上、テクネーやフロネーシスのように、そのつど周囲の存在者との具体的な配慮的交渉を遂行するものではない。というのも「ソフィアそのものの純粋な時熟」としての「ヌース」は、「そのつど方向を整え物事を処理する配慮を放棄し、端的に覚知する」ものとなるからである（GA62, 386）。そこで遂行されるのは、ただ純粋に知ることだけをめざす「テオリア」である（GA62, 389）。そのため、このテオリアに与るソフィアも、「嫉妬深さ」や「憎むことや愛すること」などといったような、事実的生の持つ「あらゆる感情的な連関から自由」になる（GA62, 389）。とはいえ、日常のさまざまな雑事や実践に追われるかぎりで、このようなソフィアの状態を維持するのは、人間にとってほとんど不可能な至難の業、つまり《神業》と言わざるをえない。こうした意味で、ソフィアにおける「生」の姿は「《神的なもの》（das Göttliche）」となるのである（GA62, 389）。

ハイデガーによれば、この《神的なもの》は、後のキリスト教的な意味での「神」の起源ではあるが、しかしそれ自体は「宗教的経験」とは無関係である（GA62, 389f.）。この「《神的なもの》」の身分を理解する手がかりとなるのは、「ナトルプ報告」に先立つ一九二二年夏学期講義『アリストテレスの存在論と論理学に関する精選論文についての現象学的解釈』（以下『精選論文の現象学的解釈』と略記）における「不動の動者」についての解釈である。不動の動者は、動かずして完成状態にある。不動の動者の「円運動（Kreisbewegung）」は、「不動（ἀκίνητον）かつまさに現実態（ἐνέργεια）」である（GA62, 102）。[15] しかしハイデガーによれば、不動の動者は、まったく動いていないわけではなく、円運動を「変わらずに（unveränderlich）」継続している活動状態にある（GA62, 102）。不動の動者の動いていない状態は、実は継続的な運動状態である。「第一動者の存在意味は、純粋なエネルゲイアである」（GA62, 108）。自己関係的な循環運動をたえず遂行し続ける者が、《神的なもの》なのである。テオリアは、この循環運動を遂行する者を対象とする。「テオレインの対象性を満たすのは、ひとえに、それ自身に即して純粋に自己自身のうえに身を置いている存在者（運動）（das Seiende (Bewegung) was an ihm selbst rein auf sich selbst gestellt ist）である」（GA62, 109）。ところが、その循環運動を遂行している者は、まさしくテオリア自身のことである。「しかし、それがテオリアであり、ノエシスそれ自身なのである。したがって、テオリアのエネルゲイアが神的なものの存在意味であり、その思考が、思考の思考なのである（νόησις νοήσεως νόησις）」（GA62, 109）。このような純粋に自己関係的な知の循環運動は、ただちに『存在と時間』に述べられた「実存の理念」としての現存在の定式を思い起こさせる。[16] 自己関係的な知の循環運動の極限的な遂行状態において、そしてそれに与る哲学の遂行において、人間的生の最高度かつ本来的な存在が実現する。このきわめて稀に生じる状態においてのみ、人間的生は《神的なもの》と重なるのである。

　つまりヌースやソフィアは、テクネーの極限化とフロネーシスの極限化という二義性をもつのである。それゆえ、「ナトルプ報告」の『形而上学』解釈のなかで再登場する《神的なもの》についての次の箇所は、『ニコマコス倫理学』解釈の箇所とは異なり、二義的に読まなければならない。「テイオンはむしろ、存在論的に先鋭化された動的存在者の理念のなかで生じてきた、最高度の存在性格（der *höchste* Seinscharakter）を呼ぶ表現である」（GA62, 389）。テクネーの極限化の場合には、「神的なもの」は、制作され終わって循環運動を行わなくなった単に現前的な存在者であり、もはや人間的生ではない。しかし、フロネーシスの極限化の場合には、「神的なもの」は、人間的生をその「最高度の存在性格」において言い当てたものになるのである。

　だが、ハイデガーにとってこの「動的存在者」の本来的な《理念》自体は、人間的生の運動だけに尽きるものではない。たとえソフィアが人間的生を捉えるとしても、それはやはりきわめて稀な場合である。先に指摘しておいたように、ソフィアは「生自身もそのなかに存在する」とはいえ、しかし「もはや生自身を見ようとはしない」動性なのである（GA62, 389）。ソフィアは、一方では確かに基本的に人間の生を対象としないために、テクネーを中心に、恒常的存在者を制作された存在者へと転じてしまう非本来化の傾向を孕んでいる。しかし他方で本来的なソフィアは、まさしく人間的生を対象としないことによって、「動的存在者」としての人間的生を超えて、人間的生が「そのなかに」投げ込まれている「動的存在者」へと向かう傾向を持ってもいる。ここで重要なのは、人間を含めた動的存在者一般の動性である。つまりソフィアやヌースの循環運動は、そうした動性一般への細い道なのである。ハイデガーがテオリアにかんして「動的であることそのものの理念」を強調して語るのも、そのためである。「テイオンが思考の思考（νόησις νοήσεως）であるのは、ひとえに、この覚知が、その存在性格に関して、つまりその動性に関してみれば、動的であるということそのものの理念を最も純粋に満たす（*die Idee des Bewegtseins als solchen an reinsten genügen*）からなのである」（GA62, 389）。

筆者の見るところ、ここにハイデガーのアリストテレス解釈の決定的な洞察がある。アリストテレスにとって、この理念は「不動の動者」の「神的なもの」を意味している。しかしハイデガーにとって、この理念は、自然的存在者一般の運動を意味している。そこでハイデガーが念頭においているのは、アリストテレスが『自然学』の対象とした「動くもの」としての「自然（φύσις）」のアルケーである。[17]『精選論文の現象学的解釈』においてすでに、「神的なもの」は「ピュシス」や「運動」から捉えられるべきだと述べられていた。「神的なものの概念は、アリストテレスにとってはピュシスの問題から、あるいはピュシスに即した根本規定から、つまりキネーシスに即した根本規定から、純粋に発生している（erwachsen）」のであり、「それゆえキネーシス現象にもとづいてはじめて、神的なものの概念は完全なかたちで理解される」（GA62, 99f.）。後の一九二六年夏学期講義『古代哲学の根本諸概念』でも、同じく次のように言われている。「最も神的なもの」というアリストテレスの規定は「神や宗教性」とは無関係であり、むしろそこで重要なのは「運動と神的なものの問題」である、と（GA22, 324f.）。ソフィアが本来目指しているのは、人間の究極的な運動状態を超えて、人間がゆえなくつねにすでにそのうちへと被投されている自然的存在者であり、またその運動である。自然的存在者は、制作や仕事や研究などの具体的な目的をもった配慮的交渉や、愛や憎しみといった感情や、さらには生死などといった人間的生の事実的な運動とはまったく無関係に、それ自体として独自の運動を続けている。最も本来的意味での《神的なもの》は、人間を取り巻きながらも、人間とはまったく無関係に、それ自体あるがままに、不断の運動体として存在している自然的存在者である。そしてこの自然的存在者の運動が、最も本来的な意味での《動的であるということそのものの理念》を満たすのである。

ところが、人間的生を中心にしてしまうと、ソフィアやヌースから自然的存在者の運動へ向かうこの細い道は閉ざされる。その場合には、自然的存在者は、人間的生とは無関係なたんなる現前的存在者として、やすやすとテクネーの対象へ貶められてしまうことになる。ハイデガーは、先に挙げた「特定の仕方で遂行され存在論的に先鋭化された動的存在者の理念」という「ナトルプ報告」での『ニコマコス倫理学』解釈の箇所に、次のような手書きの補足を加えている。「そしてしかも自然的存在者（φύσει ὄν）の――［動的存在者の理念］――つねにひとりでにみずからを制作するもの（immer von selbst sich herstellenden）」（GA62, 385, Anm. 24）［傍点は引用者による強調］。それは、テクネーの支配下に置かれ、制作対象へと単純化された自然的存在者の運動である。

このようにハイデガーの分析は、フロネーシスからソフィア、ヌースへと極限的な純粋化の道を辿る。しかし逆に言えば、本来的な意味でのヌースは、ソフィアやフロネーシスの根底にも活きている。先に引いておいたように、フロネーシスやソフィアは「ヌース」の遂行様態でもあるからである。ヌースのテオリアが「純粋な了解の構造」として人間の生の構造そのものにそなわっているからこそ、そこからソフィアも「生成（Genesis）」する（GA62, 387）。それはフロネーシスについても同様である。この点が最も明瞭になるのは、ハイデガーの用いる《光》や《視覚》の比喩であろう。ハイデガーは、フロネーシスに「より多く見る（μᾶλλον εἰδέναι）」傾向を、またソフィアに「最大限に見る（μάλιστα εἰδέναι）」傾向を指摘している（GA62, 388）[18]。また一九二一／二二年冬学期講義『アリストテレスの現象学的解釈』では、フロネーシスは「配慮的解明（das sorgende Erhellen）」と呼ばれており、「ナトルプ報告」でも「交渉的解明（Umgangserhellung）」と呼ばれている（GA61, 185; GA62, 383）[19]。さらにフロネーシスに依拠する解釈学の機能も、「過剰照射（Überhellung）」と表現されている（GA62, 372）。先にアリストテレスのカイロス解釈を検討したさい、フロネーシスの時間性が「瞬‐視（Augen-blick）」として理解されていたことも、見逃してはならない。これら一連の《光》や《視覚》の比喩には、明らかに、ヌースのテオリアのもつ直観的かつ観想的な含意が込められている。自然的存在者の純粋な循環運動は、人間的生の最も本来的な《光》として、人間的生の哲学的思考や実践的行為を導いているのである。

このように見てくるなら、ハイデガーが単純に理論を実践へと転倒しようとしていたわけではないことは明らかである[20]。それどころか、むしろソフィアはフロネーシスに対して優位に立っている。ソフィアを「人間の本来的な存在」と呼ぶハイデガーの発言は、文字通りに受け取る必要がある。ハイデガーは、ほぼアリストテレスに忠実に、諸能力の頂点にヌースを置き、そのもとにソフィアを、さらにその下位にフロネーシスを置いているのである。フロネーシスは、周囲世界に対する実践的配慮である限りは、つまり実践的遂行の運動が純化されない限りは、ソフィアに比してなお非本来的である。それに対して、テクネーの制作的態度やフロネーシスの実践的配慮を排除し、思考の運動へと純化されたソフィアは本来的であり、その限りでフロネーシスよりも優位に立つのである[21]。

こうしたフロネーシスに対するソフィアの優位は、のちの『ソフィスト』講義ではいっそう明確に示されている。確かに個々の人間の存在が問題になる限りは、「フロネーシスが最高度の、そして決定的な開示（Aufdecken）である」（GA19, 166）。しかしながら最終的に人間が関わりあうものは「現存在自身、つまり人間の最高の善（ἀκρότατον ἀγαθὸν ἀνθρώπινον）つまりエウダイモニア（εὐδαιμονία）」であって、「フロネーシスは、そのための道しるべ（Weg-weisung）」にすぎない。フロネーシスはあくまでそうした「良き生（εὖ ζῆν）」へいたるための「行為（Handeln）」のなかでのみ「現存在を見通しのきく（durchsichtig）ものとする」だけである（GA19, 135）。しかし「それに対してソフィアはフロネーシスよりもより優位に立っており、この場合のアレーテウエインは、固有の、そして本来的な現在の存在可能性を構成している」(GA19, 61)[22]。エウダイモニアにおいてソフィアのテオレインが実現するとき、人間は「完成してあること、最高次の存在可能性の本来的存在」として「つねにそれ自身であるようなあらゆる瞬間」を生きるのであり、「単なる存在可能性に該当するのではなく、その現在における、つまりエネルゲイアにおける存在可能性」のうちにある(GA19, 172)。「エウダイモニアは、内-存在としての、存在者の存在の完全性(τελείωσις)」である(GA19, 173)。ハイデガーはそれを「最高度の意味において存在するというような形でつねに存在する場合」、「したがって最高度の尺度で、できるだけ長く、そして恒常的につねに存在するものの純然たる考察のうちにとどまるような場合」だと述べている(GA19, 171)。エウダイモニアにおいて実現される人間の究極の本来的存在は、自然的存在者の循環運動に寄り添いながら、いかなる世俗の実践的配慮にも煩わされず、常にみずからの循環的思考に快く自足している状態なのである。

しかし問題は、こうしたソフィアにおける人間の本来的存在の具体像である。このような自足した快の存在様態にとどまり続けることは、実際のところ人間には不可能である。ハイデガー自身指摘しているとおり、「人間が死すべきものである限り……人間にとって、つねに存在するもののもとに不断に滞在すること、つまりつねに存在するものへの最終的に適切な態度というものは、否定されてしまう」(GA19, 171)。こうした意味では、ソフィアは人間的生の有限性の限界である。ハイデガーによれば、本来的なエウダイモニアは「存在論的に先鋭化して把握される」ならば、「人間の事実的具体的実存の存在論的制約」であるとされる(GA19, 179)。人間は、完全なエウダイモニアに至ることができず、つねに憂いへと引き戻される。しかし、こうした制約の下であっても、人間は自然的存在者のありうべき究極の知を追い求め続ける。『古代哲学の根本諸概念』において述べられているように、「知者(σοφός)」とは「自分にとって大切なもの、自分が《愛する》——φιλεῖν——ものをただしっかりと摑まえているのではなく、それを探し求め、しかも不断に(ständig)探し求め続けなければならない」。そうした不断の探求としての「ソフィア、つまり存在者の存在の開示がフィロソフィア」である（GA22, 11）。つまりソフィアは、自然的存在者のアルケー、一切の存在者の存在そのものをめざして行われる、不断の知の循環運動なのである。

こうした意味でのソフィアこそ、いまや本来的な意味において《哲学》の名に値するものになる。ハイデガーはフロネーシスの極限化によるソフィアの獲得作業を「純粋に存在論的」で「純粋に理論的」であると述べている（GA19, 168f.）。つまりテクネーやそれに基づくエピステーメー、そして実践的配慮を排除してフロネーシスを極限化することは、それ自体として純粋に《存在論的》で《理論的》な営みなのである。そしてこのように純然たる《存在論的》で《理論的》なソフィアによってはじめて、《哲学的学問》の可能性が開かれる。ソフィアが開示する「現存在の本来的可能性」は、「観想的生（βίος θεωρητικός）」つまり「学問的人間の実存（die Existenz des wissenschaftlichen Menschen）」である（GA19, 61, 170）。ハイデガーがソフィアのうちに見出そうとしているのは、本来的かつ最高度の人間の可能性として、その死にいたるまで止むことなく遂行される哲学的かつ学問的な実存なのである。[23]

こうしてハイデガーが、「ナトルプ報告」以来、アリストテレス解釈においては実のところ一貫して、フロネーシスよりもソフィア、そしてヌースのテオリアを優位に置いてきたことが明らかになった。存在論の究極の目標は、人間的生についての実践的配慮の知を確立することではなく、自然的存在者の運動を対象とする哲学的学問的実存を確立することにあったのである。このようなヌースのテオリアの優位には、少なからず初期のプラトン的な直観への依拠が窺えよう。しかしこのアリストテレス解釈は、初期のプラトン解釈を変容させるものでもあった。そこで次に、その変容の過程を考察する。

第3節　プラトン解釈の変容

ハイデガーは、「ナトルプ報告」以降、こうしたソフィアやヌースの優位を背景にしながらも、さしあたりはフロネーシスに依拠しつつ、独自の解釈学を形づくってゆく。その間の近代弁証法批判、そしてプラトン弁証術への批判は、すでに検討しておいたとおりである。(24) しかし、こうした近代弁証法やプラトン弁証術への批判は、同時に、プラトン哲学の抜本的反復の始まりでもあった。筆者の見るところ、『ソフィスト』講義のプラトン解釈は、その最初の作業として考えることができる。そのさいハイデガーは、前節で見たアリストテレス解釈を間接的な媒介とすることによって、プラトンに対する新たな解釈に着手している。

『ソフィスト』講義は、古代ギリシアに対する歴史的自覚を呼び覚ますことを第一の目標として掲げている。現代の人間は、古代ギリシアの哲学の圧倒的な歴史的影響力のなかに生きていながら、もはやそれを意識しなくなっている。現代の人間は、みずからが過去そのものであり、また過去に責務を負っているという歴史的実存の自覚をもち、これまで捉え損ねてきた哲学の意味を新たに捉えなおさねばならない。『ソフィスト』講義は、プラトンをつうじて、こうした歴史的な意味でのソフィアの哲学的学問的実存の可能性を見出すことを試みている。というのも、「『ソフィスト』において、プラトンは人間現存在をその究極の諸可能性のうちで、つまり、哲学的な実存において考察している」からである（GA19, 12）。(25) しかし、さしあたりの手がかりとされるのは、アリストテレス哲学である。ソクラテスやフォアゾクラティカーからプラトンへ進むという通常の解釈の歩みとは反対に、ハイデガーは「アリストテレスからプラトンへ立ち戻る」歩みを選ぶ。この歩みは「明るみから出発して暗闇へ進むべきであるという解釈学の古い命題に従っている」とも言われる。しかしそこには「アリストテレスがプラトンを理解していた」ということ、「過去の者たちが自分自身を理解していたよりも、後の者たちのほうがよりよく理解している」という前提がはたらいている（GA19, 11, vgl. 190）。ここでハイデガーは、アリストテレスがプラトンの影響を受けながらも、プラトン哲学をいっそう高度に学問的に理解し、思考していたと考えている。「プラトンがアリストテレスに手渡したものがいよいよ過激に学問的に形作られる、そうアリストテレスは言っているのである」（GA19, 11f.）。それゆえ、アリストテレスを経由することこそが、プラトンの哲学的学問的実存を理解するためには必須である。「アリストテレスを通り抜けなければ、いかなる学問的理解も、つまり歴史的にプラトンに立ち返ることも、なされない」（GA19, 189）。ここでハイデガーは明らかに、アリストテレスをプラトン以上に、哲学つまりソフィアに精通していた者と見なしている。『ソフィスト』講義の前半を占める長大なアリストテレス解釈と、先に見たようなソフィア、ヌース、テオリアといった一連の知の優位についての分析は、アリストテレスというより高次の視点からプラトンを新たに評価しなおすための枠組みなのである。[26] 以下では、そうした新たなプラトン解釈の試みを、とくに弁証術と諸能力の関係を中心に考察しよう。

プラトンは『ソフィスト』において、非存在を存在として言い立てるソフィストのテクネーを偽りとして明らかにし、それを媒介に、ありうべきソフィアの姿を描き出そうとしている。プラトンの弁証術は、そうした偽りの存在についての語り合いをつうじて、存在者の存在とは何かを開示する手法なのである。「弁証術」は「哲学することそれ自体の内的困窮から、ソクラテスがプラトンに与えた衝撃と打撃を過激に引き受けることから、つまり世間話としてのロゴスから、ようするにさしあたり既存の、あらゆる事物について語り出され流布している風説から、本当の語りによって、真なるロゴス（λόγος ἀληθής）として実際に論じられたもの（das Besprochene）について何がしかを語るようなロゴスへと突破すること（hindurchzugehen）」をめざしている（GA19, 195）。ここでは、初期の弁証術解釈を受け継ぎながら、世間話から真なるロゴスへの突破という《貫通》の契機が指摘されている。しかしとりわけ注目すべきは、弁証術が、世間話を打破し、論じられたものをそのものとして語るような、より高次のロゴスとして捉えられている点である。先に検討したように、ハイデガーは、一九二四年講義『アリストテレス哲学』では、日常的な言語使用をめぐる諸能力の開示可能性にかんしては、プラトン弁証術よりもアリストテレスの弁論術を積極的に評価していた。[27] ところがここでは、弁証術も、高次の言語的反省の役割を担うものとしてそれなりに評価されている。筆者の見るところ、この評価の変化を理解するための鍵は、ロゴスにおける《偽》の問題にある。

この点を、アリストテレスと対比させて考えてみよう。ハイデガーは、アリストテレス解釈において、ロゴスの

《真実化》としての開示能力を魂の諸能力に認めていた。「ナトルプ報告」では、フロネーシスとソフィアが「ロゴスをそなえた（μετὰ λόγου）」ものとして、つまり「実践的な語りによる解明の遂行性格（Vollzugscharakter des besprechenden Explizierens）において」アルケーを開示しうるものと位置づけられている。しかも両者は、「ありうる限りの喪失に対抗して」「アルケーを真実化にもたらす」「存在開示の遂行可能性」でもあった（GA62, 382f., 376, 380）。『アリストテレス哲学』講義でも、ロゴスは、エートスとパトスをつうじて、あらゆる存在者との交渉を打ち開く最も広義の《開示》の力とみなされていた（GA18, 165）。『ソフィスト』講義でも、エピステーメー、テクネー、フロネーシス、ソフィアといった魂の諸能力の開示能力は「ロゴスをそなえたヘクシス」であると言われている（GA62, 382f.; GA19, 180）。しかしながらハイデガーは、アリストテレスは諸能力を「ロゴスをそなえた」ものとして把握してはいるが、「ロゴスとアレーテウエインとの密接な連関はそれ以上詳細に検討されていない」と批判する（GA19, 196）。この批判は、前述のハイデガー自身の分析にいささか反するように見える。

しかしその批判の焦点は、ロゴスにおける《偽》の発生にある。たとえば「ナトルプ報告」では、『霊魂論』第三巻での議論を踏まえながら、ロゴスとアイステーシスの関係が次のように論じられている。「ロゴス」は、「ノエイン」すなわち「ヌース」の「遂行様式」である（GA62, 380）。他方、アイステーシスはその対象をつねに「《原初的に（originär）》」「隠れなき姿で」開示する（GA62, 378）。内容にかかわりなく、対象をあるがままに開示するという意味で、アイステーシスはつねに真である。それとは異なり、このアイステーシスの開示のなかで、《として》という解釈が差し挟まれる場合、すなわち言明が行われる場合に、《真》と《偽》が生じてくる。「《として》における対象へ向かう思念傾向が、そもそも偽の可能性に関して基礎となっているのである」（GA62, 378f.）。もとより人間は純粋なヌースを遂行することができず、つねにディアノエインとして、あるいはディアレゲスタイとして、「分割」を経由して対象へとかかわる。そのため、こうした「分割」を「として」によって「総合」するとき、そこに《偽》が紛れ込む可能性が生じる。こうした意味で、「ロゴス」は「真ないし偽でありうる」という意味をもつ（GA62, 379, Anm. 8）。

もちろんアリストテレスは、「それ自体において隠されているということ」、すなわち偽の可能性を、「積極的」に見抜いている（GA62, 379）。しかしおそらくハイデガーにとって問題なのは、人間のロゴスをともなうあらゆる開示において、つねに《偽》が発生せざるをえないという点である。アリストテレスはそれを見落としている。『ソフィスト』講義でハイデガーが強調するのは、ロゴスにおけるこうした必然的な《偽》の発生である。「ロゴスは、そもそも発見的ではなくて、極端に言えば、まさに隠蔽的である」（GA19, 197）。すなわち「ロゴスはさしあたり世間話」なのである（GA19, 197）。したがってプラトン弁証術は、ロゴスにともなうこのような必然的隠蔽を摘発し、批判し、振り払う点で、積極的な意義をもつのである。

　しかし他方でハイデガーは、プラトン弁証術に次のような決定的な問題点を見出している。初期の解釈と同様に、ハイデガーは、一方でディアレゲスタイが「徹底的な討論」をつうじて世間話を突破し、「ノエイン、つまり見ることへの内在的な傾向」という直観的性格を持つことを認める（GA19, 197）。しかし他方で、ディアレゲスタイは「単に事柄そのものへと突き進んでゆく試みを行うにすぎない」のであり、本来それ自身がめざしている「純粋なノエイン」や「テオレイン」には到達しえないとも批判する（GA19, 197）。とはいえ、ディアレゲスタイはたんなる「戯れ（Spiel）」にとどまるわけではない。世間話を制御し、「思念されていることを語りのなかでいわば指し示して、そのようにして論じられた事柄（die besprochenen Sachen）をその最初の告示（Anzeige）においてはじめて、かつその最も身近な姿（Aussehen）において先行的に与える」こと、それこそが「プラトン弁証術の根本意味」なのである（GA19, 197）。

　こうした弁証術の位置づけは、実は前節で検討したアリストテレス解釈の成果を反映したものとなっている。弁証術は、世間話のような日常的対話の前提を《貫通》する契機をもつ。しかしそれだけに弁証術は、日常的な配慮という実践的な語りに近しいものと言わねばならない。弁証術を支えているのは、実践的配慮すなわちフロネーシスであり、そのため弁証術は、直観や観想をもつことができないのである。ハイデガーによれば、プラトン弁証術は、「テオレインの前段階」にとどまるものであり、「テオリアへの途上」にある(GA19, 199f.)。「ナトルプ報告」の『ニコマコス倫理学』解釈では、人間的生の運動は、主としてフロネーシスに定位して、「途上にある存在(Unterwegssein zu)」と表現されていた(GA62, 386)。しかしハイデガーは、いまやソフィアやテオリアを重視して、プラトン弁証術におけるこうしたフロネーシスの「途上」的性格を批判する。この点は、ハイデガーがアリストテレスとプラトンを比較して、次のように述べている箇所からも明らかである。「アリストテレスがソフィアをフロネーシスとして語るとき、それによってアリストテレスが示唆しようとしているのは、プラトンがフロネーシスのうちに見ているように、アリストテレスはソフィアのうちに、アレーテウエインの最高度の様態と、一般に最高度の振る舞いを、つまり人間の最高度の実存可能性を見ているのである」(GA19, 124)。ここから、かつてプラトン弁証術よりもアリストテレスの弁論術を積極的に評価していた真の理由も明らかになる。プラトンは、あくまでもフロネーシスを中心として弁証術を理解していた。それに対して、アリストテレスは「『弁論術』に見出されるように、レゲスタイをきわめて具体的に解釈し、それによってディアレゲスタイをいっそう鮮明に見てとる地盤を獲得していた」(GA19, 200)。アリストテレスがそれを成し遂げたのは、弁論術において、ソフィアやテオリアに定位して思考していたからである。ハイデガーが、『弁論術』の解釈のさいに、フロネーシスばかりでなく、わけても「発見する能力(δύναμις τοῦ θεωρῆσαι)」というテオリアに着目していたのも、そのためだったのである[28]。日常的言語に密着した弁証術は、確かに事柄そのものへの途上にある点で、ソフィストの詭弁術とは区別される。しかし弁証術は、フロネーシスに導かれている限りにおいて、実践的配慮に陥っており、ソフィアとテオリアにたどり着けない。それに対して、ソフィアとテオリアに導かれた弁論術は、弁証術よりも遥かに高次の反省的な知の方法として、弁証術よりも上位に置かれることになるのである。

ただし注意すべきは、こうしたハイデガーのプラトン弁証術への評価が、両義的な側面をもっている点である。ハイデガーによれば、「アリストテレスはより過激に哲学していたがゆえに、弁証術の内在的な限界を見てとっている」。

その限りで、アリストテレスの弁証術の評価は「相対的な正しさ」をもつ（GA19, 199）。しかしだからといって、アリストテレスはプラトン弁証術の位置を「引き摺り下ろしているのではない」。そもそもプラトン弁証術は「引き摺り下ろすことなどできない」。それというのも、アリストテレスは、プラトン弁証術のフロネーシスとしての本質を理解し、それが「必然的に下位にとどまらざるをえない」ことを見抜いていたからである（GA19, 621, vgl. 625）。すでに見たように、確かにのちの『存在と時間』でも、解釈学が前面に打ち出され、弁証術は下位に位置づけられている。[29] しかしながら、弁証術の地位の低さが《必然性》を帯びるのは、単にフロネーシスとソフィアの上下関係だけが原因ではない。というのも、プラトン哲学には、より根本的な問題が潜んでいるからである。「プラトンにおいては、テクネー、エピステーメー、ソフィア、フロネーシスといった表現は、部分的にいまだ入り乱れている」（GA19, 191, vgl. 65; vgl. GA22, 207）。[30]『ソフィスト』講義は、それ以外にも随所でプラトンの「縺れ」を繰り返し指摘している。それらの指摘は、「ロゴス」や「アガトン」、さらには「無」、「存在」と「存在者」の「差異」など、のちにハイデガーが主題化する存在論的問題のすべてにわたっている。[31] 弁証術の地位の低さも、プラトン哲学にひそむこうした「縺れ」がそもそもの原因なのである。

しかしハイデガーは、こうした「縺れ」をプラトン自身の能力の問題ではなく、むしろプラトンが直面した問題そのものの困難さに由来するとみなしている。「《縺れている》といっても、ここでは否定的な評価として理解されてはならないのであって、むしろプラトンにおける眼差しと問いのさまざまな方向性がなおも入り乱れているということを意味している。それは単に主観的な精神的無能力さに起因するのではなく、問題の困難さに起因している」（GA19, 190）。したがって、プラトンの直面した問題の困難さや不明瞭さは、むしろ積極的に取り組むべき課題を提示していると考えなければならない。プラトンの「天才的な不明瞭さ」のなかには、たんなる「空想」によって事象に迫ろうとするのではなく、「本当の発見の根」がある（GA19, 625）。プラトンを読む者が、プラトンにおける縺れた問題に対してみずから取り組むとき、そこには、本来の哲学の問題を見出す可能性も秘められている。[32] この両義的な評価が、やがて『存在と時間』におけるプラトンの肯定的解釈へと繋がることになるのである。

実際ハイデガーは、『ソフィスト』講義においてすでに、プラトン弁証術の積極的な可能性を少なからず模索してもいる。それを示すように思われるのが、『パイドロス』の次の箇所に対するハイデガーの翻訳である。ソクラテスはパイドロスに対して、物事が正しく語られるためには、語りをなす思考（διάνοια）が、あらかじめその物事の真実を知らなければならないのではないか、と問いを投げかけている。[33] ハイデガーはその箇所を、次のように翻訳している。思考は「それがあらかじめすでに、それが語ろうとしている存在者をその非隠蔽性（Unverborgenheit）において見てしまっている、といった態度のうちにあるのでなければならない」（GA19, 323）。「非隠蔽性」において存在者を見てとるためには、対話編を担う弁証術のうちで、あらかじめ「真理への眼差し（Sehen der Wahrheit）」が遂行されているのでなければならない（GA19, 319）。「非隠蔽性」を開示するその眼差しは、純粋な開示、すなわち純粋なノエインのはずである。つまりここでは、純粋なノエインが先行的に作動していると語られているのである。こうしたノエインの眼差しが差し込むならば、弁証術も「本来的な哲学的な語り」となりうるはずなのである。[34]

さらにハイデガーは、弁証術のより積極的な可能性を、「浄化（κάθαρσις）」の役割のうちに見ている。プラトンは、『ソフィスト』のなかで、異邦人に「高貴な生まれの詭弁術（ἡ γένει γενναία σοφιστική）」について語らせている。この技術は、実質的にソクラテスの対話術であり、より悪いものからより良いものを識別する、あるいは魂から無知という悪徳を取り出してゆく「浄化」のはたらきを持つ。[35] ハイデガーは、「非（μή, οὔ）」についての議論の箇所を解釈するさいに、「無」の積極的な開示機能として「浄化」を取り上げている。[36]「レゲインにおける拒否（Ver-nichten）、否と言うこと（Nicht-sagen）は、見えさせること（Sehen-lassen）」であって、「否定そのものが開示の性格を持つとすれば、このように理解された否定は、存在者を具体的に顕わにするなかでは浄化の機能を持つのであり、それゆえ否定そのものは、産出的性格（der produktive Charakter）を備えている」（GA19, 560, vgl. 380）。これは、先に指摘したような、ハイデガーがプラトンの《縺れ》として指摘していた問題にかかわっている。プラトンでは、「非」や「無」、また「他なること」の概念が未整理のままにとどまっている。しかしそれにもかかわらず、弁証術の否定のなかには、積極的な産出的性格がやはり認められるのである。ここには、先の《偽》を含めて、《隠蔽性》や《非存在》の問題に焦点をあてる、ハイデガーの『ソフィスト』解釈の独特な傾向が見てとれる。

このように弁証術をはじめとして、プラトンの積極的な可能性を見てとるにあたって、ハイデガーは「ソクラテス」と「プラトン」の一体化を重視しているように思われる（GA19, 322）。プラトンは、対話編の執筆をつうじて、かつてのソクラテスの振る舞いにみずからを重ねあわせている。つまりプラトンは、積極的にみずからの反省を提示するのではなく、ソクラテスの実存に沿って、その遂行をそのままに描き出すなかで、積極的な問題を浮かび上がらせようとしているのである。ハイデガーはそうした「遂行のなかでのみ、そして厳密に反省の主題とすることなく、積極的なものを提供するというプラトン哲学に対する、ソクラテスの立場」に着目している（GA19, 532）。筆者の見るところ、ハイデガーは、対話編においてプラトンによって記述されたソクラテス自身の実存が、フロネーシスのレベルにとどまらず、それを純化したソフィアそのものの遂行であると捉えているように思われる。それゆえここから、先に見たような、弁証術がフロネーシスからソフィアへと昇華される可能性も生まれてくる。これはいわば、《哲学的実存間の共鳴》と呼ぶべき解釈学的事態である。つまりプラトンは、ソクラテスと同化することによって、いわばみずからがソクラテスとして哲学を遂行しているのである。このような意味も込めて、ハイデガーは「哲学者は、自己自身において見通しのきくものとなるのであり、そしてそれは唯一、哲学的な仕事そのもののなかでのみ行われる」と述べているのである（GA19, 610, vgl. 532, 12）。

このように見てくるなら、ハイデガーは、プラトンの弁証術や哲学のうちに、ソフィアやヌースへの積極的な傾向性を認めていたことがわかる。この潜在的なソフィアやヌースへの傾向性が顕在化されるのは、ハイデガーがプラトンの直面した課題をみずから引き受け、思考するときに他ならない。そしてその作業が、まさに『存在と時間』前後の超越論的次元の構築のなかで展開されることになるのである。そこで次に、『存在と時間』前後の講義と、プラトンに倣った超越論的次元の構図との関係を検討する。

第4節　善のイデアと『存在と時間』のプログラム

『存在と時間』は、「実存の理念」と「存在の理念」という二つの理念の解明をめざしている。すでに指摘したように、「実存の理念」は、現存在の存在構造を形式的に告示して、現存在の解釈学にその内容の暫定的開発を促す[37]。しかしこの実存の理念も、最終的には「存在の理念（Idee des Seins）」の解明を俟って十全に解明される。形式的にすぎない「実存の理念」も、すでに存在論的な内実をそれ自身のうちに内蔵している。その内実が詳らかになるのは、「存在一般の理念」の地平においてである（SZ, 314）。しかしながら、この実存の理念も存在の理念も、あらかじめ不動の確固たるものとして前提されているわけではない。実存の理念は、それ自体、解釈学的循環をつうじて現存在自身から「語り」出される（SZ, 315）。それと同様に、存在の理念もまた、「存在論的な基礎的問いの解明という一つの歩み」を経たのちに、その歩みの妥当性とともに明らかになる（SZ, 437）。実存の理念に導かれて、現存在の存在を時間性として解明した現存在の解釈学の成果は、それ自体で完結しているわけではない。その成果はさらに、存在の理念のもとで再度解釈しなおされ、反復されねばならないのである。

『存在と時間』は、脱自的統一的な超越論的時間地平としてこの存在の理念を捉えている。この未規定の存在の超越論的次元へと遡行するためには、終わりなき解釈学的循環を推し進めなければならない。ここには、超越論的理念の次元の固定化を斥けて、根源的アルケーへの貫通的遡行を試みようとする、最初期のプラトン弁証法に倣った発想との同型性を見てとることができる。実際、『存在と時間』の書き換え作業とほぼ同時期に行われた一九二六年夏学期講義『古代哲学の根本諸概念』では、「存在の理念（die Idee von Sein）を本質的に規定している」のは「善のイデア」であり、「プラトンのイデア論」は「存在論」であると言われている（GA22, 106, 98）。また、『存在と時間』刊行直後の一九二七年夏学期講義『現象学の根本問題』でも、「存在論」はプラトン的問題設定の内部を動いていると言われている（GA24, 400）。つまり『存在と時間』における存在の理念は、既刊部分において獲得された実存論的分析のあらゆる成果を、プラトンの善のイデアのもとで、全面的に反復することを予告するものなのである。

ここには、『ソフィスト』講義でのプラトン解釈からの劇的な変容を認めることができる。ハイデガーは、プラトンへの同化を試みる。いまやプラトンは、ハイデガーにとって、《哲学的実存間の共鳴》の相手である。ハイデガーは、プラトンへの同化を試みる。『ソフィスト』講義におけるプラトンの「不明瞭さ」や「縺れ」は、ハイデガーにとって、事柄そのものの問題を積極的に展開しうる「本当の発見の根」へと反転される。ハイデガー自身が、《明るみから暗闇へ》という解釈学的原理を直接プラトンへと適用する。『古代哲学の根本諸概念』では、そうしたハイデガーのプラトン解釈の変容が、明確に窺える。プラトンにおいて「獲得されているものは、けっして出来上がって見通しのきくような体系などではなく、むしろ途上、発端なのであって、つまりは暗闇である。そしてここに、本来の産出的なもの、広範な指示的なもの、主導的なものがある」。そしてこうしたプラトンの「現象を解明するという現実的な作業」は、「けっして古びることがない」（GA22, 142, vgl. 284）。そして一九二七／二八年の『カント『純粋理性批判』の現象学的解釈』講義では、それまで「暗闇」と呼ばれていたプラトン哲学が、一挙に「光」へ転じている。かの《明るみから暗闇へ》という解釈学的原理も、いまやプラトンが示したものとされる。「プラトンが洞窟の比喩で示した解釈の原理」は、「一切の概念的に真なる認識の根本原理」が「光」であること、また「私が明るみから暗闇へと帰ることによってのみ解釈し、理解することができる」ことを示している（GA25, 398）。したがって、『ソフィスト』講義から『カント『純粋理性批判』の現象学的解釈』講義へのちょうど狭間にあたる『存在と時間』は、善のイデアによって、存在の理念にいわばはじめて「火を点している（entfachten）」のだと言うことができるだろう（SZ, 2, 437）。

そこで、『存在と時間』およびその前後の講義を踏まえて、この善のイデアにならった超越論的次元の構図を明らかにしよう。ハイデガーは、『古代哲学の根本諸概念』と一九二八年夏学期講義『論理学の形而上学的な始元諸根拠』

において、『国家』第七巻に従って、善のイデアをほぼ以下の六点にわたって特徴づけている。第一は、了解可能性の限界であるとともに確実性であり、第二は、あらゆる秩序に共通する根本的確実性とその原理である。第三は、了解を可能にする作用力としての光の光源であり、第四は、真理とヌースの可能性の根拠である。第五は、一切の根拠であり根源としてのアルケーであり、そして第六は、存在と存在者を超えるもの、すなわち「ウーシアの彼方へ（ἐπέκεινα τῆς οὐσίας）」である（GA22, 105f.; GA26, 144）。以上の六点から窺えるように、善のイデアは、存在了解そのものを可能にする真理、確実性、根源としての光として、「問うこと自身さえも超越する」極限的な超越論的次元を意味している（GA22, 106）。なかでも第三点の《光》の比喩には、先のアリストテレス解釈で指摘したような、ヌースやテオリアにつうじる直観的かつ観想的な含意が読みとれる。

『存在と時間』では、《光》の比喩は、主に三つの意味をもっている。第一は、現存在の存在規定である。《光》は、存在了解の「明かり（Lichtung）」として、現存在自身を開示して照らし出す「関心」の実存論的・存在論的構造の一部をなしている（SZ, 133）。すでに先に考察したように、ヌースやテオリアは、テクネー化による非本来的側面と、フロネーシスの極限化による本来的側面の二面性をそなえていた。しかしここでの《光》をそなえた現存在の存在構造と存在了解は、当然ながら伝統的な「直観」や「思考」ではなく、むしろ本来的な意味でのヌースやテオリアを指していると考えられよう（SZ, 147）。また第二に、《光》の比喩は、現存在の被投性を構成する自然現象としての「太陽」を意味してもいる。太陽の「明るさ（Helle）」は、「昼夜の交代」をつうじて現存在の「眼差し」を可能にしたり奪ったりするのである（SZ, 412）。そして第三に、《光》や《太陽》の比喩は、現存在に関しても自然に関しても、「時間性」を意味するものとして用いられる。《光》は、関心の実存論的構造の統一根拠として見るならば「脱自的時間性」である（SZ, 350f.）。また一九二五／二六年冬学期講義『論理学』では、プラトンを引き合いにしながら、「太陽は時間である」と言われている（GA21, 337）。現存在と自然の両者に及ぶ「存在の理念」も、やはり「光」を発する（SZ, 436）。「存在の理念」の《光》は、根源的な時間性である。したがって、「善のイデア」は、現存在と自然の両者に通底し、一切の存在者の現出とその存在了解を可能にする根源的時間性、すなわちテンポラリテートの象徴であると言ってよい。

第六の「ウーシアの彼方へ」は、善のイデア＝テンポラリテート＝存在の理念へと向かう現存在の超越の動性である。「存在の了解は、ウーシアの彼方への企投に基づいている」（GA24, 402; vgl. GA24, 285, 404, GA9, 160f.）。筆者の見るところ、この「ウーシアの彼方へ」という超越の動性のうちには、かつての「エロス」の概念が新たなかたちで導入されているように思われる。初期ではエロスは、生の体験と超越の両者を支える根源への遡行として考えられていた。周知のように、『饗宴』によれば、エロスは豊かさと貧しさの「中間」にある。[38] それに従うなら、エロスの役回りを引き受けるのは、「途上」的な実践的フロネーシスであると考えられるかもしれない。だが、そうではない。『ソフィスト』講義では、「エロス」は「人間的現存在自身の本来的現象」の中心にある「愛」と呼ばれている。もっとも『古代哲学の根本諸概念』では、「眼前的存在者」のうちにある「運動と生成」であるとされている（GA19, 315, GA22, 55, 283）。しかし一九三一／三二年冬学期講義『真理の本質について』まで下ると、より明確に、エロスは「存在そのものへの衝迫（der Drang zum Sein selbst）」と呼ばれている（GA34, 214-218, 238）。つまりエロスは、眼前存在者と人間のいずれにも共通する動性であり、現存在と眼前存在者を区別なく含みこむ「存在」そのものへの動性なのである。いずれにせよエロスは、現存在の実践的フロネーシスを超えて、ソフィア、そして自然的存在者にまでおよぶヌースのテオリアに重ねられてゆくものと考えられる。そのかぎりでエロスは、たんなる「企投」にとどまらず、「時間性」をめざす「関心」全体の超越の動性とみなすべきなのである。[39]

こうした超越の動性は、「想起（Erinnerung）」の概念にも認めることができる。筆者の見るところ、この概念には、プラトンの「想起（ἀνάμνησις）」の発想が少なからず反映されているように思える。魂がエロスによってイデア界へと飛翔するのは、忘却されたかつてのイデアを想起し、取り戻すためであった。同様に、現存在の脱自的統一態は、過去の忘却という非本来的既往性から、本来的な既往性を反復する。エロスが忘却のうえでの想起によって成り立つように、脱自的統一態における反復においても、「忘却に基づいてはじめて想起が可能になるのであって、その逆ではない」(SZ, 339)。『ソフィスト』講義ではすでに、「忘却という頽落可能性」をもたず、「行為を見通しのきくものとする」ものとして「フロネーシス」が挙げられていた(GA19, 56)。しかし、忘却に抵抗するフロネーシスの射程は、あくまでもそのつどの現在の実践的行為に限定されている。現在の実践的行為を超える次元、すなわち「歴史」における《忘却》に関しては、もはやフロネーシスだけでは不十分である。歴史に対しては、さらにソフィアやヌースをも含んだ《想起》が必要になる。『論理学の形而上学的な始元諸根拠』講義には、この点を示唆する記述が見出せる。「哲学の理念(die Idee der Philosophie)」を本質的に特徴づけるものは、「明るく照らし出された(hell)哲学の概念」から見れば、「歴史的な想起」に求められる。その想起は、「哲学をそれ自身のうちに含んでいるような課題を、独自の仕方で、自由に、生産的に(produktiv)把握する」「瞬間的な(augenblicklich)自己了解」によって行われる(GA26, 9f.)。ヌースの《光》、それに照らされたソフィア、そしてフロネーシスが相俟ったときにはじめて、歴史的《忘却》に対抗する「想起」が可能となるのである(40)。

以上の考察を踏まえれば、『存在と時間』を含む超越論的次元の考察が、『国家』第七巻のイデア論に即して構成されているのは、いまや明らかである。一九三〇年代以降になると、例えば『真理の本質について』に見られるように、超越論的問題設定は影を潜める。とはいえ、そこでも『国家』第七巻の「洞窟の比喩」に定位して、「非隠蔽性としての真理」という存在論的な真理の解明が試みられている。それをも踏まえるなら、未完に終わった第一部第三編、第二部の三編を含む『存在と時間』のプログラムとその真理＝開示の段階は、洞窟の比喩の各段階になぞらえて理解することができるように思われる。

『真理の本質について』第一部第一章でのハイデガーの洞窟の比喩の区分に従えば、当初人間は洞窟の内部で拘束されている(第一段階)。しかし洞窟内部の炎へと向き直り(第二段階)、洞窟の外部の太陽の下へ出て(第三段階)、そして洞窟へ再び帰還する(第四段階)(GA34, 21)。この各段階に『存在と時間』全体のプログラムを当てはめてみれば、図式的に次のように整理できる。まず、すでに開示された世界のなかで存在者について世人との間で会話を交わす、いわゆる平均的日常性は第一段階にあたる。日常的言語使用と密接に絡みあった「対話術」の真理の開示は、この段階に置かれる（GA22, 261）。それに対して基礎存在論、すなわち現存在の解釈学における真理の開示の歩みは、洞窟の第一段階から第二段階への移行であり、そこではさしあたり「実存の理念」の光が導きとなる。そして第二段階から第三段階への道のりは、太陽の下への飛翔、つまりエペケイナないしエロスによる「存在の理念」の光のもとへの超越である。そこで一切の存在了解の開示可能性が基礎づけられる。さらに第四段階の洞窟への帰還、すなわち存在論的次元から存在者的次元への立ち返りは、囚人を解放しようとする哲学者の「死」を意味する[41]。しかし、哲学者がおのれのそうした無力を悟りながらも、善のイデアから存在者とその歴史を語ることによってはじめて、真の歴史は開示される（vgl. GA34, 91）。これはちょうど、『存在と時間』第二部に委ねられた「存在論の歴史の解体」の課題と言えるだろう。

　このように見てくるなら、『論理学の形而上学的な始元諸根拠』で述べられた「形而上学的存在者論（die metaphysische Ontik）」や「メタ存在論（Metontologie）」構想も、やはりプラトン的な超越論的問題設定の内部を動いていると考えられる。メタ存在論は、中期以降のいわゆる「転回（Kehre）」の先駆的形態であり、「基礎存在論」の「転回」を企図している。本章の第2節ですでに指摘したように、ハイデガーは、「第一哲学」としての『形而上学』を、「神学」ではなく、『自然学』へと接続しなおすことを目指していた。メタ存在論は、まさに《形而上学》な《存在論》として、その《接続》の中心に位置する。すなわち、メタ存在論は、「善のイデア」を中心に、アリストテレスの『形而上学』を『自然学』へと転回する構想として考えられるのである[42]。そこでこの構想の内実を検討することにしよう。

　まず、アリストテレスの『形而上学』に対するハイデガーの解釈の構図を確認しよう。アリストテレスは『形而上学』第六巻第一章において、「第一哲学（πρώτη φιλοσοφία）」を、不動の動者について「考察する（θεωρεῖν）」学問つまり「神学（θεολογική）」であると同時に、「存在者を存在者として（ὄν ᾗ ὄν）」考察する学問としても特徴づけている(43)。しかしハイデガーは、アリストテレスとは違って、この形而上学の二重性を存在論の克服すべき問題とみなす。存在者を存在者として考察する学問においては、存在者の規定根拠としての存在そのもの、すなわち「存在の理念」が問われねばならない。他方、不動の動者についての考察は、最高の存在者としての存在者それ自体が問われねばならない。ハイデガーは前者を「存在についての学問」、後者を「最高の、そして本来的な存在者についての学問」と呼ぶ（GA22, 149）。しかし同時にハイデガーは、アリストテレスにおいては両者の関係が「根源的な問題圏の地盤と問いかけを欠いて」おり、「揺らぎ（Schwanken）」を含んでいる点を批判している（GA22, 149, 286）。

そこで新たに導入されるのが、「形而上学的存在者論」と「メタ存在論」である。「神学」の対象たる「不動の動者」は、ハイデガーにとっては「動くもの」としての「自然」を意味するものであった。これは『存在と時間』においては、最終的に基礎存在論が立ち帰るべき、「存在者的基礎（ein ontisches Fundament）」に重なりあっている（SZ, 38, 436）。この「存在者的基礎」を考察するのが、「形而上学的存在者論」である（SZ, 436; GA26, 201）。基礎存在論は、存在者的基礎としての「自然」を考察する形而上学的存在者論へと立ち返る。このように基礎存在論から形而上学的存在者論へと《転回》する折り返しの運動が、「メタ存在論」である。このような「転回（Umschlag）」によって、「第一哲学」と「神学」という「形而上学」の二重性は統一にいたることになるのである（GA26, 200ff.）。

『古代哲学の根本諸概念』講義はすでに、このように「存在論的問題」が「転回する（umschlagen）」事態を、「善のイデア」として述べていた（GA22, 106）。善のイデアのもとでは、形而上学が存在者的なものへ、すなわち従来《神的なるもの》とみなされてきた自然的存在者への立ち返りが行われる。そこで列挙されている「メタ存在論的なもの（Metontologisch）、神学（θεολογική）、全体としての存在者（das Seiende im Ganzen）」はいずれも、善のイデアのもとで転回される事柄である（GA22, 106）。この善のイデアはまた、「存在の理念」を「本質的に規定している」と言われる（GA22, 106）。先に述べておいたように、「存在の理念」の《光》は、根源的な時間性として、現存在と自然の両者に通底しているものであった。善のイデアはそれゆえ、現存在から存在者的基礎への移行を可能とする、歴史的かつ超越論的な時間地平だと言える。先の洞窟の比喩に即して整理すれば、善のイデアを中心としたこの「転回」は、第二段階から第三段階への移行と同時に、第三段階から第四段階への移行を敢行するのである。こうしてハイデガーは、プラトンの善のイデアをモデルにして、基礎存在論と存在者論の双方を可能にする超越論的時間地平を構築する。そしてこの超越論的時間地平が、この時期にほぼ並行して行われたカント解釈を支えてゆくことにもなる。というのも、ハイデガーによれば、「プラトンの問題」すなわち「存在者の根底にはその存在の原理があるという問題」を見てとった人物こそ、他ならぬ「カント」であったからである。「プラトンの洞窟の比喩」は、「カントにおける主観性の解明において、超越論的統覚がもつ正当な優位」を告げ知らせるものなのである（GA25, 46, 398, vgl. 3）(44)。

第5節　解釈学と超越論の相克

ハイデガーは、初期以来のプラトンやアリストテレスの解釈においては、フロネーシスを極限化することによって、ソフィア、ヌース、テオリアといった高次の知を哲学的実存のうちに捉えようとしていた。そして『存在と時間』前後の時期においては、さらにその着想を超越論的次元にまで推し進めた。そこでプラトンの善のイデアは、根源的時間性の象徴として、一切の存在論的認識の原理と根拠、すなわち超越論的時間地平と見なされることになった。ハイデガーは、この善のイデアを中心に、アリストテレスの形而上学的問題設定を転回するとともに、みずからの存在論の《超越論的転回》をも敢行する。善のイデアの光は、超越論的時間地平として、基礎存在論によって解明された現存在の実存論的次元ばかりでなく、いまや歴史的次元や、さらには「全体としての存在者」としての「自然」の存在者的次元などといった被投性の《暗闇》をも照らし出すものとなる。そのさい善のイデアは、解釈学の歩みを《光から暗闇へ》と進めるための灯火となる。つまりプラトンの善のイデアは、『存在と時間』にとって、超越論的解釈学の根本原理をなしているのである。

ハイデガーは、こうした《超越論的＝解釈学的転回》によって、存在了解の確実性や可能性、その真理や根拠が根本から基礎づけられると考えていた。しかしながら、フロネーシスの極限化による超越論化という着想は、解釈学と超越論を齟齬なく融合するかに見えながら、その実、両者の間に深刻な相克を生じさせているように思われる。そしてその相克は、解釈学的次元や、また超越論的次元をめぐる『存在と時間』のプログラム全体にも、重大な問題を生じさせているように思われる。そこで最後にこうした問題点について検討することにする。

ハイデガーは確かに、既刊部分の『存在と時間』の実存論的分析論では、一貫してフロネーシスを重視する姿勢を崩していない。すでに指摘したように、アリストテレスの「欲求（ὄρεξις）」や「フロネーシス」の概念が、「関心」や「良心」として捉えなおされ、フロネーシスの動性やその目的が、途上的な「終わりへ向かう存在」および「究極目的（Worumwillen）」として規定されている点にも、明らかに実践的行為を重視する姿勢が窺える[45]。しかしながら他方、フロネーシスをソフィアへと極限化してゆくさいには、フロネーシスの道徳的ないし倫理的含意を切り捨てようとする姿勢が見受けられる。例えば、『存在と時間』では、「非本来性」や「頽落」といった術語から道徳的含意が抹消されており、また「負い目」からも道徳的側面が捨象され、そこから導き出された現存在の「無性」が、「善悪」の「根拠－存在（Grund-sein）」だとされている（SZ, 175f., 286）。

こうした姿勢は、初期においても見出すことができる。そもそも「ナトルプ報告」における『ニコマコス倫理学』の解釈自体、「特殊な倫理的問題圏をさしあたり度外視」したものであった（GA62, 376）。『ソフィスト』講義においても、「ギリシア人における人間的実存の究極の意味を理解する」には、「伝統的な哲学者たちから今日われわれが知っているような倫理的なものについての考察は、はじめから視点の外部にある」ことを理解しなければならないとされている（GA19, 178）。というのも、道徳的なものや倫理的なものは、人間本来の存在にはかかわらないからである。道徳や倫理といった「前哲学的な人間のプラクシスの可能性はすべて、その意味に従えば、共同存在へと差し向けられている。それゆえこうした可能性は人間の本来の存在可能性ではありえない」(GA19, 176)。つまりフロネーシスをソフィアへと極限化して学問的実存の核心に据えるという実存論化の作業は、フロネーシスから共同存在にかかわる実践的、倫理的含意を抹消するものとして考えられるのである。[46]

倫理などの実践的側面を捨象してソフィアを確保しようとするこの姿勢は、現存在の解釈学にも深刻な問題を引き起こす。第一は、プラトン対話術に対する低い評価であり、またそれにともなう他者との対話の契機の抹消である。確かにハイデガーは、最初期ではプラトン弁証術を評価していたものの、実のところそこで重視されていたのは、他者との対話の契機ではなく、対話の前提を解体し、イデアという根源へと《自己》を解放する契機であった。もちろん《共鳴》という契機にも着目されてはいるが、しかしそれもあくまで《自己》のうちでの出来事と体験という関係において捉えられている。やがてプラトンからアリストテレスへと解釈の軸足を移動してゆくにつれ、ハイデガーは、解釈学に比して対話術を低く位置づけるようになる。『存在と時間』にいたって、ふたたびハイデガーは解釈の軸足を次第にプラトンへと移動しはじめるが、しかしそこでも、アリストテレスが解釈学を確立してプラトンの弁証術を「止揚した」とされていることからも明らかなように、対話術に対する評価は低いままである(SZ, 25)。『ソフィスト』講義では、対話術の積極的機能として「浄化」が打ち出された。しかしそこでも、他者との対話の契機は考慮されていない。このように見てくるなら、プラトン対話術に対する低い評価は、同時に他者との対話の契機を削ぎ落としてしまっていると考えられるのである。

第二の問題は、解釈学における他者や共同存在の契機の軽視である。この問題は、第一の問題と密接に連動している。「ディアヘルメノイティーク」という最初期の構想に見られるように、解釈学は、もともとプラトン対話術との関係のなかから生まれたものであった。ところが、プラトン対話術における他者との対話の契機の抹消は、「ディアヘルメノイティーク」はもとより、解釈学においても、そのまま引き継がれている。道徳的なものや倫理的なものといった「共同存在」が本来的可能性ではない以上、解釈学にも、そうした可能性の考察が本質的には許されないことになる。《日常性の解釈学》においても、共同存在についての考察が一定の言語共同体へと狭められる側面が認められた(47)。そのため、現存在の解釈学の遂行は、倫理や共同存在へと広がるよりも、単独化した現存在へと収束せざるをえなくなる。

第三の問題は、過去の哲学者とのあいだで、批判的な距離を保った解釈学的地平の構築が困難になる点である。ハイデガーの過去の哲学者に対する解釈は、基本的には、現在と過去の歴史的間隙を飛び越える《実存的共鳴》という解釈学的発想によって支えられていた。前章で検討した初期のパウロ解釈においても、パウロとテサロニケ人の時空間は完全に同一視されていた(48)。『ソフィスト』講義でも、プラトンとソクラテスの哲学的実存との同一化が積極的に評価されていた(49)。確かにこうした発想は、現在と過去を結び合わせ、歴史的な「他者」との《実存的共鳴》のなかで、新たな「対話」の可能性を開くものと言えよう(50)。こうした《実存的共鳴》という発想が成り立つのは、『存在と時間』で定式化されているように、そもそも現存在が歴史的なものとして考えられているからに他ならない。現存在は「《歴史のなかに立っている》がゆえに《時間的》であるわけではなく、むしろ逆に、その存在の根本において時間的であるがゆえにのみ、歴史的に実存し、また実存することができるのである」(SZ, 376)。

しかしながら、このように現存在を歴史的実存として規定しているにもかかわらず、ハイデガーはそうした歴史的実存間の《共鳴》の通路を、必ずしも適切なかたちでは切り開けていないように思われる。目下のプラトン解釈について言えば、この問題は「忘却」において最も極端なかたちで現われている。先に指摘したように、『存在と時間』は、プラトン的な想起の契機を現存在の実存論的契機へと導入することによって、忘却を乗り越えて、歴史性の次元へ進む超越論的立場を打ち出していた。こうした想起の位置づけは、歴史を超えて引き起こされる思考の共鳴力や強度を反復しようとする点で、《実存的共鳴》という発想を明確に定式化している。しかし、ここには少なからず矛盾がある。そもそも『存在と時間』の現存在の解釈学の出発点は、「存在」をめぐるこうした歴史的忘却に対する危機感にあった(SZ, 2, 21)。つまり、歴史的忘却の問題は、現存在の解釈学的構造のうちに、はじめから必然的なものとして想定されていたはずなのである。しかし忘却が、現存在の解釈学にとって本質的かつ不可避的な構造であるならば、現存在の解釈学も、歴史的忘却を完全には打破しえないことになる。

忘却は、現存在の解釈学の被投的側面であり、現存在の解釈学の企投をつねに動揺させる《謎》である。ハイデガー自身もまた語っているように、「現存在の歴史性の実存論的解釈」は、「影」や「暗闇」のうちに陥らざるをえない（SZ, 392）。それゆえにこそ、現存在の解釈学は、繰り返し想起によって忘却を乗り越えることが求められる。だが、このような忘却の危険性は、ハイデガーが《実存的共鳴》を極度に重視しているため、かえって見えにくくなっている。「歴史学（Historie）」の本来的な主題が、「かつて存在していたそのつどの実存の可能性」を反復することである、とハイデガーが述べるときも、やはりそうである（SZ, 395）。このような《実存的共鳴》の重視は、きわめて《強い意味》の《地平融合》である。そこでは、現在と過去の二つの歴史的地平は、瞬間のうちで垂直に折り畳まれ、矛盾なく一体化されてしまう。そのため、歴史的地平のあいだに潜む忘却の可能性が排除され、歴史的他者との多様な関係性や、歴史の多様な可能性といった「謎」や「暗闇」すらも排除されかねない。その意味で、《実存的共鳴》によって本来的な歴史的次元を取り出そうとするハイデガーの解釈学的戦略は、かえって、忘却なくして一挙に歴史全体を見通すかのような、脱歴史的な超越論化の方向へ向かっていると考えられる。この点ではハイデガーは、あたかもアウグスティヌスのように、忘却さえも、そのものとしては「記憶」されうると捉えているように見える。[51]

だが問題は、こうした解釈学的次元にとどまらず、さらに善のイデアの超越論的次元にも及ぶ。端的に言えば、それは善のイデアの「真」の要素のみを強調することによって、「美」や「善」といった要素をも極端に欠落させてしまうという問題である。以下、それぞれの要素について問題を指摘しておこう。

第一の問題は、「真」の要素の強調によって、善のイデアが著しく認識論的なものに転じてしまう点である。[52]『存在と時間』において「真」は、存在者や現存在を現れさせる「開示性」を意味している。「現存在が本質上みずからの開示性を存在し、このように開示されたものとして開示と発見をおこなう限り、現存在は本質上《真なる》ものである。現存在は《真理のうちに》ある」（SZ, 221）。こうして開示性の根拠としての存在の理念が善のイデアと重ねあわされるとき、善のイデアにおいても、「真」すなわち「開示」という契機が強調されることになる。それはいわば、現象性や可視性といった認識論的側面を善のイデアのうちで強調することに他ならない。事実ハイデガーは、善のイデアを存在了解に対して《可視性》を与える根源としてばかりでなく、善のイデアそれ自体を存在了解にとって《可視的なもの》としても捉えている。「存在了解は根源的には、この〔善の〕イデアを見ることにある」（GA22, 106）。善のイデアを「見る」ことのできる「存在了解」によって、あらゆる存在者を「見る」という存在了解もまた可能になるのである。しかし、『国家』では善のイデアは「かろうじて見られるもの（μόγις ὁρᾶσθαι）」であるにすぎず、それ自体「見られるもの（εἶδος）」とは呼ばれていない[53]。善のイデアとしての太陽は、それを見る者の目を眩ませてしまうものだからである。「光から闇に移されたとき」にも、また「闇から光に移されたとき」にも、「見る」可能性は妨げられる[54]。つまり善のイデアは、「ウーシアの彼方」である限りにおいて、可視界においては見ることがきわめて困難で、ほとんど不可視のイデアなのである[55]。

それにもかかわらず、ハイデガーは認識論的な現象性や可視性を確保するために、こうした困難さを一挙に水平化する。確かにハイデガーは、善のイデアが「かろうじて見られるもの」であることを認めてはいる（GA24, 404）。ところが他方で、「魂」は、光と闇の移行のなかで拘束を解かれると、「存在者をその存在において、つまり存在者において最も明るいもの、存在を見る」ことができるようになるとも述べられている（GA22, 260）。つまり善のイデアは、本来的な存在の理念としては、可視的なものとなるというのである。しかし、このように可視的な次元へと引き下げられるなら、存在の理念としての善のイデアは、かつてみずからが「ナトルプ報告」で批判したような、《現前化》する「制作」としてのヌースへと近づいてしまうことにもなる。そうなると、ハイデガー自身の批判に反して、善のイデアは、「デミウルゴス、純粋に端的な制作者」になってしまうように思われるのである（GA24, 405）。

第二の問題は、美の要素、とりわけ存在者的な美の要素の欠落である。確かにハイデガーは、『国家』第七巻に従って、善のイデアが「美しい（καλός）」ものでもあることを指摘している（GA22, 105f., 169, 255, 316; GA26, 144）。それはたんなる「美しいもの」ではなく、超越論的な存在論的根拠としての「美」である。ところが、その「美」の理解は、実質的にはアリストテレスの議論に従ったものになっている。そのさいハイデガーは、『形而上学』第一巻第三章における「コスモス」の議論や第五巻一二章の「デュナミス」の議論における「美しい（καλῶς）」あり方に言及している(56)。だが、その場合の美の基準は、「運動」に求められている。さまざまな「動力因（Anstoß, causa efficiens）」のもとで、宇宙の秩序は整然とした秩序をもって「美しく」ある（GA22, 38f., 218）。また、高い「能力」を備えた走者が「美しく」あるのは、その「行為（Tun）や動き（Sich-Bewegen）」が整然と纏まっており、その意味で優れているからである（GA22, 316）。人間に固有の能力の運動であれ、宇宙を成立させる動力因であれ、いずれもその運動が純粋に極限化した場合にのみ、「美」は成り立つ。こうした解釈が、フロネーシスの極限化という発想によって支えられたものであることはたやすく見てとれよう。

すでに見たように、これはそもそもプラトンというより、きわめてアリストテレス的なプラトン理解である。しかも、ハイデガーはさらに、こうした理解を極端に推し進めることによって、純粋に極限化されない運動においては「美」は成り立たず、したがって存在者的な「美しいもの」はありえないと考えているように見える。こうした考え方は、ハイデガーの弁証術やエロスの解釈にも見出される。先に検討したように、ハイデガーは弁証術に関してはもっぱら《貫通》的契機のみを強調し、なおかつフロネーシスに定位している限りで、純粋なテオレインの前段階にあるもの、いわば《不純な》テオレインと見なしていた。そしてこうしたフロネーシスの極限化の作業のなかでは、秩序のない、雑然とした「戯れ」は、弁証術からただちに剝奪されていたのであった（GA19, 197）。しかしながら、こうしたいささか性急な理解は、弁証術に本来備わるアイロニカルな美的遊戯の性格を奪ってしまうのではないか(57)。

また同じくすでに検討したように、ハイデガーはエロスに関しても、フロネーシスの極限化をつうじて、ソフィアやヌース、テオリアへの傾向を強めていた。しかしハイデガーは、このように極限にまで推し進められた運動から、最終的にはエロスそのものさえも排除する。この点が最もよく見てとれるのは、アリストテレスの「不動の動者」をめぐるハイデガーの解釈である。アリストテレスは、『形而上学』第一二巻第七章で、「不動の動者」が他のものを引きつけて動かすことを、「愛されているもののように（ὡς ἐρώμενον）」と表現している[58]。ところがハイデガーによれば、この運動は「プラトンのエロスのように理解されてはならない」とされる（GA22, 329）。ハイデガーにとって、「不動の動者」は、絶えざる円運動の活動状態にある自然的存在者のことであった。不動の動者は、「すべての運動を引き起こし、推し進める、より高次の存在者」ではなく、むしろ「運動とのあらゆる結びつきの外部」、すなわち「世界との関連、人間との関連、それらすべての外部」にある、究極の純粋な自己関係的循環運動である（GA22, 330f.）。しかしそれに対してエロスは、なお人間と存在者に共有されている運動であった。そのかぎりで、ハイデガーにとってエロスは、純粋な循環運動に達していない《不純》な運動と見なされていると言える。しかしそうであるなら、肉体的な美やパトス的な美などのエロスも、実存的ないし存在者的な《不純な》エロスとして、考察からすっかり除外されてしまうことになる。

確かにプラトン自身も、『饗宴』では身体、言語、知をはじめとして、いかなる存在者においても美が不可視であると述べている[59]。しかし、例えば『パイドン』では、例外的とはいえ、美の知覚可能性が認められてもいる[60]。そうした意味では、プラトンにとってエロスは、純粋と不純という運動の二項対立によっては明確には区別しがたい、微妙な両義性を孕んでいると言える。ところが、ハイデガーの理解では、こうした両義性は一切抹消されてしまっており、いずれにせよ少なくとも、遊戯性やエロスといった美の要素は、総じて善のイデアからは脱落してしまうことになるように思われる。

第三の問題は、善のイデアからの善の要素そのものの欠落である。ハイデガーは、価値や有用性、そして道徳などの含意を削り落として、善のイデアを根源的時間性へと純化させていた。すでに『ソフィスト』講義においても「アガトンはさしあたりプラクシスとは何の関係もなく、むしろそれは完成していて完全である限りでの存在者の規定」

であり、「アガトンを《価値》として把握するなら、それは不合理である」と述べられていた（GA19, 123）。『古代哲学の根本諸概念』講義では、「アガトン」を「有用性（Dienlichkeit）」や「価値」とみなすのは「不十分な存在の把握」に基づくものであり、「道徳的なもの（Sittlichen）」とみなす場合もやはり同様であると述べられている（GA22, 141）。「価値」などの存在者的レベルで「存在をアガトンとして語ることは、存在を誤解すること」である（GA22, 284）。むしろ善のイデアは、「本来的な存在と存在者」として、両者を包括するものなのである（GA22, 141）。それゆえハイデガーにとって、善のイデアを価値や有用性や道徳などといった実践的次元、存在者的次元の理解だけで満たそうというのは、その超越論的次元を毀損することに他ならない。したがってまた、善のイデアからは、プラトンが国制や共同体について語った政治的含意や、正義などの道徳的含意も失われてしまう[61]。しかし、このように善の要素を欠いた善のイデアが実存の理念や存在の理念へと代入されるなら、先駆的決意性から他者との実践的関係性にかかわる具体的な内容規定をすっかり奪うことになるのではないか。このことはまた、先に指摘したように、倫理性や道徳性を現存在の解釈学から抹消することにも繋がるように思われるのである。

　そして最も深刻なのは、時間性をめぐる問題である。第一の問題は、解釈学の実践的な《非現前的》時間性の抹消である。ハイデガーは先駆的決意性を、エウダイモニアの自足した「完全性」の状態を思い起こさせる「自立性（Selbst-ständigkeit）」という術語で表現している（SZ, 322f.）。ソフィアのテオリアが実現するこの状態は、フロネーシスの極限化であるにもかかわらず、そしてハイデガーが「主体」の「持続性」ではないと述べているにもかかわらず、なお静態的な印象を与える。『存在と時間』においてその問題が最もはっきり読みとれるのは、先駆的決意性におけるこの自立性の状態の可能性について、「善のイデア」を思い起こさせるような仕方で語っている次の箇所である。「すべての《善なるもの》が相続される財産であるとすれば、そしてその《善さ》が本来的実存を可能にすることにあるのだとすれば、遺産の継承はそのつどの決意性のなかで成り立つものなのである。……死への先駆のみが、あらゆる偶然的で《暫定的な》可能性を追い払う。死へ向かって開かれた自由のみが、現存在に端的な目標を与えて、実存を己の有限性の中へ突き入れる」（SZ, 383f.）〔傍点は引用者による強調〕。現存在の解釈学は、フロネーシスに導かれる限りにおいて、非本来性から本来性へと向けてつねに暫定的な反復を繰り返す途上的性格を持ったものであった。[62] しかし、先駆的決意性の自立性においては、そうした実践的な暫定的、途上的時間性格は剝奪される。先駆的決意性において、現存在の存在「構造」が最も緊密な「統一性」と「自立性」をもつとき、解釈学と実践的行為の《暫定性》は消失する。そしてこうした「構造」性が強調されることによって、解釈学の循環運動は、一回限りの解釈の反復の遂行というより、むしろ同じような解釈の反復の構造へと重心を移動することになる。したがって、解釈学の循環運動をそれ自体として見るなら、閉じた静態的「構造」として《完結》してしまうことになる。解釈学とそれを担う実践的行為の運動は、《非現前性》をめざしていたにもかかわらず、その実《現前性》へと進んでいる。つまり現存在の解釈学は、先駆的決意性において循環運動の反復を恒常化してしまうのである。従来の解釈は、先駆的決意性を、解釈学的循環が純粋に遂行される本来的時間とみなしてきた。しかし筆者の見るところ、先駆的決意性は、解釈学的循環の非本来的な恒常化という致命的な欠陥を抱えていると考えられる。

第二の問題は、善のイデアに象徴される根源的時間性の超越論的次元の《現前化》である。現存在の解釈学が、先駆的決意性において現前化しているなら、そこでなされるべき善のイデアの《継承》作業も、《現前性》の時間性においてしか成り立ちえないことになる。先に指摘したような、《実存的共鳴》における脱歴史的な超越論化は、その典型例であった。したがって、善のイデアによって象徴された根源的時間性も、いまや恒常的現前性として、あたかも存在者的な対象性として理解される可能性を孕むことになる。こうした理解は、前章の末尾でも確認したような、『現象学の根本問題』における「存在」の「対象化」を目論む姿勢へとつながるものと言える。[63] これは、善のイデア以下のあらゆる時間理解の《現前化》を引き起こす。現存在の解釈学、実存の理念、フロネーシス、ソフィア、ヌース、先駆的決意性の自立性、哲学的実存間の共鳴、存在＝被制作性批判、善のイデアとしての超越論的な存在の理念であるテンポラリテート、いまやこれら一切が《現前性》の時間性のうちに閉ざされてしまいかねない危機に直面せざるをえなくなっているのである。
ハイデガーは、アリストテレスをプラトンによって転回し、さらに善のイデアを《非現前的時間性》へと転倒しようと試みた。しかしその結果、逆にハイデガーは《現前的時間性》の隘路に嵌まり込んでしまっていると考えられる。その理由は、究極的には、プラトンを転倒しようとする、ハイデガーの《反プラトニズム》の発想に起因しているのではないだろうか。そうした発想を、ハイデガーはプラトン解釈の根底で、ひそかに堅持していたのではないだろうか。そうであるとすれば、《反プラトニズム》の発想そのものの打開が、『存在と時間』の行き着いた隘路の打開にも繋がるはずである。そこで次に、ハイデガーの《反プラトニズム》の発想の起源とその「転回」の可能性を、ニーチェとの対決において検討する。

注

（1） このような言い回しは、ホワイトヘッドを思い起こさせる。A. N. Whitehead, *Process and Reality*, D. R. Griffin and D. W. Sherburne (ed.), The Free Press, N. Y. 1978, p. 39.
（2） 細川亮一『ハイデガー哲学の射程』、七四―七五頁。
（3） 第Ⅰ部第一章第2節、第3節参照。
（4） 第Ⅰ部第二章第2節参照。
（5） 第Ⅱ部第三章第1節参照。
（6） イムダールは、ディアヘルメノイティークを「現象学の問題を体験に即して了解」する方法として位置づけている。同じくシュミットも、ディアヘルメノイティークと解釈学的直観を「生の哲学流に変換された現象学の装置」として位置づけている。しかしシュミットは、これらの「装置」が「生の哲学」にも「現象学」の「超越論的本質の理念」に対しても「等しく閉ざされている」とする。だが、解釈学的直観の射程が歴史的な生の根源的体験と超越論的理念の両者に向けられている点を考えれば、この見解は支持しがたい。なお、ディアヘルメノイティークとその解体的役割については、マックリールの分析をあわせて参照。G. Imdahl, *Das Leben verstehen*, S. 116 ; I. Schmidt, *Vom Leben zum Sein*, S. 166 ; cf. R. A.

Makkreel, The genesis of Heidegger's phenomenological hermeneutics and the rediscovered “Aristotle introduction” of 1922, p. 310.（上掲邦訳三九頁）

（7） こうしたいわゆる「実践哲学」を中心とする解釈が生まれた背景には、一九六〇年代に始まったいわゆる「実践哲学の復権」運動の影響が大きい。この運動は、周知のように、リッターやリーデルを嚆矢として、あらためて学問と倫理、政治との関係を問い直そうとするものであった。そこには、第二次世界大戦後、とくにフランクフルト学派を中心とするハイデガー存在論の没倫理性、没政治性に対する反省的意識が存在していた。こうした立場に立った代表的なハイデガー批判は、アドルノやハーバーマスなど、本論の序で挙げておいた「社会哲学および政治哲学的立場」の解釈である。ところが一九八〇年代以降になると、この運動は、ハイデガー哲学それ自体を実践哲学として読みなおす新たな解釈傾向を生み出すことになる。そこで注目を集めたのは、そもそもこの運動の牽引役となったアリストテレスの実践哲学との関係である。こうした立場の解釈としては、以下を参照。Cf. R. Bernasconi, The fate of the distinction between Praxis and Poiesis, in: *Heidegger Studies*, Vol. 2, 1986, pp. 111-139; J. Taminiaux, Poiesis and praxis in fundamental ontology, pp. 137-169; F. Volpi, Dasein comme praxis: L'assimilation et la radicalisation heideggérienne de la philosophie pratique d'Aristote, in: *Heidegger et l'idée de la phénoménologie*, Kluwer Academic Publishers, Dordrecht 1988, pp. 1-41; F. Volpi, Being and Time: A “Translation” of the Nicomachean Ethics? in: T. Kisiel and J. v. Buren (ed.), *Reading Heidegger from the start: essays in his earliest thought*, State University of New York Press, Albany N. Y. 1994, pp. 195-211. ハイデガーをめぐる「実践哲学の復権運動」のもう一つの機軸を形づくっているのは、アレントとガダマーである。弁論術を含めた実践的な解釈学の構築をめざしたガダマー、制作に対する行為の重要性を主張したアレント、両者のいずれにも、ハイデガーの主張する制作に対する実践の優位が強く残響している。アレントとハイデガー、ガダマーとハイデガー双方の関係におけるアリストテレスの位置については、以下参照。Cf. J. Taminiaux, Arendt, disciple de Heidegger?, in: *Éudes Phénoménologiques*, Vol. 2, 1985, pp. 111-136; J. Taminiaux, Heidegger et Arendt lectures d'Aristote, in: *Les Cahiers de Philosophie*, Vol. 4, 1987, pp. 41-52; D. R. Villa, *Arendt and Heidegger: The fate of the political*, Princeton University Press, New Jersey 1996（青木隆嘉訳『アレントとハイデガー——政治的なものの運命』法政大学出版局、二〇〇四年）; vgl. T. Gutschker, *Aristotelische Diskurse. Aristoteles in der politischen Philosophie des 20. Jahrhunderts*, Verlag J. B. Metzler, Stuttgart und Weimar 2002; J. Stolzenberg, Hermeneutik der praktischen Vernunft. Hans-Georg Gadamer interpretiert Martin Heideggers Aristoteles-Interpretation, in: G. Figal und H.-H. Gander (hrsg.), „*Dimensionen des Hermeneuti-*

schen" Heidegger und Gadamer (Martin-Heidegger-Gesellschaft Bd. 7), Vittorio Klostermann, Frankfurt a. M. 2005, S. 133-152; H. Vetter, *Philosophische Hermeneutik. Unterwegs zu Heidegger und Gadamer (Die Reihe der Österreichischen Gesellschaft für Phänomenologie, Bd. 13)*, Peter Lang Verlag, Frankfurt a. M. 2007. しかしながら、近年のハイデガーと実践哲学の関係をめぐる解釈は、「制作」と「実践」という従来の単純な対立図式を乗り越える立場を打ち出しつつある。この点については、以下参照。Cf. F. Raffoul and D. Pettigrew, Introduction, in: F. Raffoul and D. Pettigrew (ed.), *Heidegger and practical philosophy*, State University of New York Press, Albany N. Y. 2002, xiv.

（8）第Ⅱ部第四章第4節参照。そこで充分に掘り下げられなかった諸能力の関係に、本節以下の議論は焦点をあてている。

（9）Aristoteles, *Metaphysica*, 1026a18-32.

（10）『存在と時間』の体系構想をめぐるこの形而上学の二重性の問題については、以下参照。細川亮一『ハイデガー哲学の射程』、五—一五頁。

（11）Aristoteles, *Ethica Nicomachea*, 1141a18, 1141a12.

（12）Aristoteles, *Ethica Nicomachea*, 1141a17.

（13）この点については、以下を参照。秋富克哉『芸術と技術　ハイデッガーの問い』創文社、二〇〇五年、三三—四四頁。

（14）Aristoteles, *De Anima*, 430a15.

（15）Aristoteles, *Metaphysica*, 1073a27, 1071b19-20.

（16）第Ⅰ部第一章第1節、第三章第1節、第3節、第Ⅱ部第四章第1節、第2節参照。

（17）Aristoteles, *Physica*, 185a12-15.

（18）Aristoteles, *Metaphysica*, 981a24-29, 982a21-25.

（19）Vgl. G. Figal, *Der Sinn des Verstehens. Beiträge zur hermeneutischen Philosophie*, Philipp Reclam, Stuttgart 1996, S. 36.

（20）『存在と時間』では、「理論」と「実践」という区別は、知の能力の存在論的考察に関して役に立たないものとみなされている（SZ, 69, 358, 193）。またこの点については、以下参照。Vgl. R. Bernasconi, Heidegger's Destruction of Phronesis, in: *The Southern Journal of Philosophy*, Vol. 28, supplement, 1989, p. 143.

（21）ガダマーは、ハイデガーのアリストテレス解釈における各テキストと諸能力の分析の関係をきわめて的確に見てとっている。ガダマーは再発見された「ナトルプ報告」の刊行に寄せた論文のなかで、こう述べている。「この再発見された構想を読んで、私にとって意外だったのは、このハイデガーの草稿のなかではフロネーシスがそれほど前面に出ておらず、むしろ理論的な生の徳、ソフィアが前面に出ている点であった。このことは、若きハイデガーが当時、実践哲学のアクチュアリテートよりも、それがアリストテレスの存在論、つまり『形而上学』にとってどのような意義を持つかという点に携わっていたことを意味している。『ニコマコス倫理学』第六巻は、この構想論文ではむしろ本来は、アリストテレス『自然学』の序論として登場しているのである」(H.-G. Gadamer, Heideggers »theologische« Jugendschrift, S. 81f.)。

(22) ハイデガーは、ソフィアが人間の本来的存在を構成するという主張を、『ソフィスト』講義の随所で繰り返している。Vgl. GA19, 124, 613. なおハイデガーは、フロネーシスに対するソフィアの優位を、アリストテレスにならって健康(ὑγίεια)と医術(ἰατρική)の区別を用いて説明している。医術の心得のある病んだ医師は、みずからの健康を気遣い、みずからの病を医術によって治療する。この場合に医師は、健康になるために医術行為を目標としている。他方、健康な人間は、健康たらんとする目的をもって、わざわざ医術によってみずからを気遣うことはしない。というのも、健康な人間のうちで、健康は本来の姿で遂行されているからである。この関係は、フロネーシスとソフィアとの関係と類比的である。フロネーシスはそれ自身とは別の行為に「つまり行為そのものに指示されている」。それに対してソフィアのテオレインは「目標をもたない。むしろ、それとしては、そのなかに生きている人間によって、純粋に遂行されるのである」。したがって「テオレインは人間がその最高度の存在様態、つまり、その本来的に精神的な健康存在を持つ、一つの存在様態である」(GA19, 169)。その場合のソフィアには、もはやテクネーに基づくエピステーメーの入り込む余地は否定される。というのも、アリストテレスが述べているように「あらゆるエピステーメーはアルケーに基づいている」、つまり「エピステーメーはアルケーを開示することはできず、むしろアルケーを前提とする」からである(GA19, 171)。Vgl. Aristoteles, *Ethica Nicomachea*, 1144a3-5, 1140b31-32.

(23) 『古代哲学の根本諸概念』講義においても、次のように述べられている。「ソフィアが最高度の理解であり本来的な学問である、ということは決まっている。……最高度の学問は実践的な目的を欠いている。それゆえそれ以外の学問すべては、生きるために実践的により切迫した、より必要不可欠なものとなる。理解の意味と可能性からすれば、この最高度の学問以上に高い位置にある学問はない」(GA22, 30f.)。「観想すること(θεωρεῖν)、存在そのものを《研究すること》は、実践的な成果を狙うのではなく、存在者をあるがままに取り出すことだけを狙うのである……研究者とは、存在と存在者に最も接近する者、ヌース自体に最も接近する者である。観想することにおいて……人間は人間に授けられた最高度の存在様態に最大限に近づく。ただし、こうした振る舞いはごくたまにしか人間に与えられず、ふたたび元に戻ってしまう。しかしこれは、アリストテレスが教えただけでなく、生きぬいたことでもあった。当時哲学は必ずしも現実に密着する必要はなかったのだが」(GA22, 313)。

(24) 第I部第二章第1節、第2節参照。

(25) 『ソフィスト』講義の根本的な狙いは、プラトンの考察をつうじて、ソフィアとしての学問と生の関係を学ぶことにある。「こうした道においてのみ、学問と生という問いが決断にもたらされる。つまりわれわれは、学問的な仕事の運動様式、そして学問的な実存のより内的な意味、それらをあらためてようやく、われわれの下で真なるものとすることを身につけるのである」(GA19, 10)。

(26) こうしたハイデガーのプラトン解釈の立場は、新カント派、とりわけナトルプとの対決という事情も絡んでいる。当時の新カント派では、カントとプラトンを超越論的観念論者として位置づけ、アリストテレスを実在論者として斥けるという傾向が主流であった。ナトルプは、そうした新カント派の代表的なプラトン解釈とも言うべき『プラトンのイデア論』のなかで、アリストテレスのイデア論批判を斥けつつ、カントのカテゴリーと超越論的理念を用いながら、プラトンのイデア論を近代科学と結びつけて解釈している。Vgl. P. Natorp, *Platos Ideenlehre : Eine Einführung in den Idealismus*, 2., durchges. und um einen metakritischen Anhang verm. Ausg., Felix Meiner Verlag, Leipzig 1921. ハイデガーは、初期以来、こうしたナトルプの観念論に対しては批判的であった。『ソフィスト』講義の冒頭に掲げられた追悼文では、そうした批判を覗かせつつ、プラトンとアリストテレスに対するナトルプの先見の明に敬意を表している。ナトルプのプラトン解釈は「一面的である(Einseitigkeit)」が、それはナトルプが「マールブルク学派の認識論的な新カント主義の視野と限界」から「ギリシア哲学の歴史」を見ていたからである。またナトルプは「アリストテレスに対して厳しい態度」で臨んだが、しかしそれは「アリストテレスについての不十分な知識」のゆえではなく、「反対に、今日ようやくひとびとが立ち戻ってきた成果が、ここで先取されている」からなのである(GA19, 1f.)。プラトン解釈をめぐるハイデガーとナトルプの関係については、以下参照。R. J. Dostal, Beyond Being : Heidegger's Plato, in : *Journal of the History of Philosophy*, Vol. 23, 1985, pp. 71-98 ; M. J. Brach, *Heidegger-Platon : Vom Neukantianismus zur existentiellen Interpretation des „Sophistes"*, Königshausen & Neumann, Würzburg 1996, S. 197-200.

(27) 第I部第二章第1節参照。

(28) 第Ｉ部第二章第2節参照。

(29) 第Ｉ部第二章第4節参照。

(30) これらの《纏れた》諸能力は、「勝手を知ること（γνωρίζειν）、知識（γνωριστική）」あるいは「心得（Sich-Auskennen）」とも呼ばれている（GA19, 625, 191）。

(31) 例えばゴンザレスは、以下の点を挙げている。プラトンはアリストテレスが見てとった「ソフィアとアガトンとの関係」を見ていない（GA19, 124）。アリストテレスの「明るみ」から見た場合にはプラトンの「暗さ」には「纏れ」がある（GA19, 190）。「ロゴスの共通性」についての「原理的な纏れと不明瞭さ」、「無規定性」がプラトンには認められる（GA19, 198, 201）。「プラトンではなおも存在論と神学が混在している」（GA19, 222）。プラトンには⑴「無の概念」、⑵「存在としての存在（ὄν）と存在者としての存在（ὄν）の区別」、⑶「存在（ὄν）、一者（ἕν）、このもの（τί）」などの「特定の存在性格」、これらにおける「無規定性」が認められる（GA19, 459）。プラトンにとって「他なること（ἕτερον）」は多義的なままである（GA19, 543, vgl. 546f., 572）。プラトンは名詞と動詞の区別を知ってはいたが、彼においてその区別は「見出されていない」（GA19, 591）。「ロゴス」が「何ものかについてのロゴス」であるという「ロゴスへの基礎的な洞察」が、プラトンにおいては「現象学的に一貫したかたちで評価されていない」（GA19, 597）。プラトンは「ソフィア」も「ディアレゲスタイ」も明瞭に見てとっていない（GA19, 625）。Cf. F. J. Gonzalez, On the Way to Sophia: Heidegger on Plato's Dialectic, Ethics, and Sophist, in: *Research in phenomenology*, Vol. 27, 1997, p. 49, Anm. 5.

(32) こうした「纏れ」のもつ役割については、第Ⅱ部第四章第1節、第4節および注（8）を参照。

(33) Platon, *Phaedrus*, 259e5-7.

(34) Cf. G. Figal, Refraining from Dialectic: Heidegger's Interpretation of Plato in the *Sophist* Lectures, in: C. E. Scott and J. Sallis (ed.), *Interrogating the tradition: hermeneutics and the history of philosophy*, State University of New York Press, Albany N. Y. 2000, p. 105.

(35) Platon, *Sophista*, 231b3-9.

(36) Platon, *Sophista*, 257b1-259d8.

(37) 第Ｉ部第一章第6節、第7節参照。

(38) Platon, *Symposium*, 204b1-2.

(39) ローゼンはエロスを「関心」と結びつけており、ゲルヴェンは「企投」と結びつけている。しかしいずれの解釈も、エロスのもつ超越の含意を考慮しないかぎりは成り立たない。S. Rosen, Heidegger's interpretation of Plato, in: C. G. Vaught (ed.), *Essays in Metaphysics*, Pennsylvania State University Press, University Park 1970, p. 53; M. Gelven, Eros and Projection. Plato and Heidegger, in: *Southwestern journal of philosophy*, Vol. 4. no. 3, 1973, pp. 125-136. なお一九三六／三七年冬学期講義『芸術としての力への意志』では、エロスはニーチェの「陶酔」や「力への意志」と結びつけられて理解されている。そこでは、「企投」的理解とは正反対に、エロスは求められ愛される「イデア」としての「存在」へと、脱自的に伸張し「引きつけられること(Angezogenwerden)」として理解されている(GA43, 205, 239f., 246; GA6-1, 169f., 198)。

(40) なお、後期ハイデガーの形而上学批判の文脈におけるプラトン的な想起の契機を論じたものとして、以下を参照。E. Vollrath, Platons Anamnesislehre und Heideggers These von der Erinnerung in die Metaphysik, in: *Zeitschrift für Philosophische Forschung*, Bd. 23, 1969, S. 349-361.

(41) すでに初期フライブルク時代においても、哲学はソクラテス＝プラトン的な「死」と表裏一体の「生」として考えられていた。ハイデガーはそうした哲学の意味を、『ソクラテスの弁明』の一節を翻訳することで示している。「なぜ危険な使命を放棄しないのか、その理由をソクラテスはこう述べている。《ある人が、(彼がそれを決断して)そこがよいのだと確信をもって、みずからを配置したり、また、上役にあらかじめ配置されたところに踏みとどまったりするその場合——私にはそう思えるのですが——、不断に死の危険のうちで(耐えて)危うくなりながらも持ちこたえざるをえません。だから、彼は、(正反対の態度の)不真面目さに逆らうのであり、死や他のことをみずから語っては(考慮しては)ならないのです。だから私は、私も他の人も、自己自身に問いかけて徹底的に調べ上げて、哲学しつつ生きてゆかねばならないと、今、神がお告げになられている——と私は信じ、そう受け止めたのですが——のに、私が今、死や他のどうでもよい事柄を恐れるあまりに、方向を、生の遂行という方向を放棄するならば、私は非難されるべき行為をなしたことになるでしょう》」(GA61, 49f.; vgl. Platon, *Apologia Socratis*, 28d6-29a2)。

(42) アリストテレスの第一哲学とプラトンの善のイデアとの関連については、以下の詳細な考察を参照。細川亮一『ハイデガー哲学の射程』第一章。

(43) Aristoteles, *Metaphysica*, 1026a29-32.

(44) 第I部第三章第2節、第3節参照。

(45) Cf. F. Volpi, Dasein comme praxis, p. 19, 30f.; T. Sheehan, On the way to Ereignis: Heidegger's Interpretation of Physis, in: H. J. Silverman, J. Salis, T. M. Seebohm (ed.), *Continental philosophy in America: Prize Essays*, Volume I, Duquesne University Press, Pittsburgh 1983, p. 157. 細川亮一『ハイデガー哲学の射程』一八八頁以下。

(46) Cf. F. J. Gonzalez, On the Way to Sophia, pp. 25-27. ただしゴンザレスは、時間性の問題にまで十分に踏み込んだ考察を行っていない。また、本論の立場と同じく、フロネーシスとソフィアの融合のなかで失われる実践的、倫理的含意を指摘したものとして、以下を参照。R. Elm, Aristoteles - ein Hermeneutiker der Faktizität? Aristoteles' Differenzierung von φρόνησις und σοφία und ihre Transformation bei Heidegger, in: *Heidegger-Jahrbuch 3: Heidegger und Aristoteles*, Verlag Karl Alber, Freiburg/München 2007, S. 255-282. ただしエルムは、本論のように、本来的なソフィアの優位、およびソフィアやヌースと自然的存在者の連関には言及していない。

(47) 第Ⅰ部第二章第4節参照。

(48) 第Ⅱ部第四章第1節参照。

(49) ハイデガーは『ソフィスト』講義をはじめとして、一貫してソクラテスとプラトンを同一視している（GA19, 238f., 322, 324; GA34, 250, 287; GA54, 186）。しかし、両者を同一視できるかどうか、さらに『ソフィスト』における異邦人とソクラテスとプラトンを同一視できるかどうかという点については、議論の余地がある。この点について詳しくは、以下参照。Cf. F. J. Gonzalez, On the Way to Sophia, pp. 37-48.

(50) この点にかんしては、しばしば引用されるガダマーの回想が証言しているとおりである。「ハイデガーの講義では、事実が肉薄してくるので、ハイデガーが自分のことを話しているのかアリストテレスのことを話しているのか、われわれにはもはやわかりかねるほどであった。それは当時われわれがみなひとしく我が身において経験しはじめ、のちに私が理論的に釈明しかつ代表することになった解釈学的真実である」（H.-G. Gadamer, *Philosophische Lehrjahre*, S. 216.（上掲訳書、二五九頁）。

(51) 第Ⅱ部第四章第2節参照。

(52) この点は、かねてから多くの解釈者たちによって批判されてきた。善のイデアの認識論的側面の強調に対する批判にかんしては、以下を参照。S. Rosen, Heidegger's interpretation of Plato, p. 57, 64. 善のイデアの認識論的側面の強調とともに存在論的側面の見落としに対する批判にかんしては、以下を参照。P. Friedländer, *Plato: An Introduction*, tr. H. Meyerhoff,

Harper & Row, New York and Evanston 1964, p. 227.

(53) Platon, *Respublica*, 517c1; vgl. H.-G. Gadamer, *Griechische Philosophie III. Plato im Dialog* (*Gesammelte Werke*, Bd. 7), J. C. B. Mohr (Paul Siebeck), Tübingen 1991, S. 143.

(54) Platon, *Respublica*, 518a1-4

(55) ハイデガー自身も、一九四〇年にまとめたとされる『プラトンの真理論』の第一版(一九四七年)で、「善」にかんして次のような注を施している。「ἀγαθόν はもちろん ἰδέα ではあるが、しかしもはや現前しているのではない。それゆえにほとんど見通しえない」(GA9, 227)。

(56) Aristoteles, *Metaphysica*, 984b11, 1019a23-26.

(57) Cf. S. Rosen, Heidegger's interpretation of Plato, p. 64.

(58) Aristoteles, *Metaphysica*, 1072b3.

(59) Platon, *Symposium*, 210eff.

(60) Platon, *Phaedrus*, 250d.

(61) ハイデガーのプラトン解釈における倫理的、政治的次元の不在に対する批判については、以下参照。Cf. W. A. Galston, Heidegger's Plato : a critique of Plato's Doctorine of Truth, in: *Philosophical Forum*, Vol. 13, no.4, 1982, pp. 371-84; A. T. Peperzak, Heidegger and Plato's Idea of the Good, in : J. Sallis (ed.), *Reading Heidegger : Commemorations*, Indiana University Press, Bloomington and Indianapolis 1993, pp. 258-85.

(62) 第Ⅰ部第一章第4節、第5節参照。

(63) 第Ⅱ部第四章第7節参照。

第六章　永遠回帰と転回

本章の狙いは、ハイデガーの初期から中期にわたるニーチェ解釈を検討し、『存在と時間』の挫折の原因とその後の「転回」への歩みを解明することにある。

ハイデガーが中期以降に著した一連のニーチェ解釈は、現代哲学におけるニーチェ・ルネッサンスに対して大きな影響を与えてきた(1)。とはいえ、ハイデガーが「対決」と呼ぶ独特な解釈が激しい議論を巻き起こしてきたのも、また紛れもない事実である。彼のニーチェ理解は、レーヴィットを嚆矢として、ポストモダニズムの解釈者たちによってさまざまに非難されてきた(2)。ニーチェ研究の側からも、ハイデガーの解釈の問題点が相次いで指摘された(3)。ハイデガーはみずからの存在論の枠組みのなかに強引にニーチェを引きずり込み、「形而上学の完成者」の烙印を押している。現在一般に流布しているのは、おそらくこうした見方である。

しかしそのさい、ハイデガー自身のニーチェ解釈の動機が見落とされてはならない。ハイデガーのニーチェ解釈は、一方では、ゲオルグ・ピヒトもその解釈の立場を異にするにもかかわらず的確に指摘しているように、ボイムラーをはじめとする当時の国家社会主義のイデオローグたちによって通俗化され誤解されたニーチェ像の打破を意図したものであった(4)。しかし他方でその解釈は、ニーチェに仮託して、みずからの前期思想に対する自己批判を意図したものでもあった。ニーチェ解釈とほぼ同時期に行われた、前期思想に対する膨大な自己批判の作業が、その何よりの証左である。その自己批判の内容は、近年陸続と刊行されてきた一九三〇年代半ば以降の膨大な断片群によって、次第に全貌を明らかにしつつある。それゆえニーチェ解釈も、まずはそうしたハイデガーの自己批判の一環として理解されるべきなのである。(5)

ニーチェ解釈を含めて、これらハイデガーの自己批判の焦点は、いずれも『存在と時間』に向けられている。(6) 実際ハイデガーも、自らのニーチェ解釈が「『存在と時間』における思考の根本経験」に由来していると述べている(GA6-2, 234; vgl. GA5, 212)。だがそうであるとすれば、『存在と時間』の「思考の経験」の奥深くに、すでにニーチェが潜んでいることになる。そして実際、ハイデガーのニーチェとの出会いは、『存在と時間』よりもはるか以前の修学時代にまで遡ることができるのである(GA1, 56)。しかも、修学時代以降のニーチェとの対決の足取りをたどるなら、ハイデガーの存在論の形成にとって、ニーチェがきわめて重要な役割を果たしていることがわかる。それゆえ『存在と時間』を中心とするハイデガー存在論は、フッサールやディルタイ、あるいはアリストテレスやプラトン以上に、他ならぬニーチェを主導役としていたと考えられる。ガダマーが的確に述べているように、『存在と時間』の「存在の問い」を「真に準備」したのは、他ならぬ「ニーチェ」なのである。(7)『存在と時間』の成立にとって、ニーチェは不可欠の哲学であった。その影響力があまりにも深刻であったゆえに、ハイデガーは中期以降の一連のニーチェ解釈での「対決」をつうじて徹底した自己批判を敢行しなければならず、また晩年にいたるまで、執拗にニーチェに取り組み続けなければならなかったのである。(8) こうした意味で、ニーチェとの「対決」は、ハイデガーにとって、何よりもまず自己自身との「対決」なのである。

ところが従来の研究は、ハイデガーのニーチェ解釈をもっぱら中期以降に限定して論じてきた。そのため『存在と時間』においてニーチェの果たしている役割は、ほとんど考慮されてこなかったと言ってよい。近年ようやく、前期思想との関係を考慮した研究も登場してきた。(9) とはいえそれらにおいても、『存在と時間』の根本思想とニーチェとの関係にひそむ問題が充分に掘り下げて考察されてきたとは言えない。本章で取り上げる中心的な問題は、次の三点である。

第一は、『存在と時間』におけるハイデガーの時間性概念とニーチェとの関係である。以下の考察を俟って明らかになることだが、『存在と時間』の「存在の問い」へ展開されてゆく初期以来のプラトンやアリストテレスの解釈を根底で牽引しているのは、ニーチェに他ならない。ハイデガー独自の解釈を施されたニーチェの思想は、『存在と時間』における存在了解の最終的規定である時間性、ひいては歴史性にも及んでいる。『存在と時間』の時間性や歴史性の理解は、第一義的には、ハイデガーによるニーチェの時間理解から把握されねばならないのである。

第二は、『存在と時間』の時間性や歴史性における《現前性》の問題である。「ニーチェ講義」は、ニーチェを「形而上学の完成者」として批判的に位置づけている。そこでは、ニーチェの時間や歴史の理解が、プラトン以来のいわゆる《現前性の形而上学》のうちに囚われているものとして捉えられている。しかしこの批判は、「転回」をとおして、返す刀で『存在と時間』の解釈学にも向けられることになる。というのも、ニーチェを手がかりとして『存在と時間』の時間性や歴史性の概念が構築されているとすれば、現存在の解釈学もまた《現前性の形而上学》に囚われていることになるからである。この問題はさらに、ハイデガーのプラトンやアリストテレスの解釈にも波及することになる。

しかし第三に、こうした現前性の制約を超える時間性と歴史性の意義が問題になる。というのも、ニーチェ講義における「自己批判」や『寄与』の思想への視野は、他ならぬ『存在と時間』の「思考の根本経験」から切り開かれてもいるからである。その点で、『存在と時間』の解釈学的思考のうちには、《現前性》に完全に拘束されることのない、《非現前性》への萌芽が含まれていると考えられる。その通路を見出すことができれば、現存在の解釈学は、それ自体を包括する《存在の解釈学》へと移行しうるはずである。

この三つの課題を考察するために、本節では以下のとおり考察を進める。まず、修学時代のニーチェへの言及を再検討し、そこに潜むニーチェ像を浮き彫りにする（第1節）。次いで神学と哲学の関係を中心に、初期フライブルク時代におけるニーチェ像の変遷と、そのハイデガーの解釈学的方法への影響を追う（第2節）。そして現存在の解釈学を含めて、『存在と時間』に対してニーチェの与えた影響を検討する（第3節）。その上で、時間性や歴史性、そして解釈学的循環と永遠回帰の構造上の同型性を明らかにし（第4節）、さらに『存在と時間』の挫折の原因をニーチェの時間論に見定める（第5節）。そして最後に、一連の「ニーチェ講義」や『寄与』における『存在と時間』への「自己批判」を検討することにより、現存在の解釈学から《存在の解釈学》への移行の可能性を示す（第6節）。

第1節　哲学的衝動

最初期ハイデガーの修学時代の論文やエッセイでは、ニーチェへの断片的な言及しか見出されない。しかもそこに描き出されているニーチェの相貌は、きわめて曖昧で漠然とした印象を与えるものが少なくない。しかしそれらには、荒削りながらも、やがて『存在と時間』において歴史への洞察をもつ者として登場するニーチェ像の原型を認めることができる。そこでここでは、伝記的資料をも参照しながら、最初期ハイデガーの思考の深層に潜むニーチェ像を浮き彫りにする。

『初期論文集』の一九七二年の初版刊行に寄せたハイデガーの序文によれば、一九一〇年から一九一四年までの「刺激的な時代」を形作ったものとして、キルケゴールやドストエフスキーの翻訳、ヘーゲルとシェリングへの関心、リルケの文芸作品とトラークルの詩、ディルタイ著作集などと並んで、「ニーチェの『力への意志』の倍増された第二版」が挙げられている（GA1, 56）。一九〇九年から神学生としての研究の道を歩み始めていたハイデガーも、この時期、十九世紀末から次第に熱を帯び始めてきたいわゆる「ニーチェ運動」の洗礼を受けたわけである[10]。ハイデガー自身、一九一二年にはニーチェについての講演をメスキルヒのカソリック青年協会で行い、また一九一三／一四年の冬学期には、リッケルトの講義「カントからニーチェまでのドイツ哲学（現在の問題への歴史学的導入）」に出席している[11]。また一九一三年の末には、友人のラズロウスキーから、キューネマンのツァラトゥストラの講義についての報告を受け取っている[12]。こうした事実は、若きハイデガーのニーチェに対する関心の高さを窺わせる。とはいえ当時のハイデガーのニーチェ観は、いまだ哲学的とは言えず、神学によって色濃く彩られたものであった。一九一〇年三月『アカデミカー』に掲載された、ヨハネス・ヨルゲンセンの著作に寄せるエッセイでは、興味深い「人格」の持ち主として、ワイルド、ヴェルレーヌ、ゴーリキーと並んで「超人ニーチェ」が挙げられている。しかし、キリストの再臨に直面すると「彼ら哲学者はそれを《味気ない》とか《吐き気を催す》と呼ぶ」のだと揶揄されている[13]。ここに見出されるのは、反神学者ニーチェに対するあからさまな反感である。

しかし一九一五年以降、ニーチェはハイデガーのなかで多彩な相貌を覗かせはじめる。それはまず古典文献学者としての顔である。古くからハイデガーと学問的な対話を交わしてきた友人のハインリッヒ・オクスナーが一九一五年にベルンハルト・ヴェルテに伝えたところによれば、ハイデガーがフォアゾクラティカーの意義に早い段階で目覚めたのは、ニーチェによるものであったという。しかもオクスナーによれば、ハイデガーのニーチェ像は、単なる古典文献学者にとどまらず、斬新かつ根源的な思考を展開した人物としても考えられていた。「それゆえハイデガーは、ニーチェの肖像も部屋に飾っていた。というのも、ハイデガーによれば、ニーチェにおいては、たとえ荒っぽい近代的な形式においてではあるが、ある根源的な思考（ein ursprüngliches Denken）が立ち現れてきていたからである。しかしそのようにニーチェにおいて何ものかが立ち現れていたがゆえに、当時のハイデガーもそうであったのだが、ニーチェもまたフォアゾクラティカーの新しい解釈の重要性を認識していたのである[14]」。ニーチェの古典文献解釈は、従来のフォアゾクラティカーの思想を塗りかえる新しい歴史的視野を切り開くものであり、またそれにふさわしい根源的な思考をそなえている。当時のハイデガーは、そうした歴史的根源へと迫る《思索家》ニーチェに、強い共感を寄せていたと言えよう。

こうした《思索家》ニーチェへの共感は、一九一五年の教授資格論文『ドゥンス・スコトゥスの範疇論と意義論』（以下「資格論文」と略記）の序文にも見出せる。そこでハイデガーは、諸学問とは異なる哲学固有の独自性を「生きた人格」に見定めた者として、ニーチェの名を挙げている。「哲学」は、「諸科学」と同様、「文化価値」として通用し、「個人的な好みや文化の振興と形成への意志」に基づいてみずからの学問的対象へとかかわりあう。しかし「同時に哲学は、生きた人格との緊張関係のうちで生き、この人格の深みと生の豊かさとから内実と価値への要求とを汲みだす。したがって、たいていはいかなる哲学的思想の根底にも、当の哲学者の人格的な態度決定が横たわっている。一切の哲学がこのように主体によって規定されているということを、ニーチェはその容赦ない辛辣な思考様式と造形力のある叙述の才能によって、《哲学する衝動（Trieb der philosophiert）》という周知の定式にもたらした」（GA1, 195f.）。ここでは、修学時代以来のニーチェの「人格」への注目が、哲学的思考と密接に結びつけられていることがわかる。哲学は、諸科学とは異なり、「生」の豊かさと深みを湛えた「人格」ないし「主体」から生じる《衝動》によって突き動かされているのである。

この言及は、従来の研究でもしばしば注目を集めてきた。しかしその含意は必ずしも充分に考慮されてこなかったように思われる。資格論文の注でも指示はされていないが、この言及は、おそらく『善悪の彼岸』第一論文第六節を念頭に置いている[15]。ニーチェは同所で、哲学と諸学問との相違を際立たせながら、哲学に固有の衝動について語っている。ニーチェによれば、諸科学における学者のなかには、「認識衝動のようなもの」が働いている。ところが、当の学者の「関心」は「家庭や金稼ぎや政治」に向けられているため、その衝動は、実のところ認識衝動とはまったく無縁である。それゆえ、諸科学の認識衝動は実のところ「非個人的なもの」である。それに対して哲学者のなかには、「認識への衝動」ばかりでなく、「ほかのあらゆる衝動」にも通底するひとつの「根本衝動」が働いている。それは、いかなる衝動においても、ほかの衝動に対して自己の究極の優位と正統性を主張するときに「霊感を吹き込む精霊（*inspirirende* Genien）」としてはたらく「哲学」の衝動である。「というのも、すべての衝動はいずれも支配欲に憑かれているからである。そしてそのようなものとして、すべての衝動は哲学することを試みる（Denn jeder Trieb ist herrschsüchtig: und als *solcher* versucht er zu philosophiren)[16]」。諸学問の場合とは異なり、哲学の場合には、個人的な哲学的衝動が他のいっさいの衝動を支配する根源的衝動としてはたらいている。ハイデガーは、このニーチェの発言をほぼ全面的に受けて、「資格論文」の基本的な考察態度として哲学的衝動を位置づけていたのである（GA1, 197）。

とはいえ、そこでのニーチェ自身の狙いは、根源的な哲学的衝動のうちに潜む哲学者個人の「道徳」の問題を告発することにあった。「したがって、道徳的（あるいは不道徳的な）意図が、すべての哲学における本来の生命の胚をなしており、いつもそこから植物の全体が生長してきたのである[17]」。そのためニーチェは、この根源的な哲学的衝動から、《道徳の系譜》という歴史的問題へ向かう。ハイデガーも、ニーチェと同じく、「宗教的、政治的契機、教義の文化的契機」などといったものを「純粋な哲学的関心」から除外している。とはいえ、そこでは道徳の問題は直接に立ち入って論じられていない（GA1, 196）。以後も一貫していることだが、ニーチェの道徳批判は、ハイデガーの関心の埒外にある。哲学者《個人》にかんしてハイデガーが問題とするのは、もっぱらその哲学的力量と歴史的射程である。ハイデガーによれば、「純粋な哲学的才能と真に実り豊かな歴史学的思考能力」が「同一人物」のなかで重なりあうとき、「資格論文」の課題である「スコラ哲学」本来の「哲学的」な「問題領域」と「哲学の歴史」が切り開かれる（GA1, 196）。そのなかで、古来より変わらぬ哲学的問題の領域をめぐって「絶えず新たに試みられるこの努力、哲学的精神のこの不屈の一貫性」とともに、それにふさわしい哲学の「歴史」が把握される（GA1, 196f.）。ハイデガーがニーチェから受け継ごうとしているのは、個人の生から発する哲学的衝動の力と、その歴史的意識の深さなのである。

しかしこうしたニーチェ像は、「資格論文」の方法的枠組みからすれば、いささか奇妙である。というのも、ここでのハイデガーの狙いは、中世スコラ学者スコトゥスの範疇論と意義論に見出される「実在的な生」と「抽象的世界」を、ヴィンデルバントやリッケルトらバーデン学派の価値哲学とフッサール流現象学の論理学によって論じることにあったからである（GA1, 203）[18]。「資格論文」の考察は、神学的にみても哲学的にみても、きわめて学問的な意図のもとに書かれている。ところが、先に見たように、当時のハイデガーはニーチェを反神学者とみなしてもいたはずである。しかも、当時の一般的なニーチェ像は、なお《詩人哲学者》の装いを纏ったものであった。[19] ここで「《厳密な学としての哲学》の擁護者」であるはずのハイデガーが、「ニーチェをそもそも一人の哲学者として前面に出す」のはバランスを失しており、その限りでニーチェには「特別な立場」が与えられているようにすら見える。[20] いずれにしても、純然たる学問研究の成果である「資格論文」の冒頭で、まともな注もないままニーチェが突如登場するのは、神学と哲学のいずれの文脈からも逸脱していると言わざるをえない。

しかしハイデガーにとって、ニーチェはどこまでも神学の内部に留まる者であった。フェッターによれば、この段階のハイデガーのニーチェへの関心は、いまだ「実存論的」に分節化されておらず、むしろ「実存的」に動機づけられたものであった。この実存的動機が、やがて神学の打破とカソリックからの離反を招いたことを踏まえて、フェッターは次のように分析している。ハイデガーの「ニーチェとの原初的な出会い」は、「根源的な宗教的経験への探求という見取り図のもとに立っている」。[21] ガダマーも同じくこう述べている。「その思考の反神学的含意のゆえに、ニーチェがハイデガーにとって意義あるものになったというのは、まったくもって誤った考えである。事実はその反対である」。[22] 筆者の見るところ、こうした見解は修学時代のハイデガーのニーチェ像の核心部分を捉えているように思われる。これらの見解にしたがえば、先のニーチェ像の矛盾は解決する。ニーチェはあくまでも神学の内部にとどまるかぎりでの反神学者であり、したがって神学に資することのないかぎり、哲学的にも重視されることはない。ハイデガーは、ニーチェの哲学的衝動をあくまで神学の内部に位置づけ、もっぱら神学的探求のための積極的な推進力として考えていたのである。

実際こうしたニーチェ理解は、《時代の診断者》というニーチェ像のうちに具体的に読みとることができる。ハイデガーが「資格論文」作成中の一九一五年一月一三日に『ホイベルガー・フォルクスブラット』に寄せたエッセイ「メスキルヒにおける戦時下の聖なる三日間」は、ニーチェに対する厳しい批判から始まっている。その冒頭のエピグラフには、『力への意志』初版の序文が掲げられている。ハイデガーによれば、この序文でニーチェは、ニヒリズムの到来のなかで「破局に向かう」「全ヨーロッパ文化」のなかに「自己への省察（sich zu besinnen）を恐れる」「奔流」を指摘しているとされる[23]。しかしそれに対して、ハイデガーはただちに次のように批判を加える。ニーチェは確かに「誰よりもわれわれの現代の時代に通じている」が、また「実り多き省察への唯一確実な道を、誰よりも根本的に見誤っている」。ニーチェ自身は「そうした省察のあらゆる内的な葛藤と絶対的な無目的さの絶頂」に立って「《ましな人間》を望んだ」が、「誤って人間のなかに《金髪の野獣》を解き放ってしまった[24]」。「金髪の野獣」という言い回しからも窺えるように、ここでハイデガーが念頭に置いているのは、『道徳の系譜』第一論文第一一節である[25]。こうしたニーチェの考え方に対してハイデガーは、「実り多き省察」を引き受ける役回りを、ドイツ司教団が「贖罪」、「生の変容」、「信頼」、「祈り」へと向けて行った「黙禱」に求める[26]。自己の生を真摯に見つめる自己省察は、ニーチェ流の貴族主義ではなく、キリスト教信仰によってこそ行われるのである。

ただしここで、ニーチェの時代診断と文化批判に一定の評価が与えられている点を見逃してはならない。確かに「ニーチェの言うとおり、われわれの文化は《みずからを省察することを恐れた》」。それゆえ、ニーチェの診断は「広範囲な影響力を欠いた手探りの試み」ではある。けれども、そこにはなお「われわれの文化的生を深みへと導く、真剣に考えられた手がかり」が存在しており、それによって「人はいっそう深遠な生の内実への遡行を求める[27]」。ニーチェの時代診断は、その反神学的性格にもかかわらず、根本的な文化批判として神学の内部の生をさらなる深みへと誘う力を持っている。こうした《生の深みへの遡行》が、「資格論文」における《哲学的衝動》と重なりあうものであることは、ただちに見てとれよう。ハイデガーにとって、ニーチェの哲学的衝動は、神学の内部にとどまるにせよ、諸学問、ひいては全ヨーロッパ文化を批判的に乗り越え、生の歴史的な根源の考察にいたるための有力な手がかりだったのである。

さらに修学時代を終えて、私講師としての道を歩み始める頃になると、ニーチェはハイデガーの学問的姿勢を先導する役目を引き受けるようにもなる。ハイデガーは、ラズロウスキーに対して「私講師や私講師になろうとしている人たちのためのモットー」として、ローデがニーチェに宛てた書簡の次のような一節を書き送っていたという。「このうえなく向こうみずなカワカマスすらをもたるみきってくたびれ果てたしたたかなカエルに仕立て上げるという点では、いかなる沼沢といえども、大学人の高等なる高慢ほどには適していない」(28)。おそらくハイデガーは、こうしたローデの痛烈な批判の向こう側に浮かび上がるニーチェの姿に、みずからの歩むべき目標を見出していたに違いない。それは、講壇哲学を徹底的に批判し、荒々しくも生きた衝動によって哲学を貫徹しようとする、厳格な学問探求である。ここに見出されるのは、伝統的な哲学に対する批判者ニーチェと言ってよい。

このように、修学時代のハイデガーのニーチェ像は実に多岐にわたる。しかしそれらは、朧げながらもひとつの像に収斂する。ニーチェは、既存の諸学問や文化を批判的に乗り越え、遠く古代ギリシアにまで遡る歴史的根源へと向かう哲学的衝動を体現する、一個の傑出した「人格」なのである。ただしその衝動は、けっして盲目的で破壊的な生の衝動として考えられていたわけではない。その衝動は、「思考」や「省察」の対象として、どこまでも学問的に具体化されるべき衝動である。したがってハイデガーは、ニーチェの衝動を手がかりとしながら、歴史的生の直接性と統一性を哲学的に思考しようと試みていたと考えられる。ただし、この時期のニーチェの哲学的衝動が、あくまでも神学の内部にとどまるものであった点は、忘れてはならない。「資格論文」の末尾において、「生ける精神の哲学」が「活力溢れる愛の哲学」であるとともに「神に対する敬虔な親密さの哲学」でもあると述べられているのも、そのためなのである（GA1, 410）。

第2節　共感と反感のあいだ

しかしながらこうした修学時代のニーチェ像は、以後必ずしも一貫した形で展開されたわけではなかった。初期の講義群では、ハイデガーのニーチェに対する評価は共感と反感のあいだを大きく揺れ動いており、わけても神学にかんしては全面的な否定すら見受けられる。しかしこうした両義的な評価は、矛盾ではない。むしろ筆者の見るところ、ニーチェの哲学的衝動は、ハイデガーにとって、みずからの思想をつねに根底から揺さぶり、分極化を通じて新たな生成を促す威力として考えられていたように思われる。そこで本節では、ハイデガーがみずからの学問的立場を確立してゆくなかで果たしたニーチェの役割を考察する。それとともに、ハイデガーのニーチェ解釈が、神学との緊張関係を経て、最終的にその圏内から離脱してゆく変遷を考察することにする。

まず、ハイデガーの学問的方法の確立にあたってニーチェが果たした役割から検討しよう。すでに第一章で考察したように、「形式的告示」というハイデガー独自の解釈学的方法の端緒は、一九一九年の戦時下緊急学期講義に遡る。ハイデガーは、カントの統制的理念に倣って「根源的学の理念」を設定する一方、その理念の「方法」の「可能性」と「形式」を規定するにあたっては、フッサール現象学やディルタイ精神科学を援用していた。[29]ところがそのさいハイデガーは、その方法の「可能性」と「形式」を「アフォリズム」と呼んでもいた。「理念がその対象を与えるのは、そのつどのある種のアフォリズム的解明（eine gewisse aphoristische Erhellung）においてでしかないと言えよう」（GA56/57, 14）。興味深いことに、ここでハイデガーは、アフォリズムに一定の方法的な規定可能性を認めている。「解明」という言い回しは、その《光》の含意からも窺えるとおり、その後のアリストテレス解釈やプラトン解釈をはじめ、『存在と時間』においても、ヌースの機能を指すためにしばしば用いられていたものである。[30]それゆえここでも「解明」は、理念の対象を把握する「直観」の方法的機能を指していると考えられる。他方「アフォリズム」という言い回しは、この講義においても、また以後の講義においても、ハイデガーはほとんど言及していない。しかしこの言い回しは、たまたま用いられたものではなく、他ならぬニーチェのアフォリズムを意識して「方法」の「可能性」と「形式」を規定しようとしたものと考えることができる。そこで、ニーチェのアフォリズムと根源的学の方法との類似点を探ってみよう。

アフォリズムは、周知のように中期以降のニーチェが駆使した表現形式である。[31] 修学時代以来ハイデガーが親しんできた『力への意志』や『道徳の系譜』にしたがえば、アフォリズムの特徴は以下の三点にまとめられる。第一に、アフォリズムは生の衝動の表現形式である。『力への意志』第四二四番によれば、「最も深遠で汲み尽くしがたい書物」は、「パスカルの『パンセ』」のように、「アフォリズム的で突発的な性格」を持つ。というのも「衝動的な力（die *treibenden* Kräfte）や価値評価は、長らく水面下に隠れているのであり、現われ出たものが効力を発揮する」からである。[32] 生の奥深くに眠る根源的な衝動は、ときおり既存の諸学問や固定的な客観的価値を突き破って現れては、以後に大きな影響を及ぼす。アフォリズムはまさしく、そうした生の突発的な哲学的衝動の現象を具体化するための表現形式なのである。

第二に、アフォリズムは、既存の伝統的な論理形式や学術論文とは異なる反論理的ないし反学問的形式を持つ。[33] 先に引用した箇所に先立って、ニーチェはこう述べている。「別なやり方で到達した事柄や思想を、演繹や弁証法などといった偽りの組み合わせで《偽る》ことがあってはならない。……私たちの思想がどうやって私たちの心に浮かんだかという事実は、隠蔽されたり毀損されたりしてはならない」[34]。ニーチェは、生の哲学的衝動を重視するために、その表現形式であるアフォリズムにかんしても、既存の学問的方法や客観的価値の無自覚な導入を《偽り（falsch）》として斥ける。[35]

第三に、アフォリズムでは、伝統的な論理や学問とは異なる解釈の遂行と修練が求められる。『道徳の系譜』にも述べられているとおり、「充分に彫琢され鋳造されたアフォリズムというものは、読み流しただけでは《解読》されたことにはならない。むしろそこからまずその解釈（*Auslegung*）が始まるのでなければならず、そのためには解釈の技術（Kunst der Auslegung）というものが必要になる」[36]。この解釈の営みも、やはり生の哲学的衝動に突き動かされている。『力への意志』第四八一番によれば、「わたしたちの欲求、それは世界を解釈する欲求（*die* [unsere Bedüfnisse] *die Welt auslegen*）である。わたしたちの衝動（unsere Triebe）とそれの賛否である」[37]。したがって解釈はおのずと、それぞれの「個人」の生の哲学的衝動によって営まれるものになる。そこでは、既存の術語や定式に対して、それぞれの立場からの新たな解釈が行われる。「個人は、伝統的な術語をもまったく個人的に解釈せざるをえない。たとえ個々人がいかなる定式（Formel）をも創造しないとしても、少なくとも、定式の解釈は個人的なものである。すなわち、解釈者として個人は依然として創造しつつ（schaffend）ある」[38]。アフォリズムは、生の哲学的衝動の表現形式であると同時に、生の哲学的衝動による解釈を必要とする。個々人は、いわばその新たな創造的解釈が繰り広げられる場所なのである。確かにニーチェは「文献学者」を標榜したが、「解釈学」の立場はとらなかった。しかし、生の衝動に定位した反学問的な表現形式と「解釈（Interpretation）」の重視という点から見れば、こうしたニーチェの立場はさしあたり《解釈の哲学》と呼ぶことができるだろう[39]。

生の根源的衝動の重視という第一の点に関して、根源的学はアフォリズムとほぼ同一の立場をとっている。前節で見たように、ニーチェの《哲学的衝動》は、学問的な考察態度の基礎であった。一九一九年の戦時下緊急学期講義でも、「根源的学」は、生ないし精神の根源的衝動へ迫るものとして、たんに「原理によるもの（Prinzipatum）」、すなわち原理からの「躍‐出（das Ent-sprungene）」ではなく、《原理そのもの》すなわち「根源的‐現出（Ur-sprung）」の導出をめざすと述べられている（GA56/57, 24）。既存の学問的方法や客観的価値の拒否という第二の点に関しても、根源学的方法の立場はアフォリズムと重なっている。「根源学的な方法」は、「派生的で、それ自体根源的ならざる学問から導き出されはしない」のであり、後者のような「試み」は「明らかな不合理」に陥らざるをえない（GA56/57, 16）。諸学問の方法を前提とすることは、それ自体根源的学に対する《偽り》である。そして第三の個別的な創造的解釈の点に関しては、わけてもハイデガーが強調するところである。ハイデガーが、根源的学の解釈学的方法の確立にあたって個別的で一回的な体験を重視していた点は、すでに第一章で指摘しておいたとおりである[40]。加えてハイデガーは、根源的学の方法のもつ創造的性格を強調してもいる。「真の哲学的方法のための真なる着手点がいったん獲得されたならば、この方法によって新しい問題領域のいわば創造的な打開（*schöpferische Erhüllung*）が行われる」

(GA56/67, 16)。

それでは、両者がそれぞれの「創造」によってめざす《創造物》はどうだろうか。『偶像の黄昏』によれば、アフォリズムは「時間がその歯を試しても無駄な事物を創造すること(schaffen)、形式的にも実質的にもささやかな不滅性をめぐって努力すること」によって獲得される「《永遠性》の形式(die Formen der "Ewigkeit")」である。[41] ニーチェは、アフォリズムに生の衝動的な力を深く刻み込むことによって、既存の方法や価値によってもかき消されることのない永遠不滅の形式を「創造」することをめざす。それに対してハイデガーは、根源的学の方法によって、生の循環を直接に把握することをめざす。「哲学の方法は、一見克服不可能な循環を止揚する(aufheben)立場にわれわれを置くものでなければならず、しかもこの循環が必然的で本質的なものとして直接に洞察させることによって、そうするのである」(GA56/57, 16)。ここでハイデガーは、ニーチェのように「不滅性」や「永遠性」については語っていない。それにもかかわらず、「方法」のうちで生に「必然的で本質的」な「循環」が「止揚」されうるというハイデガーの見込みには、やはり「方法」への圧倒的な信頼が透けて見える。その点ではハイデガーは、根源的学の方法という「形式」のうちに、哲学的衝動の《永遠性》を刻み込もうとしているようにも思われる。いずれにしても、ニーチェのアフォリズムの発想は、この「アフォリズム的解明」に少なからぬ影響を与えていると考えられる。そうであるとすれば、かの「解釈学的直観」のうちにも、ニーチェの影響が少なからず及んでいると見ることができるだろう(GA56/57, 117)。[42]

「形式的告示」という解釈学的方法とアフォリズムとの類似性は、この講義と同時期の「ヤスパース書評」からも窺うことができる。そこでハイデガーは、ヤスパースに対して次のような批判を行っている。「形式的告示」によって「実存現象の純然たる意味を追求する可能性」や「その追求を解明する可能性」を獲得するためには、「例えばキルケゴールやニーチェといった特定の実存把握への無批判な頽落がまさに防止されるべきである」(GA9, 10f.)。一見したところ、ここでは「実存」の追求可能性にかんして、キルケゴールやニーチェといった「特定」の実存の把握への依拠が否定されているようにも思えるが、そうではない。すでに考察しておいたとおり、ハイデガーは、キルケゴールの「間接的伝達」の方法を「形式的告示」の先駆的形態として評価していたからである。[43] むしろここでの問題の焦点は、キルケゴールやニーチェといった特定の実存の把握に潜む「無批判な頽落」にある。ハイデガーによれば、確かにヤスパースは人間の「《心的状態》」なるものを巧みに把握しているが、そのさい学問的方法、しかも哲学的意味での厳密な方法を欠いている。というのも、ヤスパースは「実存という現象を、まさに科学の現状に基づいて駆使されうる概念上の様々な手段をもって捉えうる」と考えているからである（GA9, 15）。根源的学の方法は諸学問の方法によっては代用できないというのが、ハイデガーとニーチェに共通する立場であった。ハイデガーが求めるのは、既存の諸学問の方法の混入を斥け、「実存現象の純然たる意味」をあるがままに捉えようとする哲学的な誠実さであり、厳格な批判的意識である。それを体現しているのが、キルケゴールの「間接的伝達」に見られるような「高度に厳格な方法的意識」なのである（GA9, 41）。したがってここでは、キルケゴールと同様、ニーチェも「高度の厳格な方法的意識」の持ち主とみなされていると言える。哲学の方法は、生や実存に対するキルケゴールやニーチェの方法的意識を受け継ぎながら、それらを純然たる学問的形式へと昇華したものでなければならないのである。

しかし次第にニーチェ的な哲学的衝動は、ハイデガーの学問的哲学とのあいだで軋轢を生じはじめる。一九一九／二〇年冬学期講義『現象学の根本問題』では、ハイデガーは根源学の方法としての現象学の身分を考察するにあたって、あらためてニーチェの哲学的衝動を取り上げている。そこでハイデガーは、現象学において生じている理論的客観化の傾向を批判している。「そうした傾向に対して、現象学は内側から突きかかってゆく（von innen herausstoßen）。というのも現象学は、ニーチェ自身が不確かなままに克服しようとしていたタイプの哲学ではないからである――そうした哲学と学問は、知への愛、生への愛などではなく、隠蔽され、妬みに満ちた憎しみであり、合理的形式というでっちあげの桎梏によって証明を行う」（GA58, 23）。現象学は本来、「知への愛」であるとともに「生への愛」でもあるようなニーチェ風の哲学的衝動によって突き動かされている。それゆえ、既存の合理的な学問的形式に縛られるなら、現象学はいわば《ルサンチマン》の哲学へと堕してしまうのである。

しかしながらここで、ニーチェの哲学的衝動は全面的に肯定されているわけではない。というのも、ニーチェの哲学に対する戦いは、ニーチェ自身にとっても「不確か」であったとみなされているからである。実際この直後の文章でも、ニーチェの哲学的衝動は、現象学の根本態度からは完全に排除されてしまっている。「というのも現象学は、生の本当の意味に生き生きと同行する（das lebendige Mitgehen）という根本態度を、つまり魂の謙抑（humilitas animi）をつうじた生の増大という意味で不和を乗り越え、了解しつつ順応してゆくという根本態度を持っているからである」（GA58, 23）。ハイデガーは、一方で当時の亜流の現象学をニーチェの哲学的衝動によって批判している。その点でニーチェの哲学的衝動は、本来の現象学を活性化する原動力として見なされていると言える。ところが他方で、ニーチェの哲学的衝動は、現象学ないしは学問的哲学の根本態度からすっかり斥けられて、むしろ「謙抑」や「順応」が前面に打ち出されている。ここでのニーチェの哲学的衝動に対する評価は、明らかに捩れている。この事態は、どのように考えたらいいのだろうか。

まず現象学の観点から見てみよう。そもそも師のフッサールからして、ニーチェを学問的には積極的に評価してはいなかった[44]。フッサールにとって、ニーチェは現象学の「突破口」ではなく、「たちの悪い終焉」に過ぎなかったのである[45]。この点ではハイデガーも、フッサールの現象学的な学問的立場からのニーチェ評価を共有していると言える。とはいえ、すでにハイデガーは、フッサールとは異なる仕方で現象学の「根本態度」を理解していた。これも第一章で考察したように、一九一九年の戦時下緊急学期講義においてすでに、ハイデガーはフッサール現象学の原理のうちに、ディルタイ的な「体験と生そのものの根源的態度」として、「体験そのものと同一化した絶対的な生の共感」を見出していた（GA56/57, 110）。続く一九一九年夏学期講義でも、ハイデガーはディルタイの「精神の《自己省察》による「生の統一」とその「連続性」を強調していた（GA56/57, 164f.）[46]。それゆえここでハイデガーは、まずはディルタイの生の共感や精神の自己省察のうちに、現象学の《徳》を見ていると言える。

しかしながら、哲学的衝動の点に関して言えば、ハイデガーはディルタイに不充分さを感じていた。もちろんハイデガーにとって、人間のなかに「感情」や「衝動」の「束」が存在するというディルタイの見解は周知のところであった。一九二〇年講義『直観と表現の現象学』では、次のように述べられている。「最終的に精神的なものの核心は、衝動の束（Bündel der Triebe）のうちにある」（GA59, 167）。とはいえハイデガーは、「ディルタイ自身は、みずからが向かっていた新しいものについてはっきり分かっていなかった」と批判する。「概念の素材全体が根源的な把握において新たに規定されねばならない」のであり、それが「現象学の本来の傾向」である（GA59, 168）。ここに見出されるのは、「衝動」にかんするディルタイの不徹底な把握への批判である。[47] ディルタイは感情や衝動の重要性を理解してはいたが、ニーチェの哲学的衝動のもつ《新しさ》や《根源性》を見届けるにはいたらなかった。ここでのハイデガーのディルタイ批判には、そうした含意が聴き取れる。この点を考慮するなら、ディルタイの共感や自己省察の水準は、ハイデガーにとって、必ずしもニーチェの哲学的衝動の根源的水準に達するものであったとは言えないように思われる。

筆者の見るところ、ニーチェに対する評価を決定的に転倒しているのは、「謙抑」である。[48] 一九一八／一九年に予定されながらも、実際には行われなかった講義草案「中世神秘主義の哲学的根本立場」では、ルターの「謙抑」への言及が見出せる。そこでハイデガーは『ローマ書講義』の一節を引用し、「謙抑的自若（demütige Gelassenheit）」は抑圧的に人に「喜び（frohe）」をもたらすのではなく、「人格的な平静さ（die persönliche Heilsgewißheit）」を表現していると述べている（GA60, 309）。[49] 周知のように、ニーチェは『偶像の黄昏』において、踏みつけられて怜悧に身を屈める虫に喩えてキリスト教の奴隷道徳における「謙抑（Demuth）」を批判した。[50] ニーチェにとっては、ルターのような謙抑は《ルサンチマン》の典型である。しかしハイデガーにとって謙抑は、ニーチェが言うような自己抑圧的な生の態度でもなければ、ましてやルサンチマンでもない。むしろ謙抑は、視野の狭い高慢さを打ち破り、歴史的空隙において生じるさまざまな対立や軋轢を平静さのうちで乗り越え、生をその力の高まりにおいて統一体として体験し、解釈することを可能にする。謙抑こそは、現象学の——したがって解釈学の——根本的な《徳》なのである。

ここでは、学問を担う根源的態度をめぐって、神学とニーチェの哲学的衝動の対立が先鋭化している。ハイデガーは、ニーチェの哲学的衝動を生の直接的かつ学問的把握を突き動かすものとして評価していた。またそれにおうじて、ニーチェの批判的な学問的意識やアフォリズム的手法も、先駆的な解釈学的方法として積極的に参照されていた。ハイデガーは、そうしたニーチェの批判的な学問的意識のもつ《誠実さ》を認めている。しかし他方、前節の「三日間黙禱」で見たように、ハイデガーは、人間性に対する極端な《不信》をニーチェに見ていたように思われる。その点では、ルターの神学のほうが、はるかに人間に対する《真摯さ》を備えているのである。こうして、ニーチェ的衝動は神学の内部に封じ込められることになる。ニーチェの哲学的衝動は、学問的方法の批判的意識を洗練化する点では一定の評価に値するが、哲学的学問の全体を支える神学の枠組みを超えるものではない。人間的生を対象とする最も純粋な学問的思考にとって、ニーチェの哲学的衝動はなお不充分なのである。

こうした神学的観点からのニーチェ批判は、以後ますます激しさを増してゆくことになる。一九二〇／二一年講義「宗教現象学入門」では、パウロの理解をめぐって、ニーチェに対して厳しい批判が行われている。ハイデガーは「この世の有様（σχῆμα）は過ぎ去る」という「コリントの信徒への手紙」の一節と、「あなた方はこの世に倣う（συσχηματίζω）のであってはならない」という「ローマの信徒への手紙」の一節を引きながら、パウロの語る「世相（σχῆμα）」のうちに、事実的生の「遂行性格（Vollzugscharakter）」を見てとっている（GA60, 120）[51]。すでに考察したように、この解釈の狙いは、パウロの語る主の「再臨（παρουσία）」の時をめぐる原始キリスト教の事実的生の遂行連関から、形式的告示の方法を支える新たな時間意識を取り出すことにあった[52]。ところが、こうしたパウロの意義をニーチェは誤認しているとハイデガーは主張する。「パウロのこの諸連関は、倫理的に理解されるべきではない。それゆえニーチェがパウロをルサンチマンだとして非難したのは、誤りである。ルサンチマンはこの領域のうちには属していない。この連関のなかではルサンチマンを語ることはできない。そんな風に接するなら、その者は何もわかっていないということを示している」(GA60, 120)。

ここでハイデガーが念頭に置いているのは、『道徳の系譜』や『アンチ・クリスト』でのパウロ批判である。『道徳の系譜』第一論文第一〇節でニーチェは、奴隷道徳としてのルサンチマンによって、人間本来の行為が抑圧されると述べている。「道徳における奴隷蜂起がはじまるのは、ルサンチマン自体が創造的になり、価値を生み出すようになったときである。それは、本来の反動、つまり行為の反動が禁じられていて、ただ想像上の復讐によってだけ埋め合わせをするような者のルサンチマンである」[53]。これを受けて、『アンチ・クリスト』第四五節では「パウロは復讐の使徒すべてのなかでも最大の者であった」とされている[54]。ニーチェにとって、パウロの行為はキリスト教的な奴隷道徳の内部に閉ざされている。しかしハイデガーから見れば、パウロはもはやそうしたキリスト教的な倫理や道徳の水準を突破している。ルターの神学がルサンチマンではないのと同様に、ルターが範としたパウロの神学もルサンチマンではない。こうしたニーチェへの反論のなかで目を引くのは、先にも指摘したような倫理的問題への関心の低さである。むしろハイデガーは、倫理的問題への関心の低さを、学問上の《厳格さ》や《真摯さ》と直結しているように見える。こうした発想が、フロネーシスから実践的・倫理的含意を脱色してはじめてソフィアが獲得されうるとする、のちの一九二四/二五年の『ソフィスト』講義での解釈に通じていることは、ただちに見てとれよう[55]。道徳の問題に拘泥するニーチェは、学問論的哲学の水準からみれば、いまだ倫理的・道徳的水準にとどまる者、実存的な実践的行為の水準にとどまる者なのである。こうしてハイデガーは、神学の側に立って、ニーチェの哲学的衝動を学問的哲学の枠組みから完全に放逐するにいたる[56]。

こうしたハイデガーのニーチェ批判は、一九二一/二二年冬学期講義『アリストテレスの現象学的解釈』では、哲学を営む場としての「大学」の理解にまで及んでいる[57]。ここでハイデガーは、「本来の生き生きとした生の連関」としての「大学」における哲学の活性化を主張する一方で、それに対する反論の代表者としてニーチェとショーペンハウアーの名前を挙げている。両者の「ルサンチマンに満ちた、しばしば安っぽい悪口」にわざわざ耳を傾ける必要はない。「なぜなら彼らは、自分が望んだことをおそらくはわかっていなかったからである。大学から逃れるのは容易である。しかしそうすることで大学が変わるわけではないし、そういう人物自体――ニーチェが典型例だが――三文文士の養成所（Pflanzschule der Literaten）というただ自分の事柄だけに携わるようになり、頭でっかちの怪しげな雰囲気を醸しだす」（GA61, 66）。ここでハイデガーが念頭に置いているのは、周知の『反時代的考察』の第三論文「教育者としてのショーペンハウアー」である。[58] ニーチェの大学観に対するこの批判は、ニーチェの哲学的衝動に共感し、講壇哲学に対する批判を展開していたかつての態度とは正反対である。ここでハイデガーは、既存の考え方に縛られることなく、「形式的告示」における「《論争（Polemik）》」をつうじて大学の役割を規定しなければならないとも述べている（GA61, 64, 66f.）。かつてニーチェがこの解釈学的方法の確立に少なからず影響を与えたことを考えあわせるなら、こうしたハイデガーの批判は、あまりに辛辣と言うほかはない。大学の内部で哲学の革新をめざす《大学人》ハイデガーにとって、いまやニーチェは《在野》の詩人哲学者になったわけである。

こうした批判は、最終的にニーチェ的な哲学的衝動の核心をなす歴史意識にまで達する。一九二三年講義『存在論（事実性の解釈学）』では、ハイデガー自身の解釈学的立場が前面に打ち出されている。そこでは、シュペングラーの「非本来的な歴史意識」を最終的に批判する一方、それ以前の段階に属する者として、「ディルタイ、ベルクソン、ウィーン芸術史学派」と並んで「ニーチェ」の名前が挙げられている。彼らは「近代の歴史的意識の根源と展開」のもつ「特定の可能性」を現実化しようとする「勇気を持たなかった」のである（GA63, 56, 37）。ここではニーチェの歴史意識は、ディルタイの歴史意識ともども批判の対象である。いまやニーチェの哲学的衝動は、学問的哲学の枠組みにおいても、大学という学問の場においても、さらにはその歴史的射程にかんしても、完全に息の根を止められたように見える。

ところが、一九二三年秋のマールブルク大学への着任以降、こうしたニーチェに対する否定的評価は劇的に変化する。一九二四年講義『アリストテレス哲学の根本諸概念』でハイデガーは、ソフィストに代表される言語の頽落を論じるにあたって、ニーチェの一八七二／七三年冬学期講義「ギリシア雄弁の歴史」を引用して、ギリシア語を「あらゆる言語のなかでも最もお喋りな言語」だと評している[59]。そこではさらに、ギリシアのうちにそうした言論の頽落状況を見て取っていた点で、「ニーチェは最終的にはギリシア精神の何たるかをわかっていたはず」だとも述べている（GA18, 109）。ここでは、古典文献学者としてのかつてのニーチェ像がふたたび息を吹き返していることがわかる。この講義の冒頭でのハイデガーの発言にも、それは象徴的に示されている。そこでハイデガーは、みずからのアリストテレス解釈を「哲学」や「哲学史」研究ではなく、「語りだされたものを認識するという情熱（Leidenschaft）」としての「文献学」だとわざわざ断っている（GA18, 4）。イェーガーやボーニッツへの言及からもわかるように、この時期のハイデガーは、ギリシア古典文献学の研究にも精力的に取り組んでいた（GA62, 5f., 129）。ところがこの講義の内容は、「文献学」というより、実質的にはアリストテレスに対するハイデガー独自の「解釈学」を展開したものとなっている[60]。それゆえここでニーチェは、たんなる古典文献学者にとどまらず、ギリシアの歴史的根源への洞察をもった哲学者として評価されているると言える[61]。そして一九二五年講義『時間概念の歴史への序説』では、哲学的探求は「無神論」たるべきであり、そうした「《思考の傲慢さ（Anmaßung des Denkens）》」をみずからの力として、哲学は「悦ばしき知識」になるとさえ述べられている（GA20, 109f.）[62]。当初の歴史的根源へと向かうニーチェの哲学的衝動は、いまや神学の枠組みを完全に突破して、純然たる学問的衝動へと変貌したと言えよう。

こうしたニーチェ評価の劇的な変化の意義は、フライブルク大学のカソリック神学の影響圏からの離脱という外面的な理由だけでは片付けられない。この変化は、ハイデガー自身の思考の変遷から考えるとき、重要な意義をもつ。すでに論じたように、ハイデガーは、一九二四年を境に時間性を存在論的考察の統一的観点として自覚しはじめ、一九二四／二五年講義『論理学』では「時間性」を「形式的告示」的概念として捉えていた（GA21, 410）[63]。そしてこの時間性の問題圏の確立と前後して、ハイデガーの思考は神学の枠組みから離脱し、実存的水準からより高次の実存論的水準へと移行している[64]。神学から哲学へ、実存から実存論へ、そして存在論へというきわめて複合的なハイデガーの思考の変遷をくぐり抜けて、ニーチェの哲学的衝動は生き残ったのである。そうであるとすれば、ニーチェの哲学的衝動は、ハイデガーにとって、実存の理解にとどまらず、時間性や歴史の理解にまで深く及んでいると考えなければならない。その意味で、いまやハイデガーが、ニーチェの哲学的衝動にこの上ない共感を抱いているとしても、何ら不思議ではない。

そこで次に、これまでの考察を踏まえながら、『存在と時間』におけるニーチェ解釈を見てゆくことにする。

第3節　ニーチェ的衝動の実存論的拡張

『存在と時間』ではニーチェへの明示的な言及は死、良心、歴史性をめぐるわずか三箇所にすぎない。しかし、これまでの散発的なニーチェへの言及と比較すれば、その数は飛躍的に増大している。そのうえこれらの言及は、現存在の実存論的規定から時間性や歴史性の規定にいたるまで、『存在と時間』第一部第二編の主要な議論の全体に跨っている。つまり『存在と時間』においてハイデガーは、修学時代以来温めてきたニーチェ的衝動に従って、それまでのみずからの実存論的考察、ひいては存在論的考察の包括的拡張を企てていると考えられる。そこで本節では、前者の拡張を「死」と「良心」の概念に即して検討することにしよう。

最初に取り上げるべきは、「死への存在」についての議論である。まず議論を整理しておこう。ハイデガーは第五二節で「非本来的」な「死への存在」と「本来的」な「終わりへの存在」を区別し、後者の「死の実存論的概念」を「現存在に最も固有の、没交渉的な、確実でいてそのものとしては無規定な、追い越しえない可能性」として規定している（SZ, 258f.）。続いて第五三節は、この形式的な実存論的概念の可能性の先鋭的把握を主題としている。そこで重要な役割を果たしているのが、形式的告示の方法である。すでに考察しておいたように、『存在と時間』のさまざまな実存範疇は形式的告示的概念として捉えられているが、「死」もその例外ではない[65]。ハイデガーは実存論的に分析された「死」につきまとう「形式性」と「空虚さ」とともに、その「豊かで込み入った構造」を指摘して、形式的告示的解釈の必要性を訴えている（SZ, 248）。この死の可能性を解明するための手がかりが、「本来的な終わりへの存在」と「非本来的な死への存在」における形式的告示としての「積極的および禁止的な指示」である（SZ, 260）。「非本来的な死への存在」における禁止的指示に従えば、終わりへの存在の可能性は、制作や準備、配置調整などといった「手許の道具の配慮的実現」をめざす「配慮的追求（das besorgende Aus-sein）」によって捉えることはできない（SZ, 261）。他方、「本来的な終わりへの存在」における積極的な指示に従えば、その可能性はどこまでも「弱められることなく可能性として了解され、可能性として形成され……可能性として耐え抜かれるのでなければならない」（SZ, 261）。終わりへの存在の可能性は、現実的なものを配慮し期待することや眼前存在者の明証性によって満たされることはなく、むしろ「いっそう純然と」「実存一般の不可能性としての可能性」として迫ってくる（SZ, 262）。つまり道具的配慮をはじめとするあらゆる実存的な配慮が放棄され、死への先駆において、実存の不可能性としての可能性が純粋な可能性として極限化されるとき、その可能性ははじめてそのものとして獲得されるのである。

さて、こうした死の極限的な可能性への先駆を説明するにあたって、ハイデガーは『ツァラトゥストラはかく語りき』（以下『ツァラトゥストラ』と略記）における「自由な死」の一節を引用している。「現存在は、おのれ自身と了解された存在可能性に遅れをとることのないように、つまり《勝利をおさめるには年をとりすぎる》ことのないように、先駆してその身を防ぐ」（SZ, 264）。現存在は、その「追い越しえない」可能性としての死に遅れることなく「先駆」することによって、固有の存在可能を自己に与え返すことができる。それゆえ現存在にとって、本来的な意味での「適切な好機（die rechte Gelegenheit）」は、世人の「配慮」のなかにはない（SZ, 172, 174, 359, 389）。もちろん、現存在は「終末以前にすでに成熟期を踏み越えている」こともあれば、死において「たいてい現存在は未完成に終わるか、さもなければ崩れ落ち力尽き果てて終わる」こともある（SZ, 244）。それゆえ《好機》なるものが実現するのは、一切の配慮が脱落し、無規定な自己存在へと先駆する「決意性」においてのみである（SZ, 300）。その瞬間にはじめて、現存在を取りまく環境世界や共同世界も「偶然」を超えた、意味あるものとして立ち現れてくる。こうした本来的な死への存在が「世人のさまざまな幻想から解かれた、情熱的な、事実的な、自己を確証する、不安にさらされた死への自由（Freiheit zum Tode）」である（SZ, 266）。

それに対して「自由な死」でツァラトゥストラが語るのは、「ふさわしい時に死ね！（Stirb zur rechten Zeit!）」という教えである。(66)「緩慢な死」を説くのは「あまりに遅く死ぬ」多くの者、「余計な者たち」であり、また「あまりに早く死ぬ」少数の者の代表と言えるのは「イエス」であるが、結局はいずれの立場も死に立ち向かう《好機》を逸している。多くの者は「夏のうちにすでに腐」っているにもかかわらず「あまりにも長く枝にぶら下がっている」。あまりに早く死ぬ者も「未熟ながらに愛し、また未熟ながらに人間と大地を憎む」。彼らとは異なり、ふさわしい時に死ぬ者は、みずから死を望むことで、死の《好機》をくるいなく捉える。「私の死を、私はあなた方に讃える。私が欲するがゆえに、私のもとにやってくる自由な死を」。しかしふさわしい時に死ぬ者は、死を肯定するだけではなく、生をも肯定する。というのも、ふさわしい時に死ぬ者は、その当人と「目標」を共有する「相続人」にとっても、ふさわしい時に死ぬことを望むからである。「目標と相続人を持つ者は、目標と相続人にふさわしい時の死を欲する」。そのため、この「自由な死」の章の終わりでも、ツァラトゥストラは「目標と相続人」のために、当面のあいだは生き延びることを望む。「まことに、ツァラトゥストラは一つの目標を得たのだ。……いまやあなた方、友は、私の目標の相続人なのだ。私はあなた方に黄金の球を投げる。わが友よ、何よりも私が見たいのは、あなた方が黄金の球を投げるところだ！　だから私はいましばらく大地にとどまるだろう。私にこれを許せ！」(67)。このように死と生をともに肯定するツァラトゥストラは、「生と死をさらによりよく理解している」者に他ならない。ここに「死への自由、死における自由（Frei zum Tode und frei im Tode）」は実現する。(68)

ハイデガーとニーチェはともに、多くの余計な者たちや世人とは一線を画し、自ら死を欲することで、死に対する自由な立場を打ち立てようとしている。さらに両者は、こうした立場から再び大地における自己の生ばかりでなく、他者の生や周囲世界の肯定へと立ち返ることを目指してもいる。こうした点で、両者の死をめぐる考察の構図はほぼ一致していると言える。ニーチェにとって、ふさわしい時に死ぬ者が「自分が一番美味しくなったとき、人に食われ続けるのをやめる」のと同様、ハイデガーにとっても「先駆において現存在は、はじめて固有の自己の存在をその追い越すことのできない全体性において確証することができる」(SZ, 265)。みずから決断して死へと先駆する現存在こそ、好機において死への自由に開かれる者であり、そこから他者のもとへ自由に立ち返ることのできる者なのである。

とはいえ両者には、看過しえない違いも認められる。まず「自由な死」の一節における「勝利」の含意の違いである[69]。「多くの者はみずからの真理をつかみ、勝利をおさめるには年をとりすぎる」というニーチェの発言の真意は、多くの者による真理と勝利の獲得不可能性を指摘することにあった[70]。それに対してハイデガーは、「現存在は、おのれ自身と了解された存在可能性に遅れをとることのないように、つまり《勝利をおさめるには年をとりすぎる》ことのないように、先駆してその身を防ぐ」と言い換えて、実質的に意味を反転させているのである(SZ, 264)［傍点は引用者による強調］。加えてここでは、「真理」の部分が何の説明もなく抹消されている。また死をめぐる様々な気分の位置づけにかんしても、相違が見出される。ニーチェは否定的にではあるが、あまりに早く死ぬ者であるイエスの《愛》や《憎しみ》にも言及している。しかしハイデガーは、そうした感情に対する言及を一切行っていない。ところが他方では、本来的な死への先駆は「情熱的(leidenschaftlich)」と呼ばれ、さらには先駆的決意性における「不安」には「喜び(Freude)」が伴うとも述べられている(SZ, 310)。このように見てくるなら、両者のあいだでは、死をめぐって、勝利や真理や気分の含意に相違が認められると言わざるをえない。

しかし筆者の見るところ、むしろこうした相違においてこそ、ニーチェの「自由な死」に対するハイデガー独自の実存論的拡張の意義が明確になるように思われる。第一に、ハイデガーはさまざまな諸概念を転換するための支点を「死」に見定めている。とはいえ「死」は、現存在の実存に対して消極的な意味を与えるのではなく、より積極的な意味を与える形式的告示的概念として機能している。つまりハイデガーは、「死」の形式的告示を支点とすることにより、「勝利」や「真理」や「感情」の含意をニーチェ以上に拡張し、かつ反転させようとしているのである。真理と勝利の獲得不可能性は、死への先駆をつうじて、積極的な獲得可能性へと転化する。また神学的な《愛》や《憎しみ》も、死への先駆をつうじて完全に否定され、実存論的な《情熱》や《喜び》の強い肯定が打ち出される。すでにニーチェとともに哲学の脱神学化を宣言したハイデガーにとって、神学的感情も、抜本的に転倒される。極限化された「死」の純粋な可能性によって、哲学的諸概念や一般的な気分の概念は、根本から《転換》されるのである。

第二に、このような転換の支点をなす「死」の《好機》は、超越論的時間地平の形式的告示として機能している。すでにアリストテレスの時間論解釈やプラトンの善のイデア解釈において確認したように、実践的配慮から純粋化された根源的時間性それ自体は、善悪の価値をはじめ、一切の倫理的、道徳的概念を無効にする機能を与えられていた。[71]それと同様、ここで「死」の《好機》が、それ自体は倫理的・道徳的含意をまったくもたない、純粋に形式的な超越論的時間地平の告示として考えられている。この「死」の《好機》の形式的な時間地平を支点として、既存の実践的配慮の水準における一切の善悪の価値は転換される。その意味ではハイデガーは、ニーチェの「死」を、たんなる実践的配慮の水準ではなく、さらに一歩進んで超越論的時間地平の水準において捉えなおしていると言える。[72]これは、上述のような情態性の意義の転換にも当てはまる。かつてハイデガーは、パウロのカイロスのうちに、「安心と無事」から「苦境」や「憂慮」への転換を見出していた。[73]アリストテレス解釈でも、ルターの批判を梃子として、「快」から「苦」への重心の転換が見出された。[74]しかしいまやハイデガーは、他でもないニーチェにその実存論的転換の契機を見出している。わけても不安に伴う《情熱》や《喜び》の強調は、『ツァラトゥストラ』における「喜びの情熱と苦しみの情熱」の記述を思い起こさせる。というのも、そこではツァラトゥストラは、かつて「悪」と呼ばれた「苦しめるさまざまな情熱」をすべて、他ならぬ自分自身のための「徳」、「大地の徳」へと変えなければならないと説いているからである。[75]こうしたさまざまな気分を支える時間地平については、『存在と時間』第六八節(b)で分析がなされている。「恐れ」や「不安」ばかりでなく、「希望、喜び、感激、快活さ」、「倦怠、悲哀、憂愁、絶望」といった気分の背後には、「現存在の被投的根拠への脱自的‐時間的連関」が控えている（SZ, 345）。ニーチェの《苦しみ》や《喜び》の《情熱》を含めて、一切の情態性は純粋な時間性の形式的告示であり、それらの情態性の《価値》は、脱自的時間地平において《転換》されうるのである。

第三は、真理の意義の相違である。ハイデガーが、『ツァラトゥストラ』からの引用にさいして「真理」を暗黙のうちに抹消したのは、おそらくニーチェの真理観との相違を少なからず意識したからであるように思われる。確かにニーチェもハイデガーも、ともに伝統的な真理観を拒否する。『力への意志』の周知のアフォリズムで述べられているとおり、ニーチェにとって「真理とは、それなくして特定種の生命が生きることができないような類の誤謬である」[76]。したがって真理への意志とは、偽りの固定したものや持続するものをいつまでも産出し続ける過程である。「真理」は「現にあるだろうもの、見出され発見されるべきであろうもの（das [etwas] aufzufinden, zu entdecken wäre）ではなく――むしろ作り出されるべきもの（etwas, *das zu schaffen ist*）、ひとつの過程（*Prozeß*）に代わる名称、それどころかそれ自体終わりのない征服の意志に代わる名称の役目を務める」。「真理を置きいれる」のは、「無限の過程、能動的に規定すること（ein *aktives Bestimmen*）」である[77]。それに対してハイデガーは、判断と対象の一致という伝統的真理観を退け、現存在が「発見的である（Entdeckend-sein）」という意味で「真であること」、すなわち現存在の「開示態」を「実存の真理」として捉える（SZ, 220f.）。とはいえ、現存在は《能動的》に開示態を存在しているわけではなく、「被投的企投」という存在構造を備えてもいる。そのため現存在は、つねに事実性のもつ隠蔽や閉塞へと陥らざるをえない。現存在にとって、開示態において存在者は確かに「発見」されてはいるが、同時に「偽装」されてもいる。そのためさしあたり存在者は、現存在にとっては「仮象（Schein）」という様態において現れる。こうした意味で、現存在は等根源的に「真理と非真理のうちにある」（SZ, 222f.）。このように見てくるなら、偽と仮象の可能性を認める点で、表面上両者は合致しているように思えるかもしれない。

しかしハイデガーの議論の重心はむしろ、こうした偽と仮象の打破に置かれている[78]。現存在は「本質的に、すでに発見されているものをも、仮象と偽装に逆らって表立ってみずからのものとし、その被発見性を繰り返し確保しなければならない」(SZ, 222)。そのさい根本的な対立点となるのは、《制作》の問題である。すでに考察したように、ハイデガーはニーチェのアフォリズムにおける《創造》にも、一定の共感を寄せていた。しかし、ニーチェの《創造》が偽装された真理の反復的制作にとどまるとすれば、それは明らかにハイデガーの立場とは相容れない。これもすでに見たとおり、ハイデガーの狙いは、古代存在論における《存在＝被制作性》の観点の打破にあった。[79]『存在と時間』でも、「被制作性」という広い意味での「被造性(Geschaffenheit)」は、「古代存在論の本質的な構成契機」として、以後の時代に「宿命を負った予断」を植えつけてきたとして批判されている(SZ, 25)。この点でハイデガーの開示性としての真理は、ニーチェとは異なり、偽装された被制作性としての真理を、たとえそれが必然であるにせよ、繰り返し打破することを目指していると言える。ハイデガーにとって「解釈」は、このような存在論的意味における真理と非真理のあいだの循環的反復の営みなのである。ハイデガーが、あえて『ツァラトゥストラ』の「真理」を回避した理由のひとつに、こうした「真理」の含意の相違を挙げることができるだろう。

次に検討すべきは、「良心」の議論である。ハイデガーは、上述の「死への先駆」の議論を「確証」するために、続く第五四節から第六〇節にわたって、「良心」を取り上げている。そこでは、良心にかんして「注目すべき良心解釈」を行った者として、カント、ヘーゲル、ショーペンハウアーと並んで「ニーチェ」の名前が注で挙げられているに過ぎない(SZ, 272)。しかし、ハイデガーの良心の分析全体を見わたしてみれば、そこには随所で『道徳の系譜』第二論文における良心の系譜学的分析のモチーフが全面的に活用されているように思われる。そこでここでは、その共通点を六点にわたって指摘しておくことにする。

第一は、良心の脱法的身分である。ニーチェはカントの定言命法への当てこすりを語りながら、「良心(Gewissen)」や「負い目(Schuld)」が「債権法」に基づく点、また「良心のやましさ(das schlechte Gewissen)」を惹起することが刑罰の効用として誤認されている点を指摘している。[80]ハイデガーもまた良心の分析のなかで、「負い目ある存在

（Shuldigsein）」が、「法律侵害」・「刑罰妥当性」・「有責」などといった法的含意や、カント流の「法廷象徴」などとは無縁であると主張している（SZ, 282f., 293）。ハイデガーは、明らかにこうしたニーチェの道徳批判を梃子として、カントの良心論を克服しようとしている[81]。それゆえここでは、既存の道徳的「善」や「悪」に対するハイデガーの現象学的《価値転換》が最も鮮明に敢行されていると言ってよい（SZ, 286）。ニーチェにとってもハイデガーにとっても、法的次元は本来的な良心現象の派生態なのである。

第二は、良心の脱道徳的身分である[82]。ニーチェは「良心のやましさ」の究極的な起源を「敵意や残虐さ、迫害、襲撃、変革、破壊の喜び」などといった「本能がすべてその所有者へと向きを変えること」、つまり抑圧された本能における「人間の内面化」に求めている[83]。つまり良心の道徳性の起源は、変形された本能なのである。他方ハイデガーは、そうした《内面化》された《本能》としての良心の性格を、いっそう過激に「《没良心的》」と特徴づける。世人の配慮する善悪判断や世人的自己にも無関係な現存在自身の「無性の根拠存在」を告知する機能を「良心の声」に認めているのも、そのためである（SZ, 286）。リクールが指摘しているように、ハイデガーの良心は「善悪を区別する能力によっても特徴づけられない」ものであり、まさに「善悪の彼岸」に位置しているのである[84]。

第三は、良心の脱神学的性格である。ニーチェは最終的に、キリスト教の神の否定によって、「孤独」のなかで「ニヒリズム」からの「救済」と「希望」の返還を語る[85]。ハイデガーもまた、良心から「人格神の意志表示」や「神的威力」などといった要素を徹底的に脱色している（SZ, 275, 291）。その背景には、すでに確認しておいたように、ニーチェの無神論的立場に対するハイデガーの全面的肯定が控えている。こうした意味でハイデガーの良心論は、レーヴィットに倣って、キリスト教的終末論の枠組みだけを残して存在論化された「神なき神学」の一部をなすものであると言えよう[86]。

第四は、良心の表明に伴う沈黙の性格である。ニーチェはこの第二論文の末尾で、「より将来の者」たる「神と無の克服者（Besieger Gottes und des Nichts）」としての「ツァラトゥストラ」の役割を奪わないよう、みずからに「沈黙する」ことを課している。[87]「喜びの情熱と苦しみの情熱」にも述べられているように、善悪の彼岸で「私の魂に苦しみや喜びを与え、私の内臓の飢えでもあるものは、言い表しがたく名前をもたない」のであり、それを語るさいには「口ごもる」のも「恥じてはならない」[88]。ハイデガーにおいても、良心が前触れもなく突如襲来する呼びかけである限りにおいて、日常の言明行為はつねにそれに立ち遅れざるをえない。しかしまた良心は「関心の呼び声」として、現存在にみずからの将来の死という無根拠性を伝達するものでもある。したがってハイデガーは、ニーチェがいわば将来のために取りおいた沈黙を、死への先駆をつうじて、より積極的に関心の構造のうちへ組み込んでいると言える。

第五は良心の意志的性格である。ニーチェにとって「良心」は「生命の本質」としての「力への意志」の発露である[89]。他方ハイデガーにとっては、良心の呼び声におうじて、負い目ある存在を了解しようとする「実存的」態度が「良心を持とうと意志すること（Gewissen-haben-wollen）」であり、この実存的確証に基づいて導出されるのが、「不安」と「沈黙」のうちで無的な根拠を引き受ける実存論的に本来的な開示性としての「先駆的決意性」である（SZ, 288, 296ff., 306f.）。ニーチェにとって良心は、キリスト教道徳のルサンチマンに対抗する力への意志として発動される。ハイデガーにとって、良心を持とうとする意志は、みずからの良心の呼びかけに応答するために、頽落への事実的な被投性を引き受けた状態から、みずからの先駆的決意性において発動される。しかしいずれにしても、両者の良心の発動の根底に《意志の衝動》が息づいていることは明瞭に見てとれる。

第六は、良心における将来の新たな道徳や倫理の構築可能性である。上述した第一から第三の点にもかかわらず、ニーチェもハイデガーも、けっして既存の道徳や倫理の破壊だけを目的としているわけではない。「自由な死」の末尾で、ツァラトゥストラがなお地上にとどまるのは、「相続人」の「友」が「黄金の球を投げる」という「目標」を遂げるのを見定めるためであった。ハイデガーにおいては、死への先駆における「固有の、没交渉的な、追い越しえない可能性」は、「真理性（開示性）」として「現存在の全体」ないし「存在可能全体」を開示する。しかし、そこには「他の人々の存在可能」も含まれている（SZ, 264）[90]。現存在は、本来的に自己の存在可能へと開かれているとき、それぞれの現存在がおのれ自身のうちに担っている「友の声」を聴く（SZ, 163）。しかしこの声は、単独の実存の内面に響く声ではなく、すでに分析しておいたように、「良心の呼び声」として、他者へと開かれた公共的な言語の可能性をそなえてもいた[91]。この点では、ニーチェとハイデガーはともに、「死」を経由して、既存の道徳や倫理を拡張し、それらの新たな構築へと向かう方向性を打ち出していると考えられるだろう。

こうして、『存在と時間』におけるニーチェ的衝動の実存論的拡張が明らかになった。『存在と時間』は、初期以来のニーチェ的な哲学衝動を引き継ぎながら、それをいっそう明確に「意志」として捉えている。そしてハイデガーは、ニーチェにならって、この意志を「自由な死」への「先駆的決意性」として発動することにより、既成の法、道徳、倫理、価値、感情などの一切の存在者的概念を実存論的に《転換》していると言える。この点で、『存在と時間』の実存論的分析は、基本的にニーチェの哲学的衝動とその《価値転換》の発想を大規模に拡張したものと考えられる。しかし、この拡張は、実存論的分析だけにとどまらない。というのも、すでに見たように、「死」の《好機》は、超越論的時間地平を形式的に告示するものでもあったからである。そうであるとすれば、プラトンの善のイデアによって象徴された存在の理念の超越論的時間地平のうちにも、すでにニーチェの時間概念が入り込んでいる可能性がある。そこで次に考察すべきは、時間論をめぐるハイデガーとニーチェの関係である。

第4節　現存在の時間性と永遠回帰

現存在の時間性について分析した『存在と時間』第一部第二編第三章には、ニーチェの名前はまったく見当たらない。そのため一見したところ、ハイデガーの時間論はニーチェとはまったく無縁であるように思える。しかし第五章第七六節では、ニーチェの歴史論についての分析が見られる。この分析は、分量としては僅かではあるが、前述の

「死」や「良心」の分析に比べて内容としては遥かにまとまりが高い。ハイデガーによれば、「歴史性の解明は時間性に基づいている」以上、歴史性と時間性の議論は連動している（SZ, 376）。したがって、ニーチェの発想は、歴史性ばかりでなく、時間性の議論にも大きく影響を及ぼしていると考えられよう。[92] そこでここでは、第七六節での歴史性の分析から時間性の分析へと遡ることで、ハイデガーに潜むニーチェの時間論の影響を解明してゆくことにする。

ハイデガーは『反時代的考察』の第二論文「生に対する歴史の利害について」に言及している。ニーチェはこの論文で、「記念碑的」、「好古的」、「批判的」という三種類の歴史の区分に応じて「活動し努力する者」、「保存し崇敬する者」、「苦悩し解放を要する者」それぞれの《利害》について述べている。[93] ハイデガーによれば、ニーチェはこの記念碑的、好古的、批判的という区分の「三重性の必然性とそれらの統一の根拠をとりたてて示していない」。しかしそれでも、この区分は「偶然ではない」のであって、「彼の『考察』の冒頭からは、彼が表明している以上のことを理解していたことを推察させる」という（SZ, 396）。そこでまず、ハイデガーがこの第二論文の冒頭に言及した意味から考察する。

ニーチェは、第二論文の序言において、当時の歴史主義や歴史的教養を「時代の害悪、疾患、欠乏」として批判するとともに、「古典文献学者」としての自身の考察の持つ「反時代的」性格を強調している。歴史学的な知識や教養は生の活動を鈍らせるものであり、それに対して古典文献学に則った「生に奉仕する」かぎりでの歴史、「生と行動」のための歴史こそが称揚されるべきである。[94] 歴史は、生を抑圧するのではなく、むしろ生の活動を高め、それによって生をその本質において活性化するのである。

当時の歴史学の趨勢に対する抵抗を掲げたこの序言にならって、ハイデガーも現存在の「歴史性（Geschichtlichkeit）」から「歴史学（Historie）」を峻別し、前者のうちに後者の成立の根拠を見出す。「歴史を歴史学的に開示することは、それ自体において、それが事実的に遂行されるかどうかにかかわりなく、その存在論的構造上、現存在の歴史性に根ざしている」（SZ, 392）。何よりまず現存在が歴史性をその存在のうちに備えているがゆえにこそ、現存在は歴史学を遂行することができる。両者にとって歴史はそのうちに生きる者自身、すなわち歴史的生の活動的本質そのものを意味している。歴史学は歴史的生の活動的本質に資するかぎりでのみ、有効なのである。

ニーチェにとって、「反時代的」考察は、「時代に反対して（gegen die Zeit）、そうすることによって時代に向かって（auf die Zeit）、望むらくは将来の時代のためになる（zu Gunsten einer kommenden Zeit）」ことをめざしている。[95] 歴史的生に根ざした考察は、まさにそれ自身歴史的なものとして、歴史主義や歴史学の蔓延する「現在」とは明らかに対立し、「反時代的」なものとして「将来」へ向かう。ハイデガーは、こうしたニーチェの歴史的生の把握をほぼ踏襲している。ハイデガーの既存の存在論伝統や歴史学に対する批判は、二つの意味を持つ。それは第一に「解体（Destruktion）」である。『存在と時間』第六節においてすでに述べられているように、「解体」は歴史の「相対化」でもなければ、「存在論の伝統を振り払」って「過去を無に葬り去」るような「否定的」なものでもない。「解体」は、古代存在論の「伝承的形態」を「解消」することによって、最初の存在についての「根源的諸経験」への立ち戻りを可能にする（SZ, 22f.）。他方、この批判的解体は、その「積極的な意図」からみれば、もう一つの意味を持っている。それは、存在の問いを「真に具体化」してその「不可避性」をあらわにする「反復（Wiederholung）」である（SZ, 23, 26）。第七四節において述べられているように、この反復は、かつて現に存在していた実存の可能性に「応答すること（Erwiderung）」であり、現在の瞬間において「今日《過去》として影響力を及ぼしているものを撤回すること（Widerruf）」でもある（SZ, 386）。こうした非本来的な世人の慣習に対する時間性のあり方を、ハイデガーは特に「今日に逆らって現在化すること（eine Entgegenwärtigung des Heute）」とも呼んでいる（SZ, 391）。とはいえ、こうした解体的反復はけっして今日や過去のために行われるわけではない。「歴史」は「その本質的な重み」を「現存在の将来から発現する実存の本来的な出来事」のうちに持っている（SZ, 386）。ニーチェの《反時代的考察》と同じく、現存在の歴史性についての実存論的解釈も、将来のために、現在の歴史学的圧力を《解体》し、過去の歴史性を《反復》することによって、現在の歴史的生の新たな活性化を目指すものなのである。

ハイデガーは、このようにニーチェの序言を踏まえて、歴史学の三つの区分の成立根拠の考察に取り組む。まず決意性において将来から自己のもとへ立ち戻るとき、現存在は実存の「記念碑的」可能性を引き受ける。次に被投性において過去を反復するときに、かつての実存を「崇敬し保持する」「好古的」可能性をみずからのものとする。そして現在の瞬間において、「今日に逆らって現在化すること」として、「現代の批判」を敢行する（SZ, 396f.）。こうした将来の決意性、既往の反復、現在の瞬間のそれぞれにおいて歴史学の可能性が成立する。「これら三つの歴史学の様式の可能的統一の基礎が本来的歴史性である。そして、本来的歴史学の基礎の根拠は、関心の実存論的存在意味としての時間性である」（SZ, 397）。こうしてハイデガーは、ニーチェの歴史学の区分の統一的基礎をみずからの時間性の概念へと直結する。

ここで注目すべきは、これまで検討してきたさまざまな時間論解釈の場合とは異なり、ハイデガー独自の《転換》がほとんど施されていない点である。ただし、ハイデガーの解釈に不足がないわけではない。まず、ニーチェが語った三つの歴史学にまつわる「利害」にかんしては、ほとんど触れられていない。というのも、確かにハイデガーも生にとっての歴史の「利害」があることを認めてはいるが、それらを現存在の歴史性に根ざす「本来性」と「非本来性」の二分法によって捉えなおすにとどまり、「人間」や「民族」や「文化」など、「教養」と並んでニーチェが三つの歴史学の「利害」として考察を加えている具体的な局面については、実質的にほとんど立ち入っていないからである（SZ, 396）。またこれら具体的な局面の考察において重要な役割を果たすものとして、「歴史的なもの」とは区別される「非歴史的なもの（das Unhistorische）」や「超歴史的（überhistorisch）」立場も、ほとんど考慮されていない[96]。しかしそれにもかかわらず、ハイデガーは、明らかにニーチェの歴史性と時間性の理解に賛同を示している。むしろここでは具体的な考察を捨象することにより、ハイデガーは、修学時代以来温めてきたニーチェの哲学的衝動のもつ歴史的含意を全面的に肯定しようとしているように思われる。だからこそニーチェは、「必然性」と「根拠」を示していないとしても、「既往的‐現在化的将来（gewesend-gegenwärtigende Zukunft）」という現存在の統一的時間性を理解していたと言われているのである（SZ, 326）。その意味でニーチェは、ハイデガーにとって本来的時間性を考察した《先駆者》とみなされていると言ってよい。

したがって、現存在の時間性の構築にあたっても、ハイデガーはニーチェの時間理解を手がかりにしていると考えられる。そこで、これまでの考察を踏まえて、『存在と時間』第一部第二編第三章の議論を検討しよう。すでに見たように、第二編の第一章で提示された「死への自由」は、第二章の「良心」の議論によって確証された。第三章の議論はそれを受けて開始される。ここで注目したいのは、とくに第六三節と第六四節である。この二つの節は、現存在を「時間性」として規定する第六五節の議論にとって、きわめて重要な役割を果たしている。第六三節では、それまでの議論をいったん中断して、これまでの現存在の解釈学の歩みを振り返りながら、「解釈学」の方法的観点への反省が行われている[97]。それを踏まえて、第六四節では、現存在の「自立性」と「自我」の問題が論じられている。第六三節と六四節はそれぞれ、方法と内容の側面から現存在の「存在構造」を確定し、第六五節での「時間性」の規定の前段階を固めているのである（SZ, 231ff., 310f., 323）。筆者の見るところ、この二つの節の分析は、先のニーチェの三種の歴史意識を背景にすることで、整合的に読み解くことができるように思われる。

まず、第六三節では主に二つの主題が論じられている。それは一つには、「頽落的な存在者的‐存在論的解釈傾向」や「現存在固有の隠蔽傾向」に「対抗」して、現存在の根源的存在の「奪取」と「獲得」を敢行する解釈学的「暴力」の要請を明らかにすることである。第二は、解釈学的方法の循環性格を積極的に主張することにある。第一の主題については、すでに確認したような「現在」に対する「撤回」や「今日に逆らって現在化すること」との同型性をすぐさま見てとることができる（SZ, 311）。それはまさに、ニーチェの語った《批判的》歴史学の作業に他ならない。

第二の主題については、解釈学的循環についての有名な指示に目を向ける必要がある。ハイデガーによれば、われわれは「現存在分析の着手点において、あらかじめ現存在の循環的存在（das zirkelhafte Sein des Daseins）を十分的確に視野におさめるために、こうした《円環（Kreis）》のなかへ根源的かつ全体として躍入する（springen）」ことをめざして努力しなければならない（SZ, 315）。ここでハイデガーが強調している契機は、三つある。まず一つは現存在の《循環》的存在としての《円環》である。もう一つはその究明のために、解釈学的循環へと躍入するという《意志》ないし《決意性》である。そしてその躍入によって、最終的に獲得される現存在の《完結》した《全体》としての循環的存在である。第一の契機については、「この存在者にとっては、みずからの存在においてその存在それ自身が問題である」という実存の理念にしたがって、現存在は『存在と時間』の冒頭から自己関係的な《循環》的存在として形式的に告示されていた[98]。循環的存在である自己自身を解釈し分析するかぎり、現存在は必然的に解釈学的循環を歩まねばならない。この解釈学的循環への躍入は、第二の「先駆的決意性」の契機によって行われる（SZ, 316）。この躍入によって循環の過程を踏破することによって、第三の契機として、現存在の循環的存在がそれ自体《自立》的で《根源》的な《全体》として捉えられることになる。

ハイデガーは、第六三節でこうした方法の形式的構造を確保したうえで、第六四節でその構造的内容の確定に取り組む。そこでの「自立性」の議論は、主に第三の契機を受けたものだと言える。将来と既往を引き受ける現在においては、本来的時間性が告知される。その現在の瞬間において本来的時間性が獲得されるとき、現存在の自己性は「常住性（Ständigkeit）」として完結し、「自立性」を獲得するにいたる（SZ, 322）。この常住性は、客観的ないし主観的な時間の単線的な流れ、もしくは《今の連続》ではない。それは「立場が確保されること（Standgewonnenwerden）」であるとともに「確固たる毅然さ（beständige Standfestigkeit）」であり、非自立性への事実的頽落さえも含まれている（SZ, 322f.）。すでに見たように、ニーチェの三種の歴史意識は、歴史を生に奉仕させることで、歴史の広がりのなかで生を活性化させるものであった。そのさいニーチェが最終的な目標としていたのも、生の自立であった。この点は、一八七六年夏の遺稿からも窺うことができる。「反時代的考察。個々人たちを偉大に（groß）、そして自立的（selbstständig）にするものを、そしてまた彼らが結びつきうるためのさまざまな視点を、私は結びあわせ、取り集めた。私たちの身分が高まり（*Aufsteigen*）、私たちがまもなく文化全体の財となることが、私にはわかる。……それなくしてはいかなる文化も生まれず、また成り立ちえない静けさを、私は人間に取り戻したい。それとともに単純さ（*Schlichtheit*）をも、取り戻したい[99]」。ここには、若きニーチェが、当時の怠惰な時代に反した問いかけによって、個々人の自立的で統一的な生の実現を意図していたことが窺える。こうした類似性を背景に見れば、ハイデガーは、現存在の時間性を規定するさい、ニーチェの三種の歴史意識を念頭に置いて、そこにこうした自立的で統一的な生という発想を見てとったように思われる。この発想を現存在の構造として確定するために、ハイデガーは、あらかじめ解釈学的方法に内在する歴史的な時間性格や、現存在の時間性のもつ自立性と統一的な全体性に注意を促していたのである。

したがって、第六三節の議論における残る二つの契機にも、やはりニーチェの歴史意識が強く反映されていると考えられる。現存在が、みずからの循環的存在をみずからに語らせようと《意志》し《決意》する行為は、「自立性」の議論において、一過性のものではなく、持続的で恒常的な現存在の構造の内実となる（SZ, 322）。それによって、死への先駆的決意性が、本来性も非本来性をも含めた現存在の自立的全体性を構成することも可能になる。すでに繰り返し指摘したように、「死への先駆」において「決断のあらゆる事実的な《暫定性》は本来的に了解される」のであり、そのとき「あらゆる偶然的で《暫定的な》可能性」は追い払われる（SZ, 302, 383f.）。こうして現存在の時間性が自立的で恒常的な構造として明らかになることで、そこから超越論的時間地平も切り開かれてくる（SZ, 314）。この超越論的時間地平に、現存在の自立的全体性を支える脱自的な時間性の「時熟」や、過去と将来に伸び広がる歴史性の動態も基づいている（SZ, 329, 390f.）。ハイデガーは、先駆的決意性をとおして、循環的時間性を方法的にも内容的にも現存在の恒常的で自立的な構造として画定することで、あらゆる存在者の存在とその歴史的地平を肯定しようとしているのである。

こうした発想は、《意志》を肯定することによって、同時にあらゆる存在者の回帰の肯定、すなわち永遠回帰（ewige Wiederkehr）の肯定を求めるニーチェの立場と重なりあう。実際ニーチェも、『反時代的考察』の第二論文の遺稿ですでに、永遠回帰的な循環的時間の理解を示している。「世界はあらゆる瞬間において完成しており、その終わりに達している」[100]。筆者の見るところ、ハイデガーは『反時代的考察』に窺われるこの永遠回帰の発想の前触れを的確に見抜いていたように思われる。そこにハイデガーは、『反時代的考察』にならった歴史性の考察と、『ツァラトゥストラ』の「自由な死」にならった死への先駆的決意性の考察との結節点を見出したのである。

このように考えてくるなら、ハイデガーがその結節点とみなしたのは、おそらく『ツァラトゥストラ』第一部末尾で示唆されている永遠回帰の時間性であるように思われる[101]。「自由な死」は、「私（*Ich*）」すなわちツァラトゥストラがみずから「意志（willen）」する「死」であった[102]。それとは異なり、「縄をなう者たち（Seildrehern）」は、死に立ち遅れる多くの者であり、「その縄を長くしようとして、自分はますます後ろ向きに下がってゆく」。序の第四節で語られているように、この縄は「動物と超人とのあいだに結ばれた一本の縄、深淵（Abgrund）の上にかかる一本の縄」としての「人間」であり、「危険」な「橋」を渡る「移行（Übergang）」そのものである[103]。第一部の末尾「贈り与える徳」によれば、この移行の「中間点」は、本来「自分の最高の希望として祝い讃える」べき「大いなる正午」である[104]。この大いなる正午において永遠回帰が到来するとき、生はみずからの生を肯定するに至る。ニーチェが、永遠回帰のもとでのこの「自由な死」に対置するのは、「薄笑いの死」である[105]。「忍び足でやってくる」「盗人」と呼ばれるこの「死」は、かつて宗教的生の分析のさいにハイデガーも引き合いに出していた、かの「テサロニケの信徒への手紙」における「盗人が夜やって来る」を指している。つまりここでハイデガーは、「無神論」の旗印のもと、ニーチェと結託して、パウロの時間論をも転倒してしまっているのである[106]。

永遠回帰によって、移行の途上の中間点は垂直に貫かれる。この発想は、暫定的なフロネーシスを超越論的時間地平へ向けて極限化するハイデガーの立場に驚くほど似通っている。現存在は、現在の瞬間において、過去と将来を同時に生きる。現存在は、つねにその瞬間を反復し続ける。頽落に抗して、先駆的に決意することで、その瞬間は充実される。それは、永遠回帰によるこの世界の全面的肯定である。『ツァラトゥストラ』の第三部「幻影と謎」の有名な一節で、ニーチェもそうした永遠回帰における肯定を語っている。「勇気、それは攻撃する。それは死をも打ち殺す。なぜなら勇気はこう語るからである。《これが生きるということであったのか？　よし、それならばもう一度！》」[107]。

このように見てくるなら、時間性と歴史性の構造が永遠回帰の時間理解ときわめて強い類似性をもつと言える。前章で検討したプラトンの善のイデアへの実存的同化が、根本的にはプラトンに対する《転換》を含んだものであったのと比較しても、ニーチェの時間理解との実存的同化は、むしろニーチェの《転換》のモチーフにほぼ寄り添いながら行われている。こうした点から見ても、ハイデガーがみずからの時間性と歴史性を構築するにあたって、ニーチェとの強い《共鳴》を意識していたのは間違いない。ハイデガーが、みずからの存在論を「存在のさまざまな可能的様態を、非演繹的に構成する系譜学（Genealogie）」と呼んだのも、おそらくはそのためなのである（SZ, 11）。こうしてハイデガーは、ニーチェの永遠回帰に独自の実存論的・存在論的解釈を加えることによって、それをみずからの時間理解と歴史理解の核心部分へと組み込んだのだと考えられよう。

第5節　『存在と時間』の挫折

しかし、独自のニーチェ解釈によるこうした循環的時間構造の恒常的自立化は、『存在と時間』の基礎存在論の土台を揺るがす重大な問題を孕んだものであった。そこで本節では、解釈学的観点から、『存在と時間』の挫折の原因を考察する。

まず、循環的時間構造が引き起こす解釈学的問題点を明らかにすることから始めたい。問題点は、三つある。第一に解釈学的循環の問題、第二に解釈学的循環の遂行領域の問題、そして第三に解釈学的構造そのものに潜む問題である。

第一の問題は、ニーチェにならった先駆的決意性の瞬間や恒常的な永遠回帰的循環の理解が、方法的にも内容的にも、現存在の存在の構造へ組み込まれてしまっている点である。現存在の時間性が、現存在にそなわる一定不変の固定的な存在構造であるとすれば、現存在の解釈学は、暫定性や途上性といった運動性を奪われ、単に形式的な同一性の反復、ないし単なる機械的反復へと変容してしまう危険に晒される。アリストテレス解釈やプラトン解釈で指摘したように、この変容は、現存在の解釈学を静態化し、恒常的現前性へと陥らせかねないものであった。ハイデガーは、ニーチェの永遠回帰を用いてプラトニズムを転倒しようと目論んだことで、逆にプラトニズムへと接近しているのである。そうした意味で、現存在の解釈学は、永遠回帰としての循環の恒常的現前性の内部にとどめられていると言わねばならない。

第二の問題は、こうして恒常的現前性の内部にとどめられた結果、現存在の解釈学にとって、新たな循環の遂行が困難になる点である。とりわけこの問題が目立つのは、共同存在や歴史性である。まず歴史性に関しては、その分析全体をつうじて反復力が弱く、説得力を欠く点がしばしば指摘されてきた[108]。その原因の一端は、先駆的決意性の分析において、恒常的現前性の求心力が強く働いたため、解釈学的反復の力が低下したことにあると考えられる。またもうひとつの原因としては、そもそも現存在の解釈学が、その出発点において、必ずしも充分に歴史の事実性の側面を考慮していなかったからだと考えられる。歴史性の問題は、たとえ非本来的であれ、現存在の解釈学の出発点である事実的な平均的日常性のうちにはすでに含意されていたはずである。だからこそ、歴史性は「実存論的分析のいっそう根源的な反復の課題」となる（SZ, 331）。ところが、この出発点において、歴史性の考察が行われていたとは言いがたい。確かに第六節では「存在論の歴史の解体の課題」が掲げられてはいる。しかしそこに見出されるのは、もっぱら伝統的存在論による頽落の歴史とその解体作業の意義についての綱領的記述にとどまっている。加えて、現存在の準備的基礎分析でも、平均的日常性にすでに含まれているはずの事実的かつ具体的な歴史性の分析は行われていない。この出発点では、少なくとも、歴史学という学問以前の、日常的な場面での歴史の記憶や忘却についての分析がなされてしかるべきであったと思われる。この分析の欠如は、解釈学の循環構造が、事実的な日常的歴史性を排除していたことを意味する。

この問題は、共同存在の歴史性についても同じように当てはまる。「共同存在」の「共同運命（Geschick）」は、先駆的決意性に含まれる「運命（Schicksal）」から、「反復」をつうじて表立ってあらわになる（SZ, 386）。すでに見たように、ニーチェ的モチーフを実存論的に転換して論じられた先駆的決意性や良心の分析は、将来の新たな共同性の構築を目指すものであった。しかしやはり、先駆的決意性を経た後では、共同存在にかんする解釈学的反復力の弱体化は一目瞭然である。『存在と時間』ではほとんど主題化されていない自然にかんしても、事情は同様である。現存在の解釈学は、恒常的現前性の威力の前に、他者、歴史、自然に対する充分な反復をなしえなくなっているのである。

そして第三の問題は、現存在の解釈学がこうした固定的な存在構造に基づくために、さまざまな差異が跳び越えられてしまう点である。すでに指摘しておいたように、現存在の解釈学は、過去と現在、また過去と現在の共同体、さらには自己と共同体といったそれぞれの次元を同一化する傾向を著しく帯びたものであった[109]。現存在の解釈学は、時間的な差異や空間的な差異を横断し、それらの差異のうちに埋もれた忘却や非本来的存在了解を打破して、本来的存在了解を反復する。しかし現存在の解釈学は、恒常的な構造を備えているために、時として無数のさまざまな差異を飛び越えて、解釈者の現在の実存へと一切を現前化してしまう危険を孕んでいる。《実存的共鳴》という解釈学的発想は、《共鳴しないもの》、《同一化しないもの》を排除する危険と表裏一体である。《実存的共鳴》には、差異のあいだに埋もれた《忘却》ばかりでなく、そもそも《共鳴しないもの》を《忘却》する可能性がある。《非実存者》たる《動物》や《自然》の存在は、その極限的事例であると言えなくもない。こうした意味で、ハイデガーがニーチェをモデルに作り上げた永遠回帰的な循環構造は、さまざまな差異に対する解釈学の反復力を弱体化させる危険性を孕んでいたと考えられる。

筆者の見るところ、上記の三つの問題は、『存在と時間』の挫折の所在を示している。『存在と時間』全体のプログラムは、すでにプラトンの洞窟の比喩に即して考察したように、善のイデアをモデルにした「存在の理念」の超越論的時間地平を中心にして、基礎存在論から歴史や存在者への転回を図るものであった。永遠回帰の導入は、善のイデアを転倒させる。しかし、永遠回帰的な循環が現存在の存在構造として固定化されていることにより、このプログラム全体は恒常的現前性へ陥る恐れがある。つまりそこでは、存在への問いが、あたかも存在者への問いであるかのように、単なる構造上の機械的反復へと変容される危険があると考えられるのである。

実際ハイデガーは、のちに書き足された『形而上学入門』の箇所において、まさしくこうした事態を「形而上学」の問題として批判的に語っている。「もちろん形而上学の視野のなかで、形而上学の流儀で考えてゆくなら、存在そのものへの問いを、存在者そのものへの問いのたんに機械的な反復とみなすこともできる。そのときには、存在そのものへの問いは、たとえより高次の秩序をもつにせよ、やはりひとつの超越論的な問いにすぎないことになる」(GA40, 20)〔傍点は引用者による強調〕。周知のように、ハイデガーは、一九四七年の『ヒューマニズム書簡』(以下『書簡』と略記)において、『存在と時間』における第三編への転回の挫折の原因を語っている。「問題の第三編が控えられたのは、その思考が充分な言葉をもってこの転回をなしえず、また形而上学の助けによっては切り抜けられなかったからである」(GA9, 328)。それを念頭に置けば、この箇所では「形而上学」や「超越論」への批判が目につくかもしれない。しかし根本的な問題は、言葉の表面的な使用ではなく、そうした言葉において思考された具体的な事象内容である。ここでのハイデガーの自己批判の核心は、「機械的な反復」という表現に現れている。実のところ、この『形而上学入門』の引用箇所の直前では、形而上学の不適切な自然の理解として、ニーチェの「等しき力への意志の永遠回帰」が取り上げられてもいる(GA40, 20)。筆者の見るところ、ここには、『存在と時間』の挫折の原因が示唆されているように思われる。問題は、永遠回帰が現存在にそなわる不変の存在構造とみなされたために、現存在の時間性と解釈学の循環構造が形而上学的な機械的反復へと限りなく接近している点にある。『存在と時間』は、この問題を回避する手立てを必ずしも明確にできなかったのである。

この問題は、『存在と時間』においても確認できる。すでに考察したように、ハイデガーは、初期フライブルク時代に、最も本来的な意味での存在者を、人間を取り巻きながらも、人間とはまったく無関係に、あるがままに不断の運動体として存在する自然的存在者として考えていた[110]。人間の思考を極限にまで高めることにより、この自然的存在者の運動に寄り添い、それをあるがままに取り出すという困難な課題は、メタ存在論でも一貫して引き継がれていたものであった[111]。この自然的存在者の運動は、人間とは無関係であるとはいえ、けっして機械的な反復にとどまるものではない。しかし、『存在と時間』でのハイデガーのニーチェ解釈は、少なからずそうした理解を孕んでいる。

この点がきわめて明確に浮き彫りになるのが、先に指摘しておいた『反時代的考察』第二論文での「非歴史的なもの」や「超歴史的」なものに対する考察の欠落である。ニーチェはそこで、忘却を知らず、歴史の重圧に苦しむ「歴史的なもの」としての人間と、絶えざる忘却ゆえにそのつどの現在に埋没し、そこでの充実した生を生きる「非歴史的なもの」としての「動物」を対置している[112]。ニーチェによれば、「歴史」の「過剰さ」を抑制しているのが、「非歴史的なもの」である。それゆえ「歴史」は「非歴史的なもの」に奉仕する。「超歴史的」なものは、そのつどの個々の現在にとどまる「非歴史的なもの」の一切を見通し、「歴史」の全体から距離を置く[113]。ところがハイデガーの関心は、現存在の歴史性と歴史学との関係を論じることにあるため、もっぱらニーチェの「歴史的なもの」だけに目が向けられている。ここで歴史学的な観点から、「超時間的な範例」や「非歴史学的現存在」が退けられているのも、そのためである（SZ, 395）。それゆえここでは、「非歴史的なもの」として、忘却のなかに生きている「動物」や「子供」の存在、また過ぎ去りゆくそのつどの日常的で事実的な歴史などは考慮されないことになる[114]。同様に、「生存にとって永遠であり同じ意味を持ち続けるもの」を与える「力」、すなわち「芸術と宗教」といった「超歴史的なもの」も考慮されないことになる[115]。

もとより、ハイデガーの歴史観の特徴は、ニーチェとともに歴史主義の過剰に対抗しながらも、超歴史的次元を想定することなく、現存在を含めて、およそ一切の存在者の存在様態が歴史と地続きであり、歴史的であることを強調する点にあった。ところがハイデガーは、それによってかえって「歴史」の幅を狭め、「非歴史的なもの」や「超歴史的なもの」が生み出すさまざまな差異や運動を単純化してしまっているのである。(116) いずれにしてもここで見逃せないのは、「非歴史的なもの」と「超歴史的なもの」にまつわる事象がすべて、現存在の解釈学の分析からは排除された主題であったという点である。ここに、転回の挫折の原因が明確に示されている。『存在と時間』は、他者や自然の孕むさまざまな差異、さらには芸術や宗教を除外して、歴史を狭く限定している。それによって、永遠回帰の循環的時間の反復力もおのずと低減し、現存在に限定された機械的反復に近づかざるをえなくなっている。そのため、「あらゆる存在者の存在」を根拠づけ、存在論の歴史全体を相対化するという企ても、挫折を余儀なくされることになったと考えられるのである。

しかし他方でハイデガーは、存在者的次元や歴史性を含む事実的な被投性のうちに、打ち消しがたい「謎」や「闇」がわだかまっていることに、繰り返し注意を促してもいた（SZ, 136, 148, 371, 381, 387, 389, 392）。つまりハイデガーは、永遠回帰としての循環的反復によってもなお回収しきれないものを、予感していたのである。そこでハイデガーは、あくまでも「歴史」の内部から、「歴史」にわだかまる「謎」と「闇」を徹底的に思考する道を進む。確かに『存在と時間』以降、解釈学の名称は完全に捨てさられる。しかしそれは、解釈学的思考の放棄ではなく、前述のような解釈学の構造的な機械的反復の放棄を含意していたように思われる。そして実際ハイデガーは、中期の「転回」において、こうした構造的な機械的反復を退け、新たな解釈学的思考を試みるのである。とはいえ、その場合でも、ハイデガーはニーチェを単純に拒否しない。むしろハイデガーは、『存在と時間』に対する自己批判をニーチェとの対決として敢行することにより、新たな解釈学的思考の次元へと向かう。この「自己批判」は、「現存在の解釈学」に本来の可能性を取り戻し、《存在の解釈学》への「転回」を図る作業と言ってよい。そこで次に、「ニーチェ講義」や『寄与』を手がかりに、この《存在の解釈学》への「転回」とその意義を考察する。

第6節　永遠回帰と転回

ハイデガーは「ニーチェ講義」で、『存在と時間』に対する自己批判を念頭に置きながら、ニーチェとの対決を展開している。しかしそうした自己批判のために、『存在と時間』とは異なる新たな立脚点が設定されている。その立脚点が、「本有化（Ereignis）」における「転回（Kehre）」の思考である。ハイデガーは、「ニーチェ講義」とほぼ同時期の一九三六年から一九三八年にかけて執筆された『寄与』において、この思考を展開している。『寄与』やその周辺の断片群では、この「本有化」における「転回」の思考によって、これまでニーチェに沿って検討してきた『存在と時間』の解釈学的思考に対する抜本的な反省が行われている。そして「ニーチェ講義」では、それを背景にした新しい解釈学の実践が行われている。それゆえハイデガーは、これら一連の考察をつうじて、現存在の解釈学から《存在の解釈学》への「転回」を図っていると言える。この移行とその意義を考察するために、まず『寄与』と『存在と時間』と「ニーチェ講義」という三つの思想圏の位置関係を明らかにしておく。

これら三つの思想圏は、『寄与』独自の「存在の歴史」という歴史観に沿って整理できる。『寄与』によれば、形而上学の歴史は、①「第一の原初（der erste Anfang）」の歴史である。ここで問われるのが、「存在者とは何か」という「主導的問い（Leitfrage）」である。そしてこの第一の原初の歴史を相対化し、批判するための歴史的観点が②「別な原初（der andere Anfang）」である。この別な原初では、「原存在の真理（Wahrheit des Seyns）とは何か」という「根本的問い（Grundfrage）」が問われる（GA65, 171）。図式的に整理すれば、「ニーチェ講義」は主として①に属する。『寄与』は主として②に属する。『存在と時間』は、①と②の中間段階である。

「主導的問い」と「根本的問い」のうち、まず問われるのは「主導的問い」である。「主導的問い」が問われ、その非根源性が明らかになるとき、そこで「問われざる問い」として「根本的問い」が明らかになる（GA44, 215; GA65,

233）。ただし、「根本的問い」によって、第一の原初以来の形而上学の歴史に対する反対や比較、あるいは転倒がなされるわけではない。「別な原初」は「対立や直接的な比較可能性の外部に別なものとして立っている」からである（GA65, 187）。「根本的問い」は、第一の原初以来の形而上学の歴史の「不可能性」を露呈することによって、第一の原初とはつねに異なる「別な原初」を指示する（GA65, 172f.）。この二つの問いをつうじて、『寄与』は第一の原初から別な原初への「移行（Übergang）」を敢行するのである（GA65, 4, 176f.）。

それに対して「ニーチェ講義」は、ニーチェを「主導的問い」において問う（GA43, 4, Anm.）[117]。ニーチェも確かに「一つの移行」ではあるが、彼は形而上学の第一の原初へと向かっている（GA43, 288）。ニーチェは、プラトン以来の形而上学を反プラトニズムへと転倒している。しかしハイデガーによれば、それは形而上学の比類なき完成である。それゆえニーチェは、「最後の形而上学者」あるいは《形而上学の完成者》と呼ばれることになる（GA6-1, 72; vgl. GA43, 288）。「ニーチェ講義」は、「主導的問い」を中心に据え、もっぱら「叙述」的記述に徹し、ニーチェに対して「根本的問い」を問うことは差し控えている（GA43, 288, 285, 289）。というのも、「根本的問い」は「ニーチェを超え出て問われる問い」だからである（GA6-1, 65）。したがって「ニーチェ講義」は、ニーチェに寄り添いながらも、最終的にはその形而上学としての限界を露呈することを意図していると言える。

『存在と時間』は、「根本的問い」のうちで、「別な原初」への「移行の準備」を整えている[118]。ただし『存在と時間』は、「この問いを純粋にそれ自体から原初的に展開していない」（GA65, 76, vgl. 48）。『存在と時間』は、「主導的問い」からは峻別されるものの、なお「根本的問い」への途上にある。つまり『存在と時間』は、「根本的問い」を問いかけながらも、なおその言葉を語りきれておらず、いわば《可能性》にとどまっている。『存在と時間』の言葉は、そこで語られている本来の事柄へ向けて、すなわち「原存在」の真理へ向けて読まれなければならない。こうした意味で、『存在と時間』は「移行的」で「両義的」な性格をもつ（GA65, 183; GA66, 323, vgl. 327）。このように見てくるなら、ハイデガーは、ニーチェに対しても『存在と時間』に対しても、二つの歴史的原初と問いの違いを厳密に区別しながら思考を進めていることがわかる。こうした二つの原初のあいだの「裂け開け（Zerklüftung）」と「深－淵（Ab-grund）」を「跳躍（Sprung）」する「原存在史的思考（seynsgeschichtliches Denken）」によって、『寄与』と『存在と時間』と「ニーチェ講義」という三つの思想圏は貫かれているのである（GA65, 185; GA66, 66）[119]。

ハイデガーは、ニーチェを一貫して「形而上学者」あるいは「プラトニズム」とみなしている。このニーチェ像は、一般的な哲学史的観点からは容易には首肯しえない。しかし、本論がこれまでに明らかにしたように、まさにプラトンとニーチェを緊密に結びつけ、基礎存在論ならびに現存在の解釈学的方法を支える時間性の核心部分へ導入していたのが、他ならぬ『存在と時間』であった。ここでハイデガーは、みずからの思考をニーチェから明確に峻別するために、《原存在史的移行》を二つの方向で展開する。そのひとつが「ニーチェ講義」である。

ハイデガーは、「ニーチェ講義」と『存在と時間』の関係を次のように説明している。「ニーチェの力への意志を、すなわち存在者の存在への彼の問いを、『存在と時間』への問いの視圏へ持ち込むとしても、それはニーチェの著作を『存在と時間』という題名をもつ一冊の書物に結びつけ、その書物の内容に即して解明し評価しようというわけではまったくない」（GA43, 23）。ここには、ハイデガーのニーチェとの対決の意図が凝縮したかたちで表現されている。ハイデガーはまず、ニーチェの力への意志への問いを、「存在者の存在への問い」という『存在と時間』の問いとして述べている。「ニーチェ講義」も、実際にそうした解釈を展開している。それゆえ「ニーチェ講義」では、ニーチェ解釈ではなく、ハイデガーの思想が述べられているという多くの解釈者たちの違和感も、ある意味ではもっともなのである[120]。しかし他方でハイデガーは、ニーチェの著作を『存在と時間』の内容に即して解明しているわけではない、とも述べている。一見したところ矛盾にも思えるこの発言を解く鍵となるのは、『存在と時間』への問いという言い回しである。『存在と時間』における「存在者の存在への問い」が、「主導的問い」とみなされるなら、それはニーチェの思考とほぼ合致するはずである。なぜならニーチェは、第一の原初以来の形而上学の歴史の完成者だからである。しかし実際のところ『存在と時間』の問いは、ニーチェとは別なやり方で問われなければならない。『存在と時間』

は「それ自身によって投げかけられた問いにどれだけ迫っているか、いないかという点でのみ評価される」のでなければならない（GA43, 23）。『存在と時間』の真の問いは、「根本的問い」である。したがって、『存在と時間』の「主導的問い」によってニーチェが読み解かれうるならば、逆説的ではあるが、同時に『存在と時間』の真の問いが「根本的問い」であることも明らかになる。こうしてハイデガーは、ニーチェと『存在と時間』を極限まで接近させながら、両者の違いを際立たせようとする。ハイデガーは「ニーチェ自身に耳を傾け、彼とともに、彼をつうじて、そして同時に彼に抗して、西洋哲学の唯一かつ共通の最も内奥の事柄のために問う」のである（GA6-1, 21）。

リーデルも指摘するように、これは「解釈学的には危ないやり方」である。[121] しかしハイデガーがあえてこうした危険な接近戦を挑むのも、いまやニーチェと自身との相違が明確に自覚されたからに他ならない。先に見たように、『存在と時間』では、ハイデガー自身、ニーチェとの《実存的共鳴》に充分に自覚的であったとはいえなかった。「ニーチェ講義」における自己批判の狙いは、この《実存的共鳴》の裏側に潜む微細な、しかし決定的な違いを際立たせることにより、『存在と時間』から別な原初へと向かう必然性を洞察することにある。しかもそこでは、ニーチェと『存在と時間』のニヒリズムに対する思考の深度の違いを測ることも、重要な課題とみなされている。[122] 冒頭で触れた「『存在と時間』の根本経験」というのも、実のところ「存在としての存在の真理が思考されないままにとどまり」、さらにこの「拒絶の出来事」を「形而上学」が覆い隠しているという「当惑」に由来するものだったのである（GA6-2, 234）。その意味で『寄与』は、『存在と時間』において存在論的差異を無差別化している平均的日常性の「頽落」や「非本来性」の根源、あるいは存在の問いを表立って問うことのない「忘却」の根拠を歴史的次元から捉えなおす試みであると言える。[123] もっともそのさい、ハイデガーはニーチェの洞察を単純に切り捨てはしない。ハイデガーは、「ニヒリズム」と「根本的問い」へと迫りきれなかったニーチェの洞察をも、みずからの考察へと積極的に活かしながら、ニーチェの一歩先へ進もうとする。[124]『寄与』が展開するのは、そうした考察である。

「ニーチェ講義」は、『存在と時間』を迂回しながら移行を試みる。それに対して『寄与』は、「ニーチェ講義」の成果を引き受けながら、『存在と時間』を正面から問いなおしつつ移行を試みる。『寄与』では、従来の誤解を含めて、『存在と時間』において使用されている第一の原初以来の形而上学的な言葉が、徹底した批判の対象とされている。ハイデガーは、「超越」や「テンポラリテート」などの諸概念のもつ形而上学的含意を斥ける。[125] 他方で、「存在論的差異」、「真理」、「時間」、「歴史」といった諸概念は、「原存在」へ向けて思考しなおされる。[126] しかしいずれの場合でも、ハイデガーが両義的な批判を展開している点を見逃してはならない。『存在と時間』における「意味への問い」は、「原存在の真理への問い」という意味において、「唯一の問い」である（GA65, 10）。形而上学に対して「跳躍」を敢行し、「別な原初」の準備を整える最初の試みが、『存在と時間』なのである（GA44, 231f.）。したがって『存在と時間』の諸概念も、やはり単純に否定されるべきものではなく、未展開の「根本的問い」として、積極的に思考すべき《可能性》あるいは《課題》として考えなければならないのである。

このことは、解釈学にも当てはまる。『寄与』では、「解釈（Auslegung）」の概念は必ずしも積極的な意味では用いられておらず、また「解釈（Interpretation）」の名称にいたってはほとんど用いられていない。しかし、わずかながら行われている「解釈学」への言及には、『存在と時間』からの意義の深化をはっきり窺うことができる。ここでは現存在に代えて、「現‐存在（Da-sein）」の概念が新たに導入されているが、ハイデガーはその獲得が「解釈学的にのみ」すなわち「被投的企投においてのみ」なされると述べている（GA65, 321）[127]〔傍点は引用者による強調〕。解釈学は、ここでは被投的企投と同一化しており、存在史的な真理を開くものとして捉えられている。つまり解釈学は、原存在史的思考にとって本質的な契機として、『寄与』全体の思考のなかに有機的に組み込まれているのである。そしてこの解釈学を導くものとされるのが、他ならぬヘルダーリンである。「哲学」は「ヘルダーリンの言葉を聴く耳を創造しなければならず、その場合の「《解釈（Auslegung）》」は、ヘルダーリンの「詩作の真理の企投を、来るべき現‐存在がそのなかで躍動するような省察と気分のうちへと基づける」ものでなければならない（GA65, 422f., vgl. 204）。こうして『存在と時間』の解釈学は、いわばニーチェとヘルダーリンを隔てる「深淵（Abgrund）」めがけて問い直されることになる（vgl. GA52, 78）。こうしてハイデガーは、哲学者と詩人の間で、なお《哲学の寄与》となりうる解釈学的思考を展開しようとするのである。[128]

そこで以下では、『存在と時間』に対する自己批判との関係に目を向けながら、（1）「ニーチェ講義」における新たな解釈学的実践、そして（2）『寄与』における解釈学的思考の転回について、順次検討することにする。

（1）「ニーチェ講義」における新たな解釈学的実践

まず「ニーチェ講義」のハイデガーの解釈を検討し、そこでの新たな解釈学的実践の特徴を取り出しておくことにする。「ニーチェ講義」の解釈の主導線は、「力への意志」を存在者の「何（Was）」として、また「永遠回帰」をそうした存在者の「事実性」全体の「いかに（Wie）」として見定め、両者の統一としてのニーチェの形而上学的な問題設定を露呈することに向けられている（GA6-2, 9）。前者は存在者の存在の規定であり、後者は全体としての存在者の規定であるが、両者はいずれも「存在者性（Seiendheit）」に結びついている（GA6-1, 416; GA6-2, 7）。「ニーチェ講義」は、芸術から正義にいたるまでさまざまな主題を論じているが、ここでは、解釈学の時間構造の究明という本章の主題との関係から、永遠回帰の解釈を中心に考察を進める。

一九三七年夏学期講義『西洋的思考におけるニーチェの形而上学的な根本の立場』では、『ツァラトゥストラ』第三部「幻影と謎」が取り上げられ、永遠回帰について詳細な解釈が加えられている。[129]「幻影と謎」では、ツァラトゥストラと小人の間で「瞬間の門」を通る二つの道について問答が交わされる。パルメニデスを思い起こさせるこの二つの道は、実は繋がって円環をなしている。この二つの道について、小人は次のように言う。「一切の真理は曲線的であり、時間自体がひとつの円環である」。ツァラトゥストラはそれを叱り飛ばして、次のように言う。「われわれは永遠に回帰するにちがいないのではないか？」。ハイデガーによれば、ここではツァラトゥストラは「謎を解く者」であり、解くべき「謎」は「全体としての存在者」であるとされる（GA44, 39）。ハイデガーによれば、この全体としての存在者を問う場合には、「跳躍（Sprung）」が必要になる。しかし、「謎を解くというのは、謎が謎としては片づけられない」ことでもあるという（GA44, 39f.）。これは、自然的存在者に対する解釈学的了解の循環を指していると言ってよい。謎めいた自然的存在者を了解する場合には、解釈学的な「として」の機能が、終わることなく絶えず必要となるのである。しかしここで根本的に問題とされているのは、まさにそうした解釈学的循環に潜む微妙な、しかし決定的な差異である。

この差異を際立たせるために、ハイデガーは「幻影と謎」を「回復しつつある者」と関連づけて、ツァラトゥストラの動物である「鷲」や「蛇」、そして手回しオルガンを回す「動物」の「形象（Bild）」の意味を考察している。[130] そのさいハイデガーは、明らかに先の『反時代的考察』第二論文での「非歴史的なもの」についての議論を念頭に置いている。[131] ハイデガーによれば、鷲と蛇の形象は「永遠回帰の循環と円環」を意味している（GA44, 50f.）。手回しオルガンを回す動物は、小人と同様、安易に「円環」を外部から客観的に眺める立場である。彼らにとっては、同じことがどれだけ繰り返されようとも一向に気にならない。しかしハイデガーによれば、この点は実のところ鷲と蛇もやはり同じであるとされる（GA44, 57）。もともと「循環」と「円環」を体現する者であるため、彼らは目の前で何が起ころうとも一向に構わず、美しい歌を歌い続けるだけである。彼ら動物が意味しているのは、実はいずれもたんなる「円環」なのである。しかしそれが見抜けない場合、つまり解釈が絶えず繰り返されるだけだと考える場合、解釈学的循環は悪しき循環、すなわち機械的反復へと陥ることになる。永遠回帰について、ほぼ同一に見えた小人とツァラトゥストラの発言は、この点で峻別されることになる。

この洞察を踏まえて、ハイデガーは「幻影と謎」の最後の部分を次のように解釈する。牧人の口にぶら下がった「黒く重たい蛇」は、「正午」に空を循環しながら飛ぶ鷲の首に巻きついた蛇の「対蹠像（Gegenbild）」、すなわち「ニヒリズムそれ自体」である（GA44, 199）。「牧人」は「永遠回帰を思考する者」であり、また牧人がみずから黒い蛇を嚙み切る「瞬間」は「決断」である（GA44, 202）。それゆえ、永遠回帰の思想はニヒリズムを「超克する思想（*dieser überwindende Gedanke*)」である（GA44, 203）。ハイデガーによれば、この超克の思想は、外見上はほとんど何の相違もないように見えるもののあいだの「極小の裂け目（die kleinsten Kluft）」を見抜き、それを克服する。こうして、「すべてがどうでもいい」という意味での「すべては同じ（alles ist gleich）」と「どうでもいいものなど一つもなく、すべてが大切である」という意味での「すべては回帰する（alles kehlt wieder）」との裂け目が跳び越えられることになる（GA44, 203）。

この解釈は、機械的な反復を斥け、あらゆる瞬間の回帰に代替不可能な一回性を見る点で、『存在と時間』が目指していた本来の瞬間と循環を明らかにしていると言ってよい。しかもここでは、『存在と時間』の先駆的決意性や時間論を踏まえながら、解釈学的思考が、自然的存在者や歴史の暗黒面にまで拡張されているのが読みとれる。この解釈学的思考は、意のままにならない自然や歴史の全体を引き受けながら、同時にそこに生じる微細な差異をも見抜くことによって、みずからの思考をも変容させるのである。しかしハイデガーは、ニーチェが反プラトニズムの立場、つまり形而上学の立場に立ったために、この円環を閉じてしまっているとして、最終的に批判を加える（GA44, 231）。ハイデガーによれば、ニーチェは永遠回帰をつうじて世界の解釈の「脱人間化」を図りながら、その実「最高度に人間化」しているのである（GA44, 110f.）。ここでハイデガーは、ニーチェと決定的に袂を分かつことになる。

この永遠回帰の解釈においては、上記に見たような内容的側面ばかりでなく、方法的側面にかんしても『存在と時間』との類似性が強く意識されていることが窺える。第一に、永遠回帰思想の「理論」的な「内容（Was）」よりも、それがツァラトゥストラや動物をはじめとするさまざまな「形象」をつうじて「伝達」される「あり方（Wie）」が強調されている点、第二に、問いの「内的接合肢（das innere Gefüge）」として「問い‐かけられるもの（Befragtes）」、「問われているもの（Gefragtes）」、「観点（Hinsicht）」が挙げられている点などがそれにあたる（GA44, 37, 204, 214, 216f., 224）。とはいえ、ハイデガーが固定的な方法としての問いの形式や構造といった発想を意識的に後退させているのも、明らかである。もとよりそれは、『存在と時間』においてもすでに窺われた傾向であった。本論全体の冒頭で指摘しておいたように、『存在と時間』は、初期に比べて、解釈学的分析の遂行をより前面に打ち出し、解釈学的構造それ自体についての考察を後退させていた[132]。「ニーチェ講義」はさらにその傾向を推し進めて、解釈の形式的構造を撤廃し、最低限の問いの輪郭だけを残している。しかしそれは、たんなる「内容」の後退ではない。むしろそれによって「思考を遂行するためのさまざまな条件」へと思考自身が目を向けることである（GA44, 204）。つまりここでハイデガーは、解釈学を脱形式化・脱構造化してもなお躍動を止めない、解釈学的思考自身の自律的な発生を見定めようとしているのである。

（2）『寄与』における解釈学的思考の転回

『寄与』の解釈学的思考には、こうした「ニーチェ講義」での対決の成果が色濃く反映されている。ここではその成果を踏まえて、形式的な側面と実質的な遂行の両面から解釈学的思考の抜本的な転回とその意義を明らかにする。

まず文体の形式面から言えば、一見したところ『寄与』は、ニーチェ風のアフォリズム的特徴を備えているようにも思える[133]。この点は、最初期の根源的学の方法がニーチェのアフォリズムにならって構築されていた経緯を思い起こさせる。実際ハイデガーも「ニーチェ講義」のなかで、『偶像の黄昏』のアフォリズムの規定を「あらゆる非本質的なものからは明確に一線を画し、本質的なもの（Wesenhaftes）のみをそれ自身のうちに囲みこむ言明ないし命題」であると述べている（GA6-1, 9; GA43, 14）。しかし、最初期と『寄与』の決定的な違いは、何より堅牢な形式性の排除にある。一九四一／四二年冬学期講義「ニーチェの形而上学」で述べられているとおり、「形式（Form）が不在のところで、思考にふさわしい解釈（die gemäße denkende Interpretation）は達成されている」のである（GA50, 85）。したがって『寄与』は、アフォリズム風の文体をとりながらも、その形式の「永遠性」を捨て去り、その根底に息づくニーチェの哲学的衝動の本来の《本質》、すなわちその《創造性》そのものを開放しようと意図していると考えられる[134]。そのさいハイデガーが念頭に置いているのは、ヘルダーリンである。『寄与』の「様式」は、「芸術」の「創造」を手がかりにしながら、「存在者のうちに真理を匿うこと（Bergung der Wahrheit im Seienden）」なのである（GA65, 69, 24）[135]。しかしまた、『寄与』の解釈学は、文字通り《哲学への寄与》として、《未来の哲学の序曲》でもあろうとしている。ハイデガーは次のように自問している。「このような試みは、はたしていつか解釈者を見出すだろうか。将来的なもののなかへ入って行き、この将来的なものを準備する道を言うことのできる解釈者だろうか」（GA65, 83）。この発言は、一見したところ預言者めいた響きをもっている。『ツァラトゥストラ』では預言者は、没落する者ツァラトゥストラにニヒリズムの「困窮の叫び声」を教え、「ましな人間」の到来を説く[136]。『寄与』でハイデガーも、「存在棄却」における「困窮のなさ」という最高度の「困窮」のなかで、「存在の真理を基づける者たち」の「没落」を訴えるとともに、「将来する者たち」の到来を述べている（GA65, 123, 125, 7）。

とはいえこの発言は、神秘的な予言を意図しているわけではない。この発言の主旨はむしろ、解釈が固定的な形式や反復としてではなく、実質的に一回限りの創造的生起として遂行されねばならない、という点にある。そもそも「原存在の本質は唯一的かつ一回的である」である（GA65, 385）。この原存在の一回限りの創造的生起は、歴史として生成する。「本有化としての原存在は、歴史である」（GA65, 494）。しかしこの歴史は、機械的な計算や反復としての形而上学的な歴史学によっては捉えられない（GA65, 493ff.）。それゆえこの歴史は、現在の背景をなす連続的な時間でもなければ、永遠性としての現在でもない。歴史学的な表象に先んじて、歴史を最も歴史的なものとして生み出しながら、それ自体は既存の形而上学的な歴史の表象には回収されえないような特異点、それが原存在の生起である。原存在がこのように不特定の一回的な創造的生起である以上、それに応じる『寄与』の解釈の遂行も一回的な生起でなければならない。「一回的なもののみが反‐復可能である」（GA65, 55）。それゆえここでは、原存在に対する機械的な反復としての解釈はもとより、そもそも解釈の反復の可能性さえ不確定なものとなる。『寄与』の接合肢が「厳密さ」をもって作り上げられていながらも、同時に「強制できないもの」でもあると述べられているのも、そのためなのである（GA65, 81）。

しかしまさしくこの不確定性によってこそ、複数の解釈者たちによる解釈の反復可能性も生まれてくる。解釈は、原存在の創造的生起に応じて、それぞれが唯一的で一回的な特異点とならねばならない。原存在は、そうした特異点間の《共鳴》においてはじめて反復され、伝承されるのである。かつての《実存的共鳴》という解釈学的発想には、なお個人や主観の間の《共感》として、機械的反復へと陥る危険性があった。それに対して『寄与』は、《実存的共鳴》のそうした危険を潜り抜けて、その根底に横たわる不確定の複数的な《原存在の共鳴》を取り出そうとしている。歴史学的解釈の機械的反復からみれば、その不安定さは《没落》以外の何ものでもない。ツァラトゥストラは、末人からは没落にしか見えない道を進むことにより、ましな人間として、超人を準備する犠牲となる。ハイデガーにとっても、真の意味で「没落する者たち」は、「常に問う者たち」として、「到来するもの」を「かいくぐり（unter-laufen）」、「到来するもの」のために「自らを犠牲にする」（GA65, 397）。とはいえ「到来するもの」は、「存在棄却」の「困窮」のなかではいまだ《到来していないもの》にとどまる。そのため、そうした《曖昧なもの》を思考する試みは、歴史学的解釈からは「恣意的な好み」として誤解されざるをえない（GA65, 169）。

とはいえ一般に、解釈が一回的な特有性をもつものだとすれば、そこには従来の解釈とは《別様なもの》、新たに《到来するもの》を創造するという契機が、やはり認められるはずである。ハイデガーにとって、ニーチェとヘルダーリンは、そうした創造的契機のメルクマールをなす。ほぼ同時期の一九三七／三八年冬学期講義『哲学の根本的問い』では、次のように述べられている。「われわれ自身が相応の領域で創造する者にならないのだとすれば、あるいは控えめに言って準備し問う者にならないのなら、ヘルダーリンとニーチェはわれわれにとって歴史的にはならない」（GA45, 127）。わけても「ヘルダーリン」は、「歴史学的に計算すればわれわれにとってより遠い過去の人ではあるが、いっそう将来的な人、つまりニーチェを遥かに超えている人」である（GA45, 135）。ヘルダーリンのもとで、原存在の生起は《過去のもの》として終わったわけではなく、今なお《未到来》のものとして生起し続けている（vgl. GA65, 464; GA45,134）。この原存在の創造的生起に応じるとき、それぞれの「存在の問い」の解釈の遂行は、「模倣」

を許さない「さまざまな道」として《複数的》となる（GA65, 86）。ここから、ハイデガーが『寄与』に限定して数々の特異な術語を用いた理由も見えてくる。これらの術語は、一見したところきわめて《秘教的》に思える。しかしこれらの術語は、独我論的に《私的言語》を構成しようとしているわけでは全くない。ハイデガーは、『寄与』における自らの一回限りの解釈の遂行を、あくまでも準備段階として位置づけている。それによってハイデガーは、自己自身の解釈ばかりでなく、複数の他者がそれぞれに固有な創造的解釈を遂行する可能性を切り開こうとしているのである。こうした意味で、『寄与』の解釈の遂行は、きわめて《公教的》なのである。

こうして形式性を排除し、一回的な創造性を重視する点で、『寄与』の解釈学的思考は、文献解釈の技巧としてのテクネーとはもはや手を切っている。ここではテクネーは、存在＝被制作性という初期の洞察を踏まえつつ、原存在史の観点から「作為（Machenschaft）」として批判的に捉えなおされている。テクネーは、「存続性（Beständigkeit）」と「現前性（Anwesenheit）」において、存在者をすでに創造され終わった「被造物（ens creatum）」とみなす「作為」である（GA65, 126f., vgl. 190f.）[137]。そのさいハイデガーは、ニーチェの「力（Macht）への意志」をも、こうしたテクネーとしての「作為」との連関のなかで捉えている。絶えざる「生成」の「存続化（Beständigung）」としての「力への意志」、またその「最も恒常的な存続化」としての「永遠回帰」、これらはいずれも存在者を計算可能性と作成可能性へと追い立てる「作為」である（GA6-2, 7, 14、18f.）。目的や価値を喪失してもなお無制約的に拡大し続けるこの「作為」の根は、「存在棄却」という原存在の「非本質（Unwesen）」にある（GA65, 118ff., 129, 138-141）。作為は、自らの勢力範囲と規模を拡大するにつれ、ますます自らの姿を隠蔽する。「作為の非本質が拡大し固定化してゆくのは、その極限の対立物であるように見えながら、その実完全に作為によって作り出されたものでしかないものの背後へ、作為がことさらに引き退いてゆく場合である」（GA65, 128）。作為は、それ以外の存在者への態度と思考の可能性を排除して、現前的制作への一元化を推し進める徹底的に閉鎖的なシステムである。ニーチェは、こうしたニヒリズムの歴史的動向の根源を見極めることなく、現前性一元論に陥っているのである。

こうした独自のニーチェ解釈は、筆者の見るところ、《転換》という『存在と時間』におけるニーチェ流の解釈学的反復構造に対する自己批判を意図しているように思われる。この点は、『存在と時間』の「良心」や「真理」の分析を受けた『寄与』での新たな展開のうちに読み取ることができる。先に見たように、『存在と時間』は「良心」の分析にあたって、『道徳の系譜』第二論文における道徳的価値の《転換》を手がかりにしていた。ニーチェにとって、道徳的価値は進歩や発展ではなく、「制圧」と「支配」ならびにそれに対する「反抗」とが織り成す、それ自体「解釈（Interpretation）」と「調整」でもあるような「制圧過程の連続（Überwältigungsprozess）」である。[138] ところが人々は「あらゆる出来事のうちにはたらいている力の意志の理論よりも、むしろ一切の生起の絶対的偶然性と、そればかりか機械論的無意味性と手を結ぼうとする」。[139] ニーチェはここで確かに、道徳がたんなる偶然でもなければ機械的な反復として無意味なものでもないことを見抜いている。[140] とはいえハイデガーからみれば、それでもニーチェはなお力への意志によって支えられた解釈の内部にとどまっている。先に見たように、『存在と時間』の解釈学も、やはり「意志」を土台にして良心の脱道徳化を図っていた。しかしいまやハイデガーは、こうした意志中心主義のうちに、たんなる機械的転倒の反復に堕するテクネーの危険を見てとるのである。

ただしハイデガーは、解釈の一回性を重視するとはいえ、それを恣意的な「偶然性」に委ねるわけでもない（GA65, 7）。一回的な解釈にも、必然性が備わっている。その必然性を強調するために、ハイデガーは、『存在と時間』において「良心」を導いていた「声」を、原存在からの「呼びかけ（Zuruf）」として捉え返している。原存在の「呼びかけ」に応じるのが、「企投」である。とはいえその「企投」は、「恣意」でも「独断」でもなければ、「自己喪失や放棄」でもない。というのも「企投」は、他の何ものでもなく、みずから「企投」したものにおいてこそ、みずからの「企投」の「必然性」と「正しさ（Recht）」の証しを立てるからである（GA65, 56）。もっとも、この「正しさ」や「必然性」は、第一の原初以来の形而上学的思考や歴史学的解釈を否定するものとして理解されてはならない。原存在史的思考はもともと、「形而上学」を「誤り」として「証明する」ことはできないからである（GA65, 188）。原存在からの呼びかけに応答する企投は、たとえ作為的思考や形而上学的思考としてであれ、それ自体として必然性をもっている。しかしそれらの思考が、作為や形而上学の領域に自閉して機械的反復の正統性だけを主張し、みずからの一回的な創造性の由来を不問にするなら、そうした振る舞いは不遜と言わざるをえない。そのように眼前の存在者だけに性急に依拠しようとする振る舞いは、「脱本有化（enteignen）」と呼ばれる（GA65, 120, 231）。思考や解釈の一回的な創造性の由来を尊重しようとする態度を、ハイデガーは「真正さ（Echtheit）」とも表現している（GA65, 367）。『寄与』における解釈の《良心》とは、こうした意味での企投の「正しさ」と「真正さ」なのである。

『寄与』は、「真理」の問題にかんしても、『存在と時間』とは異なり、ニーチェに正面から対決を挑んでいる。ハイデガーによれば、ニーチェの真理論の問題点は、三つある。第一は、「生物学的」で「観念論的」な「生」と「真理」とを結びつけている点であり、第二は、そうした「生」を「存続的なもの（Beständige）」という「真なるもの（Wahre）」して捉えている点であり、第三に、そうした「真理」を伝統的な「思考と表-象」において捉えている点である（GA65, 362）。ニーチェでは「真理」は、「物のように（dinghaft）」みなされた「生」のうちに「丸め込まれている」（GA65, 363）。ハイデガーからみてニーチェの決定的な問題は、根源的な「存在の真理」を問うことなく、伝統的な真理を前提したうえで、真理の問題を「片がついたとみなしている」点である（GA65, 364）。この真理をめぐるニーチェ批判においても一貫しているのは、やはり被制作性と機械的反復への批判である。とはいえ、ニーチェがまさに伝統的な「根拠」や「真理」を問題視していた点を考えれば、こうしたハイデガーの批判は強引であると言わざるをえない。ニーチェは、『善悪の彼岸』の第二一番では、「力への意志」に従って、世界の一切を「必然的」で「計算可能」なものとみなす「解釈」を揶揄してもいるのである。[14] しかし、ハイデガーの危惧は、「良心」の場合と同様、ニーチェが解釈にともなうそうした「仮象」の必然性を見抜いていながら、生と真理の拮抗関係が生じる場所を開いておかなかった点に向けられている。確かにニーチェの「根本経験」は「知られざるもののうちに引きさらわれながら立つこと（entrückte Hinausstehen in das Unbekannte）」にあったが、そこに踏みとどまれなかった（GA65, 363）。

それに対してハイデガーは、「力への意志」に先んじる「時－空の開性（die Offenheit des Zeit-Raum）」を主張する（GA65, 365）[142]。この開性の根拠としての「隠蔽のための明け開けとしての真理（Wahrheit als die Lichtung für die Verbergung）」は、「仮象」の「非真理」の可能性や、存在者のうちに真理を匿う創造的な「真理」の可能性を、そして両者の「闘争」の可能性をも開くのである（GA65, 354, 350, 367f., 356）。

『寄与』の接合肢のなかでも、こうしたニーチェとの対決の成果を反映した解釈学的思考が最も際立ったかたちで展開されているのは、筆者の見るところ「跳躍」である。もとより『寄与』の六つの接合肢（「響鳴（der Anklang）」、「遊投（das Zuspiel）」、「跳躍（der Sprung）」、「基づけ（die Gründung）」、「将来的な者たち（die Zukünftigen）」、「最後の神（der letzte Gott）」）は、相互に密接に連動しながら、有機的な全体としてひとつの解釈学的思考を形作っている。そしてそれぞれの接合肢が、ニーチェとの対決を含んでいる[143]。わけてもこれらの接合肢の中心をなすのは、「跳躍」の解釈学的思考である。「最も本来的で最も幅広い跳躍は、思考の跳躍である」（GA65, 237）。跳躍としての解釈学的思考は、原存在の本有化に応答し、第一の原初の完成者としてのニーチェとの相違を際立たせることにより、第二の原初との間の「裂け開け」の移行を初めて整えるのである。

この「跳躍」の解釈学的思考が切り開くニーチェとの相違は、五点ある。第一に、「生」と「現－存在」との区別である。「跳躍」の接合肢では、第一の原初の歴史は、「形而上学」としてばかりでなく、「生物学主義」としても特徴づけられている（GA65, 229）。すでに『存在と時間』においても、「生」と「現存在」は区別されていた[144]。しかしここで問題になっているのは、「生」と「現－存在」との相違を無差別化する思考の時間性格である。ニーチェは確かに、動物と牧人＝ツァラトゥストラの区別を見てとり、一見したところ生き生きとした「生」の視野から一切を捉えようとした。しかし問題は、そうした「生」中心主義のうちに潜む、機械的な反復運動としての永遠回帰の危険性にある。そこで作動しているのは、テクネーとしての作為である。ハイデガーによればその「技術」は、「末人から技術化された動物への逆行」を生じさせているばかりか、「動物の根源的な動物性の喪失」さえ生じさせている（GA65,

275; vgl. 98)。いまや人間は、《動物》どころか、いわば《動物機械》へと退行しているのである。ニーチェの生の思考は、このような機械的反復としての永遠回帰の時間了解を背景にしているかぎりで、「生物学的」というよりも、正確には「形而上学的」である(vgl. GA6-1, 473)。それに対して「現 - 存在」は、「被投的企投」としての「跳躍」において、「原存在によって本 - 有化されている」ことを経験する。そこで現 - 存在は、「初めて自己自身になる」のである(GA65, 239, vgl. 303)(145)。

第二に、「自然」と「ピュシス」の区別である。ニーチェは、永遠回帰の時間了解にしたがって、自然をテクネーに従属させている。ここではハイデガーは、「計算的作為」の「強制」に晒され、「大衆」のために破壊される「自然」を見出している(GA65, 277)。しかしハイデガーは、そうした致命的な「破壊」に出会っても、沈黙したまま自己閉鎖する「大地」の概念に積極的な意義を認めようとしている(GA65, 278)。そこに含意されているのは、原初的なピュシスである。かつて「ピュシス」と呼ばれていたころの「自然」は、「原存在自体の本質化のうちに安らっていた」のであり、それは「神々の到来と滞在」の「瞬間の場」だったのである(GA65, 277)。

第三に、第一の原初と第二の原初の歴史の区別である。ハイデガーは、上述の第二の区別を踏まえつつ、ニーチェに見られるテクネーの由来へと遡行し、第一の原初の歴史を確定する。そこでは第一の原初の歴史は、ニーチェの反プラトニズムからプラトンへ、さらにはアナクシマンドロスへと遡られている。この「アナクシマンドロスからニーチェまで」という第一の原初の枠組みも、やはりニーチェとの対決が意識されているように思われる(GA65, 232, 424)(146)。ハイデガーによれば、ニーチェは「アレーテイア」としての「真理」を問うことができていない(GA45, 221f.)。というのも、ニーチェは、ピュシスの経験を「無限定」と「限定」、「存在」と「生成」、「永遠」と「時間的なもの」の対立という第一の原初の枠組みのなかで捉えているからである(147)。それとは異なり、ハイデガーは、いまだ機械的反復と化す以前のテクネーの知において、ピュシスにおける「真理」と「現前化」の経験を捉える(GA65, 190f.)。その背後にハイデガーが見ているのは、原存在の真理である。

第四に、「神」と「原存在」の区別である。「最後の神」の接合肢に先立って、この跳躍の接合肢ですでにハイデガーは、ニーチェの「神の死」との対決を強く意識している。[148] キリスト教の神の死、およびそれに代わる超人ないしは現-存在を待ち望む点で、ニーチェとハイデガーは共通している。[149] しかしハイデガーは、跳躍において、ニーチェのさらに一歩先を行こうと企てている。跳躍の思考は、「神の死」を《過去》の出来事とみなすのではなく、神が不在として現在に到来しているという洞察を初めて目覚めさせる。神はこの二千年、創造されないままにとどまっているのである。このように神々は、みずからが不在として到来し《存在する》するために、「原存在」を「必要とするもの」である（GA65, 243）。跳躍によってはじめて、神と原存在は区別される。この洞察から、ニーチェとは異なる「最後の神」の「解釈学」は始まるのである。[150]

　第五に、「存在」と「無」の反転である。原存在は、いかなる存在者でもないがゆえに、無であり、否定とみなされる。しかしハイデガーは、原存在の「無」を積極的な《創造力》へと反転させる。「原存在」は、「脱去」や「拒絶」といった「無的であること（*Nichthaftigkeit*）」において、むしろ「最高の贈与」として、「《力（Macht）》」と「《創造（Schaffen）》」である（GA65, 246）。こうした「存在」と「無」の反転の狙いは、ニーチェ流の「力」や「創造」、そして他ならぬ「然り（Ja）」の概念の転倒にある。「無」や「否」は、作為のために「単に虚無的なもの（nur Nichtige）」として誤解されている。しかし、そうした作為の空虚さも原存在に由来するものであることが洞察されるなら、「然り」の意味もまた変容する。「然り」は、「いかなる否にも尺度を与える」ものなのである（GA65, 246）。[151] こうしてハイデガーは、世界に対するニーチェの全面的肯定に代えて、原存在の《否定》をとおした根源的な《肯定》を打ち出すのである。

　跳躍の解釈学的思考は、こうした相違を見抜く場所を、「現-存在」に求めている。先の「幻影と謎」の解釈では、意のままにならない自然や歴史の全体を引き受けながら、そこに生じる微細な差異を見抜いてゆく思考が求められた。しかしこうした差異は、思考の営みと無関係な外部の出来事であるわけではない。むしろそこでは、微細な差異を見抜くために、思考それ自身が変容することが求められる。牧人は、みずから蛇を嚙み切ることで自己変容を遂げた。それと同様に、解釈学的思考の自己変容も、その思考が遂行されている只中で生じる。そうした解釈学的思考の自己変容の場と言えるのが、「裂け開け（Zerklüftung）」である。「本有化としての原存在のうちへの跳躍」によって「はじめて、裂け開けが切り開かれる」（GA65, 278）。そのさい「本有化」の「開け」は、「時‐空間（瞬間場）」として、原存在の裂け開けを現‐存在において通路づけ、存立的にする」（GA65, 235）。裂け開けにおける原存在の突発的な襲来によって、それまでとは異なる思考が、現‐存在においてわれわれ知らず、おのずから起動するのである。

裂け開けは、跳躍の解釈学的思考に二つの射程を切り開く。一つは現‐存在の原存在への帰属性であり、もうひとつは神々の到来と不在である（GA65, 279, 235）。後者の射程は、上記の第四点に挙げたニーチェの「神の死」との相違を際立たせる。それに対して前者は、「人間」の「死」をめぐるニーチェとの相違を際立たせる。先に見たように、『存在と時間』では、ニーチェの「自由な死」に倣って、「死への存在」が考えられていた。そこでは現存在は、「死」の「不可能性の可能性」を「了解」し、「形成」し、「持ちこたえる」のでなければならなかった（SZ, 250, 261f.）。しかしいまやハイデガーは、現‐存在の原存在への帰属性として「死への原存在（Seyn zum Tode）」を語る。原存在の裂け開けの「現」への「照り返し（Wiederschein）」、それが「死」である（GA65, 282）。死への原存在は、「現‐存在の規定」として万人に到来する出来事である。死への原存在は、「原存在それ自身の《必然性》」であり、かつ「原存在の最高かつ究極的な証し」である（GA65, 282, 285, 284）。こうした「死」の「可能性」から「必然性」への転換は、ニーチェとの決定的な離反を意味する。ハイデガーは、「自由な死」としての「死の存在」の起点として、先駆的決意性という《意志》の発動を根底に置いていた。ニーチェは「あらゆる困窮の転回（Wende aller Noth）」を「必然性」と呼んでいるが、この「転回」はやはり「意志」によって行われるものとして考えられている[152]。それとは異なり、ハイデガーは、存在棄却の「困窮」の「最高の必然性」を、「原存在」の「本有化」の「転回（Kehre）」とみなすべきだと主張する。「別な原初において重要なのは、本有化の転回の裂け開く中心への跳躍」である（GA65, 231）。跳躍をつうじて、死の裂け開けにおいて切り開かれる原存在の必然性が、先に述べたような、一回的な創造としての解釈学的思考の究極的な必然性を支えているのである。

したがって、この必然性は、解釈学的思考の「死」を意味するものでは決してない。筆者の見るところ、この必然性はむしろ、解釈学的思考の一回的な創造性をいっそう明確に際立たせる。跳躍の解釈学的思考の一回限りの創造性の背後には、原存在の本有化の転回から到来する、絶対的に没根拠な死の必然性がつねに控えている。跳躍において、「みずからを投げることと投げる者の被投性が、没根拠的に切り開かれる」と述べられているのも、そのためである（GA65, 304）。ここに描き出されているのは、解釈学的思考の原初的発生の姿である。思考は、われ知らず何かにふと呼びとめられるようにして、ほかの誰のものでもない、みずからに固有の思考として生まれ落ちてくる。その思考の固有性は、誰のものでもない最も異質なものでありながら、万人に絶対的に到来する死の必然性と引きかえにして贈り届けられる。跳躍は、このように新たな思考の誕生と死とが切り開かれてくる、瞬間の場所への参入なのである。

いまやこの解釈学的思考は、存在者の表面的な「形態（Gestalt）」や「没形態的なもの（Gestaltlos）」にも拘束されない（GA65, 423）。この点は、すでにツァラトゥストラの動物たちについてのハイデガーの解釈にも示されていた。この解釈学的思考は「形態の根拠の没根拠において、みずからの被投性の投げの躍動を捉えて、企投の開けへと担う」（GA65, 423）。この開けに差し込むのは、自己隠蔽を伴う原存在の明け開けとしての真理の「光」である。『ツァラトゥストラ』でも、蛇を噛み切り自己変容した牧人は、光に包まれた。しかしここでハイデガーが考える「光」は、別な原初の原存在の真理の「光」として、伝統的なヌースの「光」の含意をもはや超えている。ハイデガーが、この「光」を考えるにあたって参照するのは、詩人の詩作に示される「光」の含意である。

ハイデガーは、随所でヘルダーリンの「光」について言及している[153]。ヌースをはじめ、ソフィアやフロネーシスの「光」をめぐる本論でのこれまでの議論を振り返るとき、ここで手がかりになるように思われるのは、一九四四／四五年冬学期講義『哲学入門』における「光」への言及の箇所である。そこでハイデガーは、哲学＝ソフィアと詩作＝

ポイエーシスの関係を論じるにあたって、ヘルダーリンの「キロン」を引いている。

「汝はどこにいるのか、追想させるものよ！　つねに／おりにふれて、傍らに退かねばならないものよ、汝はどこにいるのか、光よ？」[154]。

この「光」は、「追想させるもの（Nachdenkliches）」として、思考を促す。ハイデガーによれば、その「光」は、「あまりにも明るい」ために、いまや「人間」にも「神々」にも直接見通すことができない（GA50, 144）。それゆえこの光は、神的なヌースをも超える光である。「キロン」によれば、この「光」は、「心のために、相談をしに（Ratschlagend, Herzens wegen）」やってくる。この「光は」、人間も神々をも超えた彼方から心の奥底に差し込み、思考をはじめて起動させる。その思考は、もはや文献学的な解釈の技巧としてのテクネーではない。この「光」は、テクネーの支配をかいくぐり、ポイエーシスの詩作とともに、ソフィアの創造的思考を開始させる「光」である[155]。ハイデガーによれば、実はソフィアの思考は、この光のなかでつねにすでに開始されているとされる。「いっそう適切に言えば、省察はすでにこの領域のなかにある」（GA50, 145）[156]。

この洞察を踏まえるなら、『寄与』は、圧倒的な原存在の真理の光のなかで、その光を言葉として語ることを試みていると言える。原存在の真理は、「目配せしながら響いてくる隠蔽性（winkend-anklingende Verborgenheit）」として、解釈者自身にとってさえも不明な「秘密（Geheimnis）」として到来する（GA65, 78）。そこで解釈学的思考は、新たな創造を開始するにあたって、言葉の不在に直面する。「原存在（本有化）は直接に言い表すことができない」からである（GA65, 79）。しかしまた「沈黙すること」としての「黙理（Sigetik）」は、「論理」の「本質」でもある（GA65, 79）。ツァラトゥストラも、永遠回帰の思想にたどり着くまでの間、たびたび沈黙を繰り返している。「新旧の石版」では、ツァラトゥストラは「比喩」をもって「詩人たちのように」語り、「どもる」しかないことを「恥じ」ている。

しかし続く「回復しつつある者」の末尾では、ツァラトゥストラは、永遠回帰が機械的反復になる必然性を悟り、黙したまま自己内対話によってその転回を図る。[157] ハイデガーも、「ためらいながらの語り拒み（zögernde Versagen）」から、かろうじて言葉を絞りだす（GA65, 78, 227）。そこでは「最も気高く成長してきた言葉を、その単純さと本質力において、存在者の言葉を原存在の言葉として言う」ことが試みられる（GA65, 78）。しかし、この沈黙をとおしてツァラトゥストラが教えようとしているのは「人間の目標を創造し、大地にその意味とその未来とを与える者」としての「創造者」である。[158] それに対して、ハイデガーの《創造》は、「目標」を創造したり、また「大地」にその意味と未来を積極的に与えたりすることはできない。というのも、すでに見たように、現‐存在のめざすべき原存在それ自身は新たに創造されるべきものではなく、また大地も一切の意味と時間から脱去してしまうものだからである。ツァラトゥストラの沈黙がなお目的と意味の創造をめざすのに対して、『寄与』の沈黙は、没目的的で没意味的な脱‐根拠としての原存在との背馳のなかから、知の創造をめざす。跳躍はまさしく、そうした沈黙のなかから、原存在を指示する言葉を語りうるような、知の創造的発生の瞬間へ参入することである。[159]「跳躍は、襲来の場の瞬間性のうちへと知をもって飛び‐込むことであり、まずもって、指し示す言葉（weisenden Wort）において、本有化の匿いを跳躍的に開くこと（erspringen）である」（GA65, 237）。解釈学的思考の跳躍的な知は、このようにして、言葉の彼方に問われるべき事柄を指示するのである。

このように考えてくれば、ハイデガーが解釈学的循環を原存在の本有化の転回へと帰しているのも、いまや決して神秘的な事態ではないことがわかる。『存在と時間』は、解釈学的「循環」の只中へと「跳躍する（springen）」ことによって、「現存在の循環的存在」を見届けることをめざした（SZ, 315f.）。「ニーチェ講義」では、「全体としての存在者」への「跳躍」によって、「永遠回帰」の「循環」に潜む差異が見極められた。それに対して『寄与』では、「本有化のうちで本質化する転回」は「諸転回（Kehren）、諸循環（Zirkel）、諸円環（Kreise）の隠された根拠である」とされる（GA65, 407）。跳躍は、この隠れた転回への参入である。いまや解釈学的循環の根拠は、現存在の自己関係的な存在構造でもなければ、機械的反復でもなく、世界の絶えざる生成としての永遠回帰でもない。これらの現前的な時間性とは異なり、解釈学的循環は、それ自体は没根拠としてつねに脱去する、非現前的な原存在の転回に根ざしている。思考は、この原存在の転回から到来する解釈学的循環のうちにわれ知らず巻き込まれながら、そのつど一回限りの創造的な自己変容へと絶えず促されるのである。

こうして『存在と時間』の現存在の解釈学は、「ニーチェ講義」における自己批判と、『寄与』における本有化の思考をとおして「転回」されるに至った。この「転回」によって、現存在の解釈学は三つの点で変容を遂げたと言える。第一に、恒常的現前性へと傾いた『存在と時間』の時間性の理解が打破されることにより、現存在の解釈学は、機械的反復における形而上学的な恒常的現前性から解放されている。第二に、解釈学は、こうした恒常的現前性から離脱することにより、西洋形而上学の歴史全体を相対化する広範な歴史的射程を獲得している。またそれによって解釈学は、他者や自然の孕むさまざまな差異に対する思考の反復可能性を獲得している。第三に、脱形式化と脱構造化が徹底されることにより、解釈学的思考の本質は、そのつど一回かぎりの創造的な自己変容に見定められている。そしてそうした思考の創造的な自己変容は、原存在の転回に根ざした解釈学的循環から生起するのである。こうして『存在と時間』の現存在の解釈学は、「原存在」の「転回」をとおして、いまや《存在の解釈学》へ「転回」されたと言うことができるだろう。

注

（1）G. Vattimo, Nietzsche and Heidegger, T. Harrison (tr.), in: D. W. Conway (ed.), *Nietzsche: Critical assessments*, Vol. III (On Morality and the Other of Rank), Routledge, London 1998, pp. 340-348.

（2）K. Löwith, *Nietzsches Philosophie der ewigen Wiederkehr des Gleichen*, neue Ausgabe, Kohlhammer, Stuttgart 1956.（柴田治三郎訳『ニーチェの哲学』岩波書店、一九六九年、三一二頁）『ニーチェは今日?』ちくま学芸文庫、二〇〇二年、九一一

一頁、三六〇頁、三〇〇頁。P. Boudot et. al., *Nietzsche aujourd'hui? (Publications du Centre culturel de Cerisy-la-Salle)*, 2 vols, Union Génerale d'Éditions, Paris 1973.

（3） J. Granier, *Le problème de la vérité dans la philosophie de Nietzsche*, Le Seuil, Paris 1966, pp. 624-625; P. Köster, Die Problematik wissenschaftlicher Nietzsche-Interpretation, in: *Nietzsche-Studien*, Bd. 2, 1973, S. 31f.

（4） G. Picht, *Nietzsche (Vorlesungen und Schriften)*, Klett-Cotta, Stuttgart 1988, S. 152.（青木隆嘉訳『ニーチェ』法政大学出版局、一九九一年、一七一頁）

（5） ハイデガーは、一九三六年当時のニーチェの歴史的批判的全集の計画を、「完全性の原則」にのっとった「一九世紀の企画」であり、「現代の心理学的‐生物学的欲求から生まれた悪しき所産」であると手厳しく批判し、一八八一年から一八八九年の間を「本来的著作」とみなした（GA43, 12f.）。ケスターは、ハイデガーの「本来的著作」という編集方針には賛同を示さず、現行の批判的全集版が「完全性の原則」に従っていることを首肯している。とはいえケスターは、歴史的批判的な基礎文献が整えられた上で、ハイデガーが指摘したような「学問的哲学と思考」の関係の問題を探ることは、ニーチェ研究にとっても重要性をもつとも述べている。Vgl. P. Köster, Die Problematik wissenschaftlicher Nietzsche-Interpretation, S. 33.

（6） 一九三〇年代半ば以降、ハイデガーはさまざまなかたちで『存在と時間』への自己批判を開始する。この自己批判の試みは、一九三五／三六年に記された「『存在と時間』との対決（Auseinandersetzung mit Sein und Zeit）」という表現によって最も的確に言い表されている（vgl. GA66, 420; GA65, 310, Anm.）。Vgl. D. Thomä, »Sein und Zeit« im Rückblick. Heideggers Selbstkritik, in: T. Rentsch (hrsg.), *Heidegger. Sein und Zeit*, S. 281-298. なお、『存在と時間』への自己批判とニーチェ解釈の関係を指摘した先駆的論考として、以下を参照。T. Otsuru, *Gerechtigkeit und Dikē. Der Denkweg als Selbst-Kritik in Heideggers Nietzsche-Auslegung*, Königshausen & Neumann, Würzburg 1992. またペゲラーは随所で、ハイデガーにとってニーチェが決定的となったのは、『存在と時間』の刊行後数年のうちに「神の死」の経験に襲われたからだと述べている。Vgl. O. Pöggeler, *Der Denkweg Martin Heideggers*, S. 105; O. P öggeler, *Philosophie und Politik bei Heidegger*, 2. erw. Aufl., Verlag Karl Alber, Freiburg/München 1974, S. 106. ただしそれは、『存在と時間』の刊行後数年のうちに初めてニーチェとの取り組みが開始されたという意味ではない。ペゲラー自身もそうした意味でこの主張をしているわけではなく、ニーチェを介して、神や全体としての存在者への考察の観点が変容したという点に主眼を置いている。

(7) H.-G. Gadamer, *Gesammelte Werke*, Bd. 1, S. 262.

(8) ハイデガーは、最晩年にも自身の全集版『ニーチェ』の編集にこだわりをみせ、死去直前の数ヶ月間は繰り返し「ニーチェが私をだめにした！（Nietzsche hat mich kaputtgemacht!）」と語っていたという。この発言を、ガダマーはハイデガーの息子から間接的に、またヘルマンはハイデガー自身から直接に聞いている。ヘルマンによれば、この発言は全集版『ニーチェ』の編集作業に関係しているとされるが、ペゲラーは単に健康上の問題を表現したにすぎないのではないかと推測している。いずれにしてもこの言葉は、ハイデガーにとってニーチェの思想のもつ深刻さを物語っていると考えられる。H.-G. Gadamer, Heidegger und Nietzsche: „Nietzsche hat mich kaputtgemacht!“, in: *Aletheia*, Bd. 5, 1994, S. 6-8; F.-W. von Herrmann, Heidegger und Nietzsche: Der andere Anfang, in: *Aletheia*, Bd. 9/10, 1996, S. 20f.; O. Pöggeler, Heidegger und Nietzsche. Auf einen falschen Weg gebracht?, in: *a. a. O.*, S. 22f.

(9) D. F. Krell, Heidegger's Reading of Nietzsche: Confrontation and Encounter, in: *Journal of British Society of Phänomenology*, Vol. 14: 3, 1983, pp. 271-282. 川原栄峰「ハイデッガーのニーチェ講義」、中原道郎・新田章編『ニーチェ解読』早稲田大学出版部、一九九三年、一一二八頁。H. Vetter, Heideggers Annäherung an Nietzsche bis 1930, in: *Synthesis philosophica*, Vol. 13, 1998, S. 373-385; H. Seubert, *Zwischen erstem und anderem Anfang: Heideggers Auseinandersetzung mit Nietzsche und die Sache seines Denkens (Collegium Hermeneuticum; Bd. 4)*, Böhlau Verlag GmbH & Cie, Köln 2000; W. Müller-Lauter, *Heidegger und Nietzsche. Nietzsche-Interpretationen III*, Walter de Gruyter, Berlin/New York 2000.

(10) 当時の「ニーチェ運動」の状況については、以下参照。M. Riedel, *Nietzsche in Weimar. Ein deutsches Drama*, Reclam Verlag, Leibzig 1997.（恒吉良隆・米澤充・杉谷恭一訳『ニーチェ思想の歪曲――受容をめぐる一〇〇年のドラマ』白水社、二〇〇〇年、第一章および第二章）

(11) C. Bremmers, Chronologisches Verzeichnis der Werke Heideggers, in: A. Denker, H.-H. Gander und H. Zaborowski（hrsg.）, *Heidegger-Jahrbuch 1*, S. 463; *Martin Heidegger/Heinrich Rickert, Briefe 1912 bis 1933 und andere Dokumente*, A. Denker（aus den Nachlässen hrsg.）, Vittorio Klostermann, Frankfurt a. M. 2002, S. 13ff.; Martin Heidegger als Student（Dokumentationsteil, I）, in: *Heidegger-Jahrbuch 1,* S. 16.

(12) Briefe Ernst Laslowskis an Martin Heidegger, Breslau, den 6. Dezember 1913, in: *Heidegger-Jahrbuch 1*, S. 39.

(13) H. Ott, *Martin Heidegger. Unterwegs zu seiner Biographie.*（上掲訳書、八九頁）

（14） B. Welte, Der stille große Partner. Erinnerungen an Heinrich Ochsner, in: C. Ochwadt und E. Tecklenborg（hrsg.）, *Das Maß des Verborgenen. Heinrich Ochsner 1891-1970 zum Gedächtnis*, Charis-Verlag, Hannover 1981, S. 216.

（15） W. Müller-Lauter, *Heidegger und Nietzsche*, S. 2.　なお、ここでハイデガーがニーチェの引用に付した注では、『善悪の彼岸』ではなく、一九一三年に刊行されたプフォルテンの『哲学の根本判断』が指示されている。しかしこの書にも、ニーチェの名前は見当たらない。この書の考察のモットーとしてプフォルテンが引いているのは、オイケンの次の言葉である。「思想家自身は、みずからの成果の主要な点にかんしては、いつでもけっして明晰とはいえない。むしろ意識と行為のあいだには、さらなる空隙が横たわっているものである。語られざるもの、後回しにされたもの、沈黙の前提が、ここでは最も価値をもつ」。O. F. v. d. Pfordten, *Die Grundurteile der Philosophen. Eine Ergänzung zur Geschichte der Philosophie, 1. Hälfte Griechenland*, Carl Winters Universitätsbuchhandlung, Heidelberg 1913, S. 4; R. Eucken, *Beiträge zur Einführung in die Geschichte der Philosophie*, Dürr'sche Buchhandlung, Leibzig 1906, S. 169.　プフォルテンの『哲学の根本判断』は当時、オイケンをはじめ、ディルタイやジンメルらのいわゆる《生の哲学》の立場からの哲学史解釈として理解されていた。Vgl. M. Wundt, Rezension von Frh. v. d. Pfordten, Otto, Die Grundurteile der Philosophen. Eine Ergänzung zur Geschichte der Philosophie. 1. Hälfte Griechenland. Heidelberg 1913, in: *Kant-Studien*, Vol. 19, Issue 1-3, 1914, 407f.; cf. G. S. Brett, Review on *Die Grundurteile der Philosophen. Eine Ergänzung zur Geschichte der Philosophie*. 1. Hälfte Griechenland, Heidelberg 1913, in: *The Philosophical Review*, Vol. 23, No. 6, 1914, pp. 683-687.　実際ハイデガーも、このニーチェの引用の直後、「資格論文」の主題である「スコトゥス」を名指すにあたって、「スコラ哲学者のなかでも最も明敏な哲学者（der „scharfsinnigste aller Scholastiker"）」という「ディルタイ」風の言い回しを用いている（GA1, 203）。これは『精神科学序説』において、アルベルトゥス・マグヌスやトマス、スコトゥスと並んでオッカムが「最も大胆で最も強力な哲学者（der kühnste, gewaltigste der Scholastiker）」と述べられている箇所、ならびにスコトゥスが「精神の力強い鋭さ（energische Schärfe des Geistes）」と述べられている箇所を意識してのことであろう。W. Dilthey, *Gesammelte Schriften*, Bd. I, 299, 322.（上掲訳書、三〇八―三〇九、三三〇頁）。この点を踏まえているわけではないが、ミューラー＝ラウターは、当時のハイデガーが、ニーチェよりもディルタイを重視していたと指摘している。W. Müller-Lauter, *Heidegger und Nietzsche*, S. 3.　しかし《生の哲学》のなかでも、ここでことさらにニーチェの言葉を引用して「哲学」を語ろうとするハイデガーの意図を考えるにあたっては、神学と哲学の関係というより広範な文脈のなかでニーチェの位置を捉える必要がある。なお「資格論文」の結びでは、ヘーゲルとの対決を予告しつつ、ノヴァーリスやシュレーゲルに言及されているのも目を引く。ここでのシュレーゲルとヘーゲルとの関係にかんしては、以下参照。D. Thomä, *Die Zeit des Selbst und die Zeit danach. Zur Kritik der Textgeschichte Martin Heideggers 1910-1976*, Suhrkamp Verlag, Frankfurt a. M. 1990, S. 60-78.

(16) F. Nietzsche, *Nietzsche Werke. Kritische Gesamtausgabe*, G. Colli und M. Montinari (hrsg.), Walter de Gruyter, Berlin 1968, Bd. 6-2, S. 14. 以下ニーチェの著作からの引用は、上記全集版に従い、略記号 KGW に次いで巻号、頁数を示す。

(17) KGW6-2, 13.

(18) S. J. McGrath, Die scotistische Phänomenologie des jungen Heidegger, in: *Heidegger-Jahrbuch 1*, Verlag Karl Alber, Freiburg/München 2004, S. 243-258. 渡邊二郎『ハイデッガーの実存思想』、一六三—一八〇頁。

(19) 当時の一般的なニーチェ像については、以下参照。Vgl. S. E. Aschheim, *The Nietzsche Legacy in Germany 1890-1990*, University of California Press, Berkeley/Los Angeles/Oxford, 1994, p. 31-33.

(20) N. Kapferer, Entschlossener Wille zur Gegen-Macht. Heideggers frühe Nietzsche-Rezeption 1916-1936, in: G. Althaus und I. Staeuble (hrsg.), *Streitbare Philosophie. Margherita von Brentano zum 65. Geburtstag*, Metropol Friedrich Veitl-Verlag, Berlin 1988, S. 194; H. Seubert, *Zwischen ersten und anderem Anfang*, S. 31.

(21) H. Vetter, Heideggers Annäherung an Nietzsche bis 1930, S. 378.

(22) H.-G. Gadamer, Die religiöse Dimension, in: *Gesammelte Werke*, Bd. 3, S. 317.

(23) F. Nietzsche, *Wille zur Macht Versuch einer Umwertung aller Werte*, Alfred Kröner Verlag, Stuttgart 1980, Vorrede, S. 3. 『力への意志』からの引用は、上記クレーナー版に従い、略記号 WzM に次いでアフォリズム番号を示す。なお、ハイデガーはのちのニーチェ講義でこの序文に言及している。GA6-2, 43; GA44, 190.

(24) M. Heidegger, Das Kriegs-Triduum in Meßkirch, in: *Heidegger-Jahrbuch 1*, S. 22.

(25) KGW6-2, 18f.

(26) M. Heidegger, Das Kriegs-Triduum in Meßkirch, in: *a. a. O.*, S. 25.

(27) M. Heidegger, Das Kriegs-Triduum in Meßkirch, in: *a. a. O.*, S. 23.

(28) H. Ott, *Martin Heidegger: Unterwegs zu seiner Biographie.*（上掲訳書、一二六頁）; Vgl. *Nietzsche Briefwechsel, Kritische Gesamtausgabe*, G. Colli, und M. Montinari (hrsg.), Walter de Gruyter, Berlin/New York 1975, Bd. 1-3, S. 325. この引用には、確かに、

ニーチェに仮託したハイデガー自身の社会的境遇への反発と大学制度への批判が窺える。とはいえ次節で見るように、ハイデガーはこれと正反対の主張を行ってもいる。それゆえ、こうした反発や批判と国家社会主義との結びつきを見出すヴィスの解釈は、いささか短絡的である。D. Wyss, *Kain : eine Phänomenologie und Psychopathologie des Bösen (Dokumente und Interpretation)*, Königshausen und Neumann, Würzburg 1997, S. 428.

(29) 第Ⅰ部第一章第2節、第3節参照。

(30) 第Ⅱ部第五章第2節、第4節参照。Vgl. SZ, 6, 351, 359, 405.

(31) ニーチェにおけるアフォリズムの成立史ならびに基本的な理解にかんしては、以下を参照。J. Mardsden, The Art of the Aphorism, in: K. A. Pearson (ed.), *A Companion to Nietzsche*, Blackwell Publishing, Malden/Oxford/Victoria 2006, pp. 22-37. なおクリューガーは、ニーチェのアフォリズムには、論理学的な確実性や伝統的な哲学的真理に逆らい、「非知」や「非概念的なもの」を表現しようとする「形式への信仰」があると見ている。またクリューガーは、アフォリズムと弁証法の類似性を指摘してもいる。H. Krüger, *Studien über den Aphorismus als philosophische Form,* Nest-Verlag, Frankfurt am Main 1956, S. 85f., 108f., 111, 122, 124f. それに対してレッジェスは、両者の相違を指摘している。H. Röttges, *Nietzsche und die Dialektik der Aufklärung*, Walter de Gruyter, Berlin/New York 1972, S. 25f. 筆者の見るところ、ハイデガーは、アフォリズムに対して「非概念的なもの」を捉える「形式」である点を認めてはいても、近代的な弁証法的発想を認めてはいなかったと思われる。第Ⅰ部第二章第1節、第2節、第Ⅱ部第五章第1節参照。

(32) WzM, 424.

(33) ネハマスは、アフォリズムを含むニーチェの「スタイル」全般の反哲学的性格を指摘している。A. Nehamas, *Nietzsche : Life as Literature*, Harvard University Press, Cambridge MA 1985, pp. 13-41.（湯浅弘・堀邦維訳『ニーチェ――文学表象としての生』理想社、二〇〇五年、二三―六二頁）

(34) WzM, 424.

(35) WzM, 424.

(36) KGW6-2, 267.

(37) WzM, 481.

(38) WzM, 767.

(39) ただし、研究者によってニーチェの哲学と「解釈の哲学」ないし「解釈学」の関係の理解は大きく異なる。Vgl. J. N. Hofmann, *Wahrheit, Perspektive, Interpretation: Nietzsche und die philosophische Hermeneutik*, Walter de Gruyter, Berlin/New York 1994, S. 4-10. 本論は、主としてハイデガーの解釈学の観点に立って、ニーチェの哲学との関係を比較考察する。上記以外のニーチェの哲学と解釈学の関係にかんする研究として、以下を参照。M. A. Bertman, Hermeneutic in Nietzsche, in: *Journal of Value Inquiry*, Vol. 7, 1973, pp. 254-260; J. Figl, Nietzsche und die philosophische Hermeneutik, in: *Nietzsche-Studien*, Bd. 10/11, 1981/1982, S. 408-430; J. Figl, *Interpretation als philosophisches Prinzip: Friedrich Nietzsches universale Theorie der Auslegung im späten Nachlass*, Walter de Gruyter, Berlin/New York, 1982; J.-S. Kim, *Hermeneutik als Wille zur Macht bei Nietzsche*, Peter Lang, Frankfurt a. M./Bern/New York/Paris 1990; G. Figal, Nietzsches Philosophie der Interpretation, in: *Nietzsche-Studien*, Bd. 29, 2000, S. 1-11; M. Baum, Hermeneutik bei Nietzsche, in: B. Himmelmann (hrsg.), *Kant und Nietzsche im Widerstreit. Internationale Konferenz der Nietzsche-Gesellschaft in Zusammenarbeit mit der Kant-Gesellschaft, Naumburg an der Saale, 26.-29. August 2004*, Walter de Gruyter, Berlin/New York 2005, S. 16-28.

(40) 第Ⅰ部第一章第2節参照。

(41) KGW6-3, 147.

(42) 第Ⅰ部第一章第3節、第Ⅱ部第五章第1節参照。

(43) 第Ⅰ部第一章第3節（2）参照。

(44) 一八九七年の講義で、フッサールは次のように述べている。「世でもてはやされるようになった『善悪の彼岸』というニーチェの書物の題名は……意味深長である。まさに倫理学に対する懐疑が、これまでにないほど根深く徹底的に進められている」。E. Husserl, Fragment aus dem Einleitungsteil der Vorlesung „Ethik und Rechtsphilosophie" von Sommersemester 1897, in: *Vorlesungen über Ethik und Wertlehre 1908-1914* (*Husserliana*, Bd. XXVIII), Ullrich Melle (hrsg.), Kluwer Academic Publishers, Dordrecht/Boston/London 1988, S. 382.

(45) O. Pöggeler, Von Nietzsche zu Hitler? Heideggers Politische Optionen, in: H. Schäfer (hrsg.), *Annäherungen an Martin Heidegger. Festschrift für Hugo Ott zum 65. Geburtstag*, Campus Verlag, Frankfurt a. M./New York 1996, S. 93.

(46) 第Ⅰ部第一章第2節、第3節参照。

(47) この点に関してイムダールは、ニーチェには言及していないが、やはり「精神と衝動の結びつき」にかんする不徹底な把握が問題になっているとしている。G. Imdahl, *Das Leben verstehen*, S. 118f. なお、この点の理解に関しては、ディルタイが『体験と詩作』のなかで「衝動」について語った箇所がひとつの手がかりとなる。ディルタイは、スウィフトのうちに「衝動と激情の束(Bündel von Triebe und Leidenschaft)」を指摘しているが、その直前の箇所では、「ヘルダーリン」の「『ヒュペーリオン』」から「ニーチェ」の「『ツァラトゥストラ』」へいたる「生それ自身による生の解釈」としての「哲学的小説」の系譜について論じている。ハイデガーがディルタイの不徹底さを批判するとき、おそらく少なからずこの箇所も念頭に置いていたと考えられる。W. Dilthey, *Das Erlebnis und die Dichtung: Lessing, Goethe, Novalis, Hölderlin* (*Gesammelte Schriften*, Bd. XXVI), Vandenhoeck und Ruprecht, Göttingen 2005, S. 254.

(48) ゾイベルトは、この点を指摘してはいるが、内容を立ち入って検討していない。Vgl. H. Seubert, *Zwischen ersten und anderem Anfang*, S. 38f.

(49) アウグスティヌスからルターへと流れる「謙抑」の思想とハイデガーとの関係については、以下の論考を参照。村井則夫「形而上学の解体と存在の歴史——存在史の思想にいたるハイデガーの歩み」、渡邊二郎監修、哲学史研究会編『西洋哲学史観と時代区分』昭和堂、二〇〇四年、三五二、三八二頁。

(50) KGW6-3, 58.

(51) 「コリントの信徒への手紙」一・七・三二。「ローマの信徒への手紙」一二・二。

(52) 第Ⅱ部第四章第1節参照。

(53) KGW6-2, 284-288.

(54) KGW6-3, 221.

(55) 第Ⅱ部第五章第2節、第3節、第5節参照。

(56) ニーチェに対するこうしたハイデガーの反感には、シェーラーとの著しい類似性が見てとれる。シェーラーは、『価値の転倒』の第一論文「徳の復権」において「謙抑」の意義を強調し、第二論文「道徳の構造におけるルサンチマン」では、ニーチェのルサンチマン理解に異議を唱えた。第一論文は一九一三年、第二論文は一九一二年にそれぞれ発表されたのち、一九一五年に『論文論説集』に収録され刊行、一九一九年にその第二版が『価値の転倒』と題して刊行されている。シェーラーは、第一論文では、ジェームズの『宗教的経験の諸相』におけるパウロからルターへと流れる謙抑の系譜の記述を引きながら、ニーチェ流の「高慢」や「誇り」を「手放し」、みずからを「真実に」「喪失」し「断念する」ときに「謙抑」が生まれると述べている。そこでシェーラーは、のちにハイデガーも好んで用いるライプニッツの有名な命題を引いて、こう述べている。「われわれの自己とその価値とを真正に《手放す》こと、また意識的・反意識的な一切の自己関係性の彼岸に口を開いている恐るべき空虚さのなかにみずから思い切って飛び込むこと、まさにこのことが重要なのだ。きみたちが存在しないのではないということに、また一般に何者かが存在し――むしろ無があるのではないということに、感謝しつつあえて驚嘆するがいい。……そうしてこそ、きみたちは謙抑なのだ！」(M. Scheler, *Vom Sturz der Werte. Abhandlungen und Aufsätze*, 5. Auflage, A. Francke AG Verlag, Bern 1972, S. 18)。またシェーラーは、第二論文では「キリスト教倫理の核心はルサンチマンの地盤の上に生じたものではない」と主張している (M. Scheler, *a. a. O.*, S. 70)。ハイデガーは、この講義でシェーラーに直接言及しているわけではない。また一九二一年の「アウグスティヌスと新プラトン主義」講義でも、ハイデガーはシェーラーの現象学的な神学の理解に対して必ずしも肯定的ではない。「シェーラーが今日行っていることは、こうした［教会の教義の］思想圏を現象学で飾り立てた、ただの二番煎じである」(GA60, 159)。さらに、ハイデガーはシェーラーのように「倫理」を積極的な問題にはしていない。しかしこうした相違点にもかかわらず、ニーチェに対してルター的謙抑とパウロの非ルサンチマン的理解を打ち出す点で、ハイデガーとシェーラーの見解は合致している。以上を踏まえるときに興味深いのは、のちの一九二八年夏学期講義『論理学の形而上学的な始元諸根拠』でのシェーラーへの言及である。ライプニッツを講じている途中に差し挟まれたシェーラーへの追悼文で、ハイデガーはシェーラーのニーチェ理解に触れて、こう述べている。「アウグスティヌスとパスカルが新しい意義を獲得した――すなわちそれは、ニーチェに賛同し、またニーチェに反対する答えとして新しいのである」(GA26, 63)。宗派の違いこそあれ、宗教的由来をたどりながら、ニーチェに対する両義性とともにその解釈の新しさをシェーラーのうちに指摘するこのくだりは、『存在と時間』にいたるハイデガー自身のニーチェ解釈の歩みと驚くほど似通っている。

(57) 特に初期フライブルク時代のハイデガーの大学と生の関係を論じたものとして、以下を参照。C. Strube, Wissenschaft wieder als Lebenswelt: Heideggers ursprüngliche Idee einer Universitätsreform, in: *Heidegger Studies*, Vol. 19, 2003, S. 49-64.

(58) KGW3-1, 333-407.

(59) KGW2-4, 363-411.

(60) 第Ⅰ部第二章第1節参照。

(61) ミヒャルスキは、ここでのハイデガーにとってのニーチェ像を「生まれながらの古典文献学者」であったと述べている。

M. Michalski, Hermeneutic Phenomenology as Philology, J. Findling (tr.), in: D. M. Gross and A. Kemmann (ed.), *Heidegger and rhetoric*, State University of New York Press, Albany N. Y. 2005, p. 68.　ただし、そうしたニーチェの「古典文献学者」像は、ここで述べたように、あくまでもギリシアの歴史的根源への深い哲学的洞察を備えているという意味で理解されねばならない。

(62)　なお、「哲学」は「無神論」であるべきだとする発言は、すでに一九二二年の「ナトルプ報告」に見出される（GA62, 363）。しかしその欄外注では、この場合の「無神論」は、「宗教をただ単にけなすような、これ見よがしの配慮には手を染めないでおくこと」という意味であり、哲学は「神に手をあげる」ことも辞さないと述べられている。ここでは、哲学と神学の決定的な分離が宣言されていると言える。『時間概念の歴史への序説』でのニーチェに対する全面的な賛同も、その延長線上にある。のちの『現象学と神学』では、そうした傾向が顕著に打ち出されている。というのも、そこでは哲学は神学を「存在論的に矯正する」立場にありながら、そうした矯正として機能することがなくとも「哲学はそれであるものでありうる」として、哲学の自立性が全面に打ち出されているからである（GA9, 66）。哲学と神学のこの峻別は、後の『寄与』で決定的な問題として浮上することになる。

(63)　第Ⅰ部第三章第2節参照。

(64)　第Ⅱ部第四章第5節参照。

(65)　第Ⅰ部第一章第6節参照。

(66)　KGW6-1, 89ff.

(67)　KGW6-1, 91f.

(68)　KGW6-1, 91.

(69)　この点について論じたものとして、以下を参照。Cf. J. Taminiaux, La présence de Nietzsche dans Sein und Zeit, in: *Lectures de l'ontologie fondamentale. Essais sur Heidegger,* Jérôme Millon, Grenoble 1995, 2e édition, pp. 240-241.　森一郎「ニーチェから見たハイデガー（下）――ニーチェ研究ノート（2）」『東京女子大学紀要』第四六巻（一号）、一九九五年、六二―六三頁。

(70)　KGW6-1, 89.

(71)　第Ⅱ部第四章第7節、第五章第5節参照。

(72) ニーチェ哲学の「プラグマティズム」的性格については、これまでにもさまざまなかたちで指摘されてきた。『存在と時間』の道具分析をはじめとして、実践的行為の重視という点では、確かにホフマンの指摘するように、ハイデガーもニーチェの「プラグマティズム」と重なり合う点をもつ。J. N. Hofmann, *Wahrheit, Perspektive, Interpretation*, S. 229. しかし、「死」を中心にした諸概念の意義の変容において問題になっているのは、単なる実践的行為ではなく、その極限化における超越論的時間地平の告示である。

(73) 第Ⅱ部第四章第1節参照。

(74) 第Ⅰ部第二章第3節、第Ⅱ部第四章第3節参照。

(75) KGW6-1, 39; Cf. J. Taminiaux, La présence de Nietzsche dans Sein und Zeit, p. 241.

(76) WzM, 493. Vgl. GA6-1, 163f., 283.

(77) WzM, 552.

(78) Vgl. J. N. Hofmann, *Wahrheit, Perspektive, Interpretation*, S. 231f. ただし、ハイデガーのニーチェ評価が劇的に変化した一九二三／二四年のマールブルクでの冬学期講義『現象学的研究への入門』において、「虚偽」の問題をニーチェを引きあいに出して語っていた点は充分に考慮される必要がある(GA17, 36)。

(79) 第Ⅱ部第四章第5節、第6節、第五章第2節参照。

(80) KGW6-2, 316, 334.

(81) フィリプスはこの点を示唆しているが、例証はしていない。H. Philipse, Heidegger and Ethics, in: *Inquiry*, Vol. 42 : 3, 1999, p. 468.

(82) ファイグルは、『力への意志』に見られる「新たな解釈」の特徴として、(1)非道徳的性格、(2)非神学的性格、(3)ニヒリズム的性格を挙げている。Vgl. J. Figl, *Interpretation als philosophisches Prinzip*, S. 50-56. 本論以下の分析では、このファイグルの分析の(1)と(2)を活用している。ハイデガーが(3)を主題化するのは、主として「ニーチェ講義」以降である。

(83) KGW6-2, 338.

(84) P. Ricœur, *Soi-même comme un autre*.(上掲訳書、四二八頁)なおハイデガーは、一九二五年の「カッセル講演」のなかで、ゲーテの箴言「行為する者は常に没良心的である(Der Handelnde ist immer gewissenlos)」を引いて、人間が「責め」をもつことを説明している。しかしこのゲーテの箴言は「観察する者だけが良心を持つ(es hat niemand Gewissen als der

Betrachtende)」と続いており、ハイデガーの解釈とは含意が異なっている。Vgl. M. Heidegger, Wilhelm Diltheys Forschungsarbeit und der gegenwärtige Kampf um eine historische Weltanschauung. 10 Vorträge（Gehalten in Kassel vom 16. IV. - 21. IV. 1925）, in: *Dilthey-Jahrbuch*, Bd. 8, 1992, S. 169; vgl. GA20, 440ff.; J. W. v. Goethe, Maximen und Reflexionen, in: *Goethe Werke*, Hamburger Ausgabe, Bd. 12, C. H. Beck, München 1994, Zwölfte, durchges. Aufl., S. 399.　このハイデガーの解釈は、おそらくニーチェの『反時代的考察』の第二論文での以下の言及を背景にしていると考えられる。「ゲーテの表現によれば、行為する者は没良心的であるが、そのように行為者はいつもつねに没知識的なのであって、彼は一つのことをなすために大概のことを忘却し、彼の背後にあるものに対して不正であり、一つの正しさを、今生じるべきであるものの正しさだけを知る」（KGW3-1, 250）。

（85）　KGW6-2, 352.

（86）　K. Löwith, *Sämtliche Schriften*, Bd. 2, J. B. Metzlersche Verlagsbuchhandlung, Stuttgart 1983, S. 517.

（87）　KGW6-2, 353.

（88）　KGW6-1, 38.　なお、ここでも用いられている「恥（Scham）」という表現を、ニーチェは積極的な意味で用いている。他方ニーチェは、それとは対照的に「畏怖（Scheu）」を否定的な意味で用いている。「畏怖」を含めて、ニーチェの「恥」のもつ解釈学的機能を分析したものとして、以下参照。P. v. Tongeren, Nietzsches Hermeneutik der Scham, in: *Nietzsche-Studien*, Bd. 36, 2007, S. 144-167.　「畏怖」の神学的系譜は、オットーの『聖なるもの』をとおして、すでに若きハイデガーの知るところであった。Vgl. R. Otto, *Das Heilige*, S. 11, 15-21, passim.　初期フライブルク講義におけるハイデガーとオットーとの関係については、第Ⅰ部第一章注（23）参照。『存在と時間』における「恐れ」の情態性の分析では、アリストテレスにのっとった「恐れ」の分析に加えて、「驚き（Erschrecken）」、「恐怖（Grauen）」、「驚愕（Entsetzen）」、「怖気（Schüchternheit）」と並んで、すでに「畏怖」が挙げられている（SZ, 142）。そこにはオットーへの直接の言及は見当たらない。しかし、これらがいずれもオットーによって用いていた術語であることを考えれば、ハイデガーは少なからずオットーの発想から影響を受けていたと考えられる。やがて「畏怖」は、『哲学への寄与』において、「根本気分」と名指されることになる（GA65, 21f.）。このように「恥」と対蹠的な「畏怖」の気分を重視する点からは、ハイデガーがニーチェとともに《無神論》を唱えながらも、なおニーチェに対して《神学》という自らの由来を対置させようとしていることが窺える。

（89）KGW6-2, 332.

（90）Vgl. H. Seubert, *Zwischen ersten und anderem Anfang*, S. 60ff.

（91）第Ⅰ部第二章第５節参照。

（92）現存在の時間性および歴史性と永遠回帰との連関を探った先駆的な試みとして、以下を参照。M. Djurić, Nietzsche und Heidegger, in: *Synthesis philosophica*, Vol. 4, 1987, S. 327-350.

（93）KGW3-1, 254.

（94）KGW3-1, 241.

（95）KGW3-1, 243.

（96）KGW3-1, 244-253.

（97）第Ⅰ部第一章第６節参照。

（98）第Ⅰ部第一章第１節参照。

（99）KGW4-2, 396.

（100）KGW3-4, 338. ニーチェはこの表現を、一八八七年一一月から一八八八年三月の間の遺稿のなかでもほぼ同じ形で繰り返している。「生成の意味は、あらゆる瞬間に充実され、達成され、完成しているのでなければならない」（KGW8-2, 281）。ただし『反時代的考察』ではこの永遠回帰の発想は、記念碑的歴史に対する否定として、いささか捻りを加えて描かれている。「根本的に言って、一度可能であったものが二回生じることができるのは、ピュタゴラス学派が正しいと考えられる場合だけだろう。彼らは、天体が同じ位置にあるときは、地上でも同じことが、しかも個々の細部にいたるまで反復されるに違いないと考えた。……同一の破局が特定の間隔をとって回帰するのだとすれば、その場合にのみ力ある者は記念碑的歴史を完全な複製としての真実さにおいて……望んでもよいだろう。それは天文学者が占星術師になるときだが、そうなるまでは、おそらくはありえない。それまでは、記念碑的歴史はあの完全な真実さを用いることができないだろう」（KGW3-1, 257）。『反時代的考察』におけるこの箇所の意味にかんしては、以下をあわせて参照。H. Ottmann, *Philosophie und Politik bei Nietzsche*, 2. Aufl., Walter de Gruyter, Berlin/New York 1999, S. 35.

（101）Cf. J. Taminiaux, La présence de Nietzsche dans Sein und Zeit, p. 241.

（102）KGW6-1, 90.

(103) KGW6-1, 10.
(104) KGW6-1, 98.
(105) KGW6-1, 89.
(106) 第Ⅱ部第四章第1節参照。
(107) KGW6-1, 195.
(108) G. Figal, *Martin Heidegger. Phänomenologie der Freiheit*, Athenäum, Frankfurt a. M. 1988, S. 313f.. 伊藤徹「ハイデガーと歴史性」、現象学解釈学研究会編『歴史の現象学』世界書院、一九九六年、九三―一一七頁。
(109) 第Ⅱ部第五章第5節参照。
(110) 第Ⅱ部第五章第2節参照。
(111) 第Ⅱ部第五章第4節参照。
(112) KGW3-1, 245.
(113) KGW3-1, 250-252.
(114) ガダマーは、『存在と時間』の実存論的問題設定にとって、動物と子供の「生」が特異な存在論的問題であることを的確に見抜いている。H.-G. Gadamer, *Gesammelte Werke*, Bd. 1, S. 267.
(115) KGW3-1, 326. なおニーチェ自身は、「超歴史的な立場」のうちに「哲学者」を含めてもいる。KGW3-1, 376.
(116) レーヴィットは、「非歴史的なもの」や「超歴史的なもの」を切り捨て、もっぱら「歴史」だけの内部で「本来性」と「非本来性」の二項対立が設定されている点を批判している。この点で筆者の見解は、レーヴィットの批判的見解と一致している。ただし筆者は、レーヴィットがハイデガーに対抗して打ち出すコスモス概念には、必ずしも賛同しない。K. Löwith, Heidegger–Denker in dürftiger Zeit, in: *Sämtliche Schriften*, Bd. 8, J. B. Metzlerische Verlagsbuchhandlung, Stuttgart 1984, S. 206f.（杉田泰一・岡崎英輔訳『乏しき時代の思索者』未來社、一九九一年、一五二―一五六頁）
(117) 「ニーチェ講義」と『寄与』の関係に関しては、以下参照。Vgl. P. Emad, Nietzsche in Heideggers „Beiträgen zur Philosophie“, in: H.-H. Gander (hrsg.), *„Verwechselt mich vor Allem nicht!“ Heidegger und Nietzsche*, (Schriftenreihe der Martin-Heidegger-Gesellschaft, Bd. 3), Vittorio Klostermann, Frankfurt a. M. 1994, S. 179-196.（小柳美代子訳「ハイデッガーの『哲学への寄与』におけるニーチェ」、川原栄峰監訳『ハイデッガーとニーチェ』南窓社、一九九八年、二八四―三〇八頁）

（118）『存在と時間』と『寄与』の関係については、以下参照。F.-W. v. Herrmann, *Wege ins Ereignis. Zu Heideggers »Beiträgen zur Philosophie«*, Vittorio Klostermann, Frankfurt a. M. 1994, S. 5-26; R. Polt, *The emergency of being. On Heidegger's Contributions to philosophy*, Cornell University Press, N. Y. 2006, p. 43-48; R. Thurnher, Der Blick zurück auf *Sein und Zeit* in den *Beiträgen* und in *Besinnung*, in: D. Barbarić (hrsg.), *Das Spätwerk Heideggers. Ereignis - Sage - Geviert*, Königshausen und Neumann, Würzburg 2007, S. 73-94.

（119）Vgl. F.-W. v. Herrmann, *Wege ins Ereignis*, S. 6.

（120）そうした違和感を論じたものとして、以下参照。J. Granier, *Le Problème de la vérité dans la philosophie de Nietzsche*, pp. 624-626.; R. L. Howey, *Heidegger and Jaspers on Nietzsche. A Critical Examination of Heidegger's and Jaspers' Interpretations of Nietzsche*, Martinus Nijhoff, The Hague 1973, pp. 181; W. Müller-Lauter, Das Willenswesen und der Übermensch. Ein Beitrag zu Heideggers Nietzsche-Interpretation, in: *Nietzsche-Studien*, Bd. 10/11, 1981/1982, S. 132-177; B. Magnus, Forward to the English Translation, in: K. Löwith, *Nietzsche's Philosophy of the Eternal Recurrence of the Same*, H. Lomax (tr.), University of California Press, Berkeley 1997, xvii.

（121）M. Riedel, Heimisch werden im Denken. Heideggers Dialog mit Nietzsche, in: „*Verwechselt mich vor Allem nicht!*" *Heidegger und Nietzsche*, S. 25.（関口浩訳「思惟に習熟する——ハイデッガーのニーチェとの対話」上掲訳書、三四頁）

（122）すでに指摘しておいたように、この反省的意識を生んだきっかけとなったのは、『存在と時間』刊行数年後にハイデガーが経験した危機に遡る。本章注（6）を参照。ペゲラーが指摘しているように、この危機的経験は、「存在の開性の場としての現存在と存在者の様々な開性としての存在とが結び合っている循環を歩測すること」が、『存在と時間』の計画にしたがったかたちでは遂行できず、「無底的」「根拠」を前にして挫折したことにある。O. Pöggeler, *Heidegger und die hermeneutische Philosophie*, S. 24.（上掲訳書、一六—一七頁）神の死、そして全体としての存在者すなわち自然的存在者をめぐる循環の挫折、歴史的忘却としてのニヒリズムに対する自覚、これら互いに連関する問題を集約し体現している人物が、ニーチェなのである。この点で、一九二九／三〇年冬学期講義『形而上学の根本諸概念』におけるニーチェへの言及、わけても末尾に掲げられた『ツァラトゥストラ』の「酔歌」に、ニーチェの衝撃の痕跡が認められると言える。「世界は深い／そして昼が考えたよりももっと深い」（GA29/30, 532; vgl. KGW6-1, 400; vgl. GA29/30, 107-111）。

（123）第Ⅰ部第一章第6節、第Ⅱ部第五章第4節、第5節参照。

(124) 一九四一／四二年冬学期講義『ニーチェの形而上学』の補遺によれば、ニーチェとの「対決」の狙いは「ニーチェの思考とわれわれの思考を相互に離して、対峙するように移し置く」ことにある。両者は「互いに離れて（*aus* einander）」いるが、「互いに同じ（ineinander）」である。しかし両者は「互いに絡み合っている」わけではなく、それぞれに「思考すべきもの（Zu-denkenden）」に基づいている。それでもなお、「先行する思考――前を行く者なくしてはいかなる思考もない」（GA50, 84）。つまりハイデガーの狙いは、ニーチェとの対決をつうじて、ニーチェの思考とは異なるが、しかしニーチェの思考をも引き受け、克服しうる自身の思考の可能性を見出してゆくことにある。

(125) 「超越」は、「存在者の開けのうちに立つ」という「根源的な意味」をもっているが、厳密な意味では退けられねばならない（GA65, 217, vgl. 72, 322）。「テンポラリテート」は、「本有化」への予感から生まれてきているが、「対象化」に陥りやすい点で差し控えられねばならない（GA65, 74, 234, 451）。

(126) 「存在論的差異」は、問いの最初の着手であるが、「主導的問い」のうちで対象としての存在者を「超越」することへ向かうものではなく、「超越」を跳び越えることであり、「根本的問い」のうちへの「跳躍」である（GA65, 207, 250f., 465-469）。『存在と時間』における「存在の意味」への問いは、「原存在の真理」への問いである（GA65, 43）。『存在と時間』の「時間」は、「本有化」のうちで「原存在の本質化の真理」として生起していることを「指示」している（GA65, 74）。「歴史」にかんする『存在と時間』の解釈は、「存在それ自体」を指示している（GA65, 32f.）。

(127) 『寄与』に続いて一九三八／三九年に執筆された『省察』では、より明確にこう述べられている。「現－存在」が「現象学的－解釈学的に特徴づけられる」とすれば、「ある観点と先行把握によって導かれた――問い尋ねつつ解釈する企投」であり、「《哲学的》であるもの、すなわち「存在の真理を《愛して》いる」ものであり、「本質的に歴史的」である（GA66, 143f.）。「それゆえ《現－存在》ははじめから《解釈学的に》、すなわち際立った企投によって、つまり存在の意味への企投によって、明け開けの真理への企投によって企投されたものとしてのみ、考えられねばならない」（GA66, 325）。

(128) ヘルダーリンを範とした中期ハイデガーの解釈学的展開は、周知のようにしばしば厳しい批判に晒されてきた。その代表例が、ゲートマン＝ジーフェルトの批判である。A. Gethmann-Siefert, Heidegger und Hölderlin. Die Überforderung des »Dichters in dürftiger Zeit«, in: A. Gethmann-Siefert und O. Pöggeler (hrsg.), Heidegger und die praktische Philosophie, Suhrkamp Verlag, Frankfurt a. M. 1988, S. 191-227.（下村鍈二・樋口善郎訳「ハイデガーとヘルダーリン――「乏しき時代の詩人」に

対する過剰な要求」、下村鍈二・竹市明弘・宮原勇監訳『ハイデガーと実践哲学』法政大学出版局、二〇〇一年、二三四―二八八頁）その批判は、存在中心主義と芸術至上主義のもと、ハイデガーにおける社会、科学、政治、歴史の平板化を問題視していると言える。しかしその批判には、しばしばハイデガー理解として不正確な点が見受けられるうえ、既存の政治哲学的ないし社会哲学的文脈だけを特権視する傾向が認められる。ハイデガーのヘルダーリン解釈において見落としてはならないのは、社会、科学、政治、歴史、さらには宗教や神話が、芸術ないしは制作と不可分の関係にあり、しかも「作為」という技術の無制限な拡張と不可分の関係にあるという洞察である。ハイデガーのヘルダーリン解釈の意義は、そうした批判的射程を哲学的思考によって切り開いている点にある。この点を指摘したものとして、以下を参照。O. Pöggeler, *Der Denkweg Martin Heideggers*, S. 233-235; O. Pöggeler, *Heidegger und die hermeneutische Philosophie*, S. 234ff.（上掲訳書、二〇七―二一〇頁）; G. Figal, *Heidegger zur Einführung*, 2. Aufl., Junius Verlag Gmbh, Humburg 1996, S. 133f.（伊藤徹訳『ハイデガー入門』世界思想社、二〇〇三年、一五二―一五三頁）; M. Riedel, Seinserfahrung in der Dichtung. Heideggers Weg zu Hölderlin, in: P. Trawny (hrsg.), *„Voll Verdienst, doch dichterisch wohnet Der Mensch auf dieser Erde“* (Schriftenreihe der Martin-Heidegger-Gesellschaft, Bd. 6), Vittorio Klostermann, Frankfurt a. M. 2000, S. 26. ここでは、主題上、ヘルダーリン解釈との関係の詳細には立ち入れないが、『寄与』を読み解くには、『存在と時間』をはじめとして、ニーチェやヘルダーリン解釈、また『省察』や『原初について』など周辺の膨大な断片群との複合的な相関関係を考慮する必要がある。ヘルマンのように、『寄与』を独立の「第二の著作」と位置づけ、カントの三批判書に準えるやり方は誤解を招きやすい。むしろガダマーやフィガールが指摘するとおり、『寄与』は一個の自立した体系や秩序、あるいは著作としてではなく、さまざまな講義や断片群との相関関係から読み解く必要がある。W.-F. von Hermann, *Wege ins Ereignis*, S. 6; H.-G. Gadamer, Der eine Weg Martin Heideggers, in: *Gesammelte Werke*, Bd. 3, S. 426; G. Figal, *Heidegger zur Einführung*, S. 131f.（上掲訳書、一五一頁）『寄与』の思考の基本的な位置づけについては、以下参照。鹿島徹・相楽勉・佐藤優子・関口浩・山本英輔・H・P・リーダーバッハ『ハイデガー『哲学への寄与』解読』平凡社、二〇〇六年、九―五八頁。山本英輔『ハイデガー『哲学への寄与』研究』法政大学出版局、二〇〇九年、一―九頁。

（129）KGW6-1, 193-198.

（130）KGW6-1, 266-273.

（131）この点を示唆したものとして、以下を参照。Cf. M. Haar, Les animaux de Zarathoustra: forces fondamentales de la vie, in:

Champs de Psychosomatique, Nr. 4; 44, 1995, pp. 75-87.　ハイデガーは、ツァラトゥストラが喉に蛇が絡みついた牧人を発見する直前、「犬の遠吠え」を耳にして子供時代を回想し、犬に憐憫の情を寄せる箇所にかんして、『反時代的考察』における第三論文と第四論文との関係、すなわちショーペンハウアーとワーグナーとの関係を示唆している。ハイデガーによれば、ニーチェはそこではいまだ永遠回帰という「自分の思想」のもとにおらず、「この思想の前史（Vorgeschichte）」と「中間状態（Zwischenzustand）」を通り抜けつつあった（GA44, 198）。それゆえ、ここで直接に言及されてはいないものの、ハイデガーが少なくとも第二論文を「前史」として念頭に置いているのは間違いない。そして実際、この講義の直後の一九三七／三八年冬学期講義『ニーチェ　反時代的考察』では、第二論文の詳細な解釈が行われている。当該巻の編者の指摘するとおり、この講義での「実存論的かつ存在史的ニーチェ解釈」は『存在と時間』との比較で読まれねばならない（GA46, 380）。ここでハイデガーは、「歴史学（Historie）」と「歴史（Geschichte）」の峻別によって、ニーチェの「生」、「動物」、「忘却」、「想起」、「文化」、「民族」、「正義」といった主題についての考察を展開している。『存在と時間』との関係では、有名な「生」の「欠如的解釈」の部分を取り上げ、「動物」が「欠損した劣った人間」ではなく、「《動物》」として固有の「生」である点を強調しているのが目を引く（GA46, 243; SZ, 58）。この議論は、一九二九／三〇年冬学期講義『形而上学の根本諸概念講義』での動物の存在の解釈にも通じるものであり、この講義自体がニーチェの影響下にあったことを窺わせる。なお『ニーチェ　反時代的考察』における「正義」にかんする言及は、のちに一九四一／四二年冬学期講義「ニーチェの形而上学」における「正義」論へと展開されることになる。そこでハイデガーは、第二論文において「ニーチェの思考を至るところで徹底的に支配している早くからの予感（Ahnen）」に目を向けてもいる（GA50, 79）。

(132)　第I部冒頭を参照。

(133)　『寄与』の文体とニーチェのアフォリズムとの関係を指摘しているものとして、以下を参照。O. Pöggeler, *Heidegger und die hermeneutische Philosophie*, S. 14（上掲訳書、七―八頁）; O. Pöggeler, *Neue Wege mit Heidegger*, Karl Alber, Freiburg/München 1992, S. 465; W. A. Brogan, Da-sein and the Leap of Being, in: C. E. Scott, S. Schoenbohm, D. Vallega-Neu and A. Vallega (ed.): *Companiton to Heidegger's Contributions to Philosophy*, Indiana University Press, Bloomington 2001, p. 172.　なおマッギーニは、『寄与』の文体とニーチェの「偉大な様式」との関係を論じるとともに、さらに両者と崇高論との関連にも触れている。G. Maggini, Le «style de l'homme à venir»: Nietzsche dans les Contributions à la philosophie de Martin Heidegger, in: *Symposium. Revue de la Société canadienne pour l'herméneutique et la pensée postmoderne*, Vol. XI, n° 2, 1998, pp. 191-210.

(134) ヴァレガ＝ノイは、文字言語における思想の揮発を嘆いた『善悪の彼岸』第二九六節と、『寄与』における原存在の「語り拒み（Versagen）」との関係を示唆している。Cf. D. Vallega-Neu, Poetic Saying, in: *Companiton to Heidegger's Contributions to Philosophy*, p. 77; n. 39.　またフォン・ヘルマンによれば、ハイデガーは『省察』のための手稿「省察に寄せて」の「序文」で、『省察』の特徴を次のように述べている。「体系でもなく、教説でもなく、アフォリズムでもなく、原存在の本有化の準備への、短く長い問いの一連の跳躍」（GA66, 434）［傍点は引用者による強調］。

(135) 『寄与』の「様式」は、「芸術」わけても「詩作」をモデルにしているが、両者は同一ではない。ハイデガーは『芸術作品の根源』における「真理を作品のうちに据えること（Ins-Werk-setzen der Wahrheit）」を踏まえつつ、次のように述べている。「しかしながらここでは、芸術のほうから、様式の思想が現－存在そのものへと拡張されて移されるのではない」（GA65, 69; GA5, 62）。

(136) KGW6-1, 297f.

(137) 当時の政治的権力と作為との関係を論じたものとして、以下参照。B. Radloff, Machination and the Political in Heidegger's Mindfulness, in: *Heidegger Studies*, Vol. 24, 2008, pp. 145-66.

(138) KGW6-2, 330.

(139) KGW6-2, 331.

(140) Cf. P. Emad, *On the Way to Heidegger's Contributions to Philosophy*, University of Wisconsin Press, Madison 2007, p. 173.

(141) KGW6-2, 31.　なおベーラーは、ニーチェがレトリカルな文体によって「力への意志」や「神の死」をはじめ、「生」や「永遠回帰」といった諸概念の多義性を表現しようとしていた点を指摘している。Vgl. E. Behler, Das Niezsche-Bild in Heideggers *Beiträgen zur Philosophie (Vom Ereignis)*, in: C. Jamme (hrsg.), *Grundlinien der Vernunftkritik*, Suhrkamp Verlag, Frankfurt a. M. 1997, S. 490ff.

(142) ここには、当時のナチズム的なニーチェ解釈に対するハイデガーの抵抗を読みとれる。この点にかんしては、以下参照。M. E. Zimmerman, Die Entwicklung von Heideggers Nietzsche-Interpretation, in: A. Denker, M. Heinz, J. Sallis, B. Vedder und H. Zaborowski (hrsg.), *Heidegger-Jahrbuch 2: Heidegger und Nietzsche*, Karl Alber, Freiburg/München 2005, S. 97-116.

(143) 「予響」ではあらかじめ、「控えめ」や「畏怖」といったニーチェとは対立する根本気分が前面に打ち出されている。本章注（88）を参照。続く「遊投」では、上述のようにニーチェのニヒリズムの根源が「存在棄却」として明らかにされ、また「基づけ」でも、やはり上述のように、ニーチェの真理観に先んじる根源的な「存在の真理」が示されている。「将来的な者たち」では、おそらくニーチェやヘルダーリンをはじめとして、キルケゴール、そしてさらにはシラーやゴッホが、「将来的な者たち」の具体的な人物像として想定されている（GA65, 204; GA45, 216）。そして「最後の神」にも、「神の死」を説いたニーチェとの対決が色濃く影を落としている。

（144）第Ⅰ部第三章第1節参照。

（145）ここでは「生あるもの（Lebendige）」は、一九二九／三〇年冬学期講義の規定「世界困窮的」を拡張しつつ、「暗黒化（Erdunkelung）」や「世界喪失性（Weltlosigkeit）」と呼ばれている（GA65, 277）。『寄与』でとくに注目すべきは、「生あるもの」が「自己の保護（*Verwahrung* der Selbst）」として規定されている点である。「現‐存在」の「知」は、「存在の真理の保護（Verwahrung des Wahrheit des Seyns）」である（GA65, 22, vgl. 62, 242f., 489, 495）。「生あるもの」は、「現‐存在」とは異なり、「自己」へと向かう独自のやり方で「保護」を行っているのである。なお、ここでの「生」の積極的含意を考察したものとして、以下を参照。D. F. Krell, Contributions to Life, in: J. Risser (ed.), *Heidegger toward the Turn. Essays on the Work of the 1930s*, State University of New York Press, Albany N. Y. 1999, pp. 269-292; D. Vallega-Neu, *The Bodily Dimension in Thinking*, State University of New York Press, Albany N. Y. 2005, pp. 94-102.

（146）『省察』では、一九三二年夏学期講義を引き合いにしながら、「西洋哲学の原初」をアナクシマンドロスに見定めている（GA66, 415）。『形而上学入門』では、ニーチェはヘラクレイトスとパルメニデスを対置するという「通俗的で誤った考え方の犠牲」になり、「ニーチェの形而上学は決定的な問いに達する道を見出さなかった」と批判されている（GA40, 135）。ここでハイデガーの念頭にあるのは、おそらくヘーゲルとともに、若きニーチェの「ギリシア人の悲劇時代における哲学」である（vgl. KGW3-2, 329）。なお『形而上学入門』におけるアナクシマンドロスの「ディケー」への言及は、ニーチェ講義での「正義」論を経由して、一九四六年の「アナクシマンドロスの箴言」へと展開されてゆく（GA40, 175; GA50, 62-76; GA5, 321ff., 332f.）。「アナクシマンドロスの箴言」については、以下が見通しのよい議論の整理を行っている。F. Dastur, Heidegger on Anaximander: Being and Justice, in: *Interrogating the tradition*, S. 179-190.

（147）KGW3-2, 311-315.

（148）ヴァレガ＝ノイは、ニーチェとの関係を論じてはいないが、跳躍の接合肢における神の問題を指摘している点は慧眼と言える。D. Vallega-Neu, *Heidegger's Contributions to Philosophy. An Introduction*, Indiana University Press, Bloomington and Indianapolis 2003, pp. 75-76.

（149） R. Polt, *The emergency of being*, p. 210.

（150） G. Figal, Philosophie als hermeneutischen Theologie. Letzte Götter bei Nietzsche und Heidegger, in: „*Verwechselt mich vor Allem nicht!*" *Heidegger und Nietzsche*, S. 105.（加藤裕訳「解釈学的神学としての哲学――ニーチェとハイデッガーとにおける最後の神々」上掲訳書、一五五頁）

（151） R. Polt, *The emergency of being*, p. 147.

（152） KGW6-1, 95, vgl. 264f., 275.

（153） 例えば以下の「光」や「雷光（Blitz）」への言及を参照。GA39, 31f., 58, 242f., 248. なお「光」と「雷光」、「光」と「明け開け（Lichtung）」の関係については、以下参照。O. Pöggeler, Heideggers Begegnung mit Hölderlin, in: *Man and World*, Vol. 10: 1, 1977, S. 13-61; O. Pöggeler, Wächst das Rettende auch? Heideggers letzte Wege, in: W. Biemel und F.-W. von Herrmann（hrsg.）, *Kunst und Technik. Gedächtnisschrift zum 100. Geburtstag Martin Heideggers*, Vittorio Klostermann, Frankfurt a. M. 1989. S. 3-24.

（154） F. Hölderlin, Chiron, in: J. Schmidt（hrsg.）, *Friedrich Hölderlin Sämtliche Gedichte*, Deutscher Klassiker Verlag, Frankfurt a. M. 2005, S. 314.

（155） ハインツは、「ニーチェ講義」に登場する「創造」の概念が、伝統的なテオリアとプラクシスを再考する意図をもっている点を指摘している。M. Heinz, „Schaffen." Die Revolution von Philosophie. Zu Heideggers Nietzsche-Interpretation（1936/37）, in: *Heidegger-Jahrbuch 2*, S. 174-192.

（156） 「省察（Besinnung）」は、転回以降、ハイデガーの思考を特徴づけるひとつの表現である。書物としての『寄与』と『省察』の関係について、ハイデガーは次のように述べている。「『寄与』と『省察』を単純にありのままに結び合わせること。『寄与』はいまだに枠組み（Rahmen）であるが、しかし接合構造（Gefüge）ではない。『省察』は一つの中心（Mitte）であるが、源泉（Quelle）ではない」（GA69, 5）。『寄与』における「響鳴」から「最後の神」までの六つの接合肢は、「輪郭（Aufriß）」という意味での「枠組み」にとどまっており、「根本構図（Grundriß）」という意味での「接合構造」にまで仕上げられていない（GA65, 6）。ここで「接合構造」とは、第一の原初から別な原初への移行的思考が展開される「時－空間」を指している（GA65, 6, 19, 30, 81, 371, 383, 421f., 470）。『省察』は「源泉」ではないものの、『寄与』の六つの接合部を「接合構造」へと展開しうる「中心」である。このように見てくるとき、上記のような書物としての『寄与』と『省察』の関係性は、実質的には、両者それぞれにおいて展開されている《思考》同士の関係性を言い当てていると考えられる。つまり省察は、『寄与』における各接合部を横断しながら、第一の原初から別な原初のあいだの時-空間を《跳躍》する、解釈学的思考の営みなのである。実際フォン・ヘルマンによれば、ハイデガーは『省察』のための手稿「省察に寄せて」では、『省察』の内容を「さまざまな跳躍の一覧（Verzeichnis der Sprünge）」として特徴づけている（GA66, 434）。省察と跳躍の関係については、本章注（134）をあわせて参照。また、こうした原存在史的な「省察」の含意には、ディルタイの「自己省察」やニーチェの「省察」との緊張関係が少なからず反映されているように思われる。本章第1節、第2節を参照。なお『省察』の思考の特徴全般にかんしては、以下を参照。Vgl. F.-W. von Herrmann, Besinnung als seingeschichtliches Denken, in: *Heidegger Studies*, Vol. 16, 2000, S. 39.

(157) KGW6-1, 243, 273.

(158) KGW6-1, 243.

(159) 跳躍と言語の連関については、以下を参照。A. Vallega, "Beyng-Historical Thinking" in Heidegger's Contributions to Philosophy, in: *Companion to Heidegger's Contributions to Philosophy*, p. 59; D. Vallega-Neu, Poietic Saying, in: *ibid.*, pp. 69-70; K. Maly, Turnings in Essential Swaying and the Leap, in: *ibid.*, p. 156. 相楽勉「行為としての存在史的思索──「跳躍」『ハイデガー『哲学への寄与』解読』一五八―一六二頁。

第Ⅲ部　『存在と時間』の解釈学的反復

第Ⅲ部の狙いは、『存在と時間』の現存在の解釈学を、初期から中期までの展開を背景に再検討し、そこに伏在する他者、歴史、自然の解釈の積極的な可能性を究明することにある。

第Ⅱ部は、『存在と時間』の解釈学的構造における現前性と非現前性の緊張関係を考察した。第四章と第五章では、解釈学的構造とその時間性格が、原始キリスト教からアリストテレス、プラトン、ニーチェを手がかりとして仕上げられてゆく過程で、現前性へと限りなく接近しているという問題点が指摘された。それに対して第六章では、ハイデガーが、「ニーチェ講義」と『寄与』において徹底した自己批判を敢行し、歴史的に一回的な創造的思考の遂行と、本有化のうちに非現前的な解釈学的循環の時間性を見出していることが明らかにされた。そこで本論は、原存在の本有化による「転回」を中心としたこの解釈学の変容を、「現存在の解釈学」から《存在の解釈学》への《転回》として特徴づけたのであった。

しかし本論はまた、この「現存在の解釈学」から《存在の解釈学》への《転回》の途上で、現前性以外にもいくつかの問題点を指摘しておいた。第五章第5節では、他者の対話や共同存在の契機の抹消、また過去との批判的な距離をもった解釈学的地平の構築の困難さが指摘された。これらは、すでに第二章第4節および第5節でも浮上していた問題点であった。また第六章第5節では、自然や歴史に対する解釈学的反復の弱体化が指摘された。これらの問題点は、第一に他者の不在、第二に歴史の狭隘化、第三に自然の不在としてまとめることができる。

もとより『存在と時間』は、「現存在の解釈学」に三つの意味と役割を与えていた。第一は、「解釈の作業」という「根源的な語義」をもち、「存在の意味と現存在の存在の構造」を「告知」する役割を担う。そして第二は「現存在と呼ぶにふさわしくない存在者のあらゆる存在論的探求をさらに進めるための地平」の「解明」の役割を担うものとして、「あらゆる存在論的考察の可能性の条件」の「仕上げ」という意味での「解釈学」である。そして第三は、「実存の実存性の分析論」という「第一次的な意味」をもち、これは「現存在の歴史性」を「歴史学の存在者的可能性の条件」として「存在論的に仕上げる」役割を担う（SZ, 37f.）。

この規定にしたがえば、第一の意味の「解釈学」は、現存在の存在構造を告知するかぎりで、本来的な「共同存在」の様相についても告知する課題を担う。また第二の意味の「解釈学」は、現存在ではない存在者としての自然を存在論的に探求するための「可能性の条件」を仕上げる課題を担う。そして第三の意味の「解釈学」は、歴史学をも基礎づける現存在の歴史性の存在論的な「可能性の条件」を仕上げる課題を担う。このように見てくるなら、ハイデガーは、上述の三つの問題点に対する解決を、「現存在の解釈学」の課題としてすでに認識していたと言える。そして確かに、「現存在の存在の意味」を「時間性」として究明し、また「歴史学の実存論的根源」を「現存在の歴史性」として示している点で、『存在と時間』は第一の課題や第三の課題に対して一定の解決を与えていると言える（SZ, 326, 392f.）。

しかし第一の課題の解決においても、「存在の意味」そのものは究明されておらず、また本来的な共同存在の様相についての記述も明らかに不充分であると言わざるをえない（SZ, 298, 300）。また第三の課題の解決も、あくまで現存在の「時間性」と「歴史性」の連関を際立たせるという範囲内にとどめられている（SZ, 392）。つまり『存在と時間』は、あくまでも現存在の解釈学がそれらの課題を担うと述べているにすぎず、現存在の解釈学が実際にそれらの課題を担いうるのかどうかは、必ずしも明示されていないのである。「存在一般の理念」の究明を欠いているために、現存在の解釈学による他者、歴史、自然の解明の可能性は、不透明なままにとどまっている。しかも「現存在ではない存在者の存在」が究明されないかぎりは、そもそも「現存在の実存論的＝時間的分析」それ自体も、「不完全」で「不明瞭」なままにとどまるのである（SZ, 333）。

とはいえ本論のこれまでの考察によって、これらの問題点に対処するための見通しもすでに得られている。すでに論じたように、『寄与』によれば、『存在と時間』は、未展開とはいえ、すでに第二の原初へ向けて「根本的問い」を問いかけている。たとえ『存在と時間』と『寄与』が二つの原初のあいだで断絶されているとしても、やはり前者なくして後者はありえない。そうであるとすれば、《存在の解釈学》は、「転回」以前の現存在の解釈学のうちにも、すでに《可能性》として胚胎していると考えることができる。第六章第六節で論じたように、《存在の解釈学》は、機械的反復による同一化に抗して、微細な差異を見抜き、自己変容を遂行する解釈学的思考であった。それにしたがえば、現存在の解釈学における他者、歴史、自然に対する不透明な解明のうちにも、積極的な《可能性》が伏在していると考えられる。そこで、《存在の解釈学》へ向けて現存在の解釈学を今一度《反復》し、現存在の解釈学のうちに隠された他者、歴史、自然に対する解釈学的思考の実質的な《可能性》を取り出す必要がある。そしてこうした《可能性》が見出された暁にはじめて、現存在の解釈学は真の意味で《存在の解釈学》へと《転回》されるのである。

そこで第Ⅲ部では、初期から中期までの展開を踏まえて現存在の解釈学を「反復」し、上記の各主題をめぐる解釈学的思考の新たな可能性を究明する。第七章では、『存在と時間』から『寄与』までの思想を手がかりに、「共同存在の解釈学」を解明する。第八章は、前期ハイデガーのディルタイ解釈を手がかりに、ハイデガーの「歴史の解釈学」を究明する。第九章は、初期から中期までのハイデガーの自然についての思想を取り上げ、その「自然の解釈学」としての意義を明らかにする。以上の究明をとおして、ハイデガーの哲学が、人間だけでなく、あらゆる存在者とその存在の解明をめざす《存在の解釈学》であることを明らかにする。

第七章　共同存在の解釈学

本章の狙いは、主に『存在と時間』から『寄与』までを中心に、共同存在をめぐるハイデガーの解釈学的思考を《共同存在の解釈学》として究明することにある。

『存在と時間』における他者の不在や倫理的次元の欠如については、レーヴィットや和辻をはじめ、これまでにも数多くの厳しい批判が投げかけられてきた。[1] 他者を共同存在として捉える見方を打ち出しながらも、『存在と時間』はやはり主観性の哲学の立場に立っている。[2] アドルノの辛辣な表現を借りれば、それは「《私》、《私》、《私》以外に何も言わない歯ぎしり」である。[3] 結局のところハイデガーは、他者を「主体」へと回収してしまっている。[4] 従来のハイデガーの他者や倫理学の欠如に対する批判は、おおむねこう総括できるだろう。一九四七年の『書簡』においてようやく、ハイデガーは存在の思考を「根源的倫理（die ursprüngliche Ethik）」と呼ぶにいたる。しかしそれは、伝統的な意味での「倫理学」を斥けるばかりでなく、従来のみずからの「存在論」の営みさえ不徹底なものとして斥けて、存在の思考の徹底化を宣言するものであった（GA9, 356f.）。したがってそこには、従来型の他者論や倫理学を見出すことはできない。

しかしながら、『書簡』でことさら「倫理学」につけ加えられた「根源的」という言葉には、倫理学の拒否どころか、その本質を根底から問い直す、きわめて重い意味が込められているように思われる。ハイデガーは『書簡』において、「倫理」の意味をギリシア語へと遡って考察している。その狙いは、倫理学が「学」として成立する手前で、「住む」という現存在のあり方のうちに、倫理の原初的な姿を見定めることにある（GA9, 313, 356f.）。『存在と時間』ではすでに、「世界‐内‐存在」の「内‐存在」の契機が、「住む（wohnen）」、「滞在する（sich aufhalten）」という意味をもつと述べられていた（SZ, 54）。『書簡』は、この『存在と時間』の規定からさらに一歩踏み込んで、「住む」ことのうちに、現存在にとって原初的かつ本質的な存在のあり方としてのエートスの意味を掘り起こそうとしている。この『書簡』の記述は、『存在と時間』以来のハイデガーの解釈学的思考の奥深くに、倫理をめぐる問いが、ひそやかながらも確かに息づいていたことを示している。「世界」における「人間の滞在（Aufenthalt）」を思考することは、「理論的」でも「実践的」でもなく、それらの区別に先立って、それ自体がすでに「根源的な倫理学」なのである（GA9, 356f.）[5]。

この点に着目するとき、従来の批判を含めて、本論の以前の見解についても根本的な見直しが必要になるように思われる。本論は先に、ハイデガーがフロネーシスをソフィアへと極限化することにより、共同存在にかかわる実践的、倫理的含意を抹消していると指摘した[6]。このように実践的な行為やその善悪の規範を主題としない以上、ハイデガーの思考はいわゆる規範倫理学の範疇には入らない。またシェーラーの形式主義倫理学と実質的価値倫理学の区別も、ハイデガーの視野にはない（SZ, 294）[7]。一見したところ、こうした没倫理的なハイデガーの解釈学的思考は、倫理的とは言えないように思える。しかしハイデガーは『存在と時間』で「解釈学的循環」への「躍入」の必要性を指摘しながら、はっきりこう述べている。「《さしあたり》ひとが《理論的主観》に話を限定し、そのあとで《実践的側面》を付録の《倫理学》で補充するというのなら、主題的対象は人為的かつ独断的に（künstlich dogmatisch）分断されていることになる」（SZ, 316）。この発言に従えば、ソフィアやヌースへのフロネーシスの極限化も、けっして《理論的主観》を強調しているわけでもなければ、また《実践的側面》を捨象しているわけでもないと考えられる。むしろソフィアやヌースへのフロネーシスの極限化は、フロネーシス、さらにはソフィアやヌースの倫理性を根本から問うことなのである。より積極的に言うなら、ハイデガーは、ソフィアやヌースへのフロネーシスの極限化によって、《理論》や《実践》の区別に先立って、またあらゆる倫理学説にも先立って、世界に滞在する現存在の存在全体の根源的な倫理性を問いかけようとしているのである。実際そうした根源的な倫理性への問いかけは、『存在と時間』がニーチェ解釈を下敷きにしながら新たな道徳と倫理の構築を目指していた点にも、すでに示されていたとおりである。[8]

このように既存の形而上学における倫理学を超えて倫理を問う点で、ハイデガーの解釈学的思考は、「非形而上学的倫理（nicht-metaphysische Ethik）」であると言ってよい。[9]ヴェルナー・マルクスは、この優れた着眼によって、後期ハイデガーの解釈学とその倫理的性格を明らかにした。だがマルクスは、『存在と時間』から「転回」への歩みにおいて、現存在の解釈学が他者や共同存在をめぐる倫理への問いを深めてきた経過については、充分に究明していない。他者の不在や倫理的次元の欠如といった批判の妥当性を検討するためにも、そしてまた「根源的倫理」の倫理性を明らかにするためにも、まずは、現存在の解釈学のうちに横たわるこの《共同存在の解釈学》の意義を究明しておく必要がある。

そのさい手がかりになるように思われるのは、事実性、死、誕生、脱自態といった諸概念である。というのも、現存在の存在全体の根源性への問いが倫理的であるとすれば、他者や共同存在についての倫理的思考は、現存在の有限性を特徴づける諸概念においてこそ最も鮮やかに浮き彫りになると考えられるからである。[10]これらの諸概念は、周知のように、『存在と時間』を含む一九二〇年代後半の著作や講義群の主題である。ところが『寄与』を含む一九三〇年代後半の断片的な草稿群では、それらに対する徹底的な反省作業とともに、共同存在についての本格的な理論的考察が行われている。その成果の結実が、『書簡』の「根源的倫理」なのである。[11]

そこで本章は、上述の諸概念に着目しながら、『存在と時間』から『寄与』までのハイデガーの解釈学的思考を《共同存在の解釈学》として特徴づけることをめざす。まず、初期の解釈学構想における倫理的性格を確認したうえで、『存在と時間』における共同存在としての現存在の「複数性」を再検討する（第1節）。次に一九二〇年代後半の講義群を中心に、「分散」という現存在の複数的な脱自的動態を考察する（第2節）。そして『寄与』をはじめとする草稿群において、前期の存在論に対する反省作業と同時に、そこで新たに構想された共同存在の姿を明らかにする（第3節）。そして最後に、「共同存在の解釈学」の意義を考察し、本来的な共同存在を「脱自的共同存在」として究明する（第4節）。

第1節　共同存在としての現存在の複数性

『存在と時間』は、表立って道徳や倫理について語っていない。しかし、ハイデガーの思考の根底には、道徳や倫理の問題に対する強い反省的意識が横たわっている。そうした反省的意識は、すでに初期ハイデガーの解釈学構想のうちにも窺うことができる。そこで、『存在と時間』の共同存在の解釈学の考察に入る前に、初期の解釈学構想に見られるハイデガーの基本的な倫理観を確認しておくことにしよう。

ハイデガーは、一九二一／二二年冬学期講義『アリストテレスの現象学的解釈』のための「前提」として記述された草稿のなかで、「解釈の被解釈性」における道徳的、倫理的問題に言及している。そこでハイデガーは、解釈にあたって、何らかの「教条」を掲げる「絶対主義（Absolutismen）」の混入の「防止」を強調する一方、「相対主義（Relativismus）」や「懐疑主義（Skeptizismus）」をも退けて、最終的に「哲学的認識」における「絶対的真理の理念」に対する警戒感を表明している（GA61, 162ff.）。しかしハイデガーは、哲学的認識だけにとどまらず、道徳と倫理の問題についても同様の警戒感を表明している。「道徳の絶対的体系（ein absolutes *System der Sittlichkeit*）」すなわち「それ自体として妥当な倫理的諸価値および価値の諸関係の絶対的体系」は、「対象や連関に対して目を閉ざす」可能性をもつ。それに対して、本来そうした「対象や連関」は、「生きた道徳（die lebendige Sittlichkeit）」において「時として出現する傾向をそなえている」。この場合の「生きた道徳」とは、対象や連関の「可能的な存在の意味や遂行意味の様態としての事実性」のことである（GA61, 164）。そのさい事実的生は、一種の《道徳的ジレンマ》に陥る。一方で事実的生は「ひとつの絶対的倫理学を弛まず代弁する者」である。しかし他方で事実的生は、「さまざまな偽り、不充分さ、なお悪しきものごと」をめぐる「運動」のなかで「自分自身に出会い、それどころか時としてもはや自分自身に出会うこともない」（GA61, 165）。そこで必要なのは、人間の事実性に潜むこうした不確かさや疑わしさを単純に否定するのではなく、そのさなかで対象との生き生きとした関係を取り戻す「哲学的に問うことそれ自身の遂行」を試みることである。それをハイデガーは、「跳躍（Sprung）」とも呼んでいる（GA61, 166f.）。つまり「道徳」は、既存の道徳的体系のうちに存在するものではなく、むしろそうした体系の疑わしさに目を向け、事実的生をありのままに見定めようとする解釈学的遂行そのもののうちで現出するものなのである。

筆者の見るところ、この初期の解釈学にみられる倫理観は、『存在と時間』の解釈学の基本的な倫理観をなしている。『存在と時間』においても述べられているように、現存在が「偽り」や「悪しきものごと」などの非本来性へと頽落することは、それ自体としては、倫理や道徳を含めて、何も価値判断や評価を含んでいない。「頽落は、ひとつの存在論的な運動概念である」（SZ, 180）。したがって本来性も、「頽落する日常性」の「変様」として、同じく《存在論的な運動概念》であると言ってよい（vgl. SZ, 179）。本来性も非本来性も、倫理的概念ではなく、運動概念である。そしてこうした本来性と非本来性の運動は、「現存在の実存的な根本可能性」としてつねに並存している（SZ, 317, 130, 350）。したがって、存在論的な意味での道徳や倫理は、本来性と非本来性の安易な二者択一によって解決されるわけではない。むしろそれは、本来性と非本来性という事実的な運動の《道徳的ジレンマ》のなかに踏みとどまりながら、現存在が事柄そのものへ向けて遂行する「跳躍」の解釈学的運動のうちではじめて見届けられるものなのである。その意味で、「非本来性の反復」は、こうした存在論的な意味での道徳や倫理を考察するための出発点と言えよう。[12]

では、こうした倫理観によって支えられた『存在と時間』の解釈学において、他者や共同存在をめぐるハイデガーの解釈学的思考は、具体的にはどのように展開されていると考えられるだろうか。それを考えるためのひとつの手がかりは《複数性》にある。もっとも『存在と時間』は、いたるところで現存在の単数性を強調している。現存在の解釈学の主題は、「われわれ自身がそれぞれその存在者」であるような存在者の存在、すなわち「各私性（Jemeinigkeit）」と呼ばれる「そのつどの私の存在」の分析である（SZ, 7, 41f.）[13]。基礎存在論の目指す新しい《人間像》は、代替不可能な単数の自己存在である。そのため分析の過程で際立たせられるのも、つねに「孤独」や「各自の死」といった現存在の単数性である。とはいえ、こうして単数性を強調し、世界-内-存在を「アプリオリ」な存在構造とみなす点では、現存在は、伝統的な意味での主観とほとんど変わらぬようにも見える。その限りでは、「実存論的《独我論》」という言い回しも、図らずも吐露された基礎存在論の真意と取れなくもない（SZ, 188）[14]。

しかしながら、現存在を独我論的主観とみなすことも、単数性において捉えることも不可能である。というのも、『存在と時間』は、現存在が共同存在としてどこまでも複数的であることを明言しているからである。「現存在は、それ自身において本質的に共同存在である」（SZ, 120）。周知のこの規定は、現存在の第一義的な規定として堅持されねばならない。というのも、共同存在は「独自の還元不可能な存在関係」であり、「すでに現存在の存在と共に存在している」ほど、現存在にとって不可欠で、本質的な構成契機だからである（SZ, 125）。つまり現存在は、何よりまず複数形において考えられねばならないのである。

もちろんこの分析自体は、日常的現存在の分析に属しており、共同存在はただちに「世人」や「頽落」として否定的に特徴づけられる。しかしそこでは、「率先垂範的-解放的顧慮」が本来的な他者関係として、また「世人」が「現存在の積極的構成」として語られてもいる（SZ, 122, 129）。つまり日常性や世人の分析は、現存在の非本来性を描きはしても、その複数性を否定してはいないのである。無記名な世人の姿などは、むしろ現存在の複数性を積極的に示すものだと言ってよい。現存在の複数性は、非本来性とは無関係なのである。そうであるとすれば、現存在の複数性は、基礎存在論の出発点をなす「無差別」な「平均的日常性」にもすでに含まれていると考えられる。本来性の獲得へと向かうこの出発点は、それ自体としては最も《非本来的》である。[15] しかし現存在の複数性は、そうした非本来性にもかかわりなく、現存在を構成している本質的な契機なのである。

実のところ、これまで本論が見てきた「実存の理念」と呼ばれる現存在の定式にも、こうした現存在の複数性がすでに象徴的に含まれているように思われる。「われわれ自身（wir selbst）がそれぞれそれであり、とりわけて問うという存在可能性を有している存在者を、われわれは術語上現存在と呼ぶ」（SZ, 7）。この主語の「われわれ」は、著者と読者の間に跨る一般的な「ひと」、あるいは分析のための普遍的な「視点」ではない。というのも、現存在の解釈学的分析は、現象学の格率にしたがい、いかなる前提や先入見をも排して、現存在をあくまでそれ自身の現象に従って記述することを旨としているからである。現存在の定式に従う限り、現存在の解釈学的分析を起動させる前提であり、かつその分析の対象となりうるのは、「われわれ」のみである。こうした意味の「われわれ」は、現存在の《事実的な複数性》と呼ぶことができる。[16] 現存在は、何よりまずこうした複数的存在者であるからこそ、とりたてて人称代名詞を添えて、その固有の存在をことさらに問わねばならないのである。現存在の解釈学は、第一義的には、共同存在の解釈学なのである。

こうした現存在の複数性が《アプリオリ》な《事実》である以上、それは「死への存在」において単独化した現存在においても、決して失われるものではない。ハイデガー自身、死への先駆的決意において、現存在から「配慮と顧慮の声が失われる」とはいえ、共同存在は「本来的な自己存在から切断されるわけではな」く、どこまでも「現存在の存在体制の本質構造」として「実存一般の可能性の条件」に属しているとしている（SZ, 263）。現存在が死において自己に固有な存在に企投するにしても、不安の場合の世界と同様、共同存在そのものが消失するわけではない。[17] 共同存在は何らかの《意味》を「何も提供できなくな」り、「ものを言わなくなる」だけであって、《他者のため》という「顧慮」と共同存在の様態そのものは維持されている（SZ, 187, 263）。死においてさえ顧慮と共同存在の様態が失われないのであれば、現存在の複数性は、死への先駆という「本来性」にとってさえ《アプリオリ》であることになる。

もちろんこうした複数性の《アプリオリ》は、個々の現存在にその本来的な「可能性」を与えることはできない。というのも、複数性は《事実》としてのみ先行しているだけであり、死が自己の存在不可能性として、しかも代替不可能な最上位の「追い越しえない可能性」である限り、死以外の一切の可能性を打ち開くのも、やはり死への先駆のみだからである。しかしまさしくそれゆえに、死への先駆は現存在の複数性を立証することになる。私が追い越しえないみずからの死に懸命に向かいあうにしても、他者は私の死をやすやすと《追い越して》しまう。他者は、私が追い越せない私の死を隙間なく取り囲んでいる。そのため他者は、死へと先駆してゆく現存在にとって、死の代替不可能性を気づかせる《最後》の存在者として登場する一方、先駆的決意においてみずからの死を引き受けた現存在にとっては、他者は何よりまずその「可能性」を満たさねばならない《最優先》の存在者として現われる。現存在は、死へと先駆するとき、「みずからを追い越してゆく他の人々の実存可能性」を「誤認」したり、「自己の実存可能性」に引き止めたりはしない。しかしまた死への先駆によって、「共同存在としての現存在」を「他の人々の存在可能にむかって了解的にする」ことがなされるのである（SZ, 264）。

現存在の複数性の《事実性》と《可能性》が、死への先駆において《媒介》されるとき、現存在は「そのつどの事実的可能性」へむかって「自由に解放」される（SZ, 307）。したがって、基礎存在論に《倫理学》がありうるとすれば、それは現存在が一切の我意を捨て去り、過去の事実と将来の可能性とが和解する、この《自由》の瞬間から成立すると考えることができよう[18]。しかし他方で、ハイデガーはそうした現存在の複数性の《事実的可能性》が実現困難であることも充分に認識していた。というのも、最上位の《審級》である「死への先駆」でさえ、現存在の全体存在可能性を捉えきれていないからである。現存在の真の全体を捉えるには、誕生と死のあいだの「伸び広がり」を、またそもそもの「誕生（Geburt）」という「始まりへの存在（Sein zum Anfang）」を考慮し、さらにそこで「事実的に開示される」諸々の「可能性」をも考慮しなければならない（SZ, 373, 383）。つまり基礎存在論の「倫理学」は、単数の現存在の《死》への先駆から生まれる《可能性》だけでなく、複数の現存在の《死にざま》や《生きざま》、さらには《生まれざま》すらも含みうる《事実的可能性》をも射程に収めねばならないのである。

『存在と時間』は、「伸び広がり」から「歴史性」の問題圏へ踏み込んだところで頓挫した。その範囲内では、現存在の複数性は、共同存在の歴史的位相としての「共同運命（Geschick）」に定式化されていると言える。というのも、共同運命は「相互存在」や「特定の可能性への決意」においても「個々人の運命」を先行的に導くアプリオリな様態だからである（SZ, 383ff.）。もっともそこでは、共同運命と「民族」とがほとんど無造作に同一視されている。[19] ここでの問題は、共同運命としての複数性が何の説明もなく「民族」と並置されることによって、複数性が《存在者化》され、それ独自の事実的可能性が曖昧になっている点である。そこには、歴史性をはじめ、民族や国家といった《公共性》、《共同性》への充分な反省的意識を見てとることはできない。共同存在の解釈学は、世間としての共同存在をあらためて《反復》し、《生きた》共同存在の本来の姿を描き出さなければならないはずである。しかしながら、既存の民族や国家の存在者的概念が暗黙の前提とされているため、そうした《共同存在の解釈学》の反復の作業が妨げられてしまっているのである。[20]

第2節　現存在の複数性と分散

筆者の見るところ、こうした事態を生じた原因は、「存在者的基礎」と「事実性」の関係にある。ハイデガーは、基礎存在論の解釈学的分析の出発点を、その前提となる「存在者的基礎」という現存在の事実性へと「かたく」結びつけていた（vgl. SZ, 38, 436f.）。しかしその《結び目》は、公共性や共同性といった「事実性」を考慮に入れるというよりも、むしろそれらを除外して結ばれていた。[21] そこでこうした公共性や共同性の「事実性」の空隙を埋めるために、既存の民族や国家といった存在者的概念が、「存在者的基礎」のうちに導入されていたのである。それに対して、この結び目を解きほぐし、複数的な《事実的可能性》を論じる「倫理学」を成立させようとする試みが、一九二〇年代後半に開始される。いわゆる「メタ存在論」である[22]。「このメタ存在論的‐実存的な問いの領域」においてはじめて、「倫理学の問い」も立てられるのである（GA26, 199）［傍点は引用者による強調］。したがってメタ存在論は、共同存在の解釈学の最初の「転回」の試みであると言うことができる。メタ存在論において、世間としての共同存在は、本来的な共同存在へと《反復》されるのである。

　ところで、すでに『存在と時間』は、現存在の《事実性》と《可能性》を《媒介》するものを、「脱自態」に見定めていた。「時間性の脱自的統一態」に基づく時間の「地平的図式」は、「事実的な現‐存在」とともに、その「存在可能」を開示している（SZ, 365）［傍点は引用者による強調］。現存在が「共同運命」を反復し、みずからの歴史の開示を「個有化（Aneignung）」できるのも、そもそも現存在が「脱自的に開かれている」からである（SZ, 386）。しかし、共同運命と民族との不明瞭な並置からも明らかなように、この脱自態の《複数性》は、なお十分に考慮されていなかった。メタ存在論における共同存在の解釈学が主題化しようとするのは、この脱自態の《複数性》である。

　『存在と時間』は、現存在を「範例的存在者」として些か特権的に導入していた。それに対して『論理学の形而上学的な始原諸根拠』講義でのメタ存在論は、いっそう慎重に、現存在を「形而上学的中立性（metaphysische Neutralität）」において規定しなおしている（GA26, 176）[23]。この現存在は、性差や身体的特徴をもたず、世人でも孤立した自我でもないが、しかし空虚な抽象的概念でもない。現存在は、そうした一切の存在者的規定に対して《中立的》でありながら、それらすべてを可能とする「根源の威力（die Mächtigkeit des Ursprungs）」として、「分散（Zerstreuung）」と呼ばれている（GA26, 173ff.）。それは、現存在を個々の多様かつ具体的な《事実的》現存在へと「多様化（Mannigfaltigung）」する力、現存在を《複数化》する《脱自的》な《振動力》と言ってよい[24]。

　実のところ、すでに『存在と時間』も、頽落した世人の配慮と解釈を導く存在可能性として、この「分散」に言及していた。現存在は、身近な日常的事実性の被解釈性をつうじて、あらかじめ「世人」や「主観」へと「散逸（zerstreuen)」してしまっている。世人の「好奇心」が配慮するのは、もっぱらそうした「気晴らし（Zerstreuung）」の可能性ばかりである。そのため現存在は、こうした「身近」で「雑多」な日々のものごとへの「散逸」からあらためて自己を取り返さなくてはならないのである（SZ, 129, 172, 338, 389f.）。しかし問題は、それによって私が私の同一性を確認できたとしても、そのような「私」でさえ、事後的に案出された「自己喪失」の産物にすぎない点にある。つまり現存在は、おのれ自身の分散に対して、つねにすでに出遅れているのである。

ところがこうした分散の先行性は、頽落ばかりでなく、良心の呼び声や先駆的決意の核心部分にすら及んでいるように思われる。というのも、『存在と時間』は良心の呼び声や先駆的決意による非本来性や頽落の打破にさえ、「分散」の言葉を宛てているからである。良心の呼び声は「世人‐自己」の一切を「飛び越えて分散させる（überspringen und zerstreuen）」（SZ, 273）。おそらくこの場合の「飛び越え」は、初期の「跳躍」の含意を引き継いでいるものとして考えられよう。良心の呼び声は、非本来性の介入を乗り越えて、現存在にとって本来的な「対象」としての自己存在へと躍入することである。また死への先駆的決意も、現存在に「一切の逃避的な自己隠蔽を根本から分散させる可能性を死に与える」（SZ, 310）。こうして良心の呼び声や先駆的決意によって、現存在は本来的自己を取り戻す。しかしここで見逃せないのは、本来的自己が非本来的自己を打ち払うのも、やはり分散によってであるという点である。良心の呼び声が聞き届けられ、先駆的決意において本来的自己が引き受けられるとしても、それはつねに分散と隣り合わせである。頽落するにせよ先駆的に決意するにせよ、現存在は分散せずして存在することはできないのである。(25)

つねに分散するこうした複数的現存在の具体的な姿は、「自己性（Selbstheit）」のうちに認めることができる。自己性は、個人的主観でも超越論的主観でもない。ハイデガーが繰り返し注意を促しているように、自己性は「実存的、倫理的な利己主義」のことでもなければ、「個人主義的で利己主義的な主観主義」でもない（GA26, 240ff., 244）。自己性は「私性と自己性一般の本質」として、「私自身」や「あなた自身」に共通する「自身（selbst）」を意味する（GA26, 242f.）。ハイデガーによれば、「自己性」は、「超越」や「自由」とともに、現存在の自己「のため（das Umwillen）」

に基づいている（GA26, 243f., 246f.）[26]。つまり「自己性」は、共同存在としての現存在の「現」の存在そのものであり、共同存在としての「現」の開示性のことなのである。したがって現存在は、その「自己性」の共同の開示性において、単数の「私」や「あなた」を、そして複数の「われわれ」を同時に存在する[27]。もちろんそれは、「私」が「あなた」や「われわれ」と同一化することではない。それは「私」が「自己」であろうとするかぎり、「私」はつねに「あなた」や「われわれ」との共同存在のうちへ参入せざるをえない、という事態である。この点は、「選択」という《決意》の場面から明らかになる。「現存在は自己自身を選択することにおいて……本来的に、まさにその共同存在を……選択している」（GA26, 245）。私は、他者なくして決意することはできない。なぜなら、私の決意に厳密な意味で他者が一切かかわらぬことなど、ありえないからである。私の決意が世人として、あるいは死への先駆において下されるにせよ、私の決意は《複数的な決意》である。このように、頽落にも決意にも先んじて一切を複数化する分散は、《複数的》現存在の最も《事実的》で《根源的》な《脱自態》と考えることができる。だからこそハイデガーは、分散する中立的現存在の「共同相互」によって、「共同体（Gemeinschaft）」が成立しうるとも述べているのである（GA27, 145ff.）。

他方で、メタ存在論の共同存在の解釈学には、現存在を複数性へと拡張するだけでなく、事実性へと拡張する狙いも含まれている。一九二八／二九年冬学期講義『哲学入門』が、「誕生」の方向へと遡り、「子供」の現存在を分析しているのも、そのためである（GA27, 123-126）。そこでは驚くべきことに、生まれたての幼児にさえ、ある種の脱自的志向性が認められている。幼児の脱自的志向性は、「外部の何ものかへ方向づけられている（hinaus zu...gerichtet）」。ところがその向かう先は、「はじめから寄る辺なく世界へと委ねられている」という没根拠な被投的事態であるとされる。いわば現存在は、《誕生》においてすでに《死への脱自態》を生き始めるのである。ハイデガーもまた初期講義でみずからの研究のモットーとして掲げたルターの言葉になぞらえれば、「われわれは、母胎内に宿ったときから、直ちに死に始める」のである（GA61, 182）。もちろんこの分析の狙いは、死を誕生のうちに組み込むことで、先駆的決意による《可能性》と誕生の《事実性》とを結び合わせ、現存在の《全体存在》を確保することにあると言ってよい。

しかしここで死への存在は、やはりあくまでも《単数的》な誕生の事実性において強調されているにすぎない。したがって現存在の複数性や事実性も、《単数的》な誕生の内部に回収されざるをえない。分散が《根源的》に《事実的》な脱自態である限り、強調すべき点は別にあるのではないだろうか。つまり、ルターの語るように、死への脱自態の《始まり》は、何よりまず「われわれ」のものではないのだろうか。「私」が死にゆく者として誕生し、選択をなしうるのは、それ以前に「われわれ」がすでに存在していたからである。これは、私が一人きりで生まれるわけではないという《事実》からも明らかである。《誕生》もやはり、《分散》という《脱自態》をそなえた現存在の複数性に従っているのである。またこの事態は、「死」にも同様に当てはまるように思われる。私が他者の代わりに死ぬことができず、また他者が私の代わりに死ぬことができないのは、そもそも、他者が私と共に存在している限りで死に、私もまた他者と共に存在している限りで死ぬからである。[28] まずそもそも複数の現存在が存在していなければ、代替不可能性もありえない。良心の声が死への先駆によって失われないことから明らかなように、死において決意した現存在も——たとえそれがまったくの《無内容》となることがあるにせよ——それでもやはり「《良心》」として伝達されうるのである（SZ, 298）。

こうして分散を媒介とすることによって、現存在の全体存在を包括する複数性の領域が際立たせられたように思われる。それはおそらく、『存在と時間』が示している頽落した世人の公共性ではなく、それを超えると同時にまた可能にもする、ありうべき本来の《公共性》と考えられよう。

第3節　現－存在と新たな共同存在

しかし前期のハイデガーは、こうした《共同存在の解釈学》を必ずしも充分に展開できなかった。その原因は、明らかに《複数化》の不徹底にある。分散の概念は、現存在の個別具体的な複数化や共同体の生成といった契機を際立たせるものであった。しかし他方で、誕生の背景をなす《複数化》や、また共同体における具体的な《複数化》のあり方は、なお明示されていなかった。メタ存在論は、なお基礎存在論の枠内にとどまり、「倫理学」を展開できるような現存在の《事実的可能性》や複数性の領域を開くことができなかったのである。

しかしハイデガーは、一九二〇年代末から三〇年代初頭にかけて、「共同存在」や「自己性」など、上述の基本的な図式を踏まえながらも、次第に《共同存在の解釈学》の新たな方向を模索しはじめる。一九二九／三〇年冬学期講義『形而上学の根本諸概念』において、ハイデガーは「共同存在」を「置き移されていること（Versetztsein）」や「同行（Mitgehen）」の運動として捉えなおしている。「現－存在」においては、「他の人間における現存在」に「同行すること」として、「他の人間のうちに置き移されうること」が生起している（GA29/30, 301）。たとえ「離行（Auseinandergehen）」や「反行（Gegeneinandergehen）」ばかりが目立ち、本来の「並行（Nebeneinandergehen）」のあり方が目立たないとしても、そこで自主独立の「個人」を想定するのは、やはり「仮象」であり、「ドグマ」なのである（GA29/30, 302）。

ここで注目すべきは、共同存在の受動的・被投的側面を「置き移されていること」として強調しつつ、「同行」によって現存在の並存関係が指摘されている点である。ハイデガーはここでも、『存在と時間』と同様、「感情移入」のような能動的な他者関係を斥けている（GA29/30, 298; SZ, 124f.）。置き移しや同行は、他者のなかに実際に自己を嵌め込むことでもなければ、他者の立場の代わりをすることでもない。「自己を置き移すこと（Sichversetzen）」は、「存在者が何でありいかにあるのかということに共に同行すること」であり、「このように同行しながら、われわれは、そのように共に同行している存在者に関して、それがどのようになっているかを直接に経験し、それ自身のありさまについて事情を語」り、他の存在者を「いっそう鮮明かついっそう本質的に」見抜く可能性をもつ（GA29/30, 296f.）。ハイデガーは、自然的存在者へも視野を拡張しながら、この「置き移し」や「同行」を規定しているが、そこには共同存在をめぐる解釈学的思考にとっても、きわめて重要な示唆が含まれている。現存在はつねに共同存在として、複数性をもつ。しかしながら、現存在はけっして他の現存在と同一化することはできない。むしろ現存在は、共同存在として、つねに他の現存在に寄り添いながら存在しているのである。「置き移し」や「同行」といった運動はまさしく、そのようにつねにすでに共に存在している者に寄り添い、そこでの直接的な経験をとおして、他者の存在を開示する解釈学的方法の基礎をなすのである[29]。

さらにハイデガーは、一九三四年夏学期講義『言葉の本質への問いとしての論理学』において、再び「自己」の考察に取り組んでいる。ハイデガーは、基本的に前期の「自己性」の議論を踏まえながら、単数・複数を問わずすべての人称の根底に「自己」を置いている（GA38, 35）。そこでは、「われわれ」や「きみたち」といった複数形で表現される人間が、たんに「自己」の「寄せ集め（Ansammlung）」や「集合（Menge）」としての「複数（Mehrzahl）」ではないという点が繰り返し強調されている（GA38, 37, 39ff.）。ここでとくに注目すべきは、「決断」における「個人」と「共同体」の関係にかんする記述である。ハイデガーによれば、「共同体」が、「真の共同体」として「自己存在を完全に規定している」場合であっても、その「共同体」が「共同体にとって本質的なもの」ではない。「決定的なもの」は、「共同体」から獲得されるわけではなく、「孤独のなかにある個人」の「支配力」によって獲得される（GA38, 56）。その支配力を行使するのは「決断」であり、「決断」をつうじて「われわれ」は「民族」になる（GA38, 56）。しかしながら、「決断」が「個人」において下される限り、個人は他者から隔てられざるをえない。「決断においては、各人が各人から切り離される」（GA38, 58f.）。「共同性」にかんしても「友情」にかんしても、「決断は、決断する者を隔たり（Entfernung）しかありえないというほどに大きく遠ざける」（GA38, 59）。ところが他方で、この決断の背後で、調和が生じる。「個々人が決断によって分離されているにもかかわらず、ここにはある隠された調和（*Einklang*）が生じている」。もっともこの調和は、つねに隠れたものであることを本質としている。そのため「この調和は、基本的につねにひとつの謎である」（GA38, 59）。

この「決断」における「個人」と「共同体」についての一連の記述は、共同存在をめぐる解釈学的思考が新たな局面を迎えたことを示している。「われわれ」は、たんなる集合体ではない。その意味で「われわれ」は、いわゆる計算的思考によっては規定できない。また「われわれ」は、無前提に成り立つ連帯でもない。その意味で「われわれ」は、これから獲得されるべき存在のあり方である。そうした将来の「われわれ」を成り立たせるのは、個々人の「決断」である。この点を強調して、ハイデガーは「決意性」において人間は「将来生起する事柄へと参入」すると述べてもいる（GA38, 77）。とはいえ決断は、個々人を決定的に隔てもする。それゆえ、先の「同行」もこの決断における隔たりを前提として成立すると考えられよう。そしてこの同行のもとで、個々人のあいだの離反や対立も成り立つ。他方で、個々人の決断の背後には、調和が控えている。しかし、この調和は、あくまでも「隠された調和」である以上、現実の共同体や連帯とも合致するわけではない。この調和は、おそらく「存在」へと帰されるべきものである。この点にかんして曖昧さを残しているものの、ここでの解釈学的考察は、「われわれ」としての共同存在の身分を新たに「存在」から捉えなおす方向性を打ち出していると言ってよい。

こうした共同存在をめぐる解釈学的考察は、やがて『寄与』において決定的な変容を迎える。そこでハイデガーは、「原存在」の「本有化」を中心として、基礎存在論の枠組み全体を《転換》し、民族や国家をはじめとして、共同存在をめぐる諸概念を徹底的に再検討している。そこではまた、従来の政治体制への批判に加えて、将来の共同体にとっての「最後の神」などといった新たな主題についての考察も見出せる[30]。それゆえ『寄与』は、共同存在の解釈学の抜本的な「転回」の試みであり、また「根源的倫理」の本格的な着手であると言える。そこで以下では、『寄与』や同時期の『省察』における共同存在についての記述を手がかりに、「転回」における共同存在の解釈学的思考の特徴を究明することにしよう。

まず『寄与』や『省察』において、来るべき新たな共同体の成員と考えられているのは、「現‐存在」である。ここでは「現‐存在」は、みずからの《存在の固有性》、つまり《原存在》にふさわしく《現》を存在する存在者として考えられている。それゆえここで現‐存在に備わる「自己性」の概念も、もはやかつての人間的「自己」の意味を捨てている。自己性は、主観でも自我でも人格でもない。「自己性は、現存在の本質化として、現‐存在の根源から発現する。そして自己の根源は、固有‐領域（*Eigen-tum*）である」（GA65, 319f.）。この場合の「固有‐領域」は、ハイデガーによれば、「公爵‐領（Fürsten-tum）」のように、みずからに固有のものとして所有し、支配することを意味する。この「固有‐領域」は、「本有化における適性化（Eignung）の支配」のもとにある（GA65, 320）。それゆえ「自己性は、本質の固有領性（Eigentumschaft）の展開である」とも言われる（GA65, 489）。この「固有‐領域」は、ほぼ『存在と時間』における「本来性」の概念を原存在へ向けて「転回」したものだと言えよう。

この本来的な様態に対して、現‐存在が原存在から離れる非本来的な様態が「離‐在（Weg-sein）」である。(31)「離‐在」は、「秘密と存在の閉鎖性を推し進めること、存在忘却」であり、「原存在を押しのけ、追い払うこと」である（GA65, 301, vgl. 252, 323f.）。しかしこうした区別は、「道徳的‐実存的」な区別ではない（GA65, 302）。重要なのは、「固有‐領域」であるにせよ、「離‐在」であるにせよ、現‐存在は、原存在への帰属なくして存在することができないという点である。「離‐在」は確かに原存在に対して「対抗的（gegenwendig）」ではあるが、それでも「生活への密着」という「現‐存在の原存在への本質的な連関」を表現している（GA65, 301）。それに対して「固有‐領域」では、現‐存在は「存在の真理への帰属（Zugehörigkeit）を引き受け、現へと躍入すること（Einsprung）」が遂行されるのである（GA65, 320）。

いまやここでは、現‐存在の自己性は、原存在の支配に委ね渡されている。「原存在」への「送り届け（Zu-eignung）」と「譲り渡し（Über-eignung）」によって、はじめて「現‐存在は自己自身にいたる」（GA65, 320）。しかし現‐存在は原存在に帰属するとはいえ、原存在を完全に見通すことはできない。というのも、原存在は、自己隠蔽として本有化するために、現‐存在にとって「根拠」であると同時に、「脱‐根拠（Ab-grund）」でもあるからである（GA65, 29）。つまり現‐存在は、みずからに最も固有でありながら、同時に最も固有ではない原存在に媒介されてしか、自己にいたることができないのである。この原存在の脱‐根拠は、『寄与』では、「存在棄却」における原存在なき存在者への依拠として、「脱本有化（enteignen）」とも呼ばれている（GA65, 120, 231）[32]。『省察』によれば、「形而上学のうちへ根拠づけられた人間は、脱本有化（Enteignung）へと放擲された者である」（GA66, 364, vgl. 59）。原存在の本有化と脱本有化は、対概念として、人間の根本経験を形づくっている。「根本経験とは、人間の本有化である。人間は、この根本経験において、みずからの本質を本有化され、また脱本有化される」（GA66, 147）。

　それゆえ現‐存在は、原存在の本有化と脱本有化によって媒介された者である。原存在は、「神と人間の間」を開き、また「世界と大地」の間を開く（GA65, 476, 310）。この「間」は、存在者の間にできる空虚な隙間ではなく、「時‐空間（Zeit-Raum）」であり、「原存在それ自体の振動の震え（das Erzittern der Schwingung des Seyns selbst）」による「裂け開き（Erklüftung）」である（GA65, 371f.）。現‐存在は、根拠と脱‐根拠の二重性において本有化する原存在の時‐空間の「間」を受け止め、根拠づける。ハイデガーはその根拠づけを三点にわたって指摘している。現‐存在は、第一に、「明るむ隠蔽（die lichtende Verwergung）」としての原存在の本有化の「真理」を根拠づける（GA65, 344）。また現‐存在は第二に、「人間」を根拠づける。人間は、「現‐存在に根拠づけられているかぎりで、つまり現‐存在を根拠づける者へと創造的に（schaffend）なるかぎりでのみ」人間である（GA65, 318）。しかし第三に、現‐存在におけるこの「創造」は、「存在者のうちにさまざまに真理を匿うこと」でもある（GA65, 24）。つまり現‐存在は、原存在を根拠づける者であると同時に、人間を創造的かつ匿いながら根拠づける者である[33]。原存在によって開かれるこの「間」のなかへと「跳躍」することによって、現‐存在は「《間》」を存在する（GA65, 14）。原存在は本有化しかつ脱本有化しながら振動する時－空間であり、現－存在はその時－空間を存在する者である。それゆえハイデガーは、「自己性」を次のようにも述べている。「自己性は、本有化から受け止められ、本有化を耐え抜く震動（Erzitterung）であり、それはしかも裂け開きという闘争（Streit）の対抗の震動である」（GA65, 321）。原存在の本有化によって貫かれたこの「自己性」の「震動」は、現存在を《複数化》する、先に見た「分散」の根拠であると言ってよい。

　ハイデガーは、こうして人間と人間が存在するための時－空間の開示を現－存在によって根拠づけることによって、それまでの《複数性》の発想の抜本的な克服を図っている。その特徴は三点ある。それは第一に、数的な意味での《複数性》の克服である。『寄与』ではもはや「われわれ」という既存の素朴な複数的人称性は、破棄されている。というのも、「われわれ」は、「存在棄却」における「人間」の規定だからである。「したがって、《われわれ》は出発点ではない。むしろ《われわれ》は、晒し出された者、置き移された者であるのだが、しかし、この置き移しの忘却のなかにいる」（GA65, 265）。《われわれ》は、存在忘却を潜り抜けて、置き移された者として取り戻されなければならない。この《われわれ》を取り戻すことができるのは、人間を根拠づける現－存在である。第二は、《民族》の撤回である。ここでは、かつてのような素朴な民族意識が完全に撤回され、また神なき時代にあって、「超越」論的規範や「目標」と化した現代の民族概念が厳しく批判されている。いまや「現－存在」こそが「民族の基礎」である（GA65, 319）。とはいえハイデガーは、現－存在を中心として、既存の「民族」の再結集を意図しているわけではない。現－存在が存在棄却の内部に存在せざるをえない限り、既存の集団もすでに「分散や大衆化による細分化」をこうむっている。むしろそうした既存の集団の安易な再結集は、むしろ「最高度の危険」なのである（GA65, 321, 98）。そして第三は、《事実的可能性》である。現－存在は「将来の人間存在の根拠」であり、人間を「根底から基礎づける（unter-gründen）と同時に、限界まで高める（überhöhen）」（GA65, 301）。現－存在は、一方で人間を「根底」から基礎づける点で、過去の人間の《事実性》を引き受ける。他方で現－存在は、人間を「限界」まで高めることによって、将来の人間を根拠づける。こうして現－存在は、過去と将来の人間の《事実性》と《可能性》を結び合わせることができる。現－存在は、既存の共同体意識を超えて、人間の歴史的な複数性とその《事実的可能性》とを可能にするのである。その意味でいまや現－存在は、数的な複数性や集団といった存在者的規定を超えて、時－空間全体にわたって《根源的》に《複数化》する《振動力》そのものであると言ってよい。

こうして根源的に《複数化》する現－存在における、死や脱自態の意味も、『存在と時間』とは大きく様変わりしている。死は、人間が先駆的決意において引き受けるものではない。死は、あらゆる人間に原存在が到来する瞬間、すなわち「死への原存在」である（GA65, 284）[34]。この死は、脱－根拠としての原存在から到来する出来事であるかぎりにおいて、現－存在の了解を超えている。それゆえ死は、そうした了解不可能な脱－根拠として、共同存在としての現－存在によって引き受けられるべきものとなる。「死は、最も極端にしてかつ最高の原存在の確証（Zeugnis）である」ことが知られうるのは、「自己であることの本来性のうちで現－存在を経験し、共に根拠づける（*mitgründen*）ことをなしうる者」である（GA65, 284）［傍点は引用者による強調］。現－存在が共同存在において共に根拠づけるべきは、現－存在が「死への存在をみずからのうちに含んでいる」がゆえに、現－存在自身が「まったくの脱－根拠な現－存在」であるという事態、「間（Zwischen）」であるという事態である（GA65, 285）。つまり共同存在としての現－存在は、誰もがそうした了解不可能でありかつ脱－根拠であるような存在を抱え、互いに遠く隔てられながらも、なお共に存在しているという事態を了解しなければならないのである。またここでは脱自態も、みずからを《超えて》外部へ向かうといった表象をもはや捨てている。むしろそれは、原存在の真理の《内》へと躍入し、その《現》を耐え抜き、支え担うこととして捉えられている。こうした「耐え抜き（Inständlichkeit）」や「内立性（Inständigkeit）」が、脱自態の本来的な意味をなす[35]。そこでは、脱－根拠として自己隠蔽する原存在が問い求められる。また「創造的に自己を乗り越え成長すること」のための「最も広いさまざまな遊動空間を自由に保証すること」が行われる（GA65, 80, 298）。そしてこの意味での脱自態が、『書簡』において新たに「脱－自（Ek-sistenz）」と呼ばれることになるのである[36]。

筆者の考えるところでは、こうした「死」、「耐え抜き」、そして「内立性」において引き受けられるべきだとされる「間」や「遊動空間」は、共同存在にとってきわめて重要な意義をもっているように思われる。現‐存在は、原存在へ帰属し、そこからみずからの本来的な固有性を受け取るとはいえ、他者や共同存在を無視しているわけではない。また現‐存在は、脱‐根拠としての原存在に対峙して、無根拠なニヒリズムに陥るわけでもなければ、野放図な時‐空間を開くわけでもない。現‐存在は、脱‐根拠としての原存在へと躍入しつつ、それを耐え抜くことによって、既存の共同体意識を超えて、将来と過去のあらゆる共同存在をその固有性において受け入れる時‐空間を創造し、匿うのである。ハイデガーは、さまざまな角度から、このような共同存在を受け入れるための時‐空間を切り開く思考を展開している。ここでは、『寄与』および『省察』を手がかりにして、この新たな共同存在の解釈学的思考の特徴を五点指摘しておく。

第一に、現‐存在は、原存在を耐え抜くことによって、一切の《人称》に先行して、すべての人間に「自己」の根拠を創造する。現‐存在の自己性という「固有‐領域」における「適性化」によって、「自己へ向けて（zu sich）」、「自己のもとに（bei sich）」、「自己に対して（für sich）」という「再帰連関（Rückbezug）」が根拠づけられる（GA65, 322）。本論はすでに、前期の現存在の解釈学の基礎構造として、現存在の自己関係的な存在構造にたびたび言及してきた[37]。原存在は、「固有‐領域」における「適性化」によって、現存在のこの自己関係的な存在構造を根拠づけている。現‐存在は、「固有‐領域」における「適性化」によって「自己のもとに」存在することによって、「他者に対して」存在できるようになる（GA65, 320）。そのさい現‐存在は、原存在を耐え抜くことによって、あらゆる「他者」に自己性を与える。「自己性は内立性に根拠づけられている。自己は、あなたと私、われわれとわたしの根拠である」（GA66, 117）。「自己性は、いかなる私やあなたやわれわれよりもいっそう根源的である。これらの私やあなたやわれわれは、自己のうちではじめてそれとして集められ、そのようにそのつどそれ《自身》となる」のである（GA65, 320）。こうした「自己性」をそなえることによって、現‐存在は、「我意」を捨て去り、あらゆる「他者」との関係へと開かれる。そのためこの「他者」には、現在ばかりでなく、過去と将来にわたるあらゆる歴史的な他者が含まれることになる。[38]

第二に、この耐え抜きにおける「根本気分」は、他者のための時間と空間を切り開く。「控えめ（Verhaltenheit）」は、「歴史」の「偉大な静けさ」のうちで「民族」や「人間」を結集する。他方「畏怖」は、現-存在を「脱-根拠」の「近さ」へと立たせ、一切の閉鎖性を打開する（GA65, 33f., 16）。これらの根本気分は、自己のうちに閉じこもる消極的な姿勢として理解されてはならない。むしろこれらの根本気分は、他者が新たにすべてを始めることのできる自由の瞬間を切り開く。この点にかんして、ヘルトの指摘は有益であるように思われる。ヘルトによれば、「畏怖の気分においては、控えめが有限性にふさわしいとわれわれは感じる」。そしてこの根本気分においては、「本来的に経験される自由」なるものは、「他者」が「さまざまなやり方で」「始めるという潜在力（potentiality to begin）の自由」であることが自覚される。「他者の自由に対する尊重は、カイロス——始めるという潜在力の次元——が、その時間的根源の隠蔽性から与えられるという事実に直面したとき、畏怖の経験によって呼び起こされるのである」。ヘルトによれば、加えて、この「多様な始まりの可能性の多元性」を分節する「エートス」の「共通性」も、「時間の根源を意のままにできない」という「畏怖」のなかで保持されている。[39] 現-存在は、「畏怖」の根本気分において原存在の脱-根拠を受け止めているがゆえにこそ、その脱-根拠から、他者の自由な「始まり」の時-空間を創造することもできるのである。

第三に、原存在を耐え抜くなかで、「沈黙」はあらゆる他者との語りを可能とする《言語》になる。一九三四年講義『言葉の本質への問いとしての論理学』の末尾では、「言語（Sprache）」は「民族という歴史的現存在が、世界を形成し保護する中心が支配すること」として規定されていた（GA38, 169）。「われわれ」は「世界」という「全体としての存在者」へと「晒し出」され、「存在者の存在」は「われわれに委ね渡されている」（GA38, 168）。しかし「世界」は、「言語」によって現存在に「告知」されてくる。「言語のうちで、存在者へと晒し出されていることが生起し、存在への譲り渡しが生起する」（GA38, 168）。そこで強調されているのは、「歴史的労働」による「言語」の「創造」であり、また「民族」としての「現存在」である（GA38, 169）。それに対して『寄与』では、先に見たように「民族」は「現－存在」に根拠づけられている。また「言葉（Wort）」は「原存在の力（Macht des Seyns）」に従うものとみなされている（GA65, 79）。「言語の本質」、「論理学の本質」は「黙理（Sigetik）」であり、「沈黙（Schweigung）」である（GA65, 78f.）。

これまでハイデガーによるこうした「沈黙」の重視は、日常的なコミュニケーションに対する蔑視であるばかりでなく、「解読できない」「暗号」を使用して、不明瞭な権威への服従を求めるものであり、さらには対話の契機の抹消だとしてしばしば批判されてきた。(40) しかしながら、ハイデガーは、「黙理」が「没－論理」ではなく、また「沈黙」も「形而上学」によって染め抜かれた「非合理的なもの」や「象徴」や「暗号」ではないと主張している（GA65, 79, 280）。それゆえ「黙理」や「沈黙」は、たんなるディスコミニケーションではなく、「控えめ」や「畏怖」と同様に、あらゆる他者との語りの余地を切り開くものとして考えなければならない。「われわれは原存在それ自体を……決して直接には言い表せない」（GA65, 79）。言いかえれば、「原存在の目配せや急襲」として、「本有化」は「言語」を「塞ぐもの」なのである（GA65, 36）。そのため、現－存在は「ためらいながら語りを拒む（die zögernde Versagung）」（GA65, 78）。そのさいに求められるのは「控えめ」であり、「脱－根拠のうちで創造的に支え担うこと」である（GA65, 36）。しかしこの「控えめ」によって、「言語」は「人間」の使用するものであり、人間が占有するものであるという先入見は打破される。「言語は……最も根源的な脱人間化（Entmenschung）である」（GA65, 510）。「沈黙」に基づく「言語」は、いまや「人間」の尺度によって決定されるものではなく、「最も内的かつ最も広いものにおける尺度－設定（Maß-setzung）」をなす（GA65, 510）。それゆえ沈黙は、《非》人間的な尺度ではなく、《脱》人間的な尺度として、あらゆる人々に妥当する尺度と言えよう。つまり沈黙は、誰もが分け隔てなく語りを開始することのできる可能性を切り開くのである。(41)

第四に、暴力批判である。ハイデガーは、原存在の「支－配（Herr-schaft）」によって「自由の領域（Bereich der

Freiheit)」が開かれるとみなす（GA65, 282）。この原存在の根源的な支‐配のもとに、「力（Macht）」と「暴力（Gewalt）」がある。「力」は、「暴力の諸可能性の所有を確保する能力」であり、つねに諸力の対立のなかにある。「暴力」は、「力の尺度におうじて（machtmäßig）」、しかし「力とは無縁なやり方で（ohn-mächtig）」、「存在者」の間で作用する変容力である（GA65, 282）。原存在の根源的な支配は、「力」にも「暴力」にも先立つものとして、けっしてそれ自体は現象することはない。それに対して、「力」はそれが作用するときには、必ず「暴力」を必要とする。現実の存在者間での力関係や行為は、すべて「暴力‐行為（Gewalt-tat）」であらざるをえない（GA65, 282）。ハイデガーは、こうした現実の暴力の不可避性を認めながらも、その背後に潜む「作為」を厳しく問題視する。「暴力」は、原存在の自己隠蔽から生じる「作為」の一つの帰結である（GA66, 16ff.）[42]。「作為は存在者をそのものとして意のままにするのであり、しかも、その作為にとって、つねにこっそり手渡される遊動空間（Spielraum）を繰り返し否認する（*Vernichtung*）というようにして、意のままにする。いつも否認する作為の本質、そしてすでに否認の脅しによって自己展開する作為の本質が、暴力である」（GA66, 16）。作為と暴力の最大の問題は、過去と将来のさまざまな他者を迎え入れるはずの自由の遊動空間を、計算的思考によって無際限に抹消し続けてゆく点にある。その点で、ハイデガーにとって作為と暴力は厳しい批判の対象になるのである。

他方で、ハイデガーによれば、作為に先んじる「支配」は、現‐存在の「決断への根拠づけられた能力」によって開かれる。その場合の「支配」とは、「存在者ではなく、原存在そのものを根源的に称賛する自由な能力」を意味する。「支配は、原存在としての原存在の尊厳（Würde）である」（GA66, 17）。「原存在の尊厳」を称揚するとはいえ、この姿勢は、原存在への盲目的な服従でもなければ、人間の否定でもない。すでに見てきたように、現‐存在は、原存在への決断的躍入をとおして、あらゆる人々の根拠となる「自己」を取り戻し、またあらゆる人々が新たに活動を開始するための自由な時‐空間を切り開く存在者だからである。その「自由の領域」を形づくることができるのは、他ならぬ「思考」である。もっともハイデガーは、「思考」が「無力」であると語ってもいる（GA65, 47）。しかしそれは、「思考」が存在者間に働く実体的な「変形の《能力》（»Vermögen« zur Verwandlung）」ではないという意味である（GA65, 47）。むしろ「思考」の「力」は、そうした存在者間の暴力や力関係の彼岸に、作為の計算的思考を超えた自由な時－空間を創設し、保持する点にある。「哲学は役に立たないが、しかし支配的な知である」と述べられているのも、そのためである（GA65, 36）。その意味でハイデガーが、「原存在」のうちに「災厄への突進」を認めているというのは、あまりに粗雑な批判である。[43] 確かに、ハイデガーが「詩作」をモデルに現実の「国家」の創設と保持を主張するとき、そこでは平等な者同士による政治的闘争や政治的発言による討議の可能性は、いささか低減しているように見えるかもしれない。[44] とはいえ、政治的闘争や政治的発言による討議が、現実にしばしば見られるように、実践や行為よりももっぱら平均的で合理的な計算的思考によって行われるとすれば、そしてそれによって新たな思考や活動を始める自由が抑圧されるのだとすれば、こうしたハイデガーの暴力と作為への批判はなお有効性をもつように思われる。この点は、さらに第五の特徴と関連する。

第五に、力や暴力の一元的支配に対する批判である。ハイデガーは、既存の政治権力や集団的体制を一元的支配として厳しく批判する。[45] というのも、これらの背後には、一切を唯一の価値や規範のもとへ《一元化》する一方、それに逆らうすべてのものを《敵対者》とみなし、暴力や力を繰り返し発動する「作為」の計算的思考が控えているからである。こうした計算的思考は、支配圏の内部にたえず支配力を行使し、荒廃を招く。「どのような力の展開であっても、つねに新たに相応の敵対者を捜し求めることが固有のものとしてそなわっており、これは力の無制約性に基づいて、最終的には、際限なく支配された力の領域という最も極端な荒廃段階に繋がる」（GA66, 20）。というのも、こうした一元的な暴力と力の無制約的な支配は、「合理性」の名のもとにすべてを力の支配領域のうちに回収して閉鎖的領域を確立するからである。「ひとは《合理的なもの》に言及して、あらゆる指令的なもの（Befehlsmäßige）のうちに打算的性格があると指摘しているが、この打算的性格は、諸力の配分と諸力の指揮のおよぶ閉鎖された領域を画限する」（GA66, 18）。いまやその閉鎖された支配圏は、地球という惑星全体におよんでいる。「全体としてのこの惑星は、力の産物として《配置（Einsatz）》されている」（GA66, 18）。その結果「人間はそのさまざまな作為によって、今後何世紀にもわたって、この惑星をすっかり略奪し尽し、荒廃させるかもしれない」（GA65, 408f.）。しかもそこで「作為」は、みずからの支配の範囲と規模を拡大するにつれ、ますますみずからの姿を隠蔽する。「作為の非本質が拡大し固定化してゆくのは、その極限の対立物であるように見えながら、その実完全に作為によって作り出されたものでしかないものの背後へ、作為がことさらに引き退いてゆく場合である」（GA65, 128）。

ハイデガーは、こうした作為の計算的思考による閉鎖的な一元的支配に抗して、根拠と脱-根拠の二元性をそなえた原存在を対置させることによって、つねに未決定にとどまる時-空間を切り開こうと試みている。その時-空間は、未決定でありつづけるために、つねに「闘争」を要求する。この「闘争」は、力や暴力の抗争の彼岸で、原存在との間に繰り広げられる闘争である。そのためこの闘争は、力や暴力を超えた態度で遂行される。「原存在は、いまやそれ固有の本質を闘い取ること（*Erkämpfung*）を要請する。こうした最も静かな強制のうちに、人間の別な歴史の原初が隠されている。人間がそうした強制によって準備されている困窮を経験できるかどうか、人間が、一切の力、暴力、硬化を本質的に上回る強い勇気と寛容（Starkmut und Langmut）を知るのかどうか、その決断が残っている」（GA66, 85）。原存在から開かれた時-空間を闘い取る作業は、力や暴力による一元的な支配のもと、集団的な強制によってなされるわけではない。その作業は、各人がそれぞれの「自己」に基づいて遂行される。この点にかんして参考になるのは、ハイデガーが、先に述べた『存在と時間』の「各私性」の議論へ立ち返って、各人の知の遂行の重要性を述べている個所である。「現存在はそのつど私のものである」ということは、「現における内立性」を「ただひたすら自己において引き受け、遂行するべきである」ということを意味している。「原存在の真理が、ただただ私のものである場合にのみ、この原存在の真理がただちにあなたのことやあなたたちのことともなりうる保証が基礎づけられる。あなたが自身で原存在の真理をあなたのこととして真剣に行うのでなければ、またあなたがたが自身で原存在の真理をあなたがたのこととして、あなたたちに固有の知の遂行へともたらさなければ、原存在の真理は、いったいどうなることだろうか」（GA66, 329f.）。原存在の真理に応答し、開かれた時－空間を闘いとる作業は、各人が引き受け、また各人が同時に他者のために責任をもって果たすべき知の遂行である。もとより、そこでは恣意的な態度は許されない。「自己の自立性（Selbst-ständigkeit）に委ねられているのは、虚栄心に満ちた行き当たりばったりのエゴイズム（Ichsucht）で本－有化へ向かうことから脱本有化することなのである」（GA66, 330）。力や暴力の一元的支配に対して、ハイデガーは勇気、寛容、そして各人の責任ある知の遂行を対置する。それゆえハイデガーが探し求めた《共同存在の解釈学》は、暴力や作為に潜む計算的思考に抑圧されることなく、過去と将来のあらゆる他者に開かれた自由な時－空間を創造し、保持する知の遂行であったと考えられるのである。

第4節　脱自的共同存在

このように見てくるなら、ハイデガーは、『存在と時間』以来、共同存在をつねに重視していたことがわかる。そのさいハイデガーは、共同存在を数的な複数性や集団の規定へと還元することを一貫して拒否していた。他者は、道具や眼前存在者ではなく、ましてや計算的思考の対象とされるべきものではないからである。しかしまた他者は、不明確な決断のもとで、自他の区別なく共同存在のなかで溶けあうわけでもない。確固たる「自己」の確立は、ハイデガーが『存在と時間』以来、繰り返し強調していた点であった。人間は、主観でも人格でもなく、それぞれに固有の「自己」をもつ現－存在である。そして現－存在は、こうした固有の「自己」を持つ者として、互いに隔たりながらも、つねにすでに互いに同行している共同存在でもある。この共同存在としての互いの隔たりは、脱－根拠としての原存在の本有化への脱－自的な躍入と耐え抜きによって、ますます大きくなる。しかしまさにそれによってこの隔たりは、過去と将来にわたるあらゆる他者を受け入れる自由な時－空間となりうるのである。

この自由な時－空間を切り開くのは、脱－根拠としての原存在の本有化に対する勇気をもった躍入と寛容をそなえた耐え抜きであり、現-存在各人の責任ある知の遂行である。そこには、意のままにならないことがらをつねに自己の責任として引き受けるという態度が認められる。実のところこの倫理観は、『存在と時間』はもとより、先にも見たように、初期から一貫してハイデガーの思考に流れていたものでもあった[46]。初期における「転落態」や「事実性」の概念、『存在と時間』における「非本来性」や「責めあること」や「被投性」の概念、そして『寄与』における「作為」や「脱-本有化」、「脱根拠」としての「原存在」の概念はいずれも、現存在の意のままになるものではない。しかしながら、まさにそうした意のままにならないものを引き受ける懐の深さがあればこそ、他者を引き受けることもできるようになる。歴史の重みをもった意のままにならない存在棄却や作為や暴力に対する耐え抜きを引き受けることは、それ自体、過去と将来の他者を受け入れる自由な時-空間を切り開くための必須の要件なのである。したがってこのように意のままにならないことがらをつねに自己の責任として引き受ける態度こそ、ハイデガーの存在論的な倫理の本質であると言ってよい。

ただしハイデガー自身は、『寄与』や『書簡』においても、こうした倫理的な態度において成り立つ本来的な共同存在を明確に規定してはいない。しかし、本論のこれまでの考察を踏まえるなら、この共同存在の具体像を描くことは、いまやそれほど困難ではない。現-存在は、原存在によって相互に隔てられながらも、各人の責任において脱-根拠としての原存在を耐え抜きつつ、脱-自することによって共同存在として結び合う。原存在への脱-自において結び合うこの共同存在は、それゆえ《脱自的共同存在》と呼ぶことができるだろう。脱-根拠としての原存在が、つねに未知でありうるにもかかわらず、この共同存在の姿は、《われわれ》の身近な姿でもある。《われわれ》は、厳密な意味で互いを完全に知ることはできない。《わたし》と《あなた》は、それぞれにかけがえのない《存在》をもち、まさにその固有の《存在》のゆえにこそ、互いに絶対的な《隔たり》を存在する。しかし、いま現に《われわれ》が《共に存在している》という単純な事実は、《私》と《あなた》、《私》と《われわれ》のあいだの絶対的な《隔たり》が厳然と維持されたまま、しかしまさしくそれを媒介として、《われわれ》が共に存在していることを意味している。

この《隔たり》の余地が開かれているからこそ、《われわれ》は《出会う》ことができる。既存の集団、事実的な政治体制、民族、国家などといった枠組みよりも遥か以前に、このような没根拠な《隔たり》が、《われわれ》の根底に横たわっている。ハイデガーが、既存の他者論に抗して、徹底的な解釈学的反省をつうじて《われわれ》のなかに見定めたのは、このようにつねに《隔たり》をとおして結びあう《われわれ》の生の実相だったのである。

このように見てくるとき、そうした《われわれ》における知のあり方は、『寄与』においてハイデガーがまさに「分散した個々人たち（die zerstreute Einzelnen）」と呼んでいる者たちのもつ「知」であるように思われる。この「分散した個々人たち」は、「将来する者たち（die Zukünftigen）」におそらくは帰属する「思考する者たち（Denker）」のことを指している（GA65, 96, 395-401）。ハイデガーによれば、この「分散した個々人たち」は、形而上学によって押しのけられた「隠蔽された存在史の既在的なもの」を「別な原初」へ向かうための「困窮」として携えながら、「さまざまな決断」を予感しつつ、「互いに近づきあいながらも、出会うことがない」（GA65, 434）。だが筆者の見るところ、「思考する者たち」は、現存在に由来する存在棄却や作為の動向のなかで、こうした既存の歴史や同時代の無理解に晒されながら《分散》し、《隔たり》を存在しながらも、しかしまさにそうした《分散》と《隔たり》をとおして成立する「知」を互いに携えているように考えられる。『書簡』における「倫理学」の批判には、実のところこうした『寄与』の洞察が生かされているのが読みとれる。『書簡』によれば、『存在と時間』の「ただ一つの思想」は、「人間の本質についての最も高度なヒューマニズム的諸規定も、いまだ人間の本来的な尊厳を経験していない」という点にある（GA9, 330）。この発言からは、『存在と時間』以来、ハイデガーにとって「存在」あるいは「原存在」の「尊厳」だけでなく、「人間」の「尊厳」もまた、欠くことのできない重要な問題であったことがわかる。「倫理」を規定できるほど、まだ《われわれ》は《われわれ》を隔てる没根拠な存在を充分にわかっていない。つまり存在の問いは、存在だけでなく、共同性と倫理への問いをも、繰り返し《われわれ》に課題として受け止めるよう要請する、それ自体ひとつの「知」なのである。『存在と時間』以来、『寄与』にいたるハイデガーの思考は、そうした共同性と倫理の理念をめざして、共同存在のための自由な時‐空間をつねに新たに創造し、保持することを課題とする《共同存在の解釈学》だったのである。

本章の以上の考察は、共同存在のあいだに横たわる《隔たり》が、過去と将来に伸び広がる特異な時間的・歴史的性格をもつことを明らかにした。では、共同存在としての現‐存在は、この《隔たり》において、いかなる《現実的存在》をもつことになるのだろうか。そこで次章ではこの問題を、歴史をめぐるハイデガーのディルタイ解釈に即して考察することにする。

注

（1）K. Löwith, *Das Individuum in der Rolle des Mitmenschen, Ein Beitrag zur anthropologischen Grundlegung der ethischen Probleme*, Drei Masken Verlag, München 1928, XIV, S. 57. 和辻哲郎「倫理学 上」『和辻哲郎全集 第十巻』一九六二年、一九―二一頁。和辻哲郎「人間の学としての倫理学」『和辻哲郎全集 第九巻』岩波書店、一九六二年、一五七―一六二頁。E. Lévinas, *Le temps et l'autre*, 6ᵉ éd., PUF, Paris 1983, pp. 18-19. また和辻のハイデガー批判に関しては、以下参照。嶺秀樹『ハイデッガーと日本の哲学――和辻哲郎、九鬼周造、田辺元』第一章。ハンス・ペーター・リーダーバッハ『ハイデガーと和辻哲郎』第三章、第四章。

（2）J. Habermas, *Der philosophische Diskurs der Moderne*, S. 178ff., 189.（上掲訳書、二六一―二六六頁、二七九頁）

（3）T. W. Adorno, *Jargon der Eigentlichkeit*, S. 126.（上掲訳書、一八一頁）

（4）E. Lévinas, *De l'existence à l'existant*, 2ᵉ éd., Vrin, Paris 1978, p. 161f.

（5）ハイデガーの存在論における「根源的倫理」の基本的な位置づけについては、以下参照。J.-L. Nancy, Heidegger's "Originary Ethics", pp. 67-68.

（6）第Ⅱ部第二章第4節、第5節、第五章第5節参照。

（7）ハイデガーのシェーラーに対する批判は、そもそもこうした区別以前に、ギリシア的伝統と神学的伝統の人格概念への混入という点に向けられている。GA63, 27; GA20, 180; SZ, 47ff. その背後には、「現象学」における「論理学、倫理学、美学、社会学、法哲学」といった伝統的区分に対する批判が控えている。この批判は、『存在と時間』における「哲学的心理学、人間学、倫理学、政治学」への批判へと受け継がれている。GA20, 129; SZ, 16. ハイデガーとシェーラーの相互の批判にかんしては、以下参照。F. Schalow, The Anomaly of World. From Scheler to Heidegger, in: *Man and world*, Vol. 24, 1991, pp. 75-87; M. Frings, The Background of Max Scheler's 1927 Reading of «Being and Time». A Critique of a Critique Through Ethics, in: *Philosophy Today*, Vol. 36, 1992, S. 99-113; R. Wisser, Fundamental-Anthropologie: Max Scheler oder Fundamental-Ontologie: Martin Heidegger? Umrisse einer entscheidenden Kontroverse am Scheideweg, in: R. Wisser, *Vom Weg-Charakter philosophischen Denkens: Geschichtliche Kontexte und menschliche Kontakte*, Königshausen & Neumann, Würzburg 1998, S. 211-240; D. O. Dahlstrom, Scheler's Critique of Heidegger's Fundamental Ontology, in: S. Schneck (ed.), *Max Scheler's Acting Persons. New Perspectives*, Rodopi, B. V., Amsterdam/New York 2002, pp. 67-92.

（8） 第Ⅱ部第六章第3節参照。

（9） W. Marx, *Gibt es auf Erden ein Maß? Grundbestimmungen einer nichtmetaphysischen Ethik*, Felix Meiner Verlag, Hamburg 1983.（上妻精・米田美智子訳『地上に尺度はあるか――非形而上学的倫理の根本諸規定』未來社、一九九四年）

（10） この点で、「死」と「同胞（Mitmenschen）」の関係に着目したマルクスの解釈は示唆的である。「死を能くする者たちは、死を死として、すなわち剝－離する災－厄として、驚怖をもって経験したのであるから、彼らは、愛、共苦、同胞的承認という尺度で彼らの生き方を形成しながら、この尺度のうちに回癒させるものを経験することができる……かくして、死を能くする者たちに尺度の経験のための道を最終的に開くのは死である。そして彼らは、この尺度のうちに《住む》ことを学ぶ……」。Vgl. W. Marx, *a. a. O.*, S. 108.（上掲訳書、二〇五頁）他方、マルクスとは異なり、「事実性」から「愛」への通路を見出す解釈として、以下を参照。G. Agamben, The Passion of Facticity, D. Heller-Roazen (tr.), in: F. Raffoul and E. S. Nelson (ed.), *Rethinking Facticity*, State University of New York Press, Albany N. Y. 2008, pp. 89-112.

（11） 『書簡』の注は、随所で『寄与』との関係を指示している。「ここに述べられたこと」は「存在の真理を単純に語ろうとする試みの《瞬間》のうちで、一九三六年に開始されたある道をたどるという歩みに基づいている」（GA9, 313）。

（12） 第Ⅰ部第一章第7節参照。

（13） この「各私性」という術語は、もともと現存在の《そのつど》の「滞在（Verweilen）」という意味での「そのつど性（Jeweiligkeit）」に由来している。『存在と時間』の「各私性」は、現存在のそのつどの固有性、そのつどの私的性格を前面に打ち出しているが、その背後にこうした「滞在」の含意がある点を見落としてはならない。Vgl. GA63, 7, 29, 87; GA64, 112; GA20, 206. この点を考察した論考として、以下を参照。M. Michalski, Terminologische Neubildungen beim frühen Heidegger, in: *Heidegger Studies*, Vol. 18, 2002, S. 181-191.

(14) 現存在の各私性と近代的主観との類似性を批判したものとして、以下参照。J.-L. Marion, *Réduction et donation. Recherches sur Husserl, Heidegger et la phénoménologie*, Presses Universitaires de France, Paris 1992, p. 150.

(15) 無差別な平均的日常性の非本来性については、第Ⅰ部第一章第6節参照。

(16) 『存在と時間』以外にも、こうした意味の「われわれ」への言及は随所に見出せる。存在の問いを問う存在者とは「われわれ自身がそれであるその存在者である。私がそのつどそれであるこの存在者を、われわれは現存在と呼ぶ」。重要なのは「われわれ自身がそれである存在者――私自身がそのつどそれである限りでのみ、存在している存在者」である(GA20, 200, 202)。また「人間の本質」について問うことは、「人間性の全体」ではなく、「われわれ自身」について問うことであるとも言われている(GA29/30, 407)。

(17) 注(2)のハーバーマスの批判は、この点を見過ごしている。この点については、以下をあわせて参照。D. R. Villa, *Arendt and Heidegger: the fate of the political*, pp. 212-219(上掲訳書、三五一―三六二頁); R. J. Dostal, Eros, Freundschaft und Politik: Heideggers Versagen, in: D. Papenfuss und O. Pöggeler (hrsg.), *Zur philosophischen Aktualität Heideggers: Symposion der Alexander von Humboldt-Stiftung vom 24.-28. April 1989 in Bonn-Bad Godesberg. Bd. 1: Philosophie und Politik*, Vittorio Klostermann, Frankfurt a. M. 1991, S. 184f.

(18) Cf. M. de Beistegui, "Homo prudens", in: *Heidegger and Practical Philosophy*, p. 120f.

(19) O. Pöggeler, *Heidegger und die hermeneutische Philosophie*, S. 17f.(上掲訳書、一一頁)

(20) 第Ⅰ部第二章第5節参照。

(21) 第Ⅱ部第四章第7節、第五章第5節、第六章第5節、第6節参照。この点で基礎存在論は、ベルナスコーニの言うように、事実性にかんして「基礎的」というよりむしろ「準備的」である。Cf. R. Bernasconi, "The double concept of philosophy" and the place of ethics in Being and Time, in: *Research in Phenomenology*, Vol. 18, 1988, pp. 51-52.

(22) 『存在と時間』のプログラムにおけるメタ存在論の基本的な位置づけについては、第Ⅱ部第五章第4節参照。

(23) Cf. J. Derrida, *Psyché. Inventions de l'autre*, Galilee, Paris 1987, pp. 398-399.

（24）この講義で「分散」は、「最も広義の歴史性の構造」であるとともに「現存在の空間性」であるとも言われている（GA26, 173f.）。他方でハイデガーは、アリストテレスのデュナミスに端を発し、スコラ哲学、そしてデカルトからライプニッツへと展開する「力（vis, Kraft）」の概念の系譜を辿っている。そこでハイデガーは、ライプニッツの「活動力（vita activa）」を「衝迫（Drang）」と名づけ、これをシェーラーにならって「脱抑制（Enthemmung）」と呼んだり、「脱自的」と特徴づけたりしている（GA26, 102f., 113）。そして最終的に「諸脱自態」の「存在」は「自由な脱自的振動（der freie ekstatische Schwung）」と呼ばれる（GA26, 268）。この講義での振動をめぐる理解にかんしては、以下が詳しい。酒井潔「衝迫・振動・超越――一九二八年夏学期講義における基礎有論の補足完成の試み」『ハイデッガー『存在と時間』の現在』、七二―九二頁。のちの『形而上学入門』では、この分析を踏まえながら、現存在の「それぞれ私のもの（je meines）」は、「半ば存在者的で半ば非存在者的にわれわれを担ったり解き放ったりする揺動（das Schwanken）の根拠」とされている（GA40, 31）。以上の点から分散は、時‐空間を切り開き、現存在の共同存在を被投性の領域から生起させる、脱自的な振動力として考えることができる。なお、前期の超越概念から、ライプニッツやカント解釈を経て、『寄与』の跳躍の概念へといたる経緯を論じたものとして、以下を参照。村井則夫「超越・振動・跳躍――ハイデッガーにおける超越論的思考の推移」、ハイデッガー研究会編『ハイデッガーと思索の将来』理想社、二〇〇六年、二三―四一頁。

（25）もともと「分散」は、ハイデガーがアウグスティヌスから引き継いだ概念である。そこでは「分散」は、順境と逆境のあいだの両義的な「葛藤」の概念から考えられていた。第Ⅱ部第四章第2節参照。しかし、それ以後「分散」は、主に非本来的な概念として考えられている。一九二一／二二年冬学期講義『アリストテレスの現象学的解釈』においても、生は世界のなかで「気を紛らわす（sich zerstreuen）」のであり、その世界への「愛着（Geneigtheit）」のなかで「分散」が高まると述べられている（GA61, 101f.; vgl. SZ, 21）。その後のアリストテレス時間論の解釈においても同様である。第Ⅱ部第四章第5節参照。『存在と時間』においても同様に、良心の呼び声と先駆的決意の個所を除けば、分散はすべて非本来的な頽落の可能性を意味している。また「飛び越え（Überspringen）」や「飛び越える（überspringen）」といった表現も、『存在と時間』第一編ではデカルトに代表される非本来的な世界了解に用いられ、予定されていた第三編での歴史的に非本来的な世界了解に用いられている（SZ, 65f., 100）。しかし、非本来性を特徴づけるこうした術語が、良心の声と先駆的決意といったとりわけ本来性にかかわる重要な場面において用いられているのは、誤用というより、もともとの「葛藤」という両義性の含意に立ち返ったきわめて意図的な使用と考えられる。メタ存在論はまさに、非本来性と本来性に跨る「分散」のこうした両義的な位置を逆手にとって《中立化》を試みているのである。

(26) こうした「自己性」や「中立性」の議論は、『根拠の本質について』でもほぼ同じかたちで用いられている。GA9, 157f.

(27) 現存在の事実性に潜むこの複数性は、アレントが独自のやり方で見抜いた点でもある。「人間は、他者性を持っているという点で、存在する一切のものと共通しており、差異性を持っているという点で生あるすべてのものと共通しているが、この他者性と差異性は、人間においては唯一性（uniqueness）となる。それゆえ人間の複数性（human plurality）とは、唯一存在の逆説的な複数性（the paradoxical plurality of unique beings）である」。Cf. H. Arendt, *Human Condition*, Doubleday Anchor Books, N.Y. 1959, p. 156.（志水速雄訳『人間の条件』ちくま学芸文庫、一九九四年、二八七頁）ただし、ヴィラが指摘しているように、アレントの「複数性」の概念は、ハイデガーの「共同存在」の概念に政治哲学的に変形を加えて、その含意を大幅に変更している。Vgl. D. A. Villa, *Arendt and Heidegger: the fate of the political*, p. 123.（上掲訳書、二〇四頁）あわせて以下を参照。S. Benhabib, *The reluctant modernism of Hannah Arendt*, Rowan & Littlefield Publishers, Maryland 2003, pp. 53-56.

(28) J.-L. Nancy, *Être singulier pluriel*, Galilée, Paris 1996, p. 113.

(29) この点でハイデガーは、初期以来、ディルタイ譲りの解釈学的な「同行」の発想を堅持していると言える。第Ⅱ部第六章第2節参照。一九一九／二〇年冬学期講義『現象学の根本問題』によれば、「同行」は、「生」をあるがままに見つめて解明する現象学的解釈学の方法である。「同行」は、対象に「没入しない」「参与」としての「現象学的還元」であるとも言われるが、また「慣れ親しんでいること」として「愛」とも呼ばれる（GA58, 158, 162, 185, 262）。ベッカーの筆記録によれば、「同行」は現象学的理解の第二段階に位置づけられている。第一段階は、事実的生の一定の領域への「指示（Hinweisen）」である。第二段階は生の経験の「地歩固め（Fußfassen）」であり、「同行」として生の「体験を直接に共に行う（Mitmachen）」。第三段階は、生の体験の傾向や動機への「先行的観取（Vorschauen）」と「率先垂範（Vorausspringen）」である。第四段階は、観取されたことの「分節化（Artikulation）」であり、第五段階は、現象の「解釈（Interpretaion）」である。そして最後の第六段階で、分節されたものが再度接合され、「形態付与（Gestaltgebung）」がなされる（GA58, 254f.）。

(30) 本論は、共同存在を考察の主題としているため、『寄与』における国家や民族などの政治哲学的問題を立ち入って論じることができない。この点にかんしては、以下の詳細な考察を参照。小野紀明『ハイデガーの政治哲学』、一二一―一五二頁。また『寄与』における「将来的な者たち」と「最後の神」の関係については、以下参照。R. Thurnher, Gott und

Ereignis. Heideggers Gegenparadigma zur Onto-Theologie, in: *Heidegger Studies*, Vol. 8, 1992, S. 81-102; C. Esposito, Die Geschichte des letzten Gottes in Heideggers "Beiträge zur Philosophie", in: *Heidegger Studies*, Vol. 11, 1995, pp. 33-60; H. Hübner, Martin Heideggers Götter und der christliche Gott: Theologische Besinnung über Heideggers „Besinnung" (Band 66), in: *Heidegger Studies*, Vol. 15, 1999, S. 127-151; D. R. Law, Negative theology in Heidegger's Beiträge zur Philosophie, in: *International Journal for Philosophy of Religion*, Vol. 48: 3, 2000, pp. 139-156; B. Vedder, *Heidegger's Philosophy of Religion. From God to the Gods*, Duquesne University Press, Pittsburgh, 2006, pp. 157-187; I. M. Fehér, Der göttliche Gott. Hermeneutik, Theologie und Philosophie im Denken Heideggers, in: *Das Spätwerk Heideggers. Ereignis - Sage - Geviert*, S. 163-190.

（31）「固有－領域」および「離－在」については、以下参照。Cf. M. Inwood, *A Heidegger Dictionary*, Blackwell Publishers, Oxford/Massachusetts 1999, pp. 24-25; M. Lewis, *Heidegger and the place of ethics: being-with in the crossing of Heidegger's thought*, Continuum, New York/London 2005, p. 186n37.

（32）なお「作為」としての「脱本有化」の意義については、第Ⅱ部第六章第5節参照。

（33）Cf. J. Sallis, Grounders of the abyss, in: *Companion to Heidegger's Contributions to Philosophy*, pp. 193-194. ここでの「創造」の含意については、第Ⅱ部第六章第6節参照。

（34）第Ⅱ部第六章第5節参照。なおハイデガーの共同体論を「死」から読み解く解釈については、以下参照。W. Brogan, The community of those who are going to die, in: *Heidegger and Practical Philosophy*, pp. 237-247. 一九三四年夏学期講義『言葉の本質への問いとしての論理学』では、兵士が死の危険に直面する前線での任務へ順次召還されるさいに、「人数」は必然的な規定であるにもかかわらず、意味を持たなくなることが指摘されている（GA38, 47f.）。一九三四／三五年冬学期講義『ヘルダーリンの賛歌』では、さらに立ち入って、「共同体（Gemeinschaft）」の成立の根拠が「死の虚無性（Nichtigkeit）」という「前線兵士の同朋意識」に求められている。「犠牲としての死が間近にあるために、各人はあらかじめ同じような虚無性のなかに置かれ、それゆえこの虚無性は無制約的な相互共属の源泉になった。それぞれの個人が一人で死なねばならない死、それぞれの個人を極限まで孤独にする死、まさにこの死と、死の犠牲となる心構えが何よりもまず、共同体の空間を作りだし、そこから同朋意識が生まれる」（GA39, 72f.）。この議論は、『存在と時間』の「死への先駆」を土台にした共同体の構築を語りながらも、逆に共同体に個別的な死への先駆が回収されかねない危うさを孕んでいる。しかし、上記の両講義では、既存の共同体、あるいは共同体のための犠牲などといった《目的》が優先されているわけではないのは確かである。むしろハイデガーの議論の真意は、死が究極的には共同体に回収されるものではないがゆえに、共同体をはじめて成立させることができるという点にある。死は共同体の外部から、存在の出来事＝本有化として到来するのである。筆者の見るところ、『寄与』での「死への原存在」の議論は、こうした観点に立っている。『芸術作品の根源』における「民族」と「芸術」との関係も、議論のかたちとしてはこれとパラレルである（GA5, 28, 63）。しかし、このように本来共同体の外部から到来する死が、どのようなかたちで共同体に受け止められるのかという点については、さらに検討を要する重要な問題である。共同体にとっては、死も充分に利用可能な対象となりうるからである。

（35） D. Vallega-Neu, *Heidegger's Contributions to Philosophy*, p. 33. これを踏まえれば、分散は『存在と時間』以上に徹底化された意味での「もとでの存在（Sein-bei）」へと変化していると考えられる。この解釈にかんしては、以下を参照。Cf. F. Raffoul, *Heidegger and the Subject*, D. Pettigrew and G. Recco (tr.), Humanities Press, New Jersey 1998, pp. 161-165.

（36） 『書簡』では、「脱－自」が「関心」と結びつけられて、次のように述べられている。「脱－自する者として人間は、みずからが現を存在の開けとして《関心》のうちへ取り入れることにおいて、現－存在を持ちこたえる（ausstehen）」（GA9, 328）。

（37） 第Ⅰ部第一章第1節、第5節、第三章第1節、第2節、第3節、第Ⅱ部第四章第1節、第2節、第7節、第六章第4節、第6節参照。

（38） ホネットは、「第三者」なきハイデガーの共同存在と、それを引き継ぐガダマーの他者理解を批判している。A. Honneth, On the destructive power of the third. Gadamer and Heidegger's doctrine of intersubjectivity, in: *Philosophy & Social Criticism*, Vol. 29, no 1, pp. 5-21. しかし問題は単に「第三者」という「人称」に尽きるものではなく、歴史的な時－空間の開けにおける《人間》の《存在論的身分》にある。ホネットの批判は、ハイデガーが共同存在において見定めている過去や将来の人間の身分を充分に考慮していない。

（39） K. Held, Authentic existence and the political world, A. Morgan and F. 'O. Murchadha (tr.), in: *Research in Phenomenology*, Vol. 26, 1996, p. 49.

（40） J. Habermas, *Der philosophische Diskurs der Moderne*, S. 167f.（上掲訳書、二四六―二四七頁）ハイデガーにおけるコミュニケーションの欠如に対する批判については、以下をあわせて参照。K. Jaspers, *Notizen zu Martin Heidegger*, H. Saner (hrsg.), Pieper Verlag, München 1989, S. 233. また「黙理」における対話の契機の欠如への批判については、以下を参照。F. J. Gonzalez, And the Rest Is Sigetik: Silencing Logic and Dialectic in Heidegger's Beiträge zur Philosophie, in: *Research in Phenome-*

nology, Vol. 38, 2008, pp. 358-391.

(41) こうした脱人間化における「黙理」の言語性格を「根源的倫理」と結びつける解釈として、以下を参照。D. Panis, La Sigétique, in: *Heidegger Studien*, Vol. 14, 1998, pp. 111-127.

(42) 「暴力」を含めて、この時期のハイデガーの「力」と「作為」の含意にかんしては、以下が詳しい。F. Dallmayr, Heidegger on Macht and Machenschaft, in: *Continental Philosophy Review*, Vol. 34, 2001, pp. 247-267.

(43) J. Habermas, *Der philosophische Diskurs der Moderne*, S. 168.（上掲訳書、二四八頁）

(44) D. R. Villa, *Arendt and Heidegger: the fate of the political*, pp. 223-224.（上掲訳書、三七〇―三七二頁）

(45) ハイデガーは、既存の一切の政治的立場が伝統的形而上学の「主観性」に基づいている点を批判する（GA65, 309）。ハイデガーが批判の俎上に載せているのは、「帝国主義」や「全体主義」（GA66, 18）、「ボルシェヴィズム」（GA65, 54, 148）、「自由主義」（GA65, 25, 38, 53, 319）、「共産主義」（GA69, 191f., 195ff）、「国家社会主義」（GA65, 40f., 122f.）などである。ハイデガーの批判はいずれも、政治権力が当の共同体の成員とはまったく無関係に拡大する一方、共同体の成員を無力化するニヒリズムに陥っており、その背景には「作為」が控えているという点に向けられている。こうしたハイデガーの政治哲学的考察は、「主観性」の観点から現実の政治体制を一括して批判する点で、確かに一面的である。それに対して例えばポルトは、ハイデガーに反して、「自由主義」を積極的に評価するべきだと主張している。R. Polt, Metaphysical liberalism in Heidegger's Beiträge zur Philosophie, in: *Political Theory*, Vol. 25, Issue 5, 1997, pp. 655-679. ただしポルトが、既存の政治体制のなかでも「最上の政治的体制（the best political system）」であるとして「自由主義」を擁護している点にかんしては、若干の疑念を禁じえない。というのも、自由主義が《進歩主義》と手を携えて《普遍主義》を標榜するとき、しばしば容易に多元主義を否定し、自由の抑圧と侵害へ転じうる可能性をもつことも、また否定できない事実だからである。それゆえハイデガーの政治哲学的考察は、既存の政治権力に対してつねに反省と批判を促すという点で効力をもつように思われる。この点にかんしては、以下の拙論を参照。「存在の共同体――民族・政治・労働をめぐるハイデッガーの省察」『ハイデッガーと思索の将来』一五九―一七七頁。

(46) ハイデガーの存在論的な責任概念を、初期から『存在と時間』から『寄与』や『書簡』までを射程におさめて考察した論考として、以下を参照。F. Raffoul, *The Origins of Responsibility*, Indiana University Press, Bloomington & Indianapolis 2010, pp. 241-281.

第八章　歴史の解釈学

本章の狙いは、ハイデガーのディルタイ解釈を手がかりとして、前期ハイデガーにおける歴史をめぐる解釈学的思考の意義を究明することにある。

初期講義群をみるかぎり、ハイデガーの積極的なディルタイ受容は、一九一九／二〇年冬学期講義『現象学の根本問題』と一九二五年夏学期講義『時間概念の歴史への序説』の二つの時期に集中しており、一九二七年の『存在と時間』では「最低水準」にいたっているとするのが、多くの解釈者たちの見解である(1)。ハイデガーは、当初はディルタイへの共感を示していたが、やがてみずからの存在論の枠組みのうちにディルタイの問題設定を歪めた形で取り入れた。そして超越論的次元の考察へと歩みを進めてゆく途上で、ディルタイから離反してニーチェへと依拠した(2)。こうしたハイデガーのディルタイ受容史理解のもと、現在では、『存在と時間』に極まる両者の差異を強調する批判的解釈の傾向が一般的になっている。

ハイデガーのディルタイ解釈に対しては、早くからミッシュをはじめとして批判が寄せられてきた(3)。しかし、上記のような近年の批判的解釈の高まりは、ディルタイ再評価の機運と大きく関係している。もともとハイデガーのディルタイ批判は、当時の限られたディルタイの著作に基づいたものであった。ガダマーのディルタイ批判も、基本的にはハイデガーのディルタイ批判を踏襲している。[4]ところが近年のディルタイ全集による遺稿の公刊によって、次第にこうした批判の狭さが明らかになりつつある。[5]またハイデガー自身は、『存在と時間』以降、新たに刊行されたディルタイの著作にもほとんど目を向けることがなかった。そのため現在では、ハイデガーをはじめとする哲学的解釈学のディルタイ批判は、抜本的な再検討を求められていると言ってよい。

しかし、初期や前期のハイデガーの講義群を見直してみると、前述のようなディルタイ受容史理解では必ずしも説明しきれない箇所が多々見受けられる。というのも、以下の考察を俟って明らかになることだが、ハイデガーは当初からディルタイに対して両義的な評価を下しており、一九二〇年代全般をつうじて全く変化していないからである。しかもハイデガーは、『存在と時間』以後、超越論的次元の考察を展開するにあたっても、やはりディルタイを批判的な参照項として活用している。こうした点を踏まえるなら、従来の受容史理解とは異なり、ハイデガーは、みずからの思考の手引きとしてディルタイを重視していたと考えなければならないことになる。

こう考えるとき、『存在と時間』のディルタイ批判も、従来とは異なる含意をもつものとして見えてくる。『存在と時間』のディルタイ批判は、「実在性」と「歴史性」の問題に集中している。この二つの問題は、一見別々の主題を取り扱っているように見えるが、そうではない。筆者の考えるところでは、これらの問題はいずれも、歴史的存在者としての現存在の存在の身分をめぐる同一の解釈学的問題に関係している。そしてこの問題は、さらに超越論的次元の考察において新たな展開をみせる。ハイデガーは、一九二八／二九年冬学期講義『哲学入門』において、ディルタイへのまとまった言及を行っている。ディルタイへのまとまった言及は、ハイデガーの生涯をとおして、おそらくこれが最後である。そこには、表面上ディルタイの「世界観」への批判しか見出されない。しかし丹念に読みなおしてみると、そこでハイデガーはディルタイを手がかりに、「超越」概念のさらなる彫琢作業や、「他者」の実在性や抵抗についての新たな基礎づけの試み、さらには「存在の歴史」という中期以降の独自の哲学史観の模索をも開始しているのが見いだせる。

そこで本章は、こうしたハイデガーのディルタイ解釈を考察することにより、ハイデガーの《歴史の解釈学》の意義を究明することをめざす。まず『存在と時間』におけるハイデガーのディルタイに対する実在性批判とその問題点を確認する（第1節）。次にディルタイ評価の両義性を初期講義に遡って明らかにするとともに、そこでの実在性の意義とその超越論化の意図を明らかにする（第2節）。さらに、『哲学入門』講義における実在性と抵抗の新たな超越論的基礎について検討する（第3節）。そして最後に、歴史的存在者としての現存在の存在の身分と、それをめぐる《歴史の解釈学》の構図を明らかにすることにする（第4節）。

第1節　『存在と時間』における実在性をめぐるディルタイ批判

『存在と時間』におけるディルタイ批判は、第四三節の「実在性」をめぐる問題と、第七七節の「歴史性」をめぐる問題にかんして行われている。二つの批判の焦点は、「生の全体性」はいかに理解されるべきか、という一点に向けられている。ハイデガーによれば、ディルタイの狙いは「生」の経験の「全体」を哲学的に理解し、その解釈学的基礎を確保することにあった（SZ, 46f., 398）。ハイデガーは、ディルタイにおけるこうした生の全体性のもつ存在論的妥当性を検討するために、「実在性」という認識論的問題と「歴史」という解釈学的問題の両側面から批判を展開する。ハイデガーによれば、ディルタイは、これら二つの問題を解決するための十分な方法と概念装置を持っていなかったとされる。

とりわけ認識論的な実在性の問題にかんしてハイデガーが批判するのは、ディルタイがデカルト流の問題設定に則ったために放置した「存在論的無差別」である。「というのは、人間に普遍妥当的な真理が与えられるべきであるなら、何よりまずデカルトによって提示された方法に従って、思考は、意識の事実から外部の現実へ向かう道を切り開かねばならないからである(6)」。ディルタイの一八九〇年の論文「外界の実在性をわれわれが信じる起源と正当性についての問題の解決に寄せて」（以下『実在性論考』と略記）冒頭のこの一文に、ハイデガーは伝統的真理観に従う思考と物との一致をみる。主観的な「意識の事実」と客観的な「実在」を前提した上で、それを主観の「思考」や「信念」によって媒介したとしても、そもそもの主観と客観の存在論的身分が不明である限り、それは実在性を証明したことにはならない。ディルタイが実在性の信念を意志と衝動に対する「抵抗」から捉えたのは確かに「積極的成果」ではあるが、やはり存在論的問題設定が「無規定」であることに変わりはない（SZ, 205, 209f.）。確かにディルタイは、「生の究めがたさ（Unergründlichkeit des Lebens）」を見抜いていた。しかしディルタイは、その「背後に遡ることができない」とされる生の「究めがたさ」を「認識の前提」にとどめている。[7] この点をハイデガーは、ディルタイが伝統的な「認識」の問題設定に引きずられて生の全体性へと迫りきれていない、と批判したのである。

これに対するハイデガーの解決は、伝統的な主観客観の区分を破棄し、「生」の全体性を「世界‐内‐存在」として捉えることによって、実在性をもその一つの様態として基礎づけるものであった。実在物としてであれ何であれ、存在者が理解されうるのは、世界‐内‐存在がそうした理解を可能とする地平を開示しているからである。したがって、こうした地平なくしては「抵抗」も生じえない。「抵抗経験、すなわち抵抗的なものの志向的発見は、存在論的には、世界の開示性にもとづいてのみ可能である」（SZ, 210）。ハイデガーにとって本当の意味で《実在する》と言えるのは、こうした世界‐内‐存在という存在体制を持つ現存在の「実存」であって、従来の意味での実在性は、実存の派生態である眼前存在性にすぎない。ハイデガーは現存在の全体存在を、みずからの死という「無性の根拠存在」を引き受ける「関心」として規定し、さらにその存在の意味を「脱自的時間性」と捉える。世界の開示は、こうした現存在の「脱自的」な「超越」にもとづいている（SZ, 285, 328f., 389）。実在性の基礎は、最終的には、現存在の脱自的超越に求められるべきなのである。

しかしながら、こうしたハイデガーの実在性批判と解決には多くの批判が寄せられた。なかでもマックリールは、その問題を二点指摘している。それは第一に、時間は、存在者ではない限り、存在者の抵抗感覚を基礎づけえないという点であり、第二に、つねにすでに脱自的に世界に巻き込まれている限り、現存在にとって抵抗が感じられることはないという点である。(8) つまりマックリールは、脱自的超越という時間の存在論的＝超越論的次元と抵抗という存在者的次元との実質的な解離を指摘することにより、ハイデガーにおける抵抗経験の存在論的基礎づけの不十分さを批判したのである。

この存在者的な抵抗経験の問題は、ディルタイに即して見るとき、さらに大きな文脈の問題に接続する。というのも、『精神科学序説』に見られるように、ディルタイの「精神科学の基礎づけ」のそもそもの狙いは、単に個人の内面的な体験だけでなく、個々人相互の影響関係、すなわち「家族」にはじまり、「諸団体」、「共同体」、「国家」、「民族」、そして「人類」にまでいたる広範な歴史的・社会的「連関」の解明にあったからである。(9)『実在性論考』は、こうした問題意識をさらに展開して、社会や文化、さらには人類といった文脈における「他者」の実在性とその抵抗経験の発生過程を分析している。(10) そこでディルタイは、胎児から子供、そして大人へといたる成長過程のなかで、「支配・依存・共同」と「圧力・抵抗・育成」の緊張関係から、自己と他者の人格の実在性や、また歴史上の人物の実在性の信念が生じると述べている。(11) ここでディルタイは、いわば人称以前の「意識の事実」から出発して、歴史にまで及ぶ「実在性の信念」の具体的な発生過程を取り出そうとしている。ディルタイにとって、認識論的な意味での実在性と、精神科学的な意味での歴史的実在は、密接に連動したものなのである。

それに対してハイデガーは、自己と他者の区別に「共同存在」を先行させる。(12) 共同存在は、一方では公共的な既成解釈のもつ「支配」に従属している（SZ, 169, vgl. 126）。とくに「肩代わり（einspringen）」の場合などは、他者を支配し、依存させる傾向がある（SZ, 122）。こうした非本来的な共同存在においては、現存在は世間へと「誘惑」され、そこで安心感を覚えて「鎮静」し、本来の自己から「疎外」されながらも「耽溺」してしまう（SZ, 177ff.）。(13) 他方、この「日常的な既成解釈のなかで、そこから、それに抵抗しながら、一切の真なる了解や解釈や伝達や再発見、新しい獲得」が行われる（SZ, 169）。前者の非本来的な世人的自己から後者の本来的自己への転換を成し遂げることができるのは、最終的には、死への先駆的決意性である。

しかしこうしたハイデガーの共同存在の位置づけにかんしても、先のマックリールの批判は同様に当てはまる。ここでは、実存論的な意味での共同存在が主題とされているために、個々の現存在同士の具体的な抵抗経験は事実上論じられていない。ハイデガーは、基本的に実在性を人間以外の存在者の存在様態として捉えている。そのため例えば、感覚的・身体的な接触において生じる実在的な抵抗や、あるいはそうした接触があるにもかかわらず生じてくる実在的な抵抗感のなさなどは、一切問題にならない[14]。ハイデガーにとって「発達形成（Ausbildung）」は、あくまで実存論的な存在了解の可能性であって、実在的な存在者的関係の発展や発達ではない[15]。したがって、実存論的な死への先駆的決意性も、これらの具体的な抵抗経験を直接に基礎づけるものではないことになる。このように見てくるなら、『存在と時間』は、実存論的次元から存在論的＝超越論的次元へと進むなかで存在者の問題を置き去りにして、他者や存在者の実在性にかんする問題を解決するというより、むしろ未解決のまま先送りにしているようにも思える。

とはいえこうした批判は、存在論的＝超越論的次元の基本的な意義を明らかに捉えそこねているように思われる。その理由は、存在論的差異の役割から、また『存在と時間』のプログラム全体の見通しから明らかになる。ハイデガーは確かに存在論的差異を強調し、存在者的次元と存在論的次元とを峻別する。しかしこの区別は、感性界と叡智界といった区分とは違って、「存在者の存在」の一点でしっかりと繋ぎとめられている。存在者の実在的な抵抗経験がそれとして可能となるためには、存在者が存在者として開示されていなければならない。存在は、そうした存在者の開示の地平として、つねにすでに前提されているのである（SZ, 6）。したがって存在論的差異は、こうした存在者的次元と存在論的＝超越論的次元を区別しながらも、同時に両者を媒介する役割を担っているのである。『存在と時間』のプログラムは、この二つの次元の媒介をすでに視野に入れていた。『存在と時間』における他者や実在性の基礎づけは、「存在の理念」へいたるための《往路》の分析の範囲内にある。存在論は、「存在の理念」が獲得された暁には、あらためて「存在者的基礎」への《帰路》を歩む（SZ, 436）。『存在と時間』以後の講義群は、存在論的＝超越論的次元の解明を掲げながら、まさにこうした《存在者的次元》への《帰路》を切り開こうとしている。[16] しかもそこには、「存在論の歴史の解体」のプログラムも含まれている（SZ, 39f.）。[17] ここに、もうひとつのディルタイ批判である「歴史性」の問題が関係する。ハイデガーも、ディルタイ同様、認識論的な意味での実在性と、精神科学的な意味での歴史的実在の連関を見抜いていたのである。しかし『存在と時間』では、後者は必ずしも明瞭に論じられているわけではない。それゆえ、存在者的な実在性や抵抗経験の最終的な解決は、『存在と時間』以後の講義群における存在論的＝超越論的次元の考察、わけてもそこでの存在者と歴史性についての考察を踏まえた上で理解されねばならないことになる。

しかし、この点を考察する前に、まず従来のディルタイ受容史を再検討しておく必要がある。その再検討をとおして、ハイデガーのディルタイ批判における実在性と歴史性の連関を際立たせることにする。

第2節　ディルタイ評価の両義性と生の歴史的実在性

ハイデガーは、修学時代から最初期フライブルク時代まで、二つの立場との批判的対決のなかで実在性の検討に向かっていた。それは、超越論的観念論と批判的実在論である。ハイデガーは、一九一二年の「現代哲学における実在性の問題」では、一方ではカントの超越論的観念論を意識主義ないし現象主義として斥け、他方では素朴実在論を斥けつつ、キュルペ流の自然科学的実在論と、古代ギリシアの批判的実在論に賛同を示している。カントの「物自体」は「実在的なものを規定することを禁じる」ものだとみなすキュルペに依拠することは、一見自然科学的な実在論を重視するようにも見える。しかしそこでは同時に、彼の帰納的形而上学による基礎づけの不十分さが指摘されてもいる（GA1, 2, 11, 15）。ここに見出されるのは、いくらか実在論に傾きつつ、また自然科学の実在性に共感しながらも、いまだみずからの明確な立場を打ち出しえていない若きハイデガーである。

それに対して、一九一九年の戦時下緊急学期講義では、ハイデガー自身の立場が明確に打ち出されているのが見てとれる。そこでは、カントの超越論哲学とアリストテレスの批判的実在論が対比され、「哲学的問題設定」の広さの点から、やはり批判的実在論に軍配が挙げられている（GA56/57, 78f., 84）。しかしそれは、文字どおり批判的実在論の肯定ではなく、むしろ修学時代の出発点に対する強い反省によって動機づけられている。というのも、ここでカントとアリストテレスはそれぞれの立場の理念的代表者として尊重されており、批判の焦点は、この両者に対する当時の解釈者たちに向けられているからである。新カント派のイデアリズム、リッケルトやヴィンデルバントの価値哲学に代表される超越論的観念論、さらにはキュルペの批判的実在論でさえも、その「自然科学」への依拠ゆえに、本来の実在性を取り逃がしてしまうのである（GA56/57, 77, 128, 87）。

そこで、こうした自然科学的思考に囚われることなく、本来の実在性とそれを主題化する方法を提唱した者として称揚されるのが、他ならぬディルタイである。ハイデガーによれば、ディルタイは価値哲学が見落とした歴史の問題を精神科学として考察し、その歴史的な「生きた現実（Wirklichkeit）と価値と目的」、「個別的なもの」を把握しようと努めている（GA56/57, 164）。ハイデガーは、そうしたディルタイの努力を高く評価し、「記述的」な学としての「心理学」をみずからの「根源的学」の構想とを重ねあわせている。しかしすでに論じておいたように、ここでは同時にディルタイへの批判も述べられている(18)。ハイデガー自身の根源学の理念は、確かに「ディルタイに多くの価値ある直観を負っている」。しかしディルタイは、そうした直観を徹底化して「原理の究極的な根本動機」や「方法体系の鮮烈な純粋さや新しさ」を獲得するにはいたらなかったのである（GA56/67, 165）。もちろんこの批判は、ディルタイを完全に否定するものではない。というのも、その直後の『現象学の根本問題』講義や、一九二〇年の『直観と表現の現象学』講義では、ディルタイに依拠しつつ、積極的にみずからの方法の構築作業が行われているからである(19)。

しかしここで看過しえないのは、ディルタイに対するこうした批判の両義性である。というのも、このハイデガーの批判は、ディルタイにみられる生の《根源性》への不徹底さを指摘する点で、のちの『存在と時間』における批判を先取りしているからである。ハイデガーは『現象学の根本問題』でも、ディルタイが精神史とその真の理念を切り開いたことを認めながらも、「その根源性にまでは進んでゆかなかった」と批判している（GA58, 9）。また『直観と表現の現象学』でも、ディルタイは「みずからが得ようと努めていた新たなものについて彼自身よくわかっていなかった」がゆえに、それを「根源的な把握のうちで新たに規定」すべきだと述べている（GA59, S. 168, vgl. 57, 162, 167）[20]。そしてこうしたディルタイ精神科学の不徹底さを補うために導入されたのが、フッサール現象学だったわけである。ともあれいずれにしても、これらの批判は、ハイデガーのディルタイに対する評価が当初から両義的であったことを示している。ハイデガーにとって、ディルタイの直観的な「生」への自己省察は、現存在それ自身の生の歴史的根源性への洞察を与えるものであった。しかし他方でその自己省察は、「生」を根源的な全体性として捉えるために、さらなる徹底化を必要とするものでもあったのである。

　この両義的な評価は、ハイデガーの実在性の考察においても共通している。ハイデガーにとって「生の現実性（Wirklichkeit）」は、ディルタイ同様、「作用連関」として、また「歴史的連関」として、「生それ自身から解釈」されねばならないと考えられている（GA59, 166）。ディルタイは、こうした生の現実性の連関から歴史的世界を構成する方向へと進む。しかしそれに対してハイデガーは、歴史的世界を客観的な「連関意味」へと解体することによって、その背後の事実的生の「自己世界」のうちに生の現実性を求めてゆく[21]。つまりここでハイデガーは、歴史的な生の《現実性》としての《実在性》を《実存》として捉え、その《実存》を《実存》自身から捉えるような《実存論的》解釈学の歩みを開始していると言える。そのさい注意すべきは、この実存の徹底化としての実存論的解釈学が、ディルタイの歴史的生への洞察を全面的に否定するものではなかったという点である。確かにディルタイの考察の不徹底さは、ヨルクの言葉を借りて「審美的（ästhetisch）」であるとして、しばしば非難されている（GA17, 92; SZ, 399f.）。しかしそれでもなお、ハイデガーにとって、歴史的生への洞察を目覚めさせるディルタイの実存そのものは、重要な意味をもっていた。この点で、例えばハイデガーのフッサールに対する評価とディルタイに対する評価は対照的である。ハイデガーは、フッサールが生の歴史性という根本動機を見誤った点を繰り返し批判している（GA63, 70-74; GA20, 171ff.）[22]。それとは異なり、ハイデガーのディルタイへの眼差しは、プラトンやアリストテレスやニーチェと同様、その「生」の洞察に、つまりその「実存」に向けられている[23]。だからこそハイデガーは、「歴史の中の生は、ディルタイ自身にとっては彼自身が体験した実存可能性であった」と述べてもいるのである（GA17, 92）。ハイデガーのディルタイ批判の真の意図は、ディルタイを素朴な生の哲学者や審美的な哲学者に貶めることにはない。むしろハイデガーが目指したのは、ディルタイの考察から偏向と夾雑とを取り除き、その歴史的洞察の可能性を開放することにあった。その意味で、ハイデガーにとってディルタイは、生の歴史性への高次の解釈を要請する洞察を与え、かつその歴史性の広がりを理念的に体現する、一人の傑出した「実存」だったのである。

　さらにハイデガーにとって、こうした実存の歴史的な実在性の重要性を決定的なものにしたのは、他ならぬヨルクのディルタイ批判であった。ハイデガーは、一九二三年に刊行された『ディルタイ－ヨルク往復書簡』（以下『往復書簡』と略記）をつうじて、ヨルクの「生命性の根拠へ突き進む」思考、いわゆる「生の背後へ遡る」思考に触れる[24]。筆者の見るところ、このヨルクの批判に後押しされたことによって、実存の歴史的実在性は、認識論的な実在性の問題と、歴史性の問題へと分岐していったように思われる。というのも、『往復書簡』刊行直後の一九二四年に執筆された書評の草稿では、この二つの問題圏が明確に確定されているからである。それによれば、ディルタイは、「意識の事実」において「全体的人間」や「実在的な生の過程」を明らかにするという課題を目指して、「主知主義的」な「心理学」とは反対の立場に立っている。「しかし、ディルタイの基礎づけの仕事の方法的基礎は、デカルトが『省察』のなかで基礎づけて展開したような、コギタチオネス（レース・コギタンス）への接近様式とその主題の設定にとどまっている」（GA64, 9）。デカルトと結びつけられたこのディルタイ批判が、先に見た『存在と時間』の実在性批判に通じるものであることは、容易に見てとれよう。他方でハイデガーは、ヨルクのディルタイ批判を先鋭化させて、みずからの歴史性の発想へと重ねあわせている。「ディルタイの論究が《存在者的なものと歴史的なものの類的差異を強調することがほとんどない》ということを、ヨルクは見抜いている」(GA64, 10)[25]。この「差異」をめぐる批判は、ほぼそのまま『存在と時間』の歴史性の議論へと組み込まれてゆくものに他ならない(SZ, 399)。こうしてハイデガーは、認識論的な存在者の実在性と、実存の歴史的実在性を区別するにいたる。

一九二四年から『存在と時間』直前の間の講義では、この区別を引き受けながら、それまでのディルタイ譲りの諸概念の再編が行われている。それ以前のハイデガーは、ディルタイの「連関」の発想にしたがって、「世界」の概念を「自己世界、周囲世界、共同世界」に区分していた(GA61, 94f.)。ところが、一九二四年講義『時間の概念』以降、次第に「周囲世界」と「共同世界」が「世界」概念へと統合される一方、「自己世界」は「生」や「関心」へと統合されてゆくことになる[26]。前者は、認識論的な存在者の実在性を支える土台をなす。それに対して後者は、実存の歴史的実在性を支える根源的次元をなす。そしてハイデガーは、後者の根源的次元へと遡行するために、アリストテレス、カント、プラトン、ニーチェの解釈を進めている。つまりハイデガーは、ヨルクの後押しを受けて、ディルタイの歴史的実存に導かれながら、アリストテレス、カント、プラトン、ニーチェとの《実存的共鳴》のなかで、実存の歴史的な実在性とその抵抗経験を解釈学的に捉えようと試みてゆくわけである。

こうした姿勢の一端は、一九二五年夏学期講義の『時間概念の歴史への序説』に窺える。そこでは、ディルタイ以前に抵抗の現象を見出した者として、ギリシア人、わけてもプラトンの名が挙げられている(GA20, 302, Anm. 2)。これに先んじる一九二四/二五年冬学期講義『ソフィスト』でも、プラトンが「神々と巨人族の戦い」と表現した実在論者と形相論者の論争が取り上げられている[27]。実在論者にとって「存在しているものは、抵抗において存立を告げるものである」(GA19, 464)。また一九二五/二六年冬学期講義『論理学』では、アリストテレスの「触れること(θιγεῖν)」が、認識上の抵抗現象とも言うべき「偽と隠蔽」の可能性の条件であることが論じられている(GA21, 180f.)。物理的な抵抗現象をいわゆる実在論の側に押しやる一方、その可能性の条件を明らかにしようとするこの姿勢は、『存在と時間』の認識論的な実在性批判と同型である。しかし、こうしたハイデガーの批判的姿勢を背後で支えるディルタイの洞察を見逃してはならないだろう。というのもハイデガーは、プラトンやアリストテレスのうちに「存在＝現前性」の発想を見てとりながらも、抵抗現象の可能性の条件として、過去と未来をも含めたより広い時間や歴史の射程を確保しなければならないことを示唆しているからである（GA19, 466; GA21, 192）。こうした意識こそ、『存在と時間』およびそれ以後の歴史性の問題圏や、存在論的＝超越論的次元を形作る核心に他ならない。このように見てくるなら、いまや『存在と時間』が、初期とは正反対に、「実在論」よりも「観念論」を高く評価している理由も明白である（SZ, 207f.）。ここで「観念論」は、ディルタイによって提示された実存の歴史的実在性のさらなる徹底的解明、すなわち実在性の存在者的＝超越論的基礎の究明を意味しているのである。

第3節　実在性の超越論的基礎

こうした実存の歴史的実在性の超越論的解明は、存在者的次元の解明と切り離されたものではない。すでに『存在と時間』は、《存在者的なものと歴史的なものの差異》の「いっそう根源的な統一」のために、三つの問いを掲げている。第一は、歴史的存在者の存在を問う存在論的な「歴史性への問い」であり、第二は、現存在以外の存在者の存在を問う存在論的な問いであり、第三に《存在者的なものと歴史的なもの》の発生根拠としての「存在の理念」への問いである（SZ, 403）。存在者的次元の解明と超越論的次元の解明は、「存在の理念」を中心として、表裏一体の関係にある。『存在と時間』以後、一九二〇年代後半に登場する「形而上学的存在者論」ないし「メタ存在論」は、まさにこの二重の解明の一環をなす(28)。もっとも、これらの考察でも、存在者の存在についての直接的な考察が行われているわけではない。さしあたりハイデガーは、現存在自身の実存の存在者的基礎、すなわち被投性への遡行によって、現存在の超越の拡張を行っている(29)。現存在の身分を「形而上学的中立性」において捉えなおす試みや、またフッサールの志向性概念を破棄するといった試みも、それにあたる（GA26, 171-177, 160-170）。そしてちょうどこの形而上学期のさなかに位置する一九二八／二九年冬学期講義『哲学入門』で、ハイデガーはディルタイの提起した認識論的な実在性の問題に新たな角度から取り組んでいる。

この講義は、前半部で哲学と学問の関係性を、後半部で哲学と世界観との関係性を論じている。前半部と後半部のいずれにおいても、ハイデガーが焦点をあてているのは「超越」の問題である。「哲学すること」は、「超越すること」として、「存在」を「企投」し、「学問の本質」を成り立たせている（GA27, 218f.）。他方で「哲学すること」は、「世界観」の「《さまざまな前提》」を形成し、現存在の一切の可能性を「根本から支え担うこと（Grund-haltung）」である。それは「超越を根底から生起させること（Geschehenlassen der Transzendenz aus ihrem Grunde）」なのである（GA27, 397f.）。こうして最終的に、学問と世界観はいずれも、「哲学」の超越論的遂行によって根底から持ちこたえられ、生起させられるものとして位置づけられることになる。

注目すべきは、この一連の超越論的考察のなかでも、わけても後半部分の「世界観」をめぐる考察において、ディルタイが「導きの糸（Leitfaden）」の役割を担っている点である（GA27, 237ff., 346f.）。もっともその役割は、一見したところ、名目的なものに思える。というのも、例えば後半部の第三九節では、ディルタイの世界観に対して、『存在と時間』での実在性批判とほぼ同種の批判が展開されているからである。「客観的な因果連関」としての「世界像」、「生の評価」や「意義と意味の体験」としての「生の経験」、「行為の原理」としての「生の理想」、これらすべての契機がディルタイでは「存在者的」水準にとどまり、「無規定」で「多義的」なままに用いられている（GA27, 347ff.）。こうした傾向によって、いまや「世界観」は、安寧な生活を送るための「拠り所（Haltung）」になっている。そこには、他者に対する「面倒見のよさ」や、またそれに応じた「振る舞い」や主観的な「内面性」だけを重視する、皮相な「業務活動」への「退化」が見られる（GA27, 373ff.）。こうした批判を見る限り、かつてディルタイに倣って「根源的学」を構想していた初期の立場は、ここでは完全に覆されていると言える。

しかしそれにもかかわらず、ハイデガーは、ディルタイの役割を否定しているわけではない。というのも、ディルタイが「生き生きと（lebendig）」世界観の構造理解に迫りつつ、上述のような諸契機を「多義的」に用いたのは、その理由を認識できなかったにせよ、やはり何がしかの「多義性の必然性」を、つまり「現存在の原構造」を使用せざるをえなかったことを積極的に証立てているからである（GA27, 352）。それゆえハイデガーは、ディルタイの世界観について次のように結論づけている。「世界の本質解明へ向かうディルタイの進撃は、その意義において狭められてはならない」（GA27, 354）［傍点は引用者による強調］。こうしたディルタイの本来の意図を生かすためには、先に述べたように、拠り所としては多義的な世界観の一切さえも「根本から支え担うこと」を果たすような、哲学の超越論的遂行が要請されるのである（GA27, 397f.）。こうしてハイデガーは、「超越」の名のもとに、ディルタイの世界観を根底から引き受けることを主張する。こうした意味ではディルタイは、存在者的次元と存在論的＝超越論的次元の差異、すなわち存在論的差異の最突端に立つ「導きの糸」とみなされていると言えるだろう。

被投性への遡行によって実存の実在性の基層を獲得するために、ハイデガーは、『存在と時間』での有限性の象徴とも言うべき「死」を踏み越える二つのアプローチを打ち出している。第一のアプローチは、「死」という現存在の一方の「終わり」だけでなく、もう一つの「終わり」である「誕生」を考察することであり、第二のアプローチは、「死」からの反転において獲得されうる「共同存在」の身分を考察することである。すでに前章でも、共同存在の問題に定位してこの二つのアプローチの意義を検討しておいた。(30) しかしここでとりわけ注目したいのは、この二つのアプローチの「導きの糸」としてディルタイが果たしている役割と、実存の実在性の意義である。

第一のアプローチは、『哲学入門』の前半部、第一五節において展開されている。そこでは、現存在の基礎にある「本質概念」を明らかにするために、「子供」の存在が分析の対象とされている（GA27, 123-126）。ハイデガーは、たとえばギリシアのような「初期時代の（frühzeitlich）」現存在、現代の未開人の現存在、そして子供のような「幼年期の（frühmenschlich）」現存在を区別しながら、人間一般、現存在一般の基礎にある「ある本質的に歴史的な性格」を取り出すことを試みる（GA27, 123f.）。ここでハイデガー自身、みずからの分析が「心理学的、精神分析的、人類学的、民俗学的」な人間理解や「教育学的」意図とは異なる点を強調しているのも、そのためである（GA27, 124f.）。ただし、ここでのハイデガーの分析はきわめて短く、現存在の「本質的に歴史的な性格」が必ずしも明瞭に解明されているわけではない。この点にかんしては、次節で別の文脈からあらためて考察することにする。しかしいずれにしても、子供の分析において諸学問との違いを際立たせようとするこの発言からは、ハイデガーが明らかに『実在性論考』での子供の発達過程についての分析を強く意識していることが窺える。子供の意識状態にある種の志向性を認める点では、ハイデガーとディルタイの見解は一致している。ディルタイによれば、誕生前の子供であっても、自己の生とその外部との分離を「曖昧で、おそらくきわめておぼろげに意識している」[31]。同じくハイデガーも、子供の「朦朧状態（Dämmerzustand）」は「存在者との没交渉」ではなく、「……へ向けて（auf zu...）」、そこの……へ向けて（hin zu...）」という一種の志向性を備えていることを認めている（GA27, 125）。

しかしながら両者は、志向性の役割とその向かい先の理解に関して、決定的に相違する。ディルタイによれば、子供は成長するに従って、抵抗経験をとおして次第に自他の分離を主客の区別として意識できるようになる。そしてやがて「誕生と死によって現実が時間のなかで限界づけられていること」や、「支配・依存・共同によって、現実が相互並存の限界づけにおいて把握されるということ」を学んでゆく[32]。志向性は、成長におうじて次第に客観化、明瞭化されてゆくのである。しかしハイデガーは、こうしたディルタイの見解とは正反対に、子供の志向性は、主客の区分に先行し、あらかじめ外部に向かって一定の方向づけを被っていると主張する。子供の志向性は「すでに方向づけられている（Gerichtetheit）」。それは「外部の何ものかへ方向づけられている」のである（GA27, 125）。つまりここでハイデガーは、志向性を被投的な《脱自態》として捉えていると言ってよい。子供の朦朧状態とは、この脱自態に「いまだなお特定の目標」が獲得されていない状態であって、子供の成長におうじて、その「目標」は次第に明らかになる。しかしそれはディルタイの言うような外部の客観的な対象ではない。志向性が被投的な脱自態である限りにおいて、その目標は、子供自身が「あらかじめすでに持っていたもの」である。それは「はじめから寄る辺無く世界へと委ねられていること（die anfänglich hilflose Auslieferung an die Welt）」である（GA27, 126）。しかもこうした《寄る辺無さ》は、恐怖や衝撃などによる「離反、反転、防衛」といった抵抗経験を可能にする条件とされている（GA27, 126）。こうしたハイデガーの考察を踏まえるなら、《誕生》は、実のところ、《選択》にさえ先立って、この世界に生まれ落ちた没根拠の偶然的事実の《寄る辺無さ》を初めて《抵抗》として経験する《原脱自態》であると考えることができる。したがってまた現存在の成長過程とは、こうしたみずからの《寄る辺無さ》が、まさしくそれ《として》仕上げられてゆく、そうした脱自態の成長過程であると言うことができよう。

他方、第二のアプローチは、共同存在を論じる第二〇節、ならびに超越について論じている後半の第三六節と第三七節で展開されている。そこでハイデガーは、「我汝関係」や「共同社会（Gemeinschaft）」に対してばかりでなく、『存在と時間』では論じられなかった「性別」や「身体的特徴」に対しても、「共同相互性（das Miteinander）」を先行させる（GA27, 147）。そのさいハイデガーは、「分散」の概念を用いる。前章ですでに論じておいたように、この概念は、現存在の共同存在の被投性を強調するための動態として考えられている。この「分散」の動態は、他者や事物との交渉においても、さらには自己関係性においても、現存在の一切の行為や決断が、あたかも「賭け（Spiel）」のように、「拠り所の無さ（Halt-los）」に晒され、どこまでも揺れ動かざるをえなくなることを意味している（GA27, 333, 336f.）。現存在は、みずから「敢然と」「決断して行為する」にせよ、あるいは他者と「妥協」するにせよ、あるいは「調停」を繰り返してゆくにせよ、いずれにしても結局のところは、「無さ（Nicht）」に衝突せざるをえず、どこまでもそうした「無さのふちに沿って実存」せざるをえないのである（GA27, 332ff.）。こうした理解は、誕生と同様、共同存在の背後に、被投的な《原脱自態》とその《抵抗経験》を見出すものだと言える。分散は、一切に先行して、自他の行為と決断のすべてを《拠り所の無さ》へと直面させる被投的な《脱自態》である。またそれゆえにこの《拠り所の無さ》は、自他の行為と決断すべてにとって不可避の《抵抗》となるのである。

ディルタイは、個人の成長や社会や文化といった連関をつうじて生まれてくる実在性の信念と抵抗経験を描き出した。それに対してハイデガーは、前人称的な「意識の事実」を超えて、個人の誕生から死、さらには自己と他者の存在の一切を貫く《非人称的》な《無》の《実在性》を、またその《無さ》をめぐって生じる絶えざる《軋轢》と《抵抗》を描き出そうとしている。したがって、「存在者では無い」という意味での「無（Nichts）」が、ここで被投性の果てに見出された現存在の《現事実的実在性》と言える。[33]そしてまた、こうした《無》を根本から支え担うことが、ハイデガーにとっては、他ならぬ哲学の超越論的遂行を意味しているのである。

とはいえ、こうした《無》の《実在性》と《抵抗経験》の理解は、はたしてディルタイの意図に沿うものだと言えるだろうか。ディルタイとは正反対に向かうようなこうした実在性の理解は、相対主義や懐疑主義を生み出すのではないだろうか。しかしここで思い起こすべきは、かつてフッサールが『ロゴス論文』でディルタイに向けた批判である。そこでフッサールは、みずからの現象学を「厳密な学としての哲学」と称することによって、ディルタイの歴史主義を「相対主義」、「懐疑主義」として批判した。[34]しかしそうしたフッサールの立場こそ、「生」の動機を見落とし、哲学を「教義」化するものだとして厳しく批判したのが、他ならぬ若きハイデガーであった（GA61, 162）。ハイデガーは、ディルタイを「相対主義」や「懐疑主義」に貶めようとしているわけではなく、むしろ「世界の本質解明へ向かうディルタイの進撃」を徹底的に推し進めようとしているのである。実際ディルタイ自身も、「実在性の意識」のうちに「度合いと変容」の可能性を認め、正常な意識だけでなく、「覚醒した生の規範から逸脱した状態」における実在性の変容にも十分な注意を払っていた。[35]ディルタイは、人間や社会の「有限性」を強く意識しつつ、「人間の解放」のためには、「美」や「聖」や「犠牲」ばかりでなく、「邪悪なもの、恐るべきもの、憎むべきもの」のうちにさえも「間違っているとは言い切れない何か」があることに気づいていたのである。[36]だからこそディルタイは、「あらゆる理解不可能なものの中心」に「生殖・誕生・成長、そして死」があることも見逃さなかった。「生けるものは死のことを知ってはいても、死を理解することはできない」。[37]おそらくハイデガーは、こうした意識の変容や人間の有限性に対するディルタイの繊細な目配りから、人間の《寄る辺なさ》や《拠り所のなさ》を積極的に取り出していったように思われる。そうした意味で、ここでのハイデガーの実在性と抵抗についての新たな考察も、やはりディルタイという「導きの糸」に従ったものだったと考えられるのである。

第4節　歴史の解釈学における共鳴と闘争

しかしディルタイの「導きの糸」としての役割は、それだけに尽きない。すでに指摘したように、ハイデガーにとって、ディルタイが体現する《実存の歴史的実在性》こそ、最も重要な「導きの糸」であった。実のところ『哲学入門』は、この点についても、ごく簡略だがきわめて示唆に富んだ発言を行っている。そこで最後に、この発言を読み解くことで、《実存の歴史的実在性》の意義と、《歴史の解釈学》の構図を明らかにしておきたい。

『哲学入門』講義を締めくくるにあたって、ハイデガーは次のように述べている。「哲学することとともに、偉人たちの山脈（Höhenzug）の高みでの遍歴が始まる。この偉人たちが活動せず、またもはや活動していないことを私たちはときおり不思議に思うことがあるが、そのさい私たちは、偉大なものは偉大なものだけに影響を及ぼすということを忘れているのである」（GA27, 401）。ここで注目したいのは、「山脈」の比喩である。ハイデガーはこの比喩によって、「哲学」の遂行における《歴史》の重要性と同時に、過去の哲学者たちの実存のあいだの《歴史的共鳴》の重要性を表明している。この比喩は、ディルタイの実存の歴史的実在性に導かれて、哲学者たちとの《実存的共鳴》として解釈学を開始した初期以来のハイデガーの歩みを思い起こさせる。

ここでハイデガーは、直接にディルタイの名前を挙げていない。しかし、ディルタイが少なからず意識されていたと推定する証左がないわけではない。というのも、実のところディルタイも、一八八七年夏のヨルク宛書簡において、みずからの世界観の類型をはじめて説明するさい、「山脈（Höhenzug）」という比喩を用いていたからである。ディルタイによれば、西洋哲学史は「合理主義、経験主義、親和的世界理解の哲学」という「三つの山脈」によって貫かれており、なだらかに続くそれぞれの山脈の「個々の頂上」は、いわば「それぞれの類型がもつ共通性」を体現している[38]。ヨルクは、ディルタイの「類型」がヴィンデルバントの「形態（Gestalt）」とは異なり、「内的な」「性格」をもち、「諸力の関係」、「力の結合」であることを見抜いていた[39]。ハイデガーも『往復書簡』の書評を執筆したさい、ディルタイの歴史的考察の狙いを浮かび上がらせるために、ちょうどこのヨルクの指摘を引用している（GA64, 10f.; SZ, 399f.）。つまりディルタイはこの比喩によって、過去の哲学者たちの間の内的な影響作用とともに、それをとおして浮かび上がる彼らの実在性を言い当てようとしているのである。ディルタイは『実在性論文』で、歴史上の人物の影響作用とその実在性について、こう述べている。「彼らは、われわれにとって実在性をもった人々である。なぜなら、彼らの偉大な人格性が、意志の力でわれわれに作用するからである[40]」。ディルタイは、認識論的な現前的実在性や抵抗経験にとどまらず、歴史の影響作用における他者の実在性を確かに見抜いていたのである。

筆者の見るところ、ハイデガーが『存在と時間』やそれ以後の講義で、繰り返し「無」への脱自的超越を主張することによって推し進めようとした「ディルタイの進撃」は、まさにこうしたディルタイの発想であったように思われる。有限な現存在は、存在者では「無い」ものとしての寄る辺なき《無》によって、《死》によって、互いに絶対的に隔てられている。過去の他者が「活動せず、またもはや活動していない」ように見えるのも、そのためである。しかしそれにもかかわらず、過去の他者は、時間的・歴史的な影響作用において、生き生きとした実在性において迫ってくる。そのさい他者は、不在でありながらも現前している。現存在が共同存在であるかぎり、他者の本来的な実在性は、このような時間的かつ歴史的な影響作用をとおして、不在と隣り合わせに生まれてくる実存の実在性であると考えられる。

実際、現実の場面においても、自己と他者が直接に相対して共同に現前する時間は、ごく限られている。むしろ他者は、さしあたりたいていは不在において現前している。その典型が「世間」である。そこでは「誰もが他者であり、誰一人として自己自身ではない」のであり、それゆえ世間は「誰でもない者（Niemand）」である（SZ, 128）。とはいえ世間は、「無」であるわけでもない。それどころか、ハイデガーが適切に述べているとおり、「実在性（Realität）が現存在的な存在という意味で理解されるなら、こうした〔世間の〕あり方をしている現存在は、最も実在的な存在者（ens realissimum）である」（SZ, 128）。ここでハイデガーは、伝統的に「神」を言いあらわしてきたこの表現を用いることによって、世間の実在性が《制作されたもの》であることを示そうとしている。共同存在としての現存在が、あたかも《自動機械》のように自らを《恒常的存在者》として解釈し、《仮構》し続けることで生み出されている《虚像》、それが「世間」である。「世間」は、「現存在の最も身近な恒常性（Ständigkeit）」である（SZ, 128）。しかしそれはどこまでも《虚像としての不在の実在性》であって、他者の本来の実在性ではない。

それに対して、他者の本来の実在性は、他ならぬ現存在の歴史性のうちにある。ハイデガーがそうした歴史的な他者の実在性を理解するさいの重要な手がかりとしたのは、ディルタイの「世代（Generation）」の概念であった。ディルタイは、「人間、社会、国家に関する諸学の歴史研究」のなかで、「世代」の概念について述べている[41]。ディルタイによれば、「世代」は、第一に歴史と相関関係をもつ。第二に、人間の生の期間を「内側から測る表象」である。第三に、文化、生活、政治、社会の影響によって構成される。第四に、各世代は「連続性によって結びつけられたひとつの全体」をなしている。そして第五に、ある世代における個人の独創的な知的創造は、先行する世代と後続する世代の全体と関係している。ハイデガーは『存在と時間』において、このディルタイの「世代」の概念を引用しながら、現存在の共同運命を論じている。「《世代》における、そしてみずからの《世代》を共にする現存在の運命的な共同運命（das schicksalhafte Geschick）が、現存在の完全な生起（Geschehen）を構成している」（SZ, 385）[42]。もっとも、両者の間には相違点も認められる。ハイデガーは、ディルタイとは異なり、主観－客観関係のもとで現存在の歴史的生起を把握するやり方を斥ける（SZ, 388, vgl. 384）。また現存在の歴史的生起は、既存の文化や政治、社会に先行するものとみなされている（SZ, 379, 385）。

しかしそうした相違点にもかかわらず、ハイデガーは世代における歴史的連続性というディルタイの発想を基本的には踏襲している。「カッセル講演」でも、ハイデガーはディルタイの「世代」の概念は「歴史性の現象」における「重要な発見」として位置づけ、次のように述べている。「各人はたんに自己自身であるばかりでなく、その世代でもある」[43]。そのさい注目すべきは、両者が歴史的な連続性ばかりでなく、非連続性にも目を向けていた点である。ディルタイによれば、世代間の歴史的連続性のうちには、「断絶」が潜んでいる。知の歴史的伝承の狭間には、「時代の荒波、困窮、無関心」の時代が横たわっている[44]。しかしこの「断絶」は、たんなる無為の時代であるわけでもない。というのも、ディルタイによれば、世代間の影響関係の奥底には、「創造する自然の恣意」ないし「自然の謎めいた懐」が存在してもいるからである[45]。ハイデガーもまた、「カッセル講演」のなかで、《現代》を《狭間》の時代に位置づけながら、こう述べている。「個人は過去によって生き、苦しみながら現在を歩きとおし、最終的に新たな世代によって引き継がれる」[46]。そこでは、過去はたんなる過去であることをやめ、「生命力に溢れたもの」として現在に取り込まれ、「創造的」なものになる[47]。しかし『存在と時間』において述べられているように、こうした現存在の歴史性の奥底にも、やはり「存在の謎」ないし「運動の謎」が潜んでいる（SZ, 392）。そのため「運命」として存在する現存在は、「逆境を覚悟した無力な超力（die ohnmächtige, den Widrigkeiten sich bereitstellende Übermacht）」を持つとも言われるのである（SZ, 385）。

過去や将来の他者は、不在であるがゆえに、世代間の影響作用の狭間においては、それどころか現代においても「誰でもない者」とみなされがちである。しかし、現在のわれわれが、そうした《虚像の不在の実在性》をかいくぐり、歴史の奥底に《無》として横たわる《謎》を《抵抗》として受け止めるとき、過去と将来の他者は、不在と無を乗り越えて現在へと影響作用を及ぼし、確かな実在性において現前する。そのさい現在のわれわれに求められるのは、《虚像の不在の実在性》や《無》の《謎》との《葛藤》のうちで、過去と将来の他者の可能性を創造することに他ならない。本論は、ハイデガーの《実存的共鳴》が、自他の区別を消し去り、機械的な反復として現前性一元化へと接近している問題点をすでに指摘しておいた[48]。しかし実のところその背後には、歴史的な影響作用をとおして、不在の他者に《生きた現前の実在性》を《創造》しようとする意図が控えていたのである。ハイデガーにとって、《歴史の解釈学》とは、このような不在の他者の現前性と実在性へと迫る営みに他ならない。ディルタイは、世代間の影響関係を考察するにあたって、因果関係に沿った「推論」による「歴史的叙述」のもつ限界を指摘してもいた(49)。『実在性論文』でも再論されているように、この作用と実在性は、因果系列に従った解釈学的推論の手続きだけでは理解できない。そうした推論は「より生き生きとした過程によって不断に補完される」のでなければならない(50)。『存在と時間』でも述べられていたように、「反復」とは、「かつて現に既在していた実存の可能性に応答すること」である。そして「反復」によってはじめて、現存在の本来の存在、すなわち「本来的歴史性」が明らかになる (SZ, 386f.)。ハイデガーの意図に沿って、「ディルタイの進撃」をさらに一歩推し進めて言えば、《歴史の解釈学》とは、解釈者が歴史的な他者の実存の可能性に対して応答し、その可能的実在性を創造することによって遂行されるのだと考えられよう。

　このように見てくるなら、ハイデガーは、ディルタイを手がかりに、《歴史の解釈学》における《親和性》や《共鳴》を捉えていたように思われる。しかし他方で、《歴史の解釈学》が創造の場面で直面する《抵抗》や《葛藤》については、わけてもニーチェを手がかりに考えられていたように思われる。ハイデガーは、《歴史の解釈学》において生じる《抵抗》や《葛藤》を「闘争 (Kampf)」として捉えている。共同運命の「力」は、「伝達 (Mitteilung)」においてばかりでなく、「闘争」においても発揮されるのである (SZ, 384)。この「闘争」の概念は、いくつかの含意をもつと考えられるが、とりわけ「山脈」の比喩との関係で見逃せないのが、ニーチェとの関係である(51)。『反時代的考察』の第二論文「生に対する歴史の利害について」のなかで、ニーチェは「記念碑的歴史」の「要求」を次のように特徴づけている。「個々人の闘争 (Kampfe) における偉大な瞬間は一つの連鎖を形作るということ、この偉大な瞬間において人類の山脈 (Höhenzug) は数千年を貫いて結びつくということ、そしてすでに遠く過ぎ去ってしまったそうした瞬間の最高のものが、私にとってはなお生き生きとしており、明るく偉大であるということ(52)」。この記念碑的歴史を否定しようとするのは、現在において「なお生きているすべての他の者たち」である。しかし、過去の偉大なものたちによる「創造」は、後世に残り続ける。彼らの「名声」は「あらゆる時代の偉大なものの連関と連続への信頼（Glauben）」となり、また「諸世代（Geschlechter）の交代と過去性に対する抗議（Protest）」にもなる[53]。さらにまたニーチェは、過去の歴史に対する「解釈」は「現代の最高の力からのみ」行われるとも述べる。「等しきものは等しきものによって！」なのである[54]。この表現が、「偉大なものは偉大なものだけに影響を及ぼす」という先のハイデガーの言い回しとほぼ合致することはただちに見てとれよう。過去を矮小化することに《抵抗》し、現在において最大限の力を発揮し、過去の高みに対して創造的に《応答》することではじめて、歴史的連続性は打ちたてられるのである[55]。

この点を考慮するなら、ハイデガーが共同存在の存在様態として特徴づけた「顧慮」の両極的なあり方も、実のところ、少なからずニーチェ流の歴史的な影響作用の発想を背景にしているように思われる[56]。ニーチェによれば、現代の「歴史的教養」は人々に「一般人（Universal-Mensch）」たることを強要し、「政府、教会、大学、慣習、人間の小心さ」は「近代の哲学的営為」を押さえつけて「皮相な学識」あるいは「思考機械、記述機械、話術機械」へと追いやっている。しかし、先のような歴史的な影響作用を考慮するなら、本来は「歴史によって人格は《自由》になる、つまり自己に対して誠実に、他者に対して誠実に、しかも言葉と行動において誠実になる」べきなのである[57]。これに対してハイデガーは、「顧慮」を論じるにあたって、直接には歴史に言及していない。しかしそこでは、やはり歴史的な影響作用を念頭に置いて他者との関係が捉えられているように思われる。他者を押しのけて支配する「肩代わり」は、「道具的なもの」や「共同に配慮されている存在」にかかわる場合、つまり「ひとが同一の業務をこなしている」場合に行われる。そこに満ちているのは「不信」や「曖昧で嫉み深い約束や言葉たくみな友好関係」である（SZ, 122, 298）。つまり「肩代わり」は、近視眼的に眼前に存在するものだけに固執して、世人の《虚像としての不在の実在性》を《機械》的に再生産することなのである。それに対して「率先垂範（vorausspringen）」の顧慮は、他者が本来配慮すべき「実存」を当人に与え返し、「自由」になるのを助ける。各自の現存在が自己自身を選びとることによって「本来的な連帯」が成り立ち、またそれをとおしてはじめて、他者に自由を与えることも可能になる（SZ, 122, 298）。

とはいえ、「率先」をはじめ、それによって切り開かれるこの「自由」や「連帯」は、現在の慣習や社会集団だけに限定されるものではない。むしろ筆者の見るところ、「率先垂範」は本来的な歴史的顧慮であり、またそれによって切り開かれる「自由」と「連帯」も、歴史的な自由と連帯として考えなければならない。もとよりハイデガー自身が述べているとおり、「肩代わり」や「率先垂範」は相互存在のすべての様態を汲み尽くしているわけではない。しかしこの「率先垂範」の存在様態は、哲学的思考の遂行にとって、広大な歴史的「自由」と「連帯」の極限的な可能性を示している。というのも、ディルタイやニーチェが見抜いたように、現在において哲学する者は、偉大な先人たちの「山脈」のなかで、彼らの「率先垂範」としての哲学的思考の歴史的影響作用に学び、また自らの「率先垂範」としての哲学的思考によって、後の世代に対して歴史的な影響作用を及ぼしてゆくからである。この「率先垂範」の影響作用のなかで、哲学する者たちは互いに歴史的連帯を結び、それぞれの思考と実存の自由を摑み取る。他者の実在性は、本来的にはこのような歴史的顧慮としての影響作用の《共鳴》と《闘争》のなかで形作られるのである。この点でハイデガーは、歴史的な隔たりを超える哲学者の実在性を手がかりに、共同存在としての現存在の具体的な姿を考えていると言えるだろう(58)。

いずれにしても、ハイデガーの《歴史の解釈学》は、たんに過去のテキストの解釈にとどまるものでもなければ、またたんなる自己と他者の同一化を意図したものでもない(59)。ハイデガーの《歴史の解釈学》は、歴史的な隔たりを介して、実存の実在性を創造する試みなのである。その意味で、こうしたハイデガーの解釈学的態度は、その批判的姿勢にもかかわらず、過去の哲学者の実存に対する尊敬と信頼を前提していると言ってよい。そこで思い起こされるのは、カント解釈にあたってハイデガーが「格率」とした、カントのエーベルハルトに対する応答である（GA3, 201f.）。そこでカントは、うわべだけの賛辞や追従者たちに釘を刺しながら、『純粋理性批判』をライプニッツに対する「本来的な弁明（die eigentliche Apologie）」として位置づけている。[60] このカントの言葉は、ハイデガーにとって、《歴史の解釈学》の根本的な格率でもあったように思われる。テキストの解釈や批判は、過去の哲学者たちの実存への真の尊敬と信頼を前提とする。過去の偉大な哲学者たちの山脈は、互いを隔てる歴史の《深淵》を超えて、不在の人間の可能性に対する尊敬と信頼によって、すなわち歴史的実存の実在性への尊敬と信頼によって形作られているのである。

この点をはっきり示しているように思われるのが、『哲学入門』の末尾における次の発言である。「哲学することとして超越を生起させることのなかには、現存在の根源的な落ち着き（Gelassenheit）が、つまり人間のなかの現‐存在とその諸可能性に対する人間の信頼（das Vertrauen）が、横たわっている」（GA27, 401）。[61] 前者の「落ち着き」には、おそらくかつて若きハイデガーがルターから学び、ディルタイ的な「共感」や「生き生きとした同行」の根底に置いていた「謙抑」や「平静さ」が反映されていると見てよい。[62] この点を考えるなら、ハイデガーの《歴史の解釈学》の構図は、ディルタイの《共鳴》とニーチェの《闘争》を双璧としながらも、やはり前者に大きく依拠していると考えられる。確かにハイデガーがニーチェから受けた影響は無視できない。しかし歴史的実存の実在性に対する《共鳴》や《信頼》という点では、ディルタイはニーチェに優る甚大な影響をハイデガーに与えたように思われる。中期以降のハイデガーは、ニーチェとヘルダーリンをとおしてさらに独自の哲学史観の構図を洗練してゆく。[63] しかし若きハイデガーが、ヘルダーリンという偉大な詩人の実存に触れるにあたって大きな影響を与えたのも、やはりディルタイであった。[64] このように見てくるなら、ハイデガーは、ディルタイの歴史的実存に一貫して信頼を寄せ、またその信頼をとおして、《歴史の解釈学》の構図を描き、また展開していったのだと考えられる。今現前していない者も、すでにこの世界に現前しない者も、いまだこの世界に現前していない者も、等しく《尊敬》し《信頼》すべき実存なのである。

注

（1）代表的な見解として、以下を参照。F. Rodi, Die Bedeutung Diltheys für die Konzeption von »Sein und Zeit«. Zum Umfeld von

Heideggers Kasseler Vorträgen (1925), in: *Dilthey-Jahrbuch*, Bd. 4, 1986/1987, S. 167, 175f.

（2）C. R. Bambach, *Heidegger, Dilthey, and the Crisis of Historicism*, Cornell University Press, N. Y. 1995, p. 250-266 ; H. Vetter, Dilthey statt Nietzsche — eine Alternative für Heidegger? Ein Beitrag zum Thema «Lebensphilosophie und Phänomenologie», in: H. Vetter (hrsg.), *Nach Heidegger: Einblicke-Ausblicke (Reihe der Österreichischen Gesellschaft für Phänomenologie, Bd. 7)*, Peter Lang GmbH, Frankfurt a. M. 2003, S. 185-205.（大石学訳「ニーチェに代わるディルタイ――ハイデガーにとっての一つの選択肢?-」『理想』六六七号、理想社、二〇〇一年、一〇四―一一六頁）。

（3）G. Misch, *Lebensphilosophie und Phänomenologie. Eine Auseinandersetzung der Dilthey'schen Richtung mit Heidegger und Husserl.* なおハイデガーは、ミッシュの批判に対して、一九二九年夏学期講義『ドイツ観念論と現代の哲学的問題状況』で応答を試みている（GA28, 131-139）。ミッシュとハイデガーの論争にかんしては、以下参照。的場哲朗「ミッシュとハイデッガー――忘却された〈生産的な思想交流〉」、ハイデッガー研究会編『〈対話〉に立つハイデッガー』理想社、二〇〇〇年、四五―六四頁。的場哲朗「ゲオルグ・ミッシュのハイデガー批判――〝世紀の論争〟を追跡する」『理想　特集・ディルタイと現代』理想社、二〇〇一年、六六六号、九六―一〇八頁。J.-C. Kim, *Leben und Dasein*, S. 247-263.

（4）『真理と方法』が巻き起こした一連の解釈学論争は、言語やイデオロギーの問題をはじめ多岐にわたるが、伝統的解釈学と哲学的解釈学との論争点は、リクールが的確に整理しているように、「ディルタイ的方法概念」と「ハイデガー的真理概念」の「対決」にある。H.-G. Gadamer, *Gesammelte Werke*, Bd. 1, S. 222-246; P. Ricœur, La tâche de l'herméneutique, in *Exegesis*, Delachaux & Niestlé Editeurs, Neuchâtel-Paris, 1975, pp. 179-200.（久米博訳「解釈学の課題」、久米博・清水誠・久重忠夫編訳『解釈の革新』白水社、一九八五年、一四三―一七四頁）なお、ガダマーの哲学的解釈学をめぐる論争状況の見取り図については、以下が詳しい。Ph. Forget (hrsg.), *Text und Interpretation. Deutsch-französische Debatte mit Beiträgen von J. Derrida, M. Frank, H.-G. Gadamer, J. Greisch und F. Laruelle*, Wilhelm Fink, München 1984（轡田収・三島憲一・関本英太郎・足立信彦・石原次郎訳『テクストと解釈』産業図書、一九九〇年）; G. Warnke, *Gadamer: Hermeneutics, Tradition, and Reason*, Stanford University Press, Clifornia 1987.（佐々木一也訳『ガダマーの世界』紀伊國屋書店、二〇〇〇年）

（5）森田孝「ディルタイ像とその変遷――最近のディルタイ研究の動向から」、舟山俊明・牧野英二・西村皓編『ディルタイと現代』法政大学出版局、二〇〇一年、三五―四七頁。牧野英二「ディルタイ哲学の現代的意義――歴史的理性批判の射程」『法政大学文学部紀要』二〇〇四年、一―一三頁。

（6） W. Dilthey, Beiträge zur Lösung der Frage vom Ursprung unseres Glaubens an die Realität der Aussenwelt und seinem Recht, in: *Gesammelte Schriften*, Bd. V, S. 90.（山本幾生訳「外界の実在性論考」『ディルタイ全集　第三巻』四八〇頁。なお訳文は文意に応じて変更してある。）

（7） W. Dilthey, Gesamtplan des Zweiten Bandes der Einleitung in die Geisteswissenschaften. Drittes bis Sechstes Buch („Berliner Entwurf")（ca. 1893）, in: *Grundlegung der Wissenschaften vom Menschen, der Gesellschaft und der Geschichte*（*Gesammelte Schriften*, Bd. XIX）, Vandenhoeck & Ruprecht, Göttingen 1982, S. 296-332.

（8） R. A. Makkreel, *Dilthey, Philosopher of the Human Studies*, Princeton University Press, Princeton and London 1978, p. 376.（大野篤一郎・田中誠・小松洋一・伊藤道夫訳『ディルタイ』法政大学出版局、一九九三年、四五—四六頁）なお興味深いことに、ドゥルーズもハイデガーのライプニッツ解釈の文脈で、同様の批判を行っている。ハイデガーは一九二七年夏学期講義『現象学の根本問題』において、モナドが「窓をもたない」というライプニッツの主張を引きつつ、世界‐内‐存在の脱自的超越を説明している（GA24, 426f.）。ハイデガーによれば、モナドはつねにすでに脱自的に超越しており、いわばあらかじめ《窓の外に立っている》がゆえに、あらためて《窓》を持つ必要がない。しかしドゥルーズは、こうした理解が「ライプニッツの表明した囲いと閉鎖の条件を、つまり一つの〈世界‐内‐存在〉であるかわりに、一つの〈対世界的存在〉であるという限定を見過ごしている」と批判する。脱自態は、まさにその絶えざる乗り越えの動態ゆえに、有限な存在者的「世界」を「限定」できず、そのために「世界」の内部でなされる「無限の再開可能性」を閉ざしてしまうのである。G. Deleuze, *Le pli, Leibniz et le baroque*, Ed. de Minuit, Paris 1988.（宇野邦一訳『襞——ライプニッツとバロック』河出書房新社、一九九八年、四六頁）

（9） W. Dilthey, *Gesammelte Schriften*, Bd. 1, S. 40-86.（上掲訳書、四九—九四頁）

（10）『精神科学序説』から『実在性論考』の間の実在性問題の変遷にかんしては、以下参照。山本幾生『実在と現実　リアリティの消尽点へ向けて』関西大学出版部、二〇〇五年、第五章「実在性——物質性と作用性」一九七—二三九頁。

（11） W. Dilthey, *Gesammelte Schriften*, Bd. V, 111, 113f.（上掲訳書、五〇二—五〇三頁、五〇六頁）

（12） 第Ⅲ部第七章第1節参照。

（13） 第Ⅱ部第四章第3節、および同章注（42）参照。

（14） この点の考察にかんしては、以下が詳しい。山本幾生『実在と現実』、二二六—二二八頁。

(15) 初期においてすでにハイデガーの関心は、生の「発達」ではなく、むしろ生における「意味」の「発生」へと向けられていた。第Ⅰ部第一章第3節参照。

(16) 第Ⅱ部第五章第4節、第Ⅲ部第七章第2節参照。

(17) 第Ⅱ部第五章第4節、第六章第5節参照。

(18) 第Ⅰ部第一章第2節および第3節参照。

(19) ディルタイからフッサール、アリストテレスを経て展開されるこの時期のハイデガーの解釈学的方法の成立経緯については、以下参照。村井則夫「「表現」の解釈学から「像」の解釈学へ――ハイデガー「ナトルプ報告」を基軸として」『実存思想論集』理想社、XVI、二〇〇一年、一一九―一四一頁。

(20) 『直観と表現の現象学』や一九二〇年の『アリストテレスの現象学的解釈』におけるディルタイ批判については、以下参照。四日谷敬子「ディルタイの個体性の解釈学」、日本ディルタイ協会編『ディルタイ研究』第七号、一九九四年、一四頁。

(21) 第Ⅰ部第一章第3節、第4節参照。

(22) Vgl. O. Pöggeler, Heideggers Begegnung mit Dilthey, in: *Dilthey-Jahrbuch*, Bd. 4, 1986/87, S. 139; M. Heidegger, Wilhelm Diltheys Forschungsarbeit und der gegenwärtige Kampf um eine historische Weltanschauung. 10 Vorträge, S. 158-161.

(23) ハイデガーは、アリストテレスやプラトンを、ギリシアにおける「新たな実存可能性」として捉えていた。この点にかんしては、第Ⅰ部第二章第1節参照。またハイデガーのプラトンに対する《実存的共鳴》にかんしては、第Ⅱ部第五章第4節、第5節参照。またハイデガーのニーチェに対する《実存的共鳴》にかんしては、第Ⅱ部第六章第3節から第6節を参照。シャルフが指摘しているとおり、ハイデガーのフッサールへの批判がいわば「著作の精神」に向けられているのに対して、ディルタイへの批判は「著者」その人に向けられている。Cf. R. C. Scharff, Heidegger's "appropriation" of Dilthey before Being and Time, in: *Journal of the History of Philosophy*, Vol. 35: 1, 1997, p. 123.

(24) E. Rothacker (hrsg.), *Briefwechsel zwischen Wilhelm Dilthey und dem Grafen Paul Yorck von Wartenburg (Philosophie und Geisteswissenschaften, Band 1)*, Max Niemeyer, Halle a. d. Saale 1923, S. 71. もっとも、ヨルクの目指すものは「存在」ではなく、あくまで「生」であり、また「思考」の背後へ遡ることである。Vgl. Graf P. Yorck von Wartenburg, *Bewußtseinsstellung und Geschichte. Ein Fragment aus dem philosophischen Nachlaß*, I. Fretcher (hrsg.), Felix Meiner, Humburg 1956, 2. Aufl., 1991, S. 7,

9; F. Rodi, *Das strukturierte Ganze. Studien zum Werk von Wilhelm Dilthey*, Velbrück Wissenschaft, Göttingen 2003, S. 239.

（25）Vgl. *Briefwechsel zwischen Wilhelm Dilthey und dem Grafen Paul Yorck von Wartenburg*, S. 191.

（26）この時期の世界概念の再編にかんしては、第Ⅰ部第二章注（12）を参照。

（27）Plato, *Sophista*, 246a1-e1.

（28）第Ⅱ部第五章第4節参照。

（29）一九二八年講義『論理学の形而上学的な始原諸根拠』では、現存在の身体性における存在と存在者との連関が、「超越」として理解されている。「現存在は、投げられたもの、事実的なものであり、その身体性によって完全に自然の只中にある。そしてちょうど、現存在がその只中にあり、現存在自身がそれに属しているこの存在者が現存在によって超出されるという点に、超越がある。言い換えれば、現存在は、事実的なものとして自然によって取り巻かれたままであるにもかかわらず、超越するものとしては、自然を超えている。超越するもの、自由なものとして現存在は、自然にとっては、何やら見知らぬ者である」（GA26, 212）。自然の内部に存在しながら、それ自身が自然とは異なる者が、現存在である。それゆえ現存在は、自然的存在者を意のままにならない抵抗として経験する。現存在の超越に関連させながら、ハイデガーは存在者の抵抗経験について次のように述べている。「超越する現存在は、それに対しては無力なものとして、存在者をその抵抗においてはじめて経験する」（GA26, 279）。

（30）第Ⅲ部第七章第2節参照。

（31）W. Dilthey, *Gesammelte Schriften*, Bd. V, S. 100.（上掲訳書、四九〇頁）

（32）W. Dilthey, *Gesammelte Schriften*, Bd. V, S. 114.（上掲訳書、五〇七頁）

（33）この講義では、もっぱら存在者から見た「無（Nicht）」を強調することによって、その背後の存在論的差異における「無（Nichts）」を際立たせることが試みられている。それゆえ、「絶対的な無（das nihil absolutum）」や「端的な無（das schlechthinnige Nichts）」ではなく、「存在者では無い（Nicht-Seiendes）」という意味での「無さ（Nicht）」が、ここでの「無（Nichts）」である。Vgl. GA27, 332, 392; GA9, 123.

（34）E. Husserl, *Aufsätze und Vorträge (1911-1921)*（*Husserliana*, Bd. XXV）, T. Nelson und H. Reiner Sepp（hrsg.）, Martinus Nijhoff, Dordrecht/Boston/Lancaster 1987, S. 41, 43, 47.　もっとも近年では、フッサールとディルタイ双方の遺稿の公刊にともなって、両者の思想的な影響関係の見直しが進みつつある。最近の研究として、以下を参照。榊原哲也『フッサール現象学の

生成　方法の成立と展開』東京大学出版会、二〇〇九年、第Ⅱ部第三章「心と人格の現象学的分析と発生の問題」、二四五—二七六頁。

（35）W. Dilthey, *Gesammelte Schriften*, Bd. V, S. 117.（上掲訳書、五一〇頁）

（36）W. Dilthey, *Gesammelte Schriften*, Bd. VII, S. 290f.（上掲訳書、三二九頁）

（37）W. Dilthey, Die Typen der Weltanschauung und ihre Ausbildung in den metaphysischen Systemen, in: *Weltanschauungslehre. Abhandlungen zur Philosophie der Philosophie*（*Gesammelte Schriften*, Bd. VIII）, Vandenhoeck & Ruprecht, Göttingen 1991, S. 80.（菅原潤訳「世界観の諸類型と、形而上学的諸体系におけるそれらの類型の形成」『ディルタイ全集　第四巻』四九二頁）

（38）*Briefwechsel zwischen Wilhelm Dilthey und dem Grafen Paul Yorck von Wartenburg*, S. 67; vgl. F. Rodi, *Das strukturierte Ganze*, S. 241.

（39）*Briefwechsel zwischen Wilhelm Dilthey und dem Grafen Paul Yorck von Wartenburg*, S. 193.

（40）W. Dilthey, *Gesammelte Schriften*, Bd. V, S. 114.（上掲訳書、五〇六頁）

（41）W. Dilthey, Über das Studium der Geschichte der Wissenschaften vom Menschen, der Gesellschaft und dem Staat, in: *Gesammelte Schriften*, Bd. V, S. 36-41.（上掲訳書、五五七—五六三頁）

（42）なおハイデガーは、初期講義においても繰り返しディルタイの「世代」の概念に言及している。Vgl. GA59, 157; GA61, 161; GA63, 106.

（43）Vgl. M. Heidegger, Wilhelm Diltheys Forschungsarbeit und der gegenwärtige Kampf um eine historische Weltanschauung. 10 Vorträge, S. 175.

（44）W. Dilthey, *Gesammelte Schriften*, Bd. V, S. 39（上掲訳書、五六〇頁）

（45）W. Dilthey, *Gesammelte Schriften*, Bd. V, S. 38（上掲訳書、五五九頁）

（46）M. Heidegger, Wilhelm Diltheys Forschungsarbeit und der gegenwärtige Kampf um eine historische Weltanschauung. 10 Vorträge, S. 175.

（47）M. Heidegger, Wilhelm Diltheys Forschungsarbeit und der gegenwärtige Kampf um eine historische Weltanschauung. 10 Vorträge, S. 176.

（48）第Ⅱ部第五章第5節、第六章第5節参照。

（49） W. Dilthey, *Gesammelte Schriften*, Bd. V, S. 38.（上掲訳書、五五九頁）

（50） W. Dilthey, *Gesammelte Schriften*, Bd. V, S. 113f.（上掲訳書、五〇六頁）

（51） 従来の研究によれば、この「闘争」の概念は、おおよそ四つの含意をもつものとして考えられてきた。時系列的に挙げれば、第一は、原始キリスト教の共同体における含意である。一九二一／二二年の「宗教現象学入門」講義では、「ガラテア人への手紙」に即して、パウロの「闘争」は、「《掟》と《信仰》」との間で「周囲世界に対してキリスト教的な宗教経験を守ること」に向けられていたと述べられている（GA60, 68f., 72, vgl. 138）。第二は、学問共同体における含意である。ハイデガーは、一九一九／二一年に執筆された「ヤスパース書評」のなかで、「闘争は、あらゆる実存の根本形式の一つである」というヤスパースの『世界観の心理学』の言い回しをそのまま引いている（GA9, 25 ; vgl. K. Jaspers, *Psychologie der Weltanschauungen*, S. 257）。また一九二二年の六月二七日付ならびに同年一一月一九日付のヤスパース宛書簡では、ハイデガーはヤスパースを「戦闘仲間（Kampfgemeinschaft）」と呼んでいる（*Briefwechsel 1920-1963, Martin Heidegger : Karl Jaspers*, W. Biemel und H. Saner (hrsg), Vittorio Klostermann, Frankfurt a. M. 1990, S. 29, 33）。第三は、アリストテレスの「ポリス」概念を背景にした相互共同存在における「相互対向関係」の含意であり、さらに第四は、後のヘラクレイトスの「ポレモス」概念の解釈へと展開されてゆく含意である。第一と第二の含意については、以下参照。B. D. Crowe, *Heidegger's Religious Origins : destruction and authenticity*, Indiana University Press, Bloomigton & Indianapolis 2006, pp. 199-203. 第三および第四の政治哲学的含意については、以下参照。小野紀明『ハイデガーの政治哲学』第一章第一節、第二節。とくに五二―五四頁および六一―六二頁注（22）・（23）、六七―六八頁および一〇四頁注（16）、七四頁および一〇八頁注（35）; G. Fried, *Heidegger's Polemos : From Being to Politics*, Yale University Press, New Haven & London 2000, pp. 15-16, 28-29. 第一、第二、第三は初期から、第四は中期以降から、『存在と時間』における共同体の「闘争」の含意を規定しようとする点に特徴がある。それに対して本論では、とくに第三と第四の含意の間に、ディルタイ、わけてもニーチェを背景にした《歴史的共同体》における「闘争」の含意を読みとろうとしている。その理由は、第一に、初期の共同体の含意がいずれも『存在と時間』では時間的・歴史的観点から再編されている点、第二に、その時間的・歴史的観点がディルタイ、わけてもニーチェの影響下にある点、第三に、前述の時間的・歴史的観点に対する転回のなかで、一九三〇年代以降の共同体論が構築されている点である。

（52） KGW3-1, 255.

（53） KGW3-1, 256.

（54） KGW3-1, 289f., vgl. 313.

（55） ニーチェの三種の歴史とハイデガーの時間論との関係については、第Ⅱ部第六章第4節参照。

（56） クロウエは、ブロッホマンへの書簡を手がかりに、「率先垂範」の概念は、パウロに由来する「生きざま（Vorleben）」の概念に遡ると指摘している。B. D. Crowe, *Heidegger's Religious Origins*, pp. 202-203. しかしここでも考慮しなければならないのは、ディルタイ、わけてもニーチェを背景にした《歴史的共同体》の影響である。本章注（51）を参照。なおオスカー・ベッカーの筆記録によれば、一九一八／一九年の『現象学の根本問題』講義で、ハイデガーはいちはやく「率先垂範」の概念に言及している。そこでは、「生の体験」のうちで与えられている「諸地平への現象学的直観への先行的観取（Vorschauen）、率先垂範（Vorausspringen）」は、「学びとられうる」ものではないが、「現象それ自体を生産的に（pro-duktiv）見て取るためには決定的」であると述べられている（GA58, 254f.）。これは「現象学的了解」の第三段階として記述されているが、第二段階は「体験」への「同行（Mitegehen）」や「共になす（Mitmachen）」というディルタイ譲りの概念によって記述されており、両段階が密接な相関関係にあることが窺われる。ハイデガーの「同行」の概念については、第Ⅲ部第七章注（29）を参照。また「同行」をめぐるディルタイとニーチェの関係にかんしては、第Ⅱ部第六章第2節参照。

（57） KGW3-1, 277f.

（58） 第Ⅲ部第七章第4節参照。

（59） この点にかんして本論は、実在論をめぐるハイデガーの解釈の問題点とともに、テキスト経験を超える他者経験の非対称性を指摘した以下の論考から、大きな示唆を得ている。牧野英二「実在性の復権に向けて——ハイデガーによるディルタイの抵抗概念批判をめぐって」『理想』第六六六号、理想社、二〇〇一年、八九—九五頁。

（60） I. Kant, Über eine Entdeckung, nach der alle neue Kritik der reinen Vernunft durch eine ältere entbehrlich gemacht werden soll (1790), in: *Kants Gesammelte Schriften*, Bd. VIII, Walter de Gruyter, Berlin 1923, 250f.

（61） この「信頼」の倫理的含意については、以下を参照。J. Greisch, The "Play of Transcendence" and the Question of Ethics, in: *Heidegger and Practical Philosophy*, pp. 99-116, esp. p. 114f.

（62） 第Ⅱ部第六章第2節参照。

（63） ハイデガーは、一九三四／三五年冬学期講義『ヘルダーリンの賛歌『ゲルマーニエン』と『ライン』』において、へルダーリンの二つの詩から、根源的な歴史的時間を読みとっている。そこでハイデガーが着目しているのは、ディルタイやニーチェの歴史観に対する着目の場合と同様、「山」の比喩である。ヘルダーリンは、「母なる大地に」のなかで、「創造する者の時代」を「山並み（Gebirg）」に例えてこう詠っている。「そしてこの創造する者の時代は／山並みのように／高く聳え、海から海へ／大地をよぎって」（F. Hölderlin, Der Mutter Erde, in: *Friedrich Hölderlin Sämtliche Gedichte*, S. 379）。さらにヘルダーリンは「パトモス」では、創造する者たちの間柄を次のように詠っている。「かくしてあたりにたわわに／時の頂き、最愛の者たちは／近くに住む、憔悴して／限りなく隔てられし山の上に」（F. Hölderlin, Patmos, in: *a. a. O.*, S. 350）。創造する者たちの住むそれぞれの山の頂きは、「天空、すなわち神的なものの領域」のなかへ孤独にそそり立っている。創造する者たちは、それぞれがみずからの「使命」を果たすとともに、互いの者を「根底から理解」しあっている。創造する者たちの根源的な歴史的時間は、こうしたそれぞれの孤独な山並みを流れゆく時間である。しかしそれにもかかわらず、創造する者たちは、そそり立つ山々のあいだの「深淵」によって隔てられている。ハイデガーによれば「彼らの近さとは、深淵の賜物なのである」（GA39, 52）。深淵によって遠く隔てられていることによってこそ、創造する者たちは結びつく。創造する者たちのあいだの《共鳴》は、平坦な大地に集う者たちのなかに生じる安易な分かち合いとは異なり、底知れない「深淵」によって媒介されているのである。そしてこの「深淵」の背後には、さらに「無」や「死」が控えている。「無」や「死」は、創造する者たちを互いに隔てるとともに、平坦な大地に集う者たちにも圧しかかる、歴史的な「深淵」として到来する。「転回」を経て、のちの一九四九年のブレーメン連続講演「有ると言えるものへの観入」では、この「山並み」の含意は、「存在」と「無」を守蔵する「死」として捉えられている。「死は、無の聖櫃（der Schrein des Nichts）として、存在を守蔵する山並み（das Gebirg des Seins）である」（GA79, 18）。無は、存在者ではないが、それにもかかわらず存在するものとしてあり続ける。死は、そうした「無」としての「存在」を守蔵する聖櫃であり、山並みである。ここで聖櫃や山並みなどの詩的形象に託された「死」や「無」は、もはや人間の存在の様態としてではなく、人間に到来する存在のあり方として考えられている。「死は、原存在の本質から出来事として本有化される人間の現存在に属する」（GA79, 56）。創造する者たちを隔て、大地に集う人々に圧し掛かる山々のあいだの「深淵」は、「死」や「無」として本有化する存在の出来事である。大地に集う人々も創造する者も、この「死」と「無」という「深淵」を介してはじめて、共に存在するのである。こうした一九三〇年代の「山並み」の比喩とディルタイやニーチェとの関係、また「転回」以降の後期の「山並み」のもつ「死」や「無」の含意の詳細については、ここでは立ち入ることができない。後者に関しては、以下を参照。W. Marx, *Gibt es auf Erden ein Mass?*, S. 87-108.（上掲訳書、一七二―二〇九頁）; J. d. Mul, *The tragedy of finitude. Dilthey's hermeneutics of life*, T. Burrett (tr.), Yale University Press, New Haven 2004, pp. 306-325. なおムルは、中期以降のハイデガーにも目を向けながら、ハイデガーとディルタイとの相違点を探っている。ただし、ヘルダーリン解釈については立ち入った考察を行っていない。

（64）もちろんハイデガーは、ニーチェが「生に対する歴史の利害について」のなかで、ヘルダーリンに言及していたことを知っていたはずである（KGW3-1, 296）。実際ハイデガーは、若きニーチェのヘルダーリンへの傾倒について、随所で言及している（GA45, 135; GA52, 78; vgl. GA52, 143; 154; GA53, 67）。しかし、若きハイデガーがヘルダーリンの意義を学んださい、ニーチェに劣らず、大きな影響を与えたのは、他ならぬディルタイであったと考えられる。ディルタイ著作集の刊行が始まった一九一四年は、ちょうど後期ヘルダーリンの賛歌が公刊された年でもある。ハイデガーは、ディルタイの影響下にあった一九一九年の講義で、ソフォクレスの「アンチゴネー」の一節を例にして、理論化以前の生き生きとした日の出の体験を説明しているが、そこでは、ヘルダーリンの翻訳が指示されている（GA56/57, 74）。その前年の八月三〇日付の妻エルフリーデ宛書簡では、ヘルダーリンの「ソクラテスとアルキビアデス」の一節「深淵に思いを馳せる者は、生き生きとしたものを愛す」を引用して、ハイデガーはこう述べている。「ヘルダーリンは、いまのところ僕にとって新しい体験になっている――まるで僕は、心の底からはじめて彼に接しているかのようなのだ」（»*Mein Liebes Seelchen!*«, S. 77）。ここからは、ヘルダーリンの詩作が、若きハイデガーにとって、哲学を根底から突き動かす衝撃力をもっていたことが窺われる。ヘルダーリンは、先の一節にこう続けている。「現世を見極める者は、若さの高みを感得する／そして知に傾倒するものはしばしば／ついには美に心傾けるのだ」（F. Hölderlin, Sokrates und Alcibiades, in: *Friedrich Hölderlin Sämtliche Gedichte*, S. 205）。ヘルダーリンにおけるこうした詩作と哲学との関係を的確に見抜いていたのが、他ならぬディルタイである。『体験と詩作』によれば、『ヒュペーリオン』における「詩作は哲学のはじめであり、また終わりである」というヘルダーリンの洞察は、「創造的な力は感激のうちにのみある」ことを意味している（W. Dilthey, *Gesammelte Schriften*, Bd. XXVI, S. 264）。こうしたディルタイのヘルダーリン観は、おそらく若きハイデガーの共有するところであったに違いない。

第九章　自然の解釈学

本章の目的は、初期から中期にわたる自然をめぐるハイデガーの思想を《自然の解釈学》として捉えなおし、根源的自然としてのピュシスの《真理》の意義を究明することにある。

これまで、レーヴィットを嚆矢として、ハイデガーにおけるピュシス（φύσις）概念の規定不可能性が批判されてきた[1]。ところがチョウはこれに対して異議を唱え、ピュシスの存在論的意義の回復を主張するとともに、その解釈方法についての再検討の必要性を訴えた[2]。この指摘を受けてリーデルは、ハイデガーの存在論を、「自然の根源的実在」を問う「自然解釈学（Naturhermeneutik）」の営みとして捉えることを主張した。リーデルによれば、自然の存在、自然的存在者の存在、そしてピュシスへと次第に問いを深めてゆくハイデガーの存在論は、人間と自然との関わりあいを問いなおす新たな解釈学である。この自然解釈学は、「自然美の形而上学」と「人倫の形而上学」を兼ね備えた「形而上学の形而上学」の領域、言い換えれば「別な原初」における「自然の自然性」の領域を考察するのである[3]。このリーデルの主張はきわめて興味深く、また示唆に富んでいる。しかしリーデルは、自然解釈学の具体的な考察方法や、ピュシスの存在論的意義を十分に解明しているとは言いがたい。

『存在と時間』では、本来的な意味での自然的存在者や自然は表立って考察の主題とされていない。しかし本論は、すでに「ナトルプ報告」において、ハイデガーがソフィアやヌースを重視しながら、自然的存在者やピュシスに対する探求の姿勢を打ち出していた点を明らかにしておいた。[4] またハイデガーが、『存在と時間』以後、「メタ存在論」や「形而上学的存在者論」をはじめとして、「全体としての存在者」や「ピュシス」についての考察を行っていることもすでに指摘しておいた。[5] こうした経緯を踏まえるなら、現存在の解釈学のうちには、自然やピュシスの究明をめざす《自然の解釈学》の構想が織り込まれていたと考えることができる。実際『存在と時間』は、現存在の解釈学の目的として、「現存在の存在」だけでなく、「現存在ではない存在者の存在についてのさらなる一切の存在論的究明の地平」の打開をも掲げている (SZ, 37)。現存在の解釈学は、《自然の解釈学》への《反復》をすでに前提しているのである。

この《自然の解釈学》の究明のためには、まず自然やピュシスの意義、および現存在と自然やピュシスとの関係を明確にしておく必要がある。そのうえで、《自然の解釈学》の具体的な方法や、ピュシスの解釈学的意義が究明されなければならない。前者の究明の手がかりとなるのは、『存在と時間』以降一九二〇年代末までの講義であり、他方、後者の究明の手がかりとなるように思われるのは、一九二二年夏学期講義『精選論文の現象学的解釈』である。この二二年夏学期講義でハイデガーは、同年秋の「ナトルプ報告」に先んじて、アリストテレス解釈を行っている。「ナトルプ報告」は、主として『ニコマコス倫理学』に定位して、『存在と時間』の現存在の解釈学へと連なる分析を展開していた。ところが、それに先立つ『精選論文の現象学的解釈』講義は、アリストテレスの『形而上学』から『自然学』についての詳細な解釈を展開している。つまり『ニコマコス倫理学』に定位した現存在の解釈学は、もともと後続する『形而上学』から『自然学』への移行を前提にして生み出されてきたものなのである。しかし従来の研究は、この点をほとんど考慮してこなかった。唯一の例外は、ガダマーである。ガダマーは、「ナトルプ報告」の「真の中心」が『自然学』にある点をいち早く見抜いていた。[6] ハイデガーの解釈学の展開からみて、わけても重要と言えるのは、『自然学』第一巻の解釈、またそこに挟み込まれたパルメニデスの真理論の解釈である。『精選論文の現象学的解釈』講義ならびに「ナトルプ報告」におけるそれらの解釈の成果は、『存在と時間』の解釈学的方法や真理論へと活かされてゆく一方、「転回」を経て、中期以降の「ア・レーテイア」としての「ピュシス」の意義へも引き継がれてゆくことになる。ピュシスを存在と同一視する後のハイデガーの立場を考慮するなら、アリストテレスの『自然学』とパルメニデスの真理論は、現存在の解釈学だけでなく、《自然の解釈学》、ひいては《存在一般》の《解釈学》の方法と真理の源泉をなしているといえる。

もっとも、ハイデガーの自然やピュシスの解釈、またアリストテレスやパルメニデス解釈はきわめて独特であろうえ、ハイデガーの立場の変化におうじて、解釈の位相も大きく異なっている。そのため、各時期の解釈の位相を区別して考える必要がある。そこで最初に、『存在と時間』を中心とする前期の自然の概念を再検討する（第1節）。次いでキネーシスを媒介にして、現存在と自然の接点を究明することにより、自然の解釈に求められる視点を明らかにする（第2節）。そして『精選論文の現象学的解釈』を手がかりに、ピュシス解釈のための解釈学的原理を明らかにする（第3節）。さらにこの解釈学的原理を踏まえて、ハイデガーが「帰納」と呼ぶ解釈学的方法を考察する（第4節）。そこから、ハイデガーのパルメニデス解釈に即して、ピュシスの真理と非真理をめぐる解釈学的思考を究明する（第5節）。以上を踏まえて、最後に、中期のハイデガーの《自然の解釈学》の展開の経緯と、「ア・レーテイア」としての「ピュシス」の意義を明らかにする（第6節）。

第1節　『存在と時間』における自然概念

『存在と時間』の現存在の解釈学は、存在の意味への問いを究明する前段階として、現存在の存在の意味の究明に狙いを絞っている。そのため『存在と時間』は、あくまでも現存在を中心に自然的存在者や自然を解釈していると言える。ところが同時期以降の講義では、原初的自然としてのピュシスについての解釈も見出せる。そこでここではまず、『存在と時間』から一九二〇年代末までを中心に、自然概念とピュシス概念の意義と関連を解明しておくことにする。

『存在と時間』の自然概念は、大きく三つに区分することができる。すなわち、①眼前存在性（Vorhandenheit）としての自然、②道具的存在性（Zuhandenheit）としての自然、そして③いわゆる《生ける自然》の三つである。現存在が平均的日常性において接する自然は、さしあたりは②の自然である。現存在にとって②の自然は、道具を使用する場面において、「原材料（Material）」や「天然資源（Naturprodukt）」として指示されるものとして現れる（SZ, 70）。「獣皮」は身につける衣服のための原材料であり、「鋼鉄、鉄、鉱石、岩石、木材」は「ハンマー、ペンチ、釘」の材料である。「森」、「山」、「川」、「風」といった「自然」も、すべて道具として使用されるかぎりでの「自然」である。「道路、街路、橋、建造物」といった「環境的自然（Umweltnatur）」においても、「自然」はやはり道具的配慮によって見出される（SZ, 71）。

それに対して①の自然は、②の自然の派生形態である。道具の故障などをきっかけにして道具的配慮が破綻し、道具連関が途切れることによって、存在者は道具連関から脱落する。「脱世界化（Entweltlichung）」と呼ばれるこの変容によって、自然はたんなる眼前存在者ないし客体的存在者へと変容する（SZ, 75, 112f.）。これに対応するのが、「理論的考察」の態度である（SZ, 69）。ただし、こうした理論的態度も配慮と無関係ではない。ハイデガーは、伝統的な「理論」と「実践」の区別を無効化する。[7]「実践」にも特有の「視（Sicht）」すなわち「《理論》（»Theorie«）」がそなわり、また「理論的研究」にも特有の「実践」がそなわっている（SZ, 358）。「学問」の理論的態度は、「配視」からの「転換（Umschlag）」をつうじて「生成（Genesis）」するのである（SZ, 357ff.）。この意味での理論的学問は、環境世界を「脱境界化（Entschränkung）」し、「自然」を「客体的存在者の全体」として「主題化（Thematisierung）」する（SZ, 362f.）。理論的学問は、個々の存在者が客体的存在者として発見される以前に、すでに「自然の学問的企投（der wissenschaftliche Entwurf der Natur）」によって、自然の全体を《理論的学問の対象》として開示しているのである（SZ,

363）。

③の自然は、これら①、②の自然とは異なり、「《生ける営み》としての自然（die Natur als das, was »webt und strebt«）」である（SZ, 70）。『存在と時間』は、この③の自然についてはほとんど論じていない。しかし、わずかに言及された箇所からは、この《生ける自然》にそなわるいくつかの特徴が読みとれる。第一に、この自然は現存在にとって被投的である。自然は現存在を「不意に襲う（überfällen）」（SZ, 70）。この自然は、道具や客体的存在者としての自然とは異なるものとして現存在に襲来する。したがってこの自然は、道具的配慮や理論的学問の態度としての現存在の企投を根底から覆す可能性を孕む。第二に、この自然は情態性において開示される。自然は現存在を「風土として魅了する（als Landschaft gefangennehmen）」（SZ, 70）。それゆえこの自然は、現存在にとって、世界や共同存在とともに、実存の事実性として開示される[8]。第三に、この自然は、現存在を包括する。現存在が世界‐内‐存在である限り、この自然もあくまでも「内世界的存在者」である。とはいえ、この自然は「道具的存在者」でも「眼前的存在者」でもなく、現存在を「包み込んでいる（umfängen）」存在者である（SZ, 211）。第四に、この自然は歴史的である。ハイデガーは、先の「風土」としての「自然」を「歴史的」なものとしても特徴づけている。そこでは「風土」と並んで、「植民地、開発地」や「戦場、祭祀場」なども歴史的な自然に数え入れられている（SZ, 388）。第五に、この自然は出来事として生起する。ハイデガーは、自然を「世界‐歴史的なもの（*Welt-Geschichtliche*）」とも呼んでいる（SZ, 389）。自然は、現存在の「世界の生起」であるとともに、道具的存在者や眼前存在者といった内世界的存在者としても「生起」する。これらの生起は、たんなる物理的な位置の変化や運動ではなく、独特な意味をもっている。そこでは《天変地異》も例に挙げられているが、結局のところこの生起一般の運動性格は究明されないまま、「謎」と呼ばれている（SZ, 389, 392）。

ハイデガーは、伝統的な主客図式を退けて、現存在と存在者を「世界‐内‐存在」において一体化した運動状態のうちで捉える。ハイデガーによれば「キネーシス」は、たんなる外界の物理的運動ではなく、世界との一体性において生じる生ないし現存在に固有の運動である。一九二一／二二年冬学期講義『アリストテレスの現象学的解釈』において、「動性（Bewegtheit）」は「事実的生」の「ひとつの原理的規定」であるとされている（GA61, 116）。そこで問題とされているのは、「解釈」によって「生のある本来的運動性」へと突き進み、生が自らを「固有のものとして所有するあり方」である。ハイデガーはこれを「事実性の問題、キネーシス問題」と呼んでいる（GA61, 117）。もとより解釈も、事実的生のキネーシスによって支えられている。事実的生は、自らのキネーシスによって支えられた解釈によって、みずからのキネーシスの解明を遂行する。しかし、事実的生と世界が一体であるかぎり、世界は排除できない。その意味で事実的生の運動は、自己へ向かうにせよ世界へ依存するにせよ、つねに受動的である。「動性（Bewegtheit）」という受動名詞形は、そうした事態を表現している。この事態は、現存在にも当てはまる。現存在と世界の一体性のゆえに、現存在は、解釈をとおしたみずからのキネーシスの解明の途上で、世界と自然の生起によってつねに揺り動かされざるをえないのである。

こうした現存在のキネーシス問題の解明にあたって、まずハイデガーが手がかりとするのは、「テオリア」、「ポイエーシス」、「プラクシス」という『形而上学』における思考の区分である[9]。ヴォルピは、『形而上学』の区分にしたがって、現存在と存在者との関係を次のように解釈している。まず「テオリア」は、「眼前存在者」を対象とする「観察し記述する知の態度」であり、「ソフィア」にあたる。「ポイエーシス」は「道具的存在者」を対象とする「制作的で操作的な活動」であり、「テクネー」にあたる。そして「プラクシス」は「現存在」に属する「自己自身を目的として生じる活動」であり、「フロネーシス」にあたる[10]。この解釈にしたがえば、「テオリア」、「ポイエーシス」、「プラクシス」は、それぞれ①眼前存在性としての自然、②道具存在性としての自然、③《生ける自然》に対応するとひとまずは言える。

とはいえ、本論がすでに論じたように、ハイデガーは『ニコマコス倫理学』第六章の解釈をつうじて、これらの諸能力を複合的な関係のうちで捉えていた[11]。そのため上記に述べたように、①の自然に対する態度は、「理論」すなわち「テオリア」だけでなく、「実践」すなわち「プラクシス」や「フロネーシス」でもある。また②の自然に対する態度も、たんに「ポイエーシス」や「テクネー」にとどまらず、「プラクシス」とも呼ばれる（SZ, 68）。『存在と時間』においても、これら諸能力相互の関係を取りまとめる主たる能力は、プラクシスやフロネーシスに求められている。初期においてすでにハイデガーは、「テオリア」、「ポイエーシス」、「プラクシス」という『形而上学』の思考の区分を考察するにあたって、「プラクシス」を中心に考えていた。「ナトルプ報告」の『ニコマコス倫理学』の箇所の執筆にあたって記されたメモにも、テオリアとプラクシスの密接な関係が指摘されている。「テオレインもプラクシスである！」（GA62, 407）。

もっとも、これもすでに本論が明らかにしたように、フロネーシスやプラクシスも、ソフィアやテオリアへの極限化の傾向のもとで理解されている。究極的な知としての『形而上学』を背景に置いているかぎり、『ニコマコス倫理学』の諸能力は、たんなるフロネーシスにとどまらず、ソフィアやテオリアへの傾向を備えている。ところがそれにおうじて、①の自然も存在論的考察の対象として積極的な意味をもつように思われる。①の自然は、たんなる認識論的対象としての悪しき意味での客体的存在者や、一般的な意味での理論的学問の対象にとどまらない。『存在と時間』は、「現存在的ではない存在者」の地平、「存在者的基礎」へと立ち返る必要性を述べている（SZ, 38, 436）。この「存在者的基礎」はさらに、一九二八年講義で述べられているように、「自然の事実的眼前存在（das faktische Vorhanden-sein der Natur）」へと通じている。「存在が了解のうちにあることは、現存在の事実的実存を前提にしている。そして後者はさらに、自然の事実的眼前存在を前提としている（GA26, 199）。この①の自然への重心の移動は、「メタ存在論」をとおした「基礎存在論」から「形而上学的存在者論」への「転換（Umschlag）」によって行われる。この意味での①の眼前存在者としての自然は、たんなる認識論的対象でもなければ一般的な理論的学問の対象でもなく、両者に先んじる本来的な《存在論的な理論的学問》としてのソフィアやテオリアの《対象》として考えられるのである。[12]

それに対して③の自然は、現存在にとって「限界事例（Grenzfall）」として位置づけられている。「自然は――存在論的‐カテゴリー的な意味で理解されるならば――内世界的でありうる存在者の存在の限界事例である」（SZ, 65）。そのため現存在は、①のうちの認識論的で理論的な自然への態度は言うまでもなく、②の自然への態度によっても、決して③の自然の存在をあるがままに開示することはできない。逆に言えば、③の自然は、いつでも①や②の自然へと変形されてしか開示されないのである。こうした③の自然の性格は、天然資源の事例や、わけても動物の事例に即して見てとることができる。「動物は、世界の内部で飼育されずとも現れているのであり、そしてこの存在者は、飼育される場合にも、ある意味で自己生産をする」（SZ, 70）。さしあたり動物は、②の自然や①の自然でもなく、それ自体はたんに内世界的な存在者として現れている。ところが、現存在のプラクシス＝ポイエーシスの態度のうちで捉えられるやいなや、動物はただちに②の自然とみなされ、自己を制作する存在者へと変容する。おそらくそこから動物は、さらにテオリア＝プラクシスの態度において、例えば生物学の対象として①の自然とみなされうるようにもなる。しかし当然ながら、それらはいずれも③の自然には達しない。生命体であれ非生命体であれ、《生ける自然》の存在それ自体は、現存在のキネーシスから出発する態度においては、どこまでも「限界事例」として、全面的に開示しえない存在者にとどまり続けるのである。

他方でハイデガーは、『存在と時間』の執筆とほぼ同時期の一九二六年の夏学期講義『古代哲学の根本諸概念』では、古代ギリシアにおけるピュシス概念の考察にも取り組んでいる。メルヘンの筆記録によれば、ハイデガーは「自然」と「ピュシス」を峻別している（GA22, 287）。しかし、両者には一定の連関も認められる。そこで以下では、両者の連関に注目しながら、ピュシスの意義を明らかにしてゆこう。ハイデガーによれば、「哲学」は、「存在を存在として決定する原理」を問う「学問」であるかぎり、存在にかんする一切の事柄を「ピュシス」との連関において問わねばならないとされる（GA22, 287）。そのさいハイデガーは、バーネットやヨエル、ラッソンなどを手がかりにしながら、さしあたりピュシスの一般的な意味を三つ挙げている。それによれば、ピュシスの意味は、第一に「つねに存続しているもの（das immer Bestehende）」、第二に「生成するもの（das Werdende）」、第三に「その両者」である

（GA22, 35）[13]。

このうちハイデガーは、第一の意味が「哲学的存在論の意味に最も近い」と述べている（GA22, 35）。アリストテレスの『形而上学』での表現に倣えば、「ピュシスはウーシアの一つの種類」である[14]。ここでハイデガーは、「存続するもの」を「眼前存在者」とほぼ同義で理解している（GA22, 35, 216）。一九二五／二六年冬学期講義『論理学』によれば、「常に眼前に存在するもの（das immer Vorhandene）」とは、「現前性（Anwesenheit）」、すなわち「ウーシア（οὐσία）」である（GA21, 71）。『存在と時間』によれば、ウーシアとは「恒常的に滞在すること（*ein ständiges Verbleib*）」という意味の存在者の様態である（SZ, 92, 96）。こうした言い回しからも窺えるように、ハイデガーは、ウーシアを滞在し続け、存続し続けるという動態に着目して理解している。ピュシスの第一の意義は、このような恒常的存続としての(a)ウーシアである。ただし、この場合のウーシアは、最も一般的な意味での自然、広義の意味での自然である。『現象学の根本問題』講義によれば、「眼前存在性」は「最も広い意味における自然の事物の存在様態に該当する名称である」（GA24, 36）。『古代哲学の根本諸概念』でも、「現前性」としての「自然的存在者（φύσει ὄντα）」のうちに「運動性」が認められている（GA22, 171）。先に見たように、『存在と時間』における眼前存在者の概念のうちには、いわゆる科学的対象としての存在者や数学的実在なども含まれていた。したがって、それらを含めた最広義の①眼前存在性としての自然が、(a)ウーシアであると言える。

とはいえハイデガーは、単純にピュシスとウーシアを同一視しているわけではない。ハイデガーによれば、むしろピュシスの根本意義は「おのれ自身から常にすでに存在する（von ihm selbst her immer schon sein）」である（GA22, 216）。ハイデガーによれば、「常にすでに（immer schon）」は「原因」（Ursache）を、また「おのれ自身から」すなわち「そこから（Von-wo-aus）」は、「アルケー（ἀρχή）」を意味している（GA22, 36, 34, 215, 217）。この原因・アルケーは、存在者の生成と存続を可能とする「原初（Anfang）」、つまり自然のゲネシスとウーシアとをはじめて可能とするような始元的原因を意味している。したがって、ピュシスの第二の、そして本来的な意義は、(b)アルケーであると言ってよい。

また上記で第二に挙げられた「生成するもの」としての意味は、『古代哲学の根本諸概念』では、(a)のウーシアの対立概念として位置づけられるにとどまり、ピュシスの意義としては積極的に考えられていない（GA22, 35）。『存在と時間』における理論的学問の態度において見たように、「生成」は現存在の知の存在様態である。もっとも、この時期のハイデガーは、基本的に現存在にかぎらず、生一般の存在様態として「生成」を捉えている。アリストテレスの『霊魂論』によれば、「生き物（ζωή）」は「生成（γένεσις）」と「自己運動（κίνησις δι᾽ αὐτοῦ）」をそなえた「自然的物体（σῶμα φυσικόν）」である。[15] ハイデガーはこれを敷衍しながら、次のように述べている。生き物は「アルケーとテロスをおのれ自身のうちに、おのれ自身から（von ihm selbst her）そなえ、成長し（wachsen）、自活し（sich erhalten）、おのれ自身において滅ぶ」（GA22, 187）。本論ではすでに、ハイデガーが基礎存在論を超える《最広義の現存在の存在論》として『霊魂論』を理解していた点を指摘しておいた。[16] 生成＝ゲネシスは、現存在を含めて、アルケーを自らのうちにそなえた生命体一般の運動なのである。しかしここでは、さしあたり(c)ゲネシスもピュシスの第三の意義として挙げておくことにしよう。

『存在と時間』以降、次第に前面に登場してくるのが、「全体としての存在者（das Seiende im Ganzen）」である。すでに一九二四／二五年講義『ソフィスト』においても、「全体としての存在者、すなわち自然」と述べられており、自然と全体としての存在者は同一視されている（GA19, 222）。ただし、この全体としての存在者は、『存在と時間』の自然の概念とは必ずしも合致しない。むしろこの全体としての存在者は、ピュシスを意味するものと考えられる。全体としての存在者への重心の移動は、先に述べたように、「メタ存在論」をとおした「形而上学的存在者論」への「転換」の運動によって導かれている。現存在は、この「転換」をとおして、超越によって被投性へと遡行する。それと同時に、現存在は全体としての存在者にも目を向けるようになる。筆者の見るところ、この「メタ存在論」や「形而上学的存在者論」によって際立たせられる「全体としての存在者」は、二つの自然概念を主題化するものとして考えられる。一つは、ソフィアやテオリアなど、先に本来的な《存在論的な理論的学問》の《対象》として述べておいた意味での①の自然である。しかし他方でこの自然は、現存在にとって被投的であるかぎりで、③の自然でもある。一九二八年講義では、超越における現存在と自然との関係について次のように述べられている。「現存在は、事実的なものとして自然によって取り巻かれたままであるにもかかわらず、超越するものとしては、自然を超えている。超越するもの、自由なものとして現存在は、自然にとっては、何やら見知らぬ者である」(GA26, 212)。『存在と時間』では、③の自然が現存在の側から「限界事例」として描き出されていた。それに対して、ここでは逆に現存在が③の自然の側のから《異質なもの》として位置づけられている。メタ存在論の転換の運動は、①の自然ばかりでなく、③の自然をも含むピュシスへの視野を切り開くのである。

そして「メタ存在論」を経た一九二〇年代末に、ピュシスの概念は大きな曲がり角を迎える。その変化はとくに(b)アルケーの意義の変容、そして(c)ゲネシスの意義の重視に窺える。ここでの重心は、現存在のキネーシスよりも、ピュシス自体のキネーシスにある。一九二九年夏学期講義『ドイツ観念論と現代の哲学的問題状況』や一九二九/三〇年冬学期講義『形而上学の根本諸概念』におけるピュシスの規定には、そうした変化がはっきりと見てとれる。ピュシスは、動植物の成長や発生消滅といった存在者的次元にとどまるものではない。ピュシスは「成長(Wachstum)」ないし「成長すること(Wachsen)」として、「四季の移り変わりの真っ只中で、その移り変わりに支配されているような出来事」、「昼夜の交代の真っ只中での出来事」、「また嵐や気象や自然の猛威による天体の移り行きの真っ只中での出来事」であり、そして「これら全てが一つに集まったもの」である(GA29/30, 38)。こうした全体としての自然の成長として、ピュシスは「天空(星辰)、海、動物と植物の成長」といった個別の自然的存在者をとおして現れてくる(GA28, 24)。またピュシスは、現存在の被投性と表裏一体のものとして、現存在をくまなく包み込んでいる存在者として位置づけられている。ピュシスは「我々が生誕して以来そこへと知らないうちに迷い込んでいるあらゆる存在者、そしてその只中で我々はそれによって育ち、現に－あるようなあらゆる存在者」である(GA28, 23)。こうした点を踏まえて、ハイデガーはピュシスを「全体としての存在者が自己自身を形成する支配（sich selbst bildenden Walten des Seienden im Ganzen）」と呼ぶ（GA29/30, 38）。ここでは「支配」や「成長」・「形成」が、いずれも「支配する（ἄρχειν）」、「自己自身を形成する」といった動態において捉えられていることが見てとれよう。それに対して「眼前的な存在者という意味での自然は、無世界性（Weltlosigkeit）という性格をもつ」とも言われてもいる（GA29/30, 514）。

このように見てくるなら、ハイデガーは、キネーシスに着目しながらも、現存在からピュシスへと視点を移動させながら、ピュシスの意義の重心を(a)ウーシアから(b)アルケーへ、そして(c)ゲネシスへと変化させていると言える。『存在と時間』における自然概念は、現存在にとって、どこまでも内世界的にとどまる自然概念であった。それに対してピュシスは、それ自体独自のキネーシスを備えて現存在を被投性から包み込んでいるかぎりで、自然の根拠をなす概念と言ってよい。しかもピュシスは、狭く認識論的な意味での自然の根拠にとどまらず、古代ギリシア以来、現存在にとってつねにすでに存在するものとして、自然の歴史的根拠でもあると考えられる。もっとも前期では、こうしたピュシスのキネーシスも、最終的には現存在のキネーシスに基づけられている。現存在のキネーシスは、こうしたピュシスのキネーシスを表裏一体のものとして織り込んだ企投である。「企投において、存在者の存在が存在者のそのつどの可能的な拘束性の全体において支配するようにさせる（Waltenlassen）ということが生起する」（GA29/30, 530）。現存在は、すでに現に存在するピュシスの存続や支配や生成を被投性において引き受けながら、世界を企投しているのである。

第2節　自然の解釈学の視点

こうした自然とピュシスについてのハイデガーの解釈は、基本的に一九二一／二二年冬学期講義『アリストテレスの現象学的解釈』における「存在者とその存在意味の問題（オン—ウーシア—キネーシス—ピュシス）」という図式に則っていると考えられる（GA61, 112）。ハイデガーの解釈は、オンからピュシスへと進みながら、キネーシスの重心をピュシスへと移動させている。そしてその重心の移動のうちで、一見異質にも見える①と③の自然概念が、現存在の被投性において結びつくのである。一九二九年の『根拠の本質について』によれば、「自然の問題のための基礎」は、「情態性（被投性）」を含めた「関心の十全な統一」のうちにある（GA9, 155f., Anm. 55）。したがって、自然の問題に対するアプローチは、まずは「情態性」ないし「振る舞い（Verhalten）」や「滞在（Aufenthalt）」といった現存在のキネーシスのうちに求められると言える[17]。

他方、これに対して、企投のキネーシスから出発して「振る舞い」や「滞在」へと向かうアプローチを考えることもできる。というのも、情態性や被投性は、企投と分かちがたく結びつき、「被投的企投」において《関心の十全な統一》を形づくってもいるからである（SZ, 148）。このアプローチは、被投性への深化のなかでピュシスを考察してゆこうとするハイデガーの姿勢に反するような迂路に思えるかもしれない。しかし筆者の見るところ、ピュシスを《解釈》するための思考を見定めるには、企投の側面を度外視することはできないように考えられる。とはいえ、その場合でも情態性や被投性が軽視されるわけではない。むしろ、情態性や被投性も、企投とのいっそう緊密で《十全な統一》において捉えなおされる必要がある。そこではじめて、《自然の解釈学》の出発点も見定められるようになるはずである。

そこでまず手始めに、被投性において①と③の自然概念を結びつけている現存在のキネーシスを究明することからはじめたい。本論はすでに、ソフィアのキネーシスが、二つの自然概念を結びつけるものであることを示唆しておいた[18]。しかしソフィアは、究極的にはヌースによって導かれている。では、二つの自然概念の結びつきのなかに、ヌースの契機を見出すことはできるだろうか。

①の自然は、現存在のキネーシスの極限において、③の被投的で情態的な自然と重なっている。両者を結ぶ共通点

は、必ずしも明瞭ではない。しかしさしあたり両者の共通点のひとつとして、「押しつけがましさ（Aufdringlichkeit）」を挙げることができるだろう。道具連関から脱落した道具的存在者は、使用不可能なものとしての「押しつけがましさ」を備えて、客体的存在者としての様相を呈して現れてくる（SZ, 73ff., 81）。他方、「不安」の情態性においても、「内世界的存在者」の「無意義性」に基づいて、「世界はその世界性においてなおひたすらつきまとってくる（sich aufdrängen）」（SZ, 187）。「不安」は、「暗闇」においてでなくとも生じるが、ましてや「暗闇」においては「世界」は「いっそう押しつけがましく（*noch und aufdringlicher*）《現》に存在する」（SZ, 189）。その場合の「世界」は「世界－内－存在」自身である（SZ, 186）。道具的存在者が道具連関を離れて①の自然へと移行するとき、その存在者は《眼前存在者》のような「押しつけがましさ」を帯びる。また無意義性としての世界も、①や②の自然とは絶対的に異なるものとして③の自然へと限りなく接近するとき、やはりあたかも《眼前存在者》のような「押しつけがましさ」を帯びてくる。①と③の自然は、いずれも《眼前存在者》のような「押しつけがましさ」を備えて、現存在の注意を引くものなのである。

もちろん両者は、異なる存在者の様相である以上、単純に同一視はできない。しかしここで見逃してはならないのは、ハイデガーが両者の眼前存在者的な《押しつけがましさ》を、いずれも現存在のヌースとおぼしきキネーシスによって記述している点である。前者の道具連関を離れた存在者も、また後者の無意義な世界も、けっしてたんに眼前に静止している存在者ではない。そう見えるのは、あくまで見せかけだけである。静止状態においても、両者は運動を継続している。両者は、具体的な目的をもった実践的な配慮的交渉から離脱しているために、より多く現存在の注意の目を引きつける。両者は現存在が注意の目を向け続けるという運動のうちで、運動を継続しているのである。

前者の場合、注目の運動は、プラクシス＝ポイエーシスから「生成」し、道具的で制作的な配慮的交渉からは離脱したテオリア＝プラクシスである。ただしこの存在者は、学問研究という目的のもとで現存在の注意の目を引く可能性をもっている。後者の場合は、注目の運動は「不安」の情態性から「生成」する。この点にかんしては、初期において「パトス」が、世界‐内‐存在としての様態を「変容（Umschlagen）」ないし「生成」する「運動（Bewegung）」として特徴づけられていたことが思い起こされてよい（GA18, 171, 192, 195, 197, 199）[19]。もっともそこでは、パトスが「知（*Wissen*）」ではなく、「情態的にあること（*Sichbefinden*）」である点が強調されている（GA18, 262）。パトスは確かに、伝統的な意味でのヌースやテオリアとは異なる。とはいえ、ハイデガーは、ヌースやテオリアの《光》を携えて、世界を《開示》する役割をパトスに認めている。というのも、パトスは、現存在が第一義的に世界へと定位する場合の「根本可能性」として、「世界‐内‐存在」を「解明（Aufhellung）」するとも呼ばれているからである（GA18, 262）。初期ハイデガーの言い回しを借りれば、パトスもヌースを分有した能力として、《アルケーを真実化にもたらす》キネーシス、すなわち《アレーテウエイン》のキネーシスなのである。

『存在と時間』は、こうして実存論化されたパトスとしての「不安」を「際立った開示性（ausgezeichnete Erschlossenheit）」と呼んでいる（SZ, 184）。「不安」のパトスのキネーシスにおいては、「内世界的に発見された趣向全体性」すなわち道具的配慮の連関はおのずと崩落する（SZ, 186）。パトスは、有限な現存在の極限的キネーシスとして、世界の全体に対してより多く注意の目を向けるヌースであり、テオリアである。それゆえ不安のパトスの《暗闇》も、ヌースの《光》に照らされていると言える。こうしたパトス＝テオリアによる③の自然の開示は、筆者の見るところ、一九二九年の『形而上学とは何か』の「不安」についての有名な一節に読みとれるように思われる。「不安の無の明るい夜（die helle Nacht des Nichts der Angst）においてはじめて、存在者を存在者として開示する根源的な開性（Offenheit）」が生じる（GA9, 114）。『カント書』でも述べられているように、この「存在者としての存在者（ὂν ᾗ ὄν）への問い」から「全体における存在者への問い」が生じてくる（GA3, 222）。現存在を世界に対する一切の具体的で実践的な配慮から離脱させ、世界そのものへと注意を向けさせる「不安」のパトスのキネーシスにおいてはじめて、世界は生ける自然として開示され、現存在の眼前に立ちはだかってくるのである。

このように見てくるなら、①と③の自然概念はいずれも、ヌースのキネーシスにおいて開示されると言える。ただしその場合のヌースは、伝統的な意味での「直観」や「思考」ではない。ハイデガーが述べているように、このヌースは現存在のうちなる「自然の光（lumen naturale）」としての「明かり（Licht）」としての「開示性」のことであり、現存在の了解によって構成され、現存在の存在全体を貫いている「視（Sicht）」のことである（SZ, 133, 146）[20]。この「視」の意味でのヌースが、パトスとしての情態性、プラクシス＝ポイエーシスとしての実践的行為、フロネーシス、テオリア＝プラクシスとしての理論的学問の態度をはじめ、あらゆる現存在のキネーシスを貫いて、ピュシスへと通じている。もとよりこのヌースの「視」も、「好奇心」のように日常性への頽落傾向を備えてもいる（SZ, 170）[21]。しかしそうした派生形態が可能になるのも、そもそもヌースの「視」が、ピュシスへと注意の目を向けさせる第一義的なキネーシスだからなのである[22]。

ヌースのキネーシスは、現存在にとって両極に位置する①と③の自然概念を結びつけ、ピュシスへの通路を切り開いている。この点を踏まえるなら、現存在の関心を統一し、自然の解釈のための視点を形づくる現存在のキネーシスも、ヌースに求めることができると考えられる。そこで以下では、ヌースを中心にして、現存在の関心の統一的なキネーシスを明らかにしてゆくことにしよう。ただしそのさい、自然的存在者との関係を考慮に入れて考察を進めることにする。というのも、内世界的存在者のなかでも自然的存在者は、現存在の存在の統一としての関心とピュシスの境界線上に位置していると考えられるからである。

ハイデガーは、『存在と時間』において、現存在の全体存在可能としての「関心」を「終わりへ向かう存在（Sein zum Ende）」と表現している（SZ, 245, 250）。「終わりへ向かう存在」において、現存在はつねにすでに自らの「終わり」を存在している。現存在は「いつもおのれの終わりを存在する」（SZ, 245）。しかし現存在は、そこで死んでいるわけではない。現存在は、このようにつねに「死」という「終わり」にいたった「存在」として、《存在》の運動を継続している。いわば現存在は、つねに死につつ生きているのである。

この「終わりへ向かう存在」の規定は、アリストテレスの『形而上学』と『自然学』に対するハイデガー独自の解釈を背景にしている。[23] アリストテレスは、『形而上学』において「エネルゲイアはデュナミスに先立つ」と述べている。[24] ハイデガーは、このアリストテレスの規定に対して、現実性よりも可能性を先立たせる。「可能性は現実性よりもより高いところにある」（SZ, 38）。ハイデガーによれば、客体的存在者に対する存在了解においては、可能性よりも現実性が優先する。それゆえハイデガーから見て、アリストテレスの『形而上学』は、客体的存在者に対する存在了解に基づいていることになる。それに対して、現存在の存在了解においては、現実性よりも可能性が優先する。「実存範疇としての可能性は、実存範疇として、現存在の最も根源的で究極的な積極的規定性である」（SZ, 143f.）。現存在が存在するということは、可能性を存在することと同義である。「了解は、企投として、現存在がみずからの可能性を可能性として存在するという存在様態である」（SZ, 145）。したがって、死への先駆としての企投においては、「死」という「終わり」は現存在にとって究極の「可能性」になる。「死への存在としての可能性への存在は、この存在において、この存在にとって、死が可能性として露わになるというありさまで死へと態度をとるはずである」（SZ, 262）。この場合の「可能性としての死への存在の極限的な近さは、現実的なものからは可能な限り遠い」（SZ, 262）。したがって「死」という「終わり」は、可能性としての可能性、極限的な可能性としてのデュナミスである。現存在は、可能性としての可能性である死を生きる者、デュナミスとしてのデュナミスのエネルゲイアを生きる者なのである。

ハイデガーは、アリストテレスの『自然学』のキネーシスの規定を導入することによって、こうした「終わりへ向かう存在」を規定していると考えられる。アリストテレスは『自然学』第三巻において、「可能的なものとしての可能的なものの現実態（ἐντελέχεια）が運動である」と規定している。[25] そこでアリストテレスは、青銅から像が生じる場合を例にとって説明している。青銅は、像へ向かう「可能的なもの」である。ただし青銅は、それ自体としてはたんなる青銅にとどまり、運動はしていない。また像が完成してしまったときには、「可能的なものの現実態」が成り立つため、そこにも運動はない。それに対して、像となる「可能的なもの」としての青銅が、動くことの「可能なもの」として像になりつつある段階には、運動がある。まさしく運動は、デュナミスとしてのデュナミスのエネルゲイアなのである。この点で見るかぎり、ハイデガーはアリストテレスときわめて近い。とはいえ、両者は単純に一致するわけではない。ハイデガーも『古代哲学の根本諸概念』講義のなかで、このアリストテレスの運動の定義を取り上げているが、そこでは「存在とは被制作性である」という批判的テーゼが立てられている（GA22, 172）。ここでハイデガーは、アリストテレスのキネーシスの規定におけるテクネー優位を批判しているのである。

しかしここで重要なのは、客体的存在者か現存在かというたんなる対象の相違ではない。問題なのは、存在了解それ自体の相違である。そこで『古代哲学の根本諸概念』講義を手がかりに、上述の議論を再検討してみよう。この講義でもハイデガーは、存在者と人間の態度との一体性において、アリストテレスのキネーシスの定式を読み解いている。そこでは「自然的存在者（φύσει ὄντα）」は、「眼前存在性（Vorhandenheit）」ないし「現前するもの（Anwesende）」として規定され、それらのデュナミスとエネルゲイアを人間の態度におうじて区別している（GA22, 171-175）。ここでは『存在と時間』に比べて、「眼前存在者」としての枠組みは広く設定されている。先の整理に従えば、ここでの自然的存在者の存在は、①と③の自然概念にまたがるⓐウーシアである。ブレッカーの筆記録によれば、「デュナミス」はこの「すでに眼前に存在するものの特徴」である（GA22, 322）。というのも、自然物も道具も、潜在的に人間の使用のための《待機状態》にあると考えられるからである。そのためハイデガーは、デュナミスを「……への待機状態（Bereitschaft zu...）」と訳している（GA22, 322）。この段階で自然的存在者のデュナミスは、例えば「木材」として、すでに「材料」として「押しつけがましく迫ってくる」。実際の制作段階に入ると、自然的存在者はさらにそれ自身として「本来的に押しつけがましく迫ってくる」（GA22, 322）。ここから、先に『存在と時間』において「押しつけがましさ」と呼ばれていたものが、実は「エネルゲイア」の訳語として考えられていたことがわかる。存在者が現存在の目の前に差し迫ってくる現前化、それがデュナミスからエネルゲイアへのキネーシスなのである。

ハイデガーによれば、アリストテレスがこうしたキネーシスのエネルゲイアをはっきり見てとったのは、「生きている存在者」すなわち「生き物（ζωή）」においてであった（GA22, 323）。「みずからを動かすということは、押しつけがましさの、つまり眼前存在者の現前性のより高次の様態である」（GA22, 323）。なぜ生き物は、際立ったエネルゲイアを備えているのか。手作業や制作などの態度は「テロス」を外部の「作品」にもつが、生き物は「テロス」を自らのうちにもつ（GA22, 323）。生き物は、自己自身を目的としてつねに運動を行っている。「ある物が動くという場合、それは現象上次のことを意味する。すなわち、ある物が静止している場合と比べて、はるかに本来的に、自分自身から（von ihm selbst her）、自らが存在しうるものにおいて（in dem, was es sein *kann*）、自分自身を押しつけてくるということである」（GA22, 323）。生き物は、それ自体のデュナミスにおいて、自己自身のテロスをめざしてつねに循環運動を継続しており、エネルゲイアの状態にある。この点では、自然的存在者と現存在は同一である。そのため、『存在と時間』においてハイデガーも、「雨」や「果実」などの自然的存在者を例にしながら、現存在の「終わりへ向かう存在」を説明することができたのである。「果実」の「成熟」の場合、「未熟」は果実の「固有の存在様相」であり、その「未然（Noch-nicht）」は「果実自身の存在のなかに引き入れられている」のである（SZ, 254）。

しかしハイデガーは『存在と時間』では、現存在と「生命」とを峻別している（SZ, 245）。この区別の基準は、アリストテレス解釈から見るとき、二つある。第一は「共同性」である。ハイデガーは、『ニコマコス倫理学』にならって、行為する者としての人間の生を「ゾーエー」とは区別して「生命（βίος）」として特徴づけ、これを「実存」とも呼んでいる（GA22, 312）。そこでは、「人間固有の可能性」は「共同体の生（βίος πολιτικός）」であると規定されている。現存在の存在とたんなる「生命」を峻別する『存在と時間』の区別にしたがえば、人間のビオスは、ゾーエーと区別されねばならない（SZ, 50）。この点でいえば、ゾーエーから区別されるビオスとしての現存在のキネーシスの中心は、プラクシスないしフロネーシスのキネーシスであると言える。

とはいえ、人間のキネーシスは、共同体の生だけにはとどまらない。というのもハイデガーは、アリストテレスにならって、「最高度の存在様態」を「ヌース」と「テオリア」であるとも述べているからである（GA22, 312f.）。ここでは、ヌースとテオリアは、単純に「人間」と「生命」とを区別する基準ではない。ヌースとテオリアは、一方で

「生命」としての「人間」を特徴づけ、また他方では「神」と「人間」を区別する基準であると言える。というのも、ハイデガーは「思考（νόησις）」は「生き物（ζωή）」であるとも述べているからである（GA22, 178）。そこで注目すべきは、「思考の思考（νόησις νοήσεως）」についてのハイデガーの解釈である（GA22, 329）[26]。ハイデガーによれば、アリストテレスは、「運動の理想」を「永遠に動くもの」による「円運動」として考えている（GA22, 327）。「永遠に動くもの」としての「不動の動者」は、たえず自己自身を思考しており、そこで完結し、純粋なエネルゲイアに達している（GA22, 329）。これは、ハイデガーがしばしば用いる「見る（Sehen）」と「見た（gesehen haben）」という図式から理解することができる（GA22, 328; vgl. 175）。歩行の場合、テロスの目的地に達すればキネーシスは終わる。それに対して、「見る」というキネーシスは、ただちにそのテロスに達して、「見た」というエネルゲイアになる。「ナトルプ報告」で述べられているとおり、「見たは見ることと同時」なのである（GA62, 386）。

　ところがハイデガーによれば、「永遠の運動自体の存在論的解明」という観点からみれば、「思考」は「生き物（ζωή）」である（GA22, 178）。生きているものは、自己自身のテロスをめざしてつねに循環運動のうちにあり、そしてその最も高度な存在様態として、自己自身を思考するという循環運動のうちにある。そこでは思考の運動は、つねに継続中である。ハイデガーがしばしばアリストテレスの『自然学』にしたがって強調しているように、キネーシスそれ自体は「終わりがない（ἀτελής）」[27]。ところがそれに対してアリストテレスの場合は、不動の動者は、「終わりがない（ἀτελής）のでもなく、キネーシスでもなく」、純粋なエネルゲイアのうちにある（GA22, 178）［傍点は引用者による強調］。ハイデガーによれば、不動の動者は実のところ「あらゆる運動との連関の外部に立っている」のである（GA22, 330）。

　不動の動者とは異なり、人間のキネーシスは、終わりがない。すでに論じたように、「ナトルプ報告」によれば、「ヌース」は「まさに——終わりにいたった（zu Ende gekommene）運動として——はじめて運動である」ような極限化された《運動》であり、「生が意のままにする最も純粋な動性」であると述べられている（GA62, 386, 389）[28]。『古代哲学の根本諸概念』でも、「静止は運動の限界事例（Grenzfall）である」と述べられている（GA22, 323）。このような終わりのないヌースという意味で、「本来的存在者はヌースの存在の様式を持たねばならない、つまりノエシスでなければならない」のである（GA22, 328）。人間は、たえず自己自身の「テロス」としての「終わり」を思考しながら生きている。そのかぎりでは、人間はエネルゲイアの状態にある。先の「自然的存在者」の例にならって言えば、現存在の思考と生にとって、現存在自身は《死への待機状態》においてたえず《押しつけがましく迫ってくる》。ただし、現存在の思考と生が、この《死への待機状態》を具体的な処理対象として配慮するなら、『存在と時間』で述べられているように、たんなる「《死への思案》（Denken an den Tod）」へと転じる（SZ, 261）。それに対して「死への存在」では、「死」はデュナミスとしてのエネルゲイアとなる。「死への存在」において決意した現存在は、「死」の「可能性は、弱められることなく可能性として了解され、可能性として発揮され」、「可能性として耐え抜かれなくてはならない」（SZ, 261）。そのかぎりで、人間の思考と生のエネルゲイアは、デュナミスであり続ける。この両義性が、人間の思考と生のうちに横たわっている。生き物としての人間に固有の思考は、終わりのないキネーシスとしていつまでも継続され、したがってエネルゲイアのうちにつねにデュナミスを孕み、テロスを備えながらも完全なテロスには達することがない。このような意味で、現存在の「終わりへ向かう存在」のキネーシスは、「死」という「終わり」へ向かいながらも、その無的な「可能性」にどこまでも支配され、途上としての全体性において自らを全うすること、すなわち「終わりなき現実態（ἐνέργεια ἀτελής）」であると考えられる[29]。

この「終わりなき現実態」は、ビオスだけでなく、ゾーエーをも含んだ現存在の最も基礎的かつ最も高度な規定である。それゆえ「終わりなき現実態」は、現存在のすべてのキネーシスを統一し、したがって「関心」を統一する規定として考えることができる。現存在は、ゾーエーという自然的存在者の身分において、ヌースをとおしてピュシスに接するのである。

もっとも、現存在がヌースをとおして自らの死を思考し抜くことを決意したとしても、やはりピュシスは人間とは無関係に、人間の死の彼方に、揺るぎなくおのずから現前するものとして現れる。ハイデガーが、一九二七／二八年冬学期のカント講義において述べた次の言葉は、それを象徴的に示していると考えられる。「しかし自然は、内世界的に出現することがなくとも、つまり人間的現存在が実存しなくても、したがってまた世界が実存しなくても、その独自の様態において大いに存在することができる。そして、自然はそれ自身から眼前に存在する（*von sich aus* vorhanden sein）がゆえにのみ、現存在に対して世界の内部で出会われることもできる」（GA25, 19）。これまでの考察を踏まえれば、ここで描かれている自然が、もはやたんなる《死せる自然》としての眼前存在者ではないことは明らかである。前節で明らかにしておいたように、「それ自身から」という表現は、アルケーを意味している。ピュシスは、自らのそなえたテロスとしてのアルケーにおうじて、生成する。それに対して人間は、ヌースをとおしてピュシスのキネーシスに注意の目を向け、その圧倒的な現前化を思考するのである。

それゆえピュシスへ向かう視点は、ヌースに求められなければならない。ハイデガーによれば「視」は、「存在者と存在へのあらゆる通路を一般に通路として特徴づける」形式である（SZ, 147）。ヌースを視点としてはじめて、ピュシスをピュシス《として》解釈するための通路は切り開かれるのである。しかし『存在と時間』の解釈学は、伝統的存在論における存在了解への批判に加えて、現存在の存在の解明にもっぱら特化しているために、ピュシスを解釈するための通路はきわめて見えにくくなっている。その点ではむしろ、『存在と時間』以前の初期の解釈学のうちに、ピュシスを解釈するための豊かな発想が残されていると考えられる。そこで次に、『精選論文の現象学的解釈』講義ならびに「ナトルプ報告」に遡って、《自然の解釈学》の原理を究明することにする。

第3節　自然の解釈学の原理

『精選論文の現象学的解釈』講義は、「アリストテレス存在論」の「原理的な理解を獲得すること」を狙いとしている（GA62, 12）。ハイデガーは、この講義でアリストテレスの『形而上学』と『自然学』の連関に着目している。前節での考察からも窺えるように、ハイデガーは、現存在のキネーシスを規定するにあたって、『形而上学』におけるヌースを『自然学』のキネーシスへと結びつけていた。「ナトルプ報告」によれば、『形而上学』の解釈は、「哲学」という意味での「純粋な了解の現象への通路」と「その解釈の様態」を究明することを狙いとしている。それに対して『自然学』解釈では、『形而上学』の成果を受けて、「自然」の「具体的なアルケーの探求（die konkrete ἀρχή-Forschung）」を意図している（GA62, 387）。この場合のアルケーは、「動くもの（κινούμενον）が見てとられる場合のそこから（Vonwoaus）」である（GA62, 391）。つまりアルケーは、ピュシスを見てとるための《視点》である。この《視点》自体は人間のものではあるが、人間からピュシスへと押しつけられてはならず、「対象物の事象内容」つまりピュシスから汲み取られねばならない（GA62, 391）。それゆえハイデガーは、『形而上学』のヌースを活かしながら、『自然学』においてピュシスのアルケーをピュシスに即して探求する原理を求めてゆく。ここではまず、ハイデガーの『形而上学』解釈をとおしてヌースのキネーシスを再検討し、そのうえで『自然学』におけるアルケー探求の原理を考察することにしよう。

　ハイデガーの『形而上学』解釈は、哲学的思考の特徴を際立たせることから始まる。「すべての人間は生まれながらに（φύσει）知ることを欲する」[30]。ハイデガーは、『形而上学』冒頭の有名な一文を、次のように翻訳している。「見ることにおいて生きること（Leben）〔見る－可能性において発現すること（Aufgehen）〕への欲求が、人間の〔（存在の）存在にかなった時熟様態〕様態存在（Wie*sein*）をともに構成している（mitausmachen）」（GA62, 17）。ハイデガーは、この独特な翻訳によって、ヌースの特徴を際立たせようとしている。この翻訳に従えば、ヌースの「知ること（εἰδέναι）」は、第一に「見ること（Sehen）」・「注視すること（Hinsehen）」であり、第二に「発現」ないし「時熟」といった《生成》であり、そして第三に人間における生成である。第二の点は、ハイデガーのアリストテレスの翻訳の随所に見出される。例えば、動物が生まれながらに感覚を持って「生まれること（γίγνομαι）」は、「生成すること

（zu werden）」であり、「生起（Geschehen）という存在様態において存在すること」である（GA62, 19）[31]。「感覚（αἴσθησις）」もまた、「認取（Vernehmen）」の「優れた純粋な生成（Werden）」である（GA62, 27）。さらに『形而上学』第二章の最後の部分の翻訳においても、ことさらに生成が強調されている。「われわれがその規定と獲得に尽力している、了解的で知的な解明（das verstehende wissende Erhellung）の〔生にかなった生成（Werden）という意味での〕様態存在（Wiesein）がどのようなものであるかは、（こうして）構成された（ausgemacht ist）」（GA62, 46）[32]。こうした記述から窺えるように、ヌースは、客観的な時系列に沿った生成ではなく、生それ自身に内在する運動としての生成である。ブレッカーの筆記録からは、生成の強調がいっそう明瞭に見てとれる。「見ることにおいて人間は存在し、その存在の様態には生成が属している」（GA62, 305）。このようにヌースは、生それ自身の運動として、見ることとしての知の生成なのである。

しかしまたヌースは、たんなる感覚的な知にとどまらず、ソフィアの知としても生成する。そのさいのヌースの生成は、以前の状態よりもより大きく、より高く、より多い状態に達することを目指す。アリストテレスが語っているように、経験論者よりも、医者のように技術的な理論に長けた者を「より多く知恵ある者（σοφώτερον）」と呼ぶのは、彼らが「より多く見る（μᾶλλον εἰδέναι）」からである[33]。「ソフィアは《より多く見る》の後を追う〔このように《より多く》が増えることによって、ソフィアはおのれ自身を形成する（sich ausbilden）〕」（GA62, 25）。先に『存在と時間』において示したように、ヌースであれパトスであれ、より多く注意の目を向けるとき、そこには広義の《知》が生成しているのである。ここでハイデガーは比較級表現によって、ソフィアの生成の背後に、多様な可能性が潜在していることを示唆しようとしている。この背後の多様な可能性に目を向けることによってソフィアは、それ自体つねに別様に生成する可能性をもつのである。「さまざまに目を転じる」なかで、「別様により《多く》という可能性」が成り立つ（GA62, 57）。ここに示されているのは、解釈学的思考の多様な発生の可能性である。知がこのように多様な可能性を背景に生成してくる限り、知の対象も、そのものとしてはいまだなお可能性にすぎない。それゆえ知は本性的に、そうした可能性へのまなざしをいっそう強化することによってその可能性を現前化し、眼の前にもたらそうとする。アリストテレスが述べているように、知はすべての物事のなかでも最も「基礎的なもの＝基体（ὑποκείμενον）」をその対象とし、それに「最大限に（μάλιστα）」集中しようとするのである。(34)

ところが、アリストテレスによれば、知の背後のこの可能性は、そもそも知ることが「困難なもの（χαλεπόν）」でもある。(35) 知のまなざしは、見通しにくいもの、まなざしを「遮断（Sperrung）」するもののうちに存在している。そのため知は、見てとりやすいもの、身近なものへとまなざしを集中してしまう危険にさらされている（GA62, 66, 74）。ハイデガーはこうした事態を「転落態」と名づけ、その克服の必要性を指摘する。(36) 事実的生は「みずからのもろもろの可能性の転落態――事実性への事実的な堕落――へ向かっておのれ自身を維持し、また追い立てている」。それゆえ「本来的な了解のなかに生きている」ような「注視するまなざし（Hinsehen）にとって、《より多く》というのは、抵抗を克服することのうちに、またその克服によって存在する。抵抗（Widerstand）とは、注視するまなざしの事実的な傾向性が帯びる反動（Widerzug）に他ならない」（GA62, 75）。ここには、ソフィアの逆説的な生成過程が示されている。ソフィアは、見てとりやすい身近なものへと転落することによって、まなざしを閉ざしてしまうべきではない。むしろその転落を見届けることができるよう、いっそう大きく目を見開くこと、まなざしを「最大限に」解放することが、ソフィアの生成には必要なのである。(37)

しかし、このような本来的な知としてのソフィアは、やはり実生活の有用性を目的とするものではない。アリストテレスが述べているように、ソフィアはひたすらに知それ自身を目的とするがゆえに、純粋に「理論的な知（θεωρία）」であり、「最も神的な学（θειοτάτη）」である。(38) ハイデガーが適切につけ加えているように、ソフィアは「他よりも優れたもの」、「最も本来的なもの、最大限のもの（μάλιστα）！」である（GA62, 41f.）。ここでは最も神的な学の対象である「神的なもの」の概念は必ずしも積極的に特徴づけられていない。しかしハイデガーは、この「神的なもの」は「ピュシス」と「運動」から理解されうると指摘している。「神的なものの概念は、アリストテレスにとっては純粋にピュシスから、あるいはピュシスの根本規定から、つまりキネーシスから発生している……それゆえ、キネーシス現象にもとづいてはじめて、神的なものの概念は完全なかたちで理解される」（GA62, 100）。したがって神的なものとは、究極的には、ピュシスのアルケーに他ならない。すでに本論が明らかにしたように、ソフィアの究極的な問題は、人間を取り巻きながらも、人間とはまったく無関係に、それ自体あるがままに存在している自然的存在者であり、またその不断の運動そのものであった。[39] こうした人間との無関係さゆえに、ピュシスは《神的なもの》なのである。

アリストテレスの『自然学』の課題は、こうしたピュシスのアルケーを探求することにある。このアルケー探求を、ハイデガーは、自らの新たな存在論的探求の出発点とみなす。「『自然学』は、さらなる存在論的探求がそのうえに発生する地盤である」（GA62, 119）。しかし、『精選論文の現象学的解釈』講義では、最終的にこの「さらなる存在論的探求」は完結せずに終わっている。というのも、ハイデガーは、ピュシスのアルケーという本来の問題を完全に解明してはいないからである（vgl. GA62, 260）。その代わりにハイデガーは、『自然学』からピュシスのアルケー探求にあたって必要となる原理と方法を取り出している。とくにその原理を示しているように思われるのは、次の一節である。「アリストテレスの『自然学』では、特定の仕方で眺められた存在領域に出会うだけでなく、アリストテレスによるその存在領域の規定が、ひとつの原理的な規定（eine prinzipielle Bestimmung）となっている。しかも、存在論的な根本カテゴリーの形成において、そこで克服されるべき、また確定されるべき問いの立場と方法が、事柄そのもの（《現にあることにおいて（im Da-sein）》、かつて現に－既在したこと（damaliges Da-gewesensein））から語り出されるというやり方がとられている」（GA62, 119）［傍点は引用者による強調］。ハイデガーによれば、生のキネーシスによって、ピュシスの領域は原理的に規定されている。しかしそのさい同時に、ピュシスのアルケーに対する視点と方法は、ピュシスのアルケーという「事柄そのもの」から導き出されている。ただし、ピュシスのアルケーという事柄そのものは、無前提に現存しているわけではなく、「現に－あること」としての《現在》と、「かつて現に－既在したこと」という《過去》の間にある。現在に先行する《過去》のピュシスのアルケー探求が、《現在》のピュシスのアルケー探求の立場と方法のうちにすでに入り込んでいるのである。筆者の見るところ、ここにはピュシスのアルケー探求の解釈学的原理が示されている。つまり、ピュシスのキネーシスのアルケー探求は、現在と過去とを重ねあわせ、そこに共通する事柄自体において言語化される、という解釈学的原理である。

アルケー探求におけるこの時間性を強調するために、ハイデガーは、過去のテキストの存在にまつわる意味や概念の「伝統」や「歴史」の意味に言及している。「このように存在者をその存在意味において表現している諸概念（つまり存在論的な根本諸概念）は、その意味にふさわしい由来をつうじて、それ自身のもとにまったく特定の意味の伝統を携えている——しかも添えものとしてではなく——むしろそれら諸概念がこれから存在することになるようなもの、そうしたものを存在させるものとして、携えているのである」（GA62, 118）。しかし、意味や概念にまとわりつく歴史や伝統は、かえってそれらの真の内容を覆い隠しもする。「こうした諸概念は、それらの意味の伝統を犠牲にして生きているのであり、こうした意味の伝統は（相続されることそのことによって）ますます隠蔽される」（GA62, 118）。アルケー探求は、伝統と歴史の隠蔽に逆らい、真の伝統と歴史のもとにアルケーを獲得しなければならない(40)。こうした意味で、ピュシスのアルケー探求としての『自然学』は、「批判（Kritik）」と呼ばれることになる（GA62, 118）。

ここには、先に「抵抗」や「反動」として特徴づけられたソフィアの思考の可能性への洞察が反映されていることが窺える。ソフィアは、別なものへの思考の可能性を備えながら、まさしくそれゆえに、身近なものへと迷い込む危険性に晒されてもいる。ソフィアは、歴史と伝統の堆積の上に成り立つ身近なものに惑わされるのである。「批判」は、そうした歴史と伝統の堆積に穴を穿ち、真に歴史的な伝統をそなえたアルケーをピュシスのうちに掘り起こすことにある。二年後の一九二四年講義『アリストテレス哲学の根本諸概念』での言い方を借りれば、「批判とは、過去を過去それ自体へともたらすことに他ならない」（GA18, 285）。「ナトルプ報告」において「［アルケー］探求の出発点は、批判であり、しかも原理的な批判である」と呼ばれているのも、こうした歴史的批判を指していると考えてよい（GA62, 391）。こうしてピュシスのアルケー探求は、解釈学的な歴史的批判として遂行されることになる。このような意味で、ハイデガーのピュシスのアルケー探求は、根源的な《自然》についての《解釈学》なのである。

ただし注意すべきは、この「批判」は、単純にハイデガーがアリストテレスを《批判》するという意味ではないという点である。ハイデガーにとって、アリストテレスの『自然学』自体が、ピュシスのアルケー探求のための「批判」を展開している書物なのである。したがってアルケー探求の原理として取り出されるべきは、アリストテレス自身が『自然学』でのアルケー探求にあたって展開した「批判」の原理となる。一見したところ、ピュシスのアルケーの解釈学的探求が、自然そのものを対象とせず、自然について記されたテキストに対する歴史的批判として行われるという点は、奇妙に思えるかもしれない。しかし純然たる《自然そのもの》が存在するという前提は、疑わしい。ハイデガーが、ピュシスの解釈学的探求をとおして批判的に考察しようとしているのは、自然一般、存在者一般の意義における歴史的構成の問題なのである。

ハイデガーは、こうした「批判」の具体的な内実を、『自然学』第一巻から取り出している。そこでまず、アリストテレスの『自然学』第一巻冒頭の議論の流れを確認しておこう。アリストテレスは、『自然学』第一巻を、自然研究における原理を設定することから始めている。第一章では、自然探求の原理が「普遍から特殊へ」と進むものであるとされ、第二章でそれが「帰納（ἐπαγωγή）」として定式化される[41]。その直前では、自然探求の対象が「動くもの」であるという有名な定式がなされ、その「動くもの」が数の上でいくつ「存在する」のかを検討している。第三章では、パルメニデスの「すべてのものは一である」が検討されたうえで、最終的に否定される。第四章では、すべてのものを「無限なもの」へ帰したアナクサゴラスの節が検討されたうえで、これも否定されることになる。ハイデガーは、これらのアリストテレスのテキストをすべて翻訳したうえで、とくに第二章と第三章に即して「批判」の意味を析出している。そのさい重要な役割を果たすことになるのが、パルメニデスの教説である。というのも、ハイデガーによれば「エレア学派に対する批判は、アリストテレスの批判的な方法の交渉性格にかんして、原理的な意義を持っている」からである（GA62, 168f.）。

このハイデガーの解釈の背景には、ナトルプに対する批判が控えている。ハイデガーがこの箇所の解釈にあたって記したメモによれば、シンプリキウスの注釈やボーニッツの解釈は、積極的に評価されている。ところが他方で、ラインハルトのパルメニデス解釈や、とりわけナトルプのアリストテレスやパルメニデス解釈は厳しく批判されている（GA62, 293-297）[42]。ハイデガーによれば、ナトルプは、アリストテレスが『自然学』では「感性的なもの」にとどまっていると見ている。しかし、アリストテレスはピュシスそのものの現象を目におさめ、それを「カテゴリー」へと押し上げようとしている。これを見落としている「ナトルプのアリストテレス批判は、アルケー問題の本当の根本特徴を見落としている」（GA62, 293）。またハイデガーによれば、ナトルプはパルメニデスの立場も正しく捉えていない。ナトルプは、パルメニデスによってピュシスが志向され、やがてアリストテレスがそれを原理的にキネーシスによって把握されたのだと考えている。しかしそこでナトルプは、すべてに先んじて「自然認識や自然科学を、ようするにそうした対象の存在意味を前提」している（GA62, 296）。つまりナトルプは、そもそもピュシスを自然科学的な感性的対象とみなしたうえで、そこからパルメニデスやアリストテレスを理解しようとしているのである。

それに対してハイデガーは、こうした感性的対象としてのピュシスという理解を斥ける[43]。ところがそれにとどまらず、ハイデガーはさらに大胆な解釈を打ち出す。ハイデガーによれば、そもそもエレア学派は自然を「動くもの」として、「ピュシスにしたがって存在するもの」として捉えていた。そうしたエレア学派の「根本把握」をアリストテレスも引き受けている（GA62, 332）。つまりハイデガーは、「動くもの」としてのピュシスの把握は、アリストテレスではなく、エレア学派に端緒があるとするのである。こうしたハイデガーの解釈は、実に奇妙であると言わざるをえない。というのも、哲学史の一般的な通説に従えば、パルメニデスは運動の存在を否定したと考えられているからである[44]。パルメニデスやエレア学派は、運動を否定して存在者を《動かないもの》、《一なるもの》とみなした。それに対してアリストテレスは、パルメニデスを批判して、《動くもの》、《多なるもの》としての存在者への思考を切り開いた。ところがハイデガーは、そうした通説を転倒してしまうのである。このハイデガーの主張は、一見したところナトルプ批判のために打ち出された強引な立論にも思える。

しかし、こうしたハイデガーの独特な解釈の狙いは、アリストテレスの「批判」がパルメニデスと切り結ぶ共通の問題意識を際立たせることにある。ハイデガーによれば、「アリストテレスは、そもそもエレア学派を批判するために彼らにかかわっている」わけではない。むしろアリストテレスは、「エレア学派が事柄のうえで何らかの正しい出発点を持っており、彼らとの対決によって事柄のうえでさらに前進することができる」からこそ、「アルケーの意味を規定する問いにとって何らか積極的に役に立つことがある」という見込みのもとで、考察を行っているのである(GA62, 325)。ハイデガーによれば、アリストテレスは、存在者を《動くもの》、《多なるもの》とする自説をただ単に主張する目的で、パルメニデスを論じているわけではない。アリストテレスは、パルメニデスの立場のうちに《動くもの》、《多なるもの》に定位するみずからの立場との共通点を見出したからこそ、パルメニデスを論敵として取り上げているのである。ここに、ハイデガーが「批判」と呼ぶピュシスのアルケー探求の解釈学的原理が具体的に示されている。その原理は、批判の相手と批判者自身の共通点を取り出しながら、その共通点において、批判の相手と自己との区別を行うことにある。もとより、ここでハイデガーによって設定されている《運動》や《多様性》という共通点が、すでにアリストテレス寄りの《先入見》によって導かれている点は否めない。とはいえ同時に、こうした解釈が、そもそもソフィアの知の頽落への強い反省的意識から生じている点も見逃してはならない。解釈学はつねに誤りうる先入見からのみ開始されうるのであり、それゆえ解釈学的批判は、つねに解釈者の自己批判を孕む。わけても人間とは異なる《根源的自然》を対象とする《解釈学》においては、この自己批判は必然的なのである。

第4節　自然の解釈学の方法

それでは、ピュシスのアルケー探求としての《自然の解釈学》は、具体的にどのような方法によって遂行されるのだろうか。この点を解明するにあたってさしあたり手がかりになるのは、ハイデガーのラインハルトへの評価である。ハイデガーは、上述のように、ナトルプを厳しく批判する一方、ラインハルトに対しては両義的な評価を下している。ハイデガーが評価するのは、ラインハルトの優れた歴史意識である。というのも、ラインハルトは、パルメニデスの教説詩を解釈するさい、その主要部分を「近代主義的な誤った解釈から取り出して、古代の単純さのうちに置きなおしている」からである（GA62, 211）[45]。その点でラインハルトは、自然科学へと傾いているナトルプに比べて優れている。しかしながらハイデガーによれば、ラインハルトには「自分自身の把握にとって、そのために必要となる確実で明晰な、現象にかなった概念的パースペクティヴが欠けている」（GA62, 212）。ラインハルトの探求は「ほんとうの哲学的問題の地盤を欠いた、不明瞭さのうえに立っている」（GA62, 213）。つまりラインハルトは、ピュシスのアルケー探求にふさわしい哲学的思考を欠いているのである。それに対してハイデガーが求めるのは、歴史的意識をそなえた哲学的なアルケー探求の方法である。

そのさいハイデガーは、現象学の方法に一定の評価を与えている。確かに「現象学は、（ギリシア哲学も含めて）はじめて、学問探求の領域の対象意味と存在意味への問いを正確かつ明瞭に設定する立場を立てている」（GA62, 179）。とはいえハイデガーは、現象学による多様な意味の開示を評価する一方、現象学における方法的原理の欠如を批判する（GA62, 199）。というのも、先に述べたように、意味の多様性は、つねに知を惑わす危険と隣り合わせだからである。多様性をとりまとめる観点は歴史であり、そこで行使されるのは歴史的批判である。こうして現象学は解釈学と結びつく。「現象学的解釈学は、哲学的探求の方法である」（GA62, 232）。解釈学は、「人間の生のうちで、その生にかんする本来の了解の傾向性が生き生きとしているならば、過去の歴史の内部において、ある以後の時点からそれ以前の時点へと遡行すること（im Zurück von einem Später zu seinem Früher）によってのみ、その生それ自体に接近し、それを自分のものにすることができる。人間の生の存在性格は、このことを歴史学的性格として形作っている」（GA62, 170）。解釈学は、生に固有の時間的＝歴史的運動による生自身の運動の解釈である。[46] この解釈学によって現象学は補完されねばならないのである。こうした現象学と解釈学の理解自体は、すでに最初期フライブルク時代以降の講義に見られるものとほぼ同一である（vgl. GA56/57, 131; GA61, 187）。

しかしここで目を引くのは、ハイデガーが伝統的解釈学を意識しながら、自らの解釈学を彫琢している点である。「ある以後の時点からそれ以前の時点へ」という表現は、先に見た解釈学の「批判」的原理を受けたものと言える。他方で、「遡行」という表現は、さらに「暗さを明るみへと立たせること（das Dunkle ins Helle stellen）」とも言いかえられている。「暗さを明るみへと立たせること、したがってその暗さを純粋に確定するよう尽力すること、とはいえ、暗さのもとで構成を行うのではなく、思いつきや連想に従って導きの糸を推測したりするのでもなく、それゆえ、あらかじめ解明されたものや解明可能なものを暗さへと押し込めたりしないこと」（GA62, 170）。ヴァイスの筆記録によれば、このように「明るみをつうじて暗さを明らかにすること」は「解釈学の古い根本原理である」と述べられている（GA62, 329）。そのさいハイデガーは、アリストテレス、聖書解釈、パウロ、ルター、ディルタイなどの伝統的解釈学の系譜にもあわせて言及している（GA62, 170f., 329f.）。こうした伝統的解釈学との連関についての考察は、翌一九二三年夏学期講義『存在論（事実性の解釈学）』で詳細に展開されている（GA63, 9-15）。また《明るみから暗闇へ》という解釈学的原理も、すでに本論が論じておいたように、のちの『ソフィスト』講義で活用されている（GA19, 190, vgl. 10ff.）[47]。

このように解釈学の伝統との関係を意識した議論において、一見したところハイデガーは解釈学の一般的な方法的性格を論じているだけのようにも思える。しかし、それ以前のフライブルク講義における解釈学と比較するなら、ひとつの大きな違いが見えてくる。すでに明らかにしたように、最初期フライブルク講義の解釈学的考察は、周囲世界や共同世界よりも、自己世界を主題化する方向へ向かっていた(48)。「事実性の解釈学」や『存在と時間』の現存在の解釈学は、基本的にその延長線上にある（vgl. SZ, 72）。それに対してこの講義は、ピュシスすなわち周囲世界を主題としている。より正確に言えば、ここでの解釈学は、周囲世界と自己世界の連関、ピュシスと事実的生との連関を主題としているのである。その意味で、ここで解釈学の一般的な方法的性格が論じられている意義は大きい。ハイデガーにとってアリストテレスの『自然学』は、まさにこうした意味でピュシスと事実的生の解釈学、つまり存在者の存在一般を対象とする《自然の解釈学》なのである。ハイデガーは、一九二四年夏学期講義で、アリストテレスの『自然学』についてこう述べている。「自然について（περὶ φύσεως）は、自然的存在者について（περὶ τῶν φύσει ὄντων）ということではない。存在者についての考察ではなく、存在についての考察である。この考察は、個々の存在者が追求されるというような存在者的考察ではなく、存在者がその存在において語りかけられるかぎりでの存在論的考察のうちにある」（GA18, 291）。したがって、ここでの解釈学の一般的な方法的性格についての考察も、けっして文献学的な意味での一般解釈学の考察であるわけではない。この考察は、ピュシスと生の解釈学、《自然の解釈学》の一般的方法の考察である。こうした意味での一般性を備えているがゆえに、ピュシスのアルケー探求としての《自然の解釈学》は、現存在の解釈学の基礎となりうるのである。

　ハイデガーは、『自然学』第一巻第二章から、この《自然の解釈学》の具体的方法を取り出している。それは「帰納（ἐπαγωγή）」である。ハイデガーは、アリストテレスが「帰納」について述べている件を、次のように翻訳している。

> 「それに対して、われわれの考究全体にとってそのもろもろの対象〔自然的存在者〕が与えられることになるのは、運動している存在という根本性格においてであり、この存在は例外なくすべてか、あるいはいくつかである。しかし

こうした根本性格は、対象に即した性格として、対象へと端的に最も接近して立ち向かうあり方（die Weise des schlichten nächsten Zugehens）から明らかにされる〔帰納〕」（GA62, 131）[49]。

帰納は、さしあたりの身近な態度を出発点として、運動する自然的存在者の存在へと接近する考察方法である。もっともハイデガーは、このアリストテレスの帰納を、たんなる論理的操作ないし自然研究の方法としては捉えていない。この点は、ハイデガーによるシンプリキウスの『自然学』注釈への言及にも窺える。「《帰納》は、基礎づけの特定の論理学的形式からその意味を受け取っている。――それは、直接に現前にもたらすこと（das Beibringen zur direkten Vergegenwärtigung）、見る（Sehen）という事柄それ自体を可能にすること」である（GA62, 132）。ここでハイデガーは帰納を、《見ること》というヌースにおいて《現前化》する生の運動として理解しているのである。

またハイデガーは、帰納における部分と全体の問題も、論理学的問題としてではなく、存在論的問題として捉えようとしている。「部分と全体」の「問題は、単に論理学の問題であるばかりでなく、原理的にはあらゆる存在論的問題圏にとって本質的」である（GA62, 310f.）。したがって帰納は、演繹と対で考えられる論理的操作でもない。ハイデガーは、シンプリキウスに従いながら、次のように述べている。「エパゴーゲー。これを《帰納》ととらえてしまうと、誤ったイメージが紛れ込んでくる。なぜなら、それは確実な演繹とは反対のものだからである。ここではそうしたことは考えられていない……運動はピュシスの根本性格であるというこの仮定（ὑπόθεσις）は、けっして任意の着手点（θέσις）ではないし、自然的な見解に逆らうものでもない。それは可能な限り証明のできないものを何も導入したりはしないし、対立する見解を解決することによってそれ自体が基礎づけられるわけでもない。むしろ、ヒュポテーシスが与えているものは、エパゴーゲーにもとづいて信用されるのである。というのも、われわれは、ピュシスというあり方において、つまり運動という様態存在（*Wiesein der Bewegung*）において存在しているもろもろの対象のなかに多くを見て取っているからである」（GA62, 324）。エパゴーゲーは、すでに存在している多様な存在者に対してあらためて目を向け、それらの運動する姿をあるがままに見つめる方法である。このエパゴーゲーに基づいて、《ピュシスは運動である》という仮定が定立される。そしてこの仮定は、自然に対する理論的態度や対立する多様な見解の前提となるのである。

ここでハイデガーが、伝統的論理学に棹差す帰納という方法を導入している点は、やや意外に思えるかもしれない。また、こうしたエパゴーゲーや仮定の考え方は、のちのハイデガーの自然科学的な態度への批判や眼前存在性への批判ともやはり相容れないようにも見える。しかしもとより帰納は、解釈学に棹差す方法でもある[50]。先の《明るみから暗闇へ》の言及からも窺えるように、ここでハイデガーは明らかに解釈学を念頭において帰納を考えていると見てよい[51]。また『存在と時間』の出発点をなす「平均的日常性」も、さしあたりは中立的で「無差別」なものとして考えられていた[52]。それにならって言えば、エパゴーゲーは、平均的日常性において出会われている運動する存在者一般を無差別な相として開示する中立的な方法と言える。また仮定は、そうした方法をつうじて開示される存在者一般についての言明である。エパゴーゲーは、さしあたり現象しているピュシスの運動の現象へと目を向ける。ただし、エパゴーゲーは、仮定を分析したり、仮定から距離をとることによって、客観的な考察を進めてゆくための土台ではない。むしろエパゴーゲーは、多様な平均的了解の可能性へと入り込む出発点なのである。こうした意味で、エパゴーゲーは、対象へと「端的に向かうこと」と呼ばれる（GA62, 192）。この点では、エパゴーゲーと現象学は鋭く対立することになる。帰納と現象学は、ともに現象をあるがままに捉えようとする点では共通している。しかし現象学は、自然的世界を《排去》し、そこから引き退くことによって世界を超越論的主観性へと還元する。それに対して帰納は、自然的世界をあるがままに《開示》し、その可能性へと入り込む。つまりエパゴーゲーは、現象学に先立って、存在者や存在者の存在意味を、あるがままの多様な姿で生に提示する方法なのである[53]。

こうしてエパゴーゲーは、《自然の解釈学》にとって、解釈の先行構造を提供する役回りを引き受けることになる。「エパゴーゲーによってはじめて、対象領域が何であるかという性格を定めるために、不明瞭ではあるがしかし本当の……先行所持（*Vorhabe*）、先行把捉（*Vornahme*）、根本立場（*Grundlage*）、着手点（Ansetzung）」が与えられる（GA62, 132. Anm. 18; vgl. GA62, 184f.）。これらが、「先行所持」、「先行把握（Vorgriff）」、「先行視（Vor-sicht）」という『存在と時間』の「先行構造（Vor-struktur）」の先駆形態であることは、容易に見てとれよう（SZ, 150; vgl. GA62, 391）[54]。

このエパゴーゲーの先行構造に基づいて、解釈学的批判は、将来への一定の見込みを得る。ハイデガーはそれを「期待の傾向性（Erwartungstendenz）」と呼んでいる。「批判のなかに生きている期待の傾向性は、批判の作業にとって可能な限りの地盤を準備しており、また実践的に語られるべき対象の連関のために、次のような可能性を使えるようにする。すなわち、その対象の連関を、特定の方向に沿って精査し測定し、挙示する振る舞いに従わせるような可能性である」（GA62, 184）。批判は、実践的行為の解釈可能性、さらにはいわゆる理論的学問の解釈可能性を開示する。すでに明らかにしておいたように、ハイデガーは存在者を特定の目的のもとに取り扱う振る舞いを、『ニコマコス倫理学』の第六巻の諸能力に従って細分化していた[55]。『存在と時間』にしたがえば、「期待」は、将来の可能性をあらかじめ一定の方向性へと現実化する非本来的な態度である（SZ, 262）。しかしここで注目すべきは、『存在と時間』とは異なり、「期待」が解釈学的批判にとって「可能な限りの地盤」を積極的に提供する方法として考えられている点である。解釈学的批判は、みずからの「期待」が裏切られた場合にも、発動される。とはいえ、その批判はたんに裏切りをあげつらうわけではない。かつて「期待されていたもの」のなかにも、「探求の目的を考慮するなら、誤った傾向が探求の目的にふさわしい意味の方向へと設定される」ような方向性が語りだされている。したがって「批判は探求する批判として、未決着の課題にかんして、決定的な視点（Woraus）を際立たせるために何がしか《積極的なもの》を提供しなければならない」（GA62, 193）。裏切られた期待のなかにも、なお信頼に足る手がかりがある[56]。ここでは、先に見たような、みずからの転落に対するソフィアの自己批判という発想が活かされていることが見てとれる。こうした意味で、解釈学的批判は自発的な知の修正可能性をも担うものなのである。

こうして、エパゴーゲーが開く解釈の先行的地盤は、つねに緊張関係を帯びることになる。その先行的地盤は、一方で実践や理論の新たな解釈可能性を開く。すでに考察しておいたように、そこにはピュシスへと通じる本来的に存在論的な理論的考察の可能性も含まれている。しかしこの先行的地盤は、他方で、好奇心のような存在了解や客観的存在了解への頽落可能性を孕んでもいる。そこでハイデガーは、二つの問いを立てる。第一は「あらかじめ与えられている存在意味の多様性はどのように把握されるのか」という問いであり、もう一つは「存在意味とその諸可能性について下される批判的な決定は何を意味しているのか」という問いである（GA62, 204）。前者は存在者の存在意味の多様性の開示への問いであり、後者は存在意味の可能性の判断への問いである。『存在と時間』の術語で言えば、前者は被投的事実性の存在了解への問いであり、後者は決意性への問いである。『存在と時間』を現存在の解釈学として考えるなら、この二つの問いに同時に答えることは困難に思える。しかし、ピュシスのアルケー探求としての《自然の解釈学》にとって、この二つの問いは連動している。存在者の存在意味の多様性とその存在意味の可能性は、ピュシスのアルケー探求において常に同時に問われる問いなのである。本論は、この問いの焦点をすでにヌースに見定めておいた。ヌースにおいて、存在の意味の多様な可能性のなかから、本来的存在了解と非本来的存在了解、すなわち真理と非真理は区別される。ハイデガーがこの問題の考察にあたって取り上げるのが、パルメニデスの教説詩である。

第5節　自然の解釈学における循環

ハイデガーは、アリストテレス解釈の中間考察としてパルメニデス解釈を挟み込んでいる。『存在と時間』をはじめとする前期のパルメニデス解釈の方向性は、基本的にこの講義でのパルメニデス解釈によって、荒削りながらも先どりされている。しかしこの講義でのパルメニデス解釈は、前期に比べて、単純化を許さない側面をもっている。『存在と時間』のパルメニデス解釈は、かなり批判的なトーンが強い。ところがここでのパルメニデス解釈は、必ずしも批判に終始していない。そればかりか、「転回」を経て中期以降本格化するパルメニデス解釈の萌芽さえ見てとることができる。問題の焦点は、パルメニデスにおける存在と思考の関係、そして真理と非真理の関係にある。そこで以下ではまず、『精選論文の現象学的解釈』講義におけるパルメニデス解釈の特徴を、『存在と時間』と対比させながら検討する。そのうえで、『精選論文の現象学的解釈』講義において、パルメニデスの中間考察に続くハイデガーのアリストテレス解釈を検討する。以上の考察によって、ヌースからピュシスへの通路を見定めることにする。

この講義でハイデガーは、パルメニデスの教説詩『自然について』のうち、断片一から八までを扱っている（GA62, 216-219）[57]。まずハイデガーが着目するのは、「ドクサ」ないしは「真と信じること（πίστις ἀληθής）」である。ハイデガーによれば、パルメニデスは、ドクサすなわち「真理を所持すること（Wahrheitbesitz）」から出発して、「《世人》の平均性、公共性、慣例」などの「取り決め（νόμῳ）」をそなえた「世界」の究明をめざしている（GA62, 211f.）。ハイデガーによれば、パルメニデスの語るドクサは、平均的日常性の存在様態をさす。つまりパルメニデスの「真理」の語りは、「ドクサ」との緊張関係を根深く背負っているのである。先に指摘しておいたように、ハイデガーがラインハルトのパルメニデス解釈に一定の評価を与えたのも、ラインハルトがまさにこうした真理とドクサとの関係を見抜いたからだったのである（GA62, 211; vgl. GA22, 62ff.）[58]。プラトンやアリストテレスも、やがてこうした「真理」と「ドクサ」の関係を見抜くことになる[59]。しかしパルメニデスこそは、彼らに先立って、西洋哲学の歴史においてはじめて、真理とドクサ、真理と非真理の関係を発見した者なのである。

ハイデガーは、こうしたパルメニデスの位置を重視している。この点は、『存在と時間』からも読みとれる。パルメニデスは、トマスやアリストテレスに先駆けて、存在者の「発見」という「存在論的テーゼ」を最初に語った者である（SZ, 14）。しかもこのパルメニデスの「存在論的テーゼ」は、アリストテレスが『霊魂論』で述べた「あらゆる存在者」の「事実存在と状態存在（Daß- und Sosein）」の「発見」にかかわっている（SZ, 14）。つまりパルメニデスは、すでに事実的に存在する有様における存在者の存在の開示、すなわち事実性においてピュシスのアルケー探求を最初に開始した者なのである。しかし他方でハイデガーは、パルメニデスへの批判も行っている。『存在と時間』におけるパルメニデスへの否定的な評価は、その言及が第一部第一編の平均的日常性の分析に集中していることからも読みとれる。パルメニデスは「レゲイン」ないし「ノエイン」において、視覚と現前性に定位して存在を捉え、世界の現象を「跳び越えている（überspringen）」のである（SZ, 25f., 171, 100）。

筆者の見るところ、ハイデガーにとって、パルメニデスの重要性は他ならぬこの微妙な両義的立場にある。パルメニデスは、現前性優位の立場に傾きながらも、いちはやくヌースをとおしてピュシスを事実性において開示し、真理と非真理の関係をはじめて語った者なのである。「パルメニデスを導く真理の女神が、発見の道と隠蔽の道という二つの道の前に彼を立たせているということは、ほかでもなく、現存在はそのつどすでに真理と非真理のうちにあるということを意味している。発見の道は、ただロゴスによる決定（κρίνειν λόγῳ）においてのみ、つまりこの両者についての了解的区別と、その一方を採るという決断においてのみ、得られるのである」（SZ, 222f.）[60]。つまりパルメニデスにおけるヌースないしロゴスの決定をとおして、事実性におけるピュシスの開示は真理と非真理の関係のうちに置かれることになったのである。

こうしたパルメニデスの二義的立場は、『精選論文の現象学的解釈』講義にも共通している。とはいえ、そこではパルメニデス批判のトーンはさほど強くない。筆者の見るところ、むしろパルメニデスは、積極的に評価されていると言える。その積極的な評価は、パルメニデスのヌースの役割にかかわっている。その点を見てみよう。ハイデガーは、先のアリストテレスのピュシスのアルケー探求に見出された「批判」を、パルメニデスのドクサと真理の区別のうちにも見出している。それによれば、パルメニデスの真理論は、プラトンやアリストテレスの思考を再考するための「光」である。「パルメニデスのアレーテイアの解釈によって、ギリシアの論理学の問題圏のうちへ決定的な一瞥をあらかじめ投げかけることを可能にするような、そうした諸現象が挙示されることになる。その諸現象は、プラトンに……またとりわけプラトンにも対抗するアリストテレスの業績にも、はじめて正しい光を投げかける」（GA62,

214)。このように「光」を強調する点で、パルメニデスの真理論には、先に述べたような《明るみから暗闇へ》という解釈学的帰納の方法的性格が認められていると言ってよい。そのためハイデガーは、続けて次のようにも述べている。「これは同時に、古代からごく最近にいたるまでの存在論につきまとっている、本来偶然的ではなく事実的な宿命を暗中模索（Vortasten）することでもある」（GA62, 214）。パルメニデスの真理論は、ヌースの解釈学的帰納によって遂行されているのである。

　ところが他方、注目すべきことに、ハイデガーはパルメニデスの「ドクサ」の解明が「演繹」の方法を用いていると述べてもいる。「ドクサというのは事実的なもののことであり、それを解明すること（*Aufklärung*）（解釈学的演繹（hermeneutische De-duktion）!）は、排除や反駁ではなく、教説詩の本来の主題なのである」（GA62, 212）。ハイデガーはこの解釈学的演繹について立ち入った説明をしていない。このようにハイデガーが演繹について語るのは、カントの「超越論的演繹論」についてののちの解釈を除けば、きわめて稀である(61)。しかし、先のエパゴーゲーとの関連を踏まえるなら、この解釈学的演繹の方法は次のように考えられる。演繹は、帰納と対で考えられる論理的操作でもなければ、たんなる自然研究の方法でもない。演繹は、生の運動である。演繹は、《明るみから暗闇へ》進むエパゴーゲーとは反対に、ドクサという事実的なものの《暗闇から明るみへ》進む。そのさいヌースは、ドクサに出発点をとらねばならないために、まずはドクサのなかのピュシスに光をあてて、一定の見通しを立てることが求められる。このように、部分以前に全体へのを見通しを立てる方法が、演繹である。こうしてヌースは、ドクサを排除したり否定したりするのではなく、ドクサのうちにとどまりながら、演繹によってドクサのうちの真理にいち早く光をあててゆくものにもなる。おそらくこのような意味で、ドクサないし「真とみなすこと」は、「根源的な存在の出会い」、すなわち「そこで存在者のようなものが、存在という様態において見通されるようになる根本経験」と呼ばれているのである（GA62, 220）。

　こうしたハイデガーのパルメニデス解釈は、三つの特徴をもつ。第一に、解釈学的帰納に加えて解釈学的演繹を導入することによって、パルメニデスのヌースは、《解釈学的循環》の最初の発生の場となる。解釈学的帰納が《明るみから暗闇へ》進むのに対して、解釈学的演繹は《暗闇から明るみへ》進む。しかし両者はいずれも、ヌースによって遂行される。そのためヌースそれ自体は、帰納と演繹を往復する解釈学的循環運動の役回りを引き受けることになるのである。この発想は、平均的日常性における現存在の解釈学の循環の開始という『存在と時間』の発想と、ほぼ同型である。第二に、こうした解釈学的循環の導入は、ヌースによって開示される真理が、つねに非真理との緊張関係に置かれることを意味する。ヌースによって開示されるピュシスは、真理か非真理かという単純な二分法的発想では解決できないものなのである。したがって第三に、パルメニデスは存在者の存在意味を多様性において考えていると言えることになる。たとえパルメニデスが、無自覚のまま現前性優位の立場からピュシスを《一なるもの》として捉えたとしても、その背後では、存在者の存在意味の多様性がすでに前提されている。言い換えれば、パルメニデスは、ヌースによってそうした存在者の存在意味の多様性をすでに少なからず見てとったうえで、真理と非真理の区別に臨んだのである。当然ながら、このパルメニデス解釈は、通常のパルメニデス解釈からはかけ離れている。さらにこの解釈は、『存在と時間』におけるパルメニデスのヌースに対する現前性批判とも、やはり強調点が異なる。ここではパルメニデスのヌースは、現前性一元論には収まりきらない、存在意味の多様性への射程を持っていると考えられているのである。これこそ、初期ハイデガーがパルメニデスを積極的に評価する点である。

　そこで以下では、パルメニデスのヌースについてのハイデガーの解釈をさらに立ち入って検討することにしよう。まず、ハイデガーによるヌース解釈の基本的特徴を押さえておく。ヌースは、直接的に対象をつかみ取り、同一化する知である。そうしたヌースの基本的な特徴は、パルメニデスの断片三、断片八についてのハイデガーの翻訳からも読みとることができる（GA62, 217）。

「というのも、注視し認知すること（das hinsehende Gewahren）は、それ自身（es *selbst*）、すなわち存在（Sein）でもあるから」[62]。

「同一なものは、注視し認知すること（das hinsehende Gewahren）と注目の眼差しの先（das Worauf der Hinsicht）である。というのも、そこで〔言明として〕現に語られる存在者がなければ、汝は注視を見出さないだろうから」[63]。

思考と存在の同一性について述べられたこれらの断片の翻訳には、ハイデガーのヌース解釈の特徴が示されている。第一に、ヌースは「注視する（Hinsehen）」という《見る》動作と、《つかむ》という動作として理解されている。このうちハイデガーの強調点は、後者にある。「注視すること」は確かに《見る》動作であるが、「認知すること（Gewahren）」は、もともと「続く（währen）」を語根として、「保持すること（wahren）」を強調した表現である[64]。それゆえハイデガーは、ヌースにおける直接的な知の経験の側面を重視していると言える。《つかむ》動作の強調は、パルメニデスの断片四のハイデガーの翻訳にも窺える。パルメニデスは断片四で「現前してはいないけれども知性には現前しているものをしっかりと見よ」と述べている[65]。ハイデガーは、そのヌースのはたらきを「いっそうしっかりとつかみ（festerhalten）、保持する（halten）」と翻訳している（GA62, 216）。ヌースは対象を「しっかりと見る（βεβαιως）」こと、つまり「存在が出会われるときに、解明する語り（das erhellendes Ansprechen）のなかで、それが端的かつ確実であるように、あるがままに」近づくことなのである（GA62, 221）。そしてここから第二に、ヌースにおける存在経験は、「解明（erhellen）」による開示の遂行としての「真理」の意味をもつことになる。ハイデガーは、アリストテレス解釈では、ヌースの《光》の含意を表現するために、この「解明」という言い回しを用いている[66]。『存在と時間』では、この《光》をそなえた解明は、すでに述べておいたように、現存在の「開示性」としての「真理」として捉えられている（SZ, 221, vgl. 133, 146）。そして第三に、ヌースの真理の開示は、ロゴスをとおして行われる。断片八の翻訳にも示されているとおり、ヌースは言語によって表現されるのである。ハイデガーは、以上の特徴のなかでも、存在者をつかみ取り、保持するという第一の特徴をとくに重視している。これは、先のアリストテレス解釈では、ヌースが「解明」や「開示」として捉えられていたことと対照的である。

ヌースは存在者をつかみ取る動作ではあるが、しかし存在者へ漫然と没入するわけではない。というのも、ヌースが接している存在者は、さしあたりドクサのなかで与えられているからである。それゆえヌースは、まずはエパゴーゲーにしたがって、存在者が語られているドクサのなかに踏みとどまるものとなる。ハイデガーはそれを「真と信じること（πίστις ἀληθής）の道にとどまること（Bleiben）——道を守護すること（*Wegbewahrung*）」と表現している（GA62, 221）。ドクサは、見る者を欺く非真理の道である。しかしまずそこに踏みとどまることが必要である。そのうえで決断をとおして、非真理ではなく、真理への道へ進むことが果たされる。断片一では、真理とドクサの二つの道に分かれる門が開かれ、女神ディケーが知者の若者にあるべき道の選択について語りかける。ハイデガーは断片七と断片八から、この二つの道の選択にさいしての決断を読みとっている。

「しかしこの探求の道〔ドクサ〕に対して注視（Hinsicht）は閉ざされている。汝は強いられて〔強制―重荷〕さまざまに伝承されてきた交渉の傾向性〔経験！〕によって、この道、つまりあてどなくあちこち見回したり〔好奇心〕、やかましい喧騒に耳を貸したり、おしゃべりにふけるといったようなことに自己を喪失する〔順応する〕という道を進むべきではない。そうではなくて、むしろ〔はっきりとした〕言葉で、私から語られる、異論の多く、試練となる課題を〔選び取る（wählen）〕道を進むべきである。こうして汝になおも残されるのはただひとつ、一つの道を決断して保持すること（die entscheidene Haltung an den einen Weg）……」（GA62, 223）[67]。

「あちらこちらを見回す（Herumsehen）」ような「好奇心（Neugier）」、また「耳を貸すこと（Hören）」や「おしゃべり（Geschwätz）」などは、いずれも『存在と時間』では、「好奇心」や「世間話（Gerede）」など、平均的日常性における世人の頽落した非本来的存在様態である。当然ながら、ハイデガーはこれらの様態を積極的には評価しない[68]。『存在と時間』のいっそう批判的な特徴づけに従えば、「好奇心」は「不滞在（Aufenthaltlosigkeit）」である。道具的存在者との交渉から「解放され」た好奇心は、その「落ち着きのなさ（Unverweilen）」ゆえに、新たなものから新たなものへと次々に「飛び移る（abspringen）」だけで、「どこにでもいるがどこにもいない（überall und nirgends）」（SZ, 172f.）。また「おしゃべり」についても、すでに本論が明らかにしたように、『アリストテレス哲学の根本諸概念』講義は、ドクサの内部にとどまるソフィストの「弁論（Rede）」を厳しく批判していた[69]。これらはいずれも、ドクサへの「自己喪失（sichloslassen）」であり、平均的日常性への頽落である。

しかし、さしあたりパルメニデスは、こうしたドクサに踏みとどまり、そこから決断によって真理への道へと進む。したがって、パルメニデスのヌース＝ロゴスは、ドクサにとどまりながらも、その非真理を克服する可能性をもつことになる。それゆえハイデガーは、次のように述べている。「語ること（das Ansprechen）は、存在者をみずからに維持し、また存在者だけを保持（Behalten）する。しかしこの保持は、独自の遂行性格を有している。つまりそれは、ドクサにもとづいて殺到してくる一切の語りの傾向性を突き放し駆逐する（abstoßendes Verjagen）」（GA62, 221）。こうしてヌース＝ロゴスは、ドクサのなかで存在者を維持しながら、ドクサを放逐することによって、ピュシスを開示する。したがって、この「決断」としての「放逐」において、真理と非真理との緊張関係はピークに達すると言ってよい。

ハイデガーは、ヌースがドクサのうちに踏みとどまり、存在者と遭遇している状態を「滞在（Aufenthalt）」と呼ぶ（GA62, 222, 223）。「好奇心」や「おしゃべり」の「不滞在」とは異なり、ヌースが存在者を保持しながらドクサのなかにとどまっている状態は「滞在」である。『存在と時間』によれば「滞在」は、配慮が差し控えられた「変様（Defizienz）」状態であり、眼前存在者を見つめる態度である。「滞在」は、次第に存在者への定位を強め、「認取（Vernehmen）」と「語り（Ansprechen und Besprechen）」と「解釈（Auslegung）」において存在者を規定するようになる（SZ, 61f.）。『存在と時間』のこの記述は、どちらかといえば現前性中心主義や理論的学問に対する強い批判的トーンに満ちている。しかし、この『精選論文の現象学的解釈』講義では、パルメニデスの「滞在」に対するあからさまな批判的トーンは認められない。なぜならパルメニデスは、この「滞在」において最初にドクサの問題に遭遇し、しかもそれを最初に克服しようと試みた者だからである。

ハイデガーは、パルメニデスが「滞在」のうちで遭遇した問題を、「越境（Grenzübergang）」という表現によって特徴づけている。「越境」は、ドクサによって解釈の先行構造が遮断され、思考の狭隘化が生じる事態を意味する[70]。ハイデガーによれば、「越境」は「第一に隠蔽（Verdeckung）という性格、第二に跳過（Zuweitspringen）という性格」を備えている。これらはいずれも「過ち（Verfehlen）という動性の意味と時熟意味」をもつ（GA62, 226）。第一の性格は、思考が自己自身への依拠を強めることによって、対象との交渉から遮断され、言語の可能性が閉塞する事態を指す。存在者への「接近は、解放されるとそれ自身に依拠してしまう傾向のゆえに、存在者との出会いの性格を、その存在者自体のほうから、その存在者の呈示する姿として《言葉にする》ことを許さない」（GA62, 226f.）。つまり「越境は、隠蔽として、先行所持を憂うことがない」のである（GA62, 227）。第二の「跳過」は、身近な見方に固執し、「語り（Ansprechen）」の可能性を一定方向へ強化する性格である。跳過は、「さしあたりの滞在から発生してくる観点にただ従う」ために、「語りの諸可能性をつかみ損ねてしまう」。そこでは語りは、「あらかじめその諸可能性に従って、一切の語りの諸規定を（先行把握に目を閉ざして）確定するような固有の傾向性」をもつ（GA62, 227）。越境は、存在者を存在者の側から捉えるという本来の知の限定を取り払うことによって、先行所持を隠蔽し、存在者をもっぱら思考の側に引きつけることによって、先行把握を跳過する。つまり越境は、人間を中心とし、存在者を無視する思考の無際限な拡張である。

パルメニデスは、「滞在」においてドクサの「越境」を克服し、その「駆逐」を試みた。しかしながら、ハイデガーによれば、そこでパルメニデスは「越境」を克服できず、現前性優位の立場へ傾いてしまうことになる。「パルメニデスによる生と世界の解明のなかで与えられた越境によって、存在の根本意味が形作られ、また先行的に形成されている。この根本意味は、以後のさらなる一切の存在論の運命を規定し、存在論的研究の根本態度を規定している。その存在論的探求の根本態度は、注視する思念（hinsehendes Vermeinen）……とそれにおうじた語りにおけるノエインの通路のうちで、存在を現存（Dasein）として、そうした何－存在（Was-Sein）として規定する」（GA62, 334f.）。パルメニデスのヌースは、「越境」の立場に立ったことで、存在者を保持するのではなく、視覚の現前性優位へと変容する。パルメニデスは、「注視すること」や「語ること」を「対象」や「存在者」へと近づけている（GA62, 230）。それによって、パルメニデスのロゴスは存在者をたんなる眼前存在者として表現するだけになる。こうしてパルメニデスは、真理と非真理の緊張関係、この緊張関係をめぐる解釈学的循環、そして存在者の存在意味の多様性を置き去りにして、現前性優位の真理へと舵を切る決断を下してしまうことになる。そしてパルメニデスのこの決断によって、思考と存在の合致という現前性中心の真理観が、以後の西洋存在論全体を規定することになるのである。

「ナトルプ報告」や『存在と時間』は、現前性優位の立場へ傾いたパルメニデスに対する批判を強調している[71]。ここではその点を、『精選論文の現象学的解釈』講義でのパルメニデスのヌースの翻訳と、『存在と時間』を含めた他の講義の翻訳とを比較することで際立たせることにしよう[72]。『存在と時間』は、パルメニデスの断片三を引きながら、次のように述べている。

> 「《τὸ γὰρ αὐτὸ νοεῖν ἐστίν τε καὶ εἶναι.（思考と存在は同一である）》というパルメニデスの命題のなかであらかじめ象られていたものが、それ［学問の実存論的生成にかんするギリシア的解釈］において際立たせられている。存在は、純粋な直観的認取（das reine anschauende Vernehmen）のなかで現れてくるものであり、このような見ること（Sehen）だけが存在を発見する。根源的な真正の真理は、純粋な直観（die reine Anschauung）に宿る。このテーゼは以後西洋哲学の基礎となっている」（SZ, 171）。

「学問の実存論的生成にかんするギリシア的解釈」は、本論もすでに言及したアリストテレスの『形而上学』の「すべての人間は生まれながらに知ることを欲する」を指している（SZ, 170f.）。「純粋」、「直観」、「見ること」といった表現からも窺えるように、ここではヌースは、視覚に定位した伝統的な現前性優位の存在了解として理解されていることがわかる。この存在了解は、パルメニデスからアリストテレスへの学問の成立過程のなかで確定されたのだが、もとよりパルメニデスも、ヌースを現前性優位の存在了解として捉えていたとハイデガーは見ている。「レゲインそれ自体ないしノエインは——何らかの眼前存在者をその純粋な眼前性（pure Vorhandenheit）において端的に認取すること（das schlichte Vernehmen）であり、これをすでにパルメニデスが存在の解釈の導きの糸として取り上げていたのであるが——何らかのものが純粋に《現在化する》というテンポラールな構造（die temporale Struktur des reinen »Gegenwärtigens« von etwas）を備えている」（SZ, 25f.）。ハイデガーはここでも繰り返し、「純粋」あるいは「端的」という表現によって、ヌースの現前性優位を強調している。『存在と時間』におけるパルメニデスのヌースに対する批判的態度は、以上からみても明らかである。

ところが、『存在と時間』の執筆と同時期の『古代哲学の根本諸概念』講義における断片八の翻訳では、ヌースは「把握（Erfassen）」と翻訳されている。

> 「同一であるものは、存在者を認取し省察する把握（vernehmendes-besinnendes Erfassen des Seienden）と、把握されたものの根拠、すなわちそれが何であるかということである」（GA22, 69, vgl. 235）。

ここではヌースは、新たに「省察」という思考の契機を組み込みながら、『精選論文の現象学的解釈』講義における「保持」の含意を踏襲するかのように、「把握」と翻訳されている。また、先に挙げた断片四の「ノエイン」についても、ここでは「認取（Vernehmen）すなわち省察（Besinnung）」と翻訳されている（GA22, 66）。それ以外でも、「存在者をその存在において認取する」というこのヌースのはたらきは、「概念的作業（begriffliche Arbeit）」あるいは「概念的省察（begriffliche Besinnung）」、また「純粋な混ぜもののない省察（reine unverfälschte Besinnung）」であるとされている（GA22, 66）。ここでも「純粋な」という表現は見えるが、「混ぜもののない省察」を強調している以上、必ずしも否定的な含意ではないと言える。いずれにしても、ここではパルメニデスのヌースは《つかみ取ること》、あるいは概念的に《把握すること》という意義において捉えられており、基本的には『精選論文の現象学的解釈』講義の含意の延長線上にあると見てよい。もとより、パルメニデスも「今」の「恒常的現前性」という時間了解に従ってはいる（GA22, 67）。しかしそれにもかかわらず、ヌースは「直観」とは呼ばれていない。実際『存在と時間』でも、パルメニデスのヌースは「了解」という積極的な概念によって表現されてもいる。断片三に関連した翻訳として、ハイデガーはこう述べている。「パルメニデスによる存在者の存在の最初の発見は、存在と存在の認取的了解（das vernehmende Verstehen）とを《同一視》している」（SZ, 212）。こうした点を考え合わせるなら、ハイデガーは『存在と時間』では、伝統的存在論に対する批判の観点をあえて強く打ち出すために、パルメニデスのヌースをことさら極端に伝統的な直観概念へと引きつけていると考えられる。しかしハイデガー自身、パルメニデスのヌースが必ずしもそうした伝統的直観概念に尽きない広がりをもつものであることは、すでにわかっていたのである。

この点を示しているように思われるのが、パルメニデスのヌースの背後に潜む、存在者の存在意味の多様性である。「ナトルプ報告」では、パルメニデスについて次のように述べられている。パルメニデスにおいて見てとられた「ピュシスは、その最初の決定的な現象的根本構造にかんして明確に際立たせられることのないまま、現在に至っている」（GA62, 394）。パルメニデスは、確かにヌース、ロゴス、そして存在すなわちピュシスとの「一体」性を見てとっている。ところがそこでハイデガーは、パルメニデスにおいて生じた最初の存在経験を「《存在印象（Seinseindruck）》」といささかぼかして表現している（GA62, 394, 393）。だが筆者の見るところ、この表現には、ハイデガーがパルメニデスにおけるピュシスの了解を、必ずしも一義的に捉えていなかったことが窺えるように思われる。実際『存在と時間』でも、パルメニデスの最初の存在経験は、たんに「世界」の「飛び越え」に尽きるだけでなく、多様な存在者の現出の問題、わけても《自然》の現出の問題にかかわっていることが示唆されている[73]。パルメニデス自身は自覚していなかったとしても、彼の思考はすでに、「自然」や「ピュシス」がそもそも「なぜ」多様に現出するのかという根本的な問いに触れている。そうハイデガーは考えているのである。

しかし最終的にハイデガーは、『精選論文の現象学的解釈』講義において、パルメニデスのヌースをアリストテレスのロゴスによって回収し、解決を図る。ハイデガーによれば、パルメニデスは「一なるものはすべてである」と語っているが、「一なるもの」を「一なるもの」として語るための《視点》が不透明であるために、かえって「無差別性」を招いている（GA62, 239f., 242）[74]。それに対して、ハイデガーがアリストテレスとともに強調するのは、ロゴスは「存在の多様性によって動機づけられている」という点である（GA62, 245）。パルメニデスの「一なるもの」に対して、アリストテレスは、ロゴスの複数性を主張する。というのも、そもそも多であれ一であれ、人間は存在するものへと何よりもまず《語る》ことによって、しかも《さまざまに》語ることによって接近するからである。アリストテレスが言うように、「存在するものは、ロゴスのうえでは多である」[75]。こうしてハイデガーは、パルメニデスでは漠然とした「存在印象」にとどまった多様性の問題を、アリストテレスの「付帯性（τὸ συμβεβηκός）」の概念へと回収する（GA62, 247）。ハイデガーによれば、アリストテレスの「付帯性（Mithaftigkeit）」は、存在者の意味の多様性を考察するための概念なのである[76]。

こうして、以後のハイデガーの存在論的考察は、パルメニデスの「一なるもの」とアリストテレスの「多様性」という対立図式を堅持してゆくことになる。パルメニデスは「越境」を克服できず、「一なるもの」を「何‐存在」へと収斂させた。それに対してアリストテレスは、すでに論じておいたように、そのつど多様なものごとを「見る」人間存在の思考のキネーシスによって、存在者のさまざまな「様態‐存在（Wie-sein）」を「多様性」において捉えている。この「一なるもの」と「多様性」、「何‐存在」と「様態‐存在」の対立は、後の表現で言えば、「存在」と「存在者」の「存在論的差異」である。一九二七年夏学期講義『現象学の根本問題』では、この存在論的差異の統一が「存在一般の理念」として述べられている。「われわれは、存在の根本的分節化（*Grundartikulation*）の問題に直面している。すなわち、何‐存在（*Was-sein*）と存在‐様式（*Weise-zu-sein*）との必然的な共属性と、この二つのことがそれらの統一において存在一般の理念に属しているということへの問いに直面しているのである。……このような問いは、存在の可能的な諸変様（*Modifikation*）と存在の多様性（*Vielfältigkeit*）の統一（*Einheit*）の問題へとまとめられることができる」（GA24, 24）。「何‐存在」と「様態‐存在」ないし「存在‐様式」のあいだで、存在者の存在はさまざまな様態をとる。そこで分節化されてくるのが、現存在、共同存在、道具的存在性、眼前存在性、生、そして内世界的存在者としての自然である。(77)

したがってハイデガーは、一方で、アリストテレスの多様性を見てとるヌースのキネーシスに強く依拠しながら、前期の《自然の解釈学》を展開していったと言える。そこで《自然の解釈学》の対象とされたのは、あくまで内世界的存在者としての「自然」であった。そのさいハイデガーは、パルメニデスのヌースのキネーシスには必ずしも積極的に依拠してはいない。しかし、存在者の存在意味の多様性、真理と非真理の緊張関係、そして解釈学的循環など、ピュシスをめぐる解釈学的諸問題の最初の発生現場としては、ハイデガーはパルメニデスのヌースに、アリストテレスのヌースに劣らぬ重要性を認めていたと言ってよい。そればかりか、パルメニデスのヌースは、アリストテレスのヌースの発生源として、不可避的に重要性を持たざるをえない運命にあったと言わねばならない。というのも、こうしたパルメニデスの真理と非真理の緊張関係は、最終的に、存在論的差異を統一する存在論的真理の問題へと繋がっているからである。一九二七年夏学期講義『現象学の根本問題』において述べられているとおり、存在論的差異の統一は「存在の真理性格（*Wahrheitscharakter*）の問題（超越論的真理〈veritas transcendentalis〉）」でもある（GA24, 25）。そしてこの「超越論的真理」は、『存在と時間』においても「存在の開示性」と呼ばれていたものに他ならない（SZ,

38）［傍点は引用者による強調］。パルメニデスの真理と非真理の緊張関係は、まさにこうした「超越論的真理」の問題の入り口に位置しているのである。

このように見てくるなら、パルメニデスは、ドクサに踏みとどまって、「超越論的真理」を望見しながら、「越境」に巻き込まれつつあったと言える。先の議論を踏まえれば、このパルメニデスの微妙な両義的立場は、筆者の見るところ、ちょうど「滞在」という概念によって言い表されていると考えられる。『存在と時間』ではさほど目だたない概念だが、しかし実のところこの「滞在」の概念には、ヌースによる原初的なピュシスの経験というきわめて深い含意が込められている。ハイデガーは、『精選論文の現象学的解釈』講義において、アリストテレスの「スコレーの本来的な状態とソフィアについての先鋭的な配慮の意味」について論じた箇所で、次のように述べている。「注視すること（das Hinsehen）は独特な特徴を備えた動性であり、これは《滞在（Aufenthalt）》という術語によって告示されている――何かを断念すること（ein Enthalten von）、何かのもとに滞在すること（ein Sichaufhalten bei）」（GA62, 96）。アリストテレスにおけるソフィアとしてのヌースの説明ではあるが、これらの「滞在」や「断念」の概念が、パルメニデスのヌースの「保持（Haltung）」と響きあうものであることは、ただちに見てとれよう。

しかし、なぜソフィアとしてのヌースの「滞在」は、「スコレー」であるにもかかわらず、このような二重性をもつのだろうか。なぜなら、人間の知は、この世界に滞在しながら、つねに新たなもの、見慣れぬものに遭遇するからである。ブレッカーの筆記録によれば、その新たなものは「不可思議なもの（Verwunderliches）」と呼ばれている。「滞在は、生が自己自身にとって、新しく固有の立場を獲得する動性の一つの様態である。そのさい、不可思議なものが関心のうちへ到来してくる」（GA62, 308, vgl. 43）。ソフィアとしてのヌースは、この世界のうちに滞在し、世界の出来事へと目を向け、それを思考する。しかしすでに明らかにしたように、ソフィアとしてのヌースは、世界の内部でエネルゲイアに達することができない。というのも、ソフィアのヌースの目の前には、ピュシスがつねに眼前存在者として新たな相貌で立ちはだかり、たえずみずからの無知を思い知らされるからである。これがまさしく「断念」である。このたえず多様な姿で立ちはだかるピュシスに、ソフィアのヌースは《驚異》を感じて目を奪われる。

このように見てくれば、ハイデガーが「不可思議なもの」によって、「タウマゼイン」を考えていることがわかってくる。実際ハイデガーも、『存在と時間』において、ちょうどパルメニデスに言及した直後の箇所で、好奇心と対比しながら、さりげなくタウマゼインに触れていた。「好奇心は、驚きをもって存在者を見つめること、θαυμάζειν とは関係ない。驚異（Verwunderung）によって了解できない状態（Nichtverstehen）へと移されることは、好奇心の関心事ではない」（SZ, 172）[78]。ヌースとしてのソフィアは、ピュシスと遭遇することによって、好奇心とタウマゼインという二つの気分に分岐する。好奇心においては、人間はピュシスをたんに新たな眼前存在者の出現とみなし、その姿を追いかけるだけで、世界のうちに滞在する場所をもたない。それに対してタウマゼインにおいては、人間はピュシスに対する了解不可能性を経験することによって、むしろこの意のままにならない世界こそがみずからの滞在する場所であることを見出すのである。したがって、ハイデガーは表立って語ってはいないが、『存在と時間』における「眼前存在者」や「滞在」の背後にも、つねに「断念」の動性と「驚異」の気分が控えていたと考えることができる。

驚異の気分は、「無」を基軸とする点で不安の気分と重なりながらも、開示の対象が異なっている。不安は、世界の無意義性を背景に、自然の眼前存在性を予感させながら、現存在の存在の没根拠性へと目を向けさせる。それに対してタウマゼインは、この現存在の存在の没根拠性から、なお眼前に存在する自然へと目を向けさせる。一九二九年の『形而上学とは何か』では、こう述べられている。「ただ無が現存在の根底において開示されているがゆえにのみ、存在者のまったくのいぶかしさがわれわれを襲いうる。ただ存在者のいぶかしさがわれわれに押し迫ってくる場合にのみ、存在者は驚異（Verwunderung）を呼び起こし、それ自身のほうへ驚異を引き寄せる。驚異――すなわち無の開示性――に基づいてのみ、《なぜ》ということが発現する」（GA9, 121）。驚異はまさしく、眼前に存在する自然が、無ではなく「なぜ」存在するのかという問いを惹起するのである。そのように考えるとき、『存在と時間』において、パルメニデスをめぐって「なぜ」という問いかけがことさらに強調されていたのかという理由も見えてくる（SZ,

100)[79]。この「なぜ」の問いは、パルメニデスを否定する問いではない。ハイデガーは、パルメニデスこそ、ソフィアのヌースにおいて、存在＝ピュシスに対する驚異に打たれるという最初の原初的経験を果たした者であるという点を指摘しようとしているのである。『精選論文の現象学的解釈』講義におけるパルメニデスの中間考察は、まさしくこうした存在＝ピュシスの原初的経験を描き出すことを意図したものだったのである[80]。

第6節　自然の解釈学からピュシスの解釈学へ

ハイデガーは、『精選論文の現象学的解釈』講義において、ヌースとピュシスの関係をアリストテレスからパルメニデスへと遡ったさい、すでにピュシスへの問いが優れて歴史的な営みであることを自覚していた。その自覚は、解釈学的批判の歴史的性格からもはっきり窺うことができる。そうした成果に裏打ちされているにもかかわらず、『存在と時間』の歴史意識は、必ずしも充分なものとは言えなかった。本論がすでに明らかにしたように、『存在と時間』は、現存在の解釈学の循環運動を現存在の存在構造に基づけ、恒常的現前性の危険に陥った[81]。こうした時間意識は、現象の一切を現前化しうるという「視」を帯びるために、歴史や自然のもつ不確定要素を充分に掬い取れないからである。現存在の解釈学が、歴史性の反復を完遂できず、また自然をもっぱら眼前存在者としてしか主題化できず、ピュシスを背景へと押しやってしまったのも、そのためであった。

しかし、『存在と時間』以降、次第にハイデガーは時間性と歴史性への反省を深め始める。そして「転回」において、『存在と時間』の時間性と歴史性に対する抜本的な反省が行われることによって、ようやく根源的自然としてのピュシスが、解釈学の真の主題として登場することになる。ところが、そこで考察されているピュシスとそれにまつわる諸概念は、実のところいずれも、本論がこれまで検討してきた『精選論文の現象学的解釈』講義におけるピュシスとそれにまつわる諸概念なのである。つまりハイデガーは、『精選論文の現象学的解釈』講義の《自然の解釈学》

を、みずからの手で《反復》しようとするのである。そこで最後に、この《自然の解釈学》から《ピュシスの解釈学》への《反復》を考察し、根源的自然としてのピュシスの《真理》の意義を明らかにする。

すでに見たように、一九二九／三〇年講義『形而上学の根本諸概念』では、(b)アルケーと(c)ゲネシスを踏まえてピュシスの意義が統一化されていた。それゆえこの講義は、《自然の解釈学》から《ピュシスの解釈学》の《反復》の最初の始まりであると言ってよい[82]。一九三〇年を分水嶺として、ハイデガーの《反復》作業は次第に加速しはじめる。一九三一年夏学期講義『アリストテレス『形而上学』第九巻一―三』は、先の『現象学の根本問題』の問題を引き受けて、存在の多様性と統一性の問題を取り上げたうえで、デュナミスとしてのキネーシスの解明に取り組んでいる。この講義で注目したいのは、ハイデガーのパルメニデス評価である。『存在と時間』とは異なり、ここではパルメニデスはきわめて高く評価されている。パルメニデスは、西洋哲学史上「存在とは何か」を最初に問い、そして「一なるもの」という「決定的な真理」を語った「原初（Anfang）」に立つ者である（GA33, 23f.）。ここでハイデガーは、パルメニデス以来の存在の問いをめぐる論争を、プラトンの言葉を借りて「巨人族の戦い（γιγαντομαχία）」とも呼んでいる（GA33, 24）[83]。この表現は、周知のように『存在と時間』の冒頭部分に掲げられていたものである（SZ, 2）。この表現からも窺えるように、いまやハイデガーは、アリストテレスやプラトンにすら先んじて、ピュシスの「真理」を最初に経験した者として、パルメニデスの意義を積極的に認めていると言ってよい。いまやアリストテレスの「多様性」も、パルメニデスの「一なるもの」を「問われるべきものとしてはっきり現れるようにさせる」ものなのである（GA33, 27）。さらにこうしたパルメニデスの原初的優位は、プラトンやアリストテレスばかりでなく、ニーチェの歴史的意識にすら先んじるものとして位置づけられている。この講義は、エピグラフに『力への意志』の一節が掲げられていることからも窺えるように、ニーチェを強く意識している[84]。しかしそのニーチェでさえ、パルメニデスの原初的意義を誤解している。「思考や判断の隠れた根拠をかぎつける点では大いに自信のあるニーチェでも、どれほど彼自身の思想全体がパルメニデスに対する誤解によって規定されているかという点については、ついに理解するところがなかった」(GA33, 24)[85]。このパルメニデスやニーチェの評価には、『存在と時間』に比べて、明らかに歴史意識の深化を見てとることができるだろう。

《ピュシスの解釈学》の始まりは、一九三五年夏学期講義『形而上学入門』である。ここでは「ピュシス」ははっきり「存在」と等置されている(GA40, 133)。ハイデガーはピュシスを「全体としての存在者そのもの」と呼び、その本質的性格を「発現し滞留する支配(das aufgehend-verweilende Walten)」として特徴づけている。ピュシスは「おのずから発現するもの(das von sich aus Aufgehende)(例えば薔薇の開花)、みずからを開示しながら展開すること(das sich eröffnende Enthalten)であり、そうした展開のなかで現れ(Erscheinung)へと踏み出て、その現れのなかでみずからを保持し留まること(sich Halten und Verbleiben)」である(GA40, 16, vgl. 18f.)。これが前期のピュシスの三つの意義、すなわち(a)ウーシア、(b)アルケー、(c)ゲネシスを統一したものであることは、ただちに察せられよう。いまやピュシスは、「自然」とも明確に区別される。むしろ「自然」は、「テクネー」によって狭隘化された「ピュシス」である(GA40, 19)。ピュシスは、そうした「自然」に先んじて、人間や動植物ばかりでなく、神すらを含めて、存在しえるものの一切を包み込む現前化、存続化、生成である。「したがってピュシスは、もともと天も地も、石も植物も、動物も人間も、人間と神々の作品としての人間の歴史をも意味し、そして最終的かつ第一には歴史の下にある神々自身をも意味する」(GA40, 17)。またピュシスは、ノエインやロゴスが帰属するものとしても捉えられている(GA40, 143, 149)。いまやピュシスは、現存在の解釈の及ばぬ存在論的次元へと送り込まれる一方、ヌースはピュシスによって翻弄される受動的なものへと変貌していると言ってよい。そのさいヌースは、《見る》という視覚的な性格をも剥奪されている。ここでのハイデガーのパルメニデスの断片八の翻訳には、その点が明瞭に見てとれる。

「同じものは、認取(Vernehmung)と、それのために認取が生起するもの(das, worumwillen Vernehmung geschiet)である。認取は存在のために生起する」(GA40, 147)。

いまやヌースは、ピュシスの生起としての「出来事（Geschehnis）」に従って生じるものとみなされている（GA40, 149）。現存在からピュシスへの「転回」において、こうしたヌースやロゴスの転倒が行われている理由は、前節での考察を踏まえれば、もはや明らかである。ヌースは、人間のさまざまなキネーシスのなかでも最初にピュシスを開示するキネーシスであり、またピュシスは言語をとおして開示される。それゆえ、現存在から存在＝ピュシスへの重心の移動において、まず転倒されるべきキネーシスは、ヌースとロゴスなのである。ハイデガーは、プラトンやアリストテレスにすら先んじて、ヘラクレイトスやパルメニデスといった古代ギリシア人たちの原初的な存在経験をピュシスとして捉える。ただしそれは、客観的な歴史軸を過去へと遡行するという意味ではなく、歴史を歴史として生み出す深層への遡行である。この遡行のなかで、ピュシスに応じるための人間のヌースやロゴスの意味も、その伝統的な意味の成立以前の原初的経験へと遡ることになる。「ギリシア人は、ピュシスが何であるかということを自然事象においてはじめて経験したのではない。反対に、詩作的－思考的な根本経験に基づいて、ピュシスと彼らが呼ばねばならなかったものが彼らに打ち開かれたのである」（GA40, 17）。ハイデガーがヘルダーリンをはじめとする詩人に求めたのは、ピュシスに包まれたこの世界のなかで、古代ギリシア人において経験されたであろう、言語と思考の原初的発生の記述なのである[86]。

そしてハイデガーは、一九三九年の論文「ピュシスの本質と概念について」（以下「ピュシス論文」と略記）において、『自然学』の転倒に着手する。ハイデガーはここで、アリストテレスの『形而上学』をいまや『自然学』として規定する。ハイデガーによれば、「形而上学」は、「全体としての存在者」をその考察の対象とするかぎりで、「ピュシス」の学、すなわち『自然学』である。ハイデガーは、『自然学』以後に『形而上学』が成立したとする歴史的事実を意図的に無視して、『形而上学』と『自然学』を同一視する。「自然学が『形而上学』であると同じ程度に、形而上学は『自然学』である」（GA9, 242）。しかしハイデガーの真の狙いは、あくまでも『形而上学』を『自然学』へと還元することにある。「ピュシス論文」とほぼ同時期、一九三八／四〇年成立の『原存在の歴史』では、次のように語られている。「なぜ西洋《哲学》はその本質において形而上学なのか。形而上学が本質根拠において《自然学》だからである……ピュシスは、原初的な、それゆえ西洋哲学の歴史全体を徹底的に支配している存在の規定である」（GA69, 6）。ところがそれに対して、「形而上学」は「自然学の変様と硬化」をもたらすと言われる（GA69, 6）。『寄与』においても述べられているとおり、「ピュシスは規範を与えるもの（maßgebend）であり、《より先なるもの》、由来、根源」である。それにもかかわらず、「ピュシス」は形而上学的な「アレーテイアとイデアとともに、ただちに隠蔽されてしまう」（GA65, 222）。西洋哲学全体を覆いつくす存在忘却に抵抗して、「形而上学」は「自然学」へ還元されねばならない。ここには、ハイデガー自身の歴史意識の深化にともなって、西洋形而上学に対する抜本的批判を敢行しようとする意図が窺える。

しかしその背後には、もう一つの隠れた意図が控えている。それは、他ならぬハイデガー自身の自己批判である。本論はすでに、『寄与』の「転回」が、『存在と時間』の「現存在の解釈学」に対する自己批判であることを明らかにしておいた(87)。ところがこの「転回」は、『存在と時間』にとどまらず、さらにそれ以前の若きハイデガー自身の《自然の解釈学》へも波及する。『精選論文の現象学的解釈』講義以来、ハイデガーは『形而上学』を『自然学』へと還元することを試みていた。しかしいまやハイデガーは、『形而上学』はもとより、『自然学』すらをもフォアゾクラティカーの原初的な存在経験へと還元するのである。ハイデガーは、こうした形而上学批判と自然学批判という二重の批判を意図して、「ピュシス論文」においてこう述べている。「アリストテレスの『自然学』は、隠蔽され、それゆえけっして十分に思考しぬかれたことのない、西洋哲学の根本書である……もちろん、ピュシスについてのこの最初の思索として完結した把握もすでに、アナクシマンドロス、ヘラクレイトス、パルメニデスの箴言のなかでわれわれになお保存されているような、原初的かつそれゆえに最高度の思索的企投の最後の残響でもある」（GA9, 242）。ハイデガーは、アリストテレスの『自然学』からパルメニデスのピュシスの原初的経験を捉えようとしたかつての試みを放棄する。アリストテレスの『自然学』は、パルメニデスをはじめ、フォアゾクラティカーのピュシスの原初的経験へと還元されねばならない。こうして「ピュシス論文」では、《自然の解釈学》の《ピュシスの解釈学》への抜本的《反復》が試みられることになるのである。

「ピュシス論文」は、まず「帰納」という「自然の解釈学」の方法の《反復》から着手している。ここでハイデガーは、『自然学』第一巻第二章におけるエパゴーゲーの箇所を、次のように翻訳している。

> 「しかしわれわれにとっては、あらかじめ（構成されたものとして（als gemacht））目の前にあることになるのは、ピュシスからする存在者は、そのすべてか、あるいはいくつかは／静止していないもの（Nichtruhende）／動かされるもの（Bewegtes）（動性（Bewegtheit）によって規定されるもの）であるということである。しかし、このことは（この存在者へと（*zu*）、そしてこの存在者を超えて（*über*）《存在》へと）直接に導きゆくこと（Hinführung）から明らかである」（GA9, 243）[88]。

きわめて入り組んだ翻訳であるが、『精選論文の現象学的解釈』講義の翻訳と比較してみれば、ここでの翻訳の意図は明瞭になる。とくに注目すべきは、エパゴーゲーにあたる箇所である。『精選論文の現象学的解釈』講義では、エパゴーゲーは対象へ「立ち向かう（Zugehen）」と翻訳されていた。それに対して、ここでは存在へと「導きゆくこと（Hinführung）」と翻訳されている。前者は存在者へと能動的に向かうあり方であるが、それに対して後者は存在者を超えて存在へと引きつけられる受動的なあり方である。つまりエパゴーゲーは、存在者へと接近する方法ではなく、存在へと誘われる方法である。逆に言えば、ピュシスとしての存在に対する能動的な接近方法としては、エパゴーゲーは否定されるのである。

実際、ハイデガーのこの翻訳についての説明も、そうした点を強調している。ハイデガーは、二つの点に注意を促している。第一は、ピュシスの本質がさしあたりは「キネーシス」から把握されねばならないという点である。「動かされてあること」は、「存在の根本的な様態」である。第二は、その把握が「推論」といった意味ではなく、ある種の「構成（Ausmachen）」作業としての「帰納」によってなされるという点である（GA9, 244）。とはいえ、ただちに第一点につけ加えて、ハイデガーはこう述べている。「存在の本質を規定することは、動性それ自身へ本質的に目を向けることなしにはありえない。もちろんだからといって、存在が《運動として》（あるいは静として）把握されるということではまったくない」（GA9, 244）。存在は、キネーシスではなく、キネーシスをとおして把握されるべきものである。したがって、存在はキネーシス以前にあることになる。また他方、第二点についてもこう述べられている。「われわれがピュシスから存在者をあるがままに（geradezu）経験し思い描くならば、そのつど《動かされるもの》や動性がまなざしのうちに入ってきている。しかし、まなざしのうちに入ってきているものは、いまだに存在していないし、いまだに本質化したものとして構成されては（ausgemacht）いない」（GA9, 245）〔傍点は引用者による強調〕。存在者は、現存在のまなざしのもとで構成することはできない。存在者は、構成以前のピュシスへ還元されるのである。キネーシスにせよ、帰納にせよ、ピュシスへ向かうまなざしは、いずれもそれ自体としては自立しえないものなのである。

筆者の見るところ、この箇所でハイデガーが強調しているのは、自然的存在者やピュシスに対する解釈学的思考は、つねに非現前化を孕んだ現前化であらざるをえない、という点である。もとより、『精選論文の現象学的解釈』講義においても、解釈学的方法としてのエパゴーゲーは、「期待」を裏切られる可能性を前提していた。しかしここではエパゴーゲーは、ピュシスの前ではそれ自体としてもはや自立できない。したがってエパゴーゲーは、ピュシスに対しては、裏切りばかりでなく、いまや期待そのものさえも最終的には挫折を余儀なくされると言える。また『存在と時間』では、現存在のキネーシスは、エネルゲイアに達することのないキネーシスとして考えられていた。しかしここでは、ピュシスはキネーシス以前に位置づけられている。したがってキネーシスは、ピュシスに従属するだけであり、ピュシスに達することは決してできないことになる。キネーシスの視点やエパゴーゲーのような方法はいずれも、つねにすでにピュシスに立ち遅れている。これらの視点や方法では、ピュシスは完全に現前化できない。したがって、これらの視点や方法を用いるかぎりで、自然的存在者に対する思考も否応なく従属と挫折を余儀なくされる。それゆえここでは当然ながら、テクネーとしての技術も退けられている。「テクネーはピュシスにただ寄り添うことができるだけ」なのである（GA9, 257）。

こうした理解のもと、「ピュシス論文」は、エネルゲイア、デュナミス、エンテレケイア、モルフェーといった諸概念をすべてピュシスへと還元している。ここでは、本章の主題との関係から、とくにキネーシスを中心にハイデガーの議論を考察しよう。すでに本章の第1節で見たように、ハイデガーは『存在と時間』では、アリストテレスの『形而上学』での規定に従って、「ピュシスはウーシアの一つの種類」であるとみなしていた。しかしここでは、「ウーシアはピュシスの一つの種類である」と全く正反対の命題へと転倒されている（GA9, 299f.）。ハイデガーは、このようにアリストテレスの命題を転倒することによって、あらゆる存在の多様性をピュシスとしての存在へ還元している。つまり「存在は多様に語られる」根拠は、他ならぬピュシスとしての存在それ自身へと帰されるのである(89)。存在がさまざまに多様化するキネーシスは、もはや現存在のキネーシスに求めることはできない。ウーシアを含めて、あらゆる多様化のキネーシスは、ピュシス自身の非現前化を孕んだ現前化のキネーシスによって支配されているのである。

『存在と時間』は、自然的存在者のキネーシスを手がかりに現存在のキネーシスを解釈していた。それに対して、ここでピュシスのキネーシスを解釈するための手がかりも、やはりさしあたっては自然的存在者のキネーシスに求められている。自然的存在者のゲネシスは、変化（μεταβολή）し、ウーシアとなり、アルケーへと回帰する。つまり、アルケーを中心とし、ウーシアを頂点とする弧を描く「自己回帰（In-sich-zurück-Gehen）」のキネーシスである（GA9, 254f.）。初期においても前期においても、ハイデガーは、一貫して事実的生や現存在の自己関係性に注目していた(90)。

ところがここでは、自然的存在者自体が、自律的な自己関係的キネーシスをそなえた存在者として考えられている。この自然的存在者の自己関係的なキネーシスを手がかりに、ハイデガーは、ゲネシス、モルフェー、イデア、エイドス、ロゴス、さらには、通常欠如（στέρησις）として捉えられているような非現前化でさえも、ピュシスの非現前化を孕んだ現前化のキネーシスへと還元してゆく。

ハイデガーは、ピュシスにおけるこのような非現前化を孕んだ現前化の二重性を、「非－隠蔽性（Un-verborgenheit）」としての「ア・レーテイア（ἀ-λήθεια）」として規定している。「存在は、おのれ自身を隠蔽する露現（das sich verbergende Entbergen）――すなわち原初的な意味におけるピュシスである」（GA9, 301）。薔薇の開花がそうであるように、自然的存在者のキネーシスは、それ自体としては現前化する。しかし自然的存在者の存在そのものをなすピュシスは、もっぱら非現前化としてしか現前化しない。筆者の見るところ、アルケーについてのハイデガーの解釈は、その非現前性の側面を強調している。ハイデガーによれば、自然的存在者、すなわち「ピュシスによる存在者」は、「それら自身のうちにそれらの動性のアルケーをもっているであろう」と言うだけでは、不充分である。「ピュシスによる存在者の本質」は「それらのもの自身のうちで、しかもそれらのものがそれら自身であり、それら自身のもとにある」とも言わねばならない（GA9, 258）。ところが、自然的存在者をそのものとすべく支配している本質、自然的存在者のアルケーそのものは、「見られるのが最も困難であり、把握されることが最も稀であり」、「つねに捏造され、またそのために見落とされる」（GA9, 263）。ピュシスのアルケーは、あくまでもピュシス自身のもとにとどまり続けるために、ヌースによって《見る》ことも《把握する》こともほぼ不可能になる。それゆえ、初期で企てられたピュシスのアルケー探求としての《自然解釈学》は、ここに挫折を余儀なくされることになる。もはやピュシスは、人間のいかなる解釈学的思考によっても、完全に規定できない。ピュシス自体が非現前化としてしか現前化しない以上、ピュシスを前にあらゆる解釈学的思考はつねに非現前化を孕まざるをえず、規定不可能性を突きつけられる。ハイデガーは、「ピュシス論文」の末尾で、ヘラクレイトスの箴言に託して、この二重性を帯びたピュシスの「ア・レーテイア」について語っている。「ピュシスはア・レーテイア、つまり露現することであり、それゆえに κρύπτεσθαι φιλεῖ［隠れることを好む］」（GA9, 301）[91]。

こうした解釈学的思考とピュシスの関係は、キネーシスの観点から見るとき、より明瞭になる。ハイデガーは、非現前化を孕んだ現前化としてのピュシスのキネーシスを、ゲネシスという自然的存在者の自己関係的キネーシスを手がかりに、「途上（ὁδός）」および「エネルゲイア・アテレース」と表現している（GA9, 291, 293）[92]。つまりピュシスのキネーシスは、完了状態においてなお、ピュシスのアルケーそのものの非現前性、規定不可能性に支配され、どこまでもエネルゲイアの途上にとどまるキネーシスなのである。本章の第2節では、現存在のキネーシスをエネルゲイア・アテレースとして規定しておいた。それを踏まえれば、ここでハイデガーは、現存在のキネーシスをピュシスのキネーシスによって《反復》していると考えられる。とはいえその《反復》は、両者のキネーシスを図式的に重ねるものではない。むしろこの《反復》は、ピュシスの存在論的キネーシスが、現存在のキネーシスを被投性の領域から貫き、揺り動かしているという事態を言い当てようとしているのである。この事態を最も的確に表現していると考えられるのは、一九三一／三二年冬学期講義『真理の本質について』における次の一節である。「人間は、人間のあり方においてではあるが、身体的に自然として、自然の全体のうちで、共振する（mitschwingen）」（GA34, 237）。この表現にならえば、「ピュシス論文」は、ピュシスと現存在との《共振関係》を描き出していると言える。ピュシスと現存在は、いわばアルケーとしてのピュシスを支点とし、現存在を錘とする振り子の関係にある。ピュシスは、何ものにも左右されずに自ら振り子を揺り動かす、いわば不可視の支点である。ピュシスはこうした支点として、現存在をその振幅のあいだに拘束し、どこまでもエネルゲイアへの途上にとどめる。その威力は、フロネーシスやソフィアやヌースをはじめ、ヌースに導かれた解釈学的思考を含めて、現存在の一切のキネーシスにおよぶ。したがってこの《共振関係》という事態は、《自然の解釈学》であれ《ピュシスの解釈学》であれ、ピュシスによって根底から支配され、打破されることを意味しているのである。

一見したところ、《ピュシスの解釈学》は、もはやピュシスの圧倒的な支配にただ従属するのみで、新たな解釈の可能性は存在しないように見える。しかしながら、《ピュシスの解釈学》は、ピュシスの圧倒的な支配のなかから、規定不可能なピュシスをとおして、ふたたび新たな解釈学的思考を開始する。ハイデガーは、「エパゴーゲー」と「批判」にそうした可能性の一端を認めている。「ピュシス論文」ではエパゴーゲーは、存在者を超えて、人間を存在へと誘う受動的な方法として規定されていた。ハイデガーはそれをさらに立ち入って、次のように規定している。「エパゴーゲー」は「われわれ自身であるようなものではいささかもなく、また最もありえないようなもの、最も遠いものでありながら最も近いもの」へと「あらかじめ目を向け、見入ること（das Voraus- und Hinaussehen）」である（GA9, 264）。エパゴーゲーは、人間にとって最も遠いものと最も近いものを結びつけ、その共通の地平を仄かに提示するものとして考えられている。エパゴーゲーによって開かれるこの共通の地平において、真に見るべきものとそうでないものを区別するのが、「批判（κρίνειν）」である。「批判」は、「あらかじめおのれ自身を示すものと、そのようにはおのれを示さないもの」を区別する。「批判」における「決断」は、「人間をせめたて忙殺するものによってただ心奪われている状態」から「存在の連関のうちへと脱し立つ」ように人間を変貌させる。それは「脱‐自すること（ex-sistieren）」である（GA9, 264）。現存在が自己とは異質なピュシスへと目を向けながらも、なお自己との近さをピュシスのうちに見てとること、それが「脱‐自」である。『精選論文の現象学的解釈』講義では、エパゴーゲーは身近な存在者の多様性の先行地平を切り開くものにすぎず、また批判の射程も、あくまで歴史を隔てた人間同士の共通の地平と、そこでの差異を開示するにとどまっていた。それに対して、いまやエパゴーゲーと批判の射程は、人間ではないものの全域、すなわち存在の支配の全域を共通の地平として開示し、そこでの相違を開示するまでに拡張している。存在の支配は、歴史と自然の全体、すなわち「時‐空間」全域に及んでいる[93]。したがってエパゴーゲーと批判は、時‐空間全域にわたって存在し、生成し、支配し続けているピュシスと人間の共通の地平を開示し、そこで真に見るべきもの、すなわちピュシスを開示するのだと言える。そしてこのピュシスの開示をとおして、人間はピュシスへと脱－自し、新たな解釈学的思考を開始するのである。

このように見てくるなら、《ピュシスの解釈学》にとって、ア・レーテイアとしてのピュシスの果たす意義もいまや明らかになる。ア・レーテイアとしてのピュシスは、非現前化を孕む現前化の二重性ゆえに、《ピュシスの解釈学》の思考を打破し、支配する。そのさい、解釈の《技術》は言うまでもなく、《ピュシスの解釈学》の視点や方法や原理も、ことごとく解体される。ピュシスは、人間ではない存在そのものである以上、人間の思考や言語によっては規定不可能だからである。しかしながらピュシスは、人間にとってつねに規定不可能なものとして了解されるよう人間を誘う。それによって人間の思考や言語には、つねに規定不可能なものの活動余地が、つねに新たに創出されることになる。つまりア・レーテイアとしてのピュシスは、すべての存在者の存在者についての解釈学的思考を、したがって人間の営むすべての解釈学的思考を、絶えず未完結で不十分なものとして震撼させるとともに、そのつどの新たな解釈学的思考の創造を導く、絶対的抵抗力なのである。こうした意味でア・レーテイアとしてのピュシスは、人間の解釈学的思考にとって、無期限に規定不可能性を了解するよう突きつけ、それによって絶えざる自己批判と創造的思考を導く《真理》であると言うことができるだろう。

《ピュシスの解釈学》は、この絶対的な規定不可能性としてのピュシスを《真理》として、新たに解釈学的循環の運動を開始する。ピュシスをめぐるそうした解釈学的循環の運動が、脱－自である。脱－自とは、人間が、この最も遠いピュシスの真理につねに驚異の念を抱きながら、みずからに最も近いピュシスの真理を見つめ続け、その本質へ向けて創造的思考を弛まず遂行することである。こうしていまや脱－自は、存在＝ピュシスの原初的経験としてのかの「滞在」と重なりあう。のちにハイデガーは、一九四七年の『ヒューマニズム書簡』で、ヘラクレイトスの箴言「ἦθος ἀνθρώπῳ δαίμων［性格がその人に憑いた神霊である］」を引いて、次のように翻訳している。[94]「（心休まる）滞在（Der（geheure）Aufenthalt）は、人間にとって神（途方もないもの）の現前のための開けた場である」（GA9, 356）。ここでハイデガーは、人間の「滞在」を「エートス」と呼んでいる。「神」のような「途方もないもの」は、これまでの本論の考察を踏まえれば、ピュシスとしての存在に他ならない。ピュシスとしての存在の現前のための場に住まうこと、それが人間の「滞在」である。『精選論文の現象学的解釈』講義では、「滞在」はソフィアとしてのヌースのあり方であった。しかしいまやこの「滞在」についての「思考」は、「理論的(ないし観想的)でもなければ、実践的でもなく」、それらの「区別以前に本有化している」とされている(GA9, 358)[95]。この「思考」は、「存在の真理へ向けて問い、しかも存在の真理のほうから、存在の真理へと、人間の本質的な滞在を規定する」(GA9, 357)。この「思考」は、かつてのヌースとしてのソフィアの「滞在」と「断念」の意義を受け継ぎながら、いまや、ピュシスの只中に滞在する人間のエートスと重なる根源的な思考を描き出しているように思われる。思考とは、この世界に遍在しているあらゆる存在者の根源の姿を前にして、驚異の念に心打たれ、「なぜ」と問いを発する止むことなき活動である。だがそのとき思考は、「驚異」の裏側で、それとは異なる気分がすでにみずからのうちに萌していたことにも気づくはずである。それは、みずからを打ち砕く絶対的抵抗力としてつねに変わることなく眼前に横たわり続ける自然を前にして、思考がおのれの非力さを「断念」のうちで真摯に受け止めながらも、静かに漲る新たな創造への躍動のうちで心安らぎながら「滞在」する気分、すなわち、あの「控えめさ」と「畏怖」の気分なのである[96]。

注

(1) K. Löwith, Heidegger-Denker in dürftiger Zeit, in: *Sämtliche Schriften*, Bd. 8, S. 187f. 存在概念およびコスモス概念に対する同様の批判に関しては、以下を参照。H. Plessner, *Die Stufen des Organischen und der Mensch. Einleitung in die philosophische Anthropologie*, Walter de Gruyter Berlin 1928, V; W. Kranz, Kosmos, in: *Archiv für Begriffsgeschichte*, Bd. 2, 1958, S. 243f, 260.

(2) K. K. Cho, *Bewußtsein und Natursein. Phänomenologischer West-Ost-Diwan*, Wilhelm Fink, Freiburg/München 1987, S. 50ff.(志水紀代子・山本博史監訳『意識と自然　現象学的な東西のかけはし』法政大学出版局、一九九四年、五一、七二—七五頁)

(3) M. Riedel, Naturhermeneutik und Ethik im Denken Heideggers, in: *Zur philosophischen Aktualität Heideggers*, S. 75-100; M. Riedel, Das Naturliche in der Natur. Heideggers Schrift zum „anderen Anfang“ der Philosophie, in: H.-H. Gander (hrsg.), *Von Heidegger her: Wirkungen in Philosophie-Kunst-Medizin. Messkicher Vorträge 1989* (Schriftenreihe/Martin-Heidegger-Gesellschaft, Bd. 1), Vittorio Klostermann, Frankfurt a. M. 1991, S. 51-72.

(4) 第Ⅱ部第五章第2節参照。

(5) 第Ⅱ部第五章第四―五節、第六章第五―六節、第Ⅲ部第八章第3節を参照。

(6) 「ハイデガーにとって、アリストテレスの思考の真の中心を形作っているのは『自然学』である」(H-G. Gadamer, Heideggers »theologische« Jugendschrift, S. 85)。なお、第Ⅱ部第五章注 (21) をあわせて参照。このガダマーの洞察は、基本的に『精選諸論文の現象学的解釈』にも当てはまる。

(7) 第Ⅱ部第五章注 (20) を参照。

(8) 以上の第一、第二の特徴については、以下参照。O. Pöggeler, *Der Denkweg Martin Heideggers*, S. 208 (上掲訳書、二五四―二五五頁)

(9) Vgl. Aristoteles, *Metaphysica*, 1025b25.

(10) F. Volpi, Being and Time: A “Translation” of the Nicomachean Ethics?, p. 201. 第Ⅱ部第四章第4節をあわせて参照。

(11) 第Ⅱ部第五章第2節参照。

(12) 第Ⅱ部第四章第7節参照。なお一九二七年講義『現象学の根本問題』において「テンポラールな学問」が「存在」を「対象化」すると述べられているのも、この眼前存在性としての自然に関連していると思われる。第Ⅱ部第五章第4節参照。

(13) J. Burnet, *Early Greek Philosophy*, 3rd. Ed., A. & C. Black Ltd., London 1920, p. 10, pp. 205-6n4: K. Joël, *Geschichte der antiken Philosophie*, Bd. 1, J. C. B. Mohr, Tübingen 1921, S. 256; A. Lasson, *Über den Zufall*, Verlag von Reuther & Reichard, Berlin 1918, S. 52, 58ff. なおハイデガーの「ピュシス」概念の語源解釈については、以下を参照。三浦義雄「ハイデッガーの原初的「自然」の解釈」、日本倫理学会編『倫理学年報』第三五集、一九八六年、一五九―一七四頁。

(14) Aristoteles, *Metaphysica*, 1005a34.

(15) Aristoteles, *De Anima*, 412a13-15.

(16) 第Ⅰ部第三章第1節参照。
(17) 本章注（3）を参照。
(18) 第Ⅱ部第五章第2節参照。
(19) 第Ⅰ部第二章第3節参照。
(20) この「自然の光」の規定にかんしては、以下参照。C. Strube, Die existenzial-ontologische Bestimmung des lumen naturale, in: *Heidegger Studies*, vol. 12, 1996, S. 109-119.
(21) 日常性における「好奇心」の「散逸」については、第Ⅲ部第七章第2節参照。
(22) 次節以降の考察では、アリストテレスやパルメニデスをはじめとする古代存在論に対するハイデガーのヌースやテオリアの解釈に立ち入る。こうした解釈との連関を保持するため、「視」や「開示性」といったハイデガー独自の術語ではなく、ここでは伝統的なヌースないしテオリアという言い回しを用いる。ただしそれらは、内容的にはハイデガーの術語の含意を念頭に置いている。
(23) 細川亮一『ハイデガー哲学の射程』、一六七―一六九頁。なお細川氏の解釈の狙いは、第一に、現存在の動性を、アリストテレス的な意味でのキネーシスとの「対決」ないしそこからの「解放」として解釈することにある。第二に、そのさい「エネルゲイア」を重視し、「見る」役割を否定的に解釈することにある。同書第一一節、一五五―一七三参照。それに対して本論の狙いは、第一に、現存在の動性を、アリストテレス的な意味でのキネーシスに対する実存論的変換として解釈することにある。第二に、そのさい「エネルゲイア」だけでなく「デュナミス」をも重視したうえで、とくに「ヌース」の役割を肯定的に解釈することにある。第三に、それらによって現存在の実存論的キネーシスの規定とともに、「ヌース」すなわち「思考」による《自然の解釈学》の析出をめざすことにある。
(24) Aristoteles, *Metaphysica*, 1049b5.
(25) Aristoteles, *Physica*, 201a10-11.
(26) Aristoteles, *Metaphysica*, 1074b34.
(27) Aristoteles, *Physica*, 201a6.
(28) 第Ⅱ部第五章第2節参照。
(29) この規定は、一九三九年の論文「ピュシスの本質と概念について　アリストテレス『自然学』B1」における「ピュシス」の「ゲネシス」の規定を念頭に置いている（GA9, 291）。現存在のキネーシスとピュシスのキネーシスとの対応関係については、後述第5節を参照。

(30) Aristoteles, *Metaphysica*, 980a21.

(31) Aristoteles, *Metaphysica*, 980a27.

(32) Aristoteles, *Metaphysica*, 983a20-23.

(33) Aristoteles, *Metaphysica*, 981a24-29. 第Ⅱ部第五章第2節をあわせて参照。

(34) Aristoteles, *Metaphysica*, 982a21-25.

(35) Aristoteles, *Metaphysica*, 982a10-12.

(36) 転落態は、この講義より半年前の一九二一／二二年講義『アリストテレスの現象学的解釈』ですでに定式化されている。第Ⅰ部第一章第5節、第Ⅱ部第四章第3節参照。この講義は、とくに自己の外部の見てとりやすいものへの「傾向性（Geneigtheit）」や「期待感（Gespanntheit）」について述べられており、『存在と時間』における「好奇心（Neugier）」の概念を先取りしている（GA62, 68, 74; SZ, 21, §36）。『存在と時間』はさらにこの「期待感」を拡張して、脱自的時間の非本来的な伸張の議論へと展開している（SZ, 409, 416, 423f.）。しかしここでの「期待感」や「好奇心」にかんする議論は、たんに非本来的な頽落の側面だけでなく、眼前存在者の全体にかかわる射程を有している。次節以下の考察を参照。

(37) このような逆説的な知の生成過程は、形式的告示的解釈学における非本来性の反復構造のうちに反映されている。第Ⅰ部第一章第5節、第6節、第7節参照。

(38) Aristoteles, *Metaphysica*, 983a5-6.

(39) 第Ⅱ部第五章第2節参照。

(40) ヴァイスの筆記録によれば、「哲学」の身分そのものを考えるためにも、「歴史」への意識が必要であるとされている。「《哲学とは何か》といった問いとともに、すでにひとは歴史へと指示されていることに気づく。大切なのは、われわれが哲学と呼んでいるような何ものかを形作っている、そのそもその動機が何かを見てとることである。そうした考察は、徹頭徹尾歴史学的（historisch）である。ここからたとえば、歴史学的考察は不要であるとか、わたしたちが諸々の概念で今日始めることのできるものが大事な事柄なのだとかいったような反論は、論破される」（GA62, 323）。『存在と時間』とは異なり、ここでハイデガーは、「歴史学（Historie）」と「歴史（Geschehen）」を区別していない。しかし意味の比重から言えば、ハイデガーは明らかに後者に力点を置いている。

（41） Aristoteles, *Physica*, 185a13-14.

（42） P. Natorp, Aristoteles und die Eleaten, in: *Philosophische Monatshefte*, Bd. 26, S. 1-16, 147-169.

（43） このように感性化を斥ける態度は、すでに最初期フライブルク時代のフッサールやディルタイ批判においても、またルターの解釈にも窺われた傾向であった。第Ⅰ部第一章第2節、第3節、第Ⅱ部第四章第3節参照。

（44） 例えば以下を参照。W. Schadewaldt, *Die Anfänge der Philosophie bei den Griechen. Die Vorsokratiker und ihre Voraussetzungen* (Tübinger Vorlesungen Bd. 1), Suhrkamp Verlag, Frankfurt a. M. 1979, S. 311–351.

（45） K. Reinhardt, *Parmenides und die Geschichte der griechischen Philosophie*, Friedrich Cohen, Bonn 1916.

（46） この時間規定は、やがてアリストテレスの『自然学』第四巻の時間の解釈へと導入されてゆくことになる。第Ⅱ部第四章第5節参照。

（47） 第Ⅱ部第五章第3節、第4節参照。

（48） 第Ⅰ部第一章第3節参照。

（49） Aristoteles, *Physica*, 185a12-15.

（50） 例えば、ディルタイは『解釈学の成立』で、解釈学における理解の「論理的側面」の一つとして「帰納（Induktion）」を挙げている。ディルタイによれば、「帰納」は論理的な抽象作業にとどまらず、「生のなかで与えられている現実の連関」でもある。W. Dilthey, Die Entstehung der Hermeneutik, in: *Gesammelte Schriften*, Bd. V, S. 330, 334.（外山和子訳「解釈学の成立」『ディルタイ全集　第三巻　論理学・心理学論集』法政大学出版局、二〇〇三年、八六〇、八六六頁）なおディルタイは『精神科学序説』においてすでに、精神科学と経験科学の連携を図る一方、コントやミルの自然主義的な帰納や演繹の方法には批判的な立場を打ち出している。ディルタイは、このように精神科学を生の内面的理解の統一体として捉える立場から古代以来の形而上学史を叙述してもいるが、そこではヌースと帰納の関係、また『形而上学』と『自然学』の関係についても論じられている。W. Dilthey, *Gesammelte Schriften*, Bd. I, S. 46, 104-109, 192-215.（上掲訳書、五五―五六、一一三―一一八、二〇〇―二四四頁）。こうしたディルタイの解釈をハイデガーの解釈と対比させるのは興味深い課題だが、ここでは立ち入らない。

（51） この点で、エパゴーゲーを「現象学」だけに限定して捉えるブローガンの見解は、不充分である。W. A. Brogan, *Heide-*

gger and Aristotle: The Twofoldness of Being, State University of New York Press, Albany N. Y. 2005, pp. 27-30.

(52)「平均的日常性」の無差別性については、第Ⅰ部第一章第6節、第Ⅲ部第七章第1節参照。

(53) シーハンは、一九三九年の論文「ピュシスの本質と概念について」に即してではあるが、この「解釈学的帰納」の意義と「現象学的還元」との緊張関係を的確に見てとっている。Cf. T. Sheehan, Heidegger's Philosophy of Mind, in: G. Fløistad (ed.), *Contemporary Philosophy: A New Survey, Vol. IV, Philosophy of Mind*, Martinus Nijhoff, The Hague 1984, p. 296f.

(54) 第Ⅰ部第一章第1節参照。

(55) 第Ⅱ部第五章第2節参照。

(56) なお、一九二四年夏学期講義『アリストテレス哲学』では、解釈の先行構造との関連で、現存在の「概念」を獲得するために必要な点として、「現存在から際立たせられたり、また何らかの仕方で捏造されてつけ加えられたりするもの」ではなく、「現存在自身をつかみとって解釈することとしての概念的なもの」が帯びる「本当の可能性」を挙げている(GA18, 277f.)。そこでは、『精選論文の現象学的解釈』とはやや異なり、解釈の先行構造が「被制作存在(Hergestelltsein)」や「現在性(Gegenwärtigsein)」の問題を孕む点が明瞭にされている。「先行所持は、あらかじめすでに特定の先行視のうちに立たせられている。すでに現に存在しているものは特定の観点のうちに立っており、眼差すことや観点を定めることは、すべて具体的な意味において規定されている。存在者、つまり世界と生は、特定の存在意味の遂行のもとで配慮されている。それがすなわち被制作性、現在性である。そのさい、この存在意味そのものは表立って必要とされない。まさしく表立たないことによって、この存在意味は、観点を定めるということが行われ進められるさいに、独特な執拗さをはたらかせるのである」(GA18, 275)。

(57) 以下パルメニデスの教説詩からの引用は、H. Diels, *Die Fragmente der Vorsokratiker*, Walter Kranz (hrsg.), Sechste verbesserte Aufl., Erster Band, Weidmannsche Verlagsbuchhandlung, Berlin 1951 に従い、略号 DK 28 B に次いで同書での断片番号を表示する。以下ヘラクレイトスからの引用も上掲書に従い、略号 DK 22 B に次いで同書での断片番号を表示する。なお、ハイデガーの翻訳とは区別して、パルメニデスの教説詩から直接引用する場合は、基本的に以下の翻訳に従う。藤沢令夫・内山勝利訳「第二八章パルメニデス　B. 著作断片」『ソクラテス以前哲学者断片集 第Ⅱ分冊』岩波書店、一九九七年、七三―九九頁。同様に、ヘラクレイトスの箴言を直接引用する場合は、基本的に以下の翻訳に従う。内山勝利訳「第二二章ヘラクレイトス　B. 著作断片」『ソクラテス以前哲学者断片集 第Ⅰ分冊』岩波書店、一九九六年、三〇八―三五

○頁。

(58) K. Reinhardt, *Parmenides und die Geschichte der griechischen Philosophie*, S. 64-88. なおガダマーは、ラインハルトのこの著作を「革命的な書」と評している。H.-G. Gadamer, Das Lehrgedicht des Parmenides, Kurt Riezlers Parmenides Deutung, in: Griechische Philosophie II (*Gesammelte Werke*, Bd. 6), J. C. B. Mohr (Paul Siebeck), Tübingen 1985, S. 30.

(59) ドクサについては、第Ⅰ部第二章第2節、第3節、第三章第1節参照。

(60) ハイデガーは、この箇所に付した注でラインハルトのパルメニデス解釈を引き、「ドクサとアレーテイアの連関の存在論的基礎とその必然性」の欠如を批判している (SZ, 223, Anm. 1)。

(61) 逆に言えば、カントの「超越論的演繹論」や「図式論」についてのハイデガーの解釈は、本論以下で述べるような、解釈学的循環の最初の発動の現場を見きわめようとする意図を少なからず含意していると考えられる。しかしここでは詳細に立ち入ることができない。ハイデガーの図式論の解釈にかんしては、第Ⅰ部第三章第2節、第3節、第4節参照。

(62) DK 28 B3.

(63) DK 28 B8, 34-36.

(64) Vgl. WAHREN, in: J. Grimm und W. Grimm (hrsg.), *Deutsches Wörterbuch*, S. Hirzel, Leipzig 1854-1960.

(65) DK 28 B4.

(66) 第Ⅱ部第五章第2節参照。

(67) DK 28 B7, 2-8, 2.

(68) すでに一九二一年の『アウグスティヌスと新プラトン主義』講義でも、アウグスティヌスの『告白』第一〇巻三五章に即して、「好奇心」の現象が「視覚」の優位に定位するものとして考察されている (GA60, 223-227)。初期のアウグスティヌス解釈については、第Ⅱ部第四章第2節参照。

(69) 第Ⅰ部第二章第1節参照。

(70) 「限定 (Grenz)」はギリシア語の「限界 (πέρας)」にあたる。ハイデガーはこれを「何かが終わる (zu Ende sein) ところ」ではなく、「そこから (von woher) あるものが存在するもの」とみなす。「越境」の含意にかんしては、以下を参照。Vgl. G. Neumann, Heideggers frühe Parmenides-Auslegung, in: H.-C. Günther und A. Rengakos (hrsg.), *Heidegger und die Antike* (*ZETEMATA. Monographien zur klassischen Altertumswissenschaft*, Heft 126), C. H. Beck oHG, München 2006, 160f.

（71）「ナトルプ報告」によれば、パルメニデスは「存在者の存在」を見定めた「最初の、しかしまた決定的な眼差し（erste aber entscheidende Sicht）」において、同時に「存在論的に見ること（Sehen）」の「終局（Ende）」に達している（GA62, 393）。『存在と時間』では、次のように述べられている。「われわれにとって決定的な存在論の伝統の始まりにおいて——パルメニデスにおいて顕著に——世界の現象が飛び越えられているのはなぜなのか」（SZ, 100）。

（72）ハイデガーのパルメニデスの断片三をめぐる解釈にかんしては、以下を参照。的場哲朗「ハイデッガーにおけるパルメニデス断片Ⅲ」『白鷗女子短大論集』一九（二）、一九九四年、一〇八—一二七頁。

（73）ハイデガーは、最終的に未完に終わった『存在と時間』の第一部第三編の課題として、第一にパルメニデスにおける「世界」の「飛び越え」の発生が「なぜ」生じたのかという問題を指摘している。本章注（71）を参照。しかしそこでは加えて、次のような「なぜ」という問いがあわせて提起されている。「なぜ飛び越えられた現象の代わりに、内世界的存在者が存在論的主題として飛び出してくるのか」。「なぜこのような存在者は、さしあたり《自然》のうちで見出されるのか」。「なぜそうした世界存在論を補充する必要が経験されるとき、それは価値現象に救いの手を求めて行われるのか」（SZ, 100）［傍点は引用者による強調］。パルメニデスのヌースにおける最初の存在経験は、多様な世界の現出とその限定という二つの問題にかかわっているのである。

（74）DK 28 B8, 5-6.

（75）Aristoteles, *Physica*, 185b32.

（76）ハイデガーによれば、アリストテレスのエレア派批判は必ずしも正当ではないが、しかしアルケー探求を一歩前進させている（GA62, 324f.）。パルメニデス以降、存在は現前性優位のもとで「何‐存在（Was-Sein）」とみなされるようになった。しかしそれに対してアリストテレスは、「付帯性（Mithaftigkeit）」によって、意味の多様性の局面を切り開いている。その点をハイデガーは、シンプリキウスの注解を引きながら強調している。「アリストテレスは、付帯するものの様態‐存在（Wie-sein）がもっぱらその存在意味を代理しているということを前提しているのであり、そこでそうした述定一般が何らかの意味をもつ限り、存在は一なるものではないということを示しているのである」（GA62, 327）。

（77）Vgl. G. Neumann, Heideggers frühe Parmenides-Auslegung, S. 169f. Anm. 434.

（78）ヴォルピは、ソフィアとタウマゼインの関係を指摘している。Vgl. F. Volpi, Being and Time: A "Translation" of the Nicomachean Ethics? p. 201.

（79）本章注（71）、（73）をあわせて参照。

（80）なおハイデガーは、一九二三年夏学期講義『存在論（事実性の解釈学）』の付録で、「滞在」について次のように述べている。「ひとは動性を、本来的には、ただそのつどの純然たる《滞在》からのみ見る。……それゆえに、まさしく最高の課題は、真正で恣意的ではない滞在を獲得することである。気遣われた決断という可能的な跳躍に先立つ滞在（der Aufenthalt *vor dem möglichen* Sprung der bekümmerten Entscheidung）」（GA63, 109, vgl. 108）。ここで述べられている「気遣い」は、「世界」への気遣いとして、頽落した「配慮」を含んで、『存在と時間』の「関心」へと受け継がれてゆく概念である。第Ⅰ部第一章第5節参照。また「決断」は、ヌースが果たす真理と非真理の区別であり、「批判」を意味する。気遣いが批判をとおして存在の意味をさざまに多重化してゆくことが、ここで述べられている「可能的跳躍」である。しかし、そうした跳躍の多重化に先立って、跳躍の多重化の場所として、「滞在」がある。ここでは、そうした場所を獲得することが、思考にとっては最高の課題であるとされている。なお本論では、のちの『寄与』における「跳躍」が、第一の原初と第二の原初の裂け開けを飛び越え、そして原存在の本有化へと飛び込むことによって、一回きりの創造を生み出す解釈学的思考であると特徴づけておいた。第Ⅱ部第六章第6節参照。

（81）第Ⅱ部第六章第5節参照。

（82）この講義では、退屈の気分と並んで、動物の存在をめぐる考察が目をひく。わけてもそこで動物との関係性として「置き移し（Ent-setzen）」といった運動や「崇高さ」が論じられている点は、きわめて興味深い。「崇高の感情」の観点から、ハイデガーだけでなく、カントやヴィトゲンシュタインをも視野に入れてこの講義での「自然の自然性」を考察した論考として、以下を参照。牧野英二「驚異と崇高――ヴィトゲンシュタインとハイデガー」『崇高の哲学――情感豊かな理性の構築に向けて』法政大学出版局、二〇〇七年、八五―一三〇頁。また他者との間の「置き移し」については、第Ⅲ部第七章第3節参照。

（83）Plato, *Sophista*, 246a4.

（84）WzM, 418.

（85）そのさいハイデガーは、若きニーチェの「ギリシア人の悲劇時代における哲学」におけるパルメニデスの存在論についての発言を、『偶像の黄昏』における「蒸発する実在性の最後の煙」へと重ねあわせている。ここでのハイデガーのニーチェ批判の要点は、ニーチェの言い方にならえば、まさしく「原初としての原初（Anfang als Anfang）」における「存在」

の概念の身分にある（GA33, 19f.; KGW3-2, 329; KGW6-3, 70）。こうしてハイデガーは、パルメニデスをはじめ、フォアゾクラティカーを高く評価することによって、ニーチェを批判する。こうしたニーチェ批判の手法は、のちの『形而上学入門』ならびに『寄与』へと引き継がれてゆく。第Ⅱ部第六章第6節注（146）を参照。

（86）ヘルダーリンの詩作に対するハイデガーの言語観については、第Ⅱ部第六章第6節、第Ⅲ部第八章注（63）および（64）参照。

（87）第Ⅱ部第六章第6節参照。

（88）Aristoteles, *Physica*, 185a12-15.

（89）Aristoteles, *Metaphysica*, 1003a33.

（90）第Ⅰ部第一章第1節、第三章第2節、第3節、第4節、第Ⅱ部第四章第1節、第2節を参照。

（91）DK 22 B123.

（92）Cf. T. Sheehan, *Heidegger's Philosophy of Mind*, pp. 149-153.

（93）時－空間におよぶ存在の支配にかんしては、第Ⅲ部第七章第3節参照。

（94）DK 22 B119.

（95）第Ⅲ部第七章参照。

（96）「控えめさ」と「畏怖」については、第Ⅱ部第六章注（88）、（143）、第Ⅲ部第七章第3節を参照。

結論

最後に、本書全体の歩みを振り返り、結論を示すことにしたい。

本書は、ハイデガーの初期から中期にわたる思考の展開を視野におさめて、『存在と時間』の思想を「存在の解釈学」として究明した。そのさい本研究は、複数の発展史的観点に立って、ハイデガーの思考の展開を多面的に考察することに留意した。また、ハイデガーの思想と他の諸思想とを比較しながら、彼の解釈学的思考を批判的に考察することにも努めた。それにより本書は、従来省みられることのなかったハイデガーの解釈学的思考の広がりと多面性を明らかにすると同時に、またこれまで見過ごされてきたさまざまな意義と問題点を照らし出した。

第Ⅰ部「『存在と時間』の解釈学的構造」は、『存在と時間』の現存在の解釈学の全体構造を解明した。まず第一章「形式的告示的解釈学」は、初期フライブルク講義群における「事実性の解釈学」から『存在と時間』の「現存在の解釈学」への歩みをたどり、『存在と時間』の解釈学的構造を「形式的告示的解釈学」として究明した。従来の研究は、「形式的告示的解釈学」の構造を明確に規定してこなかった。それに対して本研究は、形式的告示的解釈学が以下の三層構造をもつことを明らかにした。第一層は、現在の状況を「着手点」として、暫定的な「理念」の内容を生ないし現存在のそのつどの「遂行」によって充実させるという構造である。第二層は、「転落態」ないし「頽落」の内部に第一の構造全体を組み込んだ構造である。第三層は、第二の構造の内部での「転落態」ないし「頽落」に対する反転の遂行という構造である。さらに本章では、形式的告示的解釈学が上述の第三層の構造において、次の三段階をとおして遂行されていることを明らかにした。第一段階は、「転落態」ないし「頽落」に対する「禁止」ないし「防御」の遂行であり、第二段階は、「転落態」ないし「頽落」に対する「対抗」ないし「闘争」である。そして第三段階は、「無」の「本来性」へ向けた「反復」である。以上の考察によって、形式的告示的解釈学は、「現前的」な「非本来性」から出発して「非現前的」な「無」の「本来性」へとたえず循環的反復を遂行する「非本来性の反復」として究明された。

続く第二章「日常性の解釈学」は、「非本来性」から出発する解釈学の構造をさらに立ち入って見きわめるために、「日常性の解釈学」の構造を解明した。従来の研究は、日常性の解釈学における弁論術の役割を考慮しておらず、そのため『存在と時間』における「日常性の解釈学」の意義を捉えてこなかった。それに対して本章は、アリストテレスの『弁論術』に対するハイデガーの解釈を手がかりとして、『存在と時間』における「日常性の解釈学」の構造を究明した。その成果は、以下の六点である。第一に、「日常性の解釈学」は、「ロゴス＝言語」、「エートス＝態度」、「パトス＝情態」の三契機によって構成されている。第二に、これらの契機は「フロネーシス」を中心に変換が行われ、「ロゴス」は「聴取」として、「パトス」は「変容」として、「エートス」は「決断の反復」として捉えなおされている。第三に、『存在と時間』では、この変換がさらに推し進められて、「ロゴス」は「聴取」と「沈黙」として、「パトス」は「不安」として、「エートス」は「状況」における「決断の反復」へと変換されている。第四に、『存在と時間』の「挙示」、「述定」、「伝達」、また「沈黙」における「命令」の概念は、いずれも弁論術を土台として構築されている。第五に、『存在と時間』の「語り」は、説得術としての弁論術をモデルとしているために、「関心」の構造から排除されている。しかし第六に、この制約は、「状況」における「決断の反復」という「エートス」を活用することによって打開されうる。以上の考察によって「日常性の解釈学」は「弁論術」の解釈学として究明された。

さらに第三章「超越論的解釈学」は、カントの構想力に対するハイデガーの解釈を手がかりに、「超越論的解釈学」

の構造を究明した。従来の研究は、ハイデガーのカント解釈の意図と、そこで用いられている解釈学的構造を考察してこなかった。それに対して本章は、形式的告示的解釈学を踏まえつつ、アリストテレスやフッサールのファンタジアに対するハイデガーの解釈を手がかりにして、カントの構想力に対するハイデガーの解釈学的構造を明らかにした。ハイデガーのカント解釈は、アリストテレスの「ファンタジア」に対する以下の三段階の再解釈を土台としている。第一段階は、「ファンタジア」の現象学的・解釈学的解釈である。この段階は、フッサールの「想像」の現象学的分析を解釈学的に活用し、アリストテレスの『霊魂論』における「ファンタジア」を再解釈している。第二段階は、「ファンタジア」の超越論的解釈である。この段階は、「ファンタジア」を非現前的な超越論的時間地平の「形式的告示」と結びつけ、カントの「図式論」および「超越論的構想力」解釈へと導入している。第三段階は、上記の二つの段階を踏まえた「超越論的構想力」の「根源的時間性」への還元である。この段階は、「構想力」を感性と悟性の共通の「根」とみなし、それを「根源的時間性」へと還元している。最終的に本章は、非現前的な超越論的時間地平の「形式的告示」の構造を活用していることから、ハイデガーのカント解釈を「超越論的解釈学」の遂行として特徴づけた。また「根源的時間性」への還元において生じる「超越論的構想力」解体と再形成の運動が、現存在の「非力さ」に通じることも明らかにした。以上によって、ハイデガーのカント解釈は「超越論的解釈学」として究明された。

以上の第I部の考察は、『存在と時間』の現存在の解釈学が、事実性ないし実存的次元、実存論的次元、超越論的次元のいずれにおいても、形式的告示的解釈学として特徴づけられることを明らかにした。従来の研究は、形式的告示を初期の解釈の方法としてしか捉えてこなかった。それに対して本書は、形式的告示が一九二〇年代全体にわたる解釈学的構造であることを明らかにした。またそこでは、解釈学が実践的行為に定位した非現前的時間性を備えていることも浮き彫りにした。現存在の解釈学は、非本来的な現前的時間性と本来的な非現前的時間性の対立のうちで開始され、循環的に遂行されるのである。しかし、非本来的な現前的時間性と本来的な非現前的時間性の対立は、一義的には区別しがたい緊張関係を孕んでいる。そのため、一見して後者にのみ定位するかのように思える現存在の解釈学のうちにも、前者が抜き差しがたく組み込まれている。そこから本書は、『存在と時間』の挫折の原因を、現前的時間性と非現前的時間性の対立に見定めた。

そこで第Ⅱ部「『存在と時間』の解釈学的転回」は、形式的告示的解釈学の時間性格をさらに立ち入って検討し、『存在と時間』の挫折の原因と打開の可能性を究明することを試みた。

まず第四章「脱自的瞬間の時間性」は、キリスト教の時間概念とアリストテレスの『自然学』第四巻についてのハイデガーの時間概念の解釈を究明した。従来の研究は、ハイデガーの脱自的瞬間における非現前的「実践」と現前的「観想」の対立を指摘してきたが、その内実の解明を行ってはこなかった。そこで本書は、ハイデガーが西洋存在論の「分水嶺」と呼ぶ『自然学』第四巻において、「脱自的瞬間」の時間性を究明することを最終目標とした。そのためにまず、「脱自的瞬間」の由来をなすキリスト教のカイロス的時間概念が考察の対象とされた。パウロのカイロス解釈では、終末論的な「再臨」の時間性が、宗教的生の自己関係的な「憂慮」の時間性として捉えられながらも、なお「神」の「現前性」によって規定されている点が批判されていた。次に、アウグスティヌスのカイロス解釈では、宗教的な生における自己関係的な「憂慮」の時間性がパウロよりも広範な歴史的広がりを備えてはいるが、しかしやはり「永遠」の「現前性」によって規定されている点が批判されていた。そしてルターの解釈では、「栄光の神学者」と「十字架の神学者」に「現前性」と「非現前性」の対立が見てとられ、ハイデガーが後者を重視したことが明らかになった。他方で本章は、ハイデガーが、ルターのアリストテレス批判をとおして、古代ギリシアにおける「憂慮」の不在を学んだことも究明した。加えて、こうしてルターに依拠したことによって、ハイデガーのアリストテレス解釈が、実践哲学へと定位を強めたことをも解明した。以上を踏まえて、『現象学の根本問題』講義における『自然学』第四巻解釈を検討することにより、最終的に本章は二つの点を明らかにした。第一は、「脱自的瞬間」は、現存在の自己関係的な自己知以前に生じる「超越論的突発性」としての性格をもつ点、第二は、「現前性」と「非現前性」の対立が「脱自的瞬間」において激化している点であった。

次いで第五章「解釈学と超越論の相克」は、ハイデガーのプラトン解釈を検討し、解釈学と超越論的時間地平との連関を解明した。従来の研究は、『存在と時間』の存在論構想がプラトンのイデア論に基づいていると主張してきたが、その内実については立ち入って考察してこなかった。それに対して本章は、ハイデガーのプラトン解釈の変遷を考慮したうえで、プラトンのイデア論に基づく『存在と時間』の存在論構想とその問題点を究明した。本章はまず、『存在と時間』以前のプラトン解釈を検討した。そこではハイデガーが、アリストテレス解釈の開始以前の段階ですでにプラトン弁証術を解釈学のモデルとして捉え、また「エロス」を積極的に評価していたことが明らかにされた。次にアリストテレス解釈を再検討し、「フロネーシス」よりも「ソフィア」ないし「ヌース」といった直観優位の傾向が認められる点を究明した。本論は、この点を『ソフィスト』講義におけるプラトン解釈に即して確証した。その上で、直観優位の観点から、『存在と時間』の存在論構想と「善のイデア」の関係を検討した。まず、前後の講義などを踏まえて、未刊部分を含めた『存在と時間』全体のプログラムは、①「実存論的分析」による「実存の理念」の解明、②「存在の理念」の解明、そして③「メタ存在論」ないし「形而上学的存在者論」による眼前存在者の解明という三つの位相に分かれることが判明した。そこでは②「存在の理念」がプラトンの「善のイデア」と同一視され、①から③への「転回」の中心として考えられていることも解明された。そのため②が、超越論的解釈学の原理であることも明らかにされた。以上を踏まえて、本章は、この「善のイデア」に定位した「存在の理念」によって現存在の解釈学に引き起こされる問題点、また『存在と時間』全体に引き起こされる問題点を究明した。まず前者の問題点としては、実践的な「倫理」の捨象、「他者」との対話の軽視、批判的な距離をもった解釈学的「地平」の構築の困難さなどが浮き彫りにされた。また後者の問題点として、不可視の存在の理念の可視化、美の理念や善の理念の欠如、そしてわけても非現前的時間性の抹消と根源的時間性の現前化などが明らかにされた。これらの問題点はいずれも、プラトンに依拠しながらプラトンを転倒しようとする、ハイデガー独自の解釈に起因するものであった。そのため、この「プラトニズムの転倒」というハイデガーのそもそもの発想の源泉が検討されることになった。

そこで第六章「永遠回帰と転回」は、初期から『存在と時間』、そして「ニーチェ講義」や『寄与』にいたるハイデガーのニーチェ解釈を考察し、『存在と時間』の挫折の原因と、その後の転回の歩みを究明した。従来の研究は、初期や『存在と時間』におけるニーチェの影響を考慮してこなかった。そのため、『存在と時間』の挫折の原因や、その後の「ニーチェ講義」や『寄与』における解釈学の「転回」の意義を見てとれなかった。それに対して本章は、「プラトニズムの転倒」というニーチェ的な発想を『存在と時間』の隠れた動機と見定めて、ハイデガーのニーチェ解釈の抜本的な考察を試みた。まず初期の解釈では、ニーチェは基本的に神学の内部に位置づけられ、彼の「哲学する衝動」への共感と神学観に対する反感を両軸としながら次第に否定的な評価が強まっていったこと、ところがマールブルク期の解釈では一転、積極的な評価へと変化したことが判明した。ハイデガーは『存在と時間』において、上記の過程で温存されたニーチェの「衝動」を全面的に拡張し、第二編の考察の随所にニーチェの発想を組み込んだのである。本論は、ニーチェの影響が「自由な死」、「良心」、「意志」、「歴史性」、「時間性」の諸概念に色濃く反映されていることを解明した。加えて、現存在の「歴史性」と「時間性」の存在構造が、「永遠回帰」を組み込むことにより、ハイデガー自身の真意とは異なり、形式的な「機械的反復」へと接近し、『存在と時間』の挫折を招いたことも明らかにした。またこうしたニーチェ解釈が、「歴史」の狭隘化、「芸術」や「自然」の軽視などを生じた点も、あわせて解明した。これを踏まえて本論は、さらにのちの「ニーチェ講義」と『寄与』の解釈において、『存在と時間』への自己批判が展開されている点を解明した。「ニーチェ講義」におけるニーチェ批判は、『存在と時間』の解釈学的方法と諸概念を導入しつつも、ニーチェの影響圏からの離脱を図る自己批判であった。またハイデガーは『寄与』において、そうしたニーチェの影響圏からの離脱を意図して、解釈学の脱形式化と脱構造化を図りながら、解釈の遂行を「跳躍」という一回限りの創造的生起として捉えなおしたのであった。さらにハイデガーが、そうした解釈の遂行を導く光を、詩人ヘルダーリンの詩作に求めていたことも解明された。以上の考察をつうじて本章は、ニーチェの永遠回帰への接近と離反によって、ハイデガーの解釈学が「転回」したことを明らかにした。

以上の第Ⅱ部の考察では、『存在と時間』の挫折の原因が、現存在の存在構造のうちに解釈学の機械的反復を組み込んだ点に求められることを明らかにした。ハイデガーは、現前性と非現前性の緊張関係を乗り越えるため、アリストテレスのソフィア、プラトンの善のイデア、そしてわけてもニーチェの永遠回帰の時間性に定位して、現存在の存在構造のうちに、解釈学の導入を図った。しかしそうした発想は、現存在の存在了解を機械的反復へと陥る危険を招くものでもあった。「ニーチェ講義」や『寄与』は、そうした『存在と時間』の発想への自己批判として、解釈の本来の遂行を一回限りの創造的生起としての「跳躍」に見定めたのであった。本研究は、「本有化」の「転回」によって生じたこの解釈学の変容を、現存在の解釈学から《存在の解釈学》への《転回》として位置づけた。

とはいえ、この《存在の解釈学》への《転回》は、「現存在の解釈学」にもともと潜在していた《可能性》から生じたものでもあった。そこで、この《存在の解釈学》という新たな発想に照らして、これまで現存在の解釈学のなかで指摘された問題点をあらためて吟味し、その打開の《可能性》を究明する必要が生じることになった。わけても検討を要すると思われたのは、考察の途上で繰り返し登場した問題点、すなわち他者の軽視、歴史の狭隘化、自然の不在といった問題点であった。

そこで第Ⅲ部「『存在と時間』の反復」は、『存在と時間』の現存在の解釈学を初期から中期までの展開を背景に再検討し、そこに伏在する他者、歴史、自然の解釈の積極的な可能性を究明した。

第七章「共同存在の解釈学」は、『存在と時間』から『寄与』までの時期を中心として、ハイデガーの存在論を共同存在の解釈学として究明した。従来の研究は、ハイデガーの存在論に対して、他者や倫理の不在を批判してきた。それに対して本章は、「事実性」に着目しながら、共同存在の分析における存在論的な倫理学的含意を明らかにした。まず、初期の講義から、非本来性に対する反省的意識のうちに、ハイデガーの基本的な倫理観を見定めた。その上で、『存在と時間』に即して、共同存在の事実的にアプリオリな特徴である「複数性」の規定を明らかにした。次に『存在と時間』以降の前期の講義に即して、共同存在の事実的かつ複数的な「脱自的動性」として「分散」が考察された。

そのさい「分散」は、『存在と時間』との比較考察をつうじて、非本来的な「気晴らし」にとどまらず、性別や自他の区別にすらおよぶ現存在の原事実的な脱自的動性として明らかにされた。本論はさらに『寄与』へと考察を進めて、前期の共同存在の分析に対する抜本的な「転回」を、「ヒューマニズム書簡」における「根源的倫理」への最初の本格的な開始として位置づけた。それによれば、「共同存在」は「現-存在」として「原存在」に帰属する一方、「原存在」における「本有化」と「脱本有化」の生起は、「現-存在」をとおして「時空間」を開く。この「時空間」において、「現-存在」と「共同存在」は、みずからの身分をたえず問い直される。分散は、そうした共同存在の脱自的動性である。本論は、そうした脱自的動性における解釈学的反省を本来的な「共同存在の解釈学」として位置づけ、その倫理学的含意を以下の五点にわたって特徴づけた。第一に、共同存在としての人間存在の「自己性」の尊重、第二に、共同存在の反省の場を開示する「控えめ」や「畏怖」などの根本気分の重視、第三に、共同存在の対話の言語としての「沈黙」への着目、第四に暴力批判、第五に、一元化の支配に対する批判である。そして最後に本論は、意のままにならないことがらをつねに自己の責任として引き受ける態度を、ハイデガーの存在論的倫理の意義として見定めた。以上の考察をつうじて、本章は、ハイデガーの解釈学を「共同存在の解釈学」として究明した。

第八章「歴史の解釈学」は、ハイデガーのディルタイ解釈を手がかりとして、前期ハイデガーの歴史についての解釈学的思考と、歴史的な他者の身分を究明した。従来の研究は、ハイデガーとディルタイの影響関係を明確に捉えてこなかった。そのためハイデガーのディルタイ批判の意義と展開、ならびにハイデガー自身の歴史の解釈学的思考を充分に理解してこなかった。それに対して本章は、一九二〇年代末にまでわたるハイデガーのディルタイ解釈の影響関係を考察することにより、ハイデガーの歴史の解釈学的思考の基本的構図や、歴史的な他者の身分を解明した。本論はまず、一九二〇年代全般にわたるハイデガーのディルタイ評価を検討した。それによって、ハイデガーのディルタイ評価が、歴史的な「生の現実性」に対する肯定的評価と、精密な概念化の「不徹底」、あるいは「審美化」、「客観化」の点にかんする否定的評価の両義性をもつことを明らかにした。またそれによって、『存在と時間』における

「実在性」と「歴史性」にかんするディルタイ批判が、実存の歴史的実在性という同一の解釈学的問題に集約されることが明らかとなった。その上で本論は、ディルタイを批判的な参照項とした『哲学入門』講義を取り上げ、「無」の抵抗経験を中心に、「幼児」の存在や「共同存在」の問題が考察されている点を究明した。そして最後に本論は、以下の三点を結論として提示した。第一に、ディルタイの「歴史的実在性」とニーチェの「三種の歴史」が、それぞれハイデガーの歴史観の「共鳴」と「闘争」を形作っている点、第二に、歴史的な不在の他者との関係が本来的な他者関係の象徴とみなされている点、そして第三に、こうしたハイデガーの歴史的他者の理解が、共同存在の理解を支える土台をなしている点であった。以上の考察によって、本章は、ハイデガーの解釈学を「歴史の解釈学」として究明した。

第九章「自然の解釈学」は、自然をめぐる初期から中期のハイデガーの思想を「自然の解釈学」から「ピュシスの解釈学」への「転回」として捉え、「根源的自然」としての「ピュシス」の「真理」の意義を究明した。従来の研究は、『存在と時間』における自然の不在や、後期におけるピュシス概念の規定不可能性を批判してきた。それに対して本章は、初期から中期までのハイデガーの議論を視野に収めて、自然ないしピュシスについての解釈学的原理、方法、循環、そして真理の意義を解明した。本論は、まず前期における「自然」と「ピュシス」の概念を考察したうえで、自然の解釈学を遂行する現存在のキネーシスが「エネルゲイア・アテレース」としての「ソフィア」ないし「ヌース」であることを明らかにした。次に、初期の『精選論文の現象学的解釈』に即して、「自然の解釈学」の原理、方法、循環、真理の意義を究明した。そのさい本論は、初期では「自然」と「ピュシス」が必ずしも明確に区別されておらず、自然の解釈学が同時にハイデガーの「解釈学」一般の基礎を構成している点に着目した。そしてアリストテレスの『形而上学』、『自然学』、さらにパルメニデスの教説詩をめぐるハイデガーの解釈を考察することにより、以下の四点が明らかにされた。第一に、「自然の解釈学」の「原理」は自他の共通点のうえで相違点を指摘する「批判」である。第二に、「自然の解釈学」の「方法」は、多様な平均的了解の可能性へと入り込む「帰納」である。そして第三に、「自然の解釈学」の「循環」は、ドクサとしての「非真理」と「真理」の緊張関係から生じる。第四に、この緊張関係は「存在論的差異」における「多様性」の発生の場である。以上を踏まえて、本論は、一九三〇年代に目を向け、「自然の解釈学」から「ピュシスの解釈学」すなわち《存在の解釈学》への「転回」を究明した。そこではまず、存在とピュシスが同一視され、ロゴスやヌースといった現存在のキネーシスがピュシスのキネーシスへと帰属させられてゆく過程が明らかにされた。その上で、一九三九年の論文「ピュシスの本質と概念について」に即して、「ピュシスの解釈学」が考察された。そこでは、初期の「自然の解釈学」の原理や方法が完全に解体されていることが判明した。また、現存在に代わって、ピュシスが「エネルゲイア・アテレース」としての性格をもち、また存在そのものとして、つねに非現前性をたずさえて現前化する「ア・レーテイア＝非‐隠蔽性」であることも明らかにされた。以上の考察をとおして、最終的に本章は、「ア・レーテイア」としての「ピュシス」が、「存在論的差異」の発生の「場」そのものとして、一回限りの創造的生起としての本来的解釈の遂行を導く「真理」であると結論づけた。

以上の第Ⅲ部の考察は、現存在の解釈学における他者、歴史、自然についての解釈学的思考を明らかにした。「共同存在の解釈学」では、異他なる他者を異他なる他者として存在させるための共通の「時空間」が「存在」によって開示されうる可能性が示された。「歴史の解釈学」では、そうした自他に共通する「歴史」が「共鳴」と「闘争」において形作られ、不在の他者の実在性が他者ならびに実在性一般の象徴であることが示された。「自然の解釈学」では、人間と存在者とに共通する多様な「自然」の「場」が、非現前のピュシス＝存在によって開示されることが示された。第Ⅲ部で本論がハイデガーの思想から見出したのは、他者や歴史や自然の「真」の姿を見定めようとする解釈学の営みは、「存在」の規定不可能性によって、一義的な規定に収斂することができず、つねに多様な規定可能性に直面するという洞察であった。とはいえ、この洞察は、相対主義やニヒリズムとは決定的に異なるものであった。思考は、それ自身がみずからによっては思考し尽くしえないものであり、それゆえにたえずみずからの思考を超えた多様性へと開かれるよう、促されるのである。こうした思考自身の《存在》の発生の現場へと遡ることにより、本論は、

《存在の解釈学》というハイデガーの解釈学的思考の本質を、存在者との多様な関係を創造的に開示する営みとして究明した。

以上の考察を踏まえ、冒頭に掲げた本書の問いに答えて、結論としたい。本書は、初期から中期までのハイデガーの思想を手がかりに『存在と時間』を《存在の解釈学》の試みとして捉え、彼の「存在」をめぐる哲学的思考と哲学史観の本質的意義と根本的制約を究明することを最終的な課題として掲げた。ハイデガーの哲学は、《存在の解釈学》として、一回的な創造的思考の生起に立脚した解釈学的思考である点に本質的意義をもつ。「存在」と「時間」の両概念は、この一回的な創造的思考の生起を中心にして、解釈学的連関を形成している。またその解釈学的思考は、形式性や構造性を退ける点で、方法をそのつど自己生成的に構造化するものであると言える。こうした思考の基礎をなすのは、非現前性と現前性の二重性を帯びた「存在」に対する「一回性」の時間理解である。ただしそれは、永遠性としての一回性ではなく、有限な一回性であり、多様な反復可能性に開かれた一回性である。したがってそこには、おのずから多様な誤謬や錯誤の可能性も含まれる。「別様に読むこと」は「誤って読むこと」でもある。そしていずれの「読むこと」においても、機械的反復への転落の危険がある。ハイデガーが、つねにそのような危険を自覚しながら、そうした危険と隣り合わせのなかから一回的な創造的思考を展開していたという点は、本書がしばしば強調した点であった。ハイデガーの哲学史観は、そのような多様性と錯誤に対する反省的意識に貫かれた、伝統的西洋形而上学への批判であった。

とはいえ本書は、そうしたハイデガーの哲学的思考や哲学的史観が、しばしば哲学史の伝統や伝統的諸概念の理解から大きく逸脱しているという根本的制限を抱えていることも明らかにした。確かにハイデガーの解釈学的思考は、伝統的形而上学を機械的に反復するような解釈ではない。人間の存在に根ざしたハイデガーの解釈学的思考は、伝統的形而上学や伝統的諸概念の理解を新たに活性化し、従来の理解とは異なる見方をそのつど創り出す点で優れた点をもつ。しかし他方で、それぞれの解釈は断片的にとどまり、それ以外のさまざまな伝統的哲学史の文脈や伝統的諸概念との関係が必ずしも明確になっていない場合も多々見受けられる。このことは、ハイデガーの解釈学的思考自体が、全体として見た場合に、必ずしも整合的で統一的な哲学史観を構成できていないことを示している。おそらくそこに、伝統的な哲学史とは異なる「別な原初」の歴史を構想せざるをえなくなった原因の一端があるように思われる。加えて、伝統的形而上学を乗り越えるために、最終的な打開策として導入された詩作も、非現前性としての原存在を望見するものである以上、具体的な歴史の実像を完全に形づくることはできない。それゆえ詩作は、整合的で体系的な歴史の道を切り開くことはできない。この点は、ハイデガーの哲学的思考や哲学史解釈の根本的制約であると言わねばならない。

しかしそうした制約にもかかわらず、ハイデガーの哲学的思考が、伝統的哲学史や伝統的諸概念を相対化するひとつの有力な視点を提示していることは、やはり否定できない事実である。ハイデガーは、歴史を含めて、存在するあらゆる事象を固定化して一元化する思考を計算的思考として厳しく批判した。つねに非現前性と現前性の二重性に踏みとどまりながら、飽くなき自己変容をとおして可能性と多様性へと開かれてゆく点に、ハイデガーの哲学的思考の意義がある。そしてそうした可能性と多様性へと開かれてゆく思考を根本において支えているのは、他ならぬあの一回的な創造的思考なのである。ハイデガーが、計算的思考を排除し、解釈学の構造や形式をも解体し、神秘主義や神学でもなく詩作を頼りに思考の究極の根源へと遡行したのは、決して思考を弱体化させるためではなかった。その遡行は、ありうべき現実の時空間の形成をめざして、あらゆる思考の根源に脈打つ、生き生きとした創造的思考の躍動を手に入れるためにこそ試みられたのであった。この躍動からはじめて、現実の多様な時空間を形づくる可能性も生まれてくる。ハイデガーの哲学史観の制約を受け止めながら、この一回限りの創造的思考をみずからの創造的思考として遂行すること、それは、他ならぬわたしたち自身が担うべき将来の哲学の課題である。

あとがき

本書は、二〇一〇年一一月に法政大学大学院に提出し、翌二〇一一年三月に学位を授与された博士論文『存在の解釈学――『存在と時間』の構造・転回・反復』に手を入れて成立したものである。本書ならびに学位論文のもとになった各論文は、二〇〇〇年から二〇〇八年にわたって執筆・発表された。二〇〇七年の初頭からそれら各論文の再構成や加筆修正の作業を開始し、約三年半をかけて学位論文としてまとめられた。そして学位の授与と前後して、約一年半のあいだ改稿を繰り返し、ようやく本書が完成した次第である。振り返れば、最初の論文の執筆開始から本書の刊行まで、実に足かけ十二年の歳月を費やしたことになる。その意味で本書は、筆者の三十代の研究成果の総括と言える。以下に、初出を示しておく。

第一章　「非本来性の反復――形式的告示的解釈学としての『存在と時間』」、実存思想協会編『実存思想論集』15（第二期第七号）、理想社、二〇〇〇年

第二章　「『弁論術』の反復と日常性の解釈学――ハイデガーにおける言語の公共性と日常性の倫理を巡って」、日本倫理学会編『倫理学年報』第五三号、二〇〇四年

第三章　「構想力の解体――ハイデガーのカント解釈の射程」、実存思想協会編『実存思想論集』18（第二期第十号）、理想社、二〇〇三年

第四章　「瞬間の時間性――アリストテレスとハイデガーにおける運動と時間を巡って」『法政大学大学院紀要』第四七号、二〇〇一年
第五章　「フロネーシスからソフィアへ――初期ハイデガーにおけるアリストテレス解釈の帰趨」、ハイデガー・フォーラム編『Heidegger-Forum』（電子ジャーナル）Vol. 2、二〇〇八年（一部）
第六章　「ウーシアの彼方を巡って――ハイデガーの解釈学におけるプラトンの超越論的次元」、日本現象学会編『現象学年報』第一七号、二〇〇一年
第七章　「ハイデガーとニーチェ――『存在と時間』における《思考の経験》をめぐって」、国士舘大学哲学会編『国士舘哲学』第一一号、二〇〇七年
第八章　「脱自的共同存在――ハイデガーの「根源的倫理学」をめぐって」、日本現象学会編『現象学年報』第二一号、二〇〇五年
第九章　「実在性と超越――ハイデガーにおけるディルタイ《獲得》の新たな意義」、日本ディルタイ協会編『ディルタイ研究』第一五号、二〇〇四年
「ハイデガーにおけるピュシス概念の意義――キネーシスの観点から」、日本哲学会編『哲学』第五二号、法政大学出版局、二〇〇一年
「フロネーシスからソフィアへ――初期ハイデガーにおけるアリストテレス解釈の帰趨」（一部）

本書の基本構想の成立事情について、一言触れておきたい。筆者は当初から、解釈学という方法から『存在と時間』を読み解きたいという意図をもち、当時陸続と刊行されていた『存在と時間』周辺の講義群や初期講義群の読解に取り組んでいた。それら講義群において展開されている粗削りながらも躍動感あふれる若きハイデガーの思想は、筆者にとって、『存在と時間』への道筋をきわめて明確に打ち出しているもののように思われた。そのさいの主たる

手がかりとなったのは、「実践知」の概念であった。二〇〇六年以前の各論文は、もっぱらこの概念を支えにして、『存在と時間』を新しい角度から解釈しなおすことを目論んでいる。

ところがいざ博士論文の執筆にあたって、『存在と時間』を含めてあらためてハイデガーのテキストを紐解いてみると、「実践知」の概念だけでは立ちいかない場面にそこかしこで出会うことになった。ハイデガーの思想とその展開を読み解くにあたって、確かに「実践知」の概念は一定の有効性をもち、解釈学ともきわめて親和性が高い。しかし他方、そうした「実践知」の背後で、この概念だけに収まりきらない、いっそう高次の知への胎動がハイデガーのうちには脈打っているように筆者には感じられた。そこで思い当たったのが、「実践知」を包括するいっそう高次の反省知であるとともに、「時間」の地平への接続を可能にする「哲学知」の概念であった。「哲学知」は、解釈学という歴史的な学問的方法を導く高次の知であるばかりでなく、古来よりそうであるように、人間や世界、そして自然の根源的なありさまへと目を向ける知でもある。『存在と時間』を結節点とするハイデガーの存在への問いを根底から突き動かしていたのは、「実践知」にとどまらず、有限な人間にとってきわめて実現困難なこの「哲学知」だったのではないか。この「哲学知」において、人間の有限性を極限まで突き詰めつつ、広大な自然へと開かれてゆく可能性を求めることが、ハイデガー存在論の輻輳した歩みを形作っているのではないか。こうして解釈学の方法を導きとしながら、「実践知」から「哲学知」へ、そして「哲学知」から再び「実践知」を再考するという見通しのもと、『存在と時間』の成立と挫折、そしてのちの転回への歩みを読み解く本論の試みは開始された。

ところが、そこからの再編と加筆の作業は予想以上に時間のかかるものになった。考察の観点が高められたぶん、ハイデガーのテキストはもとより、これまでのみずからの解釈を全面的に再検討せねばならず、また各論文の細部についても抜本的な書き換えを施さねばならなくなったからである。その作業は、『存在と時間』以後の著作、わけても一連の「ニーチェ講義」や『哲学への寄与』に対する読み直しの作業をも要請することになった。『存在と時間』に対する見方の変更におうじて、この書物へのハイデガーの自己批判ともいうべき上述の諸著作に対しても、従来とは異なる見方が必要となることに気づかされたからである。どのような書物でも、執筆の開始と完了の時点で少なからず執筆者の意図に異同は生じるものであろうが、筆者の場合は、学位論文の執筆開始とともに、ある意味で一からハイデガーを学び直さねばならなかったと言っても過言ではない。これはもっぱら不勉強な筆者の責に帰せられるべきものだが、しかし多くの古典と同様に、時代を経ても決して色褪せることなく、つねに新たな解釈の可能性を提供し続けている点に、ハイデガーの著作、わけても『存在と時間』の魅力があるように思われる。

こうして本書のもととなった各論文は、多くの箇所で大幅な加筆修正を加えられることになった。なかには、当初とは全く別な内容に様変わりして原型をとどめていない論文もあれば、完全に解体されて各章に分散されて組み込まれた論文もある。結果、新たに加筆された部分は当初の各論文の総量の倍以上になり、最終的に完成した本書も、予想を遥かに上回る大部になってしまった。だが、それでもなお本書で『存在と時間』の思想が充分に語り尽くされたとは考えていない。筆者にとって、『存在と時間』の射程と変容をハイデガーの全生涯にわたって辿る研究は、本書を出発点としてようやく始まるものと思っている。本書のささやかな試みが、ハイデガーに関心をもつ読者にとっても「新たな始まり」のきっかけとなれば、筆者としては望外の喜びである。

最後に、筆者が本書を世に送り出すにあたりお世話になった方々に、謝辞を述べておきたい。
まず、本書のもととなった学位論文の指導と主査を務めていただいた牧野英二先生（法政大学）には、特に御礼申し上げたい。牧野先生には、哲学の門を叩いたはいいが右も左もわからず戸惑うばかりの筆者に、哲学の作法を手とり足とり一から教えていただき、その後も長年にわたり、公私ともども厳しくも温かいご指導を賜った。わけても、学位論文の仕上げにさしかかっていた二〇一〇年の夏、先生から連日にわたって頂戴したきめ細やかなご指導は、決して忘れることができない。猛暑のなか、文字どおり汗まみれになって執筆に追われる筆者を先生が辛抱強く見守って下さったおかげで、学位論文はどうにか無事産み落とされたのだと思っている。さらに、本書の出版元となった法政大学出版局に私を推薦してくださったのも牧野先生である。重ねて御礼申しあげる。また、修士・博士課程の学生時代にご指導をいただき、ご多忙のなか副査を務めていただいた奥田和夫先生（法政大学）、佐々木一也先生（立教大学）にも、心から御礼申し上げたい。ギリシア哲学と解釈学をそれぞれご専門とする両先生のご指導がなければ、筆者の研究は決して形にならなかったはずである。

次に、的場哲朗氏（白鷗大学）、鹿島徹氏（早稲田大学）、森一郎氏（東京女子大学）、相楽勉氏（東洋大学）、村井則夫氏（明星大学）、小柳美代子氏（早稲田大学）、関口浩氏（早稲田大学）、茂牧人氏（青山学院大学）、古荘真敬氏（東京大学）、山本英輔氏（金沢大学）、荒畑靖宏氏（成城大学）、陶久明日香氏（学習院大学）、渡辺和典氏（学習院大学）、池田喬氏（東京大学）をはじめとするハイデガー研究会の皆さんにも、御礼申し上げる。彼らとの長年にわたる厳密かつ刺激的な議論によって、筆者のハイデガー理解は確かなものへと鍛え上げられた。また、ハイデガー・フォーラムや実存思想協会を機縁にご指導を頂戴した、岩田靖夫氏（東北大学）、細川亮一氏（九州大学）、小野紀明氏（京都大学）、高田珠樹氏（大阪大学）、酒井潔氏（学習院大学）、秋富克哉氏（京都工芸繊維大学）、魚住孝至氏（国際武道大学）、森秀樹氏（兵庫教育大学）をはじめとする諸先生方にも、御礼申し上げたい。折に触れて先生方から頂戴する言葉によって、筆者の思考は幾度鼓舞されたかわからない。さらに、伊藤直樹氏、近堂秀氏をはじめとする法政大学の牧野ゼミの皆さんにも、御礼申し上げる。筆者の曖昧な思考は、彼らとの長時間にわたる徹底した議論のおかげで、いつも明晰なものになった。加えて、本書の心臓部にあたる論文を執筆する機会を与えて頂いた、木阪貴行氏（国士舘大学）、野津悌氏（国士舘大学）の両先生にも御礼申し上げる。そして本書の装丁をデザインしていただいた畏友、谷一和志氏にも御礼申し上げたい。氏の巧みな手腕によって本書をこのように見事な装いで世に送り出すことができ、生みの親としては喜ばしい限りである。

本書が完成するまでにお世話になった先生、先輩、同僚、友人は数えきれない。すべてのお名前をあげることはできないが、長きにわたる筆者の研究生活を各方面から支え、温かく見守ってくれたすべての方々に、ここに謹んで感謝の意を捧げる。

最後に、法政大学出版局の郷間雅俊氏には、いつもながらの緻密かつ丁寧なお仕事によって、最後の最後まで全面的に支えて頂いた。深謝申し上げたい。

なお本書は、二〇一一年度法政大学大学院博士論文出版助成を受けて出版される。関係諸氏には、ここに付記して感謝申し上げる。

齋藤　元紀

二〇一二年二月

ヒューム読本
中才敏郎 編 ………………………………………………………………… 3300円

ベルクソン読本
我孫子信・久米博・中田光雄 編 …………………………………………… 3300円

ショーペンハウアー読本
齋藤智志・高橋陽一郎・板橋勇仁 編 ……………………………………… 3500円

*

*ディルタイ全集 既刊　全11巻・別巻1 ［編集代表］西村晧・牧野英二

1 精神科学序説 I
牧野英二 編集/校閲………………………………………………………… 19000円

2 精神科学序説 II
塚本正明 編集/校閲………………………………………………………… 13000円

3 論理学・心理学論集
大野篤一郎・丸山高司 編集/校閲………………………………………… 19000円

4 世界観と歴史理論
長井和雄・竹田純郎・西谷敬 編集/校閲………………………………… 25000円

6 倫理学・教育学論集
小笠原道雄・大野篤一郎・山本幾生 編集/校閲………………………… 21000円

7 精神科学成立史研究
宮下啓三・白崎嘉昭 編集/校閲…………………………………………… 24000円

8 近代ドイツ精神史研究
久野昭・水野建雄 編集/校閲……………………………………………… 21000円

ディルタイと現代 歴史的理性批判の射程
西村晧・牧野英二・舟山俊明 編 …………………………………………… 4000円

表示価格は税別です

『存在と時間』講義　統合的解釈の試み
J. グレーシュ／杉村靖彦ほか 訳 ……………………………………………… 12000円

ハイデガー『哲学への寄与』研究
山本英輔 著 ……………………………………………………………………… 5300円

存在と共同　ハイデガー哲学の構造と展開
轟孝夫 著 ………………………………………………………………………… 6800円

ハイデガーの真理論
岡田紀子 著 ……………………………………………………………………… 5700円

ハイデガー　ドイツの生んだ巨匠とその時代
R. ザフランスキー／山本尤 訳 ………………………………………………… 7300円

マルティン・ハイデガー　哲学とイデオロギー
H. エーベリング／青木隆嘉 訳 ………………………………………………… 2800円

ハイデガーと解釈学的哲学
O. ペゲラー／伊藤徹 監訳 ……………………………………………………… 4300円

ハイデガーと実践哲学
A. ゲートマン=ジーフェルト，O. ペゲラー編／下村・竹市・宮原 監訳…… 5500円

ハイデガーとフランス哲学
T. ロックモア／北川東子・仲正昌樹 監訳 ……………………………………… 4800円

ハイデッガーとデリダ　時間と脱構築についての考察
H. ラパポート／港道隆・檜垣立哉・後藤博和・加藤恵介 訳 ………………… 3800円

ハイデガーとヘブライの遺産　思考されざる債務
M. ザラデル／合田正人 訳 ……………………………………………………… 3800円

アレントとハイデガー　政治的なものの運命
D. R. ヴィラ／青木隆嘉 訳 ……………………………………………………… 6200円

ハイデッガー研究　思惟の道
白井成道 著 ……………………………………………………………………… 2900円

＊

表示価格は税別です

●著者紹介

齋藤元紀（さいとう・もとき）

1968年生。2002年法政大学大学院人文科学研究科哲学専攻博士課程単位取得退学。現在，法政大学サステイナビリティ研究教育機構リサーチ・アドミニストレータ（PD），法政大学・大学院兼任講師，国士舘大学，明星大学，首都大学東京，立教大学非常勤講師。博士（哲学）。共編著に，『科学と技術への問い――ハイデッガー研究会第三論集』（理想社，2012年），『始まりのハイデガー』（晃洋書房，2012年），『ヨーロッパ現代哲学への招待』（梓出版社，2009年）。共訳書に，ロックモア『カントの航跡のなかで――二十世紀の哲学』（法政大学出版局，2008）。

存在の解釈学

ハイデガー『存在と時間』の構造・転回・反復

2012年3月30日　初版第1刷発行

著　者　齋藤元紀

発行所　財団法人 法政大学出版局

〒102-0073 東京都千代田区九段北3-2-7

電話03（5214）5540　振替00160-6-95814

組版：HUP　印刷：平文社　製本：誠製本

装丁　谷一和志／土肥純一朗

ISBN978-4-588-15064-7

人名索引

ア 行

アーペル　Apel, Karl-Otto　19-20
アール　Haar, Michel　111, 156, 301-02
アウグスティヌス　Augustinus　15, 113, 118-23, 125-26, 128, 130, 135, 137-38, 142, 158, 160, 162, 164, 205, 292-93, 343, 452, 459
アガンベン　Agamben, Giorgio　341
秋富克哉　55, 104, 213
アシュハイム　Aschheim, Steven E.　289
アドルノ　Adorno, Theodor　18, 212, 311, 340
アナクシマンドロス　Anaximander　279, 304, 438
アリストテレス　Aristoteles　15-16, 41-43, 57, 59, 62-64, 66-68, 71, 73-77, 79, 82-85, 87-91, 94, 101, 103-04, 108-14, 118, 122-23, 125-48, 150-54, 156, 160-66, 168-69, 174-79, 181-83, 185-91, 196, 199-203, 207-08, 211-19, 221-22, 230, 238-40, 245, 259, 296, 308, 314, 343, 355, 357-59, 375, 378, 383-84, 387, 390-91, 393, 397-401, 403-11, 413-15, 418-20, 423-25, 428, 430-32, 434-35, 437-39, 441, 447-51, 453, 455, 457-60, 462, 464
アルキビアデス　Alkibiades　381
アルキメデス　Archimedes　51
アルベルトゥス・マグヌス　Albertus Magnus　288
アレント　Arendt, Hanna　212, 344
アンリ　Henri, Michel　4
イェーガー　Jaeger, Werner　240
伊藤徹　57, 298, 301
イムダール　Imdahl, Georg　54, 59, 211, 291-92
インウッド　Inwood, Michael　345
ヴァイス　Weiss, Helene　413, 449
ヴァッティモ　Vattimo, Gianni　285
ヴァルデンフェルス　Waldenfels, Bernhard　58
ヴァレガ＝ノイ　Vallega-Neu　302-06, 346
ヴィス　Wyss, Dieter　290
ヴィッサー　Wisser, Richard　341
ヴィトゲンシュタイン　Wittgenstein, Ludwig　454
ヴィラ　Villa, Dana R.　212, 342, 344, 347
ヴィンデルバント　Windelband, Wilhelm　226, 355, 366
ヴェッダー　Vedder, Ben　303, 345
ヴェルテ　Welte, Bernhard　224, 288
ヴェルレーヌ　Verlaine, Paul　224
ヴォルピ　Volpi, Franco　104, 212, 218, 387, 447, 453
ヴント　Wundt, Max　288
エイルズワース　Aylesworth, Gary E.　60
エーベリング　Ebeling, Gerhard　161
エーベルハルト　Eberhard, Johann August　371
エスポジト　Esposito, Costantino　345
エビングハウス　Ebbinghaus, Julius　159-60
エマッド　Emad, Parvis　298, 303
エリス　Ellis, John　165-66
エルフリーデ　Heidegger, Elfriede　159, 381
エルム　Elm, Ralf　218
オイケン　Eucken, Rudolf　288
オーウェン　Owen, G. E. L.　165
オーツ　Orth, Ernst W.　55
大津留直　286
オーバンク　Aubenque, Pierre　102
オクスナー　Ochsner, Heinrich　57, 224, 288
オクレント　Okrent, Mark　19
オッカム　Ockham, William　123, 288
オット　Ott, Hugo　157, 287, 289
オットー　Otto, Rudolf　57, 102, 288, 296
オットマン　Ottmann, Henning　297
小野紀明　59, 83, 344, 378

カ 行

鹿島徹　301
ガダマー　Gadamer, Hans Georg　4-6, 17, 19, 58, 60-61, 63, 82, 161, 212-14, 218-19, 221, 227, 287, 289, 298, 301, 346, 348, 373, 383, 447, 452
カッシーラー　Cassirer, Ernst　101-02
カプフェラー　Kapferer, Norbert　289
カペル　Capelle, Philippe　158

サ 行

タ 行

タミニオー　Taminiaux, Jacques　110, 156, 212, 294-95, 297
ダルマイヤー　Dallmayr, Fred　347
曺街京　Cho, Kah Kyung　382, 446
ツィンマーマン　Zimmerman, Michael E.　157, 303
辻村公一　7, 19
ディーター　Dieter, Theodore　160
ディールス　Diels, Hermann　451
ディセンソ　DiCenso, James　60
ディルタイ　Dilthey, Wilhelm　16, 30-33, 35-36, 40, 54-57, 135, 170, 173-74, 221, 223, 230, 235-36, 239, 288, 292, 296, 306, 310, 340, 344, 348-52, 354-69, 371-81, 413, 450, 463-64
デーリング　Delling, Gerhard　158
デカルト　Descartes, René　159, 343, 350, 357
デリダ　Derrida, Jacques　5, 17-18, 58, 342, 373
デンカー　Denker, Alfred　55, 57, 287, 303
トゥーゲントハット　Tugendhat, Ernst　58
トゥルンハ　Thurnher, Rainer　299, 344
トーメ　Thomä, Dieter　17, 103, 286, 289
戸坂潤　7, 19
ドスタル　Dostal, Robert J.　60, 215, 342
ドストエフスキー　Dostojewski, Fjodor　223
トマス　Thomas von Aquin　125-26, 160, 288, 419
トラークル　Trakl, Georg　223
ドレイファス　Dreyfus, Hubert L.　19, 62, 82
トンゲレン　Tongeren, Paul von　296

ナ 行

ナトルプ　Natorp, Paul　31, 54-55, 161, 215, 410-12, 450
ナンシー　Nancy, Jean-Luc　79, 85, 340, 344
ニーチェ　Nietzsche, Friedrich　12, 15-16, 67, 108-09, 167, 211, 217, 220-81, 284-306, 308, 313, 348, 357-58, 369-73, 375, 378-81, 435-36, 454-55, 461-62, 464
西田幾多郎　7
ネハマス　Nehamas, Alexander　84, 290
ノイマン　Neumann, Günter　161, 452-53
ノヴァーリス　Novalis　289, 292

ハ 行

バートマン　Bertman, Martin A.　291
バーニエット　Burnyeat, Myles F.　84
バーネット　Burnet, John　389, 447
ハーバーマス　Habermas, Jürgen　18, 212, 340, 342, 346-47
ハイド　Hyde, Michael J.　84
ハインツ　Heinz, Marion　303, 305
バウム　Baum, Manfred　291
パウロ　Paulus　15, 112, 114-26, 128, 152-54, 162, 204, 237-38, 245, 257, 292-93, 378-79, 413, 459
ハザヴィ　Hazavi, Dan　54
パスカル　Pascal Blaise　231, 293
バスト　Bast, Rainer A.　20
パニス　Panis, Daniel　347
原佑　7, 19
ハルダー　Halder, Alois　17
パルメニデス　Parmenides　16, 269, 304, 383-84, 409-12, 418-39, 448, 451-55, 464
ハン　Han, Byung-Chul　54
バンバッハ　Bambach, Charles R.　373
ピヒト　Picht, Georg　220, 286
ヒューグリ　Hügli, Anton　54
ビューレン　Buren, John van　54, 58-59, 101, 103, 160, 162, 212
ヒュプナー　Hübner, Hans　345
ファイグル　Figl, Johann　291, 295
フィガール　Figal, Günter　212-13, 216, 291, 298, 301, 305
フィッシャー　Fischer, Arois　17
フィヒテ　Fichte, Johann Gottlieb　30, 55
フィリプス　Philipse, Herman　295
ブード　Boudot, Pierre　286
フェーヘアー　Fehér, István M.　345
フェッター　Vetter, Helmuth　213, 227, 287, 289, 373
フォルラート　Vollrath, Ernst　217
フッサール　Husserl, Edmund　4, 7, 15-17, 30-33, 36-40, 48, 55-59, 91, 94, 103, 157, 161, 169-70, 173-74, 221, 226, 230, 235, 291, 342, 356-57, 359, 364, 373, 375-76, 450, 458
プフォルテン　Pfordten, Otto Freiherr von der　288
ブラッハ　Brach, Markus J.　215
プラトン　Platon　15, 59, 64-69, 74, 82, 84, 89-91, 101, 103, 108-09, 111, 118, 121, 124, 156, 167-75, 185-87, 189-97, 199, 201, 203-04, 207-09, 211, 215-19, 221-22, 230, 245, 250, 258-60, 265-66, 279, 308, 357-59, 375, 419-20, 435, 437, 460, 462
フランツェン　Franzen, Winfried　20
ブランダム　Brandom, Robert B.　19, 82

フリングス　Frings, Manfred　341
ブルデュー　Bourdieu. Pierre　18-19
ブルトマン　Bultmann, Rudolf　17, 127, 162
プレスナー　Plessner, Helmuth　446
ブレッカー　Bröcker, Walter　399, 405, 432
ブレンマース　Bremmers, Chris　57-58, 287
ブローガン　Brogan, Walter A.　302, 345, 450-51
ブロッホマン　Blochmann, Elisabeth　379
プロティノス　Plotinos　111
ベイステギ　Beistegui, Miguel de　342
ヘーゲル　Hegel, G. W. F.　138, 170, 223, 247, 288-89, 304
ベーラー　Behler, Ernst　303
ペゲラー　Pöggeler, Otto　53-54, 57, 60, 103, 110, 156-57, 160-62, 286, 287, 291, 299-302, 305, 342, 375, 447
ベッカー　Becker, Oskar　344, 379
ペティグルー　Pettigrew, David　85, 213, 346
ペパーザーク　Peperzak, Adriaan T.　219
ヘラクレイトス　304, 378, 437-38, 442, 445, 451
ベル　Bell, Winthrop　159
ベルクソン　Bergson, Henri　138, 239
ヘルダーリン　Hölderlin, Friedrich　268, 272, 274, 282-83, 292, 300-01, 303-05, 345, 372, 379-81, 437, 455, 461
ヘルト　Held, Klaus　332, 346
ベルナスコーニ　Bernasconi, Robert　212-13, 342
ヘルマン　Herrmann, Friedrich-Wilhelm von　55, 164-65, 287, 299, 301, 303, 305-06
ベンハビブ　Benhabib, Seyla　344
ヘンリッヒ　Henrich, Dieter　86, 101
ボイムラー　Baeumler, Alfred　220
ホーウィー　Howey, Richard Lowell　299
ボーニッツ　Bonitz, Hermann　240, 410
ホール　Hall, Harrison　19
ポカイ　Pocai, Romano　54
細川亮一　59, 102, 164, 211, 213, 217-18, 448
ホッペ　Hoppe, Hansgeorg　102
ホネット　Honneth, Axel　346
ホフマン　Hofmann, Johann Nepomuk　291, 295
ポルト　Polt, Richard　299, 305, 347
ホワイトヘッド　Whitehead, Alfred North　211

マ 行

マクグレイス　McGrath, Sean J.　159, 161, 289
マーズデン　Mardsden, Jill　290
牧野英二　54-55, 102, 373, 379, 454
マッギーニ　Maggini, Golfo　302
マックニール　McNeil, William　110, 156
マックリール　Makkreel, Rudolf Adam　57, 103, 211-12, 351-53, 374
的場哲朗　55, 373, 453
マリオン　Marion, Jean-Luc　342
マルクス　Marx, Werner　313, 341, 381
マルテン　Marten, Reiner　103
三木清　7, 19, 63, 82
溝口宏平　60
ミッシュ　Misch, Georg　16, 348, 373
嶺秀樹　19, 340
ミヒャルスキ　Michalski, Mark　293-94, 342
三宅剛一　7, 19
ミューラー　Müller, Max　17
ミューラー＝ラウター　Müller-Lauter, Wolfgang　287-88, 299
ミル　Mili, John Stuart　450
村井則夫　292, 343, 375
ムル　Mul, Jos de　381
メルロ＝ポンティ　Merleau-Ponty, Maurice　4, 17
森一郎　19, 61, 83, 294
森田孝　373

ヤ 行

ヤスパース　Jaspers, Karl　3, 39-40, 58, 158-59, 233-34, 299, 346, 378
山本幾生　374
山本英輔　301
ヤメ　Jamme, Christoph　54, 303
ユング　Jung, Matthias　157
ヨエル　Joël, Karl　389
ヨルク　Yorck von Wartenburg, Paul Graf　135, 356-58, 365-66, 375
ヨルゲンセン　Jørgensen, Johannes（Jens）　224

ラ 行

ライプニッツ　Leibniz, Gottfried Wilhelm　293, 343, 371, 374
ラインハルト　Reinhardt, Karl　410, 412, 419, 450, 452
ラクー＝ラバルト　Lacoue-Labarthe, Philippe　18
ラズロウスキー　Laslowski, Ernst　224, 229
ラッソン　Lasson, Adolf　389, 447
ラドロフ　Radloff, Bernhard　303

ラフール　Raffoul, François　85, 213, 341, 346-47
リーヴ　Reeve, C. D. C.　85
リーダーバッハ　Liederbach, Hans Peter　19, 301, 340
リーデル　Riedel, Manfred　212, 267, 287, 299, 301, 382, 447
リクール　Ricœur, Paul　5, 18, 60-61, 248, 295, 373
リチャードソン　Richardson, William John S. J.　12-13, 20
リッケルト　Rickert, Heinrich　224, 226, 287, 355
リッター　Ritter, Joachim　212
リルケ　Rilke, Rainer Maria　223
リンチ　Lynch, D. A.　102
ルイス　Lewis, Michael　345
ルイン　Ruin, Hans　158
ルター　Luther, Martin　15, 113, 123-29, 131, 153, 159-63, 236-38, 245, 292-93, 322-23, 372, 413, 450, 459
レヴィナス　Lévinas, Emmanuel　4, 17, 340
レーヴィット　Löwith, Karl　17, 220, 248, 285, 296, 298-99, 311, 340, 382, 446
レード　Röd, Wolfgang　102
レッジェス　Röttges, Heinz　290
レンチュ　Rentsch, Thomas　16-17, 286
ロー　Law, David R.　345
ローゼン　Rosen, Stanley　217-19
ロータッカー　Rothacker, Erich　375
ローデ　Rohde, Erwin　229
ローディ　Rodi, Frithjof　372-73, 376-77
ローティ　Rorty, Richard　19, 82
ローラー　Lawlor, Leonard　60-61
ロックモア　Rockmore, Tom　19, 55
ロドリゲス　Rodríguez, Ramón　57

ワ 行

ワーグナー　Wagner, Richard　302
ワイルド　Wilde, Oscar　224
渡邊二郎　7, 19, 60, 84, 289, 292
和辻哲郎　7, 19, 311, 340

事項索引

あ 行

アイステーシス　αἴσθησις　72, 75, 89-90, 92, 95, 132, 188, 405
間　Zwischen　140, 149, 328, 331
明かり，光　Licht　28, 110, 127, 129-30, 153, 182-83, 195-96, 198-200, 206, 230, 282-83, 305, 396-97, 420-21, 423, 461
明るみ　Helle　186, 195, 216, 413, 416, 421-22
悪　Böse　124-25, 127, 152-54, 202, 245, 248-49, 312
明け開け　Lichtung　20, 278, 282, 300, 305
アフォリズム　Aphorismus　230-33, 237, 246-47, 272, 289-90, 302-03
あり方，いかに　Wie　25, 116, 130, 132, 158-59, 269, 271
有様，世相　σχῆμα　237
アレーテイア，ア・レーテイア　αλήθεια, α-λήθεια　279, 384, 420, 438, 442-43, 445, 452, 465
アレーテウエイン　αληθεύειν　90, 184, 188, 190, 396
生き物　ζωή　66, 83, 391, 399-402
移行　Übergang　145-47, 150, 165, 257, 265-66, 267-68, 278
イデア　ἰδέα　59, 65, 94, 172, 203, 217, 438, 442
イデア論　Idealismus　167-70, 194, 198, 215, 460
畏怖　Scheu　296, 303, 332-33, 446, 463
今　Jetzt, jetzt, nun　38, 93, 136, 138-39, 141-42, 144, 146-51, 153-54, 165, 255, 429
隠蔽性　Verborgenheit　193, 283, 332
ウーシア　οὐσία　123, 140, 390-91, 393-94, 399, 436, 441
ウーシアの彼方へ　ἐπέκεινα τῆς οὐσιας　168, 196-97, 206
疑わしさ　Fraglichkeit　46, 50, 52, 120-21, 163, 315
永遠回帰　ewige Wiederkehr　109, 220, 223, 250, 256-61, 263-64, 269-71, 275, 278-79, 283-85, 297, 302-03, 461-62
永遠性　Ewigkeit　122, 137, 233, 272-73, 466
栄光の神学者　theologus gloriae　124-25, 459
エウダイモニア　εὐδαιμονία　183-84, 209
エートス，態度　Ethos, Haltung　71, 73, 79-80, 188, 312, 332, 445-46, 457
越境　Grenzübergang　426-27, 430-31, 452
エパゴーゲー，帰納　ἐπαγωγή　69, 384, 409, 414-17, 421-22, 424, 439-41, 444, 450-51, 464
エピステーメー　ἐπιστήμη　68, 177-78, 185, 188, 191, 214
エロス　ἔρως　169, 173-74, 197, 199, 207-08, 217, 460
円運動　Kreisbewegung　144, 153, 179-80, 208, 401
円環　Kreis　254-55, 269-71, 284
負い目　Schuld　49, 202, 247, 249
負い目ある存在　Schuldigsein　247, 249
応答，応答すること　Erwiderung　140, 249, 252, 277-78, 337, 369-70
押しつけがましさ　Aufdringlichkeit　395, 399
恐れ　Furcht, φόβος　72, 75-76, 129, 163, 245, 296
落ち着き　Gelassenheit　372
終わり　Ende　49, 361, 397-98, 401-02, 452
終わりなき現実態　ἐνέργεια ἀτελής　402
終わりへ向かう存在　Sein zum Ende　164, 202, 397-98, 400, 402

か 行

快　ἡδονή　72, 163, 184, 245
懐疑　Skepsis　52-53, 60, 314, 364
開示性　Erschlossenheit　74, 76, 89, 205-06, 247, 249, 322, 351, 396-97, 423, 431, 433, 448
解釈　Auslegung　2, 25, 33, 64, 66, 74, 231, 247, 268, 277, 308, 370, 387, 425
解釈学的循環　hermeneutischer Zirkel　27, 49, 52, 194, 210, 223, 254-55, 258, 270, 284-85, 308, 312, 422, 427, 431, 445, 452
解釈学的直観　hermeneutische Intuition　33, 173, 211, 233
解釈学的方法　hermeneutische Methode　2, 4, 14, 23, 28, 82, 223, 230, 232-33, 237, 239, 254, 256, 266, 325, 375, 384, 440, 461
開性　Offenheit　278, 299, 396

解体　Destruktion　10, 15, 86-88, 91, 94-101, 107-08, 172-73, 199, 203, 211, 252, 259, 354, 445, 458, 465, 467
解明　Erhellen　183, 230, 233, 405, 423
カイロス　καιρός　111-12, 114-18, 122-23, 125, 127, 129-32, 134-35, 138-40, 142, 147, 150-51, 153, 158, 183, 245, 332, 459
各私性　Jemeinigkeit　316, 336, 341-42
肩代わり　einspringen　352, 370-71
語り，弁論　Rede　15, 63, 67-78, 81, 101, 166, 187, 425, 457
語り拒み　Versagen　284, 303
葛藤　Zwiespältigkeit　120, 122, 228, 343, 368-69
カテゴリー　Kategorie　45, 57, 103, 133-34, 171, 175, 215, 389, 407, 410
神の享受　fruitio Dei　121-22
感覚（感覚的）　Empfindung　90, 119-20, 351, 353, 404-05
環境世界　Umwelt　3, 80, 171, 243, 385
感情（感情的）　Gefühl　15, 57, 62-63, 102, 179, 182, 236, 244-45, 250, 454
感情移入　Einfühlung　324
関心　Sorge　3, 77, 83, 106-07, 117, 120, 139, 196-97, 202, 217, 225, 249, 253, 346, 351, 358, 394, 397, 402, 454, 457
感性　Sinnlichkeit　93-96, 99, 103, 458
間接的伝達　indirekte Mitteilung　39-40, 234
眼前存在者　Vorhandensein　88, 92, 150, 155, 197, 242, 337, 385-88, 390, 395, 399-400, 403, 425, 427-28, 432-34, 449, 460
眼前存在性　Vorhandenheit　351, 385, 387, 390, 399, 416, 431, 433, 447
観想，テオリア，理論的な知　θεωρία　110-11, 120, 122, 131, 133, 156, 179-83, 185, 187, 189-90, 196, 201, 207, 209, 305, 387-89, 392, 395-97, 400, 406, 446, 448, 459
観想すること　θεωρεῖν　214
観想的生　βίος θεωρητικός　185
既往　Gewesenheit　97, 110, 139, 140, 166, 197, 253, 255
記憶　Gedächtnis, μνῆμη, memoria　104, 119-20, 205, 259
基礎存在論　fundamentale Ontologie　3, 5, 19-20, 48, 88-89, 107, 199-201, 258, 261, 266, 316, 318-19, 324, 326, 342, 388, 391
基礎的なもの（基体）　ὑποκείμενον　406
企投　Entwurf　49, 100, 155, 197, 205, 217, 246, 268, 276-77, 279, 282, 300, 317, 360, 385-86, 393-94, 398, 438
キネーシス　κίνησις　131, 181, 384, 386-87, 389, 392-404, 407-08, 410, 430-31, 435, 437, 440-43, 448-49, 464-65
記念碑的（歴史）　monumentarisch (-e Historie) 251, 253, 297, 369
詭弁術，公共的言論　Sophistik, σοφιστική　67, 70, 84, 190, 192
究極目的　Worumwillen　202
驚異，タウマゼイン　Verwunderung, θαυμάξειν 432-34, 445-46, 453
共通項　κοινωνία　67, 80
共同運命　Geschick　78, 260, 319-20, 367, 369
共同世界　Mitwelt　34, 83, 243, 358, 414
共同存在　Mitsein　3, 16, 75, 78, 80, 83, 202-04, 259-60, 308-20, 322, 324-27, 330-31, 337-38, 340, 343-44, 346, 352-53, 361, 363, 366-67, 370-71, 378, 386, 431, 462-65
共同体　Gemeinschaft　8, 35, 63, 66-67, 77-78, 83, 204, 209, 260, 322, 324-27, 330-31, 345-47, 352, 378-79, 400
共同体の生　βίος πολιτικός　400
禁止的（防御的）　prohibitiv, abhaltend, verwehrend 47, 59, 242
苦　λύπη　72, 163, 245
偶然（偶然的）　Zufall, τύχη　80, 107, 134-35, 139, 149, 209, 243, 256, 276, 363, 421
苦悩　Beschwernis, molestia　119
形式化　Formalisierung　37-38, 40, 56, 59, 147
形式的告示　formale Anzeige　14-15, 23-25, 27-28, 33, 40-57, 59-60, 91-96, 98, 100, 103-04, 106, 147, 162, 230, 233-34, 237, 239-42, 244-46, 449, 458
形式的告示的解釈学　formal anzeigende Hermeneutik　15, 24-25, 48-49, 51-53, 60, 92, 96, 106-07, 112, 116, 125, 162, 175, 449, 456-59
形而上学　Metaphysik　108, 124, 200, 261, 264-68, 271, 276, 278, 304, 313, 328, 333, 339, 382-83, 387-88, 390, 397-98, 404-05, 428, 437-38, 441, 450, 464, 466
形而上学的存在者論　metaphysische Ontik 199-200, 359, 383, 388, 391, 460
形而上学的中立性　metaphysische Neutralität 320, 359
芸術　Kunst　34, 93, 101, 104, 262-63, 269, 272, 301,

303, 346, 461
形象，形像　Bild　93, 96, 101, 270-71, 380
系譜学　Genealogie　247, 258
決断　Entscheidung, προαίρεσις　39-40, 53, 73, 76, 78, 80-81, 117, 132, 149, 215, 217, 256, 270, 325-26, 334, 336-37, 339, 363, 420, 424-25, 444, 454, 457
言語　Sprache　6, 15, 20, 33-34, 38, 40, 57-58, 62-64, 73, 76-78, 80, 83, 239-40, 250, 275, 303, 306, 332-33, 347, 423, 426, 437, 445
現在化　Gegenwärtigung　139-40, 150, 152, 252-54, 428
現持　Gegenwart　97
現実性　Wirklichkeit　35, 356, 398, 463
現実態，エネルゲイア　ἐνεργεια, ἐντελέχεια　134-35, 147, 164, 179-80, 184, 398-402, 432, 440-41, 443, 448, 464-65
原初　Anfang　116, 264-68, 276, 278-79, 281-82, 301, 304-06, 310, 336, 339, 382, 390, 435, 454, 467
現象学的還元　phänomenologische Reduktion　157, 344, 451
現前性　Anwesenheit　15, 51, 58, 93, 94, 106-09, 122, 129, 133, 136-37, 140, 150, 156, 163, 167, 210, 222, 259-61, 275, 285, 308, 359, 368-69, 390, 400, 419-20, 422, 425-29, 434, 453, 459, 462, 466-67
見相，見られるもの　εἶδος　206
原存在史的思考　seynsgeschichtliches Denken　266, 268, 276
原存在の真理　Wahrheit des Seyns　264, 268, 279, 282-83, 300, 330, 336-37
現存在の存在論　Ontologie des Daseins　88-89, 391
現存在の定式　Formel des Daseins　26, 97, 180, 317
謙抑　Demut, Demuth　235-37, 292-93, 372
原理的端緒，原因，アルケー　ἀρχή　42-43, 46, 48, 65, 176-77, 181, 185, 188, 194, 196, 214, 390-93, 396, 403-04, 407-12, 414, 418-20, 434, 436, 441-43, 453
好機　καιρός　42, 149, 151, 242-45, 250
公共性　Öffentlichkeit　15, 62-63, 70, 76-81, 250, 319, 323, 352, 419
好古的（歴史）　antiquarisch (-e Historie)　251, 253
交渉的解明　Umgangserhellung　132, 183
構想力，ファンタジア　Einbildungskraft, φαντασία　15, 23, 82, 86-91, 93-101, 103-04, 107, 457-58
悟性　Verstand　29, 66, 93-97, 99, 103, 458
国家　Nation　35, 77-78, 319, 326, 335, 339, 344, 352, 367
事柄そのものへ　Zu den Sachen Selbst　25, 189-190, 315
固有－領域　Eigen-tum　327, 331, 345
困窮，苦境　Not　116-17, 187, 245, 273-74, 281, 304, 336, 339, 368
根源学　Ursprungswissenschaft　33, 35, 43, 48, 55-56, 65, 171, 174, 232, 234, 355
根源的学　Urwissenschaft　28-32, 43, 48, 113, 170, 230, 232-34, 272, 355, 360
根源的時間性　ursprüngliche Zeitlichkeit　88, 95-100, 107, 142, 197, 201, 208, 210, 245, 458, 460
根源的弁証術　Urdialektik　171
根源的倫理　ursprüngliche Ethik　311, 313, 326, 340, 347, 463
根本経験　Grunderfahrung　35, 43, 159, 173, 221-22, 267, 277, 328, 421, 437
根本態度　Urhaltung　33, 133, 173-74, 235, 427
根本的問い　Grundfrage　264-65, 267-68, 274, 300, 310

さ 行

最後の神　letzter Gott　158, 278, 280, 304-05, 326, 344
再臨　παρουσία　114-18, 120, 125, 147, 154, 224, 237, 459
作為　Machenschaft　275, 277-80, 301, 303, 334-39, 347
裂け開き　Erklüftung　328-29
裂け開け　Zerklüftung　266, 278, 281-82, 454
山脈　Höhenzug　365-66, 369, 371-72
死　Tod　49-50, 59, 76, 106-07, 128, 139-40, 153, 157, 163, 185, 199, 217, 241-45, 247, 249-51, 254, 256-58, 280-82, 286, 295, 299, 303-04, 316-19, 321-23, 330, 341, 345-46, 361, 364, 366, 380, 397-98, 402-03, 461
視　Sicht　385, 397, 403, 434, 448
自我　Ich　35, 59, 93, 142, 254, 320, 327
時－空間　Zeit-Raum　281, 305-06, 328-32, 334-39, 343-44, 446, 455
志向性　Intentionalität　37-38, 129, 163, 322, 359, 362
自己関係性　Selbstbezüglichkeit　54, 91, 97, 293, 363, 441
自己関係的　selbstbezüglich　26-27, 44, 54, 90, 97, 117, 120, 152, 180, 208, 255, 284, 331, 442-43, 459

自己性　Selbstheit　255, 321-22, 324-25, 327, 329, 331, 344, 463
自己省察　Selbstbesinnung　31, 34-35, 159, 228, 235-36, 306, 356
自己世界　Selbstwelt　34-36, 40, 43, 83, 85, 356, 358, 414
詩作　Dichtung　77, 100-01, 268, 282-83, 292, 303, 335, 381, 437, 455, 461, 467
事実性の解釈学　Hermeneutik der Faktizität　22-24, 50, 65-66, 69, 128-29, 239, 413-14, 454, 456
事実的生の無　das Nichts des faktischen Lebens　45-47
指示的　hinweiseind, anweisend　47, 59
時熟意味　Zeitigungssinn　43, 92-94, 103, 125, 426
事象内容　Sachhaltigkeit　37, 45, 59, 92, 146, 404
自然，ピュシス　Natur, φύσις　2, 8, 16, 181, 196, 200-01, 260-61, 263, 271, 279-80, 285, 308-10, 382-86, 389-94, 397, 402-04, 406-22, 425, 429-49, 436, 445, 447, 451, 462, 464-65
自然科学　Naturwissenschaft　30-31, 35, 104, 354-55, 410, 412
自然的存在者　φύσει ὄντα　137, 176-77, 181-85, 197, 200, 208, 218, 262, 270-71, 299, 325, 376, 382-84, 390, 392, 397, 399-400, 402, 407, 414-15, 440-43
自然の事実的眼前存在　faktisches Vorhandensein der Natur　388
自然の光　lumen naturale　397, 447
自足性　Selbstgenügsamkeit　34, 56
実在性　Realität　16, 349, 350-54, 356, 364, 367, 369-72, 464-65
実践，実践的行為，行為，プラクシス　Praxis, Handeln, πρᾶξις　14-15, 41-42, 69, 72, 77, 106-07, 110-11, 131-33, 137, 151-53, 155-56, 169, 175, 183, 188, 198, 202, 207-08, 210, 212-13, 238, 295, 305, 312, 360, 385, 387-89, 395, 397, 400, 417, 458-49
実存主義　Existentialismus　3-4, 7-8
実存の理念　Idee der Existenz　26-27, 44, 48-49, 51-52, 97, 152, 180, 194, 199, 209-10, 255, 317, 460
実存論的－解釈学的な《として》　existenziale-hermeneutisches Als　26
実存論的分析　existenziale Analytik　3-4, 8, 48, 51, 60, 195, 202, 250, 259, 460
支配　Walten　276, 327, 334, 352, 362, 393
支配する　ἄρχειν　393
自発性　Spontanaität, αὐτόματον　36, 97, 102, 134-35
地盤　Boden　66-67, 70, 72, 76-77
死への原存在　Seyn zum Tode　281, 330, 346
死への自由　Freiheit zum Tode, Frei zum Tode　243-44, 254
死への存在　Sein zum Tode　3, 241-43, 281, 317, 323, 330, 398, 402
周囲世界　Umwelt　34, 46-48, 83, 183, 244, 358, 378, 414
宗教的生　religiöses Lebens　112, 114, 116-19, 121-22, 125, 127, 129-30, 140, 147, 162-63, 257, 459
十字架の神学（者）　theologia（theologus）crucis　124-25, 127, 153, 459
終末論　Eschatologie　116, 248, 459
主観主義　Subjektivismus　3, 321
主観性　Subjektivität　108, 311, 347, 416
主導的問い　Leitfrage　264-67, 300
循環　Zirkel　28-28, 49, 51-53, 69-70, 117, 128, 233, 255, 258-63, 270-71, 284-85, 299, 464-65
瞬間，瞬－視，瞬間的な眼差し　Augenblick, Augen-blick　110, 111, 114-15, 132, 135, 139, 146, 149-50, 158, 183, 198, 269-70, 279
循環的　zirkelhaft　27, 117, 119, 120, 184, 247, 254-58, 263, 284, 457, 458
準現前化　vergegenwärtigen　90
純粋自己触発　reine Selbstaffektion　97
止揚　Aufheben　51, 170-71, 203, 233
状況　Situation　35, 80-81, 85, 114, 116, 118, 150, 157, 457
常住性　Ständigkeit　255
情態性　Befindlichkeit　63, 72-77, 245-46, 296, 386, 394-95, 397
衝動　Trieb　223, 225-41, 249-50, 272, 291-92, 351, 461
情熱　Leidenschaft　240, 243-46, 249
衝迫　Drang　197, 343
将来　Zukunft　116, 120, 139, 154, 252, 273, 326, 329
将来的な者たち　Zukünftigen　278, 303-04, 344
自立性　Selbstständigkeit, Selbst-ständigkeit　56, 106-07, 209-10, 254-56, 294, 337
深淵（深－淵），没根拠（脱－根拠）　Abgrund, Ab-grund　104, 257, 266, 268, 282, 284, 322, 328, 330-33, 336-39, 363, 372, 380-81, 433
神学　Theologie, θεολογική　124, 176, 199-200
新カント派　Neukantianismus　2, 7, 30-31, 55, 215,

355
伸張　Erstreckung　140-42, 145-49, 153, 217, 449
神的なもの　Göttliche, θεῖον　176, 179-82, 236, 380, 406-07
震動　Erzitterung　329
真なるもの　Wahre　215, 277
審美的　ästhetisch　356-57
新プラトン主義　Neuplatonismus　118-19, 121-23, 126, 128, 161, 164, 293, 452
新ヘーゲル主義　Neuhegelianismus　65, 170
信頼　Glauben, Vertrauen　228, 370-72, 379
真理，真理性　Wahrheit　121, 192, 244-47, 249, 268, 276-79, 303, 328, 419, 423, 435, 464-65
心理学　Psychologie　31, 35, 104, 355, 357
真理を匿うこと　Bergung der Wahrheit　273, 278, 328
遂行意味　Vollzugssinn　36, 40-42, 44, 56-57, 92, 94, 103, 117-18, 125, 315
遂行史　Vollzugsgeschichte　114, 116, 121, 158, 159
遂行性格　Vollzugscharakter　188, 237, 425
図式　Schema　93, 96, 101, 103-04, 152, 320, 324
図式－形像　Schema-Bild　96
図式論　Schematismus　87, 93, 103, 452, 458
住む　wohnen　312, 341, 380
生　Leben　56, 68, 88, 116, 119, 131, 177, 179, 217, 225, 277-78, 292, 298, 302-04, 344, 350-51, 356-58, 364, 375
正義，ディケー　Gerechtigkeit, δίκη　209, 269, 302, 304, 424
制作　Herstellung, Herstellen　94, 131, 133, 178-83, 206, 212-13, 242, 247, 275, 301, 367, 387, 389, 395, 399-400
制作されていること，被制作性　Hergestelltsein　133
省察　Besinnung　31, 35, 159, 228-29, 235-36, 283, 303, 305-06, 356, 428-29
政治学　Politik　5, 79, 341
生自体　Leben an sich　34
精神科学　Geisteswissenschaft　30-32, 170, 230, 352, 354-56, 450
生成　Werden, Genesis, γένεσις　182, 275, 279, 297, 385, 389, 391, 395-96, 404
生の感情　Lebensgefühl　113
生の共感　Lebenssympathie　33, 235
生の究めがたさ　Unergründlichkeit des Lebens　351
生の存在論　Onotologie des Lebens　88
生命　βίος　249, 357, 368, 400
世界　Welt　34, 44, 99, 312, 332, 358, 374, 395, 419, 429, 453
世界時間　Weltzeit　149
世界－内－存在　In-der-Welt-sein　72, 82-83, 312, 316, 351, 374, 386, 395-96
世界－歴史的なもの　Welt-Geschichtliche　386
世間話　Gerede　76, 78, 84, 187, 189, 424
世人　das Man　76, 80, 199, 242-43, 248, 252, 316, 320-23, 352, 370, 419, 425
世代　Generation　367-71, 377
善　Gute, ἀγαθὸν　121, 127, 153, 183, 205, 209, 219, 248
先行構造　Vor-struktur　26, 416-17, 426, 451
先行視　Vor-sicht　26, 416, 451
先行所持　Vorhabe　26, 416, 426, 451
先行把握　Vorgriff　26, 43, 300, 416, 426
先行把捉　Vornahme　416
前存在論的　vor-ontologisch　27, 51
全体としての存在者　das Seiende im Ganzen　200-01, 269, 284, 286, 299, 332, 383, 391, 393, 436-37
選択　προαίρεσις　151, 322
善のイデア　Idee des Guten　15, 109, 168-69, 194-97, 199-201, 205-11, 217-18, 245, 250, 258, 260-61, 460, 462
想起　Erinnerung, ἀνάμνησις　197-98, 204-05, 217, 302
綜合　Synthesis　93, 95-97, 99
相互存在　Miteinandersein　62, 71-72, 74, 83, 149, 319, 371
創作能力　Dichtungsvermögen　100
創造　Schaffen　100, 233, 247, 272, 280, 284, 305, 328, 330, 332, 345, 368-70, 380-81
想像　Phantasie　91, 458
創造すること　schaffen　233
疎外　Endfremdende, Alienative　162, 352
率先垂範　Vorausspringen　344, 370-71, 379
率先垂範的－解放的顧慮　vorspringend-befreiende Fürsorge　316
そのつど性　Jeweiligkeit　79, 83, 341
ソフィア　σοφία　73, 76, 133, 156, 169, 174, 177-91, 193, 197-98, 201-03, 207, 209-10, 214-16, 218, 238, 282-83, 312-13, 383, 387-88, 392, 394, 405-08, 411, 417, 432-33, 443, 445-46, 453, 460, 462, 464

ソフィスト　Sophistes, σοφιστής　67, 77, 84, 187, 190, 239, 425
尊厳　Würde　334, 339
存在史　Seinsgeschichte　268, 302
存在者性　Seiendheit　269
存在者的基礎　ontisches Fundament　155, 200-01, 319, 353, 359, 388
存在の意味　Sinn von Sein　4, 25, 41, 92, 99, 110, 121, 134, 140, 300, 308-09, 315, 351, 384, 418, 454
存在の解釈学　Hermeneutik des Seins　2, 9, 16, 19-20, 108-09, 222-23, 263-64, 285, 308, 310, 456, 462, 465-66
存在の理念　Seinsidee, Idee des Seins, Idee von Sein　101, 194, 196, 199-200, 260, 353, 359, 460
存在論的差異　ontologische Differenz　60, 267-68, 300, 353, 361, 376, 430-31, 465
存在論の歴史　Geschichte der Ontologie　87, 108, 199, 259, 263, 354
存続性　Beständigkeit　275
存続的なもの　Beständige　277

た 行

第一哲学　πρώτη φιλοσοφία　176, 199-200, 217
第一の原初　erster Anfang　264-66, 268, 276, 278-79, 305-06, 454
体験　Erleben　31-33, 37, 170, 173-74, 235, 344, 379
対抗（的）　gegen　47, 59, 92, 96, 254, 327, 457
滞在　Aufenthalt, Verweilen　184, 279, 312-13, 341, 390, 394, 425-26, 432-33, 445-46, 454
対象化　Vergegenständlichung　37, 83, 155-56, 210, 300, 447
頽落　Verfallen　50, 59, 67, 68, 70, 76-77, 80-81, 84, 128-29, 136, 162, 198, 202, 233-34, 239-40, 249, 254-55, 257, 259, 267, 315-16, 320-23, 343, 397, 411, 417, 424-25, 449, 453, 456-57
耐え抜き　Inständlichkeit　330, 332, 337-38
他者　Andere　2, 4, 8-9, 16, 18, 34-35, 39-40, 62, 67, 70, 72, 74-75, 77-78, 81, 149, 172, 203-05, 209, 244, 250, 260, 263, 275, 285, 308-11, 313, 315-18, 322-25, 331-34, 337-39, 344, 346, 349, 352-53, 360, 363-64, 366-71, 379, 454, 460, 462-65
脱形式化　entformalisieren　48, 59, 272, 285, 461
脱構築　déconstruction　4-5, 58
脱－自　Ek-sistenz　79, 166, 330, 337-38, 346, 444-45
脱自，脱自態　Ekstase, ἐκστατικόν　99, 104, 106, 111-12, 133-35, 138-40, 142, 149-53, 166, 313, 320, 322-23, 330, 343, 362-63, 374
脱－自すること　ex-sistieren　338, 444
脱自的統一態　ekstatische Einheit　99, 197-98, 320
脱生化　Entleben　35
脱世界化　Entweltlichung　385
脱本有化　Enteignis　277, 328, 337, 345, 463
魂　Seele　65, 88, 142, 144, 147-48, 152, 171, 188, 192, 197, 206, 235, 249
魂の謙抑　humilitas animi　235
堕落　corruptio　127-28, 162, 406
堕落状態　status corruptionos　128
誕生　Geburt　282, 313, 318, 322-24, 361-64
耽溺　Verfängnis　352
力　Macht, Kraft, vis　76, 262, 280, 334-35, 343, 346, 369
力への意志　Wille zur Macht　217, 223, 228, 231, 246, 249, 261, 266, 269, 275-78, 289, 295, 303, 435
秩序づけ，序列，従うこと，主従　Ordnung, ἀκολουθεῖν　37, 71, 120-22, 130, 138-39, 141-42, 144-50, 159
地平図式　horizonal Schema　99
地平融合　Horizontverschmelzung　205
着手点　Ansatz　25-26, 28, 40-47, 55, 107, 117, 131, 232, 254, 415-16, 456
注意を喚起すること　Aufmerksammachen　40
注視　Hinsehen, Hinsicht　404, 406, 422-24, 426-27, 432
超越　Transzendenz　111, 268, 300, 321, 349, 351, 360-61, 376
超越論　Transzendentalismus　31, 108, 261
超越論的　transzendental　15, 111, 142, 153, 170, 173, 201, 207, 210, 261
超越論的演繹論　transzendentale Deduktion　103, 421, 452
超越論的仮象　transzendentaler Schein　98, 104
超越論的構想力　transzendentale Einbildungskraft　91, 93-101, 107, 458
超越論的統覚　transzendentale Apperzeption　93, 103, 201
超越論的分析論　transzendentale Analytik　95-96
超越論的弁証論　transzendentale Deduktion　29, 98
超越論的理念　transzendentale Idee　29, 54, 168, 170-71, 173, 194, 211, 215
聴取　Hören　71-73, 75-77, 81, 163, 457

超力　Übermacht　368
超歴史的　überhistorisch　253, 262-63, 298
跳躍　Sprung　266, 268, 270, 278-82, 284, 300, 303-04, 306, 315, 321, 328, 343, 454, 461-62
沈黙　Schweigen, Schweigung　75-77, 81, 163, 166, 248-49, 279, 283-84, 288, 332-33, 457, 463
罪　Schuld　127-28, 162
ディアノイア　διάνοια　89
ディアヘルメノイティーク　Diahermeneutik 172-73, 203, 211
定義　Definition, ὁρισμός　67, 74
出来事　Geschehen　78, 130, 138, 140, 154, 158, 173, 203, 252, 267, 276, 280-81, 330, 345, 380, 386, 392, 432, 436
適性化　Eignung　327, 331
テクネー　τέχνη　177-83, 185, 187-88, 191, 196, 214, 275-76, 278-79, 283, 387-88, 399, 436, 441
哲学する衝動　Trieb der philosophiert　225, 461
哲学的解釈学　philosophische Hermeneutik　4, 63, 349, 373
デュナミス　δύναμις　134-35, 207, 342, 398-400, 402, 435, 441, 448
転化，転換，変容，転回　Umschlag, Umschlagen 72-73, 143, 145, 200-01, 385, 388, 391, 396, 457
転回　Kehre　2, 5, 8, 12-16, 108, 199, 211, 220, 222, 263-64, 281, 285, 308, 310, 313, 320, 326-27, 380, 384, 419, 434, 437-38, 460-65
伝記的研究　biographischer Forschung　35
伝達　Mitteilung　74, 271, 369, 457
テンポラリテート　Temporalität　92, 99, 111, 150, 152, 155, 197, 210, 268, 300
転落態　Ruinanz, ruina　43-47, 50, 59, 128, 162, 338, 406, 449, 456-57
洞窟の比喩　Höhlengleichnis　195, 198, 201, 260
道具的存在性　Zuhandenheit　385, 431
同行，同行する　Mitgehen, mitgehen　235, 324-26, 337, 344, 372, 379
動性　Bewegtheit　44, 46, 128, 130, 132, 134-35, 140, 148-49, 175, 177-79, 181, 197, 202, 387, 401, 426, 432-33, 439-40, 442, 448, 454, 462-63
統制的理念　regulative Idee　29, 41, 98, 230
闘争　Kampf, Streit　46-47, 101, 278, 329, 335-36, 365, 369, 371-72, 378, 457, 464-65
道徳　Sittlichkeit　209, 226, 238, 292, 314-15, 327
逃亡　φυγή　72, 76, 129, 163
動力因　Anstoß, causa efficiens　207
徳，卓越性，アレテー　αρετή　79, 178, 245, 257
独我論　Solipsismus　35, 275, 316
ドクサ　δόξα　69-70, 72-73, 89, 419-21, 424-26, 431, 451, 465
として構造　Als-Struktur　26
途上にある存在　Unterwegssein　190
突然，突発　ἐξαίφνης　144, 154
飛び越え　Überspringen, überspringen　260, 321, 343, 430, 453-54

な 行

内容意味　Gehaltsinn　36, 40-42, 44, 56-57, 92, 94, 116, 117-18, 125
内立性　Inständigkeit　330-31, 336
無さ　Nicht　45, 50, 363-64, 376
謎，秘密　Geheimnis　283
ナチズム　Nationalsocialismus　6, 303
何か　Was　116, 269, 271, 427, 431, 453
日常性の解釈学　Hermeneutik der Alltäglichkeit 15, 19, 22-23, 53, 62-64, 70, 73, 78, 81-82, 107, 204, 457
日常的無差別性　alltägliche Indifferenz　50
ニヒリズム　Nihilismus　6, 228, 248, 267, 270, 273, 275, 295, 299, 303, 331, 347, 465
認取　Vernehmen　104, 405, 425, 427-29, 436
ヌース　νοῦς　90, 169, 177-83, 185, 187-88, 193, 196-98, 201, 206-07, 210, 214, 218, 230, 282-83, 312-13, 383, 394-96, 397, 400-05, 415, 418-25, 427-34, 436-37, 442-43, 445-46, 448, 450, 453, 460, 464-65
願い　Bitten, εὐχή　77, 81
ノエシス　Noesis　56, 89, 92, 180, 402
ノエマ　Noema　56

は 行

バーデン学派（西南学派）　Südwestdeutsche Schule　30, 55, 226
配慮　Besorgen　83, 130, 183, 242, 317, 453
恥　Scham　296
始まりへの存在　Sein zum Anfang　318
場所　Ort　80
パトス，情動　Pathos, Affekt　63, 71-73, 79, 120, 188, 208, 396-97, 405, 457
反復　Wiederholung　47, 139, 252, 260, 310, 369, 457
反プラトニズム　Anti-Platonismus　15, 108, 211, 265, 271, 279

範例的存在者　exemplarisches Seiende　48, 320
非　μὴ, οὔ　95, 98, 192
美　Schöne, καλόν　125, 205, 207, 364
非隠蔽性　Unverborgenheit　192, 198
被解釈性　Ausgelegtheit　66-67, 69, 83, 314, 320
控えめ　Verhaltenheit　274, 303, 332-33, 446, 463
非形而上学的倫理　nicht-metaphysische Ethik　313, 341
非現前性　Unanwesenheit　15, 106-09, 129-30, 133, 136-37, 156, 163, 210, 222, 308, 442-43, 459, 462, 465-67
被制作性　Hergestelltheit　133-34, 138, 179, 210, 247, 275, 277, 399, 451
被造性　Geschaffenheit　247
被造物　ens creatum　124, 160, 275
非存在　Nicht-sein　134, 187, 193
日付可能性　Datierbarkeit　149
否定　Vernichtende, Negative　162
否定作用　Negativen　46-47
被投性　Geworfenheit　154, 196, 201, 249, 253, 263, 282, 338, 343, 359, 361, 363-64, 391-94, 443
否認する　Vernichtung　334
批判　Kritik, κρίνειν　420, 444
批判的（歴史）　kritisch (-e Historie)　251
非本質　Unwesen　272, 275, 336
非本来性　Uneigentlichkeit　3, 14, 47, 50-53, 56, 60, 107, 117, 140, 202, 210, 253, 256, 267, 298, 315-16, 321, 338, 342-43, 449, 457, 462
表象　Vorstellung　59, 90
非力さ　Nichtigkeit　100-01, 458
非歴史的なもの　Unhistorische　253, 262-63, 270, 298
不安　Angst　3, 50, 72, 76, 125, 243-45, 249, 274, 317, 395-96, 433, 457
複数性　Pluralität　314, 316-20, 322-25, 329-30, 337, 344, 430, 462
不滞在　Aufenthaltlosigkeit　425
付帯性　Mithaftigkeit, τὸ συμβεβηκος　430, 453
普遍化　Generalisierung　37, 56, 59
プラグマティズム　Pragmatismus　6-8, 19, 63, 295
プラトニズム　Platonismus　110, 167-69, 259, 266, 460-61
震え　Erzittern　328
フロネーシス　φρόνησις　41, 73, 76, 90-92, 131-34, 136-37, 147-48, 150-52, 154-55, 169, 174-75, 177-80, 182-85, 188-91, 193, 196-98, 201-03, 207, 209-10, 214, 218, 238, 257, 282, 312-13, 387-88, 397, 400, 443, 457, 460
分散，散逸，気晴らし　Zerstreuung, zerstreuen　120, 123, 136, 314, 319-24, 329, 343, 346, 363, 447, 462-63
分析哲学　Analytische Philosophie　3, 6-7
平均的日常性　schnittliche Alltäglichkeit　15, 27, 53, 60, 107, 199, 259, 267, 316, 342, 385, 416, 419, 422, 424-25, 451
隔たり　Entfernung　325-26, 337-40, 371
別な原初　anderer Anfang　264-65, 267-68, 281-82, 305-06, 382, 467
変化，メタボレー　μεταβολή　441
弁証法，弁証術　Dialektik, διαλεκτική　64-70, 74, 79, 82-83, 169-72, 174, 189-94, 203, 207, 231, 290, 460
弁論術，レトリック　Rhetorik　15, 62-64, 67-71, 73-76, 78-79, 187, 190, 212, 457
ポイエーシス　ποίησις　131, 133, 283, 387-89, 395, 397
忘却　Vergessen, oblivio　50, 119, 139, 198, 204, 267, 302
方法概念　Methodenbegriff　25, 27, 38, 54, 373
暴力　Gewalt　49, 254, 333-38, 346, 463
保護　Verwahrung　304
没落　Untergang　273-74
ポリス内存在　Sein-in-der-πόλις　67, 83
本有化，出来事　Ereignis　115, 137, 158, 166, 264, 273, 278, 281-85, 300, 303, 308, 326-27, 328-29, 333, 337-38, 346, 380, 446, 454, 462-63
本来性　Eigentlichkeit　3, 14, 18, 47, 50-53, 56, 60, 117, 140, 210, 253, 256, 298, 315-17, 327, 330, 343, 457

ま 行

マールブルク学派　Marburger Schule　30, 215
末人　letzter Mensch　274, 278
民族　Volk　78, 253, 302, 319-20, 325-26, 329, 332-33, 339, 344, 346, 352
無　Nichts　45-47, 82, 95-96, 98, 162-63, 191-92, 280, 364, 366-68, 376, 380, 433, 457, 464
無限性　Unendlichkeit　98, 100
無際限性　Grenzenlosigkeit　30, 32
無差別性　Indifferenz　48, 50-51, 60, 430, 450
無神論　Atheismus　240, 248, 257, 294, 296
無制約性　Schrankenlosigkeit　38, 335

無世界性　Weltlosigkeit　393
無的であること　Nichthaftigkeit　280
命題論的な《として》　aphopantisches Als　26
命令（命令的）　ἐπιτακτική　52, 72-73, 75-77, 132, 163, 457
目指す先，目的　Woauf, Woaufhin, οὗ ἕνεκα　37, 92, 132
メタ存在論　Metontologie　155, 169, 199-200, 262, 320, 322, 324, 342-343, 359, 383, 388, 391-92, 460
メタ存在論的なもの　Metontologisch　200
目的論　Teleologie　30
黙理　Sigetik　283, 333, 347
縺れ　Verwirrung, Wirrung　114, 130-31, 157, 191-92, 195, 216
モナド　Monade　374
物自体　Ding an sich　239, 354

や 行

躍入すること　Einsprung　321, 327
山並み　Gebirg　380
有意義性　Bedeutsamkeit　35, 58, 149
勇気　Mut　72, 163, 239, 258, 336-37
遊戯　Spiel　207-08
有限性　Endlichkeit　87, 89, 97-98, 100, 102, 153, 184, 210, 313, 332, 361, 364
遊動空間　Spielraum　100, 101, 330-31, 334
有用性　Dienlichkeit　79, 208-09, 406
憂慮　Bekümmerung, curare　116-17, 119-23, 125, 128, 245, 459
誘惑　Verführerische, Tentative　162, 352
譲り渡し　Über-eignung　328, 332
揺らぎ　Ausschlag, Schwanken　70, 72-73, 79, 200
様態存在　Wiesein　148, 404-05, 415, 430, 453
欲求　ὄρεξις　202
呼びかけ　Zuruf　76, 249, 276-77
より多く見る　μᾶλλον εἰδέναι　182, 405
喜び　Freude, frohe　236, 244-46, 248-49

ら 行

離－在　Weg-sein　327, 344
理念　Idee　28-33, 36, 41, 48, 59, 98, 116, 456
理念視　Ideation　30-32, 39
了解　Verstehen　74
良心　Gewissen　49, 52, 76, 166, 175, 202, 241, 247-49, 251, 254, 260, 276-77, 295-96, 323, 343, 461
良心の呼び声　Ruf des Gewissens　52-53, 76-78, 81, 249, 250, 321, 343
良心を持とうと意志すること　Gewissen-haben-wollen　249
理論　Theorie　40-41, 213, 271, 313, 385, 387
理論化　Theoretisierung　36, 40-41, 110, 121-22, 179, 381
理論的学問　theoretische Wissenschaft　35, 65, 67-70, 74, 77, 79, 385-86, 388, 391-92, 397, 417, 425
ルサンチマン　Ressentiment　235-38, 249, 292-93
歴史　Geschichte　114, 117-18, 130, 134, 140, 198, 226, 252, 262-63, 268, 298, 300, 332, 350, 365, 408, 449, 461, 465
歴史（学）　Historie　205, 251-53, 255, 259, 263, 273, 302, 309, 449
歴史性　Geschichtlichkeit　2-3, 6-9, 43, 60, 114, 117, 135, 140, 204-05, 222-23, 241, 251-53, 256-60, 262-63, 297-98, 309, 319, 342, 349-50, 354, 357-59, 367-69, 434, 461, 464
歴史的意識　geschichtliches Bewußtsein　31-32, 113, 171, 226, 239, 412, 435
歴史的世界　geschichtliche Welt　31, 171, 356
歴史的理性批判　Kritik der historischen Vernunft　31
連関意味　Zusammenhangssinn　36, 40-41, 44, 116, 118, 125, 356
ロゴス　Logos　63, 66-69, 71-76, 79-80, 83, 89-90, 92, 175, 187-89, 191, 216, 364, 420, 423, 425, 427, 429, 430, 436-37, 441, 457, 465

参考文献

I　ハイデガーの著作

(1) ハイデガー全集

GA1 : *Frühe Schriften* (1912-1916), Friedrich-Wilhelm von Herrmann (hrsg.), Vittorio Klostermann, Frankfurt a. M 1978.

GA2 : *Sein und Zeit* (1927), Friedrich-Wilhelm von Herrmann (hrsg.), Vittorio Klostermann, Frankfurt a. M 1977.（引用は下記の版に従う。SZ : Martin Heidegger, *Sein und Zeit*, 16 Aufl., Max Niemeyer Verlag, Tübingen 1986.）

GA3 : *Kant und das Problem der Metaphysik* (1929), Friedrich-Wilhelm von Herrmann (hrsg.), Vittorio Klostermann, Frankfurt a. M 1991.

GA5 : *Holzwege* (1935-1946), Friedrich-Wilhelm von Herrmann (hrsg.), Vittorio Klostermann, Frankfurt a. M 1977.

GA6-1 : *Nietzsche I* (1936-1946), Brigitte Schillbach (hrsg.), Vittorio Klostermann, Frankfurt a. M 1996.

GA6-2 : *Nietzsche II* (1936-1946), Brigitte Schillbach (hrsg.), Vittorio Klostermann, Frankfurt a. M 1997.

GA9 : *Wegmarken* (1919-1961), Friedrich-Wilhelm von Herrmann (hrsg.), Vittorio Klostermann, Frankfurt a. M 1976.

GA14 : *Zur Sache des Denkens* (1962-1964), Friedrich-Wilhelm von Herrmann (hrsg.), Vittorio Klostermann, Frankfurt a. M 2007.

GA17 : *Einführung in die phänomenologische Forschung* (Wintersemester 1923/24), Friedrich-Wilhelm von Herrmann (hrsg.), Vittorio Klostermann, Frankfurt a. M 1994 [2006].

GA18 : *Grundbegriffe der aristotelischen Philosophie* (Sommersemester 1924), Mark Michalski (hrsg.), Vittorio Klostermann, Frankfurt a. M 2002.

GA19 : *Platon : Sophistes* (Wintersemester 1924/25), Ingeborg Schüßler (hrsg.), Vittorio Klostermann, Frankfurt a. M 1992.

GA20 : *Prolegomena zur Geschichte des Zeitbegriffs* (Sommersemester 1925), Petra Jaeger (hrsg.), Vittorio Klostermann, Frankfurt a. M 1979 [1988/1994].

GA21 : *Logik. Die Frage nach der Wahrheit* (Wintersemester 1925/26), Walter Biemel (hrsg.), Vittorio Klostermann, Frankfurt a. M 1976 [1995].

GA22 : *Grundbegriffe der antiken Philosophie* (Sommersemester 1926), Franz-Karl Blust (hrsg.), Vittorio Klostermann, Frankfurt a. M 1993 [2004].

GA24 : *Die Grundprobleme der Phänomenologie* (Sommersemester 1927), Friedrich-Wilhelm von Herrmann (hrsg.), Vittorio Klostermann, Frankfurt a. M 1975 [1989/1997].

GA25 : *Phänomenologische Interpretation von Kants Kritik der reinen Vernunft* (Wintersemester 1927/28), Ingtraud Görland (hrsg.), Vittorio Klostermann, Frankfurt a. M 1977 [1987/1995].

GA26 : *Metaphysische Anfangsgründe der Logik im Ausgang von Leibniz* (Sommersemester 1928), Klaus Held (hrsg.), Vittorio Klostermann, Frankfurt a. M 1978 [1990].

GA27 : *Einleitung in die Philosophie* (Wintersemester 1928/29), Otto Saame und Ina Saame-Speidel (hrsg.), Vittorio Klostermann, Frankfurt a. M 1996 [2001].

GA28 : *Der deutsche Idealismus (Fichte, Schelling, Hegel) und die philosophische Problemlage der Gegenwart* (Sommersemester 1929) / Anhang : *Nachschrift : Einführung in das akademische Studium* (Sommersemester 1929), Claudius Strube (hrsg.), Vittorio Klostermann, Frankfurt a. M 1997.

GA29/30 : *Die Grundbegriffe der Metaphysik. Welt - Endlichkeit - Einsamkeit* (Wintersemester 1929/30), Friedrich-Wilhelm von Herrmann (hrsg.), Vittorio Klostermann, Frankfurt a. M 1983 [1992/2004].

GA31 : *Vom Wesen der menschlichen Freiheit. Einleitung in die Philosophie* (Sommersemester 1930), Hartmut Tietjen (hrsg.), Vittorio Klostermann, Frankfurt a. M 1982 [1994].

GA33 : *Aristoteles, Metaphysik Θ 1-3. Von Wesen und Wirklichkeit der Kraft* (Sommersemester 1931), Heinrich Hüni (hrsg.), Vittorio Klostermann, Frankfurt a. M 1981 [1990/2006].

GA34 : *Vom Wesen der Wahrheit. Zu Platons Höhlengleichnis und Theätet* (Wintersemester 1931/32), Hermann Mörchen (hrsg.), Vittorio Klostermann, Frankfurt a. M 1988 [1997].

GA38 : *Logik als die Frage nach dem Wesen der Sprache* (Sommersemester 1934), Günter Seubold (hrsg.), Vittorio Klostermann, Frankfurt a. M 1998.

GA39 : *Hölderlins Hymnen » Germanien « und » Der Rhein «* (Wintersemester 1934/35), Susanne Ziegler (hrsg.), Vittorio Klostermann, Frankfurt a. M 1980 [1989/1999].

GA40 : *Einführung in die Metaphysik* (Sommersemester 1935), Petra Jaeger (hrsg.), Vittorio Klostermann, Frankfurt a. M 1983.

GA43 : *Nietzsche : Der Wille zur Macht als Kunst* (Wintersemester 1936/37), Bernd Heimbüchel (hrsg.), Vittorio Klostermann, Frankfurt a. M 1985.

GA44 : *Nietzsches metaphysische Grundstellung im abendländischen Denken : Die ewige Wiederkehr des Gleichen* (Sommersemester 1937), Marion Heinz (hrsg.), Vittorio Klostermann, Frankfurt a. M 1986.

GA45 : *Grundfragen der Philosophie. Ausgewählte » Probleme « der » Logik «* (Wintersemester 1937/38), Friedrich-Wilhelm von Herrmann (hrsg.), Vittorio Klostermann, Frankfurt a. M 1984 [1992].

GA46 : *Zur Auslegung von Nietzsches II. Unzeitgemässer Betrachtung » Von Nutzen und Nachteil der Historie für das Leben «* (Wintersemester 1938/39), Hans-Joachim Friedrich (hrsg.), Vittorio Klostermann, Frankfurt a. M 2003.

GA47 : *Nietzsches Lehre vom Willen zur Macht als Erkenntnis* (Sommersemester 1939), Eberhard Hanser (hrsg.), Vittorio Klostermann, Frankfurt a. M 1989.

GA48 : *Nietzsche : Der europäische Nihilismus* (II trimester 1940), Petra Jaeger (hrsg.), Vittorio

Klostermann, Frankfurt a. M 1986.
GA50: *1. Nietzsches Metaphysik* (Wintersemester 1941/42: angekündigt, aber nicht gehalten) /*2. Einleitung in die Philosophie - Denken und Dichten* (abgebrochene Vorlesung Wintersemester 1944/45), Petra Jaeger (hrsg.), Vittorio Klostermann, Frankfurt a. M 1990.
GA52: *Hölderlins Hymne » Andenken «* (Wintersemester 1941/42), Curd Ochwaldt (hrsg.), Vittorio Klostermann, Frankfurt a. M 1982 [1992].
GA53: *Hölderlins Hymne » Der Ister «* (Sommersemester 1942), Walter Biemel (hrsg.), Vittorio Klostermann, Frankfurt a. M 1984 [1993].
GA54: *Parmenides* (Wintersemester 1942/43), Manfred S. Frings (hrsg.), Vittorio Klostermann, Frankfurt a. M 1982 [1992].
GA56/57: *Zur Bestimmung der Philosophie. 1. Die Idee der Philosophie und das Weltanschauungsproblem* (Kriegsnotsemester 1919) /*2. Phänomenologie und transzendentale Wertphilosophie* (Sommersemester 1919) /3. Anhang: *Über das Wesen der Universität und des akademischen Studiums* (Sommersemester 1919), Bernd Heimbüchel (hrsg.), Vittorio Klostermann, Frankfurt a. M 1987 [1999].
GA58: *Grundprobleme der Phänomenologie* (Wintersemester 1919/20), Hans-Helmuth Gander (hrsg.), Vittorio Klostermann, Frankfurt a. M 1992.
GA59: *Phänomenologie der Anschauung und des Ausdrucks. Theorie der philosophischen Begriffsbildung* (Sommersemester 1920), Claudius Strube (hrsg.), Vittorio Klostermann, Frankfurt a. M 1993.
GA60: *Phänomenologie des religiösen Lebens. 1. Einleitung in die Phänomenologie der Religion* (Wintersemester 1920/21), Matthias Jung und Thomas Regehly (hrsg.) /*2. Augustinus und der Neuplatonismus* (Sommersemester 1921) Claudius Strube (hrsg.) /*3. Die philosophischen Grundlagen der mittelalterlichen Mystik* (Ausarbeitungen und Entwürfe zu einer nicht gehaltenen Vorlesung 1918/19), Claudius Strube (hrsg.), Vittorio Klostermann, Frankfurt a. M 1995.
GA61: *Phänomenologische Interpretationen zu Aristoteles. Einführung in die phänomenologische Forschung* (Wintersemester 1921/22), Walter Bröcker und Käte Bröcker-Oltmanns (hrsg.), Vittorio Klostermann, Frankfurt a. M 1985 [1994].
GA62: *Phänomenologische Interpretation ausgewählter Abhandlungen des Aristoteles zu Ontologie und Logik* (Sommersemester 1922) /Anhang: *Phänomenologische Interpretationen zu Aristoteles (Anzeige der hermeneutischen Situation). Ausarbeitung für die Marburger und Göttinger Philosophische Fakultät* (Herbst 1922), Günter Neumann (hrsg.), Vittorio Klostermann, Frankfurt a. M 2005.
GA63: *Ontologie. Hermeneutik der Faktizität* (Sommersemester 1923), Käte Bröcker-Oltmanns (hrsg.), 1988 [1995].
GA64: *Der Begriff der Zeit* (1924) /Anhang: *Der Begriff der Zeit. Vortrag vor der Marburger Theologenschaft* (Juli 1924), Friedrich-Wilhelm von Herrmann (hrsg.), Vittorio Klostermann, Frankfurt a. M 2004.
GA65: *Beiträge zur Philosophie (Vom Ereignis)* (1936-1938), Friedrich-Wilhelm von Herrmann (hrsg.), Vittorio Klostermann, Frankfurt a. M 1989 [1994].
GA66: *Besinnung* (1938/39), Friedrich-Wilhelm von Herrmann (hrsg.), Vittorio Klostermann,

Frankfurt a. M 1997.
GA69 : *Die Geschichte des Seyns. 1. Die Geschichte des Seyns* (1938/40) /*2. Koinon. Aus der Geschichte des Seyns* (1939), Peter Trawny (hrsg.), Vittorio Klostermann, Frankfurt a. M 1998.
GA79 : *Bremer und Freiburger Vorträge. 1. Einblick in das was ist. Bremer Vorträge* (1949) /*2. Grundsätze des Denkens. Freiburger Vorträge* (1957), Petra Jaeger (hrsg.), Vittorio Klostermann, Frankfurt a. M 1994 [2005].

(2) その他のハイデガーの著作，書簡

Heidegger, Martin : Das Kriegs-Triduum in Meßkirch, (Dokumentationsteil, II) in : Alfred Denker, Hans-Helmuth Gander und Holger Zaborowski (hrsg.), *Heidegger-Jahrbuch 1, Heidegger und die Anfänge seines Denkens*, Verlag Karl Alber, Freiburg/München 2004, S. 22-25.
—— Das Problem der Sünde bei Luther, in : Bernd Jaspert (hrsg.), *Sachgämesse Exegese : Die Protokolle aus Rudolf Bultmanns Neutestamentlichen Seminaren 1921-1951 (Marburger theologische Studien ; 43)*, N. G. Elwert, Marburg 1996, S. 28-33.
—— Vom Ursprung des Kunstwerkes. Erste Ausarbeitung, in : *Heidegger Studies*, Vol. 5, 1989, S. 5-22.
—— Wilhelm Diltheys Forschungsarbeit und der gegenwärtige Kampf um eine historische Weltanschauung. 10 Vorträge (Gehalten in Kassel vom 16. IV. - 21. IV. 1925), in : *Dilthey-Jahrbuch*, Bd. 8, 1992, S. 143-177.
Briefwechsel 1920-1963, Martin Heidegger ; Karl Jaspers, Walter Biemel und Hans Saner (hrsg.), Vittorio Klostermann, Frankfurt a. M. 1990.
Briefe von und an Martin Heidegger (Dokumentationsteil, II), in : Alfred Denker, Hans-Helmuth Gander und Holger Zaborowski (hrsg.) : *Heidegger-Jahrbuch 1, Heidegger und die Anfänge seines Denkens*, Verlag Karl Alber, Freiburg/München 2004, S. 26-78.
Heidegger, Gertrud (hrsg.) : *» Mein Liebes Seelchen ! « Briefe Martin Heideggers an seine Frau Elfride 1915-1970*, DVA, München 2005.
Martin Heidegger, Elisabeth Blochmann : Briefwechsel, 1918-1969 (Marbacher Schriften, 33), J. W. Storck (hrsg.), Deutsche Schillergesellschaft, Marbach a. N. 1989, 2. durchges. Aufl., 1990.
Martin Heidegger/Heinrich Rickert, Briefe 1912 bis 1933 und andere Dokumente, Alfred Denker (aus den Nachlässen hrsg.), Vittorio Klostermann, Frankfurt a. M. 2002.
Rudolf Bultmann/Martin Heidegger : Briefwechsel 1925 bis 1975, Andreas Großmann und Christof Landmesser (Hrsg.), Vittorio Klostermann, Frankfurt a. M. 2009.

II　二次文献

(1) 欧文文献

Adorno, Theodor W. : *Jargon der Eigentlichkeit. Zur deutschen Ideologie*, Suhrkamp Verlag, Frankfurt a. M. 1964.（笠原賢介訳『本来性という隠語』未來社，1992 年）

—— *Negative Dialektik*, Suhrkamp Verlag, Frankfurt a. M. 1966.（木田元・渡辺祐邦・須田朗・徳永恂・三島憲一・宮武昭訳『否定弁証法』作品社，1996 年）

Agamben, Giorgio : The Passion of Facticity, Daniel Heller-Roazen（tr.), in : François Raffoul and Eric Sean Nelson（ed.) : *Rethinking Facticity*, State University of New York Press, Albany N. Y. 2008, pp. 89-112.

Apel, Karl-Otto : Heideggers philosophische Radikalisierung der » Hermeneutik « und die Frage nach dem » Sinnkriterium « der Sprache, in : Karl-Otto Apel, *Transformation der Philosophie, Bd. 1, Sprachanalytik, Semiotik, Hermeneutik*, Suhrkamp Verlag, Frankfurt a. M. 1976, S. 276-334.

Arendt, Hannah : *Human Condition*, Doubleday Anchor Books, N.Y. 1959.（志水速雄訳『人間の条件』ちくま学芸文庫，1994 年）

Aristoteles : Aristotelis : *Ars Rhetorica*（Oxford Classical Texts), W. D. Ross（ed.), Oxford University Press, Oxford 1959.（アリストテレスの著作からの引用に際しては，書名に次いでベッカー版の頁数と行数を示す）

—— *De Anima*（Oxford Classical Texts), W. D. Ross（ed.), Oxford University Press, Oxford 1956.

—— *Ethica Nicomachea*（Oxford Classical Texts), I. Bywater（ed.), Oxford University Press, Oxford 1963.

—— *Metaphysica*（Oxford Classical Texts), W. Jaeger（ed.), Oxford University Press, Oxford 1957.

—— *Physica*（Oxford Classical Texts), W. D. Ross（ed.), Oxford University Press, Oxford 1950.

—— *Politica*（Oxford Classical Texts), W. D. Ross（ed.), Oxford University Press, Oxford 1957.

—— *Topica et Sophistici Elenchi*（Oxford Classical Texts), W. D. Ross（ed.), Oxford University Press, Oxford 1958.

Aschheim, Steven E. : *The Nietzsche Legacy in Germany 1890-1990*, University of California Press, Berkeley / Los Angeles / Oxford, 1994.

Aubenque, Pierre : The 1929 debate between Cassirer and Heidegger, in : Christopher McCann（ed.) : *Martin Heidegger : Critical assessments. Vol. 2 : History of philosophy*, Routledge, London / New York 1992, pp. 208-221.

Aylesworth, Gary E. : Dialogue, text, narrative : confronting Gadamer and Ricœur, in : Hugh J. Silverman（ed.) : *Gadamer and Hermeneutics*（Continental Philosophy IV), Routledge, London 1991, pp. 63-81.

Bambach, Charles R. : *Heidegger, Dilthey, and the Crisis of Historicism*, Cornell University Press, N. Y. 1995.

Bast, Rainer A. : Ist Heideggers *Sein und Zeit* ein Patchwork ? in : *Information Philosophie*, Bd. 4（2), 1986, S. 18-30

Baum, Manfred : Hermeneutik bei Nietzsche, in : Beatrix Himmelmann（hrsg.) : *Kant und Nietzsche im Widerstreit. Internationale Konferenz der Nietzsche-Gesellschaft in Zusammenarbeit mit der Kant-Gesellschaft, Naumburg an der Saale, 26.-29. August 2004*, Walter de Gruyter, Berlin / New York 2005, S. 16-28.

Behler, Ernst : Das Niezsche-Bild in Heideggers Beiträgen zur Philosophie（Vom Ereignis), in : Christoph Jamme（hrsg.) : *Grundlinien der Vernunftkritik*, Suhrkamp Verlag, Frankfurt a. M. 1997, S. 471-492.

Beistegui, Miguel de : “Homo prudens”, in : François Raffoul and David Pettigrew（ed.) : *Heidegger*

and Practical Philosophy, State University of New York Press, Albany N. Y. 2002, pp. 117-131.

Benhabib, Seyla: *The reluctant modernism of Hannah Arendt*, Rowan & Littlefield Publishers, Maryland 2003.

Bernasconi, Robert: "The double concept of philosophy" and the place of ethics in Being and Time, in: *Research in Phenomenology*, Vol. 18, 1988, pp. 41-57.

—— Heidegger's Destruction of Phronesis, in: *The Southern Journal of Philosophy*, Vol. 28, supplement, 1989, pp. 127-147.

—— The fate of the distinction between Praxis and Poiesis, in: *Heidegger Studies*, Vol. 2, 1986, pp. 111-139.

Bertman, Martin A.: Hermeneutic in Nietzsche, in: *Journal of Value Inquiry*, Vol. 7, 1973, pp. 254-260.

Boudot, Pierre et al., *Nietzsche aujourd'hui ? (Publications du Centre culturel de Cerisy-la-Salle)*, 2 vols., Union Génerale d'Éditions, Paris 1973.

Bourdieu Pierre: *L'ontologie politique de Martin Heidegger*, Les Éditions de Minuit, Paris 1988.（桑田禮彰訳『ハイデガーの政治的存在論』藤原書店，2000 年）

Brach, Markus J.: *Heidegger-Platon: Vom Neukantianismus zur existentiellen Interpretation des „Sophistes"*, Königshausen & Neumann, Würzburg 1996.

Brandom, Robert B.: Heidegger's Categories in Being and Time, in: *Monist*, Vol. 66, N. 3, 1983, pp. 387-409.（reperented in: Hubert L. Dreyfus and Harrison Hall（ed.）: *Heidegger: A Critical Reader*, Blackwell, Oxford 1992, pp. 45-64.）

Bremmers, Chris: Chronologisches Verzeichnis der Werke Heideggers, in: Alfred Denker, Hans-Helmuth Gander und Holger Zaborowski（hrsg.）, *Heidegger-Jahrbuch 1, Heidegger und die Anfänge seines Denkens*, Verlag Karl Alber, Freiburg/München 2004, S. 419-597.

Brett, G. S.: Review on Die Grundurteile der Philosophen. Eine Ergänzung zur Geschichte der Philosophie. 1. Hälfte Griechenland, Heidelberg 1913, in: *The Philosophical Review*, Vol. 23, No. 6, 1914, pp. 683-687.

Brogan, Walter A.: Da-sein and the Leap of Being, in: Charles E. Scott, Susan Schoenbohm, Daniela Vallega-Neu and Alejandro Vallega（ed.）: *Companion to Heidegger's Contributions to Philosophy*, Indiana University Press, Bloomington 2001, p. 171-180.

—— *Heidegger and Aristotle: The Twofoldness of Being*, State University of New York Press, Albany N. Y. 2005.

—— The community of those who are going to die, in: François Raffoul and David Pettigrew（ed.）: *Heidegger and Practical Philosophy*, State University of New York Press, Albany N. Y. 2002, pp. 237-247.

Bultmann, Rudolf: Die Geschichtlichkeit des Daseins und der Glaube. Antwort an Gerhardt Kuhlmann, in: G. Noller（hrsg.）, *Heidegger und die Theologie. Beginn und Fortgang der Diskussion*, Kaiser Verlag, München 1967, S. 72-94.

—— *Glauben und Verstehen: Gesammelte Aufsätze*, 4. Bde., J. C. B. Mohr（Paul Siebeck）, Tübingen 1965/1967/1975/1986.

Buren, John van: The Ethics of « Formale Anzeige » in Heidegger, in: *American Catholic Philosophical Quarterly*, Vol. 69, 1995, pp. 157-170.

—— *The young Heidegger: Rumor of the hidden king*, Indiana University Press, Bloomington and Indianapolis 1994.

Burnet, John: *Early Greek Philosophy*, 3rd. Ed., A. & C. Black Ltd., London 1920.

Burnyeat, Myles F.: Enthymeme: Aristotle on the Logic of Persuasion, in: David J. Furley and Alexander Nehamas (ed.): *Aristotle's Rhetoric: Philosophical Essays*, Princeton University Press, Princeton 1994, pp. 3-55.

Capelle, Philippe: „Katholizismus", „Protestantismus", „Christentum" und „Religion" im Denken Martin Heideggers. Tragweite und Abgrenzungen, in: Alfred Denker, Hans-Helmuth Gander und Holger Zaborowski (hrsg.): *Heidegger-Jahrbuch 1, Heidegger und die Anfänge seines Denkens*, Verlag Karl Alber, Freiburg/München 2004, S. 346-370.

Cassirer, Ernst: Kant und das Problem der Metaphysik. Bemerkungen zu Martin Heideggers Kant-Interpretation, in: *Kant-Studien*, Bd. 36, 1931, S. 1–16.

Cho, Kah Kyung: *Bewußtsein und Natursein. Phänomenologischer West-Ost-Diwan*, Wilhelm Fink, Freiburg/München 1987.（志水紀代子・山本博史監訳『意識と自然　現象学的な東西のかけはし』法政大学出版局，1994 年）

Cristaudo, Wayne: Heidegger and Cassirer: Being, Knowing and Politics, in: *Kant-Studien*, Bd. 82, 1991, pp. 469-483.

Crowe, Benjamin D.: *Heidegger's Religious Origins: destruction and authenticity*, Indiana University Press, Bloomigton & Indianapolis 2006.

Cullmann, Oscar: *Christus und die Zeit. Die urchristliche Zeit und Geschichtsauffassung*, 3. durchges. Aufl., EVZ-Verlag, Zürich 1962.

Dahlstrom, Daniel O.: Heideggers Kant-Kommentar, 1925-1936, in: *Philosophisches Jahrbuch*, Bd. 2. Halbband, 1989, S. 343-366.

—— Scheler's Critique of Heidegger's Fundamental Ontology, in: Stephen Schneck (ed.): *Max Scheler's Acting Persons. New Perspectives*, Rodopi, B. V., Amsterdam/New York 2002, pp. 67-92.

Dallmayr, Fred: Heidegger on Macht and Machenschaft, in: *Continental Philosophy Review*, Vol. 34, 2001, pp. 247-267.

Dastur, Françoise: Heidegger on Anaximander: Being and Justice, in: Charles E. Scott and John Sallis (ed.): *Interrogating the tradition: hermeneutics and the history of philosophy*, Albany, N. Y. 2000, S. 179-190.

—— Heidegger und die „Logischen Untersuchungen", in: *Heidegger Studies*, Vol. 7, 1991, S. 37-51.

Deleuze, Gilles: *Le pli, Leibniz et le baroque*, Les Éditions de Minuit, Paris 1988.（宇野邦一訳『襞——ライプニッツとバロック』河出書房新社，1998 年）

Delling, Gerhard: *Zeit und Endzeit. Zwei Vorlesungen zur Theologie des Neuen Testaments*, Helmut Gollwitzer (hrsg.), Neukirchener Verlag, Neukirchen-Vluyn 1970.

Denker, Alfred: Fichtes Wissenschaftslehre und die philosophischen Anfänge Heideggers, in: *Fichte-Studien*, Bd. 13, 1997, S. 35-49.

—— The young Heidegger and Fichte, in: Tom Rockmore (ed.), *Heidegger, German Idealism, and neo-Kantianism*, Humanity Books, N. Y. 2000, pp. 103-122.

Derrida, Jacques: *De la grammatologie*, Les Éditions de Minuit, Paris 1967.（足立和浩『根源の彼

方に――グラマトロジーについて』上・下，現代思潮社，1976/1972 年）
―― *De l'esprit. Heidegger et la question*, Galilée, Paris 1990.（港道隆訳『精神について――ハイデッガーと問い』平凡社，2009 年）
―― *L'écriture et la différence*, Le Seuil, 1967.（若桑毅・野村英夫・阪上脩・川久保輝興訳『エクリチュールと差異』上，法政大学出版局，1977 年／梶谷温子・野村英夫・三好郁朗・若桑毅・阪上脩訳『エクリチュールと差異』下，法政大学出版局，1977 年）
―― *Marges de la philosophie*, Les Éditions de Minuit, Paris 1972.（高橋允昭・藤本一勇訳『哲学の余白』上，法政大学出版局，2007 年／藤本一勇訳『哲学の余白』下，法政大学出版局，2008 年）
―― *Psyché. Inventions de l'autre*, Galilee, Paris 1987.
DiCenso, James: *Hermeneutics and the disclosure of truth: study in the work of Heidegger, Gadamer, and Ricœur*, University Press of Virginia, Charlottesville 1990.
Diels, Hermann: *Die Fragmente der Vorsokratiker*, Walter Kranz（hrsg.）, Sechste verbesserte Aufl., Erster Band, Weidmannsche Verlagsbuchhandlung, Berlin 1951.（内山勝利・国方栄二・藤沢令夫・丸橋裕・三浦要・山口義久訳『ソクラテス以前哲学者断片集　第 I 分冊』岩波書店，1996 年／内山勝利・日下部吉信・国方栄二・藤沢令夫・丸橋裕・三浦要訳『ソクラテス以前哲学者断片集　第 II 分冊』岩波書店，1997 年）
Dieter, Theodore: *Der junge Luther und Aristoteles. Eine historisch-systematische Untersuchung zum Verhältnis von Theologie und Philosophie*（Theologische Bibliothek Töpelmann 105）, Walter De Gruyter, Berlin 2001.
Dilthey, Wilhelm: Beiträge zur Lösung der Frage vom Ursprung unseres Glaubens an die Realität der Aussenwelt und seinem Recht, in: *Die Geistige Welt. Einleitung in die Philosophie des Lebens. Erste Hälfte: Abhandlungen zur Grundlegung der Geisteswissenschaften*（*Gesammelte Schriften*, Bd. V）, Vandenhoeck und Ruprecht, Göttingen 1982, S. 90-138.（山本幾生訳「外界の実在性論考」，大野篤一郎・丸山高司編集／校閲『ディルタイ全集　第 3 巻　論理学・心理学論集』法政大学出版局，2003 年，479-537 頁）
―― *Das Erlebnis und die Dichtung: Lessing, Goethe, Novalis, Hölderlin*,（*Gesammelte Schriften*, Bd. XXVI）, Vandenhoeck und Ruprecht, Göttingen 2005.
―― Die Entstehung der Hermeneutik, in: *Die Geistige Welt. Einleitung in die Philosophie des Lebens. Erste Hälfte: Abhandlungen zur Grundlegung der Geisteswissenschaften*（*Gesammelte Schriften*, Bd. V）, Vandenhoeck und Ruprecht, Göttingen 1982, S. 317-338.（外山和子訳「解釈学の成立」，大野篤一郎・丸山高司編集／校閲『ディルタイ全集 第 3 巻 論理学・心理学論集』法政大学出版局，2003 年，843-872 頁）
―― Die Typen der Weltanschauung und ihre Ausbildung in den metaphysischen Systemen, in: *Weltanschauungslehre. Abhandlungen zur Philosophie der Philosophie*（*Gesammelte Schriften*, Bd. VIII）, Vandenhoeck & Ruprecht, Göttingen 1991, S. 73-165.（菅原潤訳「世界観の諸類型と，形而上学的諸体系におけるそれらの類型の形成」，長井和雄・竹田純郎・西谷敬編集／校閲『ディルタイ全集　第 4 巻　世界観と世界理論』法政大学出版局，2010 年，485-533 頁）
―― *Einleitung in die Geisteswissenschaften*（*Gesammelte Schriften*, Bd. 1）, Vandenhoeck und Ruprecht, Göttingen 1990.（牧野英二編集／校閲『ディルタイ全集　第 1 巻　精神科学序説

Ⅰ』法政大学出版局，2006 年）
—— Gesamtplan des Zweiten Bandes der Einleitung in die Geisteswissenschaften. Drittes bis Sechstes Buch（„Berliner Entwurf"）（ca. 1893), in: *Grundlegung der Wissenschaften vom Menschen, der Gesellschaft und der Geschichte*（*Gesammelte Schriften*, Bd. XIX), Vandenhoeck & Ruprecht, Göttingen 1982, S. 296-332.
—— Ideen über eine beschreibende und zergliedernde Psychologie, in: *Die Geistige Welt. Einleitung in die Philosophie des Lebens. Erste Hälfte: Abhandlungen zur Grundlegung der Geisteswissenschaften*（*Gesammelte Schriften*, Bd. V), Vandenhoeck und Ruprecht, Göttingen 1982, S. 139-240.（丸山高司訳「記述的分析的心理学」，大野篤一郎・丸山高司編集／校閲『ディルタイ全集　第 3 巻　論理学・心理学論集』法政大学出版局，2003 年，637-756 頁）
—— Plan der Fortzsetzung zum Aufbau der geschichtlichen Welt in den Geisteswissenschaften. Entwürfe zur Kritik der historischen Vernunft, in: *Der Aufbau der geschichtlichen Welt in den Geisteswissenschaften*（*Gesammelte Schriften*, Bd. VII), Vandenhoeck und Ruprecht, Göttingen 1979, S. 191-291.（西谷敬訳「精神科学における歴史的世界の構成の続編の構想　歴史的理性批判のための草案」，長井和雄・竹田純郎・西谷敬編集／校閲『ディルタイ全集　第 4 巻　世界観と世界理論』法政大学出版局，2010 年，209-330 頁）
Djurić, Mihailo: Nietzsche und Heidegger, in: *Synthesis philosophica*, Vol. 4, 1987, S. 327-350.
Dostal, Robert J.: Beyond Being: Heidegger's Plato, in: *Journal of the History of Philosophy*, Vol. 23, 1985, pp. 71-98.
—— Eros, Freundschaft und Politik: Heideggers Versagen, in: Dieter Papenfuss und Otto Pöggeler（hrsg.）: *Zur philosophischen Aktualität Heideggers: Symposion der Alexander von Humboldt-Stiftung vom 24.-28. April 1989 in Bonn-Bad Godesberg. Bd. 1: Philosophie und Politik*, Vittorio Klostermann, Frankfurt a. M. 1991, S. 180-196.
—— The problem of "Indifferenz" in Sein und Zeit, in: *Philosophy and Phenomenological Research*, Vol. 43, 1982, pp. 43-58.
Dreyfus, Hubert L.: *Being-in-the-World: A Commentary on Heidegger's Being and Time*, Division I, MIT Press, 1991.（門脇俊介監訳／榊原哲也・森一郎・貫成人・轟孝夫訳『世界内存在——『存在と時間』における日常性の解釈学』産業図書，2000 年）
Ebbinghaus, Julius: Julius Ebbinghaus, in; *Philosophische Darstellungen*, L. J. Pongratz（hrsg.), Bd. III, Felix Meiner Verlag, Hamburg 1977, 1-59.
Ebeling, Gerhard: *Lutherstudien; Bd. 2. Disputatio de homine; 1. Teil, Text und Traditionshintergrund*, J. C. B. Mohr, Tübingen 1977.
—— *Lutherstudien; Bd. 2. Disputatio de homine; 2. Teil. Die philosophische Definition des Menschen: Kommentar zu These 1-19*, J. C. B. Mohr, Tübingen 1982.
Ellis, John: Heidegger, Aristotle and time in Basic problems § 19, in: Charles E. Scott and John Sallis（ed.）: *Interrogating the tradition: hermeneutics and the history of philosophy*, Albany, N. Y. 2000, p. S.159-178.
Elm, Ralf: Aristoteles - ein Hermeneutiker der Faktizität? Aristoteles' Differenzierung von φρόνησις und σοφία und ihre Transformation bei Heidegger, in: Alfred Denker, Günter Figal, Franco Volpi und Holger Zaborowski（hrsg.）: *Heidegger-Jahrbuch 3: Heidegger und Aristoteles*, Verlag Karl Alber, Freiburg/München 2007, S. 255-282.

Emad, Parvis: Nietzsche in Heideggers „Beiträgen zur Philosophie“, in: Hans-Helmuth Gander (hrsg.): *„ Verwechselt mich vor Allem nicht !“ Heidegger und Nietzsche, (Schriftenreihe der Martin-Heidegger-Gesellschaft, Bd. 3)*, Vittorio Klostermann, Frankfurt a. M. 1994, S. 179-196.（小柳美代子訳「ハイデッガーの『哲学への寄与』におけるニーチェ」，川原栄峰監訳『ハイデッガーとニーチェ』南窓社，1998 年，284-308 頁）

—— *On the Way to Heidegger's Contributions to Philosophy*, University of Wisconsin Press, Madison 2007.

Esposito, Costantino: Die Geschichte des letzten Gottes in Heideggers “Beiträge zur Philosophie”, in: *Heidegger Studies*, Vol. 11, 1995, pp. 33-60.

Eucken, Rudolf: *Beiträge zur Einführung in die Geschichte der Philosophie*, Dürr'sche Buchhandlung, Leibzig 1906.

Fehér, István M.: Der göttliche Gott. Hermeneutik, Theologie und Philosophie im Denken Heideggers, in: Damir Barbarić (hrsg.): *Das Spätwerk Heideggers. Ereignis - Sage - Geviert*, Königshausen und Neumann, Würzburg 2007, S. 163-190.

Figal, Günter: *Der Sinn des Verstehens. Beiträge zur hermeneutischen Philosophie*, Philipp Reclam, Stuttgart 1996.

—— *Heidegger zur Einführung*, 2. Aufl., Junius Verlag Gmbh, Humburg 1996.（伊藤徹訳『ハイデガー入門』世界思想社，2003 年）

—— *Martin Heidegger. Phänomenologie der Freiheit*, Athenäum, Frankfurt a. M. 1988.

—— Nietzsches Philosophie der Interpretation, in: *Nietzsche-Studien*, Bd. 29, 2000, S. 1-11.

—— Philosophie als hermeneutischen Theologie. Letzte Götter bei Nietzsche und Heidegger, in: H.-H. Gander (hrsg.), *„ Verwechselt mich vor Allem nicht !“ Heidegger und Nietzsche, (Schriftenreihe der Martin-Heidegger-Gesellschaft, Bd. 3)*, Vittorio Klostermann, Frankfurt a. M. 1994, S. 89-107.（加藤裕訳「解釈学的神学としての哲学――ニーチェとハイデッガーとにおける最後の神々」上掲訳書，133-164 頁）

—— Refraining from Dialectic: Heidegger's Interpretation of Plato in the Sophist Lectures, in: Charles E. Scott and John Sallis (eds.): *Interrogating the tradition: hermeneutics and the history of philosophy*, State University of New York Press, Albany N. Y. 2000, pp. 95-109.

Figl, Johann: *Interpretation als philosophisches Prinzip: Friedrich Nietzsches universale Theorie der Auslegung im späten Nachlass*, Walter de Gruyter, Berlin/New York, 1982.

—— Nietzsche und die philosophische Hermeneutik, in: *Nietzsche-Studien*, Bd. 10/11, 1981/1982, S. 408-430.

Fischer, Arois: *Die Existenzphilosophie Martin Heideggers: Darlegung und Würdigung ihrer Grundgedanken*, Felix Meiner Verlag, Leipzig 1935.

Forget, Philippe (hrsg.): *Text und Interpretation. Deutsch-französische Debatte mit Beiträgen von J. Derrida, M. Frank, H.-G. Gadamer, J. Greisch und F. Laruelle*, Wilhelm Fink, München 1984.（轡田収・三島憲一・関本英太郎・足立信彦・石原次郎訳『テクストと解釈』産業図書，1990 年）

Franzen, Winfried: *Von der Existenzialontologie zur Seinsgeschichte. Eine Untersuchung über die Entwicklung der Philosophie Martin Heideggers*, Meisenheim am Glan, Anton Hain 1975.

Fried, Gregory: *Heidegger's Polemos: From Being to Politics*, Yale University Press, New Haven &

London 2000.
Friedländer, Paul: *Plato: An Introduction*, Hans Meyerhoff (tr.), Harper & Row, New York and Evanston 1964.
Frings, Manfred: The Background of Max Scheler's 1927 Reading of « Being and Time ». A Critique of a Critique Through Ethics, in: *Philosophy Today*, Vol. 36, 1992, S. 99-113.
Gadamer, Hans-Georg: *Griechische Philosophie II* (*Gesammelte Werke*, Bd. 6), J. C. B. Mohr (Paul Siebeck), Tübingen 1985.
—— *Griechische Philosophie III. Plato im Dialog* (*Gesammelte Werke*, Bd. 7), J. C. B. Mohr (Paul Siebeck), Tübingen 1991.
—— Heidegger und Nietzsche: „Nietzsche hat mich kaputtgemacht !", in: *Aletheia*, Bd. 5, 1994, S. 6-8.
—— Heideggers » theologische « Jugendschrift, in: Günther Neumann (hrsg.): *Martin Heidegger Phänomenologische Interpretation zu Aristoteles*, Philipp Reclam jun. Stuttgart 2003, S. 76-86.
—— *Neuere Philosophie I: Hegel, Husserl, Heidegger* (*Gesammelte Werke*, Bd. 3), J. C. B. Mohr, Tübingen 1987.
—— *Philosophische Lehrjahre. Eine Rückschau*, Vittorio Klostermann, Frankfurt a. M. 1977.（中村志朗訳『ガーダマー自伝——哲学修業時代』未來社，1996 年）
—— The hermeneutics of suspicion, in: *Man and World*, Vol. 17, 1984, pp. 313-323.
—— *Wahrheit und Methode* (*Gesammelte Werke*, Bd. 1-2), J. C. B. Mohr (Paul Siebeck), Tübingen 1986.（轡田収・麻生建・三島憲一・北川東子・我田広之・大石紀一郎訳『真理と方法 I』法政大学出版局，1986 年／轡田収・巻田悦郎訳『真理と方法 II』法政大学出版局 2008 年）
Galston, William A.: Heidegger's Plato: a critique of Plato's Doctorine of Truth, in: *Philosophical Forum*, Vol. 13, no.4, 1982, pp. 371-84.
Gelven, Michael: Eros and Projection. Plato and Heidegger, in: *Southwestern journal of philosophy*, Vol. 4. no. 3, 1973, pp. 125-136.
Gethmann, Carl Friedrich: *Verstehen und Auslegung. Das Methodenproblem in der Philosophie Martin Heideggers*, Bouvier Verlag Herbert Grundmann, Bonn 1974
—— Philosophie als Vollzug und als Begriff. Heideggers Identitätsphilosophie des Lebens in der Vorlesung vom Wintersemester 1921/22 und ihr Verhältnis zu „Sein und Zeit", in: *Dilthey-Jahrbuch*, Bd. 4, 1986/87, S. 27-54.
Gethmann-Siefert, Annemarie: Heidegger und Hölderlin. Die Überforderung des » Dichters in dürftiger Zeit «, in: Annemarie Gethmann-Siefert und Otto Pöggeler (hrsg.): *Heidegger und die praktische Philosophie*, Suhrkamp Verlag, Frankfurt a. M. 1988, S. 191-227.（下村鍈二・樋口善郎訳「ハイデガーとヘルダーリン——「乏しき時代の詩人」に対する過剰な要求」，下村鍈二・竹市明弘・宮原勇監訳『ハイデガーと実践哲学』法政大学出版局，2001 年，234-288 頁）
Goethe, Johann Wolfgang von: *Goethe Werke, Hamburger Ausgabe*, Bd. 12, Zwölfte, durchges. Aufl., C. H. Beck, München 1994.
Gonzalez, Francisco J.: And the Rest Is Sigetik: Silencing Logic and Dialectic in Heidegger's Beiträge zur Philosophie, in: *Research in Phenomenology*, Vol. 38, 2008, pp. 358-391.

—— Dialectic and dialogue in the hermeneutics of Paul Ricœur and H. G. Gadamer, in: *Continental Philosophical Review*, Vol. 39, 2006, pp. 313-345.

—— On the Way to Sophia: Heidegger on Plato's Dialectic, Ethics, and Sophist, in: *Research in phenomenology*, Vol. 27, 1997, pp. 16-60.

Granier, Jean: *Le problème de la vérité dans la philosophie de Nietzsche*, Le Seuil, Paris 1966.

Greisch, Jean: *L'Arbre de vie et l'arbre du Savoir. Les racines phénoménologiques de l'herméneutique heideggérienne*, Paris, Ed. du Cerf, 2000.

—— *Ontologie et Temporalité. Esquisse d'une interprétation intégrale de Sein und Zeit*, PUF, Paris 1994［2e. éd. 2002］.（杉村靖彦・松本直樹・重松健人・関根小織・鶴真一・伊原木大祐・川口茂雄訳『『存在と時間』講義——統合的解釈の試み』法政大学出版局，2007 年）

—— The "Play of Transcendence" and the Question of Ethics, in: François Raffoul and David Pettigrew（ed.）: *Heidegger and Practical Philosophy*, State University of New York Press, Albany N. Y. 2002, pp. 99-116.

Grimm, Jacob und Grimm, Wilhelm（hrsg.）: *Deutsches Wörterbuch*, S. Hirzel, Leipzig 1854-1960.

Grondin, Jean: Heidegger und Augustin. Zur hermeneutischen Wahrheit, in: Ewald Richter（hrsg.）: *Die Frage nach der Wahrheit*, Vittorio Klostermann, Frankfurt a. M. 1997, S. 161-173.

Großmann, Andreas: *Heidegger-Lektüren: Über Kunst, Religion und Politik*, Königshausen & Neumann, Würzburg 2005.

Gutschker, Thomas: *Aristotelische Diskurse. Aristoteles in der politischen Philosophie des 20. Jahrhunderts*, Verlag J. B. Metzler, Stuttgart und Weimar 2002.

Haar, Michel: Le moment（καιρός）, l'instant（Augenblick）et le temps-du-monde（Weltzeit）, in: Jean-François Courtine（éd.）: *Heidegger 1919-1929. De l'herméneutique de la facticité à la métaphysique du Dasein*, Vrin, Paris 1996, pp.67-90.

—— Les animaux de Zarathoustra: forces fondamentales de la vie, in: *Champs de Psychosomatique*, Nr. 4; 44, 1995, pp. 75-87.

Habermas, Jürgen: *Der philosophische Diskurs der Moderne, Zwölf Vorlesungen*, Suhrkamp Verlag, Frankfurt a. M. 1988.（三島憲一・轡田収・木前利秋・大貫敦子訳『近代の哲学的ディスクルス』Ⅰ・Ⅱ，岩波書店，1990 年）

—— *Philosophisch-politische Profile*, Suhrkamp Verlag, Frankfurt a. M. 1971.（小牧治・村上隆夫訳『哲学的・政治的プロフィール』上・下，未來社，1999 年）

Hazavi, Dan: How to investigate subjectivity: Natorp and Heidegger on reflection, in: *Continental Philosophy Review*, Vol. 36, 2003, pp. 155-176.

Heinz, Marion: „Schaffen." Die Revolution von Philosophie. Zu Heideggers Nietzsche-Interpretation（1936/37）, in: Alfred Denker, Marion Heinz, John Sallis, Ben Vedder und Holger Zaborowski（hrsg.）: *Heidegger-Jahrbuch 2: Heidegger und Nietzsche*, Karl Alber, Freiburg/München 2005, S. 174-192.

Held, Klaus: Authentic existence and the political world, Amy Morgan and Felix 'O. Murchadha（tr.）, in: *Research in Phenomenology*, Vol. 26, 1996, pp. 38-53.

Henrich, Dieter: Über die Einheit der Subjektivität, in: *Philosophische Rundschau*, Bd. 3, 1955, S. 28-69.

Henry, Michel: *L'Essence de la manifestation*, 2 vols., Presses Universitaire de France, Paris 1963.

Hermann, Friedrich-Wilhelm von: Augustinus im Denken Heideggers, in: Günther Pöltner und Matthias Flatscher (hrsg.): *Heidegger und die Antike. (Reihe der Österreichischen Gesellschaft für Phänomenologie. Bd. 12)*, Peter Lang GmbH, Frankfurt a. M. 2005, S. 149-160.

—— *Heideggers Grundprobleme der Phänomenologie: Zur „Zweite Hälfte" von „Sein und Zeit"*, Vittorio Klostermann, Frankfurt a. M. 1991.

—— Besinnung als seinsgeschichtliches Denken, in: *Heidegger Studies*, Vol. 16, 2000, S. 37-53.

—— Heidegger und Nietzsche: Der andere Anfang, in: *Aletheia*, Bd. 9/10, 1996, S. 20f.

—— *Hermeneutik und Reflexion. Der Begriff der Phänomenologie bei Heidegger und Husserl*, Vittorio Klostermann, Frankfurt a. M. 2000.

—— *Wege ins Ereignis. Zu Heideggers » Beiträgen zur Philosophie «*, Vittorio Klostermann, Frankfurt a. M. 1994.

Hofmann, Johann Nepomuk: *Wahrheit, Perspektive, Interpretation: Nietzsche und die philosophische Hermeneutik*, Walter de Gruyter, Berlin/New York 1994.

Hölderlin, Friedrich: *Friedrich Hölderlin Sämtliche Gedichte*, J. Schmidt (hrsg.), Deutscher Klassiker Verlag, Frankfurt a. M. 2005.

Honneth, Axel: On the destructive power of the third. Gadamer and Heidegger's doctrine of intersubjectivity, in: *Philosophy & Social Criticism*, Vol. 29, no 1, pp. 5-21.

Hoppe, Hansgeorg: Wandlungen in der Kant-Auffassung Heideggers, in: Vittorio Klostermann (hrsg.): *Durchblicke: Martin Heidegger zum 80. Geburtstag*, Vittorio Klostermann, Frankfurt a. M. 1970, S. 284-317.

Howey, Richard Lowell: *Heidegger and Jaspers on Nietzsche. A Critical Examination of Heidegger's and Jaspers' Interpretations of Nietzsche*, Martinus Nijhoff, The Hague 1973.

Hübner, Hans: Martin Heideggers Götter und der christliche Gott: Theologische Besinnung über Heideggers „Besinnung" (Band 66), in: *Heidegger Studies*, Vol. 15, 1999, S. 127-151.

Hügli, Anton und Han, Byung Chul: Heideggers Todesanalyse (§ §45-53), in: Rentsch, Thomas (hrsg.): *Martin Heidegger. Sein und Zeit*, Akademie Verlag GmbH, Berlin 2001, S. 133-148.

Husserl, Edmund: *Aufsätze und Vorträge (1911-1921)* (*Husserliana*, Bd. XXV), Thomas Nelson und Hans Reiner Sepp (hrsg.), Martinus Nijhoff, Dordrecht/Boston/Lancaster 1987.

—— *Husserliana Dokumente III. Briefwechsel, Bd. 5, Die Neukantianer*, Elisabeth Schuhmann in Verbindung mit Karl Schuhmann (hrsg.), Kluwer Academic Publishers, Dordrecht/Boston/London 1994.

—— *Ideen zu einer reinen Phänomenologie und phänomenologischen Philosophie, Erstes Buch: Allgemeine Einführung in die reine Phänomenologie Nachwort (1930)* (Text nach *Husserliana*, Bd. III/1 und V), (Edmund Husserl: *Gesammelte Schriften*, Bd. 5), Elisabeth Ströker (hrsg.), Felix Meiner Verlag, Hamburg 1992.

—— *Logische Untersuchungen, Erster Band: Prolegomena zur reinen Logik* (Text nach *Husserliana*, Bd. XVIII), (Edmund Husserl: *Gesammelte Schriften*, Bd. 2), Elisabeth Ströker (hrsg.), Felix Meiner Verlag, Hamburg 1992.

—— *Logische Untersuchungen, Zweiter Band, Erster Teil, Untersuchungen zur Phänomenologie und Theorie der Erkenntnis* (Text nach *Husserliana*, Bd. XIX/1), (Edmund Husserl: *Gesammelte Schriften*, Bd. 3), Elisabeth Ströker (hrsg.), Felix Meiner Verlag, Hamburg 1992.

—— *Vorlesungen über Ethik und Wertlehre (1908-1914)* (*Husserliana*, Bd. XXVIII), Ullrich Melle (hrsg.), Kluwer Academic Publishers, Dordrecht/Boston/London 1988.

Hyde, Michael J.: The call of conscience: Heidegger and the question of rhetoric, in: *Philosophy and Rhetoric*, Vol. 27, 1994, pp. 374-396.

Imdahl, Georg: *Das Leben verstehen. Heideggers formal anzeigende Hermeneutik in den frühen Freiburger Vorlesungen*, Königshausen & Neumann, Würzburg 1997.

Inwood, Michael: *A Heidegger Dictionary*, Blackwell Publishers, Oxford/Massachusetts 1999.

Jamme, Christoph: Heideggers frühe Begründung der Hermeneutik, in: *Dilthey-Jahrbuch*, Bd. 4, 1986/87, S. 72-91.

Jaspers, Karl: *Notizen zu Martin Heidegger*, Hans Saner (hrsg.), Pieper Verlag, München/Zürich 1989.

—— *Philosophische Autobiographie*, Piper Verlag, München 1977.

—— *Psychologie der Weltanschauungen*, Springer-Verlag, Berlin/Göttingen/Heidelberg 1954.

Joël, Karl: *Geschichte der antiken Philosophie*, Bd. 1, J. C. B. Mohr, Tübingen 1921.

Johnstone, Christopher Lyle: An Aristotelian Trilogy: Ethics, rhetoric, politics, and the search for moral truth, in: *Philosophy and Rhetoric*, Vol. 13, 1980, pp. 1-24.

Jung, Matthias: *Das Denken des Seins und der Glaube an Gott: zum Verhältnis von Philosophie und Theologie bei Martin Heidegger*, Königshausen & Neumann, Würzburg 1990.

Kaegi, Dominic: Davos und davor — Zur Auseinandersetzung zwischen Heidegger und Cassirer, in: Dominic Kaegi und Enno Rudolph (hrsg.): *Cassirer-Heidegger. 70 Jahre Davoser Disputation*, Felix Meiner Verlag, Hamburg 2002, S. 67-105.

Kane, Michael T.: Heidegger and Aristotle's treatise on time, in: *American catholic philosophical quarterly*, Vol. 69, 1995, pp. 295-309.

Kant, Immanuel: Über eine Entdeckung, nach der alle neue Kritik der reinen Vernunft durch eine ältere entbehrlich gemacht werden soll (1790), in: *Kants Gesammelte Schriften*, Königlich Preußischen Akademie der Wissenschaften (hrsg.), Bd. VIII, Walter de Gruyter, Berlin 1923, S. 185-252.

—— *Kritik der reinen Vernunft*. Nach der ersten und zweiten Original-Ausgabe, Raymund Schmidt (hrsg.), (Phb Bd. 37a) Felix Meiner Verlag, Hamburg 1990.（引用に際しては，略号 KdV に続けて第一版（= A）と第二版（= B）の頁数を示す）

Kapferer, Norbert: Entschlossener Wille zur Gegen-Macht. Heideggers frühe Nietzsche-Rezeption 1916-1936, in: G. Althaus und I. Staeuble (hrsg.): *Streitbare Philosophie. Margherita von Brentano zum 65. Geburstag*, Metropol Friedrich Veitl-Verlag, Berlin 1988, S. 193-215.

Kierkegaard, Søren: *Abschließende unwissenschaftliche Nachschrift zu den Philosophischen Brocken. Erster Teil* (*Gesammelte Werke*, 16. Abteilung), H. M. Junghaus (übersetzt), Eugen Diederichs Verlag, Düsseldorf/Köln 1957.

—— *Einübung im Christentum* (*Gesammelte Werke*, 26. Abteilung), E. Hirsch (übersetzt), Eugen Diederichs Verlag, Düsseldorf/Köln 1951.

Kim, Jae-Chul: *Leben und Dasein. Die Bedeutung Wilhelm Diltheys für den Denkweg Martin Heideggers*, Königshausen & Neumann, Würzburg 2001.

Kim, Jin-Sok: *Hermeneutik als Wille zur Macht bei Nietzsche*, Peter Lang, Frankfurt a. M./Bern/

New York/Paris 1990.
Kisiel, Theodore: Die formale Anzeige. Die methodische Geheimwaffe des frühen Heidegger. Heidegger als Lehrer: Begrifsskizzen auf der Wandtafel, in: Markus Happel (hrsg.): *Heidegger-neu gelesen*, Königshausen und Neumann, Würzburg 1997, S. 22-40.
—— Situating rhetorical politics in Heidegger's protopractical ontology (1923-1925: The French ocupy the Ruhr), in: *Existentia*, Vol. IX, 1999, pp. 11-30.
—— *The Genesis of Heidegger*, University of California Press, Berkeley/Los Angeles/London 1993.
Köhler, Dietmar: Die Einbildungskraft und das Schematismusproblem. Kant-Fichte-Heidegger, in: *Fichte-Studien*, Bd. 13, 1997, S. 19-34.
Köster, Peter: Die Problematik wissenschaftlicher Nietzsche-Interpretation, in: *Nietzsche-Studien*, Bd. 2, 1973, S. 31-60.
Kranz, Walter: Kosmos, in: *Archiv für Begriffsgeschichte*, Bd. 2, 1958, S. 3-282.
Krell, David Farrell: Contributions to Life, in: James Risser (ed.): *Heidegger toward the Turn. Essays on the Work of the 1930s*, State University of New York Press, Albany N. Y. 1999, pp. 269-292.
—— Heidegger's Reading of Nietzsche: Confrontation and Encounter, in: *Journal of British Society of Phänomenology*, Vol. 14:3, 1983, pp. 271-282.
Krüger, Heinz: *Studien über den Aphorismus als philosophische Form*, Nest-Verlag, Frankfurt am Main 1956.
Lacoue-Labarthe, Philippe: *La Fiction du politique: Heidegger, l'art et la politique*, Bourgois, Paris 1988.（浅利誠・大谷尚文訳『政治という虚構——ハイデガー，芸術そして政治』藤原書店，1992 年）
Lasson, Adolf: *Über den Zufall*, Verlag von Reuther & Reichard, Berlin 1918.
Law, David R.: Negative theology in Heidegger's Beiträge zur Philosophie, in: *International Journal for Philosophy of Religion*, Vol. 48:3, 2000, pp. 139-156.
Lawlor, Leonard: The dialectical unity of hermeneutics: on Ricœur and Gadamer, in: Hugh J. Silverman (ed.): *Gadamer and Hermeneutics (Continental Philosophy IV)*, Routledge, London 1991, pp. 82-90.
Lévinas, Emmanuel: *De l'existence à l'existant*, 2e éd., Vrin, Paris 1978.（西谷修訳『実存から実存者へ』ちくま学芸文庫，2005 年）
—— *Le temps et l'autre*, 6e éd., PUF, Paris 1983.（原田佳彦訳『時間と他者』法政大学出版局，1986 年）
—— *Autrement qu'être ou au-delà de l'essence*, Kluwer Academic Publishers, Dordrecht 1974.（合田正人訳『存在の彼方へ』講談社，1999 年）
—— *En découvrant l'existence avec Husserl et Heidegger*, Vrin, Paris 1967.（佐藤真理人・小川昌宏・三谷嗣・河合孝昭訳『実存の発見　フッサールとハイデッガーと共に』法政大学出版局，1996 年）
—— *Totalité et infini. Essai sur l'extériorité*, Martinus Nijhoff, La Haye 1961.（熊野純彦訳『全体性と無限』上・下，岩波文庫，2005/2006 年）
Lewis, Michael: *Heidegger and the place of ethics: being-with in the crossing of Heidegger's thought*, Continuum, New York/London 2005.

Löwith, Karl: *Das Individuum in der Rolle des Mitmenschen, Ein Beitrag zur anthropologischen Grundlegung der ethischen Probleme*, Drei Masken Verlag, München 1928.（熊野純彦訳『共同存在の現象学』岩波文庫，2008 年）

—— Existenzphilosophie（1932）, in: Karl Löwith: *Sämtliche Schriften*, Bd. 8, J. B. Metzlersche Verlagsbuchhandlung, Stuttgart 1984, S. 1-18.

—— Heidegger — Denker in dürftiger Zeit, in: *Sämtliche Schriften*, Bd. 8, J. B. Metzlerische Verlagsbuchhandlung, Stuttgart 1984, S. 124-234.（杉田泰一・岡崎英輔訳『乏しき時代の思索者』未來社，1991 年）

—— *Nietzsches Philosophie der ewigen Wiederkehr des Gleichen*, neue Ausgabe, Kohlhammer, Stuttgart 1956.（柴田治三郎訳『ニーチェの哲学』岩波書店，1969 年）

—— *Sämtliche Schriften*, Bd. 2, J. B. Metzlersche Verlagsbuchhandlung, Stuttgart 1983.

Maggini, Golfo: Le « style de l'homme à venir »: Nietzsche dans les Contributions à la philosophie de Martin Heidegger, in: *Symposium. Revue de la Société canadienne pour l'herméneutique et la pensée postmoderne*, Vol. XI, no 2, 1998, pp. 191-210.

Magnus, Bernd: Forward to the English Translation, in: K. Löwith, *Nietzsche's Philosophy of the Eternal Recurrence of the Same*, J. Harvey Lomax（tr.）, University of California Press, Berkeley 1997, xi-xiii.

Makkreel, Rudolf Adam: *Dilthey. Philosopher of the Human Studies*, Princeton University Press, Princeton and London 1978.（大野篤一郎・田中誠・小松洋一・伊藤道夫訳『ディルタイ』法政大学出版局，1993 年）

—— The genesis of Heidegger's phenomenological hemeneutics and rediscovered "Aristotle introduction" of 1922, in: *Man and World*, Vol. 23, 1990, pp. 305-320.（齋藤元紀・伊藤直樹訳「ハイデガーの現象学的解釈学の生成と再発見された「アリストテレス序論」」日本ディルタイ協会編『ディルタイ研究』2001/2002 年，27-54 頁）

Maly, Kenneth: Turnings in Essential Swaying and the Leap, in: Charles E. Scott, Susan Schoenbohm, Daniela Vallega-Neu and Alejandro Vallega（ed.）: *Companion to Heidegger's Contributions to Philosophy*, Indiana University Press, Bloomington 2001, pp. 150-170.

Mardsden, Jill: The Art of the Aphorism, in: Keith Ansell Pearson（ed.）: *A Companion to Nietzsche*, Blackwell Publishing, Malden/Oxford/Victoria 2006, pp. 22-37.

Marion, Jean-Luc: *Réduction et donation. Recherches sur Husserl, Heidegger et la phénoménologie*, Presses Universitaires de France, Paris 1992.

Marten, Reiner: » Der Begriff der Zeit «. Eine Philosophie in der Nußschale, in: Dieter Thomä（hrsg.）: *Heidegger-Handbuch. Leben-Werk-Wirkung*, Verlag J. B. Metzler, Stuttgart/Weimar 2003, S. 22-26.

Martin Heidegger als Student（Dokumentationsteil, I）, in: Alfred Denker, Hans-Helmuth Gander und Holger Zaborowski（hrsg.）: *Heidegger-Jahrbuch 1, Heidegger und die Anfänge seines Denkens*, Verlag Karl Alber, Freiburg/München 2004, S. 13-17.

Marx, Werner: *Gibt es auf Erden ein Maß ? Grundbestimmungen einer nichtmetaphysischen Ethik*, Felix Meiner Verlag, Hamburg 1983.（上妻精・米田美智子訳『地上に尺度はあるか——非形而上学的倫理の根本諸規定』未來社，1994 年）

McGarth, Sean J.: Die scotistische Phänomenologie des jungen Heidegger, in: Alfred Denker, Hans-

Helmuth Gander und Holger Zaborowski (hrsg.): *Heidegger-Jahrbuch 1, Heidegger und die Anfänge seines Denkens*, Verlag Karl Alber, Freiburg/München 2004, S. 243-258.

—— *The early Heidegger & medieval philosophy: phenomenology for the godforsaken*, Catholic University of America Press, Washington D. C. 2006.

McNeil, William: *The Glance of the Eye. Heidegger, Aristotle, and the End of Theory*, State University of New York Press, Albany, N. Y. 1999.

Merleau-Ponty, Maurice: *Le Visible et l'invisible, suivi de notes de travail*, texte établi par Claude Lefort, Éditions Gallimard, Paris 1979.（滝浦静雄・木田元訳『見えるものと見えないもの』みすず書房，1989 年）

—— *Phénoménologie de la perception*, Éditions Gallimard, Paris 1945.（中島盛夫訳『知覚の現象学』法政大学出版局，1982 年）

Michalski, Mark: Hermeneutic Phenomenology as Philology, Jamey Findling (tr.), in: Daniel M. Gross and Ansgar Kemmann (ed.): *Heidegger and rhetoric*, State University of New York Press, Albany N. Y. 2005, pp. 65-80.

—— Terminologische Neubildungen beim frühen Heidegger, in: *Heidegger Studies*, Vol. 18, 2002, S. 181-191.

Misch, Georg: *Lebensphilosophie und Phänomenologie. Eine Auseinandersetzung der Dilthey'schen Richtung mit Heidegger und Husserl*, 2. Aufl., B. G. Teubner, Leibzig 1931.

Müller, Max: *Existenzphilosophie: von der Metaphysik zur Metahistorik*, Alois Halder (hrsg.), 4. erweiterte Aufl., Karl Alber, Freiburg 1986.

—— *Existenzphilosophie im geistigen Leben der Gegenwart*, 2. erweiterte Aufl., F.H. Kerle, Heidelberg 1958.（大橋良介訳『実存哲学と新形而上学』創文社，1974 年）

Müller-Lauter, Wolfgang: Das Willenswesen und der Übermensch. Ein Beitrag zu Heideggers Nietzsche-Interpretation, in: *Nietzsche-Studien*, Bd. 10/11, 1981/1982, S. 132-177.

—— *Heidegger und Nietzsche. Nietzsche-Interpretationen III*, Walter de Gruyter, Berlin/New York 2000.

Mul, Jos de: *The tragedy of finitude. Dilthey's hermeneutics of life*, T. Burrett (tr.), Yale University Press, New Haven 2004.

Nancy, Jean-Luc, Heidegger's "Originary Ethics", Duncan Large (tr), in: François Raffoul and David Pettigrew (ed.): *Heidegger and Practical Philosophy*, State University of New York Press, Albany N. Y. 2002, pp. 65-85.

—— *Être singulier Pluriel*, Galilée, Paris 1996.（加藤恵介訳『複数にして単数の存在』松籟社，2005 年）

Natorp, Paul: Aristoteles und die Eleaten, in: *Philosophische Monatshefte*, Bd. 26, 1890, S. 1-16, 147-169.

—— *Platos Ideenlehre: Eine Einführung in den Idealismus*, 2., durchges. und um einen metakritischen Anhang verm. Ausg., Felix Meiner Verlag, Leipzig 1921.

Nehamas, Alexander: *Nietzsche: Life as Literature*, Harvard University Press, Cambridge MA 1985.（湯浅弘・堀邦維訳『ニーチェ――文学表象としての生』理想社，2005 年）

Neumann, Günter: Heideggers frühe Parmenides-Auslegung, in: Hans-Christian Günther und Antonios Rengakos (hrsg.): *Heidegger und die Antike (ZETEMATA. Monographien zur klassischen*

Altertumswissenschaft, Heft 126), C. H. Beck oHG, München 2006, S. 133-175.
Nietzsche, Friedlich: *Nietzsche Werke. Kritische Gesamtausgabe*, Giorgio Colli und Mazzino Montinari (hrsg.), Walter de Gruyter, Berlin/New York 1967-.（引用に際しては，略記号 KGW に次いで巻号，頁数を示す）
—— *Wille zur Macht. Versuch einer Umwertung aller Werte*, Alfred Kröner Verlag, Stuttgart 1980.（引用に際しては，略記号 WzM に次いでアフォリズム番号を示す）
—— *Nietzsche Briefwechsel. Kritische Gesamtausgabe*, G. Colli, und M. Montinari (hrsg.), Walter de Gruyter, Berlin/New York 1975-2004.
Nitzsch, Friedrich August Berthold: *Luther und Aristoteles: Festschrift zum vierhundertjährigen Geburtstage Luther's*, Universitäts-Buchhandlung, Kiel 1883.
Okrent, Mark: *Heidegger's Pragmatism: Understanding, Being, and the Critique of Metaphysics*, Cornell University Press, 1988.
Orth, Ernst W.: Martin Heidegger und Neukantianismus, in: *Man and World*, Vol. 25, 1992, pp. 421-441.
Otsuru, Tadashi: *Gerechtigkeit und Dikē. Der Denkweg als Selbst-Kritik in Heideggers Nietzsche-Auslegung*, Königshausen & Neumann, Würzburg 1992.
Ott, Hugo: *Martin Heidegger. Unterwegs zu seiner Biographie*, Campus Verlag, Frankfurt a. M./New York 1992.（北川東子・藤澤賢一郎・忽那敬三訳『マルティン・ハイデガー――伝記への途上で』未來社，1995 年）
Ottmann, Henning: *Philosophie und Politik bei Nietzsche*, 2. Aufl., Walter de Gruyter, Berlin/New York 1999.
Otto, Rudolf: *Das Heilige: über das Irrationale in der Idee des Göttlichen und sein Verhältnis zum Rationalen*, C. H. Beck oMG, München 2004.
Owen, G. E. L.: Aristotle on Time, in: Peter Machamer and Robert Turnbull (ed.): *Motion and Time, Space and Matter*, Ohio State University Press, Columbus 1976, pp. 3-27.
Panis, Daniel: La Sigétique, in: *Heidegger Studies*, Vol. 14, 1998, pp. 111-127.
Peperzak, Adriaan T.: Heidegger and Plato's Idea of the Good, in: John Sallis (ed.): *Reading Heidegger: Commemorations*, Indiana University Press, Bloomington and Indianapolis 1993, p. 258-85.
Pfordten, Otto Freiherr von der: *Die Grundurteile der Philosophen. Eine Ergänzung zur Geschichte der Philosophie, 1. Hälfte Griechenland*, Carl Winters Universitätsbuchhandlung, Heidelberg 1913.
Philipse, Herman: Heidegger and Ethics, in: *Inquiry*, Vol. 42:3, 1999, pp. 439-474.
G. Picht, *Nietzsche (Vorlesungen und Schriften)*, Klett-Cotta, Stuttgart 1988, S. 152.（青木隆嘉訳『ニーチェ』法政大学出版局，1991 年）
Platon: *Apologia Socratis*: *Platonis Opera* (The Oxford Classical Texts) Vol. I, E. A. Duke et al. (ed.), Oxford University Press, Oxford 1995.（プラトンの著作からの引用に際しては，書名に次いでステファヌス版の頁数と行数を示す）
—— *Phaedrus*: *Platonis Opera* (The Oxford Classical Texts) Vol. II, John Burnet (ed.), Oxford University Press, Oxford 1901.
—— *Respublica*: *Platonis Opera* (The Oxford Classical Texts) Vol. IV, John Burnet (ed.), Oxford

University Press, Oxford 1978.
—— *Sophista*: *Platonis Opera* (The Oxford Classical Texts) Vol. I, E. A. Duke et al. (ed.), Oxford University Press, Oxford 1995.
—— *Symposium*: *Platonis Opera* (The Oxford Classical Texts) Vol. II, John Burnet (ed.), Oxford University Press, Oxford 1901.
Plessner, Helmuth: *Die Stufen des Organischen und der Mensch. Einleitung in die philosophische Anthropologie*, Walter de Gruyter Berlin 1928.
Pocai, Romano: Die Weltlichkeit der Welt und ihre abdrängte Faktizität (§§14-18), in: Thomas Rentsch (hrsg.): *Martin Heidegger. Sein und Zeit*, Akademie Verlag GmbH, Berlin 2001, S. 51-68.
Pöggeler, Otto: *Der Denkweg Martin Heideggers*, 3. erw. Aufl., Verlag Günter Neske, Pfullingen 1990.（大橋良介・溝口宏平訳『ハイデッガーの根本問題』晃洋書房，1979年）
—— Destruktion und Augenblick, in: Thomas Buchheim (hrsg.): *Destruktion und Übersetzung: Zu den Aufgaben von Philosophiegeschichte nach Martin Heidegger*, VCH Acta humaniora, Weinheim 1989, S. 9-29.
—— *Heidegger in seiner Zeit*, Wilhelm Fink, München 1999.
—— *Heidegger und die hermeneutische Philosophie*, Karl Alber, Freiburg/München 1983.（伊藤徹監訳『ハイデガーと解釈学的哲学』法政大学出版局，2003年）
—— Heidegger und Nietzsche. Auf einen falschen Weg gebracht?, in: *Aletheia*, Bd. 9/10, 1996, S. 22f.
—— Heideggers Begegnung mit Dilthey, in: *Dilthey-Jahrbuch*, Bd. 4, 1986/87, S. 121-160.
—— Heideggers Begegnung mit Hölderlin, in: *Man and World*, Vol. 10:1, 1977, S. 13-61.
—— Heideggers Luther-Lektüre im Freiburger Theologenkonvikt, in: Alfred Denker, Hans-Helmuth Gander und Holger Zaborowski (hrsg.): *Heidegger-Jahrbuch 1: Heidegger und die Anfänge seines Denkens*, Verlag Karl Alber, Freiburg/München 2004, S. 185-196.
—— *Neue Wege mit Heidegger*, Karl Alber, Freiburg/München 1992.
—— *Philosophie und Politik bei Heidegger*, 2. erw. Aufl., Verlag Karl Alber, Freiburg/München 1974.
—— Von Nietzsche zu Hitler? Heideggers Politische Optionen, in: Hermann Schäfer (hrsg.): *Annäherungen an Martin Heidegger. Festschrift für Hugo Ott zum 65. Geburtstag*, Campus Verlag, Frankfurt a. M./New York 1996, S. 81-101.
—— Wächst das Rettende auch? Heideggers letzte Wege, in: Walter Biemel und Friedrich-Wilhelm von Herrmann (hrsg.): *Kunst und Technik. Gedächtnisschrift zum 100. Geburtstag Martin Heideggers*, Vittorio Klostermann, Frankfurt a. M. 1989. S. 3-24.
Polt, Richard: Metaphysical liberalism in Heidegger's Beiträge zur Philosophie, in: *Political Theory*, Vol. 25, Issue 5, 1997, pp. 655-679.
—— *The emergency of being. On Heidegger's Contributions to philosophy*, Cornell University Press, New York 2006.
Radloff, Bernhard: Machination and the Political in Heidegger's Mindfulness, in: *Heidegger Studies*, Vol. 24, 2008, pp. 145-166.
Raffoul, François and Pettigrew, David: Introduction, in: François Raffoul and David Pettigrew (ed.):

Heidegger and practical philosophy, State University of New York Press, Albany N. Y. 2002, xiii-xxiv.

Raffoul, François : *Heidegger and the Subject*, David Pettigrew and Gregory Recco (tr.), Humanities Press, New Jersey 1998.

—— *The Origins of Responsibility*, Indiana University Press, Bloomington & Indianapolis 2010.

Reeve, C. D. C. : Philosophy, politics and rhetoric in Aristotle, in : Amelie Oksenberg Rorty (ed.) : *Essays on Aristotle's Rhetoric*, University of California Press, Berkeley 1996, pp. 191-205.

Reinhardt, Karl : *Parmenides und die Geschichte der griechischen Philosophie*, Friedrich Cohen, Bonn 1916.

Rentsch, Thomas (hrsg.) : *Martin Heidegger. Sein und Zeit*, Akademie Verlag GmbH, Berlin 2001.

—— Sein und Zeit. Fundamentalontologie als Hermeneutik der Endlichkeit, in : Dieter Thomä (hrsg.) : *Heidegger-Handbuch. Leben-Werk-Wirkung*, Verlag J. B. Metzler, Stuttgart / Weimar 2003, S. 51-80.

Richardson, William John S. J., *Heidegger : through phenomenology to thought*, 4th ed., Fordham University Press, New York 2003. [Martinus Nijhoff, The Hague, 1963 (1st ed.), 1967 (2nd ed.), 1974 (3rd ed.)]

Ricœur, Paul : *De l'interpretation. Essai sur Freud*, Le Seuil, Paris 1965.

—— *La métaphore vive*, Seuil, Paris 1975.（久米博訳『生きた隠喩』岩波書店，1984 年）

—— La tâche de l'herméneutique, in *Exegesis*, Delachaux & Niestlé Editeurs, Neuchâtel-Paris 1975, pp. 179-200.（久米博訳「解釈学の課題」，久米博・清水誠・久重忠夫編訳『解釈の革新』白水社，1985 年，143-174 頁）

—— *Le conflit des interprétations. Essais d'herméneutique I*, Le Seuil, Paris 1969.

—— *Soi-même comme un autre*, Le Seuil, Paris 1990.（久米博訳『他者のような自己自身』法政大学出版局，1996 年）

—— *Temps et récit. Tome III : Le temps raconté*, Le Seuil, Paris 1985.（久米博訳『時間と物語Ⅲ 物語られる時間』新曜社，2004 年）

Riedel, Manfred : Das Naturliche in der Natur. Heideggers Schritt zum „anderen Anfang" der Philosophie, in : Hans-Helmuth Gander (hrsg.) : *Von Heidegger her : Wirkungen in Philosophie-Kunst-Medizin. Messkicher Vorträge 1989 (Schriftenreihe / Martin-Heidegger-Gesellschaft, Bd. 1)*, Vittorio Klostermann, Frankfurt a. M. 1991, S. 51-72.

—— Heimisch werden im Denken. Heideggers Dialog mit Nietzsche, in : Hans-Helmuth Gander (hrsg.) : *„Verwechselt mich vor Allem nicht !" Heidegger und Nietzsche, (Schriftenreihe der Martin-Heidegger-Gesellschaft, Bd. 3)*, Vittorio Klostermann, Frankfurt a. M. 1994, S. 17-42.（関口浩訳「思惟に習熟する——ハイデッガーのニーチェとの対話」，川原栄峰監訳『ハイデッガーとニーチェ』南窓社，1998 年，23-63 頁）

—— Naturhermeneutik und Ethik im Denken Heideggers, in : Dieter Papenfuss und Otto Pöggeler (hrsg.) : *Zur philosophischen Aktualität Heideggers : Symposion der Alexander von Humboldt-Stiftung vom 24.-28. April 1989 in Bonn-Bad Godesberg. Bd. 1 : Philosophie und Politik*, Vittorio Klostermann, Frankfurt a. M. 1991, S. 75-100.

—— *Nietzsche in Weimar. Ein deutsches Drama*, Reclam Verlag, Leibzig 1997.（恒吉良隆・米澤充・杉谷恭一訳『ニーチェ思想の歪曲——受容をめぐる 100 年のドラマ』白水社，2000

年）
—— Seinserfahrung in der Dichtung. Heideggers Weg zu Hölderlin, in: Peter Trawny（hrsg.）: *„Voll Verdienst, doch dichterisch wohnet Der Mensch auf dieser Erde" (Schriftenreihe der Martin-Heidegger-Gesellschaft, Bd. 6)*, Vittorio Klostermann, Frankfurt a. M. 2000, S. 19-49.
Rockmore, Tom: *Heidegger and French philosophy: humanism, antihumanism, and being*, Routledge, London/New York 1995.（北川東子・仲正昌樹訳『ハイデガーとフランス哲学』法政大学出版局，2005 年）
Röd, Wolfgang: Transzendentalphilosophie oder Ontologie ? Überlegungen zu Grundfragen der Davoser Disputation, in: Dominic Kaegi und Enno Rudolph（hrsg.）: *Cassirer-Heidegger. 70 Jahre Davoser Disputation*, Felix Meiner Verlag, Hamburg 2002, S. 1-25
Rodi, Frithjof: *Das strukturierte Ganze. Studien zum Werk von Wilhelm Dilthey*, Velbrück Wissenschaft, Göttingen 2003.
—— Die Bedeutung Diltheys für die Konzeption von » Sein und Zeit «. Zum Umfeld von Heideggers Kasseler Vorträgen（1925）, in: *Dilthey-Jahrbuch*, Bd. 4, 1986/1987, S. 161-177.
Rodríguez, Ramón: Heideggers Auffassung der Intentionalität und Phänomenologie der Logischen Untersuchungen, in: *Phänomenologische Forschungen*, Neue Folge 2, 1997, S. 232-235.
Rorty, Richard: Heidegger, Contingency, Pragmatism, in: Hubert L. Dreyfus and Harrison Hall（eds.）: *Heidegger: A Critical Reader*, Blackwell, Oxford 1992, pp. 209-230.
Rosen, Stanley: Heidegger's interpretation of Plato, in: Carl G. Vaught（ed.）: *Essays in Metaphysics*, Pennsylvania State University Press, University Park 1970, pp. 51-78.
Rothacker, Erich（hrsg.）: *Briefwechsel zwischen Wilhelm Dilthey und dem Grafen Paul Yorck von Wartenburg (Philosophie und Geisteswissenschaften, Band 1)*, Max Niemeyer, Halle a. d. Saale 1923.
Röttges, Heinz: *Nietzsche und die Dialektik der Aufklärung. Untersuchungen zum Problem einer humanistischen Ethik*, Walter de Gruyter, Berlin/New York 1972.
Ruin, Hans: The moment of truth: Augenblick and Ereignis in Heidegger, in: *Epoché*, Vol. 6, 1998, pp. 75-88.
Sallis, John: Grounders of the abyss, in: Charles E. Scott, Susan Schoenbohm, Daniela Vallega-Neu and Alejandro Vallega（ed.）: *Companion to Heidegger's Contributions to Philosophy*, Indiana University Press, Bloomington 2001, pp. 193-194.
—— Imagination and the meaning of Being, in: Franco Volpi et al.: *Heidegger et l'idée de la phénoménologie*, Kluwer Academic Publishers, Dordrecht 1988, pp. 139-140.
Schadewaldt, Wolfgang: *Die Anfänge der Philosophie bei den Griechen. Die Vorsokratiker und ihre Voraussetzungen (Tübinger Vorlesungen Bd. 1)*, Suhrkamp Verlag, Frankfurt a. M. 1979, S. 311–351.
Schalow, Frank: The Anomaly of World. From Scheler to Heidegger, in: *Man and world*, Vol. 24, 1991, pp. 75-87.
—— The Kantian Schema of Heidegger's Late Marburg Period, in: Theodore Kisiel and John van Buren（ed.）: *Reading Heidegger from the start: essays in his earliest thought*, State University of New York Press, Albany, N. Y. 1994, pp. 309-323.
—— Thinking at cross purposes with Kant: Reason, finitude and truth in the Cassirer-Heidegger

debate, in: *Kant-Studien*, Bd. 87, 1996, S. 198-217.

Scharff, Robert C.: Heidegger's "appropriation" of Dilthey before Being and Time, in: *Journal of the History of Philosophy*, Vol. 35:1, 1997, pp. 105-28.

Scheler, Max: *Vom Sturz der Werte. Abhandlungen und Aufsätze*, 5. Auflage, A. Francke AG Verlag, Bern 1972.

Schmidt, Ina: *Vom Leben zum Sein: der frühe Martin Heidegger und die Lebensphilosophie*, Königshausen & Neumann, Würzburg 2005.

Schrag, Calvin O.: Heidegger and Cassirer on Kant, in: *Kant-Studien*, Bd. 58, 1967, S. 87-100.

Scott, Charles E.: *The Question of Ethics: Nietzsche, Heidegger, Foucault*, Indiana University Press, Bloomingston and Indianapolis 1990.

Seubert, Harald: *Zwischen ersten und anderem Anfang: Heideggers Auseinandersetzung mit Nietzsche und die Sache seines Denkens (Collegium Hermeneuticum; Bd. 4)*, Böhlau Verlag GmbH & Cie, Köln 2000.

Sheehan, Thomas (ed.): *Heidegger: The Man and the Thinker*, Transaction Publishers, New Jersey 2009 [1981].

—— Heideggers "Introduction to the Phenomenology of Religion" 1920-21, in: *The Personalist*, Vol. 60, 1979, S. 312-324.

—— Heidegger's Philosophy of Mind, in: G. Fløistad (ed.), *Contemporary Philosophy: A New Survey, Vol. IV, Philsoophy of Mind*, Martinus Nijhoff, The Hague 1984

—— On the way to Ereignis: Heidegger's Interpretation of Physis, in: Hugh J. Silverman, John Salis and Thomas M. Seebohm (ed.): *Continental philosophy in America: Prize Essays, Volume I*, Duquesne University Press, Pittsburgh 1983, pp. 131-164.

Smith, P. Christopher: *The hermeneutics of original argument: demonstration, dialectic, rhetoric*, Northwestern University Press, Evanston 1998.

Sommer, Manfred: *Husserl und der frühe Positivismus*, Vittorio Klostermann, Frankfurt a. M. 1985.

Stanley, Timothy: Heidegger on Luther on Paul, in: *Dialog: A Journal of Theology*, Vol. 46, Nr. 1, 2007, pp. 41-45.

Stegmaier, Werner: *Philosophie der Orientierung*, Walter De Gruyter, Berlin 2008.

Stern, Günter: *Über das Haben. Sieben Kapitel zur Ontologie der Erkenntnis*, Verlag von Friedrich Cohen, Bonn 1928.

Stolzenberg, Jürgen: Hermeneutik der praktischen Vernunft. Hans-Georg Gadamer interpretiert Martin Heideggers Aristoteles-Interpretation, in: Günter Figal und Hans-Helmuth Gander (hrsg.): *„Dimensionen des Hermeneutischen" Heidegger und Gadamer (Martin-Heidegger-Gesellschaft Bd. 7)*, Vittorio Klostermann, Frankfurt a. M. 2005, S. 133-152.

Strube, Claudius: Die existenzial-ontologische Bestimmung des lumen naturale, in: *Heidegger Studies*, vol. 12, 1996, S. 109-119.

—— Wissenschaft wieder als Lebenswelt: Heideggers ursprüngliche Idee einer Universitätsreform, in: *Heidegger Studies*, Vol. 19, 2003, S. 49-64.

Taminiaux, Jacques: Arendt, disciple de Heidegger ?, in: *Études Phénoménologiques*, Vol. 2, 1985, pp. 111-136.

—— Heidegger et Arendt lectures d'Aristote, in: *Les Cahiers de Philosophie*, Vol. 4, 1987, pp. 41-52.

—— La présence de Nietzsche dans Sein und Zeit, in: Jacques Taminiaux, *Lectures de l'ontologie fondamentale. Essais sur Heidegger*, 2e édition, Jérôme Millon, Grenoble 1995, pp. 231-252.

—— Poiesis and praxis in fundamental ontology, in: *Research in Phenomenology*, Vol. 17, 1987, pp. 137-169.

Thomä, Dieter: » Sein und Zeit « im Rückblick. Heideggers Selbstkritik, in: Rentsch Thomas (hrsg.): *Heidegger. Sein und Zeit*, Akademie Verlag GmbH, Berlin 2001, S. 281-298.

—— *Die Zeit des Selbst und die Zeit danach. Zur Kritik der Textgeschichte Martin Heideggers 1910-1976*, Suhrkamp Verlag, Frankfurt a. M. 1990.

Thurnher, Rainer: Der Blick zurück auf Sein und Zeit in den Beiträgen und in Besinnung, in: Damir Barbarić (hrsg.): *Das Spätwerk Heideggers. Ereignis - Sage - Geviert*, Königshausen und Neumann, Würzburg 2007, S. 73-94.

—— Gott und Ereignis. Heideggers Gegenparadigma zur Onto-Theologie, in: *Heidegger Studies*, Vol. 8, 1992, S. 81-102.

Tongeren, Paul von: Nietzsches Hermeneutik der Scham, in: *Nietzsche-Studien*, Bd. 36, 2007, S. 131-154.

Vallega, Alejandro: "Beyng-Historical Thinking" in Heidegger's Contributions to Philosophy, in: Charles E. Scott, Susan Schoenbohm, Daniela Vallega-Neu and Alejandro Vallega (ed.): *Companion to Heidegger's Contributions to Philosophy*, Indiana University Press, Bloomington 2001, pp. 48-65.

Vallega-Neu, Daniela: *Heidegger's Contributions to Philosophy*. An Introduction, Indiana University Press, Bloomington and Indianapolis 2003.

—— Poietic Saying, in: Charles E. Scott, Susan Schoenbohm, Daniela Vallega-Neu and Alejandro Vallega (ed.): *Companion to Heidegger's Contributions to Philosophy*, Indiana University Press, Bloomington 2001, pp. 66-80.

—— *The Bodily Dimension in Thinking*, State University of New York Press, Albany N. Y. 2005.

Vattimo, Gianni: Nietzsche and Heidegger, Thomas Harrison (tr.), in: Daniel W. Conway (ed.): *Nietzsche: Critical assessments*, Vol. III (On Morality and the Other of Rank), Routledge, London 1998, pp. 340-348.

Vedder, Ben: *Heidegger's Philosophy of Religion. From God to the Gods*, Duquesne University Press, Pittsburgh 2006.

Vetter, Helmuth: Dilthey statt Nietzsche - eine Alternative für Heidegger? Ein Beitrag zum Thema « Lebensphilosophie und Phänomenologie », in: Helmuth Vetter (hrsg.): *Nach Heidegger: Einblicke-Ausblicke (Reihe der Österreichischen Gesellschaft für Phänomenologie, Bd. 7)*, Peter Lang GmbH, Frankfurt a. M. 2003, S. 185-205.（大石学訳「ニーチェに代わるディルタイ——ハイデガーにとっての一つの選択肢？」『理想』667号，理想社，2001年，104-116頁）

—— Heideggers Annäherung an Nietzsche bis 1930, in: *Synthesis philosophica*, Vol. 13, 1998, S. 373-385.

—— *Philosophische Hermeneutik. Unterwegs zu Heidegger und Gadamer (Die Reihe der Österreichischen Gesellschaft für Phänomenologie, Bd. 13)*, Peter Lang Verlag, Frankfurt a. M. 2007.

Villa, Dana R.: *Arendt and Heidegger: The fate of the political*, Princeton University Press, New Jer-

sey 1996.（青木隆嘉訳『アレントとハイデガー——政治的なものの運命』法政大学出版局，2004 年）
Vollrath, Ernst: Platons Anamnesislehre und Heideggers These von der Erinnerung in die Metaphysik, in: *Zeitschrift für Philosophische Forschung*, Bd. 23, 1969, S. 349-361.
Volpi, Franco: Being and Time: A "Translation" of the Nicomachean Ethics ? in: Theodore Kisiel and John van Buren (ed.): *Reading Heidegger from the start: essays in his earliest thought*, State University of New York Press, Albany N. Y. 1994, pp. 195-211.
—— Dasein comme praxis: L'assimilation et la radicalisation heideggérienne de la philosophie pratique d'Aristote, in: *Heidegger et l'idée de la phénoménologie*, Kluwer Academic Publishers, Dordrecht 1988, pp. 1-41.
Waldenfels, Bernhard: Zwischen Sagen und Zeigen. Überlegungen zu Husserls Theorie der okkasionellen Ausdrücke, in: *Studia Phaenomenologica*, III (1-2), 2003, S. 215-227.
Warnke, Georgia: *Gadamer. Hermeneutics, Tradition, and Reason*, Stanford University Press, Clifornia 1987.（佐々木一也訳『ガダマーの世界』紀伊國屋書店，2000 年）
Waterlow, Sarah: Aristotle's Now, in: *Philosophical Quarterly*, Vol. 34, 1984, pp. 104-128.
Welte, Bernhard: Der stille große Partner. Erinnerungen an Heinrich Ochsner, in: Curd Ochwadt und Erwin Tecklenborg (hrsg.): *Das Maß des Verborgenen. Heinrich Ochsner 1891-1970 zum Gedächtnis*, Charis-Verlag, Hannover 1981, S. 209-219.
Whitehead, Alfred North, *Process and Reality*, David Ray Griffin and Donald W. Sherburne (ed.), The Free Press, N. Y. 1978.
Wisser, Richard: Fundamental-Anthropologie: Max Scheler oder Fundamental-Ontologie: Martin Heidegger ? Umrisse einer entscheidenden Kontroverse am Scheideweg, in: Richard Wisser, *Vom Weg-Charakter philosophischen Denkens: Geschichtliche Kontexte und menschliche Kontakte*, Königshausen & Neumann, Würzburg 1998, S. 211-240.
Wundt, Max: Rezension von Frh. v. d. Pfordten, Otto, Die Grundurteile der Philosophen. Eine Ergänzung zur Geschichte der. Philosophie. 1. Hälfte Griechenland. Heidelberg 1913, in: *Kant-Studien*, Vol. 19, Issue 1-3, 1914, 407f.
Wyss, Dieter: *Kain: eine Phänomenologie und Psychopathologie des Bösen (Dokumente und Interpretation)*, Königshausen und Neumann, Würzburg 1997.
Yorck von Wartenburg, Paul Graf: *Bewußtseinsstellung und Geschichte. Ein Fragment aus dem philosophischen Nachlaß*, Iring Fretcher (hrsg.), Felix Meiner, Humburg 1956, 2. Aufl., 1991.
Zimmerman, Michael E.: Die Entwicklung von Heideggers Nietzsche-Interpretation, in: Alfred Denker, Marion Heinz, John Sallis, Ben Vedder und Holger Zaborowski (hrsg.), *Heidegger-Jahrbuch 2: Heidegger und Nietzsche*, Karl Alber, Freiburg/München 2005, S. 97-116.
—— *Eclipse of the Self. The Development of Heidegger's Concept of Authenticity*, Ohio University Press, Athens 1981.

(2) 邦文文献

アウグスティヌス『告白』上・下，服部英二郎訳，岩波文庫，1976 年。
秋富克哉『芸術と技術　ハイデッガーの問い』創文社，2005 年。

――「深淵としての構想力」，秋富克哉・関口浩・的場哲朗共編『ハイデッガー 『存在と時間』の現在』南窓社，2005 年，132-152 頁。

伊藤徹「ハイデガーと歴史性」，現象学解釈学研究会編『歴史の現象学』世界書院，1996 年，93-127 頁。

小野紀明『ハイデガーの政治哲学』岩波書店，2010 年。

鹿島徹・相楽勉・佐藤優子・関口浩・山本英輔・ハンス・ペーター・リーダーバッハ『ハイデガー『哲学への寄与』解読』平凡社，2006 年。

茅野良男『初期ハイデガーの哲学形成』東京大学出版会，1972 年。

――『世界・時間・真理 ハイデガーにおける』朝日出版社，1981 年。

――『中期ハイデガーの思索と転回』創文社，1985 年。

川原栄峰『ハイデッガーの思惟』理想社，1981 年。

――「ハイデッガーのニーチェ講義」，中原道郎・新田章編『ニーチェ解読』早稲田大学出版部，1993 年，1-28 頁。

鬼頭英一『ハイデッガーの存在學』東洋出版社，1935 年〔第 3 版 1937 年〕。

九鬼周造『九鬼周造全集』全 12 巻，岩波書店，1982 年。

齋藤元紀「知の生成と動揺――『存在と時間』の学問論」，秋富克哉・関口浩・的場哲朗共編『ハイデッガー 『存在と時間』の現在』南窓社，2005 年，112-131 頁。

――「存在の共同体――民族・政治・労働をめぐるハイデッガーの省察」，ハイデッガー研究会編『ハイデッガーと思索の将来』理想社，2006 年，159-177 頁。

酒井潔「衝迫・振動・超越――1928 年夏学期講義における基礎有論の補足完成の試み」，秋富克哉・関口浩・的場哲朗共編『ハイデッガー 『存在と時間』の現在』南窓社，2005 年，72-92 頁。

榊原哲也『フッサール現象学の生成 方法の成立と展開』東京大学出版会，2009 年。

相楽勉「行為としての存在史的思索――「跳躍」」『ハイデガー『哲学への寄与』解読』158-162 頁。

四日谷敬子「ディルタイの個体性の解釈学」，日本ディルタイ協会編『ディルタイ研究』第 7 号，1994 年，1-17 頁。

茂牧人『ハイデガーと神学』知泉書館，2011 年。

『聖書 新共同訳――旧約聖書続編つき』日本聖書協会編，2006 年。

立山忠浩「求道の歩み」，金子晴勇・江口再起編『ルターを学ぶ人のために』世界思想社 2008 年，16-27 頁。

田邊元『田邊元全集』全 15 巻，筑摩書房，1963-1964 年。

辻村公一『ハイデッガー論攷』創文社，1971 年。

戸坂潤『日本イデオロギー論』岩波文庫，1977 年。

原祐『ハイデッガー』勁草書房，1958 年。

細川亮一『意味・真理・場所』創文社，1992 年。

――『ハイデガー哲学の射程』創文社，2000 年。

牧野英二『カント『純粋理性批判』の研究』法政大学出版局，1989 年。

――「実在性の復権に向けて――ハイデガーによるディルタイの抵抗概念批判をめぐって」『理想』第 666 号，理想社，2001 年，89-95 頁。

――「ディルタイ哲学の現代的意義――歴史的理性批判の射程」『法政大学文学部紀要』

2004年，1-23頁。

——『崇高の哲学——情感豊かな理性の構築に向けて』法政大学出版局，2007年。

的場哲朗「ハイデッガーにおけるパルメニデス断片Ⅲ」『白鷗女子短大論集』19（1），1994年，108-127頁。

——「ミッシュとハイデッガー——忘却された〈生産的な思想交流〉」，ハイデッガー研究会編『〈対話〉に立つハイデッガー』理想社，2000年，45-64頁。

——「ゲオルグ・ミッシュのハイデガー批判——“世紀の論争”を追跡する」『理想　特集ディルタイと現代』理想社，2001年，No. 666，96-108頁。

三浦義雄「ハイデッガーの原初的「自然」の解釈」，日本倫理学会編『倫理学年報』第35集，1986年，159-174頁。

三木清『三木清全集』全20巻，岩波書店，1984-1986年。

溝口宏平著『超越と解釈』晃洋書房，1992年。

嶺秀樹『ハイデッガーと日本の哲学——和辻哲郎，九鬼周造，田辺元』ミネルヴァ書房，2002年。

三宅剛一『ハイデッガーの哲学』弘文堂，1975年。

村井則夫「「表現」の解釈学から「像」の解釈学へ——ハイデガー「ナトルプ報告」を基軸として」『実存思想論集』理想社，XVI，2001年，119-141頁。

——「形而上学の解体と存在の歴史——存在史の思想にいたるハイデガーの歩み」，渡邊二郎監修・哲学史研究会編『西洋哲学史観と時代区分』昭和堂，2004年，345-384頁。

——「超越・振動・跳躍——ハイデッガーにおける超越論的思考の推移」，ハイデッガー研究会編『ハイデッガーと思索の将来』理想社，2006年，23-41頁。

森一郎「ハイデガーにおける形式的暗示」，哲学会編『哲学雑誌』第105巻第777号，有斐閣，1990年，163-181頁。

——「ニーチェから見たハイデガー（下）——ニーチェ研究ノート（2）」『東京女子大学紀要』第46巻（1号），1995年，37-64頁。

——「〈ロゴスをもつ生き物〉の根源的意味（Ⅰ）——ハイデガーの「ポリス内存在」の現象学から」『東京女子大学紀要』第56巻（1号），2005年，1-21頁。

森田孝「ディルタイ像とその変遷——最近のディルタイ研究の動向から」，舟山俊明・牧野英二・西村皓編『ディルタイと現代』法政大学出版局，2001年，35-47頁。

山本幾生『実在と現実　リアリティの消尽点へ向けて』関西大学出版部，2005年。

山本英輔『ハイデガー『哲学への寄与』研究』法政大学出版局，2009年。

リーダーバッハ，ハンス・ペーター『ハイデガーと和辻哲郎』平田裕之訳，新書館，2006年（Liederbach, Hans Peter: *Martin Heidegger im Denken Watsuji Tetsuros*, Iudicium Verlag, München 2001.）

ルター，マルティン『ルター著作集　第一集　第一巻』ルター著作集委員会編，聖文舎，1964年。

渡邊二郎『ハイデッガーの実存思想』勁草書房，1962年〔第2版1985年〕。

渡邊二郎『ハイデッガーの存在思想』勁草書房，1962年〔第2版1985年〕。

和辻哲郎『和辻哲郎全集』全25巻・別巻2（増補版）岩波書店，1989-92年。